코칭 공식화의 이해와 실천

여러 회기 코칭 여정과 사례 분석 가이드

First published 2025by Routledge
4 Park Square, MiltonPark, Abingdon, Oxon 0X14 4RN and by Routledge
605 Third Avenue, New York, NY10158
Routledge is animprint of the Taylor & Francis Group, an informa business

British LibraryCataloguing-in-Publication Data
A catalogue record for this bookis available from the British Library Libraryof Congress Cataloging-in-Publication Data
Names: Lane, David A., 1947-author | Corrie, Sarah author | Kovács, Louise C. author
Title: A guide to formulation incoaching / David A. Lane, Sarah Corrie, and Louise C. Kovács.
Description:Abingdon, Oxon ; New York, NY : Routledge, 2025. | Series: The professionalcoaching series | Includes bibliographical references and index. |

호모코치쿠스 66

코칭 공식화의 이해와 실천

여러 회기 코칭 여정과 사례 분석 가이드

A Guide to Formulation in Coaching

데이비드 A. 레인, 사라 코리, 루이스 C. 코바치 지음

김상복 옮김

코칭북스

목 차

일러두기와 용어 설명

■ 본문의 표기

1. 본문 가운데 저자가 강조한 부분은 '진하게 표시'하였다. 역자가 추가로 강조한 부분은 '고딕체'로 표기했다.
2. 문장 가운데 내용 이해를 위해 역자가 첨부한 내용은 [ ]로 표기했다.
3. 〈각주〉는 역자가 첨부한 것이다. 역자의 실천 활동, 독서와 검색을 근거로 공부 내용과 역자의 AI-twin(제미나이)와 대화의 산물이다. 그러나 최종 판단과 서술은 직접했다. 모든 오류는 역자의 책임이다.

■ 용어 설명

• formulation: **공식화**로 번역했다. 본문은 모두 코칭 분야의 작업이기에 강조가 필요한 경우 '코칭 공식화'로 표현했다. 그동안 상담 분야 번역서에는 formulation, conceptualization, documentation 등을 모두 (사례) 개념화로 번역해 이 용어가 일반화되었다.

코칭 분야에 처음 소개하면서 역자는 저자들의 의견도 참고하여 '공식화'로 번역한다. 반면에 특정 이론이나 코칭심리학에 근거한 공식화 작업은, 기반으로 하는 이론의 개념과 개념의 구조, 해석의 지향이 중심이다. 이 경우 **'개념화'**로 구분한다. 이를 지칭하는 경우 대부분의 단어는 conceptualization이다. 이를테면 '마음챙김 코칭 사례 개념화' 이런 식의 구별이 가능하다.

그러므로 formulation은 '공식화'로 구별하는 것이 타당하다.

- client: 그동안 일반적으로 클라이언트, 코칭 고객 등으로 번역해 왔고, 또 코칭 관계라는 구체적 상황과 관계 자체를 강조할 경우에는 그 의미를 살려 '코치이'로 번역해 왔다. 그러나 역자는 2025년 이후 두 용어를 **'코칭 주체'**로 번역하기로 했다. 코치-코치이coachee라는 '한 쌍dyad' 관계가 명확할 때 오히려 상호 동등성을 내포하려면 '코치이'라는 표현은 약하고 종속적인 느낌을 배제하기 어렵다.

코칭에서 클라이언트의 소유권을 강조한다. 무엇보다도 클라이언트, 코칭 고객, 코치이 등이 진정으로 **코칭의 주체**이고 **코칭 주체가 되어야 한다**. 이런 주체-됨은 초기에는 씨앗으로 지닐지라도 코칭 여정에서 확대되고 확립되어야 한다. 클라이언트/고객이 코칭의 진정한 주체가 될 때 코칭이 종결된다. 이는 곧 자기 삶과 존재의 주체-됨에 도달했기 때문이다. 그렇다면 이런 관계 안에 들어오지 않은 지점의 클라이언트는 어떻게 구별할 것인가? 이때는 그 의미를 살려 코칭 대상자, 잠재적 코칭 고객 등 문맥의 적절성에 따라 선택할 수 있을 것이다.

- group coaching: 집단 코칭으로 번역한다. 일반적으로 그룹 코칭으로 번역되었고 많은 사람에게 익숙한 입말이 되었다는 점을 모르는바 아니다. 그러나 team coaching이 활성화 되면서 group과 team 의미의 엄밀성, group coaching과 team coaching의 구별 등이 새롭게 논의 되고 있다. 또 조직심리학이나 집단 역동, 기타 학문 분야에서는 그 의미 차이를 구별하여 사용 중이다. 이를 수용해 집단 코칭으로 구별한다.
- exploration, enquiry, inquiry 이 세 단어는 탐구, 탐색 등 혼용해 왔기에 다음과 같이 구별했다.

  exploration: '탐색'으로 번역한다. 조사를 위한 탐색을 의미한다. 새롭거나 알려지지 않은 영역을 열린 마음으로 깊이 있게 조사하는 과정으로 코칭 주체의 자신의 선택, 가능성, 가치관, 목표 등을 폭넓게 이해하는 활동으로 탐색, 모색, 조사, 개척 등을 함의한다.

  enquiry: '문의-질문'으로 번역했다. 즉 문의/조사를 위한 질문을 의미한다. 특정 정보나 지식을 요청하거나 파악하기 위한 체계적 질문 행위, 사실이나 특정 이슈에 대해 알아보는 작업으로 질문, 문의, 조사, 조회 등을 함의한다.

  inquiry: '탐구-질문'으로 번역했다. 탐구를 위한 질문을 의미한다. 깊은 이해나 통찰을 얻기 위해 스스로 또는 코치와 함께 근본적 질문을 던지고 성찰하는 과정으로 내면의 진실, 가정, 신념을 파악하는데 중점을 둔다.
- purpose, Goal, Objective, Aim는 유사한 의미를 지니나 다음과

같이 구분했다.

purpose: 단어를 문맥에 따라 여러 의미가 있으나 일단 '목적'으로 번역한다. 의도, 존재 이유, 용도나 기능, 역할 등 복합적인 의미를 함께 지니고 있다. 그러나 purpose는 가장 근본적인 **존재의 이유**로 '왜' 해야 하는가 하는 장기적이고 변하지 않는 **원동력으로서의 '목적'**의 의미를 갖는다. 삶의 목적에 필적하는 코칭의 근본 이유로서의 '목적'이다. 이점에서 다른 용어와 차이가 있다.

Goal은 광범위한 미래의 성과나 달정 시점을 드러내는 구체적인 '목표'로 번역하며 이는 일반적인 의미를 갖는다.

Objective는 Goal을 달성하기 위한 측정 가능한 구체적인 '(세부) 목표'로 번역해 구분하였다.

Aim은 Goal보다는 덜 구체적인 도달하려는 일반적 방향이나 의도로 보고, '지향 목표'로 변역했다. 이런 단어들을 저자가 다양하게 구별해서 사용했기에 이를 번역에도 반영한다.

- 문장 전체의 다양한 이해를 안내하기 위해 유사 단어를 제시할 경우 단어 사이 / 표시를 넣어 병기했다. 동일한 수준의 의미로 사용한다.

  우리말과 출발어의 의미 대칭성이 부족하거나 독자에게 분명한 이해를 전해야 할 경우 출발어/영어 단어를 부기했다. 다시 반복될 경우 ' '로 표시했으며 대체로 색인에 반영했다.
- 두 단어를 동등하게 사유하길 원하는 경우, 주어와 술어의 관계, 형용사와 명사의 관계임에도 서로 영향을 주는 의미일 때 이를 표시하고자 각 단어 사이에 – 를 넣어 표시했다.

우리는 누구인가?

책의 저자들은 자기 업적과 기존 출판 도서를 소개하는 간략한 약력으로 자신을 소개하는 것이 일반적이다. 작업 여정의 결과물임을 보여준다. 그러나 우리는 이 책에서 위치성positionality의 중요성을 강조했듯이 코치는 자기 역사, 개인이자 실천가로서의 위치, 자신의 실천 접근법에 영향을 준 주제와 경험을 깊이 고민하는 시간이 중요하다고 생각한다. 이는 이후 코칭 참여자와 위치성에 근거한 유사한 대화를 가능하게 한다. 따라서 우리도 성과를 나열하기보다 각자가 자신이 세상을 특정한 방식으로 바라보게 된 배경이 되었던 주제들을 탐구하기로 했다. 제한된 지면으로 그 영향의 일부만을 다룰 수 있어 부분적인 그림에 불과하지만, 그럼에도 독자들에게 유용하길 기대한다.

데이비드 A. 레인David A. Lane

나의 어린 시절 기억은 대부분 이야기로 가득하다. 우리는 옛날 이야기를 언제나 간절히 요청했다. 동화 대신, 우리는 1930년대의 삶, 가난, 가족을 위한 식량 구하기의 고된 과정, 끊임없는 일자리 찾기, 당시의 정치적 상황 등이 우리 아이들에게 전해졌다. 조지 랜즈버리George Lansbury[1]는 가족의 영웅이었고, 노동 운동은 우리의 세계관에 깊이 뿌리내렸다. 나중에야 나는 조용히 기여하던 내 할아버지가 많은 이에게 영웅이었음을 알게 되었다. 그 옛 이야기들은 공동체와 나누어 줄 것이 거의 없었는데도 사람들이 서로 도왔던 방식에 관한 것이었다. 이후의 이야기들은 1939년부터 1945년까지의 시절, 해군에서 복무하며 보낸 삶과 끊임없는 위협 아래 집에서 보낸 삶에 관한 것이었다. 다시 한번 동지애와 역경을 극복하기 위해 함께 노력하는 공동체의 힘이란 주제가 이어졌다. 동 런던의 공공 주택 단지에서 자라면서 부유함과 가난이 공존하는 모습을 보았지만, 동시에 기쁨과 공동체 의식, 새로운 이야기들도 있었다. 주택 단지 내 지역 교회를 통해 사람들은 영화 동아리, 댄스, 게임, 해변 여행 등 다양한 동아리를 운영하기 위해 시간을 쏟았다. 매년 맥주의 원료인 홉hops을 따러 가는 여행도 있었다. 그러나 우리는 또한 1950년대 영국에 만연했던 갱단, 범죄, 인

1) 조지 랜즈버리George Lansbury(1859-1940): 영국의 노동당 정치인이자 사회 개혁가. 1932년부터 1935년까지 노동당 대표를 맡았다. 평생 사회주의자였으며 여성 참정권 운동을 지지하는 데 가족과 함께 참여했다. 1910년과 1922년부터 1940년까지 보Bow와 브롬리Bromley 지역 국회의원으로 활동했다.

종 차별도 매우 잘 알고 있었다.

나는 3살 때 운 좋게 지역 유치원에 다닐 수 있었다. 웬트워스 Wentworth 유치원에서는 새로운 이야기, 빛, 음악, 그림, 타인에 대한 배움을 접할 수 있었다. 웬트워스, 전 세계 도서관 사서들과 우리 주택단지를 찾아온 이동 도서관에게 감사드린다. 그들은 책의 세계를 열어주었다. 당시 책은 내가 상상조차 못했던 세상의 모습을 보여주었다. 초등학교 시절 노래를 발견했고, 처음으로 노래가 주는 기쁨과 성취감을 느꼈다. 십대 시절 우리 가족은 첫 집인 교외의 작은 독립주택을 구입했고, 우리는 중산층이 되었다. 나는 여전히 동 런던에 있는 학교에 다녔고, 매일 통학하며 책을 읽을 시간이 많았다. 매일 지나치던 책 가판대는 새로운 책의 원천이었다. 중학교 시절에는 연극과 시를 접하게 되었고, 두 친구와 함께 어려운 문제를 밝히는 연구의 힘을 발견했다. 이야기, 공동체, 연구의 중요성은 그 이후로 내 작업의 토대가 되었다.

또 다른 주제는 장소place였다. 나는 빅토리아 공원 맞은편에 살 수 있는 행운을 누렸고, 공원에서 런던의 운하 주변을 거닐며 무수한 시간을 보냈다. 이는 장소와 사람, 경험을 탐구하는 가치에 대한 감각을 깨닫게 해주었다. 이후 전 세계를 누비며 적은 자원으로 놀라운 일을 해내는 사람들을 만나며 이 감각은 크게 확장되었다.

여러 우여곡절을 거쳐 결국 나는 교사, 심리학자, 코치로서 전 세계 사람들과 조직과 함께 일할 특권을 누리며 책을 읽고 쓰게 되었다. 16세 때부터 꾸준히 자원봉사 활동에 참여해 왔는데, 이는 타인으로부터 많은 것을 얻게 해준 축복이었다. 교사 시절 마약 교육과 예방 분야에 참여하게 되었고, 킹스 펀드 약물 의존성 토론 집단Kings Fund Drug Dependency Discussion Group에 합류할 기회를 얻었다. 이 모임은 다양한 직업군과 환경에서 일하는 현장 전문가를 한자리에 모아 아이디어를 공유하는 자리였다. 이를 통해 배움의 공유sharing learning가 지닌 힘을 깨달았다.

이스링턴 교육 지도 센터Islington Educational Guidance Centre 설립 당시, 우리는 주간 기술 공유 모임을 운영하며 누구나 기여할 수 있도록 했고, **아이디어는 자유롭게 나누어야 한다는 원칙**을 채택했다. 우리는 학습 공동체 정신으로 아이디어를 공유하고 연구를 지원했다. 다문화multi-cultural 지역에서 활동하며 나는 백인 노동자 계층 가정 출신(비록 그 지역을 잘 알고 항상 편견에 맞서 싸워 온 가정이었지만)이라는 점이 고객들과는 세상을 다르게 바라본다는 점을 인식해야 했다. 그들은 우리에게 그들의 이야기를 경청하는 것의 중요성, 자기 감시self-monitoring에 대한 경계심, 우리가 제공하는 서비스의 영향력을 깨닫게 해주었다. 우리는 끊임없이 그들의 시각으로 세상을 바라보려 노력해야 했으며, 우리의 행동이 그들의 삶에 긍정적·부정적 영향을 미칠 수 있음을 인지하고 우리 자신의 힘에 대해 경각심을 가져야 했다.

심리학자로 자격을 취득하고 이후 코칭 분야를 발전시키면서, 영향력은 바로 공동체 안에서였다. 함께 일할 기회를 가졌지만 나의 삶과 매우 달랐던 엘렌 쿠즈와요Ellen Kuzwayo[2]의 말을 인용하자면, 핵심은

2) 엘렌 쿠즈와요Ellen Kuzwayo(1914~2006): 저명한 남아프리카 공화국의 반反아파르트헤이트 운동가이자 여성 인권 운동가, 작가, 정치인. 1985년 출간된 그녀의 영향력 있는 자서전 『나를 여자라 불러라Call Me Woman』는 남아프리카 공화국 최고의 문학상을 수상하며, 그녀를 이 상을 받은 최초의 흑인 작가로 만들었다.

"서로에게 배우는 것learning from each other"이다. 이즐링턴에서의 작업은 전문성 개발 재단Professional Development Foundation 창설의 토대가 되었으며, 이는 나의 전문적 삶의 50년을 차지했을 뿐 아니라 이야기, 공동체, 연구를 촉진했다. 그 모토는 "배움에 대한 열정을 나누자Sharing our passion for learning."이다. 이러한 주제들은 이 책 전반에 걸쳐 나타난다.

사라 코리Sarah Corrie

나의 첫 직업은 공연 예술 분야였다. 11살 때, 런던 교외의 집을 떠나 세계 최고의 발레 학교 가운데 한 곳에서 전문적인 훈련을 시작했다. 11세부터 17세까지, 고전 무용수로서의 경력을 준비하기 위한 엄격하고 까다로운 훈련을 마쳤다.

발레 세계의 경험은 나의 정체성과 가치관, 경력이 갖는 의미를 이해하는 방식에 깊고 지속적인 영향을 미쳤다. 나의 훈련은 자기 수양self-discipline, 헌신, 계층에 대한 존중 등의 가치관으로 가득 차 있었다. 실제로 교사와 제자의 관계는 **'전문가-제자**expert-apprentice**' 훈련 모델**의 독특한 형태였는데, 이 모델은 후에 내가 심리치료와 응용심리학의 여러 수퍼비전 모델에 내재되어 있음을 발견하게 되었다.

연간 평가를 통과한 후, 나는 영국을 순회하며 뉴질랜드, 싱가포르, 한국, 인도까지 데려다 준 발레단과 함께 일했다. 그러나 내 경력은 짧게 끝나고 말았다. 부상으로 치료를 받았으나 효과가 없자 수술 받게 되었다. 1년간의 재활 후, 나는 무용수로서의 경력이 끝났음을 깨달았다. 당시 나는 막 19살이 된 참이었다.

전직 선생님들의 권유에 따라 나는 무용 교사 자격증을 취득했다. 자격증 취득 과정과 동시에, 오랜 관심사였던 연기자로의 전환을 본격적으로 추진할 기회를 얻었다. 다행히도 저명한 배우들과 연출가들로부터 연기를 위한 **캐릭터 해석 기술**을 배울 수 있었다. 이 시기 동안 내러티브 작업과 극작가가 극적 효과를 극대화하기 위해 이야기를 구성하는 방식에 대해 배웠다. 스타니슬라프스키Stanislavski[3]의 작업에 대한 소개로 나는 '공식화 작업task of formulation'[4]이라는 개념을 처음 접하게

---

3) 콘스탄틴 세르게예비치 스타니슬라프스키Konstantin Sergeevich Stanislavski (1863~1938): 러시아의 배우, 연출가, 연극 이론가. 20세기 사실주의 연극의 발전에 가장 큰 영향을 미친 인물 가운데 한 명이며, 배우 훈련 체계인 **'스타니슬라프스키 시스템'**을 만들었다.

정서/정동 기억: 배우가 과거의 개인적인 경험과 감정을 떠올려 캐릭터의 감정에 진정으로 접근하는 기술. **마법의 '만약에'**: "만약 내가 이 캐릭터라면 어떨까?"라는 질문을 던져, 배우가 자신을 캐릭터의 상황 속에 몰입하도록 유도한다.

집중: 배우가 무대 위에서 주변의 방해 요인에 흔들리지 않고 캐릭터와 상황에 온전히 집중하도록 훈련한다. **'초목표'와 '배역의 선'**: 캐릭터의 궁극적인 목표(초목표)를 설정하고, 이를 향한 일련의 행동(배역의 선)을 통해 전체적인 캐릭터를 구축한다.

'메소드 연기method acting'라는 이름으로 발전하여 전 세계 연극과 영화 연기 교육에 지대한 영향을 미쳤다. 마이클 체호프, 스텔라 애들러 등의 제자들에 의해 미국으로 전파되었고, 제임스 딘, 말론 브랜도 등 유명 배우들의 연기 기반이 되었다. 이런 발상과 이론은 코칭 초창기 코칭 발전에도 상당한 영향을 주었다.

4) 스타니슬라프스키의 **'공식화 작업'**이란 캐릭터의 외적 묘사(연출)representation을 넘어 내적인 진실truth를 찾기 위한 '스타니슬라프스키 시스템'의 분석적 심리적 토대를 말한다. 이는 배우가 자신의 자기self를 희생하지 않으면서도 캐릭터의 조건과 심리를 자신의 것으로 '체험'하여 진정성 있는 연기를 창조하도록 돕

되었다. 이는 이후 임상 심리학자이자 치료사로서의 내 작업에서도 마찬가지였지만, 무대에서 연기하는 캐릭터를 이해하는 데 있어 핵심적인 요인으로 여겨졌다.

1년간의 학습 후, 나는 한 극단 오디션에 합격하여 전문 배우로 첫 경험을 쌓았다. 학교와 지역 사회 센터를 순회하는 공연은 익숙했던 오페라 하우스 관객과는 매우 달랐다. 런던 내 소외된 지역과 재정적·사회적 현실로 인해 전망이 제한된 젊은이들을 접하게 되었다. 이전엔 경험해보지 못한 환경이었다. 이런 경험들은 공연 예술 전반, 특히 스토리텔링이 어떻게 역량 강화와 사회 변화의 동력이 될 수 있는지에 대한 나의 관심을 불러일으켰다.

이 시기에 나는 탐구하고 싶었던 질문과 가능성들이 공식적인 학문적 지식을 바탕으로 비계scaffolding로 될 때 더 큰 효과를 낼 것임을 깨달

는 **시스템에 의한 방법론**이다. 이외의 두 가지는 〈**정서/정동**affective **기억**〉으로 배우가 역할이 요구되는 감정과 정서를 무대 위에서 진실하게 느끼기 위해 자신의 과거 경험에서 유사한 감정/정서를 회상하여 끌어오는 기법이다. 이는 후기에 심리적 위험과 재현의 일관성 부족 등의 이유로 이를 간접적으로 끌어내는 방법으로 선회한다. **신체적 행동 방법**Method of physical Action이다. 이는 말년에 정립하 연기론으로 최종적이고 세련된 형태이다. 감정 대신 구체적이고 목적있는 신체 행동에 초점을 맞춘다. 정신과 신체는 분리될 수 없는 한 유기체(심리-신체적 통일)라는 전제에 기반한다. 무대위에서 목표 지향적 신체적 행동을 올바르게 수행해 이에 상응하는 심리 상태가 자연스럽고 무의식적으로 따라온다는 원리다. 이를 위해 세 가지 질문을 한다. 〈무엇을 하는가, 왜 그렇게 하는가, 어떻게 그것을 하는가〉이다.

즉 시스템은 위와 같은 개념을 통해 배우가 인위적 연출representation에서 진실한 체험experiencing을 통해 캐릭터의 삶을 무대 위에서 구현하도록 안내한다는 점에서 그의 연극론과 코칭 모두에서 '공식화'라는 과제가 중요하게 연결된다.

았다. 대학에 진학해 심리학과 상담심리학 학위를 취득하기로 결심했다. 학위 과정은 지식 습득의 구조를 제공했으며, 이를 통해 학습을 체계화할 수 있었고, 구체화되기 시작한 관심사와 전념해 온 주제들을 하나로 묶어주었다. 심리학 및 정신 건강 분야의 소명이 형태를 갖추기 시작했고, 새로운 삶이 손짓하고 있었다. 이는 이후 임상심리학 훈련과 인지행동치료 박사후 과정으로 이어지는 관문이 되었으며, 특히 개인의 이야기를 능숙하게 다루는 방법을 배우는 것이 주요 과제였다.

심리학자로서의 경력은 지식과 실천을 배우고 발전시킬 수 있는 많은 기회를 열어주었다. 이 책의 맥락에서 특히 의미 있었던 것은 **번영**flourishing**의 방식을 모색하는 개인 및 조직**과 함께 일할 기회를 얻은 것이다. 임상 심리학 경력에서 주된 초점이었던 고통과 정신병리학 작업과는 대조적으로, 이 새로운 유형의 작업은 나의 지식과 기술을 새로운 방식으로 확장시켰으며, 실천에 대한 혁신적인 접근법을 성찰하고 다듬으며 발전시킬 기회를 제공했다.

영국심리학회 내 코칭심리학 특별 연구집단British Psychological Society's Special Group in Coaching Psychology(이후 코칭심리학 분과로 발전)의 창립 멤버로 참여하게 된 것은, 같은 생각을 가진 영감을 주는 동료 및 고객들과 함께 지식과 실천을 발전시킬 수 있는 절실히 필요했던 터전이 되어 주었다. 공인 코칭 심리학자가 되고, 추가 연구를 통해 공인 전문임원 코치 자격을 취득하는 과정은 내 관심사가 교차할 수 있는 지점으로 이끌었다.

발레 무용수, 배우, 임상 심리학자, 코치라는 내 모든 경력 속에는 학문적 지식이 어떻게 이야기와 이야기 전달 행위storytelling를 가능하게 하는지, 그리고 반대로 이야기와 이야기 전달 행위가 어떻게 학문적 지식을 풍요롭게 하는지에 대한 매력으로 자리잡아 왔다. 이 책을 집필하는 과정은 우리 모두가 이야기를 활용해 삶을 풍요롭게 하고, 치유와 성장, 성공을 위한 개입 방안을 설계하는 작업에 다양한 청중을 참여시킬 수 있는 수많은 방법을 탐구하는 여정이었다.

루이스 C. 코바치Louise C. Kovács

나는 영국 남부의 백인 중산층 가정에서 자랐다. 지역 학교를 다녔으며, 1980년대 정부의 대학 학비 전액 지원 정책 덕분에 교육학 학사(우등) 학위를 취득할 수 있었다. 대학 졸업 후 교직보다는 비즈니스 세계로 진출했다. 한 기술 기업의 영업팀에서 신입 사원이며 해당 조직에서 영업직으로 채용된 첫 여성이었다. 이 경험은 기업 환경을 헤쳐나가고, 마주친 편견에 대처하기 위한 전략을 개발하고 필요한 기술을 습득하는 데 도움이 되었다. 목표를 설정하고 이를 달성하기 위해 노력하는 법을 배웠지만, 동시에 남성 동료들보다 뛰어난 성과를 내야만 진지하게 인정받을 수 있다는 압박감도 느꼈다. 이런 맥락에서 나의 정체성의 소수자적 측면을 강조하기는 쉬울 것이다. 그러나 나의 사회적 정체성의 다른 측면들이 이 경력을 추구할 기회를 제공했다.

유럽과 호주에서 15년간 기술 산업에 종사하며 어느 정도 성공을 거두고 소중한 사업 경험을 쌓았다. 또한 여러 스타트업 기업에 근무하며 기업가적 역량entrepreneurial skills을 키웠다. 그러나 동시에 번아웃도 겪었다. 방향 전환을 모색하던 중 시드니 대학교에서 조직 코칭 석사 과정을 수료했다. 이 프로그램에서 배운 증거 기반 접근법은 초기 임원 코칭 실천에 적용한 주요 관점의 기반이 되었다. 이론적 모델은 주로 서양 심리학 접근법에 기반하며, 개인주의와 자기 계발 같은 문화적 가치관을 토대로 하는데, 이는 내 배경과도 잘 맞았다. 비록 이 접근법이 많은 고객에게 적합하지만, 다른 관점을 소외시킬 가능성도 있음을 인지하고 있다.

이 도전은 싱가포르에서 코치로 거주하며 일한 7년 동안 특히 두드러졌다. 당시 나는 동남아시아는 물론 중국과 인도에 걸쳐 리더들을 코칭할 기회를 가졌다. 2004년 실천 활동을 시작한 이래, 개인적·전문적 경험은 코칭에 대한 사고방식을 지속해서 형성하고 재구성해 왔다. 나는 전문 박사 학위와 신경과학, 성인 발달 이론, 코칭 수퍼비전 과정을 수료하며 추가 연구를 지속해 왔다. 박사 과정 가운데 전문성 개발 재단Professional Development Foundation을 통해 '공식화formulation' 개념을 접하게 되었다. 나는 '공식화'를 실천에 적용하여 고객의 관점을 위한 공간을 마련하고, 그들의 이야기를 경청하며, 개인을 넘어 시스템적 요인을 고려하도록 사고를 확장하는 데 활용한다. 이를 통해 각 코칭 과정에서 고객과 함께 관련 시스템적 요인을 함께 고민할 수 있다. 나는 이제 나의 지식과 경험을 고객의 이야기와 더 넓은 맥락과 교차시켜 긍정적 변화를 촉진하는 '절충적 코치eclectic coach'라고 생각한다.

기술 산업에서의 경력은 내 작업 목적을 설정하는 방식에 영향을 미치는 형성적formative 경험이었다. 내가 임원 코치 작업 목적을 어떻게 설정하는지에 영향을 미친다. 나의 코칭 활동 대부분은 대규모 서구 기업에서 경력을 쌓기로 선택한 소수 집단 출신 인사들과 함께 일하는 데 중점을 두고 있다. 이러한 조직의 임원들과 함께 일하는 나는 리더십의 규범에 도전하여 더 포용적이고 시스템적 리더십 접근법을 개발하는 것을 목표로 한다. 20년 동안 코치로 활동하면서 많은 고객의 학습과 성장을 촉진할 특권을 누렸으며, 마찬가지로 이러한 경험들은 나의 실천을 지속해서 평가하고 발전시키도록 도전하게 했을 뿐 아니라 개인적인 발전에도 자극이 되었다.

역자 소개

역자: 김상복

저자의 위치성 작업(앞 저자 소개 참조)에 따른 역자 소개

저자의 자기소개 방식에 따른 역자의 저술과 코치 활동에 중점을 둔 위치성positionality을 생각나는 대로 정리해 본다. 암 수술과 항암 종결(24.12)후 정기 검진 때문인지 기억 흔적이 사라지는 경험을 자주 하는지라 좋은 기회라는 생각이다.

우선 2025년은 10대 중반 어느 해부터 뚜렷하게 기억하게 된 해이다. 그 당시 삼성문화재단에서 발행한 문고판 미래학 서적에서 2025년을 예측했던 글을 읽은 기억 때문이다. 어렴풋한 기억에는 저자가 다니엘 벨이었던 것 같다. 그 책을 통해 소년이 바라보았던 먼 미래의 2025년 한 해가 이제 저문다. 그 당시 소년의 눈에는 지평의 끝이었듯 2025년이 지나 이제 그 지평 넘어인 2026년으로 가는 셈이다.

역자의 10대는 지금 생각해도 찬란했다. 상상력과 힘의 최대치였으며 회고의 진원지이다. 중년 어느 때부터 나 자신의 능력과 상상력은 10대의 그것에 못 미치고 그 당시 상상의 돔dome 아래서 구상한다는 생각을 해왔다. 중2던가, 졸업 후 학교로 첫 부임한 청년 교사들이 있었다. 그들은 국·영·수를 담당했으며, 입시 준비로 학교를 새롭게 발돋움하고자 재단의 투자로 투입된 분들이다. 까까머리 철없는 개구쟁이 사내 놈들에게 던지는 그들의 교과서 밖 이야기는 모두를 놀라게 했다. 대체로 한시, 영시, 현대 시를 읊조렸고, 시구보다는 해설이 당시에는 매우 흥미로웠다. 수시로 교과서 내용을 학교 밖 현실을 바라보게 연결했다. 수학이 음악에 어떻게 도움이 되는지 설명을 듣고 수학에 몰두했던 짝궁도 떠오른다. 그의 누나는 당시 아주 유명한 여배우였다. 나 역시 당연히 그들에게 고무되어 시를 쓰게 되었고, 독서 신문이라는 주간지를 소개하자 탐독하게 되었다. 이런 관심에 이끌려 나중에는 '문학사상' 잡지 뒤에 수록된 윤이상의 오페라 심청전 대본도 읽었던 기억이 있다. 클래식에 빠져 종로 2가 르네상스 감상실을 드나들거나 판소리 심청전도 낯설어하지 않았고, 이십 대에는 서울 서부역 뒤편 어느 한옥에서 정 아무개로 기억되는 선생님에게 판소리 가락을 배웠던 기억의 실타래가 이어진다.

20세가 되기 전 서로 좋아했던 여학생과 헤어지며 10대의 나와 단절했던 것 같다. 20대, 30대는 기억하기 힘들 정도로 몰입한 생활이었다. 프랑크프루트 학파로 알려진 책들에서 시작해 각종 금서라 여겨진 책들을 탐독하고, 거리에 늘 있었다. 언제나 세미나를 했고, 기획하고 진행하기도 했다. 불법 유인물이 되었던 지하신문 발행이 주는 긴장감은 여느 스릴러물 못지않았다. 이후 감옥에서 원 없이 읽었던 많은 책은 출옥하며 다 반납했는지 내용도 제목도 기억나지 않는다. 제적 학생들과 해직 교수들과 공부했던 1년이 넘는 시절, 신학과 경제학, 사회학 강의와 독서는 그 자체 큰 기쁨이었다. 낡은 가죽 손가방에는 언제나 책이 들려 있었다. 미행을 의식하며 늘 긴장했던, 이른바 운동권 '언더 생활'은 끈질김이라는 정서를 익히게 된 듯하다. 다시 투옥되며 훈련과 인원 배출처, 오랜 배후 기획자, 결정적 순간의 해결사 생활은 끝났다. 미숙한 내가 그들에게 끼친 독이 든 양분은 여전히 갖고 있는 미안함이다. 40여 일의 남영동 대공분실에서의 고문은 흔적이 여전히 내몸에 남아 있음을 늙어갈수록 자각한다. 분명한 건 이런 경험이 결코 나 자신을 좌절하게 하지 못했다는 사실이다. 내가 수사받던 방과 담당 경찰이 박종철의 방이었고 그도 담당했었다. 그들이 나를 해할 때 마주쳤던 그 살벌한 눈빛은 그들을 향한 나의 분노를 녹이고 용서하는 데 긴 시간이 걸렸다. 오랜 세월이 지나 그곳이 민주화 기념관으로 개관할 때 아내는 평화 합창단으로 그곳에서 노래 불렀지만 나는 다시 그곳에 가질 않았다. 긴 감옥 생활 중 서류 결혼으로 면회 온 여성이 지금 아내이다. 전주교도소는 잊지 못한다. 하루 일이 끝나고 문이 닫히면 위층에 있던 신영복 선생의 강의와 토론, 담소가 시작되었고 나를 한없이 깊게 했다. 옆에서 거들던 김남주 시인은 알고 지낸 지 10년이 넘어 감옥에서 다시 만났다. 그의 열정과 감성이 나를 채웠다. 두 분 모두 돌아가셨지만, 장례식은 가지 않은/못한 채 종일 우울을 감추며 추도했던 순간도 생생하다.

88올림픽을 계기로 사회 나오고 바로 운전면허를 취득했다. 나의 이동 범위가 배가 되었던 느낌도 기억된다. 이후 현대자동차나 중공업 파업 현장에 잠입해 들어가 했던 강의들, 울산 해변을 한 시간 이상 돌고 돌아 들어간 민박집에서의 모임들, 이런 유사한 모든 모임에 늘 공식, 비공식으로 초대되었다. 이런 30대의 대부분의 활동은 20대 시절 초반부터 접했던 구로공단에서의 야학 활동과 소그룹 모임, 김지하의 예수전을 발전시킨 탈춤 예수전 대본 작업, 원풍모방 노동자들과 작업했던 조선방직 파업 관련 창작 공연 활동 등의 다양한 경험 덕분에 갖게 되었고 가능한 일이었을 것이다. 역사학자 에릭 홈스봄은 탈춤과 민속문화와 현실의 노동운동과 연결하는 발상이 당시 낭만주의 조류에 의한 세계적 현상으로 설명한다는 것은 뒤늦게 알았다. 그러나 이런 20대 활동은 또 거슬러 가면 고등학교 시절 흥사단 아카데미 활동이다. 선발되어 따라갔던 대학생 농촌활동, 몰리에르의 희곡 '강제 결혼' 공연에 연출부로 참여했던 경험 덕분일 것이다. 더 거슬러 올라가면 이는 또 중학교 시절 국어 선생의 수업에서 열변한 독립투사 안창호 이야기와 권유 덕분으로 흥사단을 찾아갔기 때문이다. 그의 말을 듣고 울었던 기억이 난다. 이 서클에서 진행했던 주 1회의 독서토론은 당시 나를 폭발적인 독서 몰두로 자극했을 것이다. 그러나 이런 내 생활은 아주 더 오래 전 초등학교 시절, 내가 자랐던 효창공원에서 뛰놀던 기억으로 이어진다. 관리가 되지 못했던 잔디밭의 둔덕, 뒹굴며 뛰놀던 언덕이 김구 선생님의 묘지였다는 것을 어머니에게 꾸중 들으며

들었던 기억으로 연결된다. '너는 하필이면 놀아도 김구 선생님 묘지에서 노니!' 김구 선생의 위인전을 보게 되고 독립된 여의도 비행장(이곳은 아버지 따라 낚시하던 곳이다)에서 되돌아간 이야기를 읽고 밤새 눈이 퉁퉁 부었던 기억이 난다. 아마 이런 유년의 기억이 이후 내 삶의 실타래로 엮어졌을 것이다. 멘토 코치가 '언제나 천하를 생각하는 나의 발상'을 보며 던진 질문에 이 일화를 소개했던 기억도 난다.

이런저런 일들이 내게는 찬란했던 10대의 경험이 되었기에 두 아들을 결코 입시지옥과 판에 박힌 10대 생활로 보내게 할 수 없었던 것 같다. 그들을 모두 밖으로 보냈고 되도록 '안된다'는 말을 삼가며 아들과 관계했다. 이 결정은 스스로를 합리화하며 내렸던 가장 이기적인 나만의 결정이고 서슴없이 했던 행동이었다. 성인이 된 아들들이 자신의 10대를 나만큼 벅차게 간직하는지는 아직 확인하지 않았다.

2000년대로 넘어오며 나로서는 최초로 휠체어와 대중교통 중심의 60일간 해외여행을 했다. 1996년 말 한국의 총파업을 홍보하고자 유럽 도시를 순회하며 강연했던 경험으로 쉽게 감행할 수 있었을 것이다. 중국 대련에서 북경, 모스크바, 고틀렌드섬, 핀란드, 스웨덴을 거쳐 덴마크 코펜하겐까지…. 이 경험은 중요한 방향 전환이기에 빼놓을 수 없는 경험이다. 잠은 캠프촌에서 텐트 치고 잤다. 장애인 비장애인 협력을 통한 여행이었다. 당번으로 홀로 짐을 지키고 모두는 박물관으로 갔었던 어느 날, 핀란드 깊은 숲 호숫가에서 종일 침묵과 사색에 빠졌다. 하늘과 호수의 색이 비슷했고 아름다움과 고요함에 취한 나는 별안간 휘몰아치는 바람에 깨어났다. 메모지 수첩은 휘날려 호수에 빠지고 서둘러 건지려는 몸짓에 소중하게 간직했던 가방도 물속으로 떨어졌다. 그 순간 머리에 스쳤던 생각… '버리자, 다 버리자!' 이후 급진전한 내 생각은 제도보다는 사람, 과제보다는 관계, 의도보다는 마음, 배신의 아픔에서 자신에 대한 위로 등, 사색의 대칭 영역으로 급하게 질주 되었다. 아마 반환점이 되었을 법하다. 나를 위로하며 사랑했던 시절로 기억한다. 그러나 어떤 갈증이나 탈바꿈의 몸부림이었을지 모른다. 몇 년 후 산촌에서 폐교를 재건축해 대안학교를 운영하며 지냈다. 교장이 되어 학부모를 만나며 전문성이 필요했기에 알지 못한 채 코치의 길을 선택했다. 인터넷 홍보물을 보고 선택했다. 그러나 코치와 수퍼바이저로 귀결된 현재 내 삶을 중심으로 나의 위치성을 좀 더 분명하게 드러낸다면 위와 같은 추억 여행보다는 전혀 다른 진술이 가능하다.

유년 시절부터 내 옆에는 언제나 벗이 있었다. 등하굣길 무거운 가방을 들어주고 같이 천천히 걸어주던 많은 벗이다. 거의 하루도 빠짐없이 집으로 찾아와 주었고 집으로 같이 왔다. 그들 중에는 교장 선생에게도 눈에 띄어 상을 받은 벗도 있었다. 중등 시절도 마찬가지다. 폼을 잡고 팝송을 부르며 걸었던 것만 달랐다. 고등 시절 천마산 여행이 기억난다. 당시 친구들은 내가 생전 산 꼭데기는 올라갈 수 없을 테니 이번 기회에 보여주자며 반 전체 대부분의 떡대들이 돌아가며 나를 업고 산에 올랐다. 평소에 늘 언행이 거칠었던 녀석들인데 힘이 좋아 헐떡거리며 나를 돌아가며 업고 올랐다. 이렇듯 내 10대는 함께 걸어준

벗으로 외롭질 않았다. 20대도 마찬가지다. 버스가 끊긴 곳에서도 한 시간 넘게 걸어가야 하는 농촌을 찾아가는 활동 현장마다 내 옆에는 일행과 떨어져 나를 데리고 같이 걸었던 후배들이 있었다. 그들 덕분에 아주 여러 해 매년 농촌활동을 할 수 있었고, 그곳에서 배움을 얻었다. 오랜 연애 시절 아내는 서울의 거리를 함께 걸으며 어깨를 내주었다. 나는 이 모든 어깨를 잊지 못한다. 그들과의 함께 걸음은 하나같이 소중하다. 늘 걷다 쉬고 다시 걸었지만, 옆에서 같이 쉬고, 또 내 숨소리를 듣고는 쉬었다가 걷자고 말해주었다. 이런 삶의 경험이 어찌 코치 이외의 길을 가게 할 수 있었겠는가! 나는 이들에게 받은 마음과 함께 걸었던 경험이 나를 코치와 수퍼바이저가 되게 안내했다고 말한다. 코칭이나 수퍼비전이란 곧 '함께 걸음'이라는 생각도 바로 이에 기인한다. '나와 걸어준 그들, 그들과 함께 걸었던 시간, 걸음 맞추기, 쉼과 회복의 리듬, 그리고 기억하는 헤어짐.' 코칭은 아마 이와 같음이 분명하다. 일 년에 가까운 코칭 과정을 마치고 수료증과 자격증을 함께 받던 당시 나는 내가 걸을 코칭의 길을 이렇게 되뇌었다. '생명 살림과 돌봄, 시대의 대안으로서의 코칭.' 이것이 내게 따뜻한 어깨를 내어준 모든 벗들에 대한 보답이라 여기고 있다.

[저서] 『코칭튠업 21가지 핵심 역량과 역량』(2017)

『누구나 할 수 있는 대화 모델』(초판 2018, 개정판 2024)

『첫고객·첫세션 어떻게 할 것인가』(초판, 2019, 개정판 2026)

[번역] 『정신역동과 임원 코칭』(2019),

『코칭과 정신건강 가이드』(2022),

『10가지 코칭 주제와 사례 연구』(2022),

『정신역동 코칭: 30가지 고유한 특징』(2023),

『트라우마와 정신분석적 접근』(2023),

『코칭수퍼비전 실천과 해설』(2025),

『라캉 정신분석 치료 이론』(2025),

『코칭 공식화의 이해와 실천』(2025),

『현대 정신분석 장field 이론 Ⅰ』(2026)

[공동 번역] 『코칭수퍼비전』(2014),

『코칭의 역사』(2015),

『코칭 윤리와 법』(2018),

『코칭, 컨설팅 수퍼비전의 관계적 접근』(2019),

『수퍼비전: 조력 전문가를 위한 일곱 눈 모델』(2019),

『코치 앤 카우치』(2020),

『내러티브 코칭』(2021),

『정신분석 심리치료의 기본 과정』(2021),

『정신역동과 마음챙김 리더십』(2021),

『트라우마와 정신분석적 접근』(2023),

『수퍼바이지와 수퍼비전』(2024),
『코칭 윤리 사례 연구』(2024),
『코칭수퍼비전의 이론과 모색』(2024),
『코칭 윤리 연구와 실천 핸드북』(2026)
[감수] 『101가지 코칭전략과 기술』(2016),
『코칭심리학 2판』(2023)

관련 홈페이지: supervision.co.kr, biondysupsok.co.kr
코칭북스: coachingbooks.co.kr
개인문의: newlifecreator@gmail.com

감사의 글

이 프로젝트는 여러분들의 기여로 이루어졌으며, 그들의 지원과 참여에 감사드린다.

먼저, 여정의 모든 단계에서 지침과 지원을 아끼지 않은 케이티 랜달Katie Randall과 루틀리지Routledge 팀에게 감사드린다. 루틀리지와 함께 이 프로젝트를 진행할 수 있는 최근의 기회를 매우 소중히 생각한다.

다음으로 책의 자료 개발을 지원해 주신 분들께 감사드린다. 특히 책 서론에 소개된 연구에 참여해 준 동료들과 데이터 분석을 수행해 주신 니콜라 허튼Nicola Hurton에게 깊이 감사드린다. 데이비드 클래터벅David Clutterbuck, 캐서린 카Catherine Carr, 피터 호킨스Peter Hawkins, 재클린 피터스Jacqueline Peters, 서니 스타우트-로스트론Sunny Stout-Rostron께서는 그들의 저작물 활용 허가를 허락해 주었다. 참고 문헌 정리 및 서식 작업에 도움을 주신 캐롤 모리Carole Morley와 원고 검토는 물론, 본 프로젝트와 저자들의 오랜 연구 활동 전반에 걸쳐 격려와 비판, 열정을 보여주신 이안 레이시Ian Lacey에게도 추가로 감사드린다.

마지막으로, 우리의 연구와 실천에 정보를 제공해 준 모든 동료와 고객들에게 깊은 감사를 드린다. 그들의 경험과 전문성으로부터 혜택을 받을 수 있었던 기회는 영감을 얻는 특권이었으며, 이어지는 페이지에 담긴 아이디어의 토대가 되었다.

기밀 유지 확인 Confidentiality Statement

이 책에 수록된 사례 자료는 전문 실천 현장에서 경험한 사례와 직면한 딜레마에서 영감을 얻었다. 다만 익명성을 보장하기 위해 세심한 주의를 기울였으며, 책 전체에 걸쳐 설명 목적으로 사용된 모든 사례의 고객과 코치는 모두 가상의 인물이다.

시리즈 편집자 서문

복잡한 세상에서 코칭의 핵심이 된 코칭 공식화

전문 코칭 시리즈Professional Coaching Series는 코칭 실천에 정보를 제공하는 핵심 텍스트를 제공하기 위해 개발되었다. 전 세계의 동료들이, 코치들이 점점 더 복잡해지는 환경에서 직면하는 다양한 영역의 실천에 정보를 제공하고 도전하기 위해 자신의 전문성을 아낌없이 제공해 왔다.

시리즈 편집자로서 '공식화의 역할'에 대한 내용을 포함에 달라는 요청을 받았다. 공식화는 심리학의 많은 영역에서 핵심 실천 요소element이지만, 고객과의 작업에 주어진 구조-틀frameworks를 적용하는 것을 선호해 온 많은 코치에게는 주변적인 요소로 여겨져 왔다. 그러나 다중적이고 복잡한 이슈를 해결하려는 '코칭 주체'를 마주하는 선도적 실천가들practitioners의 작업에서 공식화가 점점 더 자주 등장하고 있다. 시리즈 편집자로서 나는 내 자신의 작업을 소개하는 것을 피하려 노력해 왔다. 그러나 공식화는 코칭, 교육, 치료 분야에서 내 경력 내내 나를 매료시켜 온 영역이다. 심리학 응용 실천 분야의 동료 사라 코리Sarah Corrie와 루이스 C. 코바치Louise C. Kovács와 함께 '공식화'는 코치로서 우리 작업의 핵심 부분을 형성해 왔다. 그래서 이번 책을 출간하게 되었다.

우리는 이 책의 제1부에서 공식화가 코치 작업에 가치를 더하는 이유를 제시하고, 실천 중에 공식화가 어떤 모습인지 설명하며, 그 적용을 위한 개정된 구조-틀을 제공하고자 했다.

이 책의 제2부에서 제안된 〈4P 구조-틀〉은 수년간 우리 작업의 기반이 되어 온 기존의 목적Purpose, 관점Perspective, 과정Process 접근법을 발전시킨 것이다. 이는 여전히 전문직의 본질을 고려하고 정의된 실천 영역 내에서 실천가 연구를 안내하는 구조를 제공한다. 네 번째 P인 '위치성Positionality'을 추가해, 이전에는 우리의 작업 목적과 채택한 관점을 정의하는 방식에 포함되었던 요소들을 명확하게 드러낸다. 위치성을 별개의 요소로 우리와 '코칭 주체'가 자신과 세상을 바라보는 방식이 실천의 특징으로 갖는 역할에 더 큰 비중을 부여했다. 해당 구조-틀을 상세히 탐구하며 간략한 사례와 숙고할 질문들을 제시한다.

책의 제3부는 실천 영역의 몇 가지 사례를 살펴본다. 코칭은 너무 포괄적이라서 우리 분야가 포괄하는 실천 영역의 일부만을 다룰 수밖에 없다. 우리는 코칭을 촉진하는 생각의 깊이를 보여주는 데 도움이 되는 특정 도전 과제가 있는 영역만 공식화를 설명하기로 했다. 이 부분에서 활용하는 사례 연구는 코칭 과정에서 떠오르는 아이디어를 밝히기 위해 더 상세하게 제공한다.

책의 제4부는 독자들이 개념을 자기 작업에 적용할 수 있는 방법을 제시한다. 상세한 사례 연구, 일반적인 구조-틀, 개인 맞춤형 접근법을 탐구함으로써 독자들이 코칭에 공식화를 적용하는 것이 '코칭 주체'와 더 넓은 이해관계자, 자신의 실천에 어떻게 이로운지 온전히 이해할 수 있도록 도울 것이다. 또한 다양한 세계 속에서의 공식화와 그로 인한 도전 과제들을 탐구한다. 책의 결론을 간략히 제시하여, 코칭 실천을 향상시키는 데 있어 공식화의 역할에 대한 추가적인 탐구를 독려하고자 했다.

이 책이 시리즈에 환영받는 추가 자료 되리라 믿는다.

전문성 개발 재단Professional Development Foundation
데이비드 A. 레인David A. Lane 교수

서론

코칭은 개인, 팀, 조직이 직면한 다양한 이슈 해결을 위한 효과적 개입 방법으로 널리 인정받고 있다. 이론의 영향은 확장됐지만 심리학의 아이디어에 여전히 의존하고 있다. 특히 심리학 실천의 핵심 특성 중 하나인 '공식화formulation' 분야는 관심이 매우 부족했다. '공식화' 개념은 심리학 실천 분야의 중심이다. 이 과정은 '클라이언트'와 함께 직면한 이슈와 그에 영향을 미치는 여러 요인factor을 이해하고 혁신적인 개입을 도출할 수 있다. 단순한 맥락을 넘어 복잡한 상황을 아우르는encompass 실천을 가능하게 한다.[5] 우리 관점에서 코칭 접근을 위한 '공식화'는 더욱 넓게 적용될 수 있다. 이 책의 지향 목표는 그동안 누락

5) 기존에 발전해 온 임상심리학의 연구와 실천에 근거해 '코칭심리학'이 독자적 분야로 발전해 왔다. 다양한 코칭심리학 이론 기반 코칭은 기존 임상심리학 실천을 위한 '사례 개념화case conceptualization' 방식에 기반해 코칭심리학 사례 개념화가 가능하다. 심리학 외에도 분명한 이론 기반 코칭이 가능하다. 이렇듯 이론에 기반한 공식화 작업을 역자는 '(사례) 개념화'로 구분한다. 이와 다르게 다양한 이론과 철학 분야가 융복합적으로 발전해온 '코칭학' 차원에서는 코칭 (사례)공식화coaching case formulation가 타당하다. (case) documentation은 진행한 사례 보고의 의미를 지닌 '사례 기술문'으로 구별한다.

되었던 코칭 분야의 공식화 개념 이해와 실천 적용을 쉽고 가능하게 돕는 것이다. 코칭 분야에서 아직 충분히 수용되지 않았지만, '공식화'는 코치들이 습득해야 할 필수적인 기술로 점점 더 확산되고 있다.

예를 들어, 경험이 풍부한 코치들과 논의에서 그들은 '코칭 공식화'를 고객의 상황과 필요를 이해하는 핵심 과정으로 사용한다. 일반적으로는 원하는 변화를 끌어내기 위한 개입 방법을 선택하는 근거로 활용한다. 또한 '코칭 공식화'는 학술 연구 주제로 부상하고 있고, 관련 문헌에서 연구와 자료가 점점 증가하고 있다(예: Chapman, 2023; Corrie, Kovács & Lane, 2021; Drake, 2010; Kahn, 2014; Kovács & Corrie, 2021; Lane & Corrie, 2006; Lane et al., 2024; Stout-Rostron, 2009, 2014).

'공식화'의 중요성을 강조하는 학자들은 코칭 분야에서 '코칭 공식화'를 선구적으로 도입했으며, 전 세계 워크숍에서 코치들에게 열정적으로(그러나 신중하게) 홍보해 왔다. 이제 '코칭 공식화'는 훈련 프로그램에서 언제나 우선순위는 아니지만, 점차 관심을 끌고 있으며 코칭 분야 전체에서 중요한 관심 분야로 주목받고 있다.

이 책은 '공식화'의 본질, 목적, 기능을 탐구하며, 실천을 향상시킬 수 있는 효과적인 '코칭 공식화' 방법을 탐구한다. 각 장은 이론적 관점과 논쟁, '공식화'의 활용을 보여주는 짧은 사례와 복잡한 사례 연구, 독자가 자신의 '코칭 공식화' 기술을 개발하기 위해 참여할 수 있는 질문과 과제를 제공하며 '코칭 공식화'를 탐구한다.

코치에게 '공식화'가 중요한 이유

최근 몇 년간 코칭에서 '공식화'의 역할을 탐구하는 문헌이 등장하고 있다. 이 관심은 경험이 풍부한 코치들과의 대화에서도 반영되고 있다. 많은 동료는 '코칭 공식화'를 ①고객의 상황과 필요를 이해하는 핵심 과정으로 활용하며 ②원하는 변화를 끌어내기 위한 개입 방법을 선택하는 근거로 활용한다. 예를 들어, 이 책 집필 전에 주제와 내용 개발을 위한 기반으로, 우리는 경험이 풍부한 코치들이 작업에서 '코칭 공식화'을 왜, 어떻게 사용하는지 좀 더 깊이 알아보았다. 여러 동료들이 상세한 정보를 제공해 주었다. 이는 오랜 동안 협력자인 니콜라 허튼Nicola Hurton[6]에 의해 독립적으로 검토되고 주제별로 분석되었다. 허튼은 '코칭 공식화'의 이점을 다음 일곱 개의 핵심 주제themes로 구별했다.

1. 코치와 코칭 주체가 관련 문헌과 모델을 개인 맞춤으로 활용할 수 있게 한다.
2. 심리학적 정보에 기반한 접근 방식을 제공한다.
3. 변화에 함의를 지닌 향후 방향 제시를 지원한다.
4. 이야기/내러티브 구조를 시스템적으로 활용할 수 있도록 한다.

---

6) 니콜라 허튼Nicola Hurton(학사, 석사)은 개인의 경력 개발 지원을 전문으로 하는 직업 심리학자. 또한 조직 및 경영 개발, 채용 및 리더십 코칭 분야에서 다수의 컨설팅 및 연구 프로젝트에 참여했다. 전문성 개발재단/Middlesex University 석사 프로그램의 프로젝트 평가자이며, 현재(2025) 런던 대학교 Goldsmiths에서 파트타임 연구직을 맡고 있다.

5. 공유한 과정을 통해 상황을 이해하고 해석을 가능하게 한다.
6. 코칭 주체의 상황과 요구에 작용하는 맥락과 다양한 영향 요인 탐구를 용이하게 한다.
7. 실천을 안내하고 지원하는 설명적 구조-틀을 제공한다.

이런 이점은 코치와 코칭 주체가 서로 이해하고 미래 방향을 창출할 수 있는 협력 구조-틀을 만들어 내는 데 도움을 준다. 아래 동료들의 말을 인용을 살펴보자.

"사람들은 자기 이야기를 들려주며 상당히 많은 정보를 드러낸다. 우리는 이런 정보를 이해하고, 함께 일하는 사람들이 자기 이야기를 인식하며 도움이 되지 않는 부분을 재-저작re-authoring할 수 있도록 일관되고 명확한 설명/분석account을 제시할 '방법'이 필요하다. 따라서 내게 '코칭 공식화'는 개인으로 연결된 사람들이 집단으로 자기 이야기를 작성하고 재구성하는 과정이다. 이는 ①먼저 일관된 내러티브를 구성construction한 후, ②이를 해체하여 ③서로 다른 요소들이 우리(및 타인)에게 미치는 영향을 이해하고, ④대안적인 내러티브를 재구성하는 과정이다."

"코칭 공식화는 새롭게 등장하는 이야기 속에서 **일관성**과 **불일치** 요소를 계속 살펴보게 돕는다. 이는 실제 상황에서 검증 등 추가 탐구가 가능한 아이디어를 도출하며, 결국 명확한 내러티브에 도달하게 한다. 이 '(설명)내용'을 코칭 주체(개인 또는 집단)와 함께 활용해 행동 실험을 설계하고 변화를 유도하는 개입 전략을 수립할 수 있다. '공식화'를 통해 우리는 해당 실험 결과를 다시 '코칭 공식화'와 연결해 여전히 타당한 '내용'으로 가능한지 확인할 수 있다. 필요시 재검토도 가능하다. 또한 수행한 모든 작업 평가를 위한 기반을 제공하며, 새로운 이야기가 작성됨에 따라 미래에 지속 가능한 적응 과정을 제공한다.

이 과정이 협업적이기 때문에 코칭 주체는 미래의 관심사/우려concern를 해결하기 위해 '코칭 공식화' 과정을 스스로 활용하는 방법을 배우게 된다."

"내게는 더 큰 그릇container을 들고 있는 것과 같다. '코칭 공식화'가 내 작업에 영향을 미치는 이유 가운데 하나는 이것이 체크 리스트를 제공하기 때문이다. 또한 전체 그림에서 무엇이 빠졌는지 알아차리는 데도 도움이 된다. '코칭 공식화'가 없다면 코칭 주체가 말하는 내용에 휩쓸려 그 아래 숨겨진 **방어 패턴**이 무엇인지 파악하지 못하는 경우가 있다. 혹은 그 이면에 숨겨진 **정서**가 무엇인지, 코칭 주체가 밤늦게 와인을 두 병이나 마시고 있을 때 **무슨 일**이 일어나고 있는지… 등 파악하지 못한다. 이럴 때 내게 '코칭 공식화'에 대한 감각이 있다면, 어떻게 개입해야 할지 명확해진다. 예를 들어, **신념 체계**를 살펴봐야 할까, 아니면 탐구해야 할 **감정**이 있을까? 아니면 **대인관계 기술**과 관련된 부분이 있을까? 아마도 **모든 요소**가 포함될 수 있지만, 코칭 주체와 가장 효과적으로 작업하는 방법을 명확히 하는 데 도움이 된다."

이 책에 대해

이 책은 코칭과 '코칭 공식화'의 활용에 중심이 되는 현재와 역사적 증거, 지식, 논쟁을 다루며, 실제 현장에서 공식화 적용 사례를 제시한다.[7)] 이 책은 이론에서 실제 적용까지를 네 부분으로 나눠 구성되어 있다.

제1부는 '코칭 공식화'의 기본 개념을 소개한다. 여기서는 '코칭 공식화'가 무엇인가? 그 목적과 기능, '코칭 공식화'가 효과적인 코칭에 어떻게 기여할 수 있는지 탐구한다. 핵심 개념과 용어를 소개되며, 다양한 '코칭 공식화' 접근 방식이 검토되고, 실제 적용을 위한 활용 개요를 제공한다.

특히 1장은 '코칭 공식화' 개념을 포괄적으로 안내하며, 응용 심리학 내의 '공식화'의 기원과 효과적인 코칭 실천에 어떻게 기여할 수 있는지 심층적으로 설명한다. 이러한 아이디어는 2장에서 발전되어 현재까지 문헌에서 드러난 지배적인 접근법을 포함한 다양한 '공식화' 접근법을 탐구한다. 이어 3장은 '〈4P 구조-틀frameworks〉'을 소개한다. 이는 우리의 실천 경험, 학술 연구 동료와의 협업 및 대화를 통해 도출된 접근법이다.

제2부는 〈4P 구조-틀〉을 활용해 '공식화'의 틀을 구축하는 방법을

---

7) [저자 주] 제시한 짧은 사례와 사례 연구는 허구이다. 그러나 제시된 시나리오가 다양한 코칭 맥락에서 '상호 마주한encounter' 코칭 조건과 코칭 주체를 대표한다는 점에서 독자들에게 공감을 불러일으키기를 바란다.

탐구한다. 4P의 첫 번째 요소는 '위치성positionality'으로 4장에서 다루며, 이는 우리가 속한 문화와 신념에 의해 형성된 개인적 인식론과 존재론에 따라 자신을 어떻게 인식하고, 타인으로부터 어떻게 인식되며, 세계와 상호작용하는지에 초점을 맞춘다. 5장은 4P의 두 번째 요인인 목적purpose을 살펴보고, 코칭의 목적을 설정하는 방법과 '공식화'를 활용해 코칭 경험을 개념화하는 방법을 살펴본다. 6장, 7장, 8장은 코칭 여정에 영향을 미치는 4P의 세 번째 요소인 관점perspectives의 세 가지 다른 버전을 소개한다. 개인, 대인관계, 시스템 관점을 통해 코칭 여정을 안내한다. 마지막으로 9장은 4P의 네 번째 요인인 '과정process'을 다루며, '공식화'가 코칭 '과정'의 설계와 실행에 미치는 영향을 탐구한다.

제3부는 다양한 코칭 맥락에서 '공식화'를 적용할 수 있는 사례를 제시한다. 이 장들은 '공식화'가 코칭에 적용될 수 있는 창의적이고 다양하며 가치 있는 방법임을 조명하고자 한다. 비록 현재 코칭이 이루어지는 맥락을 모두 대표하려는 의도는 아니지만 코칭 맥락이 너무 많아 다 담을 수 없다. 그러나 독자들이 공감할 수 있는 코칭 역역을 선별하여 제1부와 제2부에서 소개된 원칙과 방법을 검토할 만한 실제로 적용할 수 있는 토대를 제공하기 위해 노력했다. 따라서 여기서는 건강 및 웰니스 코칭(10장), 임원 코칭 및 리더십 개발(11장), 팀과 시스템 코칭(12장), 교육 분야 코칭(13장)에서 '공식화'의 역할과 이점에 초점을 맞춘 내용을 다룬다.

제4부는 자연스럽게 이어받아 독자가 '공식화'를 구성하는 방법을 상세히 이해할 수 있도록 안내한다. 14장은 사례를 통해 '공식화' 과정의 각 단계에서 코치가 직면하는 선택과 결정을 상세히 설명한다. 특정한 코칭 과제라는 맥락에서 '공식화' 작업을 어떻게 접근할 수 있는지 단계별로 다룬다. 15장은 독자들이 자기 위치성, 목적, 선호하는 관점과 과정을 고려한 맞춤형 '공식화' 접근법을 개발하는 방법에 대한 지침을 제시한다. 마지막으로 16장은 다양한 세계관과 코칭 구성에 대한 도전 과제를 다룬다. 또 특정 집단이 주변화된 방식과 이런 이슈를 해결하기 위한 시도를 살펴본다. 따라서 **진정으로 포용적인 실천**을 촉진할 수 있는 이해 방식을 개발하기 위해 서구적으로 생각하기에 대한 (지향)목표를 설정하고자 했다.

이 책의 전반적인 방향은 이론에서 적용으로 나아가지만, 각 장에는 독자가 아이디어를 개인화하고 활용하도록 돕기 위한 '숙고해야 할 질문'을 제시해 체화하도록 '기준점anchors'을 제시했다. 이 질문은 개인 성찰에 기반이 되고 동료와의 대화, 교육, 수퍼비전 등에서 논의할 수 있는 포인트이다. 우리는 독자가 자기 코칭 실천에 뿌리를 내릴 수 있는 '코칭 공식화'라는 여정을 계속해 나가기를 기대한다.

이 책은 누구를 위한 것인가?

이 책 집필하는 (지향) 목표는 경력 단계와 관계없이 모든 코치의 학습과 개발 요구를 지원하는 데 있다. 경험 수준과 전문성의 배경과 관계없이 독자가 자기 실천에서 '코칭 공식화' 활용에 숙달될 수 있도록 하는 것이다. 이 책은 이런 독자에게 유용했으면 한다.

- 핵심 코칭 기술을 다진 후 어떤 코칭 상황이라도 독특한 특성에 맞춰 적용할 수 있는 유연하면서도 시스템 접근법으로, 코칭 주체의 필요와 요구를 이해하고자 하는 코치와 코칭심리학자
- 다양한 코칭 주체와 맥락으로 자신의 접근법을 확장하고자 하며, 이를 위한 유용한 지침서를 환영하는 경험 많은 코치 및 코칭 심리학자들
  - 실천 영역을 확장할 방법을 모색하는 경험 많은 실천가에게 공식화는 코칭 주체의 작업을 개념화하는 창의적인 방식을 제시하다.
- 단일 이론 모델의 한계를 넘어 실천 영역을 확장하고자 하는 모든 코치와 코칭 심리학자
- 코칭 여정이 진행됨에 따라 수퍼비전-주체supervisee가 코칭 주체의 필요와 요구를 이해하도록 돕는 효과적인 방법을 찾는 코칭 수퍼바이저
- 수련 코치들이 잠재 고객을 위한 효과적인 코칭 접근을 설계하는 기술과 과학을 숙련하는 데 도움을 주는 접근법 레퍼토리를 확장하게 지원하려는 코칭 트레이너
  - 이 책은 코칭 트레이닝 프로그램에서 '코칭 공식화' 교육 기반을

제공하며, 교육 과정에 포함해 교재로 활용하기를 희망한다.

- 코칭 과정과 결과에 기여할 수 있는 '코칭 공식화'의 역할을 이해하고 연구를 실행하려는 코칭 연구자들

이 책을 사용하는 방법 - 독자에게 전하는 메시지

이 책의 또 다른 목적은 개념적·이론적 범위를 넘어 코치가 최상의 성과를 내도록 돕는 텍스트를 제공하는 것이다. 따라서 다음 장을 읽기 전에, 이 책을 선택한 이유와 이 책에서 가장 필요로 하는 것이 무엇인지 먼저 생각해 보기를 권장한다. 이는 독서와 성찰을 자신의 발전 요구에 맞게 개인화하는 데 도움이 될 것이다.

이 과정을 촉진하기 위해 질문을 안내로 제공한다.

1. 현재 만나는 코칭 주체, 그들의 이슈, 그들에게 영향을 미치는 요인을 이해하기 위해 어떤 방법을 사용하고 있는가?
2. 코칭 주체의 가치를 이해하면서 동시에 자신의 개인적, 전문적 가치를 탐구하여 공유된 이해에 도달하기 위해 어떤 방법을 사용하는가?
3. 코칭 주체와 자신의 관점을 개방적으로 공유하여 서로의 시너지를 활용할 수 있는 코칭 관계를 어떻게 조성하는가?
4. 이 책을 읽는 당신의 희망, 필요, 기대는 무엇인가?

이 책을 선택하게 된 이유가 무엇이든, 이어지는 장을 통해 여러분의 실천 방식을 새롭게 생각하기를 격려받고, 도전받으며, 지지받는 경험을 하길 바란다. 이 책과 함께하는 여정을 시작하는 당신에게 행운을 빌며, 함께 나눌 수 있기를 기대한다.

제1부
코칭 공식화의 기본 원리와 <4P 구조-틀> 소개

제1부는 '코칭 공식화' 개념을 소개하고, 코칭 실천의 필수적인 부분임을 강조한다. '코칭 공식화'의 목적과 기능을 파악하는 것 외에도 기원을 탐구한다. '코칭 공식화'의 특징을 소개하고 실천에서 활용하는 지침을 제공한다. 또한, 독자가 고객과 함께, 고객을 위해 '코칭 공식화'을 구축하는 데 도움이 되는 〈4P 구조-틀〉을 소개한다.

1장
공식화 소개와 방향

코칭에서 우리는 많은 시간을 고객이 제시하는 고민/우려concern, 딜레마, 이해하기 어려운 난제puzzle, 요청 사항을 이해하고 의미를 찾는 데 활용한다. 이 의미 부여sense-making 과정은 개인적 성찰로 이루어지든, 수퍼비전 과정에서 담론 방식으로discursively 논의되든, 고객과 대화로 공동으로 이루어지든co-produced 모두 '공식화formulation'로 알려져 있다. 코치 양성 프로그램과 책, 학술 논문의 주된 초점이 되는 코칭 모델과 기법techniques과 비교할 때 '공식화'는 상대적으로 이해하기 어려운 기술이다. 그러나 이 책 전체를 통해 보여주려는 것은 공식화는 코치가 습득할 가치가 있는 핵심적인 기술skill이다.

첫 장의 (지향) 목표aim는 코치가 수행할 가장 흥미롭고 복잡하며 정교한 활동 가운데 하나인 '코칭 공식화'를 다양한 방향에서 설명하는 것이다. 즉 '코칭 공식화'의 본질을 설명하며, 진단적 접근 방식diagnostic approach과 코치들의 생각하기thinking를 특징짓는 작업 가설working hypotheses과 어떻게 다른지 차이를 명확히 한다. '코칭 공식화'를 코칭 실천의 기반으로 삼으려는 관심이 증가하고 있음을 보여주는 문헌을 소개하고 주요 기능과 이점을 논의한다. 이어 효과적인 '코칭 공식화'을 구성하는데construct 필요한 실천능력capabilities과 기술을 소개한다. 마지막으로, 공식화가 모든 코칭 작업에 필수적인지, 아니면 일부 작업에만 필요한가를 검토한다.

이 장을 통해 다층적 활동인 공식화에 방향을 제시하고, 다음 장에서 자세히 설명할 공식화의 역할과 관련된 현재 이슈, 질문 및 논쟁에 대한 알아차림을 높이는 것이 지향하는 목표이다.

코칭 주체의 이야기를 통해 길을 찾기

코칭 주체와 함께 일하는 '과정'은 코치에게 여러 선택의 순간을 제공한다. 과정의 각 단계에서 코치는 진행 방향을 결정하기 위해 여러 선택지에 직면하게 된다. 어떤 질문을 할지, 어떤 구체적인 탐구 방향을 선택할지, 코칭 주체의 맥락과 요구를 이해하는 데 가장 적합한 코칭 구조-틀은 무엇인지, 또는 변화를 끌어내기 위한 구체적인 기법은 무엇인지 등이다.

■ 다음의 사례를 읽고 고객, 코치, 코칭의 목표나 이슈를 모두 발굴해 보자.

[사례 1.1] 마크의 코칭을 위한 코치 줄리엣의 결정

경험이 풍부한 경영 코치인 줄리엣Juliet은 최근 자신의 서비스를 고용한 조직의 고위 관리자 마크Mark와 케미스트리chemistry 미팅 진행을 요청받았다. 첫 미팅 전, 줄리엣은 잠재 고객인 마크가 "바보 같이 참지 못하는 사람이다."와 "성질이 급하다."라는 평판이 있다는 사실을 알았다. 조직과 초기 접촉을 통해 줄리엣은 마크의 행동이 그가 수년간 조직에 가져온 수익 때문에 용인되어 왔다는 인상을 받았다.

케미스트리 미팅에서 마크는 자기 리더십 스타일을 개선하고 싶다고 밝혔다. 그는 팀원들을 유지하는 데 어려움을 겪고 있고, 퇴사 인터뷰에서 여러 사람이 그의 공격적인 태도에 불만을 제기했다는 사실도 알고 있다고 말했다. "괴롭힘bullying"이라는 단어도 나왔다.

줄리엣은 그의 태도를 직접적이고 공격적이거나 괴롭힘을 주는 느낌은 아니고, 평소에는 어떤지 모르나 자기와 대화에는 마크가 그녀의 자격과 경력을 이례적으로 캐묻듯 깊이 파고드는 질문을 했다고 개방하며 응답했다. 또 그는 가벼운 추파를 던지는 태도를 보이긴 했지만, 줄리엣은 이것이 자신의 오해일 수 있다고 생각을 속으로 했다.

마크는 코칭 진행 의사를 밝혔다. 첫 회기에서 줄리엣이 "자신을 이해하고 있다며, 자기에게 줄리엣이 필요하다."라는 낙관적 전망을 내비쳤다. 줄리엣은 첫 만남에 복잡한 감정을 느꼈다. 무슨 이유인지 이해할 수 없지만, 왠지 그와 함께 있으면 불편함이 느껴졌다. 그래도 마크가 헌신적으로 코칭에 임하겠다고 밝힌 데에는 분명한 이유가 있다는 생각을 했다.

줄리엣 자신도 마크가 대인관계 스타일을 개선하기 위해 코칭 받길 원하는 조직에 좋은 인상을 남기고 싶었다. 줄리엣과 마크는 함께 일하기로 합의했다.

역자 질문: 다음에 이어지는 내용을 보지 말고 질문을 검토해 보자.

Q. 줄리엣이 코칭 여정을 사전에 준비한다면 어디에 주목하고 시작하겠는가?

Q. 코칭 목표를 명시적으로 합의해 가는 과정, 이해관계자와 필요한 미팅 등 두 번의 미팅으로 '초기 접근'의 어려움을 해결할 수 있는가?

Q. '마크와 함께 있으면 불편하다'는 줄리엣의 느낌은 무엇이며 어떻게 해야 하는가?

줄리엣은 마크의 보여주는 방식presentation과 요구 사항을 바탕으로 코칭 개입을 설계하기devising 위해 어떻게 해야 하는가?

초기 단계에는 줄리엣이 가진 정보는 상대적으로 제한적이다. 그녀는 코칭 계획 수립을 위해 더 많은 데이터를 수집하고 싶을 것이다. 반면에, 두 사람의 초기 상호작용은 탐구할 여지가 풍부한 요인을 포함하고 있다. 예를 들어, 마크가 코칭을 통해 달성하고자 하는 목표는 자신의 리더십 스타일을 검토하고 변화하려는 열망으로, 이는 두 사람이 노력을 집중할 만한 명시된 [세부] 목표stated objective이다. 또한 마크의 대인관계 스타일과 관련한 경고의 말과 다른 이해관계자들의 힌트를 보면 마크가 팀원들에게 문제 있는 인물로 인식되고 있으며, 그 정도는 비즈니스에 어려움을 초래하기 시작했다는 것을 암시한다. 이는 ①대인관계 결함deficit, 좀 더 넓게는 ②사회적-인지 문제, ③정서 반응 조절의 어려움 등을 반영하는 것일 수 있다. 줄리엣의 마크에 대한 초기 인상과 반응도 중요하나 이 모두는 줄리엣이 고려해야 할 요인이다. 다음과 같이 열거할 수 있다.

Q1. 그의 캐묻는 듯한 질문은 단순히 명확성을 원하는 것인가, 아니면 줄리엣이 그를 '관리할지 모른다'라는 불안감을 반영한 것인가?

Q2. 그는 다른 사람이 그랬던 것처럼 줄리엣도 자신을 대인관계에 문제 있는 사람으로 알아차릴까봐 걱정하는 것인가, 아니면 줄리엣이 자신의 도발에 어떻게 반응할지 시험하는 것인가?

Q3. 줄리엣은 마크의 가벼운 추파 던지는 스타일을 어떻게 해석해야 하는가?

만약 그녀가 이를 정확히 감지했다면, 이는 성 정치적gender politics 맥락에서 권력 남용의 시도일 수 있지 않을까? 그는 자신이 전달한 메시지를 과연 의식하고 있는가?

Q4. 줄리엣에 대한 마크의 반응과 그녀의 반응은 잠재적으로 지속되어 온 성격 스타일의 일부로 해석될 수 있고, 성격 특성을 시사하는 것은 아닌가?

■ 조직 후원자와 코칭 고객과의 초기 상호작용 데이터를 이해하는 것은 필연적으로 추가 질문을 제기하게 된다.

Q5. 마크의 요구를 이해하기 위해 포함해야 할 관련 정보는 무엇인가? 그 정보는 어떤 출처에서 얻을 수 있는가?

Q6. 줄리엣이 가설을 수립하고 이를 검증하기 위해 수집해야 할 데이터는 무엇인가?

이런 질문은 코치가 고객이 서비스를 찾는 다양한 이유를 이해하고 효과적으로 대응하기 위해 직면하는 결정사항의 전형적 예시이다. 여러 가지 행동 선택이 가능하기에, 코치는 행동 계획을 수립하기 위해 결정할 수 있는 '과정'을 개발해야 한다.

이것이 바로 '코칭 공식화'의 주요 과제이다.

'코칭 공식화'란 무엇인가?

'공식화'는 넓은 의미에서 "코칭 주체가 제시하는 이슈에 대한 '설명적 분석explanatory account'[8]이다. 이에는 공유된 이해를 기반으로 변화에 영향을 미칠 수 있는 취약predisposing 요인, 촉진/유발precipitating 요인, 유지maintaining 요인을 포함한다.[9] 공유된 이해의 구조-틀을 형성할 수 있고 변화에 대한 함의을 지닌다."(Lane & Corrie, 2009, p.194) '설명적 분석'이 실천에 어떻게 기여할 수 있는지는 마치 낯선 지형을 탐색하기

8) '설명적 이해/분석/설명explanatory account': 코칭 대상자의 이슈를 왜, 어떻게 발생하고 지속되는가에 대한 논리적, 체계적 설명과 정리한 내용을 뜻한다. 단순한 진단명이나 증상 목록의 확정을 넘어선다. 분석을 포함하며, 분석과 종합을 거쳐 다시 설명한다는 의미에서 '이해'이며, 분석이자 서술이기에 '설명 모형'으로 볼 수 있다. '설명적 분석'으로 번역한다.

9) 취약predisposing 요인: 문제나 이슈가 발생하기 쉬운 장기적이고 근본적인 배경요인이다. 과거 경험, 유전적 특성, 성격, 성장 환경, 발달 상의 이슈 등 시간을 두고 축적된 개인을 특정하게 취약하게 만드는 요소를 포함한다.(예: 어린 시절 트라우마, 가족 경험, 평생 추구했던 목표의 좌절 등)

코칭에서는 현재 목표 달성에 어려움을 겪는 근본적 성향이나 습관, 어린 시절 경험, 핵심 신념이나 반복되는 행동 패턴 등 장기적인 자기-방해self-sabotage 요소들로 이해할 수 있다.

촉진/유발precipitating 요인: 문제나 이슈를 실제로 '터지게' 만든 최근의 사건이나 스트레스 요인이다. 증상이나 위기가 시작된 시점과 직접적으로 연결되는 사건으로 방아쇠 역할을 한다, 비교적 단기적이고 구체적 사건인 경우가 많다.(예: 이별, 직장 해고, 주요한 시험 실패, 갑작스런 신체 질환)

코칭에서는 특정 계기나 스트레스 사건을 명확히하며 현재 어려움을 촉발한 해결을 넘어 근본적 문제를 다루도록 안내한다.

유지maintaining 요인: 문제나 이슈를 지속되게 만드는 현재의 요인. 발생 후에도 지속되는 증상이나 행동을 강화하고 회복을 방해하는 요소로 개인의 생각 패턴, 주변 환경에 대한 반응, 회피 행동 등 현재 진행형의 순환고리를 형성한다.

코칭에서는 현재의 바람직하지 않은 상태(미루기, 번아웃 등)를 지속하게 만드는 패턴을 분석하고 코칭 개입은 주로 이런 유지 요인을 깨고 새로운 행동 패턴을 만드는 데 집중한다.

변화에 대한 두려움으로 목표 설정 회피, 2등에 머물기 위한 도전 회피, 자기비판적 내부 독백, 비효율적 시간 관리 등이 두드러진다.

위해 사용하는 지도 비유가 적절하다.

코칭 과제assignment 시작은 햇빛을 가리는 높은 나무와 두꺼운 잎사귀로 둘러싸인 울창한 밀림 속에 있는 것과 유사하다. 지도가 없으면 우리는 방향을 잃고 숲에서 벗어나는 길(여정)을 가기 어렵다. 길을 잃지 않았더라도, 가장 좋은 최적의 진행 방향을 파악하고 있다면 목적지에 안전하게 도착할 가능성이 높아진다. 지도는 또한 예상치 못한 위험으로부터 보호해 주며, 앞길에 대한 오해를 방지한다. 예를 들어, 지형이 평평하고 그늘진 곳이라고 가정했다가 실제로는 노출된 절벽으로 이어지는 길임을 발견하는 상황을 피할 수 있다.[10)]

코칭도 마찬가지다. 지도 없이 코칭을 진행하면 개입이 흔들리고 실패할 가능성이 높다. 사용된 방법이나 도구의 성공은 계획된 것보다 우연에 의존할 가능성이 높다. 이는 검토할 관련 요인을 진정으로 일관되게 이해하지 못하게 되고 무작위적인 요인의 영향을 반영하게 될 수 있다. 따라서 코칭은 앞으로 펼쳐질 일을 **더 정확하고 자신 있게 파악하고 계획**할 수 있도록 하는 지도가 필요하다. 이점이 공식화formulation를 바탕으로 작업을 뒷받침해야 할 이유이다. 이 같은 이유와 숲속에서 길을 찾는 비유는 '코칭 공식화'가 무엇인지, 무엇이 아닌지를 탐구하는 출발점이 된다.

10) 물론 지도는 영토가 아니다. 그러나 지도는 길을 잃더라도 길을 찾을 수 있는 궁리를 가능하게 한다. 더 중요한 것은 이 길을 코치 홀로 가는 것이 아니라 함께 가는 여정이다. 두 주체의 관계와 같은 길을 가며 서로가 경험하는 내용에 영향을 받는다. 코치는 더욱 더 함께 가면서도 따로(홀로) 여정을 탐구해야 하는 여정이다.

첫째, 레인Lane과 코리Corrie(2009)의 정의가 제시하듯, 공식화는 코칭 주체의 우려와 열망에 대한 상세한 기술description을 넘어, 설명explain과 서술/묘사describe를 모두 포함한 분석account에 도달해야 한다. 둘째, 이 '설명적 분석'을 개발할 때 코치는 ①일반적으로 다양한 정보 출처를 활용해야 하며, ②고객의 자기 서술적 이야기의 구체적 내용, ③다양한 데이터 출처, ④코치의 전문적 서비스를 뒷받침하는 이론과 개념을 바탕으로 **개념 지도**conceptual map를 구성한다. 따라서 이런 '설명적 분석'을 개발하는 과정에서 코치가 숙고하는 질문에는 다음과 같다.

- 왜 이 코칭 주체는 다른 이슈가 아닌 바로 이 특정 이슈를 **호소**하는presenting가?
- 왜 이 이슈가 **지금** 그들(또는 다른 사람들)에게 **일어나는**가?
- 왜 6개월 전이나 6개월 후가 아닌 **이 시점**에 코칭을 요청하는가?
- 원하는 **결과**는 무엇이며, 그 결과는 **누구**에게 유익한가?
- 고객의 현재 상황, 요구needs와 열망에 영향을 미치는 **주요 요인**은 무엇인가?
- 고객의 현재 상태를 설명하는 데 도움이 되는 **취약 요인**, **유발 요인**, **유지 요인**은 무엇인가?
- 고객이 변화의 목적으로 활용할 수 있는 **강점과 자원**(개인, 대인관계, 시스템)은 무엇인가?
- 코칭에서 고려해야 할 코칭 주체의 직면한 **제약 조건**(개인, 대인관계, 시스템)은 무엇인가?

• 위 내용을 바탕으로 코칭 주체의 요구에 대한 어떤 가설을 수립할 수 있으며, 이러한 가설을 검증하기 위해 필요한 데이터는 무엇인가?

위 질문에서 바로 드러나는 점은 코치가 선호하는 접근 방식에 미치는 이론이나 모델에 관계없이 이 질문에 접근할 수 있다는 것이다. 이는 공식화의 핵심 기능 가운데 하나, 즉 '어떻게 볼 것인가?'보다 이를 결정하는 (이동) 수단vehicle 역할을 한다는 점을 반영한다. "어떻게 볼 것인가?"를 결정하는 과정은 코치가 이후 채택하는 코칭 공식화 접근 방식에서 비롯된다. 이는 ①작업의 목적이 정의되는 방식, ②채택된 관점, ③코치와 고객이 공유하는 기본 가정foundational assumptions (Mahrer, 2000)과 ④세계관에 의해 결정될 것이다.

응용 심리학에서 공식화를 탐구한 코리Corrie와 레인Lane(2010)은 전문적 실천에서 두드러지게 나타나는 **다섯 가지 주요 공식화 접근법**을 정리했다. 이는 코칭에도 적용 가능하다.

(1) 진단적 관점diagnostic perspective: 건강 관리 분야health care settings에서 가장 명확히 나타나는 접근법으로, 코치가 심리 측정 검사 데이터를 바탕으로 '공식화'를 뒷받침하는 임원 코칭에도 사용한다.

(2) 과학자-실천가 관점scientist-practitioner perspective: 코치와 고객이 함께 특정 가설을 정의하고 검증하는 원칙을 따르는 '공식화' 접근 방식

(3) 이론적 관점theoretical perspective: 인지, 행동, 정신역동, 내러티브 이론 등 특정 **이론적 접근 방식에서 생성된 개념과 모델로부터 도출된** 공식화 접근 방식[11)]

(4) 전략적 관점strategic perspective: 바람직한 원하는 미래 상태에 초점을 맞추고 이를 달성하기 위한 방법을 설계하는 해결 방법 중심 접근 방식

(5) 사회적 통제의 수단vehicle of social control: 공식화가 사회적 통제 수단이 되는 경우, 즉 심리학적 지식이 지배적인 정치적 세계관과 사회적 담론을 보완하거나 이에 도전하는 데 활용되는 방식으로 코리와 레인(2010)이 주장한다.

이런 공식화의 각 관점은 코치가 코칭 주체의 이야기를 **경청하는 방식**과 어떤 형태의 정보를 우선 수집하는지에 영향을 준다. 이에 따라 코치가 특정 유형의 개입이나 여정을 설계하는 방향을 안내한다(다양한 접근은 2장에서 다룬다). 이 장에서는 '공식화'의 초점이 개별 코칭 주체의 사전에 확인된 **특정한 개발 요구 영역**(예: 신규 임명된 팀 리더의 위임 기술 향상)에서 팬데믹과 글로벌 경제 위기가 초래한 도전 과제를 극복하기 위한 **리더십 실천 능력 개발**까지 확장될 수 있다.

11) 특정 이론과 이 이론의 구성물인 개념과 개념의 연결 체계, 모델을 근거로 공식화를 한다는 점에서 이를 Case Conceptualization으로 구분한다. '사례 개념화'이다. 코칭 역시 코치가 특정 이론과 그 개념을 요인으로 공식화를 하는 경우 이를 '코칭 (사례) 개념화'로 표현해 구별할 필요가 있다. 이외의 접근을 코칭 공식화formulation로 구분한다.

그러므로 '공식화' 개발은 ①생물학적biological, ②개인 내적intrapersonal, ③대인관계적interpersonal, ④조직적, ⑤시스템적, ⑥사회적, ⑦문화적 요인 가운데 하나 이상에 주목할 필요가 있다.[12)] 이는 제3부의 사례 예시에서 설명하듯이 다양한 맥락에서 매우 다르게 나타날 수 있다.

진단 및 작업 가설과 공식화가 다른 점

'공식화'가 무엇인지 설명하는 동시에, 공식화가 무엇이 아닌지도 명확히 하는 것이 필요하다. '공식화'는 코칭 과제 시작 시점에서 단독으로 수행되고, 이후 진행될 작업에 강제로 적용되는 단일 활동이 아니다. 또한 브루히Bruch(2015)가 언급한 "증상-기법 매칭symptom-technique matching"이라고 표현한 "문제 A = 기법 B"의 형태로 표준화된 기법을 증상, 문제, 이슈에 매칭하는 전문적 의사 결정 방식을 [부드럽게] 희석한 형태의 코칭 모델, 특정 기법technique, 도구tool도 아니다.

또한, 공식화는 **진단**diagnosis이 아니다. 공식화는 위에서 설명된 대로 진단적 정보를 포함할 수 있지만, 진단은 본질적으로 다양한 특성을

12) 코칭 공식화를 특정 이론에 한정하기보다는 넓은 범위, 즉 이런 일곱 가지 영역 중 한두 영역을 필요에 따라 자유롭게 확대해 활용할 수 있다는 주장이다. 이런 의미에서 공식화는 매우 개방된 구조로 이해된다.

코치는 길이 없는 숲속을 헤쳐가며, 지도에 없는 다양한 조건과 상황, 함께 가는 코칭 주체의 상태와 요구, 관계에 따라 동원할 수 있는 모든 지식과 지혜를 동원한다. 이를 크게 분류해 위와 같은 일곱 가지 영역을 포괄적으로 제시하고 있다.

단일 라벨 아래로 묶어 설명하는 것이다. 진단은 유용할 수 있지만, 공식화가 지향하는 깊이 있는 기술적 수준descriptive leve에서 작동하는 코치와 코칭 주체가 직면할 전문적 맥락의 현실을 수용하지 못한다.[13)]

공식화 특징인 포괄적인 데이터 수집 및 통합 접근 방식으로 일반적으로 더 널리 사용되는 **작업 가설**working hypothesis과도 또 다르다. 작업 가설은 ①코치의 직관, ②전문 경험 또는 ③선호하는 작업 방식과 같은 제한된 데이터 범위에 의존하여 ④체계적인 면에서 부족한 방식으로 개발되는 경우가 많다. [표 1.1]은 작업 가설, 진단, 코칭 공식화의 주요 차이점을 요약하여, 공식화가 독특한 점을 명확히 설명한다.[14)]

---

13) 진단diagnosis은 병리적 진단이나 행동, 정서, 성격, 유형, 관계 등 모든 검사를 포함한 넓은 의미로 이해해도 동일하다. 이런 진단과 검사는 특정한 요인을 묶어 다양한 형태를 구별하고, (진단) 명칭을 부여한 후 이를 자체 기준, 또는 타인과 비교하며 문제와 이슈를 발굴하고 대응하는 해결 방향을 도출한다.

그러나 이런 진단과 검사 결과가 코치와 코칭 주체가 코칭 여정에서 직면할 다양하고 변화무쌍하며 전문적 맥락과 상황의 현실을 담아내지 못한다. '이런 유형은 이렇게 코칭한다'라고 할지라도 진단과 검사 시점에서 코칭 주체를 이해하나 코칭 여정에서 직면할 그 이상을 설명하지 못한다. 짧은 길을 갈 때 유용할 뿐이다.

14) 작업 가설working hypothesis은 코치에 의해 구성되고, 상황과 조건에 의해 수정되기 전까지 유효하고 지속해서 부분적 수정을 할 근거가 될 수 있다. 그러므로 '작업 가설-검증 과정'은 같이 묶여 가야 한다. 반면에 공식화 역시 이와 유사할 수 있으나 코칭 주체와 동등하게 공동으로 작업한다는 점, 이런 협조적 관계로 더 깊은 곳, 더 명확함을 통해 함께 작업한다는 점에서 차이가 있다고 설명하고 있다.

[표 1.1] 작업 가설, 진단, 코칭 공식화의 유사점과 차이점

	작업 가설	진단	코칭 공식화
도출된 이해의 유형: 이해의 초점을 결정한다.	• 코치의 접근 방식에 따라 묘사적이 되거나 또는 설명적[15]이 된다. • 코칭 주체 개별과 관련된 요인들	• 묘사적/기술적 descriptive • 집단을 통한 표준화(예: 고객의 프로필이나 더 큰 동질적인 집단의 프로필과 일치하는 정도)	• 묘사적이면서도 설명적 explanatory이다. • 관련 문헌의 개념으로 뒷받침된 개별 코칭 주체와 관련된 요인
정적static인 것과 진화적인 것	• 시간이 지나도 일반적으로 변하지 않는 경향을 갖는다(의식적인 검토를 통해 비판적 성찰이나 수퍼비전 같은 과정을 거치지 않는 한 일관됨).	• 시간이 지나도 변하지 않는 틀이다(진단 기준 자체는 고객이 변하더라도 일정 기간 변하지 않는다).	• 가설이 제시되고, 개발되며, 검증되고, 정제되는 과정에서 진화한다.
사용되는 데이터 범위	• 제한된 정보에 의존할 수 있다(예, 코치의 직관, 과거 경험, 선호하는 실천 모델 대 데이터 수집에 대한 포괄적 접근 방식).	• 제한된 정보를 바탕으로 한다(진단을 확인하거나 반박하기 위해 정보를 수집하는 경우, 예를 들어 고객의 설문지 응답 등).	• 다양한 데이터 소스의 활용과 통합이 필요하다. 포괄적인 데이터 세트를 기반으로 한다.

15) **묘사적/서술적/기술적**descriptive: '무엇'이 일어나는지 사실적이고 현상적 설명이다. ①현재 겪고 있는 문제, ②어려움, 이슈, ③행동 패턴, ④목표 등을 정리한다. 구체적 증상, 현재 상황, 문제 발생 시점, 환경 요인, 관찰 가능한 행동, 감정 등을 다룬다. 상호 공유하는 공통의 이해 기반을 형성하며 현재 상황을 명확하게 파악한다.

설명적explanatory: 초점이 '왜'에 있어 문제와 이슈의 원인, 유지 요인에 대한 이론적 해석과 추론에 중점을 둔다. 단순한 현상 나열을 넘어 이론적 배경을 바탕으로 인과 관계를 추론한다. 문제와 이슈의 취약 요인predisposing(과거 경험, 핵심 신념, 고질적 습관 등), 촉진/유지 요인precipitationg(최근 스트레스 상황 등)과 같은 심리 내적 요인도 포함된다. 근본적 이해를 바탕으로 어떤 중재/개입intervention이 필요한지 방향 설정에 결정적 역할을 한다.

코칭 공식화는 이 두 과정을 모두 포함한다. 코칭 주체의 문제나 이슈를 기술descriptive에서 시작하지만 궁극적으로는 문제와 이슈의 배경, 메커니즘을 설명explanatory함으로써 효과적인 변화 설계를 하게 된다. 기술적 이해는 설명적 분석을 위한 토대가 되고, 설명적 분석은 변화를 위한 행동 계획, 즉 코칭 기획coaching plan의 핵심이 된다.

	작업 가설	진단	코칭 공식화
사용되는 데이터 특성	• 코치의 개인적 선호도와 이전 경험에 크게 의존할 가능성이 있다.	• 이분법적(진단 기준은 충족되거나 충족되지 않는 두 가지 경우로 구분)	• 지속성continuous과 일치성integrated
데이터 자원	• 주관적(넓은 코치 자신의 '생각하기'에 근거)	• 객관적(명목적 데이터에 근거)	• 객관적, 주관적 자원을 결합하고, 여러 입력 내용에 근거한다.
개발 과정	• 자주 암묵적, 과거 경험, 모델 선호도와 가정에 영향을 받아 개발된다. 외부 검증을 받기 어려울 수 있다.	• 명시적이며, 명확하고 객관적인 기준에 기반을 두고 있다. • 외부에서 검사로 접근 가능하다.	• 명시화할 수 있다. • 외부 검증이 가능하다.
형성/구성 속도	• 급속히 진행할 수 있다: 자주 직감에 의존하거나 명확히 정의 되지 않는 데이터 소스의 적용에 기반들 둔다(텍스트의 '간단한 직관적 판단이나 경험적 추론-휴리스틱heuristics'[16]에 근거).	• 관련 도구가 선택되고 적용되고 진단 기준이 충족되는지 확인하는 데 상대적으로 빠르게 적용될 수 있다.	• 시간이 지나면서 다양한 정보 소스가 수집, 해석, 통합되어 일관된 묘사적 및 설명적 이해로 정리되는 과정이다.
견고성의 정도	• 위에서 확인된 요인들 때문에 견고성이 부족할 수 있다.	• 잠재적으로 높을 수 있다.	• 다양한 데이터 소스를 활용하며, 명확히 설명 가능하므로 외부 검토에 노출될 수 있어 잠재적으로 견고함이 매우 높을 수 있다.
코칭 과정 전개의 예측 능력	• 상대적으로 낮은 능력	• 낮은 능력	• 높은 능력(코칭 공식화의 이점)

Kovács, L. C., & Corrie, S. (2021). Formulation as a foundation for navigating complexity in executive coaching. Consulting Psychology Journal: Practice and Research, 73(3), 271-288. https://doi.Org/10.1037/cpb0000202

16) '휴리스틱heuristics': 〈간단한 직관적 판단이나 경험적 추론〉으로 요약한다. 코치가 코칭 주체를 더 깊이 이해하고 변화를 촉진하기 위해 사용하는 **경험에 기반한 발견적 원리 또는 탐색적 지침**을 의미한다. 이는 복잡하고 불확실한 인간의 내면을 탐구하는 과정에서 유연하게 적용할 수 있는 일종의 '나침반'과 같은 역할을 한다. 'Heuristic'이라는 단어는 '찾아내다', '발견하다'를 의미하는 그리스어 'heuriskein'에서 유래한다.

정해진 답을 제공하기보다, 코치가 스스로 통찰을 얻고, 코칭 주체가 자신의 요약하면, '공식화'는 ①코치가 특정 형태의 데이터를 선택하고 ②해당 데이터를 관련 이론, 모델, 개념 및 코칭 주체의 자기-말하기self-told를 통합한다. ③코칭 주체의 요구를 이해하는 수단이다. 이런 유형의 (설명적) 분석/이해는 ④최상의 경우, 코칭 주체가 도움 없이 단독으로 도달할 수 없는 깊이와 명확성을 제공하며, ⑤코칭 과정에 중요한 가치를 더한다.

공식화와 코칭

'공식화'는 응용 심리학 및 치료 분야에서 오랜 역사와 탄탄한 기반을 갖춘 개념으로, 숙련된 심리학적 실천의 기반으로서 인정받아 왔다

해답을 찾아가도록 돕는 발견의 과정을 강조하는 개념이다. 마치 의사가 환자를 진단할 때, 교과서적인 지식에만 의존하는 것이 아니라 다년간의 임상 경험을 통해 얻은 직관과 노하우를 활용하여 병의 원인을 찾아내는 것과 유사하다. 코치 역시 이론적 지식을 바탕으로 하되, 실제 코칭 과정에서 부딪히는 다양한 상황 속에서 경험적으로 체득한 원리들을 적용하여 코칭 주체의 무의식적 과정이나 고착된 패턴을 탐색해 나간다.

특징으로는 (1) **경험 기반의 지침**: 이론이나 공식보다는 임상 경험과 실제 상호작용을 통해 형성된 실용적인 지혜에 가깝다. (2) **탐색과 발견 지향**: 정답을 강요하는 대신, 질문을 던지고 가설을 세우며 코칭 주체의 고유한 세계를 함께 탐험하는 데 중점을 둔다. (3) **유연성과 적응성**: 각기 다른 코칭 주체의 특성과 상황에 맞게 유연하게 적용될 수 있는 원리이다. 알고리즘처럼 정해진 순서를 따르는 것이 아니다. (4) **'어림짐작'의 기술**: 제한된 정보 속에서 최선의 판단을 내리기 위한 실용적인 방법론으로, '정신적 지름길mental shortcut' 또는 숙련된 '감感'과 유사한 측면이 있다. [각주 127, 140 참조], 본문 305-306쪽 참조.

(Atter, 2009; British Psychological Society, 2005, 2011; Hallam, 2013; Johnstone & Dallos, 2006; Lane & Corrie, 2006). 실제 역사적으로 볼 때 일부 연구자는 바로 이러한 **고객의 요구를 공식화하는 능력**이 효과적이고 윤리적으로 정보화된 전문적 실천을 비전문가 조력자의 지원 유형과 구분하는 핵심 요소라고 주장해 왔다(Butler, 1998; Malkin, 1990에서 인용).

공식화가 코칭 내에서 여전히 비교적 새롭게 적용되는 분야이지만 코치들의 관심은 점점 확대되고 있으며 학문적인 주목도 증가하기 시작했다(Corrie & Kovács, 2019; Drake, 2010, 2018; Kovács & Corrie, 2017b, 2017c; Lane & Corrie, 2009). 관련 문헌은 공식화가 코치가 복잡성을 다루는 데 어떻게 도움을 줄 수 있는지를 다룬다(Kovács & Corrie, 2021). 또 코치들이 심리적으로 잘 자원화된well-resourced 인력을 양성할 수 있도록 돕는 맥락에서 코치가 자기 관리/돌봄self-care 필요성에 대해 정보에 기반한 결정을 내릴 수 있도록 어떻게 하는지에 예시를 제공한다(Corrie & Kovács, 2021).

코칭에 특화된 공식화 모델도 개발되었다. 예를 들어, 목적Purpose, 관점Perspective, 과정Process을 다루는 〈PPP 모델〉(Corrie & Lane 2010; Lane & Corrie, 2006, 2009)은 코칭 과정, 작업에 적용되는 관점, 코칭이 달성하고자 하는 목적 간의 일관성을 강화하게 한다. 코칭 주체의 요구에 대한 '**개별 맞춤형 설명적 분석**tailored explanatory accounts'을 개발하는 시스템적인 접근법으로 제안되었다. 〈PPP 모델〉을 바탕으로 한 목적-분석-개입-성찰Purpose-Account-Intervention-Reflect PAIR 구조-틀(Kovács, 2016; Corrie & Kovács, 2017; Kovács & Corrie, 2017b, 2017c)은 특정 코칭 과제, 특히 선형적 코칭 모델로는 효과를 볼 수 없는 '복잡한 과제'에 코칭 공식화를 적용하고 활용하는 방법을 안내한다(Cavanagh & Lane, 2012).

코칭 분야에서 공식화가 관심을 끌고 있는 것은 아마도 더 넓은 국가적•글로벌 맥락을 검토할 때 당연하며 놀라운 일이 아니다(Lane et al., 2023). 코치들은 점점 더 복잡해지는 전문적, 사회적, 경제적, 정치적 환경에서 서비스를 제공한다. 2020년 코로나19 팬데믹의 등장으로 인해 이런 환경은 더욱 심해졌다. 위에서 언급된 바와 같이, 기존 모델과 방법은 빠르게 변화하는 세계에서 점점 더 다양해지는 이해관계자의 요구를 최적화하고 충족시키는 데 적합하지 않을 수 있다(Cavanagh & Lane, 2012; Smith et al., 2024; Whybrow et al., 2023).

따라서 코칭은 고객의 요구를 이해하고 새로운 개입 방법을 개발하기 위해 새롭고 더 깊이 있는 정교한 접근 방식에 지속적으로 열려 있어야 한다. 특히 이런 맥락에서 '코칭 공식화'는 코치의 기존 방법, 모델, 접근 방식 및 기법을 가장 유용하게 보완할 수 있다.

그렇다면 코칭 공식화가 그토록 중요한 이유, 응용 심리학 내에서 코칭 공식화가 중요한 지위를 차지하게 된 근거, 코칭 공동체에서 점점 더 관심을 받는 이점이 무엇인지 간략하게 정리하면 다음과 같다.

1. 정보 수집을 지원하고 적절한 데이터 수집 방법을 파악하는 데

도움을 준다.

2. 핵심 가설 및 관련 질문을 명확히 할 수 있다.
3. 코칭 주체의 상황, 환경, 요구 사항에 대해 폭넓고 공유된 이해 shared understanding를 형성할 수 있도록 지원한다.
4. 실천가 practitioner와 코칭 주체의 이슈, **관심사/우려의 우선 순위**를 정할 수 있도록 지원한다.
5. 코칭 주체의 경험을 그 상황과 개인적 또는 직업적 이야기의 맥락에 배치하여 공감을 높일 수 있도록 한다.
6. 과거의 경험과 현재의 행동, 현재의 행동과 환경적 요인의 **상관관계**를 이해하는 데 도움을 준다.
7. 고객의 행동과 반응에서 객관적이고 협업적으로 분석할 수 있는 **패턴을 구별**한다.
8. 현재의 우려를 지속시키는 것으로 보이는 **유지 관리 주기**를 파악하는 데 도움을 준다.
9. 모든 이해관계자를 **동일한 목표 중심**으로 조직화하며, 성공적인 결과의 기준을 결정하는 과정을 지원한다.
10. 코칭 주체의 특정 상황이나 사건에 대한 **반응을 예측**할 수 있도록 한다.
11. 진행에 방해가 되는 **장애물을 예측**하는 데 도움을 준다.
12. 진전이 없는 상황에 대해 시스템적이고 생산적으로 생각하는 과정을 지원하며, 부족한 정보를 확인한다.
13. 관련 이론적 개념이나 과정 탐색 과정을 정교화한다.

14. 특히 즉각적인 긍정적 변화가 불가능할 때 희망을 심어줄 수 있다.

이와 같은 장점은 응용 심리학 전반에서 널리 인정되는 공식화의 기능이자 이점이다. 코칭에 특화하여 코리Corrie와 코바치Kovács(2021)는 다음과 같은 이점을 제시한다([표 1.2] 참조).

[표 1.2] 코칭에서 공식화 활용의 유익함

유익 타입	예시
정보 수집 지원	• 정보 수집, 주요 이해관계자 파악, 데이터 차이 파악, 적절한 데이터 수집 방법 지원
복잡성을 개념화하고 매핑에 도움	• 고객의 요구와 배경 정보를 시스템적으로 파악하기 위한 구조-틀 제공 • 개인 및 상황적 요인 파악 및 우선순위 설정 지원 • 권력 역동의 이해 촉진 및 윤리적 딜레마 조명 • 코치의 전문 지식이나 코칭 작업 범위를 벗어나는 고객 상황 요인 파악 • 고객과 코치, 조직 후원자 모두에게 높은 수준의 모호성과 불확실성이 유발할 수 있는 불안감을 억제할 수 있는 체계와 프로세스 제공
협력적, 창의적으로 생각하기 촉진	• 협력적인 이해 및 아이디어 창출을 위한 구조-틀 제공, 이는 코칭 관계 발전을 지원한다. • 코치와 코칭 주체의 필요에 따라 관점을 넓히거나 특정 이슈에 집중할 수 있도록 지원한다. • 코치와 고객이 제시된 문제, 해결책 및 프로세스를 다각적인 관점에서 고려할 수 있도록 지원한다. • 성공을 가로막는 장애물과 성공 요인의 파악을 지원한다.
의사 결정의 투명성, 엄격성 지원	• 의사 결정에 구조/체계성structure을 부여한다. • 상호협력적인 목표 설정과 조정을 격려한다. • 코치가 자신의 생각을 공유할 수 있는 수단을 제공하여 투명한 소통을 강화하고, 검토 및 잠재적인 이의 제기를 허용한다. • 가설 검증, 결과 및 진행 상황을 시간 경과에 따라 추적할 수 있는 수단을 제공한다. • 코치와 코칭 주체가 개별적이고 시스템적인 반응을 생각해 볼 수 있도록 지원한다.
성찰적 실천 격려	• 코치와 코칭 주체가 코칭에 대해 어떻게 생각하고 있는지 명확하게 밝힌다. • 코칭의 효과를 평가하고 효과를 촉진하거나 저해할 수 있는 요인에 대한 데이터를 수집할 수 있는 기회를 제공한다. • 코칭 관계의 질을 모니터링할 수 있는 수단을 제공한다. • 코치가 자신의 학습 및 개발 요구 사항을 파악하도록 지원한다.

Kovács, L. C., & Corrie, S. (2021). Formulation as a foundation for navigating complexity in executive coaching. Consulting Psychology Journal: Practice and Research, 73(3), 271-288. https://doi.Org/10.1037/cpb0000202

따라서, 문헌을 종합해 보면, 효과적으로 수행될 경우 코칭 공식화 과정은 코칭의 내용과 진행되는 과정 모두를 지원할 수 있음을 제시한다. **내용 면에서**, 코칭 공식화 개발은 ①핵심 가설을 명확히 하고 테스트할 관련 질문 및 구체적인 가설을 확인한다. ②코칭 주체의 필요를 전체적으로 이해하는 것을 돕는다. ③부족한 정보를 확인한다. ④관련 이론적 개념이나 프로세스를 찾는 과정을 정교화한다. ⑤성공적인 결과의 기준을 결정한다. ⑥프랙티셔너와 코칭 주체를 동일한 목표 주변에 조직화한다.

코칭 과정에서, 공식화를 개발하는 것은 ①탐구할 우선순위 이슈를 결정하고, ②전략 선택, 계획, 개입과 순서를 정하며, ③진행에 대한 장애물을 예측한다. ④진행의 부진에 대해 시스템적이고 생산적인 '생각하기'를 돕고, ⑤공동으로 검토할 수 있는 코칭 주체의 행동 및 반응 패턴을 파악하다. 끝으로 ⑥비정형적인 특징에 비추어 코칭을 어떻게 조정해야 할지 결정하는 데 도움을 준다. '내용'과 '과정'을 이렇게 구분하는 것은 효과적인 코칭 공식화 개발을 위한 접근 방식을 검토할 때 중요한 점이다.

효과적인 코칭 공식화 만들어내기

코칭 공식화의 이점에 이어서 작업 자체를 가장 효과적으로 수행하는 방법, 포함해야 할 데이터의 유형, 따라야 할 방법론에 대한 의문이 제기된다. 코칭 공식화를 구성, 개발 및 개선하는 방법은 다음 장에서 자세히 다룬다. 그러나 넓은 의미에서 코칭 공식화를 효과적으로 만드는 것은 세 영역, 즉 내용content, 실천능력capability, 과정process을 신중하게 적용하는 데 달려 있다. 이 요인들을 우선 간략하게 소개하고, 관련된 이슈들은 다음 장에서 검토한다.

내용

내용content 수준에서 코치는 코칭 공식화에 활용될 지식, 데이터, 정보의 출처를 파악하는 데 집중한다. 이는 코칭 주체가 제공하는 정보 출처, 다른 이해관계자로부터 얻을 수 있는 정보, 코치가 이해할 수 있는 것들이다. 내용의 적용에는 코칭 문헌에서 파생된 ①개념, ②이론, ③모델, ④증거뿐만 아니라 코칭과 간접적으로 관련된 요인들도 포함된다. 예를 들어, 그랜트Grant(2016)의 "코칭-관련성 연구Research Relevance-to-Coaching" 모델에서 강조하듯이, 코칭에 정보를 제공하는 지식은 **코치 특유의 코칭과 관련된 출처**와 사회과학, 심리치료, 신경과학, 경영, 리더십 등 인접 분야에서 수행된 연구에서 파생된 출처 등 두 가지 형태가 있고 이 모두를 취한다는 점을 강조한다. 이러한 간접적 출처는 코칭 분야 자체에서 유래하지 않았더라도 가설 수립과 생성을 위한 귀중한 정보를 제공한다.

코치들이 선택하는 내용 관련 선택은 그들이 코칭 주체와 가장 효과적으로 협력하는 데 필요하다고 믿는 바를 반영한다. 그러나 이러한 선택은 우리가 '**코치의 위치성**positionality'(4장 참조), 작업의 목적이 정의되는 방식(5장), 채택된 관점(6장, 7장, 8장)에 따라 영향을 받는다.

또 내용에 관한 결정을 내릴 때 코치는 미시적 관점이나 거시적 관점 중 어느 것을 채택할지 여부에 따라 영향을 받는다. 예를 들어, 6장은 문의-질문enquiry의 초점이 얼마나 엄격히 정의되었느냐(예: 다가오는 시험을 위해 학습 기술을 향상시키는 것) 또는 얼마나 광범위하게 설정되느냐(글로벌 팬데믹으로 인해 원격 근무 방식이 필요해진 맥락에서 팀 기능을 가능하게 하는 것)에 따라 공식화의 내용이 어떻게 형성되는지 살펴본다.

코리Corrie와 코바치Kovács(2019)의 세 가지 코칭 공식화 수준으로 상황, 패턴, 개인을 검토한다.[17] 즉 코칭 주체가 가져오는 내용에도 유사한 성찰을 적용해 고객의 상황 인식, 자기 인식sense of self, 더 넓은 맥락을 총망라한다.

실천능력

실천능력capability 수준에서 코치는 코칭 공식화 과정을 전개함에 따라 이를 형성하는데 필요한 기술을 중점적으로 다룬다. 코칭 공식화

---

17) 본 저서는 코칭 공식화의 세 수준으로 내용, 실천능력, 과정을 제시하나, 공동저자의 두 사람은 상황, 패턴, 개인을 들고 있다. 역자는 비즈니스 코칭, 커리어 코칭에는 코치들에게 익숙한 **Having(자원), Being(존재), Doing(행동)**을 라이프 코칭에서는 **사람-상황-진실(사실)-역동**을 중시한다. 코칭의 아버지 토마스 레너드는 **목표-상황-문제-꿈**을 공식화 작업을 출발점으로 한다.

는 ①성찰, ②가설 생성, ③데이터 수집, ④분석 및 종합, ⑤가설 검증, ⑥의사 결정, ⑦혁신적으로 생각하기 등 다양한 인지 능력cognitive abilities의 적용에 의존한다는 점에서 **메타 기술**meta-skill로 이해할 수 있다.

관련된 실천능력은 정확하게 생각하기와 설계 기반 생각하기design-based thinking를 모두 포함하기 때문에, 일반적으로 보기에 코칭 공식화는 인지적으로 까다롭다. 코치는 효과적인 의사결정 요인과 방해 요인을 함께 생각하도록 주의를 기울여야 한다. 이러한 **방해 요인**에는 ①휴리스틱heuristics[각주 16 참조](예: Tversky & Kahneman, 1973, 1974; Kahneman et al., 1982), ②인지 왜곡, ③도식의 영향(예: Beck et al., 1979) 및 ④전문적 의사 결정 문헌에서 잘 문서화된 기타 사항, 정보 처리 편향 등이다(Gambrill, 2005; Lane & Corrie, 2011 참조).

예를 들어, 임상 분야는 1950년대부터 진행된 수많은 연구가 전문가들의 의사 결정 전문성에 대한 인식과 그 인식의 정확성 사이의 **불일치**를 일관되게 강조해 왔다. 특히 역사적 검토로는 훈련과 전문적 판단 사이의 관계가 취약하다[좋지 않다]는 점이 자주 지적되어 왔다(Carkhuf & Berenson, 1967). 가령 임상 의사들은 환자를 치료하는 과정에서 시스템적인 의사 결정 방식을 따르기보다는 **개인적인 판단에 의존하는 경향**이 있다(O'Donohue et al., 1990). 치료 성과에서 과학적으로 효과가 입증된 치료 절차(프로토콜)보다 치료사와 환자의 관계를 과도하게 중요하게 생각한다(Shafran et al., 2009). 또한 오도노휴O'Donohue와 헨더슨Henderson(1999)은 전문 프랙티셔너들에게 취약한 다양한 **편향성**을 강조했다. 이에는 ①허위 설명적 진술false descriptive statements, ②허위 인과적 진술false causal statements, ③존재하지 않는 현상이 존재한다고 믿는 것, ④허위 관계적 주장, ⑤허위 예측, 그리고 ⑥윤리적 주장의 부정확성(즉, 고객과의 특정 행동이 허용되지 않는데도 허용된다고 믿는 것) 등이 해당된다.

레인Lane과 코리Corrie(2011)가 지적하듯, 양질의 서비스란 정확성이 포함되며 이를 넘어서는 다양한 인지적 실천능력cognitive capability과 추론 능력reasoning ability이 있어야 한다. 고객과 작업하는 과정에서 프랙티셔너는 자칫 다양한 결정에 대한 더 세밀하고 미묘한 이해를 희생시키며 정확성을 우선시한다. 이는 숙련된 전문가의 추론 능력에 대한 오해의 소지가 있는 그림을 제공한다. 전문적 의사 결정에 대한 문헌은 전반적으로 오도노휴O'Donohue와 헨더슨Henderson(1999)이 정의한 "윤리적 및 인식적 의무ethical and epistemic duties", 즉 관련성과 지식에 대한 이해를 **최신 상태로 유지**하고, 해당 지식에 대해 **정확하고 관련성 있는 판단**을 내릴 수 있도록 한다. 그러나 집단적으로 달성하고 있다는 확신감을 주지 못한다. 이러한 경고는 코치들에게도 동등하게 적용될 것이다.

따라서 코치가 코칭 공식화 개발에 필요한 실천능력을 검토할 때는 이 활동이 시간이 지남에 따라 발전하는 **다양한 추론 능력의 숙련된 활용**과 함께 코치가 개인별로 취약할 수 있는 생각하기 함정thinking traps 유형을 알 수 있게 해주는 수준의 **자기-알아차림**이 필요하다. 이 가운데 핵심은 코치가 코칭-주체가 자기 이야기를 할 수 있도록 **효과적인 경청자 역할**을 할 수 있는 능력이다. 코칭 주체의 주체성agency이 작업의 중심/최전선에 있지 않으면, 코칭 공식화는 코칭 주체의 공통된 관심사와 의사 결정에서 자연스럽게 창발하는 것emerging이 아니라 코칭 주체에게 강요된 무엇인가가 된다.

과정

코치는 '과정process'에 대해 공식화 구성 방식, 개발 과정에 어떻게 접근하고 '과정 관리'를 하는지, 새로운 정보가 등장하고, 시간이 지남에 따라 공식화를 어떻게 개선/정교화하는지에 주의를 기울여야 한다. 특히 여기서 중요한 두 가지 요인은 (1) 코칭 공식화의 소유권owership 문제, (2) 공식화가 결과물로 개념화conceptualized된 것(즉 코칭 공식화-한 것formulation)인지 아니면 과정으로(공식화-하기formulating) 개념화되는지 여부이다.

어떤 접근법은 공식화를 전면에 내세워 중요하게 다루며 그 결과로 초기에 논의되고, 공유되며 정교화되는 공식화(산물/결과물)된 결과물을 만들어진다. 또 공식화를 시간이 지남에 따라 드러나는 이해 또는 내러티브로 보기에, 무엇보다도 '과정'으로 개념화한다.

이 이슈와 관련된 응용 심리학 문헌에서 논쟁의 대상이 되는 것은 공식화의 소유권 문제 [주인은 누구인가], 즉 누가 그 정확성을 판단하고 필요한 경우 수정할 권리가 있는지, 코치와 코칭 주체의 공식화가 불일치하거나 심지어 충돌하는 경우 그 '과정'을 어떻게 관리할 것인가 하는 점이다. 반면에 코칭 공식화는 코치가 코칭 주체에게 제시할 수 있다. 즉, **코치 주도형 공식화**로 코칭 주체가 정확성과 관련성을 검토한다. 또는 코치와 코칭 주체가 협력하여 구성할 수 있다. 즉, 각 당사자가 특정 유형의 정보와 전문 지식을 제공하여 **공동으로 구성된 내러티브**를 형성한다. 또는 대안으로 **코칭 주체가 직접 개발**할 수 있다. 이는 장기적으로 향후 코칭 주체의 선택을 안내할 수 있는 코칭의 결과물이 된다.

소유권ownership의 주제는 학문적 논쟁보다 더 의미가 깊다. 코칭의 상호 만남coaching encounter이 코칭 주체와 코치의 관점이 결합되어 작업을 구성하는 '내러티브 과정'이라는 전제에서 출발한다면 이는 문제없이 협력적collaborative 과정을 의미한다. 그렇지만 항상 그런 것인가? ①누가 공식화를 결정할지, ②어떤 유형의 데이터를 포함할지, ③어떤 가설을 생성하고 검증할지 결정은 코칭 주체에게 반드시 선의를 지닌 중립적 결정이 아니다. 코칭 주체에게 '이해'를 제공하는 것과 그것을 '[부드럽게] 강요'하는 것을 혼동하기 너무나 쉽다. 코치가 이런 **권력 이슈**에 아무리 주의를 기울인다 해도 비판을 피할 길은 없다.

이 저서의 입장은, 코칭 공식화 과정에서 코칭 주체가 스스로 말로 들려주는self-told 이야기가 언제나 이야기-창조 과정story-creating process에서 우선권을 가져야 한다는 점이다. 그렇다 해도 코치의 경청 방식은 게겐Gergen과 데이비스Davis(2003)가 지적했듯이 "이야기꾼에게서 이야기를 빼앗는strip the storyteller of the story"(p.241) 해로운 경향을 지닐 수 밖에 없다. 물론 이는 코칭 주체를 진정으로 돕고자 하는 진심 어린 마음에서 비롯될 수 있지만, 동시에 우리가 무비판적으로 고수하는 모델이나 이론을 반영하는 방식으로 의도하지 않게 코칭 주체의 이야기를 우리의 모델에 끼워 맞춰 재단하게 되는 결과를 낳을 수 있다.

동시에 코치는 코칭 주체의 이야기와 주체성sense of agency을 존중하려 노력하면서도, 코칭 주체가 원하는 결과를 추구하는 데 도움이 되는 방식으로 세상을 다르게 보도록 돕기 위해 공식화를 활용한다. 양측의 신념 체계, 지식, 경험은 코칭 주체가 현재 상황에 이르게 된 과정과 앞으로의 여정이 어떻게 전개될지 이해하려는 **새로운 내러티브**의 일부를 형성한다. 그렇지만 때로는 서로 다른 당사자가 [새로운] 창발하는 설명emerging explanation[18)]을 주도적으로 형성하거나 코치가 더 직접적인 역할을 수행하는 경우도 있다. 핵심 과제는 코치가 주도할 때, 이런 공식화가 코칭 주체에게 코치의 관점을 강요하는 수단으로 변하지 않도록 하는 것이다.

이 사항과 관련해이 저서는 다음과 같은 기본 가정을 중심으로 구성되어 있다.

- 코치와 코칭 주체 모두 초기 코칭 회기에 각자의 작업 가설을 가져온다. 이를 공유함으로서 더욱 심층적이고 탄탄한 '설명적 분석explanatory account'을 개발하는 데 도움이 되는 정교화의 기반이 된다.

18) 중요한 타인과의 경험과 자신을 이야기-하기, 즉 내러티브를 나누는 것, 자신의 내러티브의 모든 것이 경청받고 있다고 확인하면서 이야기-하기가 힘을 받고 더욱 전개되는 것이다. 이러한 공유 과정, 더 나아가 상대의 적극적 호응, 질문, 그의 이야기가 덧붙여 지며 주고받는 과정에서는 언제든 새로운 이야기가 새롭게 창발된다. 이야기-하기 과정에서 새로운 이야기가 나오게 된다. 이때 두 사람 관계의 질과 수준은 매우 중요하다.

- 대부분 각 당사자가 특정 형태의 지식과 전문성을 과정에 나름대로 기여한다는 점을 인지하면서 공식화가 협력적으로 개발될 것이다.
- 항상 그런 것은 아니지만 공식화는 코칭 시작 시 초기에 개발되고 새로운 정보가 밝혀짐에 따라 수정되고 정교화되는 공동 구성된 '설명적 분석'을 취할 때 가장 도움이 된다.
- 코치가 작업의 "이면[배경]에 자리잡은" 공식화를 개발하여 코칭 주체와 명시적으로 공유하지 않는 경우도 있다. 이런 접근 방식은 코치가 코칭 주체에게 공유하기에 불리할 수 있는 민감한 이슈에 직면했을 때 채택할 수 있다.

  한 예로, 코치가 코칭 주체에 대한 자신의 내적 부정적인 반응을 이해하고 싶을 때, 또는 그 반응이 코칭 주체가 도움을 구하는 더 넓은 이슈와 관련있다고 느끼거나, 코칭 과정에 방해가 될 것이라고 예상할 때 그런 접근이 사용될 수 있다.

  개인적인 성찰이나 수퍼비전을 통해 이 공식화를 공개하고 풀어낸다면, 코칭에 도움이 될 수 있는 귀중한 정보를 얻을 수 있다.
- 어떤 접근 방식을 취하든, 데이터 수집 및 의사 결정 과정에 대한 공유된 과정에 대한 이해를 바탕으로 도출되고 종합된 모든 공식화에는 코칭 주체 자신의 주체성/행위client's own agency가 핵심이다.
- 코칭은 코칭 주체의 이야기와 다른 이해관계자들이 이야기에 기꺼이 참여하는 것이다.

결과적으로 상당한 수준의 불확실성과 모호성을 관리할 수 있는 능력이 요구된다.

공식화는 언제나 필요한가?

코칭 공식화는 개별 코치의 실천을 지원하고 코칭 분야를 더 광범위하게 발전시키는 데 중요한 역할을 한다는 점은 많은 학자가 인정하고 있다(Lane et al., 2023). 그러나 이는 논쟁의 여지도 있다. 이 분야의 한 딜레마는 '코칭 공식화'와 얻어진 '결과' 사이의 연관성을 경험적(실증적)으로 입증하기 empirically substantiate 어렵다는 것이다. 위에서 설명한 세 가지 광범위한 영역은 그 자체로 실행 가능하고 측정하기 어려운 요소들로 구성되어 있기 때문이다.[19)]

19) 코칭 공식화는 코칭의 효과를 높이는 데 중요한 역할을 하는 것으로 여겨진다. 그 본질적인 특성(주관성, 간접적 영향, 복잡성) 때문에 실제로 코칭 결과에 미치는 긍정적 효과를 직접적이고 객관적인 데이터로 증명하는 데 어려움이 있다고 본다. 이런 경험적(실증적) 증명의 어려움은 공식화를 구성하는 세 가지 영역의 요인들 자체가 조작적으로 operationalize 정의되고, 측정 measure 하기 어렵기 때문이다.

고객의 이야기, 이론, 연구 등 다양한 정보를 체계적으로 통합하여 고객의 이슈와 문제를 설명하고 개입 계획을 세우는 **'의미 구성 과정** sense-making process**'**이며, 이는 고차원적인 인지 및 '메타' 기술의 결과물이다. 이러한 과정적이고 주관적인 측면은 표준화된 과학적 방법으로 직접적으로 관찰하고 수치화하기 어렵다.

공식화는 코칭의 전달 품질에 간접적인 '메타 효과'를 미치는 것으로 공식화 자체가 직접적으로 결과를 내기보다는, 코치가 고객을 이해하고 개입을 맞춤화하는 데 도움을 주어 결과적으로 더 나은 코칭을 제공하게 되는 방식으로 간접적 효과를 갖는다.

예를 들어, '의사 결정'이나 '성찰적 실천'과 코칭 결과 사이의 직접적인 연관성을 파악하기는 어렵다. 이는 모든 메타 기술에도 해당된다. 따라서 **메타 기술로서 코칭 공식화**의 직접적인 영향을 객관적으로 입증하기는 어렵다.

두 번째 이슈는 코칭 공식화가 항상 필요한가 여부이다. 단일하고 명확한 목표를 가진 코칭 과제에서, 확립된 증거 기반이 존재할 경우, 공식화 단계를 생략하고 경험적으로 입증된 개입으로 직접 이동하는 것이 타당할 수 있다. 예를 들어 치료(Lane & Corrie, 2009)와 코칭 모두에서 AI 주도 온라인 프로그램(Tarry, 2018)의 사용이 증가하고 있다. 이슈가 단순하고 특정 개입에 대한 근거 기반이 충분히 있는 경우 공식화보다는 이를 생략한 접근 방식이 효과적일 수 있다.

이는 테르블랑쉬Terblanche와 동료들(2022)의 무작위 대조 시험과 추적 조사에서 입증된 바 있다. AI 생성 코칭 프로그램이 목표 달성과 같은 좁은 적용 범위에서 효과적인 결과를 냈지만, 회복탄력성, 심리적 웰니스, 인지된 스트레스와 같은 측정 항목에서는 그렇지 않은 점이 나타났다. 패스모어Passmore(2024)는 이 연구 결과의 적용 가능성applicability에 의문을 제기하는 대안적 관점을 제시했다.[20] 그레이Gray와 동료들(2016)은 코칭의 미래가 온라인 기반의 기술 향상 유형 개입과

20) 이는 곧, 단순한 목표달성goal attainment에는 AI 프로그램이 효과적일 수 있다는 테르블랑쉬Terblanche와 동료들(2022)의 결론에 대해 패스모어는 실제 코칭 환경에서의 광범위한 적용이나 활용에 문제가 있을 수 있다는 비판적 시각을 제시한 것으로 보인다.

코치가 필요한 더욱 복잡한 적응적 변화 사이에 양분되는 형태를 취할 수 있다고 주장한다.

결론

이 장에서는 응용 심리학 분야에서 오랜 역사를 지닌 활동인 공식화에 대한 포괄적 소개를 했다. 이 장이 지향한 목표는 코칭에 **공식화 중심 접근법**formulation-driven approach을 채택하여, 발생하는 기회와 복잡성을 조명하고 적용을 둘러싼 딜레마와 논쟁에 대한 알아차림을 높이는 것이다.

'코칭 공식화'는 코치가 수행하는 가장 복잡하고 정교한 활동 가운데 하나라고 할 수 있다. 내용과 과정process 수준의 기술skill과 실천역량을 포함한 의사 결정과 성찰 같은 다양한 메타 기술을 활용한다. 이런 메타 기술 자체도 제대로 구현되거나 이해되지는 못하는 경우가 많다. 따라서 '코칭 공식화'는 다층적인 작업으로, 처음 접했을 때는 즉각적인 결과를 약속하는 특정 기술을 습득하는 것보다 덜 매력적으로 보일 수 있다. 그런데도 코칭 공식화를 통해 코칭을 뒷받침하는 데에는 뚜렷한 이점이 있다. 효과적 공식화를 위한 정해진 규칙은 없지만, 우리를 안내할 수 있는 좋은 원칙, 관점, 접근 방식이 존재한다. 이것이 이후 장의 내용이다.

숙고해야 할 질문

이 장을 읽고 자신의 실천과 관련하여 어떤 점이 떠오르는지 생각해 보자. 코칭 공식화를 위해 다음 질문들을 숙고해 보는 것이 도움이 된다.

- 코칭 주체의 요구를 이해하는 과정을 어떻게 설명할 수 있는가?
- 지금까지의 실천을 되돌아보자. 이 장에서 설명하는 공식화 방식에 어느 정도 영향을 받았는가? 아니면 주로 그동안 해온 작업가설이나 진단에 더 많이 영향을 받았는가?

  어떤 요인들이 선택에 영향을 미쳤는가?
- 코칭 시작 시점에 코칭 주체에게 제시하고 논의, 합의 또는 수정을 거치는 공식화를 개발하는 것을 자신의 역할로 보는가?

  공식하는 코칭이 진행되면서 코칭 주체가 궁극적으로 도달하는 결과물이라고 보는가? 그렇다면 어느 정도의 결과물인가?

  이런 관점은 당신의 실천에 어떤 영향을 미치는가?

2장
코칭에서 공식화 접근법

코칭 공식화는 코치의 개별적 접근 방식과 코칭이 이뤄지는 맥락[과 환경]에 따라 다양한 형태를 취한다. 앞 장에서는 공식화가 무엇이고, 코칭 과정에서 어떤 가치가 있는지 살펴봤다. 코리Corrie와 레인Lane(2010)은 채택되는 공식화는 대체로 다섯 가지 주요 형태[21)]로 분류했다.

1. 진단 분류diagnostic classification에서 도출된 공식화
2. 과학자-실천가scientist-practitioner의 공식화
3. 이론 주도 내러티브theoretically driven narrative 공식화
4. 전략적strategic 공식화
5. 사회적 통제social control 수단으로의 공식화와 그 역할

21) 코칭 실천을 '공식화'라는 렌즈로 전체를 조망한다. 이는 일반적으로 이론에서 실천으로 다가가는 과정, 이론을 실천에 대입하는 작업이라 볼 수 있다. 이것이 '공식화formulation'이다. 이는 이미 코칭 안에서 부분적으로 이루어지고 있다. 즉 코칭 실천에서 이뤄지는 다양한 활동을 '공식화'라는 관점에서 찾아 정리하는 시도를 한다. 저자들은 이 장을 통해 '코칭 공식화'를 일반적인 공식화라는 넓은 범주와 연결하여 설명하며 새로운 것, 낯선 것이 아니라는 점을 강조한다.

각 접근 방식이 코칭에 어떻게 적용되는지 예를 들어 간략하게 설명한다. 독자는 자신의 실천방식과 배경, 지식, 기술에 가장 적합한 접근 방식을 검토해 보기를 권장한다. 또한 자기, 타인, 시스템이라는 세 위치의 선택 조건에 따른 코칭의 핵심 철학적 딜레마를 설명한다. 코칭 공식화는 코치, 코칭 주체, 시스템의 앎을 어떻게 결합해 의미 있고 가치 있는 세계에 대한 이해와 입장을 함께 만들어 내는지에 초점을 둔다.

공식화 접근 방식의 근거는 무엇인가?

심리학이나 관련 분야에서 언급한 위 다섯 가지 접근 방식은 실천가들이 공식화 작업을 수행하는 방식을 결정한다. 본 장에서는 이 접근 방식이 코칭 안에서 어떻게 나타나는지, 또 적용되는 비판점 몇 가지를 살펴보자.

진단 분류에서 도출된 코칭 공식화

개인 코칭 주체나 조직과 작업할 때 진단diagnostic 또는 심리측정 도구psychometric instrument를 사용하는 일은 자주 있다. 예를 들어, 코치가 코칭을 요청받으면, 후원 조직은 코칭이 필요한 원인이 된 자세한 정보가 이미 준비되어 있다. 조직 내 연례 평가, 360도 피드백 프로세스, 승진 절차의 일환으로 진행된 평가 센터를 통해 확인된 것들이다. 어떤 형태의 진단 과정이 사용되었으며, 이를 통해 조직은 코칭 대상자가 특정 이슈를 해결해야 한다고 제안한다. 이것 자체가 곧 '진단 분류에서 도출된 공식화' 접근의 출발이다.

개별 고객에게 심리측정 도구를 사용하는 것 또한 널리 사용되고 있다(Bourne & Whybrow, 2019). 이는 고객의 요구를 일련의 기준에 맞춰 정의하고, 경험하고 있는 어려움을 진단 또는 심리측정 범주로 분류하는 '치료 접근법'과 유사한 접근이다. 개인 코칭에서도 코치는 코칭 주체를 이해하기 위해 검사 설문지나 테스트 활용을 권장하기도 한다. 이 결과를 근거로 적합하다고 판단되는 개입을 진행한다. 이런 모든 접근이 '진단과 검사 등에 의한 코칭 공식화 접근'에 해당한다.[22]

예를 들어, 조직은 진단 기반 접근법 중 하나인 '360도 피드백 프로세스' 결과로 해당 인물에게 '위임 기술'에 이슈가 있음을 파악한 경우, 이 위임 기술 관련 코칭을 요청한다. 코치에게 전달되는 진단(또는 범주화) 결과와 코치의 개입 간에는 **선형적 관계**라는 가정에 기반하여 외부적으로 강제된다. [코치와 코칭 고객은 위임 기술에 이슈가 있으니 이를 '해결하라'라는 전제로 코칭이 제안된다.] 초기 소개 회합에

---

22) 행동 패턴에 초점 맞춘 DISC, MBTI, 에니어그램, 등 매우 진단 방법이 코칭에 활용되고 있다. 그러나 본질적으로는 어떤 진단 방법을 사용할 것인가, 진단 결과가 무엇인가?보다는 이 진단 결과를 코칭에 '어떻게' 활용하고, 변화 목표를 어떤 방법으로 합의해 낼 것인가가 더 중요하게 된다. 진단은 오히려 출발 동력, 계기일 뿐이다. 여기서는 이런 진단과 검사에 의한 접근 자체에 이미 실천을 위한 '공식화'라는 점을 강조한다. 이를 코칭에 활용한다는 점에서 '코칭 공식화'는 이미 코칭 안에서 이뤄지고 있는 일이 된다. 진단 기반 코칭 공식화는 단기 코칭(5회 이하) 단일 이슈 코칭에 적합하다.

서 코치는 테스트 결과, 성격 프로필, 360도 피드백 프로세스, 평가 훈련, 역량 평가, 동료 피드백을 제공받을 수 있다. 코칭 주체 역시 이 결과를 통해 변화를 이끌어 내야 하는 사항이라고 명확히 가정하게 된다. 코칭 마지막 단계는 성공 여부를 평가하기 위해 360도 피드백이나 평가 과제를 반복할 것을 제안한다. 따라서 코칭의 목적purpose은 사전에 개인의 변화를 이루는 과정으로 정의되며 그 '과정'에 '성과 측정 기준'이 내재되어 있다(Kwiat-kowski & Winter, 2006).

직업적 실천 분야에서는 행동 경향성, 강점 영역, 선호도, 요구 사항을 이해하려는 시도가 각종 성격 프로파일, 기타 심리측정 도구를 통해 이루어지며, 해결해야 할 관심사에 대해 진단하게 된다. 이러한 진단 내용 안에서 변화가 발생할 것이라는 함의를 내포한다. 공식화 진행에서도 코치는 코칭 주체의 이야기를 듣는 것은 여전히 중요하다. 코치가 이 정보를 어떻게 해석하며, 변화에 어떤 의미를 가질 수 있는가? 물론 개인은 설문지를 작성하거나 심리측정 검사를 받을 수 있다. 이때 위험은 데이터가 개인이 변화 방향을 결정한다고 가정할 때 발생한다. 가능한 대인관계 또는 시스템적 이해를 고려하지 않기 때문이다. 따라서 피드백은 코칭 주체가 수용할 수 있는 방식으로만 공유되어야 한다(Bourne & Whybrow, 2019).

보우런Bourne과 와이브로우Whybrow(2019)는 빅데이터 분석 및 알고리즘 적용 증가에 대해 크립스Cripps(2017)가 제기한 우려를 언급한다. 결과적으로 이런 분석이 코칭에서 가치를 높여주는 **시점**과 결과를 효과적으로 전달하는 **방법**에 대한 추가 연구가 필요하다(McDowall,

2017). 사용된 진단 도구에 따라 행동의 본질에 대해 이미 가정된 기본 관점도 전제될 것이다. 예를 들어, MBTI Myers Briggs Type Indicator는 코칭에서 널리 사용된다. 코치는 테스트를 기반으로 유형을 제시할 수 있다. 그러나 이 유형의 기초는 융 Jung의 작업을 기반으로 한 이론이며, 마이어 Myers와 브리즈 Briggs가 1940년대에서 1960년대에 이를 개작한 것이다(Quenk, 2009 참조). 이 이론은 개인을 16가지 성격 유형으로 구분했다. 코칭 주체는 이러한 유형 가운데 하나로 분류되며, 코칭은 이러한 스타일을 고려함과 동시에 미리 정해진 변화 목표 달성해야 한다. 다시 말해, 이런 접근 방식을 취한다면 코칭 주체는 해당 데이터를 어떻게 인식하는지가 매우 중요하다. 코칭 주체는 자신을 "유형"으로 정의된 존재로 보는가, 아니면 단순히 흥미로운 요인으로만 보는가? 그러나 맥도웰 McDowall(2017)의 평가 활용 검토에 따르면, 코칭에 활용되는 이러한 다양한 측정 도구의 타당성과 신뢰성을 뒷받침하는 근거 기반은 현저히 부족한 것으로 나타났다.[23)]

23) 그러므로 진단 결과에 이미 전제된 코칭 목표, 진단 결과에서 코칭 목표에 이르는 선형적 과정, 진단에 전제된 변화 목표 등은 재검토가 불가피하다. 개인 맞춤형 목표 작업이 필요하고 결국 이는 진단 결과와 관련이 낮거나 무관할 수 있다. 또 코칭 회기 진행(코칭 항해/코칭 여정)에서 ①예상하지 못한 사실과 진실, ②새롭게 발굴 되거나 출현하는 이슈, ③우연의 모습으로 다가오는 사태, ④조직 시스템에서 오는 영향 등 많은 요인이 잠복되고 파도친다. 이때 과연 진단 결과의 효용은 무엇인가? 이를 대처하는 방안이 바로 '코칭 공식화'이다.

과학자-실천가 코칭 공식화

이는 '근거'가 확고한 접근법을 공식화 접근에 활용해야 한다는 주장이다(Cavanagh & Grant, 2006; Corrie & Lane, 2006). 근거란 두 가지 형태이다. 첫 번째는 비록 코칭에는 드물게 사용되었을지라도 임상에서 널리 적용된 접근방식이 있다. 구체적 사안으로 특정 개입이 정의된 관심사/우려concern에 효과적이라고 이미 확인된 연구에 근거한 공식화이다. 이를테면 조직내 대규모 집단에서 발표하는 과제에 큰 사회적 불안감을 가진 코칭 주체에게는 인지-행동적 관점을 사용하여 코칭 공식화 접근을 활용할 수 있다.

두 번째는 코칭에서 더욱 일반적인 접근이다. **공동 구성된 문의-질문** co-constructed enquiry을 통해 가설을 확인하고, 정의와 검증으로 관심 사안에 영향을 미치는 요인에 대한 설명을 도출할 수 있다는 가정에 기반한다. 이 접근법을 활용하는 코치가 다양한 출처의 데이터를 활용하여 코칭 주체와 **함께 공식화를 공동 구성**한다. 이때 중요한 점은 어떤 설명적 틀이 적합할지, 가장 적절한 코칭 목표는 무엇인지 미리 결정하려는 유혹을 피해야 한다. 이 접근은 근거 기반 문의-질문을 위한 **협력**에 중점을 둔다. 문의-질문enquiry에는 개인적, 대인관계, 시스템 데이터가 포함된다.

과학자-실천가 중심 접근의 핵심 특징은 **코칭 공식화가 언제나 임시적**이라는 점이다. 작업이 진행되고 새로운 데이터가 확보됨에 따라 **공식화는 언제나 조정**될 수 있다. 이 과정에서 공통된 특징은 잠재적 영향 요인에 대한 특정 가설을 검증하기 위한 실험 수행conducting experiments을 하는 것이다. 이 접근은 학문 분야에 기초를 둔 기존 과학과 다양한 지식 생성 활동을 존중한다. 그러나 진단적 접근 방식과는 다른 방식으로 이를 활용한다.

코리와 레인(Corrie & Lane, 2010)은 이 접근이 실천가에게 학문 분야의 지식을 정교하게 이해하고, 이를 코칭 주체의 특정 요구에 맞춰 이 지식을 활용하는 방법을 알려주는 "**내적인 전문적 나침반**internal professional compass"을 제공한다고 제안한다. 따라서 기존 과학을 활용해 **개인**을 규범적 집단의 한 구성원으로 분류하기보다는 개인을 "**과학적 방법을 적용하여 풀어야 할 퍼즐**"로 이해한다(Corrie & Lane, 2010, p.85). 주목해야 할 점은 관련 모델, 방법, 지식을 어떻게 활용하여 코치와 코칭 주체 양측 모두가 특정 이슈를 이해하고 진행 방안에 대한 결정을 공식화하는지에 있다. 그러나 이 접근법에서 거의 **검증되지 않는 가정**은 행동을 사건과 그에 따른 후속 행동을 **인과 관계**의 관점으로 이해할 수 있다는 발상이다.[24)]

24) 과학자-실천가 중심 접근은 코칭 및 관련 분야의 검증된 연구 성과를 수렴하여 코칭 이슈와 개인, 조직과 시스템 관련 공식화 작업을 한다. 이때 개인, 과정, 코칭 여정의 변화에 대한 이해에 개방적이다. 그런데도 인간의 행동에는 인과 관계가 있다는 관점을 여전히 견지한다는 점에 한계가 있다고 지적한다. 설령 이런 인과 관계가 있어도, 한 가지 해석일 뿐이며 인과 관계가 명료할 수 없는 것이 퍼즐 또는 수수께기, 애매하고 불투명한 존재가 인간이고 인간의 행동이다.

이론 주도 내러티브 코칭 공식화

많은 코칭 핸드북에는 이론에 기반한 공식화 접근의 사례가 포함되어 있다(예: Bachkirova et al., 2017; Cox et al., 2018; Palmer & Whybrow, 2018; Passmore et al., 2013). 이론에 기반해 코칭 공식화에 제기되는 질문과 알게되는 이해는 이론에 내재된 관점에 의해 틀이 잡힌다.[25] 탐구question에 사용된 이론에 따라 개인적, 대인관계적, 시스템적일 수 있지만, 해당 이론의 매개 변수parameters에 의해 조직되고 제한될 것이다. 극히 드문 예외를 제외하고, 사실 코칭에 사용되는 이론 중 어떤 것도 실제로 코칭의 의문이나 구체적 관심사에서 비롯된 것이 아니라 다른 맥락에서 도입된 것이다(Gray et al., 2016). 선호하는 이론으로 공식화에 접근하는 실천가는 해당 관점이 작업에 어떤 영향을 미치는지 파악해야 한다. 핵심 과제는 이론이 변화의 위치를 어느 정도까지 결정하는가이다. 탐색의 형태는 이론에 의해 안내되며, 코칭 주체에 의해 떠오르는 생각/아이디어에 부여되는 중요성은 해당

25) 예를 들면 인지, 행동, 정신역동, 내러티브, 시스템 이론 등, 이론에 기반해 공식화를 시도하는 경우, 이런 이론을 구성하는 전제, 개념어, 개념의 틀로 '설명적 분석'을 한다. 예시된 이론 외에도 '코칭 심리학'에 근거한 접근 이론은 매우 다양하다. 그러나 자신의 코칭을 이런 이론적 배경을 분명히 하고, 코칭 과정 역시 이런 이론에 준한 특성을 드러내며 활동하는 코치는 매우 드물다. 무엇보다도 코칭 주체가 이를 사전에 알고 선택하는 경우는 더욱 드물다. 코치는 사전 면담에서 코칭 주체가 제기한 이슈나 아젠다에 대한 접근 또는 자신의 이론적 배경과 접근 방식을 알려야 한다. 이는 코칭 계약 또는 사전 동의를 진행하는 과정에 중요하며, 윤리적 태도의 하나이다.

이론을 기준으로 판단될 수 있다.[26)]

이론적 관점의 공식화 접근 방식은 고객의 **내러티브에 대한 해석뿐**만 아니라 새롭게 등장하는 가설을 확인하거나 반증하는 데 사용되는 데이터의 유형을 모두 형성한다. 인지, 행동, 정신역동, 내러티브, 시스템 이론이 있으며 그로부터 도출된 모델 등을 활용할 수 있다. 이러한 각 이론은 코치가 코칭 주체의 이야기를 듣고, 관련 질문을 파악하고, 데이터 수집을 체계화하는 데 있어 **개념적 지형도** 또는 **조직화 렌즈**를 제공한다. 가령 인지적 접근 방식의 공식화는 자동적 사고, 가정, 신념과 같은 인지 현상과 코칭 주체의 정보 처리 경향에 초점을 맞춘다(Corrie & Lane, 2021). 이와는 대조적으로, 정신역동적 접근법은 잠재된 무의식적 패턴과 그것이 현재 행동을 형성하는 데 미치는 역할을 중시할 가능성이 높다(Diamond, 2013). 내러티브적 접근 방식은

---

26) 저자들은 이런 이론적 접근이 지닌 우려를 지적한다. ①코칭 주체의 의문과 관심사보다는 이론적 접근으로 이슈화할 가능성, ②개념적 틀에 맞춘 데이터 수립 우려, ③변화를 위한 코칭 주체의 준비 정도나 의도에 대한 섬세한 파악보다는 당위적 도출이 앞설 가능성, ④코칭 주체에게서 올라오는 '생각(하기)'의 동적, 상황적 특수함보다는 이론적 구조-틀을 통해 포착한 것을 중시하게 되는 등 다양하다.

이런 우려가 타당한 면이 있고 코치는 이를 언제나 유념해야 한다. 그러나 이를 방지하는 이론 안에 내재된 검증 구조가 없다면, 그리하여 위와 같은 우려가 현실화할 가능성이 높다면 이런 이론적 접근은 이미 소멸했을 것이다. 즉 실천과 이론의 상호 관계는 긴장과 대립, 검증의 관계이다.

역자는 이론에 기반한 코칭 (사례) 공식화를 코칭 (사례) 개념화conceptulization로 용어를 구별하며 이런 식의 구별로 이론 중심 공식화를 제안한다. 또 이런 개념화에는 이론이 전제된/중심이된 공식화의 경우로 한정한다. 정신분석 코칭 (사례) 개념화, 내러티브 코칭 (사례) 개념화 등이 그 예시이다. 이런 접근과 구별은 동질 이론 입장의 실천을 강화하며, 서로간 소통과 작업의 엄밀성을 높일 수 있다.

코칭 주체가 지닌 이야기의 유형과 그 안에서 다양한 인물과 경험을 묘사하는 방식을 중시한다(Drake, 2010, 2018).

그레이Gray와 동료들(2016)에 따르면, 이론에 기반한 모델 구축은 코치 훈련의 주된 방식이다. 전체적으로 볼 때 세 가지 구조-틀이 선호되는 것으로 보인다. ①단일 이론에 기반한 코칭(예: 해결 중심 코칭 또는 인지 행동 코칭), ②통합 이론integrated theory에 기반한 코칭(관련 이론들이 결합된 형태), 코치가 ③자신만의 철학에 기반한 독자적인 코칭 모델을 구축하는 것이다. 위 그레이와 동료들(2016)이 이 세 가지를 검토하며 제기한 이슈는 모델의 기반이 된 이론들이 실천가들이 코칭 주체의 이야기에서 특정 측면을 간과하거나 다른 측면을 부각하도록 만들 수 있다는 점이다.[27] 특정 모델은 코치가 코칭 주체를 정의된 방식으로 생각하게끔 이끌 수 있으며, 던지는 모든 질문들 역시 모델의 관점에 좌우된다고 볼 수 있다. 그러나 이러한 코칭 모델 가운데 세계관에 대한 근본적인 가정이나 일반적인 코칭 효과를 넘어서는 그 모델 자체의 효과성을 연구를 통해 입증된 경우는 거의 없다.[28]

---

27) 이론적 틀이 일종의 필터 역할을 해서 실천가들이 다른 측면보다 특정 측면을 선호하여 더 주의 깊게 보거나 혹은 간과하게 만든다. 그러나 이는 코치의 자기 알아차림이나 성찰, 코칭 소유자이자 주체인 코칭 주체, 코칭 관계의 상호작용을 제로로 가정한 경우라고 생각한다.

28) 모든 이론들은 각각의 경우 모두 나름대로 특성과 한계를 지니며 성과에 있어 특별한 우위가 있다고 보기 어렵다는 주장이다. 실제 심리치료 분야에서는 이런 이론적 접근의 차이에 대한 치료 성과의 우열을 구별하기는 어렵다는 연구 결과가 일반적이다. 모든 이론은 그 자체 한계가 있으며 실천을 통해 보강된다. 이론은 이런 실천의 앞길을 비춘다.

전략적 코칭 공식화

문제 분석problem analysis에 중점을 둔 전통적인 치료 모델에 도전하는 미래지향적인 관점을 채택한 여러 접근법이 있다. ①[변화를 위한 후원] 환경 설계, ②시스템적 접근, ③일부 강점 기반 접근법은 **미래를 위한 변화**에 초점을 맞추고, 사람들이 원하는 결과를 달성하기 위해 이용할 수 있는 자원을 기반으로 하는 방법을 설계한다. 사람들이 '**번영할 수 있는 환경**'을 조성하는 방법에 중점을 둔다. 이런 모델 중 한 가지는 역경 속에서 어떻게 성장할 수 있는지 우리의 이해를 바탕으로 한 ④'**회복탄력성으로 가는 길**roads to resilience'이다(APA, 2024; Joseph, 2012; Tehrani, 2008).

전략적 코칭 공식화는 3장에서 논의되는 바와 같이 개인, 대인관계, 시스템 세 가지 수준을 고려한다. 코치는 공식화 과정에서 무엇이 공식화되는지, 어떤 수준이 적절한지 신중하게 생각하는 것이 중요하다. **문제**problem**보다는 해결책**solution**에 중점**을 두는 것은 이 접근법의 강점이다. 그러나 미래에만 너무 좁게 초점을 맞출 경우 코칭 주체의 경험/내용과 두 사람이 모두 보유한 지식에서 창출되는 잠재적 가치를 상당 부분 간과할 수 있다.[29)]

29) 문제보다는 해결책, 미래에 중점을 두다 보면, 현재 지금, 이 순간 고객이 무슨 내용을 이야기하고 어떤 경험을 새롭게 하는지, 이미 그곳에 벌어졌던 과거의 것을 현재 어떻게 재구성하는지를 간과할 수 있다는 점을 환기하고 있다. 지금 이 순간에 출현하는 내용이 미래를 위한 것이다. 수직적 시간에서는 과거-현재-미래는 '지금-이-순간' 동시에 출현한다.

사회적 통제 수단으로서의 공식화와 역할

많은 코칭 문헌이 의존하는 심리학, 사회학, 인류학의 결과는 교육, 임상, 법의학, 직업적 환경에서 사회 통제 수단 역할을 한다고 비판받아 왔다. 따라서 코칭 제안은 언뜻 무해해 보일 수 있지만 실제로는 우리가 작동하는 전문성 내부에 이런 점들이 스며들어 더욱 미묘한 신념 체계와 편견으로 반영되어 있다. 심리학계의 매우 광범위한 논쟁의 하나로 소수자 소외/주변화/배제부터 지배적인 세계관에 위험하다고 여겨지는 사람들에 대한 통제에 이르기까지 주장이 다양하다(이 논쟁은 16장에서 더 자세히 다룬다). 그런데도 코치들은 코칭 주체의 내러티브가 소외/주변화될 가능성이 있더라도 그가 관련된 조직 관점이 존중되도록 돕고, 이야기가 잠재적으로 배제되더라도 조직의 지배적 내러티브에 부합하는 성과를 내도록 지원하기를 요청받아 왔다(DeFehr, 2017; Kahn, 2014). 따라서 **코칭이 사회적 통제의 한 형태**로 어떻게 작용할 수 있는 주의를 기울이는 것이 필요하다. 코칭 제공은 언제든 사람들이 후원 조직의 규범과 기대에 맞춰 사회화되는 과정의 일부일 수 있다.

조직 내 행동 규범은 사람들이 어떻게 행동해야 하는지를 정의한다. 여기에는 기업 문화, 역량 모델, 보상 시스템이 해당 환경 내에서 사람들이 어떻게 존재하는지 방식이 포함된다. 조직이 특정 결과를 어떻게 요구하는지, 코칭 과정에서 정보의 소유권이 누구에게 있는지 역시 사회적 통제의 일부를 구성한다(Kahn, 2014; Kwiatkowski &

Winter, 2006). 더구나 거의 모든 코칭 접근법은 백인, 주로 남성인 서구 실천가에 의해 개발되었다(자세한 내용은 16장 참조). 문화적, 맥락적 차이를 고려하지 않고 이런 접근법을 단지 적용할 수 있다는 주장은 설득력이 없다.[30] 채택된 관점에는 필연적으로 보편성이 전제되어 있어 필연적으로 다른 목소리를 소외/주변화하게 되는데, 이는 그 자체로 당연히 사회 통제의 수단으로 간주 될 수 있다. 이 이슈는 코칭 관련 문헌에서 더 깊이 검토할 가치가 있다.[31]

서구적 '생각하기'에 기반한 공식화 접근을 채택할 때는 그 접근법이 계승한 세계관에 유의할 필요가 있다. 동양적 '생각하기'를 활용하려는 시도조차도 복잡한 이해를 단순화된 과정으로 해석하는 식민지화된 버전colonized version으로 이어질 수 있다. 코칭에 동양적 또는 다른 사고 방식을 직접 접목하려는 접근법은 드물다(van Nieuwerburgh & Allaho, 2017; Rowe, 2021). 많은 저자가 지적하듯이, 세상은 문화에 따라 다르게 보인다(Lane et al., 2023; Ratele, 2019). 심지어 연구

30) 이 주장에 반대가 있다면 이렇다. ①그렇다고 다른 대안이 있는 것도 아니고, ②이 세상에 완전 무해한 것, 중립적인 것이 있을 수 있는가. ③코칭 주체도 알아서 판단할 수 있다. ④그러므로 너무 어렵고 복잡하게 생각할 필요가 있는가라는 주장이 있을 수 있다. 이런 태도는 이 글의 입장에서 보면 '윤리적 나태함', 피상적 성찰이 된다.

31) 코칭이 주류 사회, 조직의 이해를 (부드럽게) 대행하는 도구로 쓰여지고 있다는 자체 비판은 다양하게 제기되었다. 이는 개인, 라이프 코칭도 예외는 아니다. 코칭 실천 내에서의 대안은 코치의 의식수준과 가치, 소명의식을 강조한다. 에코-시스템 관점에서의 주장이 그 한 예이다. 코칭 실천 외부에서는 코칭의 성격에 대한 근본적 재구성 시도이다. 이는 코칭이 사회 변화와 인간 해방을 위한 주체화, 주체적 개인을 주목하고 이에 기여하는 코칭을 주장한다.

라는 개념조차 실험 대상으로 삼아져 왔고, 철학과 우주론이 왜곡되었으며, 그들의 지식이 도용되고 악용/착취당한 많은 공동체에서는 억압적인 것으로 여겨진다(Absolon, 2022; DeFehr, 2017).[32)]

제시된 입장에서 발생하는 중요한 이슈

위에서 고려한 각 구성 요인에 부여되는 상대적 중요성은 사용되는 공식화의 유형에 따라 달라진다. 위의 다섯 가지 주요 공식화 범주로 돌아가 보자. **진단적 공식화 접근법**은 규범적 범주와 패턴을 참고하여 개인의 요구를 이해한다. **전략적 공식화 접근법**은 코칭 주체의 강점을 활용하고 해결책을 설계하는 미래 지향적 접근법에 초점을 맞춘다. 또한, 코치들이 실천을 안내하기 위해 의존하는 심리학, 철학, 성인 학습 이론, 발달 관련 많은 이론은 개념과 변화에 있어 본질적으로 개인주의적 접근법을 적용한다. 그러므로 선호하는 작업 방식에 대한 충성심으로 비판 없이 채택되어서는 안 된다는 점이 중요하다.

응용 심리학 비판자들은 심리학적 이해와 구조 틀이 집단적으로 권

32) 많은 지역사회 공동체는 연구 대상으로 취급되며 동의나 존중 없이 실험대상으로 이용당하고 착취 당했던 역사적 사실을 지적한다. 또 그들의 철학(사상)과 우주론(세계관)이 서구적 관점에서 잘못 해석되거나 왜곡되어 전달되고 기록되었다. 끝으로 전통 지식, 토착 지식이 정당한 대가나 인정 없이 상업적 목적으로 탈취되거나 착취된 역사를 말한다. 즉 이런 공동체의 경험은 '연구'라는 행위 자체를 문화적 주권을 침해하고 지식을 도용하며 인간을 대상화했던 억압의 수단으로 인식된다.

한 위임한 것[33]이라 가정하고 있는데도 실제로는 사회적 통제에 기여해 왔다고 지적해 왔다(Joseph, 2012; RCPsych, 2008). 공식화가 사회적 통제의 수단으로 활용될 경우, 코칭의 지식 기반이 의도치 않게 현재의 정치적 관점을 지지하거나 뒷받침 또는 반박하는데 활용될 수 있다.

공식화는 의도하지 않은 방식으로 활용될 가능성이 있다. 예를 들어, 토비아스Tobias(1996)는 **코치가 고객을 희생양으로 삼는 데 무의식적으로 휘말릴 수 있음**을 강조했다. 코치가 조직의 이해관계자들이 '조직적 맥락'이 용납될 수 없다고 판단되는 코칭 대상자의 행동에 사실은 기여 요인이 있을 수 있다는 점을 검토하는데 소극적이거나 거부할 때 더욱 그렇다.[34] 로저스Rogers(2014)는 코칭 소개 과정에서 코칭 대상이 희생양이 되는 방식을 언급했다.

코칭 과제의 복잡성을 헤쳐나가는 수단으로 공식화를 검토한 연구에서 코바치Kovács와 코리Corrie(2021)는 권력 역동이 코치를 복잡한 권력 역동의 그물망으로 끌어들일 수 있는 방식이라는 점에 대해 경고한다. 호킨스Hawkins와 스미스Smith(2006)는 권력 역동을 "개인을 타인의 의지에 복종하도록 강요하는 수단으로 사용된다."라고 지적하며,

33) 스스로 동의하거나 자발적으로 참여한 결과이며, 구조-틀이나 연구 결과를 수용하는 것 또한 그 당사자에게 위임된 것이라 할지라도 본질적 비판은 변하지 않는다.

34) 코칭을 의뢰하는 조직은 개인의 이슈가 조직의 맥락과 상황/환경/시스템, 조직 문화에서 원인을 찾는데 소극적이며, 개인에게서 원인을 찾고 이의 해결을 외부 코치에게 외주화하거나 코칭 공간으로 부지불식간에 가둬 두고 둘이 알아서 해결하게 한다.

"이는 성과나 조직의 이익이라는 용어로 포장되어 있어 저항하기 어려운 역동"이라고 설명한다(p.6). 이런 경고들이 우리에게 알려주는 바는 우리의 공식화 방식이 전적으로 우리 **자신의 선택과 통제가 아닌 맥락에서 도출된다**는 점이다. 심지어 공식화를 공동 구성된 설명적 분석 explanatory account, 즉 전개되는 '설명'에 대한 소유권을 부여받은 '분석'으로 가치를 인정하더라도, 조종navigating이 필요한 복잡하고 때로는 미묘한 과정들이 발생할 수 있다.

또 다른 복잡한 요인은 우리가 자주 부분만을 알아차리는 관점에 지배된다는 점이다. 마허Mahrer(2000)는 **심리학 자체가 변화에 면역적**이라고 주장했다. 최근에 에로넨Eronen과 브링만Bringmann(2021)은 심리학 이론이 결함이 있다고 밝혀지더라도 심리학자들은 계속해서 그 이론을 사용할 것이라고 주장했다.

따라서 어떤 접근 방식을 채택할지 고려할 때, 결정은 진공 상태에서 내려지는 것이 아니라는 점을 명심해야 한다. 코치가 의존하는 이론과 모델은 문화나 가치에서 결코 중립적이지 않다. 탄탄한 조사 방법과 이용 가능한 기존 증거 기반에 뿌리를 둔 작업 방식을 개발하고, 검증하며 개선하려는 노력에도 불구하고, 코치는 언제나 자신이 보는 것을 결정하는 일련의 패러다임과 문화적 관점의 틀 내에서 작업한다. 실제로 증거 기반 실천이라는 개념 자체가 하나의 문화적 현상이며, 우리가 부분적으로만 알아차리고 있으며 반박하기 어려운 방식으로 실천 접근법을 형성한다.

스토리텔링으로서의 공식화

위에서 언급된 모든 접근 방식은 스토리텔링의 형태이며, 특히 공식화의 경우 변화를 위해 들려주는 이야기이다. 코리Corrie와 레인Lane(2010)은 코칭 고객들은 일반적으로 자신과 관심사concern를 이야기 형태로 표현한다고 주장한다. 이는 코칭 주체 자신이나 타인이 최적의 상태로 작동하지 않는다고 믿는 삶의 일부 영역이나, 향상시키고 싶은 잠재력이 있는 부분에 초점 맞춘 이야기다. 실천가의 **초기 책임**responsibility은 코칭 주체가 할 이야기가 있다는 점을 인식하고 그 이야기를 감사appreciative하는 태도를 갖는 것이다. 두 번째 양측이 암묵적으로 이해하는 **의무**duty는 전문가가 긍정적인 변화 촉진에 기여를 할 수 있는 무언가를 추가할 수 있다는 것이다. 코칭 주체가 자신의 이야기를 들려주는 방식을 살펴보는 연구 문헌은 점점 늘어나고 있지만, 전문가의 '설명/분석account'도 변화를 가능하게 하려고 들려주는 이야기라는 생각에는 상대적으로 주목하지 않았다. 이런 점은 두 사람이 불리한 위치에 놓이게 된다.[35] 또 [양측의 설명/분석이 중요하다는 점을 인식하지

35) 초기 국면에서 실천가의 책임과 함께 변화를 가능하게 하는 자신의 이야기/내용/설명을 제시할 수 있어야 한다는 점을 '의무'로 표현했다. 이는 코치의 '알지 못함의 태도'와는 다른 맥락이다. 코칭 주체와 코치의 '상호 만남encounter', 코칭 관계 형성의 초기 단계, 어떤 의미에서는 만남 그 자체부터 코칭 주체의 변화 가능성에 대한 어떤 견해를 가져야 한다는 점이다. 그렇지 못한 것은 코치의 무정견/아무 생각 없음이며 무책임, 의무를 다하지 못함이다. 또 두 사람의 상호 동등성을 위한 전제이다라는 견해로 이해한다. 물론 코치가 자신의 이슈, 변화 관련 내용을 어떻게, 언제 제공하는가는 별도의 논의 주제이다.

못하면] 코칭 주체의 '설명/분석'이 지닌 풍부함을 포괄하지 못한다. 또 그것을 의미있게 만드는 맥락을 인식하지 못하는 기존의 전문적 내러티브 안에서 해석하게 되어 이야기하는 사람storyteller의 이야기를 발탈할 가능성이 있다.

코리Corrie와 레인Lane(2010)은 '우화/전설tales'과 '이야기story'를 구분하는 것이 유용하다고 주장한다. 우화는 단일 관점을 중심으로 구성된 내러티브로, 주어진 가치관과 신념을 내포한 도덕적 이야기moral tale이다. 위에서 언급된 공식화 접근법은 특정 관점에서 들려주는 우화tale로 볼 수 있다. 이런 우화로 인한 관점은 무엇이 관련 있는 데이터이고 무엇이 아닌지를 그 범위를 미리 판단한다. 코칭에서 공식화 접근 방식으로 각각 나름의 위치를 이야기 구성 방법으로 자리를 차지하겠지만, 각각이 중시하는 가치와 신념에 기반한 내재적 한계를 지니게 된다. 미쉴러Mishler(1986)는 코칭 주체가 자신의 이야기를 들려주고 싶어하는 내적 필요가 매우 강하기 때문에, 이론에 기반한 질문이 이를 방해하더라도 계속해서 이야기를 이어가려고 노력할 것이다[이론에 기반한 질문이 무색해 진다]고 한다. 리스만Riessman(2012)은 개인적 내러티브를 분석할 때, 참여자player들은 자신의 삶의 경험을 분할/단편화fragment하려고 한다. 자신들의 존재감에 대한 의미를 코딩 가능한 범주codable categories를 만들어 통제하려는 시도와 노력에 저항할 수 있다.[36)] 코칭 주체의 경험이 코치의 경험에서 멀어질수록, 이러한 경향[단편

36) 삶의 경험은 연속적이고 총체적인데 연구자, 또는 코치에 의해 조각나면 본래의 의미가 왜곡된다. 또 내러티브로 드러낸 참여자의 존재감이나 의미는 사전

화, 코드화]은 코치의 이해를 내적으로 더욱 방해할 것이다.[37)]

반면, 코리Corrie와 레인Lane(2010)은 하나의 이야기에는 다양한 이야기를 가진 여러 참여자가 포함되어 있으며, 이들이 공유된 관심사를 중심으로 공통된 주제, 주인공, 플롯[줄거리]을 찾아내기 위해 엮어야 하는 여러 이야기들을 포함한다고 주장한다. 이 플롯[줄거리]을 이해하려면 전체 이야기 속의 다양한 이야기를 포착하려는 시도가 필요하다. 각 당사자는 이미 존재하는 기존 이야기로 시작한다. 여기에는 자신이 누구인지, 전문가으로 무엇을 제공하는지, 그리고 자신의 코칭 스타일을 정의하는 목적, 관점, 과정에 대한 감각을 지닌 코치도 포함된다. "나는 임원 코치이다."라는 단순한 진술조차 그들이 제공하는 것을 제한하거나 제약할 수 있는 여러 가정을 내포하고 있다.

에 정해진 정형화된 범주에 의해 통제되거나 축소될 수 없다는 점을 강조한다. 즉 코칭 주체는 수동적인 자료 제공자가 아니라 자기 이야기를 스스로 통제하는 주체이다.

37) 코치는 코칭 주체의 이야기를 에피소드나 우화와 관련된 이야기 단위로 끊어서 듣거나, 자신의 관점에서 주목되는 부분으로 이끌기 위해 경험 단위로 구분하려고 호응이나 반응을 삽입할 수 있다. 자신의 이야기를 자신이 원하는 방향으로 흘러가게 이야기를 주도하려 한다.

결국 코치는 자신의 경험과 내용이 멀어질수록 내적 저항에 따라 흥미와 호기심의 농도가 흐려지게 된다. 흥미와 호기심에 의한 언어적, 비언어적 호응과 관심 표명이 함께 춤추듯 어우러져야 한다.

대화를 통한 관계 중심의 내러티브 구축

코치와 코칭 주체의 첫 회기에는 여러 가지 내러티브가 작용하고 있다.[38] **코칭 주체**는 자신에 대한 인식sense of self과 조직 내 역할에 대한 인식을 지니고 있다. 조직 내 후원자가 추천한 이유, 자신의 역할, 코칭이 무엇을 제공할 수 있는 지도 인식하고 있다. **코치** 역시 자신의 정체성, 코치 역할과 코칭 주체의 현재와 평생학습을 되돌아보도록 돕는 역할에 대한 인식을 갖고 있다. 이 각자의 인식은 두 사람의 마주함[상호 만남]encounter이 서로에게 어떻게 받아들여지는지에 영향을 미친다. 코칭은 실천능력 강화를 목표로 하는 **거래적 교류**transactional engagement의 형태를 취한다. 이런 경우에는 기존에 살아온 기술과 태도 개발이 목적이지만, 근본적으로 코칭 주체의 관점은 변하지 않는다. 여전히 세상을 같은 방식으로 바라본다. 반면 코치와 코칭 주체가 **관계적 교류** relational engagement를 발전시키면 마주함['상호 만남']encounter을 통해 양측 모두 변화할 수 있다(Lane et al., 2023). 이 과정에서 **새로운 자기 인식**new sense of self을 생성한다. 전자(거래적 교류)는 수평적 변화, 후자(관계적 교류)를 수직적 변화로 구별한다(Cavanagh et al., 2016). 수직적 변화가 발생할 때 이는 곧 정체성 형성formation of identity의 과정이다. 조직에서 정체성은 이런 작업 맥락에서 코칭 주체와의 관계 맺음 engagement을 통해 형성된다. 이는 로Lo(2005)가 주장한 것처럼 정체성

38) are in play. 작용하고 있다. are present로 존재한다는 정적인 상태가 아니라 각 내러티브의 장field안에서 여러가지 요인이 작용하고 있다는 동적 의미이다.

이 행동의 현장sites of action에서 발생한다는 아이디어와 유사하다.

이런 과정이 이루어지려면 창발 과정emergent process에 대한 개방성openness이 필요하다. 예를 들어, 코치가 위에서 소개된 구체적 우화tale 가운데 하나, 즉 이론 중심의 입장에서 시작해 코칭 주체를 정의하려 한다면, 특정 주제를 다른 주제보다 우선시하게 된다.[39] 그들이 사전에 자신이 지닌pre-existing 위치성positionality을 가져오면 그들이 세계에 대한 태도/입장stance은 '상호 만남'에 앞서고, 동시에 그 마주함을 형성하기도 한다. 이는 당연히 코치와 코칭 주체가 가져오는 각자의 지식[앎]의 역할과 그들이 활동하는 맥락에 내재된 관점의 역할에 대한 이슈도 제기한다. 코치는 이 같은 서로 다른 내러티브를 어떻게 조화시킬 수 있을까? 이는 코칭의 핵심 철학적 이슈이다. 코치가 가치를 더하는 지식은 무엇인가?(Hindle Fisher et al., 2023) 이 이슈는 다음 **대화의 복잡성**dialogic complexity 개념을 통해 탐구하게 된다.

---

39) 위의 다섯 가지 공식화 분류의 어떤 것이든 먼저 이런 태도를 보이면 언제나 귀결되는 사태이다. 두 사람의 만남에서 코치가 특정한 경험담이나 주제 관련 에피소드를 이야기tale로 나눌 경우 자신의 공식화 작업으로 귀결될 소재나 요인이 되도록 조화를 시도하며 자신의 관점, 태도, 위치 등을 당연히 전제하게 된다. 등가적 연대를 지향하나 진정한 등가성에 도달하지 못한다. 그러나 양자 사이는 모빌처럼 움직이며 등가를 지향한다.

인과 관계에서 대화의 복잡성으로

코칭 관계는 코치와 코칭 주체 사이의 과정(수준 1), 만남에 참여하는 동료, 관리자, 후원자 등 다른 사람들(수준 2), 팀, 조직, 부부 또는 가족 시스템(수준 3) 간의 과정이 중첩되어 있다. 따라서 코칭의 상호 만남coaching encounter에서 정체성과 알아차림 형성에 기여하는 최소 세 가지 수준이 존재하며, 이는 코칭 공식화 과정에 영향을 미친다. 후자는 시스템의 목적과 가치, 그 안에서 코칭이 차지하는 위치에 대한 구조화된 상호작용과 지배적·잠재적 이야기에 내재되어embedded 있다. 놀이와 움직임에는 다양한 관계적 내러티브가 작용하고 움직인다. 이는 새로운 대화를 만들어 내고, 자기, 타인, 시스템 간의 관계를 이해하는 데 복잡성을 추가한다. 단순한 선형적 원인-결과 관계는 존재하지 않는다. 칸Kahn(2014)은 역할 개념을 통해 '자기와 조직 사이의 축'의 관점에서 설명한다. 마찬가지로 코치와 코칭 주체와 조직 사이에도 축이 존재한다. 이는 조직 내 직무 정의(코치의 역할)와 특정 만남이나 행동 현장에서 새롭게 출현하는 코치의 역할로도 표현된다. 따라서 코치는 코칭 주체 및 시스템과 대화하는 파트너가 된다(Stelter, 2019).

코치가 개인과 개별로 일해도 두 사람은 관계 시스템의 일부로 존재한다는 점을 기억해야 한다. 타인의 영향력을 무시하는 것은 결과에 해로울 수 있다. 이런 관계 시스템 안에서 세 수준이 모두 실행되고 표출된다. 각 수준 간에도 지속적인 **역동적 상호작용**dynamic interaction이 당연히 존재한다. 이런 관계 패턴의 복잡성에 대한 알아차림은 '상호 만남'에서 합의하는 내러티브가 구성되면서 드러난다.

조직에서 이 과정의 스토리텔링 특성은 보제Boje(1991, 2018)와 가브리엘Gabriel(2000)이 연구했다. 이들은 "이야기 수행이 구성원들의 의미 구성[파악]sense-making 과정의 핵심 요인이며, 개인의 기억을 제도적 기억으로 보완하는 수단으로 기능하는 **집단적 스토리텔링 시스템**"으로 정의한다(Boje, 1991, p.106). 코치가 이런 집단적 스토리텔링에 가져오는 지식은 의미 구성[파악] 과정의 일부이다. 바로 이런 **의미 구성으로의 스토리텔링**을 보편적인 과정으로 간주한다(Bietti et al., 2018). 이야기는 조직의 의도를 뒷받침하거나 역행/파괴할 수 있으며(Spear & Roper, 2016), 협력적으로 사용하면 관계를 구축할 수 있다(Silva & Silva, 2022).[40)]

코치가 제공하는 지식의 영향

공식화 작업 과정에서 코치의 지식/앎의 위치에 대한 질문이 있다(Hindle Fisher et al., 2023).

---

40) 조직을 구성하는 개인은 자신 역시 조직의 일부이고, 조직의 '지금'에 작용하고 있으면서도 조직에 대해 별도의 내러티브를 갖고 있다. 이를테면 '우리 조직은 ~다'라는 식의 조직과 상황에 대해 긍정적 부정적 내용을 갖는다.

이런 이야기, 소문 등은 집단적 내러티브 시스템을 갖고 조직의 정서와 행동에 지속적인 영향을 준다. 집단적 내러티브 시스템은 살아 움직이며 수시로 변화한다. 코치와 코칭 주체의 회기 안에서의 내러티브 형성은 이런 시스템과 상호작용하게 한다.

Q. 코치는 단순히 코칭 주체가 여러 이슈를 생각하게 돕고, 의미 부여 능력 향상을 돕는 이름뿐인 도구cypher에 불과한가?

Q. 고객이 고려할 만한 행동의 가능성을 제안하기 위해 유사한 맥락에서 자신의 지식과 이전 경험을 제안하는 것이 코치의 역할인가?

Q. 코치의 지식/앎이 이런 역할을 하지 않는다면 조직이 코칭을 예약할 때 왜 이전 업계의 경험을 강조하는가?

Q. 코치의 진단, 이론, 전략, 통제, 실험 관련 지식이 공식화면에서 의미 형성이 가능하게 하는데 어떤 위치를 차지 하는가?

코치는 코칭 과정에 참여하면서 스토리텔링의 일부가 되며, 과거, 현재, 미래에 대한 자신의 이야기가 집단 행동에 어떤 영향을 미치는지 이해해야 한다. 또한 코칭 주체가 아직 말하지 않았거나 실현되지 않은 이야기를 숙고하고, 코치가 새롭게 떠오르는 관점에 진입하도록 초대한다.

짧은 사례 이야기

■ 학교의 코칭 사례를 살펴보고, 이 사례에서 합의한 목적purpose이 어떻게 출현하게 되었는지 살펴보자.

[사례 2.1] 초기 이슈를 넘어 전인적 대응으로 나아가기

아리이Irie는 13살 때 학교에서 분노 조절을 위한 코칭을 처음 의뢰받았다. 그녀는 두 번이나 정학을 당했고 이제는 영구 퇴학의 위험에 처해 있다. 아리이는 교사들이 자신을 괴롭힌다고 느꼈는데 그 교사들은 그녀를 "시끄럽고 에너지가 넘치며, 불공정함unfairness을 받아들이지 않는 흑인 소녀"로 싫어한다고 말했다.

코치를 만난 아리이는 자신이 트러블을 일으키는 문제아라는 점을 알았기 때문에 자신의 반응reaction을 다룰 다른 방법을 찾고 싶었다. 아리이와 학교는 분노 관리 코칭을 받으면 도움이 될 것이란 합의에 이르렀다. 코치는 특정 교사에 대한 아리이의 우려를 학과장에게 제기할 가능성에 대해서도 논의했다.

그녀는 코칭에 잘 호응했고 한동안 상황이 호전되어 더 이상의 추가 의뢰는 없었다. 그렇지만 학과장과의 대화는 결론을 내리지 못했다. 학과장은 아리이가 엄격함strict과 불공정을 혼동하고 있다고 생각하기 때문이다.

1년 후 아리이는 역사 수업에서 노예제도의 종식에 대한 교사의 해석에 이의를 제기하며 폭발한 사건으로 다시 의뢰되었다. 그녀는 스스로 흑인 역사를 읽고 있었고, 노예제도에 저항한 흑인 공동체의 역할이 충분히 인정받지 못하는 사실에 분노했다. 이를 논의하면서 그녀는 흑인 어린이뿐만 아니라 다른 소외 계층을 위한 정의의 중요성에 대한 자신의 강한 신념 패턴을 탐구하기 시작했다. 이는 코치에게 윤리적 이슈를 제기했다.

코치는 아리이에게 자신의 행동을 조절하고, 우려 사항에 대처하는 더욱 친사회적인 접근 방식을 채택하는 프로그램을 진행할 수는 있었다. 아리이의 불의에 대한 인식sense of injustice는 정당했고 코치는 아리이가 관심 두는 사안에 대해 그녀의 감정을 소외시키고 싶지 않았다.

두 사람이 함께 개발한 공식화는 두 가지 공통된 우려를 불러일으켰다. 아리이는 자신이 '영구 퇴학'이라는 실질적 위험에 처해 있다는 사실을 인정하고, [이에 대처하기 위해서라도] 자신의 감정을 다루는 다양한 대응 방법을 개발해야 했다. 두 사람은 아리이가 화를 내지 않으면서도 자신의 주장을 펼칠 수 있는 일련의 행동 실험을 단계적으로 시도하기로 합의했다.

두 번째 우려는 역사에서 가르치는 내용에 대한 시급한 과제immediate question였다. 더 나아가 그녀가 자신의 입장을 세상에 긍정적으로 표현할 수 있는 방법에 관한 것이다. 그녀는 혼자서는 이 모든 일을 할 수 없다는 데 동의했다. 먼저 학과장과 면담을 계획했고, 그다음에는 다른 두 명의 교사와 만나 그녀가 사전에 회의 상황을 역할극으로 연습하며 비판에 대비하고 반응react 방식을 준비하는 것이다.

놀랍게도 아리이의 예상과는 달리 면담은 매우 순조롭게 진행되었고, 노예제도에 대한 흑인의 저항에 대해 발표를 준비해 수업에서 논의할 수 있다는 데 합의했다. 역사 선생님도 향후 수업에서 더 폭넓게 논의를 포괄하기로 동의했다. 그녀는 갈등 관리 기술을 다양하게 익혔다. 또한 스스로의 의지로 자신의 세계관을 표현하는 랩 음악 가사를 쓰기 시작했으며, 그 내용에는 코칭에 관한 랩도 포함되었다.

역자 질문

Q. 아리이의 이슈가 이렇게 진행되게 된 코치와 아리이, 주변의 관계자, 시스템 세 가지 수준이 어떻게 전개되었는가?

Q. 분노 조절에 대처하는 기술을 개발하고 익히는 과제를 넘어가게 된 코치의 접근 방식의 흐름을 검토해 본다면?

Q. 자신의 세계관을 드러내는 랩 가사 작성으로 연결되게 된 코치 접근의 초점은 무엇이었나?

Q. 이 결과가 (사례) 공식화 작업이 어떻게 기여했는지 추론해 보자.

Q. 이런 코칭의 결과를 쉽게 연상할 수 있는가?

청소년 코칭에서 주어진 (계약) 조건, 교육 현실을 감안할 때 이런 전개가 가능하게 되는 코치의 조건을 살펴보자.

코칭 목적 개발에 대한 몇 가지 성찰

위 사례에서, 최초 의뢰는 학교의 필요에 따른 것이었다. 화를 잘 내는 여학생이 자신의 이슈를 위해 분노 조절 코칭이 필요했다. 그러나 학생의 관점은 더욱 복잡한 상황이었음을 보여 준다. 그녀는 자신이 받는 대우에 대해 정당한 우려를 지니고 있었지만, 더 큰 문제에 휘말리지 않기 위해 스스로 노력해야 한다는 데 동의했다. 초기 코칭은 잘 진행되었지만, 교사와의 이슈는 해결되지 않았고, 결국 1년 후 다시 의뢰되었다. 이번에는 그녀가 학교에 제기하고 싶은 매우 구체적인 이슈가 있었다. **대화 과정**dialogic process을 거친 결과 학생, 학교, 코치 모두가 공유된 우려사항shared concern이 도출되었다. 코칭 목적에 대한 합의가 이루어졌고, 이는 모두에게 만족스러운 결과로 이어졌다.[41)]

---

41) 코칭 마무리 시점에서 결과론으로 사례 전체를 설명한다면 충분히 이해할 수 있다. 그러나 의뢰를 받은 첫 시점, 다시 일 년 후 의뢰받게 된 시점의 코칭-상황을 연상해 보자. 코칭 공식화 관점에서 누구와든 가보지 않은 길을 함께 가며 사려 깊게 내 걷지 않으면 도달하기 쉽지 않은 결과이다.

우선은 코칭 주체 개인의 자기관리 기술 개발과 훈습에 집중하게 된다. 시스템 관점으로 본다 할 지라도 코치는 학교 생활 부적응을 넘어, 학교의 교육 방침, 교실 상황, 교사의 수업 내용과 학생의 요구를 균형있게 보기 어렵다. 코치의 윤리적 민감성과 가치 중립value-free이 제기된다. 이런 조건에서 '고객 중심성', 코칭의 진정한 소유권, 코칭 주체의 주체화 과정을 어떻게 할 것인가가 코칭 공식화의 핵심 과제이다.

공식화 접근 방식에 대한 몇 가지 시사점

이 시점에서 코치가 실천할 수 있는 방식을 되돌아보고 제기된 아이디어의 관련성을 성찰하는 것이 필요하다. 우선 **어떤 공식화 접근도 중립적이지 않다**는 점, 코치가 개발하는 설명explanation이 일부 개인에게는 유리하나 다른 이에게는 불리하고, 심지어 누군가를 소외시킬 수도 있다는 점도 인식해야 한다.

이후 장에서 살펴보겠지만, 달성할 수 있는 최선은 코치 자신의 접근법과 위치성을 투명하게 드러내는 것이 최선이다. 이는 앞의 여러 장에서 설명하는 바와 같이 특정 관점이 포함되어 있다. 즉 ①개인, 대인관계, 시스템 관점, ②상황, ③패턴, ④개인/사례, ⑤생각을 이끄는 이론과 원칙 등이다. 코치는 이를 검토하고, 코칭 주체에게 투명하게 전달할 수 있어야 한다.

아리이의 사례에서 볼 수 있듯이, 코칭 주체는 권력 관계와 코칭이 진행되는 맥락에서 이 권력 관계가 어떻게 구성하는지에 따라 **코칭 과정에서 동등한 파트너**가 되지 못할 수 있다. 공식화 과정은 코치와 코칭 주체에게 이러한 점을 더욱 명확하게 보여 주는 데 도움이 된다.

결론

1장에서 설명한 바와 같이, 대부분의 공식화는 상호 협력적collaboratively으로 작성되어야 하며, 코칭 초기에 개발되어 시간이 지남에 따라 정교하게 다듬어지는 **공동으로 구성된**co-constructed **설명적 분석**explanatory account 형태를 취할 때 가장 도움이 된다고 생각한다. 그러나 이를 위해서는 각 당사자가 공식화 과정에 특정 형태의 지식과 전문성을 과정 중에 기여해야 한다는 점을 인정해야 한다. 이럴 때 광범위한 대상에 적용할 공식화 접근도 가치가 있을 수 있다. 유사한 이슈에 대한 연구가 있을 경우 해당 지식을 활용해 코칭할 수 있다. 응용 심리학 안에서 진단 및 이론적으로 도출된 관점을 활용한 공식화가 있다. 이는 이후 실천가들이 개별 코칭 주체의 요구에 맞게 조정할 수 있도록 제공되었다. 가장 명확한 예는 장애별 구체적 공식화disorder-specific formulations이다.[42] 코칭과 유사한 것으로는 심리측정이나 매우 규범적인 일부 코칭 모델이 이와 유사한 면이 있다.[43]

---

42) 응용심리학 연구를 코칭 사례 개념화로 구별하는게 필요하다. 코칭심리학에 근거한 코칭 사례 개념화는 코칭의 철학에 근거한 세 가지 전제가 관철되어야 한다. (1) 모든 인간은 무한한 가능성을 갖고 있으며, (2) 자신에게 필요한 답은 이미 갖고 있다. (3) 이를 발견하기 위해서는 파트너(코치)가 필요하다.

이를 각 코칭심리학 이론별로 어떻게 재해석하고 공식화와 코칭 여정에 어떻게 견지하는가로 구별 정립되어야 한다. 각 **코칭심리학 이론에 근거한 코칭 활동**-근거 이론에 입각한 **이론별 코칭 사례 개념화**, 이를 위한 각 **이론별 코칭수퍼비전**의 정립이 우리가 지향할 목표이다.

43) 코칭 분야에서 활용하고 있는 각종 진단 작업과 그 결과를 활용한 코칭 진행을 위한 공식화 작업이 이에 해당된다. 진단 결과에 근거한 〈As Is에서 To be〉의 항해도가 곧 **진단 기반 코칭 공식화**이다.

이런 의미에서 공식화는 코칭 과정에서 공동 구축할 것인지 아니면 기존 지식에 기반할 것인지에 대한 선택권이 존재한다. 코치와 코칭 주체가 이러한 입장의 함의를 인지하고 있다면, 매번의 만남마다 코칭 과정에서 적절한 선택을 할 수 있다.[44)]

숙고해야 할 질문

이 장을 읽고 자신의 실천과 관련하여 어떤 점이 드러나는지 생각해 보자. 공식화를 위해 다음 질문을 검토해 보는 것이 도움이 된다.

Q. 선택한 관점/렌즈로 대화를 구성할 때, 코칭 주체 경험의 어떤 영역을 우선시하고 어떤 영역은 탐구하지 않은 영역으로 둘 것인가?

Q. 당신의 접근 방식은 어떤 유형의 코칭 여정을 촉진하고 제한하는가?
따라서 당신의 코칭 제안에 가장 적합한 사람은 누구인가?

Q. 우리가 선호하는 모델, 개인으로서 우리에게 말을 거는 세상의 이론, 데이타 수집과 공식화 접근을 포함한 지식은 중립적이지 않다.

44) 이 주장이 사실상 저자들의 입장으로 보인다. 여기서 기존 지식이란 코칭 철학과 실천으로 융합적으로 구성된 코칭 지식도 포함해야 한다 저자들이 주장하는 공식화 방법이 이에 해당한다.

이는 당신의 코칭에 어떤 의미를 갖는가?

Q. 당신이 표명하는 선호도는 실제 실천 방식과 일치하는가?

불일치가 있다면 그 요인은 무엇인가?

(예: 코칭 맥락, 시장성, 교육 기회 부족, 팬데믹 이후의 근무 패턴에서 발생하는 요구 사항 등)

3장
코칭 공식화와 4P 구조-틀

코칭 분야의 연구 문헌이 늘어나면서 오늘날 코칭 실천가들은 다양한 이론, 모델, 도구, 기법을 활용할 수 있음이 분명해졌다. 이런 다양성 덕분에 코치는 코칭 주체와 작업에 여러 가지 방식으로 접근한다. 앞 장에서 언급했듯이, 코칭 공식화 개발에 단일 모델이나 올바른 방법이란 사실 없다.[45] ①코치마다 코칭 자료에 접근하는 방식이 서로 다르며,

45) 공식 공식화를 위한 한 가지 모델이나 올바르거나 틀렸다고 규정할 단일 기준은 없다는 의미이다. 단일 모델이나 정확성을 따지는 발상은 코칭의 정신과 철학에도 맞지 않는다. 설계전 청사진, 설계도에도 종류가 다양할 수 있듯이 공식화도 마찬가지다. 코칭을 위한 코칭 주체와의 '마주함'에서 코칭 목적과 목표, 코칭 여정, 코칭 종결에 이르는 과정 전체를 아우르는 항해도의 공동 작업이 〈코칭 공식화 작업〉이다.

그러나 이 항해도 역시 항해 과정에서 수시로 방향과 속도를 조정한다. 현실의 파도와 기상 때문이다. 항로 선택을 위한 많은 탐색과 결정이 이뤄진다. 또 이 과정이 건축 과정이라면 많은 종류의 설계도가 중간에 만들어지고 변경된다. 막상 항구에 도달했거나 중간에 들려야 한다면 배는 외항에 머물고, 그곳에서 항구에 접안하기까지는 '**도선사**導船士'라는 전문가의 도움이 필요하다. 왜냐하면 항구마다 조건과 특색이 너무 다르기 때문이다. 도선사의 역할은 출항할 때도 마찬가지다.

코칭의 목적purpose에서 지향 목표aim, 세부 목표objective, 구체적 목표goals 설정이나 '종결 과정'에 대한 세심한 노력 등은 이런 도선사의 역할에 비유할 수 있다.

②훈련과 경험에 따라 공식화의 기본 원칙에 중요한 영향을 미친다. 또 ③코칭이 진행되는 상황/맥락과 코칭 주체, 그 밖의 다른 요인들이 공식화 접근 방식에 영향을 준다. 또 다른 주요 요인은 우리가 누구이며, ④우리가 세상을 어떻게 구성하는지가 작업 접근 방식에 영향을 미친다. 이를 위치성positionality이라 한다.

코칭 주체와 공식화를 개발할 때 상당한 양의 정보를 관리하고 많은 결정을 내려야 할 것이다. 따라서 생각하기thinking를 안내해 주고 어떤 공식화가 다른 공식화보다 우선순위가 높은지 결정하는 데 도움되는 **구조-틀**framework이 필요하다. 이 장은 다양한 코칭 접근법과 맥락에 적용할 포괄적이고 유연한 구조-틀인 〈4P 구조-틀〉을 소개한다. 이는 위치성positionality, 목적purpose, 관점perspective, 과정process이다. 이를 통해 코치는 자신의 '위치성', 코칭의 '목적', 선호하는 '관점', 자신의 작업 목적과 관점에 가장 적합한 '과정'에 기반한 공식화 구조-틀을 활용해 공식화를 개발할 수 있다. 〈4P 구조-틀〉은 토대를 제공할 뿐만 아니라 코치가 진행할 공식화를 각 코칭 주체의 요구에 맞게 조정할 수 있게 해준다.

위치성, 목적, 관점, 과정 구조-틀

코치는 공식화를 시작하기 전에 우선 결정을 내린다.

Q. 코치의 세계관에서 코칭 주체와 공식화 접근 방식에 영향을 미치는 점은 무엇인가?

Q. 과연 공식화가 필요한가?

Q. 공식화의 기반인 코칭 주체의 삶이나 직업 중 어떤 주제, 사건, 영역을 다룰 것인가?

Q. 공식화와 코칭 모두에서 [코치가] 원하는 결과는 무엇인가?

Q. 이런 결과가 코칭 주체가 코칭 서비스를 찾는 목적과 어떻게 부합하는가?

Q. 어떤 데이터가 필요하며, 포함할 중요 사항에 관한 결정은 무엇에 근거할 것인가?

Q. 공식 구성 과정에서 누구의 의견과 관점을 고려할 것인가?

Q. 결과 달성을 위한 작업은 어떻게 공식화해야 하는가?

Q. 코칭 과정은 코치가 자기 작업 기반으로 선택한 관점에 의해 과연 뒷받침되는가?

Q. 코칭 과정은 원하는 결과와 비교하여 어떻게 평가할 것인가?

〈4P 구조-틀〉은 이런 결정적 순간을 헤쳐나가는 데 도움을 주며 다양한 맥락의 코칭 실천 전반에 걸쳐 관련성이 있는 네 가지 요인을 중심으로 구성되어 있다.

- 위치성: 나의 정체성이 세상에 대한 나의 인식과 작업 방식을 어떻게 형성하는가?

• 목적: 우리는 어디로 가고 있으며, 그 이유는 무엇인가?
• 관점: 우리의 여정에 어떤 정보가 영향을 미치는가?
• 과정: 우리는 어떻게 그곳에 도달할 것인가?

〈4P 구조-틀〉은 레인Lane(2002)이 개발하고 이후 정교화한(Lane & Corrie, 2006; Corrie & Lane, 2010) 〈PPP 모델〉에서 발전했다.[46] 심리학 분야의 다양한 맥락에서 유용한 것이 입증되었다. 〈4P 구조-틀〉은 복잡한 환경에서 공식을 개발하는 일관된 방식을 만들기 위한 이 초기 모델에서 유래했다(Lane, 1975, 1978, 1990), 브루흐Bruch와 본드Bond(1998), 브루흐Bruch(2015)가 지적했듯이 소위 미들섹스Middlesex 대학과 이후 런던 컬리지University College London의 공식화 접근 방식 개발에도 영향을 주었다.

읽기 편하도록 〈4P 구조-틀〉 각 요인을 차례로 살펴보는 선형 방식linear fashion으로 제시된다. 선형 경로linear path를 따라 공식을 개발하는 것은 〈4P 구조-틀〉을 사용하는 한 가지 방법이다. 그러나 〈4P 구조-틀〉의 각 요인은 서로 복잡한 상호적 관계이며, 각 요인이 반복 과정에서 서로 영향을 미치는 창발적 구조-틀이다. 위치성을 포함하게 된 것은 특히 목적과 관점 간의 복잡한 관계를 인식한 데서 비롯되었다. 처음 〈PPP 모델〉(Lane, 2002; Corrie & Lane, 2010)은 코칭 여정을 시작하기 전에 작업의 목적을 파악하고 합의하는 것이 매우 중요하다

46) 〈PPP 모델〉 모델은 Purpose, Perspective, Process이다. 응용 심리학, 코칭 심리학의 사례 공식화에서 데이비드 레인David Lane과 사라 코리Sarah Corrie가 개발하고 정교화한 접근 방식이다.

는 관점을 반영한 것이다. 코칭 주체와 코치는 이 목적을 탐구하면서 코치가 제공하는 서비스가 합의된 목적에 적합한지 명확하게 이해하게 된다. 목적에 대한 논의는 또한 코칭 상황/맥락 안에서 모든 이해관계자에게 어떻게 의미 있고 가치 있게 참여하게 만드는지 살펴보는 기회이다.

관점의 또 다른 점은 코치 접근 방식의 필수적인 토대로 관점과 철학을 강조한다. 모든 코칭의 목적은 곧 코치의 삶, 지식, 사회 세계에 대한 가치관과 가정이라는 제약 안에서 정의된다(Bachkirova et al., 2020). 따라서 코치가 제공하는 서비스와 실천 방식(코치의 작업 목적, 정의 방식 포함)은 전적으로 코치의 관점에 달려 있다. 이 때문에 일부 코치 교육자들은 〈PPP 모델〉을 철학, 목적, 과정으로 구현해 왔었다(Bachkirova et al., 2020; Jackson & Bachkirova, 2019).[47] 후자 주장의 장점을 잘 인식하고 〈4P 구조-틀〉에 위치성을 추가했으며, 목적, 관점, 과정이 코치가 세상을 바라보는 방식[위치성]에 의해 지대한 영향을 받는다는 점을 제시한다.

---

47) 〈PPP 모델〉을 철학, 목적, 과정으로 이해하는 접근은 별도의 주장이다. 수퍼비전, 코치 양성을 위한 교육 훈련 과정을 검토하며 강조되었다. 이런 다양한 논의 끝에 공식화 구조-틀로 저자들은 '위치성'을 추가했다.

바흐키로바는 가치중립적 도구주의와 대비해 발달주의 관점을 취하며 실용주의적·구성주의적 철학에서 도출한 코치의 교육에 대한 명시적 공식화를 1) 실천의 도구로서의 코치 양성 2) 반성성reflexivity과 비판성criticality의 증대 3) 실천 맥락에서 불확실성, 복잡성, 역설 부각시키기highlighting, 4) 자기self와 자신의 실천 방식간의 일치성congruence을 실천하고 도달하기, 5) 윤리적 성숙도 함양 등을 제시한다. 이 같은 점에서 코치, 코칭 실천에 강조하는 〈철학philosophy〉은 '위치성'으로 저자들이 개념화해 이에 호응한다.

위치성은 또한 코칭 주체가 세상에 존재한다는 감각sense of being을 포함한다(Lane, 1990). 위치성 개념을 바탕으로 〈4P 구조-틀〉은 코칭 주체와 코치에게 ①자기self의 본질, ②변화에 대한 신념, ③증거 기반 실천, ④윤리의 본질에 대한 관점뿐 아니라 ⑤정체성과 자기 인식sense of self이 코칭 실천에 미치는 영향까지 포괄한다. 이는 또한 코칭 공식화가 개발 될 구체적 관점을 결정하기 전에 목적이 선행되어야 한다는 원래의 개념을 유지하게 한다.

[그림 3.1]은 〈4P 구조-틀〉, 네 가지 요인의 관계, 코칭 공식화가 이 요인들의 교차점에 어떻게 위치하는지를 보여준다.

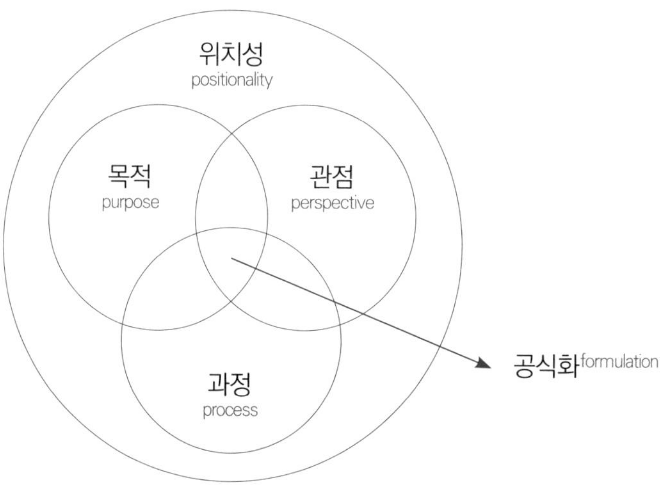

[그림 3.1] 4P 공식화 구조-틀

위치성

코치는 코칭 주체와의 만남에서 자신만의 **반성적 내러티브**reflexive narrative를 가져온다. 이 내러티브는 ①세상을 바라보는 방식, ②다양한 맥락에서 자신을 이해하는 방식, ③코치의 역할을 인식하는 방식을 담고 있다. 또 ④코칭 관심사interests에 영향을 미치는 것부터 ⑤추구하는 접근 방식과 ⑥타당하다고 여겨지는 이론적 관점에 이르기까지 코칭 활동의 모든 면에 영향을 준다.

코칭 관계라는 공유된 공간에서 코치와 코칭 주체가 세상을 어떻게 보는지는 상호작용과 공식화 과제task 방식을 형성하고 영향을 주고 받는다. 따라서 **공식화의 첫 번째 과제** 가운데 하나는 코치의 개인적인 내러티브가 코칭에 어떤 영향을 미칠 수 있는지 이해하는 것이다. 예를 들어, 코치의 세계관이 어떻게 편향성을 누출하는지, 이러한 편향이 코칭 주체의 자료에 어떻게 반영되는지, 이는 수집되고 해석되는 데이터에 어떤 의미를 주는지 알고 있어야 한다. '상호 만남'이 지속됨에 따라 코칭 주체의 **성찰적 내러티브**reflective narrative 또한 대화의 일부가 되며, 코치와 코칭 주체는 공통된 이해를 반영하는 **관계적 내러티브**를 함께 발전시켜 나간다(Lane et al., 2018).[48)]

48) 위에서 코치의 **반성적 내러티브**, 코칭 주체의 **성찰적 내러티브**로 구별하여 설명하고 있다. 코치는 자신의 내부에 지닌 내러티브, 정체성, 세계관과 역할 이해와 관련해 깊은 존재적 성찰을 선행한다. 자기 활동이 지닌 무의식적 편향 조차도 철저히 검토해야 하기 때문이다. Reflexive의 재귀적 의미는 이론 성찰 행위가 성찰 주체, 자기self에게로 되돌아가는 성찰로 이어진다(나는 누구인가?)라는 점에서 내러티브가 비판적이고 깊이 있는 검토를 이룬다.

사회 연구 분야에서 이런 영향을 파악하고 성찰하기 위해 사용되는 용어가 위치성positionality이다. 이 개념이 〈4P 구조-틀〉의 첫 번째 요인을 구성한다. **개인의 위치성**은 여러 겹의 복잡성을 가지고 있으며, 이 가운데 일부는 다른 것보다 더 유동적이고 '(내적)자기 성찰introspection'에 더 적합하다. 4장에서는 사회적 정체성, 권력 관계, 맥락/상황이라는 세 가지 상호작용 요인을 고려하여 위치성 개념을 자세히 설명한다.

위치성을 이해하기 위한 출발점은 각 개인의 사회적 정체성을 구성하는 다중 교차 요인multiple intersecting factors이다. **사회적 정체성**은 개인이 특정 사회 집단에 속한다는 인식과 함께, 그 집단의 일원이라는 사실에서 느끼는 정서적, 가치적 중요성으로 정의된다(Abrams & Hogg, 1990). 여기에는 성별, 민족성, 국적, 인종, 연령 등 다양한 정체성 요인이 포함된다(자세한 내용은 4장 참조). 개인은 여러 집단에 동시에 속할 수 있지만, 이런 집단 가운데 일부만이 **자기 정체성**을 규정하는 데 의미를 지닌다. 이 자기 정의self-definition는 여성, 호주인, 법조인 등 해당 집단의 일원으로 자신을 규정하는 다른 사람과도 공유된다. 그러나 개인이 집단 내 다른 구성원과 일부 특성을 공유하더라도, 코치는 **공유된 정체성 요소가 자동적으로 공유된 관점과 경험으로 이어진다는** '가정'을 경계해야 한다. 사람들은 개인의 역사, 개인적 특성, 신념과 같은 위치성의 다른 측면과도 얽혀 있는 **다중적 정체성 요소**multiple elements

---

반면에 Reflective의 반영적 의미는 코칭 주체가 자신의 경험이나 상황을 되돌아 보고 거울에 비추든 다시 살펴보는 능동적 실천 행위로 코치와 공유하는 내러티브를 말한다. 이런 성찰적 내러티브는 코치와 상호작용을 통해 명료화되며 궁극적으로는 함께 공동으로 발전시키는 관계적 내러티브의 기반이 된다.

of identity를 가지고 있다.

사회적 정체성의 다중성은 위치성의 두 번째 요소인 **권력 관계**와 연결된다. 사회 집단의 구성원이 되는 자격은 자원, 권력, 지위, 특권에 대한 더 큰 접근성을 부여할 수 있으며, 가장 큰 권력을 가진 사람은 자신의 가치와 이념 체계를 공표함으로써 현상 유지를 시도한다. 이는 권력과 자원에 대한 접근 권한이 낮은 사람들의 소외로 이어질 수 있다(Abrams & Hogg, 1990). 코치와 코칭 주체의 사회적 정체성에는 권력 관계가 밀접하게 내재 되어 있다. 이 **권력 관계가 비대칭적일 경우** 코치는 코칭 주체와의 관계에서 자신이 어떤 위치에 놓이는지, 이것이 코칭 관계에 어떤 의미를 갖는지 숙고하는 것이 중요하다.

사회적 정체성과 권력 관계는 모두 코칭이 이루어지는 맥락과 밀접하게 연관되어 있다. 이런 맥락은 코칭의 모든 면에 영향을 미치는 요소들을 포함하고 있다. 개인이 자신의 경험을 이해하는 방식은 더욱 광범위한 사회적 규범의 영향을 받으며, 모든 문화에는 일련의 인위적인 사회적 규범이 내재 되어 있다. 코치와 코칭 주체 모두 여러 면에서 영향을 받는다. 예를 들어, **코칭에 미치는 주요 영향 요인**에는 ①코칭이라는 직업에 대한 일반적인 인식, ②정신 건강에 대한 태도, ③개인의 성장과 발전에 대한 신념, ④인정받는 코칭 모델과 접근 방식 등이 있다. 지엽적으로 ⑤임원 코치와 코칭 주체는 자신이 근무하는 조직 내에서 코칭의 활용 및 기대 결과에 대한 신념에 영향을 받게 된다.

코치는 위에서 설명한 세 가지 측면(사회적 정체성, 권력 관계, 맥락/상황)에 대한 성찰을 통해 위치성을 이해하기 시작한다. 위치성의 어떤 면은 바꿀 수 없지만, 어떤 면은 시간이 지남에 따라 변할 수 있다. 지향 목표는 코칭 접근 방식에 영향을 미치는 요인들, 특히 이후 개발되는 공식화에 미치는 영향을 이해하는 능력을 기르는 것이다.

공식화는 위치성에 어떤 영향을 미치나?

코치가 자기 실천과 각 코칭 주체와의 관계에서 취하는 위치는 코칭 공식화의 모든 면에 영향을 미칠 가능성이 있으며, 〈4P 구조-틀〉의 다른 요인에도 영향을 미친다.

- 코칭 작업의 목적을 정의하는 방식
- 코칭 공식화를 위해 수집된 데이터
- 유효하다고 간주하는 데이터
- 데이터 수집에 사용되는 과정
- 코칭 작업에 중요하다고 여겨지는 이해관계자
- 공식화의 기반이 되는 이론
- 코칭 과정의 일부로 선택된 도구 및 기법
- 코칭의 성공 여부를 측정하고 평가 방법
- 코칭 노력을 이끄는 윤리적 구조-틀

'위치성'의 영향을 고려할 때, 코칭 공식화에 대한 어떤 접근 방식도 가치 중립value-free일 수 없다. 코치는 일정 수준의 역량과 지식뿐만 아니라, 코칭 공식화에 직간접적으로 영향을 미칠 수 있는 위치성의 모든 면을 보유하고 있다. 따라서 첫 단계는 이것이 사실임을 인식하고, 자기 성찰 과정self-reflective process을 통해 위치성을 확인, 비판, 표현하고, 이것이 공식화 접근법과 방식에 어떤 영향을 미칠지 명확히 하는 것이다. '성찰 과정reflective process'과 '반성성reflexivity'은 연속선상에 존재하는 것으로 개념화되어 왔다(Shaw, 2010).[49] 반성성은 행동 전, 행동 중, 행동 후에 위치성과 그 영향을 적극적으로 인식active acknowledgement할 수

---

49) 성찰성과 반성성을 연속체로 인식하는 주장은 인용한 쇼Shaw의 주장이기보다는 그 논문에서 인용한 스티브 울가Steve Woolgar의 주장으로 보인다. 논문에서 재 인용한다.

현실은 유동적이며 경험되는 순간에 의해 그리고 그 순간 안에서 구성된다. 이는 세계 속 대상과 그 세계에 사는 사람들 사이의 관계가 더 이상 분리된 관계가 아님을 의미한다: "표상과 대상은 구별되지 않으며, 그들은 밀접하게 상호 연결되어 있다."(Woolgar, 1988, p.20)

울가의 연속체 한쪽 극단에는 선의의 내적 성찰이 위치한다. 이는 대상과 표현 사이의 실증주의적 구분을 유지함으로써 참여자들의 진술을 '정확하게' 재현하고자 하는 (지향) 목표를 가지고 있다. 다른 극단에는 급진적 구성적 반성성이 자리하는데, 이는 현실이 동시적으로 구성되며 어떤 진술(연구자의 것이든 참여자의 것이든)도 다른 것보다 우월할 수 없다는 포스트모던적 입장을 취한다.

울가의 관점에서 성찰reflection과 반성성reflexivity을 구분하는 것은, 성찰이 주로 과정과 검증에 관한 더 일반적인 사고의 집합체로서 참여자들을 그들의 "진정한" 모습 그대로 표현하기 위한 조치를 취하도록 보장한다는 점이다. 성찰은 종종 참여자들의 현실에 대한 진술을 보고할 때 정확성이라는 실증주의적 목표를 달성하려는 (지향) 목표를 가지고 있다. 반성성은 자기 자신에 대한 명시적 평가이다. 어원적 뿌리에서 알 수 있듯, "재-반성성re-flexivity"은 다시 바라보고 자신의 생각하기를 자신에게 되돌려 비추는 것을 의미한다. 실질적으로 반성성은 시선을 자기 자신에게 돌리는 것을 포함한다.

있는 모든 것으로 여겨지는 반면, 성찰은 특정 만남이나 행동에서 얻은 통찰을 파악하기 위해 자주 회고/사후적retrospectively으로 수행된다(Jamieson et al., 2023). 두 가지 모두 공식화 과정의 필수적인 부분을 구성한다.[50)]

목적

어떤 코칭 노력endeavour을 이해할 때, 그 활동의 근본적인 목적을 명확히 하는 것이 중요하다. 목적을 어떻게 설정하느냐는 이어지는 탐색 질문의 방향뿐 아니라 어떤 관점이 가장 유용한지, 어떤 과정을 거쳐야 하는지에 영향을 미친다. 코칭 참여의 구체적 목적은 코치의 위치성과 코치가 제공하는 코칭 서비스의 목적을 어떻게 정의하는지에 따라 결정된다. 각 사례별로 개별 코칭 주체에 맞게 그 목적을 구체화하는 것이 중요하다. 이 단계에 필요한 몇 가지 중요한 질문이다.

Q. 코칭 주체(코치와 코칭 주체 모두)와 함께하는 작업의 목적은 무엇인가?

---

50) 일반적으로 실천 직전, 실천 중, 실천 직후, 실천 후 시간이 지나며 **성찰(성)**reflectivity은 연쇄적으로 연결되고 깊어진다고 본다. 이런 성찰성의 누적은 필연적으로 자기 자신self과 존재와의 연결이 필연적으로 이어지면서 **반성성**reflexivity을 자극하고 촉발한다. 또 자신의 반성성은 이와 같은 자신의 성찰성 전개(성찰 과정)을 강화한다. 이것이 역자의 주장이다. 이 같은 주장은 저자들의 주장과 다를 수 있다.

Q. 함께 탐구할 주요 질문은 무엇인가?

Q. 참여해야 하는 다른 사람은 누구이며, 그들의 기대는 무엇인가?

Q. 이 코칭 주체와의 작업에 영향을 미칠 더 넓은 맥락은 무엇인가?

이런 질문의 핵심은 코칭 노력을 가치 있게 만드는 요인과 코치, 코칭 주체, 팀, 조직, 공동체, (잠재적으로) 사회에 어떤 의미가 있는지를 이해하는 데 있다. '목적' 주제는 5장에서 더 자세히 살펴본다. 여기서는 이 네 질문을 차례로 간략하게 살펴보자.

코칭 주체와의 작업 목적은 무엇인가?

작업work 목적을 정의한다는 것은 본질적으로 코치와 코칭 주체가 작업을 가치 있게 만들기 위해 무엇을 중요하게 다뤄야 하는지 합의하는 것을 의미한다. 각 코칭 계약에서 발생하는 특정 요인의 구체적인 구성에 따라 이는 비교적 빠르고 간단한 과정이 될 수도 있고, 여러 당사자가 참여하는 더 장기적인 절차가 될 수도 있다. 코치가 제공하는 코칭 서비스의 근본 목적을 어떻게 표현하는지는 특정 코칭 주체와의 작업 목적을 정의하는 방식에 영향을 미친다. 예를 들어, 서비스의 목적을 코칭 주체의 변화와 발전을 촉진하는 것으로 설정하는 코치는 변화 가능하고 코칭 주체가 주로 통제할 수 있는 요인들을 중심으로 구체적인 코칭 목적을 정의할 것이다.

코칭 실천의 책임 가운데 하나는 제공되는 코칭에 가장 적합한 유형의 코칭 주체를 정의하는 것이다. 즉, 코칭 목적에 일정한 경계를 설정하고, 필요한 경우 다른 곳에서 지원을 받도록 코칭 주체를 안내하는 것을 의미한다. 특정 코치의 서비스가 적합하지 않은 코칭 주체가 있을 수 있다. 코칭 목적을 합의하는 과정에서 특정 시점에 특정 코칭 주체의 코칭 여정을 진행하기에 가장 적합한 사람인지 평가할 기회가 주어진다.[51)]

함께 탐구할 주요 질문은 무엇인가?

코칭 주체가 코칭에 가져오는 핵심 질문은 코칭의 방향과 형태를 결정하는 기반이 된다. 코칭 주체의 딜레마는 다른 상태로 향한 욕구desire에서 비롯되며 이들은 코칭이 나아갈 방향을 명확하게 표현할 수 있을 것이다.[52)] 반면에 코칭 주체가 코칭 방향에 대해 확신이 부족하여 코칭 여정이 탐색적인 여정이 되는데 합의할 수 있다. 이 단계에서 제기할 핵심 질문은 'Q. 이 시점에서 이 작업이 왜 중요한가?'이다.

---

51) 이를 정신건강 이슈나 문제가 있는 고객으로 너무 넓게 이해하지 않을 수 있다. 비즈니스, 커리어, 라이프 코칭이라는 코칭 분야는 물론이고, 이 분야에서도 자신의 코칭 주제를 되도록이면 더욱 세분화해 코칭 주제를 제시하거나, 고객 이슈 유형을 세분화/전문화하는 것을 말한다. 위의 세 코칭 영역 안에서도 구체적으로 세분화/전문화하여 코칭 주체와 최적의 일치를 보장하고, 그런 전문성이 다를 경우 다른 코치에게 의뢰할 수 있다.

52) 코칭 주체는 자신의 딜레마나 막힌 부분을 고군분투한 내용을 적극적으로 제기할 수 있고, 때로는 이 내용이 주요 이해관계자나 조직이 모를 수 있다. 물론 잠복 된 이슈가 코치와의 접촉에서 출현할 수 있다. 이는 코치에게 윤리적 이슈를 제기한다. 공식화라는 항해도는 이에 대한 대처를 강화한다.

코칭을 받는 데에는 여러 가지 이유가 있다. ①지금까지 이해할 수 없던 것에 대한 새로운 이해를 개발하거나, ②현재 상황을 개선하고자 하거나, ③새로운 비전을 추구하는 것 등[53] 여러 가지이다.

누가 더 참여해야 하며, 그들의 기대는 무엇인가?

많은 코칭 사례에서 코칭의 목적은 코치와 코칭 주체만이 결정한다. 다른 경우에는 여러 이해관계자가 참여해야 할 수 있다. 또 코칭이 진행되는 상황에 따라 참여해야 할 이해관계자 집단이 다양하다. 예를 들어, 조직 내에서 이해관계자에는 관리자, 인사 담당자, 이사회, 코칭 주체의 가족, 직원 또는 더 넓은 지역 사회가 포함될 수 있다.

개인 코칭의 경우, 코칭 주체의 가족이 주요 이해관계자가 될 수 있다. 이해관계자와 소통하는 목적은 각 당사자가 코칭 목표를 어떻게 인식하고 있는지 파악하고, 이러한 목표가 코칭 주체가 달성하고자 하는 바와 얼마나 일치하는지 검토하는 것이다. 이러한 논의를 통해 코치는 이 목표가 모두에게 어떤 의미 있는지 탐구한다.

53) 그동안 자신의 행동 방식이 더는 안 통해 스스로 위기를 느끼는 경우, 또는 이를 알지만 어떻게 해야 할 지 목표도 있지만 이를 슬그머니 잠수함 타고 이동하듯 가고 싶은 욕구, 스스로 알아차리지 못해 유력한 관계자의 조언이나 호소에 의해 찾게 되는 경우 등 실로 다양하다.

코칭 주체와의 작업에 영향을 미칠 더 넓은 맥락은 무엇인가?

코칭은 진공 상태에서 진행되는 것이 아니다. 목적 정의 방식 역시 더 넓은 맥락, 외부 환경에 영향을 받는다. 코치, 코칭 주체, 이해관계자들의 위치성이 분명하게 연관되어 있다. 이 위치성에 미치는 많은 요인들이 목적의 정의 방식에 흘러들어가기 때문이다. 예를 들어 조직이 코칭을 어떤 틀로 구성하는지, 또는 코칭의 허용 가능한 응용 범위에 대한 광범위한 사회적 신념과 같은 것들이 이에 해당한다.[54)]

목적을 정의하면 코칭의 방향이 결정된다.

코칭 목적의 명확성을 확보하는 데 시간을 할애하는 중요성은 그 목적이 이후 코칭의 방향에 영향을 미치기 때문이다. 작업 목적의 구조-틀이 바뀌면 코칭 진행 방식도 달라지며, 목적이 제대로 정의되지 않으면 코칭 경험과 결과에 거의 확실히 해를 끼치게 된다.

---

54) 조직이 코칭을 '문제 해결 도구'로 정의하면 목표는 문제 해결에 한정된다. 사회적 신념의 하나로 사적인 영역이라고 간주하는 문제(예: 가족 문제)는 코칭의 목표로 설정되기 어렵다. 그러나 가족 관계에서의 어려움은 조직 리더의 에너지 집중과 창의성에 영향을 미친다.

결국 코칭의 목적은 코치와 코칭 주체의 내부적 요구와 '외부 환경 및 관련자의 위치성'이 만나 협상된 결과물이며, 결코 외부 맥락을 무시하고 설정될 수 없다는 점을 강조한다.

■ 다음 예는 코칭 목적의 틀이 어떻게 관점과 이후 과정에 영향을 미칠 수 있는지 보여준다.

[사례 3.1] 코칭의 목적을 정의하기

소라야Soraya는 건강 및 웰니스 코치이다. 당뇨병 클리닉에서 근무했던 경험을 바탕으로 '체중 관리' 코칭에 집중하고 있다. 그녀를 찾아온 고객 안드레아Andrea는 첫 대화에서 의사가 당뇨 위험이 매우 높다고 체중 감량을 권고했다고 말했다. 소라야의 다른 고객처럼 안드레아 역시 지속적인 체중 감량 실패를 자신의 동기 부여motivation과 게으름laziness 탓으로 돌리며, 목표를 꾸준히 유지하도록 지원 받기 위해 소라야에게 도움을 요청했다. 만약 소라야가 코칭의 목적을 이런 관점으로만 정의했다면, 그녀는 개인적 관점의 렌즈를 바탕으로 작업을 구성하고, 코칭 주체의 동기 유지를 지원하는 지향 목표로 코칭 과정을 설계했을 것이다.

코칭 목적을 정의하는 과정에서 소라야는 안드레아의 건강과 웰빙을 더욱 폭넓게 살펴보았다. 논의를 통해 안드레아의 전반적인 웰빙의 당초 목표 달성에 중요한 면들이 부각되었다. 예를 들어, 안드레아는 최근 커리어를 위해 새로운 지역으로 이사했고, 장시간 근무하며, 상대적으로 사회적 고립 상태에 있었다. 이 때문에 그녀는 밤에 건강에 해로운 테이크아웃 음식을 먹게 되었고, 혼자 운동하는 것도 꺼렸다고 털어놓았다. 자신이 능숙하다고 생각하는 일에 우선 순위에 두면서 정원 가꾸기와 요리 등 취미 활동을 소홀히 했다.

이런 정보를 바탕으로 소라야와 안드레아는 코칭의 목적을 안드레아의 전반적인 웰빙을 개선하고, 일에 대한 의존도를 줄이는 것으로 재구성했다reframed. 주요 목표이자 자신감의 원천으로 삼는 것으로 재구성했다. 체중을 모니터링하는 동시에, 소라야는 과체중 상태를 다른 요인의 증상으로 개념화하는 개입으로 포지셔닝했다. 이를 통해 소라야는 '전인적 차원'으로 코칭을 공식화하고 코칭에 더욱 시스템 관점을 가질 수 있었다. 소라야가 설계한 코칭 과정에는 안드레아의 웰빙에 영향을 미치는 요인과 체중에만 국한되지 않고 성공 척도를 더욱 광범위하게 탐구하는 것이 포함되었다.

역자 질문

Q. 코치는 코칭 주제를 '개인적 관점의 렌즈'로 작업을 구성한다면 어떻게 구성하는지 코칭 과정을 설계해 보자.

Q. '코칭 목적'을 설계하는 과정에서 폭넓게 탐구하게 된 것은 어떤 렌즈를 작업하는 것인가? 이는 공식화 과정에서 얻은 것인가, 관점의 전환 때문인가?

Q. 전인적whole person 관점과 시스템 관점을 적용한 결과 체중 관리에서 건강과 웰빙을 폭넓게 탐색했다. 그 내용을 찾아 말해 보자.

Q. 무엇을 어떻게 재개념화 했는가?

> Q. 코칭 목표가 어디서 어떻게 전환되었는가?
>
> Q. 참고: 체중 감량이라는 혹독한 자기 강제에서 삶을 둘러싼 복잡한 시스템을 이해하고 변화해 내는 전략적 개입으로 격상 되었다. 이점에 대해 어떻게 보는가?

관점

작업의 목적이 정의되면, 다음 단계는 코치가 공식화 개발을 위해 활용할 **관점**perspectives의 결정이다. 위치성positionality에 대해 논의했듯이, 관점은 코치의 알아차림awareness 여부와 관계없이 코칭이 진행됨에 따라 내려지는 많은 결정에 영향을 미친다. 위치성과 관점 사이에는 밀접한 연관성이 있다. 우리가 위치성을 고려할 때의 (시항) 목표aim는 ①사회적 정체성, ②배경, ③경험, ④작업 접근 방식에 집단적 신념이 미치는 광범위한 영향에 대한 알아차림을 개발하는 것이다.

관점을 고려할 때는 평가evaluation가 더욱 구체적으로 자기self의 본질과 변화 과정에 대한 신념이 코치를 ①**코칭 주체의 이야기에 어떻게 접근**하게 하는지, 관점이 ②**의사 결정에 어떻게 영향을 미치는지**를 대상으로 한다. 이는 특정 코칭 주체와 함께 선택될 수 있는 코치의 관점뿐 아니라 ③**코치의 프랙티스 전반에도 적용**된다. 이 같은 내용이 ④**코칭 주체에게도 적용**된다. 코칭 주체가 무엇을 가져오는지, 자신의 경험을 통해 코칭 참여를 어떻게 바라보는지에도 관점이 작용한다. 코칭 주체는 자기 이야기를 전달하고자 하는 방식과 코치가 취하기를 원하는 역할에도 다양하다. 이러한 모든 요소들을 이해하는 것은 작업이 진행되는 방식을 알려주는 공유된 관심사shared concern(관계적 내러티브)를 구축하는 데 필수적이다.

코칭에는 많은 이론과 구조-틀이 사용된다. 이 가운데 행동주의behaviourism(후에 인지행동주의cognitive-behaviourism로 발전), 정신분석, 인본주의라는 세 가지 주요 심리학적 흐름에서 도출된 심리학 모델에 뿌리를 두고 있다(Friedman, 1977; Fleuridas & Krafcik, 2019). 코칭은 성인 학습, 스포츠 심리학, 복잡성 이론, 리더십 및 경영 이론과 같은 다른 분야의 문헌에서도 영감을 얻는다. 이로 인한 다양한 관점의 복잡성을 헤쳐나가기 위해서는 이런 관점들이 '자기의 본질'[에 대한 정의]과 '변화가 일어나는 방식'을 어떻게 보는지 알 수 있는 '구조-틀'을 조직해 두는 것이 유용하다.

이 책에서 제안하는 구조-틀은 신념이 개인, 대인관계, 시스템적 장systemic field 가운데 어디에 중점을 두는지에 따라 접근 방식을 분류한다. 이런 각 관점은 코칭 과정을 설계할 때 개발되는 설명[이론적 이해]의 유형과 고려될 수 있는 방법과 개입[실제 기법]을 가능하게 함과 동시에 제약하기도 한다.

이 세 가지 관점은 이후 장(6, 7, 8장 참조)에서 자세히 설명하고 논의한다. 본 장에서는 각 관점과 해당 관점과 일관된 접근 방식의 유형을 소개한다.

개인 관점

〈개인 관점individual perspective〉으로 활동하는 코치는 개인이 코칭에 가져오는 것을 출발점 자체에 관심을 갖고, 이해와 변화의 원천이 코칭 주체에 있다고 본다. 이 공식화는 코칭 주체가 **직접 통제할 수 있는 요인**에 초점을 맞추고, 선형적인 인과 관계를 가정하는 경향이 있다. 이는 목표에서 행동, 결과로 이어지는 경로를 따르는 코칭으로 이어진다.

이러한 관점에 기반한 코칭 접근 방식 및 모델은 다음과 같다.

- 인지 행동 모델
- 목표 중심 접근 방식
- 기술skills 코칭: 자기 주장력assertivenes 강화 또는 위임 기술 향상
- 성과 코칭performance coaching: 합의된 영역에서 개인의 성과 향상
- 발달 코칭developmental coaching: 성인 또는 자아 발달ego development 이론 기반 코칭, Kegan(1994), Cook-Greuter(1999), Garvey Berger(2012, 2019) 등에 근거.

개인 관점에서 도출된 공식화는 긍정적인 결과를 가져오기 위해 파악identified, 검토examined 및 수정modified될 수 있는 코칭 주체의 **내면 세계에 초점**을 맞춘다. 따라서 공식화에는 다음과 같은 요인이 포함된다.

- 사고, 가정, 신념

- 정서
- 삶의 규칙 및 개인적 가치
- 감각sensation과 신체 상태bodily states
- 코칭 주체가 자신과 타인에 대해 가지고 있는 이야기
- 코칭 주체가 현재 상황에서 자신의 개인적 역사에서 비롯된 요소의 영향을 이해하고 관계 맺는 방식
- 성공의 장애물 또는 촉진제가 될 수 있는 외부 요인

대인관계 관점

모든 코치가 코칭 주체와의 관계를 과정의 일부로 여기지만, 대인관계 관점interpersonal perspective에서는 **유대감 형성**bond formed을 중시한다. 이런 유대감은 코칭 과정을 가능하게 하는 **작업 동맹**working alliance을 구축하는 과정의 일부이다. 변화의 과정은 여전히 코칭 주체의 세계관과 관련이 있으며, 변화는 코칭 주체의 내면 세계(사고와 감정)의 조정을 통해 발생하고, 이는 새로운 행동 방식(행동)으로 이어진다. 대인관계 관점으로 일하는 코치는 코치와 코칭 주체 간의 관계를 포함한 다양한 일대일 관계에 코칭 주체가 어떻게 녹아들어 있는지, 코칭 주체(그리고 코치)가 두 사람의 '상호 만남encounter'을 통해 어떻게 형성되는지 검토한다.

대인관계 관점은 모든 변화change나 변형/변혁transformation이 관계적인 측면과 깊이 연관되어 있다는 기본적인 가정을 지닌다. 코칭에

서 나타나는 행동은 다른 곳에서 나타나는 **관계의 잠재적 복제**로 간주된다. 따라서 대인관계 관점은 **코칭 관계에서 일어나는** 일의 중요성을 강조하며, 이를 모든 변화의 핵심 요인으로 본다. 관계적 세계relational world를 우선시하는 코칭 접근법은 다음과 같다.

- 게슈탈트 코칭: 코치와 고객 간의 만남에서 일어나는 현상을 강조한다.
- 시스템 정신역동 관점, 애착 이론: 생애 초기에 형성된 애착이 이후 관계에서 어떻게 나타나는지 강조한다(예: 권위 있는 인물에 대한 행동은 부모나 보호자와의 관계를 반영한다).
- 생태 시스템적 접근: 개인이 자신이 살고 있는 환경을 활용하는 방식과 변화 자원이 그 과정에서 어떻게 도출되는지에 초점을 맞춘다.
- 사회적 구성주의적 접근: 자기 인식sense of self이 타인과의 관계 안에서 어떻게 공동으로 구성되는지, 특히 상황별 구성되는 방식을 탐구한다.
- 역할 이론: 특정 직업이나 관계 역할에서 자기self가 어떻게 표현되는지 탐구한다.

이런 접근들이 상호작용에서 어떤 이해가 도출될 수 있는지 검토하여 공식화와 후속 코칭이 진행된다. 코치는 이러한 '공동 구성co-construction'의 일부이며, 다음과 관련된 데이터와 관찰 결과를 공식화 과정에 포함한다.

- 코치와 코칭 주체, 코칭 주체와 타인 간의 상호작용
  - 특정 맥락에서 직업 수행에 적용되는 전이와 역전이 작용 요인들을 검토한다.
- 특정 행동의 선행 요인과 결과, 또 이런 패턴이 특정 맥락에서 어떻게 기능하는가?
- 애착 이론 및 중요한 타인과의 관계에 기반한 애착 패턴
- 변화에 대한 공유된 내러티브의 '공동 구성'
- 개인과 조직 간의 축을 이해하고, 코칭을 통해 두 사람 간의 관계를 개선하기 위한 **내러티브 다리**narrative bridge 역할과 이를 어떻게 활용할 수 있는지에 대한 이해

공식화 과정 전반에 걸쳐 코치는 코치와 코칭 주체 간의 관계, 코칭의 효과를 극대화하기 위해 관계의 요소가 있는지 지속해서 성찰하고 확인한다.

시스템 관점

시스템 관점에서 일하는 코치는 고객이 겪는 어려움과 기회의 근원을 개인이나 관계에 있는 것이 아니라, 그들이 속한 **시스템의 기능/작용**으로 본다. 예를 들어, 임원 코치는 리더의 성과를 조직 내 상호작용과

관계, 팀 역동, 정치, 경제, 문화 요인의 산물로 이해한다. 이슈와 기회는 개인의 한계나 강점만을 반영하는 것이 아니라 더 광범위한 시스템 요인의 지표로 간주된다. 이는 코칭 접근법이 이러한 시스템 맥락을 이해하기 위해 조직과 더 폭넓게 소통하고자 한다는 것을 의미한다.

시스템 관점에 기반한 코칭 접근법은 점점 더 인기를 얻고 있으며, 가족 체계 이론(예: O'Neill, 2000; Shams & Lane, 2011, 2018; Von Schlippe, 2022; Arnold et al., 2023) 또는 시스템적 사고나 복잡계 이론(예: Cavanagh, 2006; O'Connor, 2020; Hawkins & Turner, 2020; Lawrence, 2021a)을 활용한다. 이런 관점의 코칭 공식화는 아래와 같은 더 넓은 사회적, 경제적, 정치적 요인 내에 포함된 광범위한 요인들을 포괄한다.

- 특정 이슈나 기회가 출현하는 맥락/상황
- 코칭 주체 주변 사람들의 영향과 코칭 목표 및 그 목표 달성 방식에 대한 코칭 주체의 신념
- 코칭 주체와 다른 사람들 간의 관계 및 상호작용 패턴
- 조직 문화와 사람들의 행동 방식을 형성하는 조직 내 이야기
- 코칭 주체의 사회, 정치, 경제적 지위와 이것이 코칭 주체에게 미칠 수 있는 영향
- 코칭에 영향을 미칠 가능성이 있는 더 광범위한 윤리적, 사회적, 정치적, 경제적 요인

시스템적 관점 접근은 특히 개인주의가 강한 문화권에서는 시스템 내의 다른 구성원들이 받아들이기 어려울 수 있다. 이 관점은 코칭 과정에 상당한 복잡성을 더할 가능성이 크다. 그렇지만 코치와 코칭 주체가 코칭 딜레마를 새로운 관점에서 바라볼 수 있는 기회를 제공하여 변화의 길을 열어준다.

이론 중심 또는 데이터 중심 공식화

채택한 관점은 코치가 공식화 작업 방식에도 영향을 미친다. 일반적으로 코치는 두 가지 출발점 가운데 하나에서 공식화 과정을 시작한다. 즉 이론 중심theory-driven 하향식top-down 접근법과 데이터 또는 스토리 중심data or story driven 상향식bottom-up 접근이다.

이론 중심 하향식 접근법

이 접근법에서 코치는 코칭 성과 달성의 핵심은 단일 코칭 이론이나 모델을 적용하는 데 있다는 관점이다. 이를 출발점으로 하는 코치는 자신이 선호하는 접근법의 특정 관점을 통해 공식화를 개발한다. 이를 통해 코치는 코칭 주체 전체가 아닌 이야기의 특정 측면에 집중하게 된다. 코치가 개발하는 공식화는 코칭 주체 이야기의 특정 측면을 탐구하고, 일부 데이터를 다른 데이터보다 우선시한다. 변화를 가져오는 데 핵심적인 것으로 간주되는 제한적이고 초점이 맞춰진 사건이나 개입의 집합을 이해하는 특정 패턴을 따를 가능성이 높다.[55]

하향식, 이론 중심 접근법의 예로, 목표 중심의 인지행동 모델goal-focused, cognitive-behavioural model을 기반으로 작업을 수행하는 코치를 생각해 보자. 이 모델은 코치가 코칭 주체와 변화 경로를 바라보는 틀이다. 코칭 주체가 자신이 괴로워하는 상황을 회상하고 그러한 상황을 더 효과적으로 처리할 수 있는 것을 원하는 결과로 제시한다. 코치는 상황-감정-사고-행동의 순환 구조를 살펴보는 공식을 개발한다. 이 순환 구조의 기본이 되는 기본 전제는 코칭 주체의 정서적 고통의 핵심이 사건에 대한 해석이다(Corrie et al., 2016).

따라서 공식화와 코칭 개입의 초점은 코칭 주체가 사건과 그 반응에 대한 해석에 있다. 공식화의 기반은 여전히 코칭 주체의 이야기이지만, 코치는 코칭 주체가 인지행동 모델이라는 렌즈를 통해 검토하도록 제안한다. 이 모델을 코칭 주체에게 강요하는 것이 아니라 그들의 내러티브를 탐구하는 유용한 방법으로 제시되지만, 특정 방식으로 주의를 집중시킨다. 특정 모델이나 구조-틀을 통해 훈련받은 많은 코치가 이런 공식화 방식을 선호하며, 다음과 같은 여러 장점이 있다.

55) 코칭 심리학을 중심으로 다양한 코칭 이론이 확립되고 있는 시점에서 코칭의 이런 특정 이론을 근거로 그 이론 체계를 전제한 실천 활동은 권장되어야 한다. 이 이론 체계를 근거로 한 개념적 파악과 연결과 구성을 통해 공식화 작업을 한다. 이런 특성을 묶어 추진하는 공식화, 이론기반 공식화를 '코칭 (사례) 개념화'고 구별하여 소개하고 토론하자는 것이 역자의 주장이다.

- 특정 접근 방식에 대한 높은 수준의 역량을 습득할 수 있는 기회
- 채택한 접근 방식의 강점과 한계를 명확하게 정의할 수 있는 능력
- 〈4P 구조-틀〉 요소 간의 일관성으로 더욱 쉽게 구축 가능
- 코칭 주체에게 제공되는 코칭 서비스에 대한 명확성 향상

하향식 접근 방식으로 발생하는 몇 가지 도전 과제가 있다. 일반적으로 코칭 주체와 코칭을 특정 방식으로 명확하게 지시하는 단일 모델로 공식화가 제한된다. 하향식 접근 방식을 사용하는 경우, 코치는 자신이 선택한 접근에 대해 고객이 잘 적응할 수 있도록 코칭 과정을 관리해야 한다. 이는 목적과 관점 요소 간의 상호 연관성을 보여준다. 왜냐하면 이러한 결정은 바로 코칭의 목적을 정의하는 과정에서 이루어지기 때문이다.[56)]

상향식, 데이터 또는 스토리 중심 접근법

상향식bottom-up, 데이터 또는 스토리 중심 접근은 코치가 코칭 주체의 이야기를 먼저 듣고, 코칭 목적에 가장 적합한 관점을 채택하는 것을 선호한다(Corrie & Lane, 2010). 코치는 코칭 주체와 협력하여 상황을 이해

---

56) 하향식top-down 방식에서는 코치가 특정 이론적 구조-틀을 전제로 하기에 이것이 코칭 접근의 방법론과 도구를 결정한다. 자신의 이론적 구조-틀의 렌즈로 코칭 주체의 이슈, 이야기를 해석하고 개입하게 된다. 이런 관점으로 정의된 목적purpose이 필터 역할을 한다. 그러나 같은 이론 모델로 작업하는 코치들 간에 평가와 개입을 둘러싼 소통이 명확할 수 있다. 또 상대적으로 같은 사례를 두고 이론별 공식화와 실천 후 평가에 관한 비교를 통한 배움 역시 명확하게 된다.

해 가면서 데이터와 고객의 이야기를 다양한 관점에서 검토할 가능성이 높다. 여기에는 여러 가지 설명을 개발하고 상호 연관성을 검토하는 과정이 포함되며, 공식화의 기반이 되는 데이터 또한 여러 출처에서 얻을 수 있다. 결과적으로, 여러 사건과 개입을 파악하고 이를 코칭 목적 달성을 위한 통합적인 접근법으로 엮어질 수 있다.

상향식 접근법을 사용하는 코치는 인지 행동적 접근법과 같은 이론적 관점을 하나의 추적 경로avenue to pursue로 고려할 수 있다. 그러나 코치는 자신과 코칭 주체의 관점을 확장하고 다른 접근법에 기반해 추가적인 설명을 개발하려 할 수도 있다. 예를 들어, 코치는 해당 상황이 전개되는 더 넓은 시스템적 맥락을 고려하거나, 초기 인지 행동적 공식화를 확장하여 코칭 주체가 이 상황 또는 유사한 상황에 반응해 온 패턴의 역사를 탐구한다. 필요한 경우, 성인 발달 이론이나 '자아 발달ego developmental' 이론을 활용하여 코칭 주체가 세상을 어떻게 이해하는지 파악할 수 있다. 이러한 접근 방식에서 코치와 코칭 주체는 상황에 관련된 다양한 요인을 이해하고 변화에 영향을 미치는 함의를 지닌 설명을 만들어 내기 위해 협력한다.[57)]

코치들이 경력을 쌓아가면서 자신의 프랙티스에 새로운 관점과 접근 방식을 추가하는 것은 드문 일이 아니다. 이러한 다양한 관점을 활용할 수 있는 상향식 접근 방식에는 장단점이 있다. 장점은 다음과 같다.

---

57) 코치가 예를 들듯이 인지 행동 등 다양한 이론적 입장을 갖고 있다 할지라도 하향식top-down 방식이 아니라 상향식bottom-up 방식으로 작업할 수 있다는 점을 설명한다.

- 다양한 관점에서 프랙티스를 개발할 수 있는 기회를 제공하기에, 서비스의 잠재 고객층을 확대할 수 있다.
- 선택한 접근법이 코칭 주체와 합의된 코칭 목적에 가장 적합하도록 보장할 수 있다.
- 코칭 주체에게 코칭 진행 방식 선택권을 제공한다.
- 새롭고 다양한 접근 방식이 등장할 기회를 제공한다.

하향식top-down 접근 방식과 마찬가지로, 이러한 방식[58]으로 코칭을 구성하는 데에는 여러 가지 어려움이 있다. ①코칭 주체와 코치 모두 수집된 데이터의 양에 압도될 가능성이 있으며, 이러한 접근 방식은 ②코치가 정보를 효과적으로 종합하고 구성하는 능력에 크게 의존한다. [데이터 중심이 아니라] 이 스토리 중심적인 접근 방식은 ③코칭 진행 방식에 대해 더 확실하고 명확한 정보를 원하는 고객에게는 설명하기가 더 어려울 수 있다.[59]

코치는 특정 모델이나 접근 방식을 활용하지 않고도 고객과 어떻게 협력하는지 함께하는 작업 과정을 명확하게 설명할 수 있어야 한다.

---

58) 데이터 또는 스토리 중심을 둔 상향식 작업하면서도 다양한 추가적 경로, 즉 이론에 근거한 하향식 방법을 혼합한 예를 든 방식을 말한다.

59) 상향식 작업으로 데이터 접근 중심을 하면서도, 이를 이론 중심적으로 검토하는 방식이 주는 어려움이 있지만, 상향식 작업으로 스토리 중심 작업을 하게 된다면 이에는 추가적인 어려움이 있다는 점을 강조한다. 설명한 내용(③) 이외에 '스토리' 공유 작업은 해당 스토리가 단순 자료가 아니라 두 사람의 공동 작업을 통한 코칭 진행 과정(특히 코칭의 여정)과 코칭 주체가 하고 싶은 요구를 분리해 설명하기가 쉽지 않게 된다. 이는 흔히 스토리를 통해 제기한 코칭 주체의 요구 그 자체를 스토리 나눔을 통한 공동 작업보다 더 중시하기 때문이다.

또한, 다중 관점multiple perspectives을 활용하기 위해서는 코치가 더 광범위한 접근 방식에 대한 개념적conceptual·기법적technical 역량을 개발해야 함을 의미한다. 이는 단일 접근 방식에 능숙해지는 것보다 잠재적으로 더 어려운 과제이다. 이에는 〈4P 구조-틀〉의 모든 요소를 연결하는 일관된 공식화 능력에 주는 시사점이 있다. 코치는 자신의 접근 방식이 공식화 요소 간의 일관성을 창출하는 **초-이론적 구조-틀**trans-theoretical framework에 기반을 두고 있는지 확인해야 한다.

상향식 또는 하향식 접근 방식 안에서 효과적인 공식화의 핵심은 ①이론과 ②활용 가능한 증거의 활용, ③코칭 주체의 고유한 이야기와 맥락에 대한 반응성responsiveness 간의 균형을 유지하는 것이다(Denman, 1995). 두 접근 방식의 차이점은 공식화에 포함되는 데이터와 정보 범위의 폭, 특정 이론적 관점에 맞지 않는 고객 이야기 요인에 대한 반응성에서도 드러난다.

코칭 주체의 관점

지금까지 코치가 '상호 만남encounter'에 가져오는 관점에 주로 초점을 맞추었지만, 코칭 주체 역시 자기의 본성nature of the self과 타인, 변화에 대한 신념을 가지고 있다. 앞에 논의했듯이, 특정 관점은 탐구와 변화의 특정 방향을 규정하고 제한할 수 있다. 핵심 고려 사항 가운데 하나는 코치의 관점과 코칭 주체의 관점 간의 일관성coherence을 어떻게 확보하느냐이다(Corrie & Lane, 2010). '상호 만남'을 통해 도출되는 내용은 코칭 주체와 공동으로 만들어 내지만, 그 소유권은 코칭 주체에게 있다는 점을 인정하는 것이 중요하다. **숙고해야 할 것은 바로 코칭 주체의 이야기이다.**

과정

코칭 목적을 확인하고 코칭의 기반이 될 관점을 정의하면 이후 작업을 위한 '과정process'을 설계할 수 있다. 정의된 목적defined purpose과 관점과의 연결고리가 없다면, 이는 이론적 관점이나 코칭 주체를 코칭으로 이끈 상황에 대한 이해 없이 코칭 도구와 기법을 기술적technical으로 적용하는 것에 불과하다. 앞으로 나아갈 방향을 설계할 때 코치는 목적과 관점 두 가지 서로 얽힌(연관된)intertwined '과정'이 존재한다. 하나는 공식화를 개발하는 과정이고, 다른 하나는 공식화 과정을 전체 코칭 과정과 동기화하는 것이다. 이는 9장에서 '과정'을 주제로 다루며 좀 더 자세히 살펴보기로 한다. 우선 이 장에서는 〈4P 구조-틀〉의 다른 요인들과 어떻게 연결되는지 살펴본다.

코치들은 자주 다양한 코칭 모델에 대한 교육을 받는다. 이 모델들은 모두 특정 관점에 기반을 두고 있으며, 과정과 기법techniques, 도구 세트set of tools를 제시한다. 특정 코칭 모델에서 파생된 표준 코칭 과정도 효과적일 수 있다. 코치와 코칭 주체에게 상당한 이점을 제공한다

(Tee & Passmore, 2022). 그러나 코칭 과정이 개인과 개별적 요인과 무관하게, 코칭 접근법의 이론적 기반에 대한 깊은 이해 없이 실행될 경우, 코칭은 코칭 주체 자신의 이야기에 기반하기보다는 단일 코칭 관점의 적용에 더 의존하게 된다. 이는 **코칭 주체의 주체성을 사실상 약**화시킨다.

이 단계에서 코치에게 중요한 질문은, 'Q. 내가 가진 관점의 제약 내에서 목표를 달성하기 위해 어떤 과정(방법이나 도구 포함)이 필요한가?'이다. 이 **과정**은 코치와 코칭 주체가 협력할 때 발생하는 **현상을 반영한다**. 곧 코칭 주체나 다른 이해관계자가 **관찰할 수 있다**는 것을 의미한다. 과정 설계에는 **다양한 결정**이 포함된다. 결정해야 할 내용은 다음과 같다.

- 코칭 주체가 코칭 관계에 참여하고 적응하는onboarded 방식
- 관련 데이터를 언제 어떻게 수집할 것인가(시기와 방법)
- 코치와 코칭 주체가 새롭게 만드는 공식화를 공유하여 공동의 이야기를 만들어 내는 방식
- 전체 코칭 여정을 안내하는 구조-틀
- 코칭 기법과 도구의 선택
- 코칭 회기의 구체적인 시기 및 진행 방식
- 특정 코칭 개입의 사용 순서
- 다른 이해관계자들이 참여하는 시점 및 그들이 과정 설계에 참여할지 여부

• 코칭 평가 방식

이러한 모든 결정 사항은 코칭 과정의 요소이며, 이런 맥락/상황에서 선택지를 좁히기 위해 검토해야 할 질문은 다음과 같다.

Q. 코치는 자신이 선택한 위치성과 관점의 제약 안에서 목적을 달성하기 위해 어떤 모델, 구조-틀, 기법이나 도구를 선호하는가?

Q. 선택한 관점에 비추어 볼 때, 코치가 선호하는 데이터 수집 방식은 무엇인가?

Q. 관점으로 인해 허용되거나 배제되는 코칭 모델, 구조-틀, 기법이나 도구가 있다면 어떤 것인가? 이것이 개입 계획에 미치는 영향은 무엇인가?

이를 설명하기 위해 [표 3.1]은 두 코치가 자신의 위치성, 목적, 관점에 기반해 내릴 수 있는 '과정' 관련 결정을 비교한다.

두 코치 모두 코칭 주체의 고유한 요구needs에 맞게 코칭을 개별 맞춤해 조정할 수 있는 구체적인 공식화를 개발할 것이다. 그러나 이런 개별 공식화는 〈4P 구조-틀〉의 다른 요소들에 의해 제약을 받거나 활성화되기도 한다. 예를 들어, 코치 A는 특정한 심리측정 도구와 코칭 기법과 같은 **코칭 과정의 여러 요소를 맞춤화**하지만, 정신역동 원리에 기반한 과정을 설계할 가능성은 낮다. 코치 B는 각 **코칭 주체에게 맞게 과정을 맞춤화**하지만, 그 과정은 시스템과 코칭 주체, 그들의 맥락/상

[표 3.1] 위치성, 목적, 관점 기반 '과정'에 대한 의사 결정

	코치 A	코치 B
위치성	여성, 30대 중반, 임상 심리학자, 대학 졸업, 미국인, 뉴욕시에 거주	남성, 60대 중반, 은퇴한 고위 임원, MBA, 모델 기반 이해관계자 피드백 및 행동 변화를 기반으로 코치 교육받음. 호주, 싱가포르 거주
목적	사람들이 잠재력을 발휘하고 삶에서 성공을 이루도록 돕는 것을 코칭의 목표로 삼는다.	리더들이 더 효과적으로 활동하고 성공적인 사업을 창출하도록 돕는 것을 코칭의 목표로 삼는다.
관점	개인적인 관점, 이론 중심, 주로 인지행동(CB) 접근법을 활용	시스템적 관점, 상향식, 데이터 중심 접근 방식을 활용
과정	• 다양한 심리 측정을 통한 데이터 수집 • 심리 측정, 초기 코칭 회기 결과를 바탕으로 코칭 주체와 함께 CB 이론에 기반한 공식화를 개발한다. • 주어진 공식화와 코칭 주체의 코칭 시작 이유를 고려하여 구체적인 목표와 결과 측정 기준을 합의한다. • CB 코칭 접근의 도구와 기법을 소개한다. • 고정된 종료 시점 없이 2주 간격으로 정기적인 코칭을 진행한다. • 코칭 주체와 함께 공식화를 정기적으로 검토하고 업데이트한다. • 다른 이해관계자와의 교류는 없다. 목표 달성 척도를 사용하여 진행 상황을 측정한다.	• 코칭 주체 본인의 이야기와 광범위한 이해관계자 인터뷰로 수집한 데이터. • 코칭 주체의 이야기를 따라가며 직접 관찰할 수 있다. • 데이터를 종합하여 리더로서 코칭 주체의 이야기에서 핵심 주제와 성공을 촉진하거나 방해할 수 있는 조직 문화를 나타내는 주제를 파악하는 공식화를 개발한다. • 개발 영역을 합의하고 코칭 주체와 협력하여 변화를 위한 실행 계획을 수립한다. • 이해관계자를 대상으로 "리듬 확인pulse check" 설문을 실시하여 진행 상황을 평가한다. • 코칭 마지막 단계에서 이해관계자를 다시 참여시켜 리더의 발전과 변화의 영향에 대한 피드백을 받는다. • 코칭 주체의 필요에 맞춰 정기 회의를 포함한 6개월 프로그램이다.

역자 질문

Q. 코치 A와 B를 서로 비교하고 차이점을 모두 열거해 보자.

Q. 자신이 코칭은 현재 A, B 가운데 어디로 기울어져 있는가?

황 사이의 접속interface에 집중하는데 초점을 둔다.

과정 설계라는 면에서 코치는 **과정의 건축물**architecture을 제공할 수 있는 다양한 단계 기반 구조-틀을 활용하거나 직접 자체적으로 설계할 수 있다. 코칭 문헌은 코치가 코칭 주체의 변화 과정으로 이끌기 위해 활용할 일련의 질문과 함께 다양한 구조-틀을 많이 제공한다(Corrie & Lane, 2010). 이런 구조-틀의 예로는 탐색exploration, 이해understanding, 실천action 시스템의 **이건**Egan**의 3단계 구조-틀**(1975)이 있다. 또 많은 코치가 훈련받는 인기 있는 **4단계 GROW 모델**(Whitmore, 2010, 1992년 최초 출판)도 있다. 스타우트-로스트론Stout-Rostron(2014)은 2단계에서 10단계까지 다양한 범위의 이러한 구조-틀을 제시한다.

코치가 선택할 수 있는 구조-틀은 코칭의 **목적과 관점의 적합성**fit에 달려 있지만 어떤 구조-틀을 선택하든 과정 각 단계는 **목적과 일관성**coherence**을 유지**해야 하며 **개별 회기와 작업 전체 방향 사이에 일관성**도 유지해야 한다(Stout-Rostron, 2014).

결론

이 장은 〈4P 구조-틀〉을 소개했다. 〈4P 구조-틀〉은 어떤 코칭 환경에도 적용할 수 있고, 코칭을 통해 아이디어를 구체화하는 능력 개발을 지원하는 접근법이다. 코치들이 변화의 촉진자 역할을 수행함에 따라,

코칭의 기반이 되는 관점을 이해하고, 목적을 명확히 하는 것은 변화 과정에 추가적인 엄밀성과 구조를 부여할 수 있다. 〈4P 구조-틀〉은 자신이 내린 선택을 명확히 하고, 한 접근법을 다른 접근법보다 선택할 때의 장단점을 인식할 수 있게 하는 한 방법이다. 이 접근법의 네 가지는 다음 장들에서 더 자세히 살펴본다.

숙고해야 할 질문

〈4P 구조-틀〉에 대한 이 소개를 읽었다면, 여러분의 프랙티스와 관련하여 다음 질문들을 생각해 보는 것이 도움이 될 것이다.

Q. 여러분의 사회적 정체성의 핵심 요소는 무엇이며, 이 요소들은 코칭 주체와의 관계에서 여러분을 어떤 위치에 두는가?

Q. 제공하는 코칭 서비스의 목적을 어떻게 정의하는가?

Q. 이 장에 제시된 관점들을 고려할 때, 당신의 코칭에서 어떤 관점을 선호하는가? 그리고 다른 관점을 고려하면 어떤 이점을 얻을 수 있는가?

Q. 여러분의 실천에서 일반적으로 사용하는 과정, 구조-틀, 도구는 무엇인가? 이는 여러분이 참고하는 관점과 어떤 연관이 있는가?

제2부

<4P 구조-틀>을 활용한 코칭 공식화 구축 : 위치성, 목적, 관점, 과정

〈4P 구조-틀〉을 활용한 코칭 공식화 구조-틀 구축 방법을 살펴본다. 위치성, 목적, 관점, 과정을 상세히 검토한다. 제2부의 각 장은 4P 각각이 이미 우리의 코칭 실천에 어떻게 들어가 있는지, 또 이를 활용해 고객의 요구를 효과적인 '설명/분석'으로 공동-창조하는 방법을 다룬다.

4장
공식화와 위치성

앞 장에서는 〈4P 구조-틀〉의 위치성positionality 개념을 소개했다. 이번 장에서는 위치성을 더 자세히 살펴보고, 코칭 공식화와 관계 및 영향을 살펴본다.

공식화 과정을 시작하기 전에, 코치가 세상에 대해 지닌 지식이 특정 코칭 공식화에 어떻게 적용되는지 이해하기 위해 코치의 위치성을 검토한다. 이는 여러 요소가 얽혀 있는 복잡한 과정이다. **위치성을 명확히 하는 반성적 과정**reflexive process은 코칭 분야 학자들에게는 익숙하지만 현직 코칭 실천가에게는 생소한 용어이다. 이 탐색exploration는 일회성 활동이 아니라 지속적이고 반복적인 과정이다. 코치 활동에서 매번 하게 될 각 공식화는 코치의 위치성과 이후 코칭에 미치는 이해를 심화할 기회를 제공한다. 위치성과 그것이 공식화에 미치는 영향을 검토하는 것은 **숨겨진 편견과 신념**을 드러낼 가능성이 있어 불편한 과정이 될 수 있고 도전적인 일이다. 그렇지만 코칭의 모든 측면에 코치의 세계관이 어떻게 영향을 미치는지 이해하는 것은 다양한 배경과 관점, 요구needs

를 가진 코칭 주체들과 함께 일하는 코치의 능력을 향상할 수 있다.

이 장의 지향 목적aim은 위치성이라는 개념을 자세히 살펴보고, 탐구를 시작하는 방법에 대한 지침을 제공한다. 위치성이 코칭 공식화에 어떤 영향을 미치는지 숙고하고, 코칭 주체의 위치성을 효과적으로 활용하는 방법도 검토한다.

위치성이란 무엇인가?

위치성 개념은 1980년대 후반과 1990년대에 걸쳐 서로 별개이면서도 중첩되는 두 가지 이론적 관점에서 발전하였다. (1) **포스트모던 페미니즘 이론**(예: Alcoff, 1988; Harding, 1991)과 (2) **사회심리학**(예: Davies & Harre, 1990)이다. 두 이론의 관점 모두 우리가 세상을 이해하고 상호작용하는 방식이 우리의 정체성과 삶의 경험에 의해 형성된다고 주장한다(Acevedo et al., 2015). 특히 위치성 이론의 기여자들은 정체성을 고정적이고 지속적이며 지배적인 개인과 집단의 특성에 뿌리를 둔다는 관점에 이의를 제기한다. 오히려 개인은 유동적이고 진화하며 맥락/상황에 따라 자리매김 되는 **다중 정체성**multiple identities을 가진다고 여긴다(Alcoff, 1988).

관점의 차이는 정체성이란 특정 측면(예: 성별, 인종, 민족)에 내재된 본질적 속성이라기보다 독특한 경험에서 비롯되는 것으로 본다(Kezar & Lester, 2010). 사회언어학적 관점에서 본 이 과정을 보는

한 연구는 문화가 언어에 어떻게 영향을 미치고, 언어는 개인이 세상을 바라보는 방식을 어떻게 규정하는지를 살펴보았다. 우리는 모두 가족과 공동체를 통해 문화로 사회화되며, 이는 세계에 대한 일반적인 감각generic sense을 제공한다. 동시에 우리는 매우 특정한 경험의 영향을 받는다. 따라서 일반적인 것과 특수한 것 모두가 세계를 바라보고 상호작용하는 방식을 좌우한다(Lane, 1973). 그러나 말릭Malik(2023)이 주장했듯이, 인간은 특별한 세계나 보편적인 세계 어디에도 살지 않는다. 우리는 수 많은 **즉각적인 정체성**immediate identities(레인Lane의 용어로 일반적 정체성, 특수한 정체성)을 통해 자신을 정의하고 보편적인 열망을 통해서도 자신을 정의한다. 말릭(2023)은 이러한 보편적인 인간됨(존재감)의 감각이 지역적 뿌리에 근거 한 정체성에 맥락과 의미를 부여한다고 주장한다. 따라서 개인은 자신의 세계를 만들고to make 다시-만들기re-make하며, 이를 통해 **결정론적 범주를 넘어설 수 있다**.

사회심리학의 관점에서, 위치성 이론은 사회 참여에 대한 결정론적 관점의 대안으로 사회적 맥락/환경에서 인간 행동의 복잡성을 더 잘 설명하는 시도로 등장했다. "위치성은 개인의 주관적 역사, 즉 정체성, 개인적 특성, 경험은 물론 사회적 위치에 대한 사전 형성된 **선입견적인 내러티브**preconceived narratives와 이해가 대인관계 행동 생성에 중요한 역할을 하도록 허용한다."(Acevedo et al., 2015, p.32)

사회과학 분야의 연구생들은 이제 자신의 위치성과 그것이 연구에 미치는 영향을 파악하고 명시하는 것이 일반적이다. 위치성은 연구자들이 연구를 수행하는 과정에서 겪는 상호작용, 선택된 방법론, 결과의 해석을 포함하여 연구의 모든 측면과 단계에 영향을 미치는 것으로 여겨진다. **연구자의 위치성**은 다른 학자들의 연구 결과에 대한 접근 방식, 즉 어떤 연구 결과를 받아들이고, 어떻게 해석하며, 어떤 이론적 관점을 선호하는지에도 영향을 미친다. 위치성이 연구 과정 전체에 미치는 영향을 검토할 때, **반성적 실천**reflexive practice은 잠재적인 주관적 편견을 줄이는 데 필수적인 것이며, 완전히 없앨 수 없다(Holmes, 2020).

사회과학 연구자는 일반적으로 프로젝트 초기에 위치성 진술문positionality statement을 작성한다. 이 진술문에는 연구자가 연구를 바라보는 관점(예: 윤리적, 철학적, 개인적, 이론적 신념), 잠재적 영향(예: 연령, 사회 계층, 종교적 신념, 인종, 성별, 민족과 같은 개인적 정체성 요인), 이러한 위치성 요인이 연구에 어떻게, 어디서, 언제, 어떤 영향을 미쳤는지 검토한다(Savin-Baden & Major, 2013).

〈4P 구조-틀〉은 코치에게도 유사한 과정을 제안한다. **모든 공식화 과정에는 코치의 위치성에 대한 설명과 성찰이 포함**되어야 하며, 코치의 위치성이 코칭 주체의 위치성과 유사하거나 다른 점, 코칭의 목적, 관점, 과정에 영향을 미칠 수 있는 잠재적 영향을 고려한 언급이 있어야 한다.

위치성의 요소

위치성은 이해하기 어려운 복잡한 영역으로 보인다. 이 개념을 이해하는 한가지 접근법은 위치성은 상호 작용하는 세 가지 핵심 요소 ①'상호 교차하는 정체성intersecting identities', 이에 따른 ②권력 관계, ③맥락/상황으로 구성되어 있다고 본다(Kezar & Lester, 2010). 이를 코칭에서의 위치성을 탐구하는 틀로 삼는다. 우선 이 세 요소를 살펴보고, 각각이 어떻게 상호작용하고, 코칭에 영향을 미치는지를 자세히 살펴보자.

상호 교차하는 정체성

위치성 이론은 사람들이 맥락적으로 연결된 여러 가지 유동적이고 중첩되는 정체성을 가진다고 가정한다. 사회적 정체성의 복잡성을 명명하고 이해하는 능력은 개인의 위치성을 이해하는 데 중요한 단계이다. 사람들은 본질주의적 범주와 일차원적인 정체성을 지니기보다는, 정체성의 다양한 측면에서 동시에 의미를 만들어 낸다(Kezar & Lester, 2010). 따라서 코치(그리고 코칭 주체)는 코칭에서 다중 역할과 정체성을 가져오며, 그 요소들이 서로 얽혀 코칭에 영향을 미친다. 사회적 정체성을 구성하는 측면들이 시간과 장소에 따라 변화하거나 유동적이라는 점을 고려할 때, 위치성을 이해하고 표현하는 복잡성은 더욱 커진다. 예를 들어, 우리는 지금도 나이를 먹고 있고, 교육 수준은 변하고, 계층이나 부도 변동할 수 있다. 정체성의 다른 요소(예: 성별)은 이제 개인이 성장한 시간과 장소에 따라 이전에 생각했던 것보다 더 유동적인 것으로 간주된다(Jacobson & Mustafa, 2019).

복잡성을 더하는 것은 정체성의 일부 요소가 특정 시간과 장소에서 다른 요소보다 더 큰 영향력을 미칠 수 있다는 점이다. 이는 사회적 정체성이 권력 및 맥락과 어떻게 상호작용하는지 검토할 때 특히 중요하다. 사회적 정체성의 측면은 다양한 맥락에서 다른 요인들보다 사회정치적으로 더 두드러질 수 있다(Jacobson & Mustafa, 2019). 모든 개인은 삶에서 여러 역할(가족, 직장, 비공식 모임)을 맡고 있으며, 다면적 존재로 다양한 사회적 환경과 상호작용을 헤쳐나가면서 각각 다른 입장을 취한다(Acevedo et al., 2015).

코치의 위치성이 코칭 주체와 코칭을 이해하는 방식에 영향을 미칠 뿐 아니라, 그 반대의 경우도 마찬가지이다. 코칭 주체가 코치를 어떻게 인식하는지는 코치가 스스로를 어떻게 보는지와 다를 수 있다. 예를 들어 질문해 보자.

Q. 코칭 주체는 자신의 입장(위치성)에서 코치를 어떻게 보는가?
Q. 코치와 코칭 주체가 세상을 바라보는 방식에서 무엇이 공유되고 무엇이 공유되지 않는가?

이런 수준의 성찰을 통해 정체성 측면에서 공유되는 면과 차이점을 모두 인식할 수 있다.

공유된 정체성 측면은 유용한 통찰력을 제공할 수 있지만, 차이점이 있는 경우 분리감이 조성될 수 있다. 이러한 측면은 코칭 주체의 삶의 경험과 이를 어떻게 이해해 왔는지 이해하기 위해 더 심도 있는 탐구가 필요하다. 고려해 볼 만한 정체성의 핵심 요소는 다음과 같다.

- 인종
- 민족
- 계층
- 능력
- 신경 전형성 및 신경 다양성
- 성적 지향
- 성 정체성
- 국적
- 종교
- 연애 상태
- 연령
- 정치적 충성도
- 문화적 요인
- 역사적 맥락

권력 관계

위치성 이론의 관점에서, 권력power은 사회적으로 구성되고 모든 맥락, 역사적 상황, 대인관계에 스며들어 있다고 본다(Kezar & Lester, 2010). 권력은 사람들이 의미를 만들고 관점을 형성하는 방식의 핵심이다. 코치는 자신이 접근하고 있는 권력 형태와 이것이 코칭 주체 및 코칭과 관련하여 자신을 어떻게 위치시키는지 고려해야 한다.[60]

권력은 어떤 방식으로든 안정감security과 이점advantage을 얻는 수단으로 정의되어 왔다(Smail, 2005). 권력의 사용은 개인, 조직 또는 더 넓은 사회 시스템뿐 아니라 사람들의 이익이나 요구needs를 위해 사람, 사건, 결과에 영향을 미치는 것을 포함한다. 밀접하게 연관된 여러 형태

60) 일반적으로 수평적 위치를 고수한다 할지라도 코치는 **알고 있는 자**(교사나 스승, 많은 경험자), 이미 부분적으로라도 이루고 있거나 **도달한 자**의 위치에 스스로 서 있거나 자신도 모르게 내몰리는 경우가 있다. 사회적 통념도 두 사람과 그 관계에 영향을 미친다.

의 권력이 존재하며, 이들은 함께 작동하고, 정체성의 요인들과 상호작용하여, 모든 사회적 상호작용에 자주 복잡한 방식으로 영향을 미친다. 예를 들어, 위에서 언급했듯이 사람들은 **다중 교차하는 정체성** multiple intersecting identities을 가지고 있다. 이러한 정체성은 권력 측면에서 상충되는 의미를 가지며, 이는 결국 특권을 누적적으로 강화하거나 감소시킬 수 있다.

존스톤Johnstone과 보일Boyle(2018)은 권력의 주요 형태를 분류했다. 이는 아래 [표 4.1]에 요약되어 있다.

[표 4.1] 존 스톤Johnstone과 보일Boyle에서 차용한 권력 분류

권력의 형태	서술description
생물학적 또는 체현된 embodied 권력power	신체적 외모, 피부 톤과 색조, 신체 건강 등 [신]체화된 특성embodied attributes, 또는 [신]체화된 특성의 재능[화] talents [61]
강제적 권력, 힘에 의한 권력	위협하거나 복종을 확보하기 위해 사용되는 공격성, 폭력 또는 물리적 힘의 사용
법적 권력	삶의 여러 면을 규제하고 통제하는 광범위한 규칙과 제재가 존재한다. 이러한 법적 권한은 권력의 다른 면을 뒷받침하거나 제한할 수 있고, 사람들의 선택을 가능하게 또는 제한할 수 있다.

61) embodied attributes: **신체화된 특성/속성**으로 인간의 인지, 감정, 정체성 등 다양한 정신적, 심리적 현상이 신체적 특성과 환경과의 상호작용에 의해 형성된다. 인지, 기억, 감정, 공감 등은 단순히 뇌의 작용이 아니라, 신체(운동, 감각, 환경과의 상호작용 등)와 밀접하게 연결되어 있고 이것이 정체성의 기초가 된다. 인간의 경험, 자기, 정체성은 신체적 특성과 물질적 존재에 의해 결정된다는 관점이 강조된다.

embodied talents: **신체화된 재능**으로 특정 분야에서 뛰어난 재능이나 능력을 실제로 발휘하는 것을 의미하며, 단순히 이론적 지식이나 잠재력뿐 아니라 실제 행동과 경험으로 구현되는 역량을 강조한다.

여기서는 신체적 특성을 활용해 자기 실현과 사회적 가치 실현을 위해 재능화한다는 의미이다.

권력의 형태	서술description
경제적 물질적 권력	소중한 소유물과 서비스를 얻을 수 있을 뿐 아니라, 교육, 고용, 여가 활동, 주택과 같은 가치 있는 활동을 추구할 수 있는 수단을 갖는다.
이데올로기적 권력	신념을 형성하고, 특정 집단에 대한 고정관념을 퍼뜨리고, 경험의 해석과 의미, 언어 및 의제를 통제할 수 있는 능력
대인관계 권력	모든 유형의 권력은 관계를 통해 작용한다. 특히 대인관계 권력은 특정 개인이나 집단을 보호하거나, 돌보거나, 보호하지 않을 수 있는 힘을 의미한다.

Johnstone,L., & Boyle, M., with Cromby, J., Dillon, J., Harper, D., Kinderman, P.,Longden, E., Pilgrim, D.,& Read, J. (2018). *The power threat meaning framework: Towards the identification of patterns in emotional distress, unusual experiences and troubled or troubling behaviour, as an alternative to functional psychiatric diagnosis*. British Psychological Society.

이러한 권력 형태는 구조, 제도, 조직, 물리적 환경, 미디어, 교육, 사회 및 가족 관계 등을 통해 작동하기 때문에 개인의 의도적인 행위가 반드시 효과를 발휘하는 것은 아니다. 조직 내 위계와 같은 가시적인 형태의 권력을 파악하는 것이 더 쉬울 수 있다. 그러나 눈에 띄지 않는 [덜 가시적] 권력도 마찬가지로 강력한 힘을 발휘한다. 사람들은 더 많은 사회적 수용이나 권력에 대한 접근을 얻기 위해 지배적인 문화적 사상과 관행에 순응하기 위해 스스로 **자기 감시** 또는 "**코드 전환**Code-switching"을 한다(McCluney et al., 2021; Wright et al., 2022). '코드 전환'이라는 개념은 언어학 연구에서 언어 유창성 또는 단일 대화 내에서 다중 언어 사용을 설명하기 위해 등장했다. 이 용어는 최근 글로벌 다수 집단 구성원이 특정 맥락에서 지배 집단의 규범, 행동, 속성을 모방함으로써 바람직한 결과(예: 인식된 전문성perceived professionalism)를 달성하기 위해 자기 표현을 조정하는 '**인상 관리 전략**impression management strategy'을 나타내는 것으로 확장되었다. 코드 전환 행동의 예로는 지배적인 문화적 규범에 부합하기 위해 말투, 이름 선택 또는 외모를 조정하는 것이다. 이는 코치가 고려해야 할 관련 개념으로, 전문성 개발 을 위해 제안될 수 있는 전략이지만, 이러한 접근 방식을 사용하면 관련 개인에게 사회적, 심리적 비용이 발생할 수 있다(McCluney et al., 2021).

이데올로기적 권력 또한 전문적 실천을 구성하는 요인에 대한 신념과 같이 수용 가능한 지식의 형태로도 작용한다. 코칭 전문직은 다른 형태의 심리학과 마찬가지로 주로 유럽이나 미국의 심리 건강 이론 및 접근 방식에 기반한 문화적으로 동질적인 지식 기반에 크게 의존한다. 이점이 지닌 한계나 도전 과제에 대한 알아차림이 높아지고 있지만, 대부분의 코치 양성 프로그램은 여전히 서구 문화적 가치와 윤리에 부합하는 개념에 기반한다(Lane et al., 2023). 예를 들어, 일부 코치 교육은 근거 기반 접근법으로 널리 인정받고 있는 인지행동치료(CBT)의 이론과 기법을 활용한다(Corrie & Lane, 2021; Gray et al., 2016). 그러나 대부분의 CBT 연구는 역사적으로 유럽계 미국인을 대상으로 해 왔다(Hays, 2019). 코칭 맥락으로 전환될 때, CBT에서 도출된 접근법은 **개인의 독립성**과 같은 서구적 가치에 기반한 개념을 강조하는 경우가 많다.

이러한 서구적 자기 개념에 대한 편향은 다른 접근법을 주변화시키고, 코칭 주체가 직면한 어려움(도전 과제)과 잠재적 해결책에 대한 대안적 내러티브를 대체해 버린다. 이러한 개인주의적인 문화적 규범은 사람들이 특정 기준을 충족하지 못한 것에 대해 스스로를 비난하게 만들 수 있다. 코치와 코칭 주체는 정체성과 권력의 요소가 미치는 영향을 인식하지 못할 수 있다(Johnstone & Boyle, 2018).

모든 상호작용과 마찬가지로 권력은 어떤 코칭 관계와 과정에서도 중요한 요인이다. 코치와 코칭 주체의 위치성은 다양한 형태의 권력과 맺는 관계에 따라 영향을 받게 된다. 사람들이 얽혀 있는 권력 관계망과 그들이 접근할 수 있는 자원은 코치의 공식화와 코칭 주체가 코칭 개입에 어떻게 반응할 수 있는지에 중요한 역할을 할 것이다. 코치의 과제는 권력과 관련하여 자신의 위치position를 검토하고, 이것이 코칭 공식화에 어떻게 반영되는지, 그리고 코칭 주체가 경험하는 권력에 대한 차이를 함께 고려 했는지 명확히 파악하는 것이다.[62]

맥락의 중요성

사회적 정체성과 권력의 요소들은 위치성의 세 번째인 맥락context과 밀접하게 얽혀 있다. 맥락은 조직, 공동체, 국가와 같이 **개인이 존재하는 환경과 조건**을 의미한다. 개인이 세상에서 자신의 위치를 이해하는 방식은 ①상호작용, ②경험에 대한 해석, ③위치 설정의 효과effects of positioning에 의해 형성된다(Kezar & Lester, 2010). **의미-만들기**meaning-making 과정은 문화적 진공 상태에서 발전하지 않는다. 모든 사람은 다양한 사

62) 코치가 코칭 관계에서 권력 관계는 동등성 추구에 있다. 코칭 관계는 수평적 관계이자 등가적 연대 관계이다. 이를 반영한 공식화 작업을 해야 한다. 반면에 코칭 주체는 이에 어떻게 반응하고, 경험하고 있는지도 함께 반영하며 그들이 이런 관계를 체험하는 과정, 즉 코칭 주체화 과정으로 공식화 작업을 해야 한다.

회적 규범을 함축하는[암호화하는encode] 더 광범위한 문화적 내러티브에 둘러싸여 있기 때문이다. 이러한 규범은 유아기부터 학습되며 특정 문화의 변화하는 내러티브를 반영하기reflect 위해 평생 동안 업데이트된다(Johnstone & Boyle, 2018).

이러한 규범을 평가하면 맥락과 권력이 어떻게 불가분의 관계에 있는지 알 수 있다. 지배적인 내러티브는 현재의 경제적, 구조적 관계를 반영하고 현재의 지배적인 사상ruling ideas을 체현한다embody(Johnstone & Boyle, 2018). 전문직 내에서 이러한 내러티브는 채택된 프랙티스에 영향을 미치고 정보를 알려준다. 문화적으로 특정한 신념은 권력관계로 얽힌 사회적 상호작용을 통해 형성된다. 이러한 사회적 규범과 담론은 존재의 본질적 근간을 이루며(Hagan & Donnison, 1999), 의식의 알아차림 경계 밖에서 작동하는 배경이 되기 때문에 구별하기 어렵다. 이탈리아 철학자이자 정치 활동가인 **안토니오 그람시**(Hoare & Sperber, 2016 참조)는 이러한 널리 수용된 신념을 '**센소 코무네**senso comune'라고 불렀다. 이 용어에 해당하는 영어 단어는 없지만, 대략 "**공동 인식**common sense"으로 번역되는데, 이는 자신, 타인, 세상의 작동 방식에 대한 **의심할 여지 없는 지식과 가정의 축적된 집합체**이다. 이탈리아어 'senso comune'는 영어 단어보다 더 중립적인 용어로, 문화에 대한 집단적 지식, 그것이 어떻게 의심할 여지 없이 받아들여지는지, 그리고 누구에 의해 받아들여지는지를 나타낸다. '센소 코무네' 되는 것은 대개 특정한 세계관을 홍보하는 제도와 지식 생산자들이 조장하는 결과물이다(Crehan, 2016). 예를 들어, 그람시의 주요 공헌 가운데 하나는 정치 권력은 궁극적으로 자신의 생각(사상)을 사회 내에서 평범하게 만드는 데 달려 있다는 그의 주장이었다. 어떤 사상이 "정상적인" 것으로 여겨질 때, 그것은 더는 토론과 논쟁의 정당한 주제가 되지 못하고 사실적 현실의 지위를 획득한다. 본질에서 그것은 이의 제기, 도전으로부터 면역이 된다[63](Corrie, 2020).

코칭의 경우, 코칭에 대한 지배적인 내러티브를 구성할 수 있는 다양한 영향 요인에 직·간접적으로 노출되어 있다. 모안Mohan(1996)의 연구를 바탕으로 코리Corrie와 레인Lane(2010)은 이 영향을 세 가지 수준에서 구별할 수 있다고 주장한 바 있다.

1. 지역 수준의 영향: 코칭이 제공되는 맥락(예: 조직)에서 작동하는 신념, 가치, 과정 및 우선순위
2. 국가 수준의 영향: 권력을 가진 정치 시스템의 우선순위, 경제 동향, 인간 본성에 대한 지배적인 견해, 현재의 사회 및 문화적 규범
3. 글로벌 수준의 영향: 코칭 및 응용 심리학의 국제적 동향뿐만 아니라 글로벌 공동체에 영향을 미치는 관심사

63) 안토니오 그람시는 시민 사회의 상부구조를 이루는 문화, 교육, 언론, 종교 등의 주장인 이데올로기를 센소 코무네senso comune(공동 인식common sense)로 전환해 사회적 호응을 형성하고, 이를 통해 시민 사회 체제의 주장을 자연스럽고 불가피한 것으로 받아들이게 만든다고 본다. 이런 의도를 센소 코무네를 활용한 헤게모니 전략으로 확장한다. 이런 센소 코무네는 자발적인 동의를 통해 시민사회 전체에 걸쳐 영향력을 확대해 강제적인 힘이 아니라 '문화적 힘으로 작용해 헤게모니를 발휘한다.

지역적 영향은 실천 지침이나 행동 강령 준수 의무를 통해 명시적으로 그리고 가치관, 가정, 윤리적 틀을 통해 암묵적으로 코치의 '생각하기'를 형성한다. 이러한 지역적 영향은 코칭에 적합한 질문이나 목표의 유형, 코칭 주체가 코칭에 기대하는 것, 코칭의 형태에도 영향을 미친다.

국가적 영향 또한 코칭 실천가의 생각과 운영 방식에 영향을 미친다. 지역적 영향과 마찬가지로, 코칭 주체의 요구가 제시되고 공식화되는 방식을 형성하는 사회적 규범을 구성하는 암묵적인 신념과 가정이 존재한다. 예를 들어, 코치가 활동하는 문화가 개인주의 또는 집단주의로 기울어지는 정도는 코칭의 목적이 어떻게 설정되는지에 영향을 미친다. 또한, 전통 미디어와 소셜 미디어는 이슈와 트렌드에 대한 알아차림을 높이는 데 중요한 역할을 한다. 이는 대중이 코칭 분야에 대해 어떻게 생각하는지, 현안 해결에 기여하는 역할을 어떻게 바라보는지에 영향을 미친다. 국가적 영향은 또한 코칭이 진행됨에 따라 코치와 코칭 주체 사이에 형성되는 **윤리적 기대**ethical expectations를 알리는 데 중요한 역할을 한다. 코칭의 윤리적 토대는 특정 전문적 규범을 언급하는 것 이상을 의미한다. 이는 코치가 코칭 주체, 서비스를 받는 지역 사회, 지구 자체와의 관계를 어떻게 구축하는지를 보여 준다. 점점 더 많은 코치들은 코칭 주체 데이터 보호 방식부터 다양성 및 포용성 정책, 환경 보호에 이르기까지 윤리적 실천의 증거를 제시해야 할 가능성이 점점 더 커지고 있다.[64]

글로벌 영향력은 코치가 자신의 역할을 개념화하는 방식을 형성하는 더 광범위한 추세, 기회, 위협이다. 이 글을 쓰는 시점을 기준으로 코칭 산업에 영향을 미치는 중요 요소들은 다음과 같다.

- 성별, 인종, 문화 및 지리적 위치에 따른 인간 간의 불평등에 대한 인식 증가
- 항생제 내성 세균 감염 대유행을 포함한 현재 및 미래 팬데믹의 지속적 위협
- 기후 변화의 영향과 기후 변화 관련 자연재해 경험에 대한 시급한 대처
- 하이브리드 근무 방식으로 고용주와 직원의 요구를 변화시키는 고용의 본질적 성과와 문화의 지속적인 변화
- 인공지능(AI) 및 소셜 미디어 플랫폼과 같은 기술의 기회와 위협
- 소셜 미디어와 인터넷을 통한 허위 정보 유포로 인해 세계 사회의 양극화와 분열 심화
- 노동과 고용에 대한 태도의 인구 통계학적 변화
- 서구 사회를 지배하는 개인주의 이념

---

64) 아래 글로벌 영향력의 예시를 보며 우리의 코칭 산업과 코칭 실천 활동에 영향을 주는 국가 수준의 영향력은 무엇인가 탐색해 볼 필요가 있다. (1) 세월호, 이태원 참사, 코로나 등 국가적 재난을 발달의 어느 단계에 경험했는가에 따른 개인 과제 (2) 사실상 다민족 국가로 전환되었다. (3) 이주 3세대가 청소년기를 등장한지 오래며, 다문화 교실에서 유년기를 보내는 경험이 일반화되고 있다. (4) 이같은 경험은 각 세대 별 독특성이 두드러지고 있고, 이 자체 또한 급변하고 있다. 가령 젠지 스테어Gen Z Stare 현상(1997~2012년 생이 대화나 질문을 받을 때 바로 답하지 않고 상대방을 잠시 멍하니 응시하는 현상) 등에서 엿볼 수 있다. 이같은 예는 객관적 영향일 뿐이며 더 깊은 탐색을 필요로 한다.

코치가 지역, 국가, 글로벌 맥락을 이해하면 코칭 주체가 자신의 지역, 국가 및 세계 공동체에서 직면한 주요 이슈를 창의적으로 다루게 격려한다. 이는 공식화를 다양한 수준에서 어떤 결과를 이룰지 이해하도록 돕는다. 이를 통해 코치는 코칭 주체에게 제공하는 서비스와 그 서비스가 코칭 주체의 요구에 어떻게 부합할 수 있는지 더 잘 이해하게 된다.

실천 중에 정체성, 권력, 맥락 이해하기

위치성의 세 가지 구성(정체성, 권력, 맥락)은 서로 얽혀 있으며interwoven, 이를 개별적으로 설명하는 목적은 코치의 '성찰 과정'에 도움이 되는 구조-틀을 제공하기 위함이다. 위치성을 명확히 표현하는 것은 코치가 자신과 코칭 주체와의 관계, 자신이 발전시켜 가는 공식화 과정에서 위치성이 어떤 영향을 미치는지 이해하도록 보장한다.

모든 성찰의 출발점은 정체성의 핵심 요인을 검토하고 이것이 개인의 삶에 미친 영향을 명확히 하는 것이다. 여기에는 ①권력과의 관계에서 개인을 위치시키는 방식, ②정체성에 내재된 가치 확인하기, ③위치성에서 비롯된 사건이나 상호작용의 해석이 포함된다. 예를 들어, 생물학적 성과 성 정체성이 일치하는 사람인 시스젠더cisgender[65] 여성은

65) 시스젠더cisgender : 자신이 태어났을 때 지정된 성별(지정 성별)과 스스로 정체화하는 성별 정체성gender identity이 일치한다고 느끼는 사람을 뜻한다. 접두사 Cis는 '같은 편에 있는', '이쪽에 있는'이라는 의미. 이는 자신의 지정 성별과 성별 정체성이 다르다고 느끼는 트렌스젠더transgender의 반대 개념이다.

여성으로 인식되고, 타인에게 여성으로 대우받아 온 개인의 시선으로 세상을 바라본다. 권력과의 관계는 많은 상황에서 여성들이 남성보다 권력이 적으며, 역사적으로 지속적인 투쟁을 경험함을 의미한다(Jacobson & Mustafa, 2019).[66]

성찰의 다음 단계는 어떤 정서가 개인의 정체성의 세부 사항에 연결되었는지 검토하는 것이다. 위 예시를 계속하면, 여성들은 밤에 혼자 걸을 때 공격을 피하기 위해 조심해야 한다는 경고를 자주 받는다. 이는 여성에게 공격을 피하는 책임이 있다는 것을 주입한다. 이 경험은 일부 여성이 세상을 대하는 방식에 크게 영향을 미치며, 이는 다시 다른 사람들이 그들과 상호작용하는 방식과 특정 상황 및 상호작용에서 자신을 위치시키는 방식에 영향을 준다(Jacobson & Mustafa, 2019). 또한 불평등 경험은 그들이 받는 대우에 대한 분노와 불공정함(불의)을 느낀다는 것을 의미한다. 한편에서는 여성으로 존재한다는 것은 세계에 접근하는 방식에 대해 조심스러운 반면, 다른 한편으로는 매일 세상에서 받는 대우에 좌절감을 느낀다. 심지어 시스젠더 여성의 경우에도, 정체성의 이런 한 측면과 권력 및 맥락과의 관계는 복잡할 수 있다. **개인의 사회적 정체성**의 한 축인 성 정체성과 위치성의 한 요인들 사이의 관계는, 자신을 에이-젠더a-gender, 바이-젠더bi-gender, 젠더 플루이드gender fluid(어느 쪽으로든 성별을 확정하지 않는/어떤 성별도 될 수 있는), 트랜스젠더transgender로 정체화하거나 젠더 비순응자gender non-

66) 이런 인식은 '시스젠더' 여성이라도 여성이라는 이유로 가부장제 사회에서 평생 여성의 불평등과 불합리한 대우와 시선에 고군분투해 온 경험을 지닌다. 이는 곧 정체성 확립의 힘 그 자체가 중요하고 고유한 자원으로 위치성과 공식화 작업에서 근본적으로 중요하다.

conforming로 정체화하는 경우 더욱 복잡해진다.[67)]

권력과 특권privilege과의 관계는 결코 단순하지 않다. 특히 사회적 정체성의 요소들이 상호 의존적이고 분리할 수 없다. 서로 상호작용하여 차별적인 사회적 위치/지위position를 창출한다는 점을 고려할 때 더욱 그렇다(Christoffersen & Emejulu, 2023). 그러나 제도와 정책 입안자들은 정체성 요인을 자주 분리하여 검토하며, 이는 이미 소외된 집단

67) 젠더 정체성Gender Identity이란 개인이 스스로를 남성, 여성, 둘 다, 또는 둘 다 아님으로 인식하는 내면의 감각이다. 이는 출생 시 지정된 성별과 다를 수도 있고 같을 수도 있으며, 사람의 신체적 특성이나 성적 지향과는 별개의 개념이다.

A-gender는 젠더 정체성이 없다고인식하는 사람이다. 즉, 자신을 남성도 여성도 아닌, 또는 어떤 젠더에도 속하지 않는다고 생각한다. Bi-gender는 두 가지 젠더 정체성을 동시에 또는 상황에 따라 번갈아 경험하는 사람이다. 주로 남성과 여성의 젠더를 모두 경험하는 경우가 많다. Gender Fluid는 시간이 지남에 따라 젠더 정체성이 유동적이고 변화하는 사람이다. 어느 날은 여성으로, 다른 날은 남성으로, 또 다른 날은 논바이너리Non-binary로 정체성을 느낄 수 있다. Transgender 출생 시 지정된 성별과 자신의 젠더 정체성이 일치하지 않는사람이다. 가령 출생 시 남성으로 지정되었으나 자신을 여성으로 인식하는 사람이다. 이는 트랜지션transition 여부와는 무관하게 내면의 정체성으로 정의된다. 젠더 비순응Gender Non-conforming(GNC)은 자신의 젠더 표현Gender Expression이 사회적으로 기대되거나 규정된 젠더 역할이나 규범에 따르지 않는 사람이다. 예로는 남성으로 인식되지만 전통적인 여성 의류나 화장을 하는 경우이다. 이 용어는 정체성Identity 자체보다는 표현 방식에 중점을 둔다.

이러한 정체성을 가진 사람들에게 관계가 '더욱 복잡해진다'고 말하는 이유는 (1) 젠더 이분법과의 충돌이다. 사회의 많은 시스템과 규범이 남성 또는 여성이라는 이분법적 사고방식을 따르고 있어, 이분법을 벗어난 사람들의 경험은 단순한 분류가 불가능하며, 사회적 편견과 제도적 장벽에 끊임없이 직면하게 된다. (2) 가시성 및 오해가 야기된다. 젠더 비순응적인 표현이나 젠더 플루이드와 같이 변화하는 정체성은 타인에게 오해를 불러일으키거나, 인종, 계급, 장애 등 다른 위치성 요소와 복잡하게 얽혀 상호교차성intersectionality에 의한 다중적인 차별을 경험하게 만들기 때문이다.

에게 더 큰 사회적 불이익을 초래한다. 크렌쇼Crenshaw(1989)는 인종과 젠더를 상호 배타적인 범주로 다루는 실천이 흑인 여성의 경험을 주변화한다는 설명을 위해 **상호교차성**intersectionality[68] 용어를 창안했다. 인종이나 성별 등 정체성의 다양한 측면이 분리되고 독립된 것으로 개념화되면 소외된 집단의 가장 강력한 구성원(예: 백인 여성이나 흑인 남성)은 자신과 자신의 경험을 보편화하고 집단 전체의 유일한 합법적인 대표자로 자리매김하려는 경향이 있다(Christoffersen & Emejulu, 2023). 코치는 **정체성의 상호 의존적 요소**들이 인종, 성별, 성적 지향, 계급 등 사회적 위치의 교차점에서 극히 다른 경험으로 이어질 수 있음을 인지해야 한다. 예를 들어, 무슬림 흑인 여성과 백인 중산층 여성의 권력 형태와의 관계와 접근성은 상당히 다를 것이며, 따라서 두 사람 사이의 코칭은 서로 다른 위치성의 영향을 고려해야 한다.

정체성 요소는 개인을 권력 자원으로부터 가깝거나 멀리 위치시키지만, 이런 위치가 개인이 더 많은 권력을 얻기 위해 행동하거나, 현재의 권력관계를 강화·저항·변화시키기 위해 어떻게 행동하는지, 그것이 어떤 의미를 갖는지 이해하는 것도 필요하다. 예시를 보자.

---

68) 상호교차성intersectionality: 킴벌리 크렌쇼Kimberlé Crenshaw가 1989년에 처음 사용한 용어로, 다양한 형태의 사회적 범주(예: 인종, 젠더, 계급, 성적 지향, 장애 등)가 서로 교차하고 상호 작용하며 개인의 경험, 특히 억압과 특권의 경험을 어떻게 형성하는지 설명하는 분석 틀이다. 가령 흑인 여성의 경험은 단순히 인종 차별과 젠더 차별을 더한 것additive이 아니라, 인종과 젠더가 동시에 결합multiplicative되어 고유하고 독특한 형태의 차별을 만들어 낸다는 것이다.

이는 우리의 현실에도 분명히 드러난다. 우리나라에 이주한 많은 사람은 출신 인종과 혼합, 빈부, 여성 등이 서로 교차하고 기존 문화가 더해져 그 양상이 그대로 드러날 수 있다.

- 소수 집단 출신 리더들이 승진 기회를 얻기 위해 전통적으로 지배적인 문화적 규범과 리더십 특성으로 간주되는 것을 채택하기 위해 '코드 전환Code-switching'을 하는 경우
- 조직 리더십 팀이 권력 자원(예: 대인관계 권력, 이데올로기적 권력)을 활용해 리더십을 재정의하여 다양한 스타일과 문화를 포용하고 소수 집단 출신 후보자의 승진을 장려하는 경우
- 코치 훈련은 일반적으로 경제적, 대인관계 또는 물질적 권력material power이 있어야 접근할 수 있어, 일부 집단이 코칭을 직업으로 추구할 수 있는 선택지를 제한받는 경우
- 대인관계 권력(예: 사회적 네트워크를 통해)을 활용해 코치로서의 일자리를 확보하는 것은 경제적 및 대인관계 권력을 유지하거나 증가 또는 감소시킬 수 있다.

정체성, 권력, 그리고 이 요소들이 개인의 경험과 삶에 미치는 영향 간의 관계를 인식하는 것은 위치성이 코치의 작업에 미치는 영향을 인식하고 성찰하는 데 핵심적인 단계이다. 그러나 **맥락적 요인**도 매우 중요하다. 주로 백인 조직에서 소수 집단 출신과 함께 일하는 백인 코치의 위치성을 검토해 보자. 코치와 코칭 주체 간의 위치성 차이는 코칭에 영향을 미칠 수 있다. 예를 들어, 코치의 인종적 정체성으로 인해 해당 조직의 맥락에서 코칭 주체보다 더 많은 권력을 가진 위치에 놓이는지, 그리고 동일한 조직 내에서 백인과 작업할 때와 어떻게 비교되는지 생각해 볼 수 있다. 핵심은 특정 맥락에서 위치성과 특권 및 권

력과의 관계에 미치는 영향을 인식하는 것이다. 이는 매우 어려울 수 있다. 우리가 권력과 특권을 누리는 영역일수록 동일한 지위를 갖지 못하는 사람들의 삶에 대해 무지하기 때문에 이는 매우 중요하다. 이는 코치가 작업에 접근하는 방식에 무의식적으로 편향을 초래하기도 한다(Hays, 2019). 또한 코치가 코칭 관계에서 더 넓은 사회적 맥락의 신념, 고정관념 또는 권력 역동을 강화하고 재생산할 위험도 있다.

정체성, 권력, 맥락의 요인은 결합되어 개인의 경험과 세계 속에서 위치를 형성하는 수단을 구성한다. 우리가 누구인지에 대한 일반적인 인식은 모든 상호작용에 가져오는 것이며, 우리의 행동 방식을 결정한다. 그러나 정체성, 권력, 맥락의 상호작용은 한 맥락에서의 우리의 위치성이 다른 맥락에서는 다를 수 있음을 의미한다. 예를 들어, 직장에서 권위 있는 위치에 있는 리더는 가정에서 지배적인 관계에 순응할 수 있다.[69] 이 경우 유용한 비유는 체스판이다. 체스판 위의 병사는 다른 체스 말들과의 관계에 따라 안전하거나 위험한, 강력하거나 약한 것인지 판단된다(Alcoff, 1988).[70]

---

69) 그렇기 때문에 직장과 가정 이외에도 다른 공동체, 이를테면 교회 등 종교 단체, 적극적으로 참여하는 다른 집단에서의 리더십 형태를 같이 동시에 탐색하는 것이 필요하고, 이를 구별하고 성찰, 종합하며 개입한다. 이유는 각각에서 발휘한 리더십 형태에는 가지고 있는 각각의 자기[self]의 활용이기 때문이다.

70) 역으로 힘은 관계 안에서 다양하게 재구성된다. 이런 관계에서의 힘과 변화를 인식하는 것, 이런 관계의 힘을 활용하는 것 또한 코칭의 중요한 내용이다. 역자는 이를 '관계 개발'이라는 주제 분야로 공식화하고 있다.

위치성이 코칭 공식화에 미치는 영향

코치의 위치성은 그들이 세상을 바라보는 전반적인 시각을 형성하여, 더 넓게는 실천 방식에 영향을 미친다. 사람들은 다양한 맥락에서 각각 다른 위치에 있으며, 서로 다른 입장을 취한다. 코치에게 이는 특정 코칭 주체와 함께하는 개별 개인의 코칭 공식화 수준을 의미한다.

위치성과 목적

코치의 정체성은 일반적으로 코치로서 자신의 작업 목적 설정, 가령 ①자신이 함께 코칭 관계 맺길 원하는 코칭 주체[이상 고객]나 ②추구하는 코칭 유형에 영향을 미친다. 정체성은 또한 ③구체적인 특정 코칭 주체를 위한 코칭 공식화의 목적이 어떻게 표현되는지에도 영향을 준다.

코칭 참여의 목적을 구성하는 방식은 두 수준 모두에서 그들이 일하는 맥락/상황에서도 당연히 영향을 받는다. 코칭의 모든 당사자는 사회 전반과 조직과 같은 특정 코칭 상황(맥락) 양측에 널리 퍼져 있는 코칭에 대한 암묵적인 믿음 또는 신념에 영향을 받게 된다.

권력관계가 코칭 목적을 정의하는 방식에 어떻게 영향을 미치는지에도 주의를 기울여야 한다. 어떤 상황(맥락)에서 코칭은 성과 향상이라는 명목으로 한 사람을 다른 사람의 의지에 따르도록 **강요하는 수단으로 활용**되기도 한다. 이러한 방식으로 정의된 코칭 목적이라면 코칭을 성과 극대화의 수단으로 활용한다는 신념을 가진 코치는 이를 거부하기 어려울 수 있다(Hawkins & Smith, 2006).[71] 이는 코치가 자신의 위치성에 대한 충분한 이해가 없다면 코칭 주체의 요구와 코칭의 목적에 대해 가정하고 편향을 드러낼 위험이 있는 수많은 사례 가운데 한 가지 예에 불과하다.

위치성이 코칭 관점과 과정에 미치는 영향

코치가 활용하는 관점에 영향을 미치는 위치성은 코치가 선택하는 훈련 유형, 타당하다고 여겨지는 접근 방식, 증거 기반 실천을 개념화conceptualized하는 방식에도 영향을 미친다. 따라서 공식화를 어떻게 구성하는지, 또는 공식화가 효과적인 접근법으로 간주되는지 여부는 코치의 위치성의 결과이다. 앞에서 논의한 바와 같이 현재 제공되는 대부분의 코치 교육은 서구의 지식과 관점에 기반을 두고 있다. 이는 많은 상황(맥락)에 적합할 수 있다. 그러나 이런 관점이 그다지 유용하지 않은 맥락도 존재한다. 교차문화적으로cross-culturally 작업을 수행할 때나 코칭 주체와 코치의 위치성 및 윤리적 입장에 큰 차이가 있는 경우이다(Lane et al., 2023).

키노우아니Kinouani(2021)는 현재 서구 심리학 모델이 마음mind과 인

71) 이 경우 조직은 성과 향상을 위한 조직, 특정한 상위 리더의 전략과 방식에 순응하고, 최대한 그에 총동원되는 개인이 되게 관리하는 작업을 코치에게 외주화하고, 코칭은 곧 성과의 극대화의 방법이자 부드러운 손이 된다.
이런 본질적 성격에서 '코치는 코칭 주체, 사람을 중시한다'라는 또 다른 명제를 어떻게 관철할 수 있는가? 시스템 코칭, 코치의 윤리 실천능력capability과 수용력capacity 등을 대안으로 제시할 수 있다.

지cognitive에 초점을 맞추고 신체body와 영성spirituality을 주변화한다고 주장했다. 이러한 입장은 아프리카계 등 다른 문화적 배경을 가진 사람들을 소외시킬 수 있다(Kinouani, 2021). 또한 코치가 의존하는 관점의 규범에 따라 코칭 주체의 행동에 대한 문화적 영향이 부정적으로 규정될 가능성이 있다. 이런 관점은 차별, 안전하지 않은 지역에 거주, 부적절한 주택 및 의료 환경, 법적 문제, 재난이나 전쟁으로 인한 트라우마 노출 등 문화적 스트레스 요인을 고려하지 못하게 된다(Hays, 2019). 마찬가지로, 이러한 관점은 코칭 지원에 유용한 문화와 접근 방식의 긍정적인 측면, 즉 대가족, 종교 공동체, 전통 축제와 의례, 스토리텔링 활동 등을 고려하지 못한다(Hays, 2019).

코치가 채택하는 과정 역시 위치성의 영향을 받는다. 일부 과정은 다른 과정보다 더 고려될 가능성이 높아진다. 코치의 선호도에 따라 영향 받는 코칭 과정은 다음과 같다.

- 어떤 이해관계자와 협의하고 누구의 의견을 우선하는가?
- 어떤 데이터 수집 과정을 고려하는가?
- 코치가 추구하는 문의-질문enquiry의 방향
- 어떤 심리측정 도구를 사용할지 또는 아예 사용하지 않는지 여부
- 코치가 고려해 코칭 주체에게 활용하는 개입 방식
- 코치가 코칭 주체와 공유하기로 선택한 정보와 공유의 시기
- 코칭의 성공 또는 진전을 어떻게 측정할 것인가?
- 주요 이해관계자와 어떤 정보를 공유하는지와 공유할 시점

앞서 설명한 내용은 위치성이 코칭 공식화에 미치는 잠재적 영향을 보여주었다. [사례 4.1]에 그 예를 제시한다.

■ 이 사례에서 40세 여성 코치는 백인 영국인이며 중산층 출신이다. 그녀는 심리학 학사 학위와 코칭 심리학 석사 학위를 취득했다.

[사례 4.1] 코칭에 미치는 위치성의 역할

여성 젠더

코치는 여성 리더들을 도우려는 동기를 갖고 있다. 이 동기는 코칭 주체 선택뿐 아니라 코칭의 목적을 설정하는 방식에도 영향을 미친다. 그녀의 젠더(성별)는 자기 활동에서 여성 고객일 경우 그녀에게 가장 협조적인 여성 이해관계자를 대상으로 선택하게 할 수 있으며, 코칭 주체에 대한 자신의 관점과 부합하지 않는 데이터는 무시할 가능성도 있다. 시스젠더 여성 고객에게 편향되거나 과도한 동일시 위험도 있다.

그녀는 여성 리더의 성공과 도전 과제에 시스템적인 요인의 역할을 인지하고 시스템적 요인들을 자신의 코칭 공식화에 통합한다.

대학 졸업, 심리학 교육

그녀는 공식화가 유용하고 타당하다고 생각하며, 증거 기반 접근법을 선호하고, 인지와 행동 원리와 방법론과 같은 심리학 문헌의 개념을 활용한다. 그녀는 자신이 익숙한 심리학 이론을 기반으로 공식화를 구성하고, 이러한 이론의 렌즈를 통해 코칭 주체의 어려움을 바라보는 경향이 있다.

백인, 영국인, 중산층

그녀는 코칭의 목적을 발전, 성취, 개인적인 성공으로 정의하는 경우가 많다. 교육과 노력에 기반한 개인적 변화에 대한 신념을 바탕으로 개인적인 관점을 중시한다. 그녀가 개발하는 공식화는 주로 개인에 초점을 맞추면서도, 성공의 장애물이 될 수 있거나 리더의 성공을 촉진할 수 있는 시스템적인 요인들을 고려한다. 그녀는 소수 집단 사람들이 경력을 쌓으면서 마주할 수 있는 추가적인 상호교차적이고 시스템적인 이슈들을 인식하지 못할 수 있다.

예를 들어 보자. 위 코치는 영국 남부에 거주하며 주로 기업 및 정부 기관의 리더들에게 임원 코칭을 제공한다. 전업 코치가 되기 전에는 주요 다국적 기업의 인사부에서 근무했다. 그녀의 위치성 요소 가운데 몇 가지만 살펴보아도 이것이 코칭 공식화에 얼마나 큰 영향을 미칠 수 있는지 알 수 있다.

역자 질문

Q. 코치가 시스젠더 여성이라는 이유, 대학에서 자신이 전공한 내용, 피부색, 국적, 중산층이라는 선택의 여지가 없는 요인이 코치의 위치성에 영향을 주고, 코칭 전반에 영향을 끼친다.
이 위치성의 한계를 인지하고 대처할 수 있는 방안은 무엇인가?

Q. 공식화 작업 과정에서 이를 감안하고 민감하게 작업할 수 있는 방안은 무엇인가?

위의 예에서 분명히 알 수 있듯이, 위치성의 다양한 요소들은 서로 상호작용하고 중첩되어 각 개인에게 고유한 영향을 미친다. 개인마다 위치성의 일부를 공유할 수 있지만, 그들의 경험과 배경 또한 작업에 영향을 미친다. 이는 결과적으로 그들만의 고유한 코칭 접근법과 공식화를 만들게 된다.

코칭 주체의 위치성 활용하기

지금까지 이 장은 코치의 위치성과 그것이 공식화에 미치는 영향에 초점을 맞추어 왔다. 그러나 코칭 주체의 위치성과 코치와 코칭 주체 간의 상호작용 역시 공식화에 반영되어야 할 중요한 사항이다. 코치가 자신의 위치성을 명확히 표현한 후에는, 코칭 주체와 공유할 수 있는 요인과 다룰 수 있는 요인을 구별할 가능성이 높아진다. 따라서 코칭 주체의 관점을 이해하기 위해 어디에 주목해야 할지 파악할 수 있다. 또한 관계 안에서 권력 역동을 생성하는 사회적 정체성의 중첩과 차이 역시 존재하며 이 점이 코칭 주체가 특정 주제를 논의하는 개방성에 영향을 미칠 가능성이 있다. 결국 코칭 주체의 관점을 완전히 이해하고 전체적 그림을 파악하는 능력을 방해받게 된다.[72] 예를 들어 젠더와 같은 위치성의 요인이 공유되더라도, 이러한 공통점이 반드시 코치와 코칭 주체가 세상을 같은 방식으로 이해한다는 의미는 아니다. 정체성의 공유된 측면만으로 코칭 주체의 관점을 이해했다고 가정하기에는 너무 많은 복잡한 요인이 서로 얽혀 있다.

이 책 전반에 걸쳐 어떤 공식화에서든 코칭 주체의 관점을 인정하고 우선시하는 중요성이 강조된다. 그러나 코치로서 우리의 역할 가운데 하나는 코칭 주체의 관점과 그들이 현재 상황에 대해 가지고 있는 현재의 내러티브에 도전하는 것이다. 이는 코칭 주체의 이야기를 우선시하는 것과 그들이 앞으로 나아갈 수 있도록 그들의 관점에 도전하는

72) 코치가 자신의 위치성을 인식하고 - 이 점이 근간이다. 코칭 주체의 관점을 이해하고 노력하는 '마음'을 갖는 능동적인 역할이 우선한다. 그러고 난 뒤/또는 동시에 '코칭 관계' 안에서 코치와 코칭 주체 사이에서 벌어지는 권력 역동이 일어나고, 이것에서 생성하는 각각의 사회정체성의 중복 또는 차이가 있다는 점을 인식하게 된다.

이런 사실에 의해 코칭 주체가 코치와의 중복과 차이를 경험하게 되며 곧 권력 불균형이 발생할 수 있다. 이는 심리적 안전감이 흔들리거나 개방성이 축소되고, 특정한 어떤 민감한 주제는 솔직하게 논의하기를 주저하게 된다. 곧 코칭 주체에게 직접적 영향을 준다. 이는 결국 코치에게도 상대의 관점을 완전히 파악하는 전체 그림을 그려내지 못하는 간접적 영향을 받게 된다.

것 사이의 긴장을 만들어 낸다. 코치의 역할은 코칭 주체의 관점을 충분히 고려하면서도, 그들이 자신의 관점을 비판적으로 성찰하도록 격려하는 것이다(Shoukry, 2017). 그런데도 이 접근 방식은 코칭 주체를 소외시킬 가능성이 있다. 따라서 코치는 현재 관점이 얼마나 강하게 유지되고 있는지 이해하고, 코칭 주체의 관점을 다루는 다른 접근이 더 적절한지 판단해야 한다. 예를 들어, 개인 구성 심리학Personal Construct Psychology에서는 핵심 구성과 주변 구성의 차이를 검토한다(Bradley-Cole et al, 2023; Horley, 2012). 핵심 구성은 도전과 변화에 더 저항적이다.[73] 예를 들어, 호주 출신 중국계 젊은 고객이 현재 회계사에서 배우로 직업을 바꾸는 경력 전환을 (지향) 목표로 코칭 받는 경우를 생각해 보자.

가령 이 코칭 주체는 현재 부모님과 형제자매와 함께 살고 있으며,

---

73) 핵심 구성core constructs은 개인의 정체성, 생존, 존재 방식 등 직접적으로 연결된 가장 근본적이고 중심적인 믿음과 가치이다. 이는 개인의 행동과 대인관계를 이끌어가는 핵심 운영원칙이다. 도전과 변화에 저항적이며 이것이 흔들리면 개인의 존재 자체가 위협받은 것처럼 느껴진다. 이 구성의 변화는 개인의 근본적 성격과 삶의 방식 전반에 걸쳐 심각한 광범위한 영향을 미친다.

주변 구성peripheral constructs은 특정 상황이나 맥락에서만 사용되는 비교적 덜 중요한 믿음이나 판단기준이다. 변화에 대한 저항성이 낮아 유연성을 지니며 쉽게 수정하거나 대체할 수 있다. 또 이 구성이 바뀌어도 핵심 정체성이나 전반적 삶에는 제한적 영향을 미친다.

개인 구성주의 심리학personal construct psychology(PCP)은 조지 켈리George Kelly가 창시했다.

「개인 구성주의 심리학 코칭」『코칭심리학』 스티븐 팔머, 엘리슨 와이브로우 편저, 강준호, 김태희, 김현화, 신혜인 옮김. 한국코칭수퍼비전아카데미. 2023

가족들은 그의 희망하는 직업 변경에 대해 어떤 논의도 거부하고 있다. 지배적인 서구의 관점으로 이 이슈를 공식화하는 코치는 코칭 주체가 원하는 직업을 추구하기 위해서는 부모의 권위에 도전하고 아마도 가족과 함께했던 집을 떠나야 한다고 공식화할 수 있다. 그러나 이 접근 방식은 중국 문화에 뿌리내린 가족에 대한 책임의 본질과 연장자에 대한 존중과 같은 문화적 신념에 도전하는 것이 포함되어 있다. 이는 코칭 주체가 코치가 자신의 문화적 맥락을 이해하지 못한다고 느끼게 하여 코칭 관계를 종료하게 만들 가능성이 높다. 반면, 코칭 주체가 이런 대안적 관점을 수용할 의향이 있다면 [개방적], 이 경우 코칭은 코칭 주체가 선택한 경력을 추구하는 과정에서 직면하는 도전들을 극복하는 데 도움을 줄 수 있다.

이러한 차이/다름에 직면한 코치들은 코칭 주체가 다른 관점을 어느 정도까지 탐구하고자 하는지 평가해야 한다. 특정 문화적 맥락에서 살아가는 코칭 주체들이 그 문화적 규범을 따르기를 선호할 것이라고 가정하는 것은 코칭 주체가 자신의 정체성에 저항하거나 스스로 정의할 권리를 암묵적으로 부정하는 것이다. 반면, 코칭 주체에게 권한 부여하는 접근법을 채택할 경우, 코치가 자신의 '해방적liberating' 아이디어를 코칭 주체에게 강요하는 것이 될 수 있다(Shoukry, 2017).[74]

74) 우선 경력 선택이 곧 원 가족과의 결별이기에 매우 커다란 도전이다. 이를 주저하거나 힘들어하고 동요하는 것은 당연하다. 변화를 위한 도전은 쉽게 선택하기 힘들다. 반대로 비록 긴 인생의 한시적 결별이라도 다시 화해하기까지는 기나긴 터널을 지나는 여정이 된다. 또 그 당시에는 영원한 결별이 되거나 지속

어떤 경우에는 코치가 코칭 주체의 관점을 이해할 수 있다고 믿더라도, 특정 문화에서 자라지 않은 개인에게는 이해하기 불가능한 개념들이 존재한다. 예를 들어, 원주민 호주 학자 타이슨 윤카포르타Tyson Yunkaporta(2019)는 원주민의 시간 개념을 비원주민에게 설명하는 것이 불가능한 이유를 다음과 같이 설명한다.

> 원주민의 시간 개념을 설명하는 것은 무의미한 시도이다. 영어로 '비선형적non-linear'이라고만 설명할 수 있지만, 이는 즉시 당신의 신경 세포 회로에 큰 선을 그어 버린다. 당신은 '비非 non-'를 인식하지 못하고, 단지 '선형적'이라는 점만을 인식한다. 그것이 당신이 그 단어를 처리하는 방식이며, 당신의 마음속에서 그 단어가 취하는 형태이다. 최악은 이 개념을 그것이 '무엇인지'가 아니라 '무엇

적인 저지에 시달릴 수 있다. 우선 이런 맥락에 대한 사려깊은 접근, 개입의 적절성, 중립성, 결정에 대한 최적의 격려와 도전이 동시에 요구된다. 오로지 결정은 코칭 주체에게 달려 있다.

이런 사태가 이집트 오렌지 혁명(2011, 아랍의 봄)이라는 상황과 이후 민주화의 많은 굴곡이라는 맥락에 적용한다면 매우 복잡하게 분석될 수 있다. 이 과정에 가장 주체의 일부로 활약했던 이집트 여성은 오히려 권력이 신장되기 보다는 더욱 침해당하는 결과로 귀결되었기 때문이다. 이 상황 안에서 이집트 여성이 과거 관습과 문화에 직면하는 경우와 연결한 연구가 저자가 인용한 Shoukry(2017) 연구이다. 「사회 변화를 위한 코칭」『현대 코칭의 이론과 실천』 타티아나 바흐키로바, 고든 수펜스, 데이비드 드레이크 편집. 김상복, 윤순옥, 한미아, 한선희 옮김. 코칭북스, 2024.

이외에도 이집트 혁명 상황과 코칭의 역할 관련 연구는 코칭과 사회정의 관점의 Damian O'Connell & Geert van Rhijn, 문화적 민감성과 트라우마 코칭 관점의 연구는 Pamela J. Hayes & Marilyn Atkinson 등이 있다.

> 이 아닌지'로만 설명할 수 밖에 없다는 점이다. 우리 언어에는 '비선형성'을 뜻하는 단어가 존재하지 않는다. 왜냐하면 처음부터 누구나 직선으로 이동하거나 생각하거나 말하는 것을 상상조차 하지 않기 때문이다.[75] 구불구불한 길은 그저 길의 본질이기 때문에 별도의 이름이 필요하지 않다(Yunkaporta, 2019, p.21).

이 예시는 코치가 코칭 주체의 위치성을 완전히 공감하고, 모든 공식화에서 코칭 주체의 관점을 바탕으로 해야 하는 점을 강조한다. 코치는 자신의 기술과 역량이 모든 배경의 사람들과 일할 수 있게 해 준다고 믿을 수 있지만, 위의 예시에서 보듯이, 코칭 주체가 세상을 보는 방식을 이해하는 데에는 한계가 있다.

결론

위치성 개념은 많은 코칭 실천가에게 낯선 생소한 개념일 것이다. 이 장은 정체성, 권력관계, 맥락이라는 세 요소를 통해 위치성을 소개하고 탐구했다. 이를 통해 복잡한 주제를 쉽게 이해하고 실천에 적용하게 만들려고 노력했다. 코치에게 위치성을 명확히 하는 것은 이러한 요소들의 결합과 상호작용이 코칭 주체와의 작업에 미치는 영향을 완

75) 사실 자연에는 직선은 없다. '직선'으로 된 길이나 이동도 없다. 이는 인간의 개념에 있는 것이며 인공적 구조물일 뿐이다.

전히 이해하는 데 있다.

위치성의 영향을 벗어나는 것은 불가능하다. 그러나 비판적이고 반성적인 태도reflexive stance를 취함으로써 편향을 줄이고 코치와 코칭 주체가 세상을 경험하고 보는 방식이 특정 코칭 참여coaching engagement에 어떻게 적용되는지 이해할 수 있다.

숙고해야 할 질문

위치성을 성찰하는 시간을 갖는 것은 코치가 자신을 더 온전하게 바라볼 수 있는 방법을 제공한다. 더 나아가 코칭 주체를 단순히 그들이 가져오는 이슈로만 보지 않고 그들 그대로를 볼 수 있는 기회를 제공한다.

Q. 당신의 사회적 정체성의 핵심 요인은 무엇이며, 이것이 당신의 세계관에 어떤 영향을 미치는가?

Q. 위에서 설명된 다양한 형태의 권력에 대해 당신는 어떻게 위치해 있는가?

Q. 당신의 위치성이 작업의 전반적인 목적을 정의하는 데 어떤 영향을 미치는가?

Q. 현재 또는 최근의 코칭 주체를 생각할 때, 당신은 코칭 주체와 어떤 방식으로 다르게 위치해 있는가? 이러한 차이를 코칭 공식화에 어떻게 고려했는가?

5장
코칭의 목적과 코칭 공식화

코칭 과제assignment 전반, 특히 공식화의 초기 단계 가운데 하나는 이후 진행될 작업의 목적purpose에 합의하는 것이다. 이 장은 공식화를 통해 '상호 만남encounter'을 개념화conceptualize함으로써, 코칭 주체가 합의된 결과만이 아니라 향후 활용할 수 있는 앎knowledge과 이해understanding를 쌓아가는 배움의 여정learning journey으로 작업의 목적을 정의하는 법을 살펴본다.

코칭의 핵심 가운데 하나는 이후 진행될 작업에 관한 결정이 도출되는 방식이다(Jansen, 2023).[76] 코칭이 제공할 수 있는 다양한 목적과 **코칭이 가장 적절한 접근 방식이 아닌 경우**를 탐구하는 것이 필요하다. 이것은 양 당사자와 잠재적인 다른 이해관계자의 주요 관심사를 합리적인 방식으로 이해하도록 돕는 방법이기 때문이다.[77] **목표를 성**

76) 코칭 전체에서 마주하게 될 모든 의사결정 과정이 코칭의 본질을 형성하며 성공의 필수적이다. 모든 의사결정과 결정 도출 방식은 상호 협력적이고 수평적이며, 주체적인 과정을 통해 합의에 이르는 과정으로 이루어져야 한다. 이것이 코칭의 핵심이다.

77) 코칭 주체가 제시하는 코칭의 **목적**, (잠재적) 이해관계자의 관심사 등이 코칭과 코칭이 제공하는 접근 방식과 합리적으로 일치하는지 무엇보다 먼저 점검할 것을 요구한다. 그 다음이 코칭의 목표goal이다.

급하게 정의하는 것은 효과적인 작업을 방해할 수 있다. 목표goals는 언제나 시작 단계에서 정의될 수 있는 것은 아니기 때문이다(David et al., 2013). 코칭의 초점을 결정하기 전에 이해관계자들과 성찰과 대화 시간이 먼저 필요하다. 이 단계는 '상호 만남'에서 의미를 찾는 과정이 된다. 이런 탐색은 코칭 여정이 전개될 맥락과 그 여정을 가치 있는 노력으로 정의하는 데 도움이 되는 '관계적 구조-틀relational framework'을 이해하는 것을 포함한다.[78)]

이 장은 이를 설명하는 특정 맥락을 탐구하지만, 코치가 활동하는 장소와 공간에 관계없이 지배적인 맥락에 대한 폭 넓은 이해를 통해 관련된 당사자 모두에게 가치 있는 목적이 도출될 수 있다. 목표goal를 성급하게 정의하는 것은 코칭 여정의 일부인 전문성을 구축하는 과정을 내적 금지inhibit할 수 있다.[79)]

이 장은 의사 결정 과정에 포함될 수 있고 이후 코칭 여정에 영향을 미칠 수 있는 다양한 요인들을 간략하게 설명한다. 궁극적으로는 작업의 목적을 정의하는 것이 곧 어떻게 의미 있는 경험의 가능성을 창출하는지에 대한 깊은 이해를 얻게 될 것이다.

---

78) 이 경우 목표goal를 대화의 앞부분에 먼저 정해야 한다는 전제에 의문을 제기한다. 목표가 먼저이기보다는 목표에 이르는 여러 과정이 선행되어야 함을 주장한다. 이것이 바로 '관계적 구조-틀'이다.

79) 과정이나 활동이 자유롭게 진행되거나 발전하는 것을 막거나 속도를 늦춘다는 의미로 내적 금지이다. 초기 목표 설정은 이후 코치와 코칭 주체가 코칭 여정 중에 새로운 발견이나 예상하지 못한 방향으로 전문성을 확장할 기회, 즉 유연한 탐색과 성장을 위한 필요한 더듬는 과정을 막아버릴 수 있거나 미리 정해진 목표에 갇히게 되어 새로운 목표에 주저하게 되고, 이는 궁극적인 전문성 구축을 결국 방해하게 된다는 의미이다.

개인의 목적 정의하기

모든 아이는 자신이 더 큰 무언가의 일부이며 사회적으로 구성된 세계에 존재한다는 것을 이해하게 된다. 그들은 그 세계에 어떻게 대처할지 배운다. 성인기의 결과outcome와 아동기의 기술skill 간의 관계에 대한 증거가 점점 더 늘어나고 있다. 예를 들어, 사회적 기술(타인과 관계를 맺는 법)은 이후의 정신 건강과 웰빙과 관련이 있다(Goodman et al., 2015). 아동은 사회적 존재이므로 관계를 형성하고 유지하는 것은 아이와 사회 모두에게 중요하다(Lavis, 2016). 이런 관계의 질은 뇌 발달에도 영향을 미친다(National Scientific Council on the Developing Child, 2004, 2009년 개정). 건강한 관계와 지지받는다는 느낌은 안정감을 주지만, 건강하지 못한 관계는 장기적으로 부정적 영향을 초래할 수 있다(NSPCC, 2024; Bentley et al., 2020에서 인용).

아동은 관계를 헤쳐 나가는 여러 가지 관계 형성 방법을 배울 수 있다(Barden, 2021). 이는 자신의 요구needs를 충족하기 위해 타인과 어울리는 것(합의consensual), 또는 세상이 적대적이라는 것을 배우고 자신이 배제된 존재라고 경험하는(갈등conflictual) 방식 등이다. 아동이 세상을 이해하는 방식, 자신의 요구, 그 요구를 충족하기 위해 취하는 태도는 타인에 의해 형성된다. 만약 그들이 나중에 교육, 산업, 군대 등 다양한 분야의 리더가 된다면, 어린 시절에 형성한 세상에 대한 태도가 리더로서 직면하는 이슈들을 다루는 방식에 큰 영향을 미칠 것이다. 성공적 리더를 연구한 바든Barden(2021)은 리더가 이슈를 해결하는 방식의 핵심으로 "**세상에 대한 탐색적 태도**navigational stance to the world"라는 개념을 발견했다.

사회적 존재로서 개인은 목적을 위해 협력하는 법을 배운다. 자신의 필요를 충족하기 위해 서다. 마찬가지로, 조직을 이끌기 위해서는 개인의 관점을 바탕으로 '공유된 관심사'를 만들어낼 수 있어야 한다. 직원들은 기업의 목적이 자신의 개인적 필요를 충족시키기 때문에 기업의 목적을 받아들일 수 있다(Hakimi, 2015; Murray, 2017; O'Brien & Cave, 2017). 포용embrace의 정도도 순전히 거래적transactional이다. 즉, 임금으로 받는 것이다. 포용은 철학적일 수 있다. 직원들은 기업과 그 가치를 믿거나 포용의 정도가 변혁적일 수도 있는데, 이는 세상의 어떤 부분을 바꾸고 그 일부로서 자신을 변화시킨다고 인식하는 경우다.[80)]

라잔Rajan과 레인Lane(2000)이 수행한 900개 이상의 조직을 대상으로 한 연구에서 이러한 다양한 관점이 나타났다. 일부 조직에서는 직원들이 자신이 근무하는 기업과 그 기업의 세계적 위상, 세계에 대한 태도에 자부심을 느낀다고 보고했다. 그들은 기업의 환경 및 지역 사회에 대한 헌신, 고객 서비스와 품질에 대한 약속, 직원 배려에 대해 이야기하며 자부심을 표현했다. 반면 다른 조직의 사람들는 대화 내용이 상당히 달랐다. 그들은 단순히 이 일을 조직이나 그 목적에 대한 헌신감 없이 그냥 수행하는 일로 여겼다(Rajan & Lane, 2000). 최근의

80) 기업이 갖는 사회적 의미와 기능을 인정하고 받아들이고, 자신도 노력의 대가로 임금을 받는다는 점에서 이를 세계관의 수준에서 이해하는 철학적 태도를 갖는다.

연구들도 유사한 결론을 제시하는데, 즉 조직에 대한 자부심이 개인과 팀에게 더 많은 성과를 성취하도록 영감을 준다는 것이다(Hastwell, 2022; Segal, 2021).

조직에서 목적 개념

모든 조직, 서비스, 기업은 "Q. 우리의 '목적'은 무엇인가?"라는 근본적인 질문에 직면한다. 이 질문에 대한 답은 본질적으로 동일한 질문으로 귀결되는 추가적인 질문을 즉시 제기한다. 바로 "Q. 이런 노력이 자신과 타인에게 목적이 되는 이유는 무엇인가?"이다. 예를 들어, 사업을 시작하는 기업가는 자신이 무엇을 성취하고 싶은지를 인식이 있지만, 고객과 이를 공유하지 않으면 사업은 실패할 것이다. 사업이 성장하면 관심사를 공유할 필요성 때문에 직원들은 고객과 함께 목적을 정의하게 되고, 다른 이해관계자들도 마찬가지이다.

조직의 목적을 정의하기 위하여

마르크스Marx, 베버Weber, 뒤르켐Durkhein부터 기든스Giddens, 피케티Piketty, 주보프Zuboff, 렌트Lent와 같은 최근의 이론가들에 이르기까지 사회를 연구하는 사람들은 **목적**에 대해 각기 다른 접근 방식을 취한다. 따라서 목적은 합의적일 수 있으며, 더 큰 선을 위해 타인과 협력을 추구하거나, 극복하려는 경쟁만을 보는 갈등적일 수 있다. 사용되는 운영 구조는 이러한 조직화 방식 각각을 반영할 것이다. 전통적으로 많은 조직은 **명령과 통제의 위계적 구조**를 가지고 있다(O'Donovan, 2014). 다른 조직들은 적극적인 참여를 장려하여 지역 수준에서 의사 결정을 내린다[위임한다]. 예를 들어, 세든Seddon(2003)은 포드와 도요타의 생산에 대한 역사적으로 비교하면서 포드의 하향식top-down 접근 방식과 도요타의 현장 의사 결정local decision making을 지적했다. 세계가 더욱 복잡해지고 상호 연결됨에 따라, 조직들은 과거에 효과적이었던 관점(특히 명령과 통제)이 성공을 위한 지속 가능한 기반이 아니라는 것을 점점 더 깨닫게 되었다(Seddon, 2003; Uhl-Bien, 2021). 목적은 기업의 **존재 이유, 방향 감각, 동기**를 제공한다. 또한 기업이 어떻게 존재해야 하는지, 즉 **존재 방식**이나 **운영 방식**을 포괄한다. 이는 때때로 가치나 사명으로 표현된다. 조직이 직원, 고객, 더 넓은 사회와 어떻게 협력하는지는 이러한 근본적인 목적을 반영한다. 바로 이것이 조직의 활동을 의미 있게 만드는 요소이다.

목적의 정의

누군가 목적 의식sense of purpose을 가지고 있을 때, 이는 그들에게 방향 감각과 성취 동기를 부여하는 것으로 여겨진다. 점점 더 많은 조직이 목적을 유사한 방식으로 이해하고 있다. 영국 공인경영연구소Chartered Management Institute(CMI)의 연구(Ebert et al., 2018)는 14개 주요 기업과의 인터뷰를 바탕으로 '목적'을 다음과 같이 정의했다.

- 초월적이고 의미 있는 존재 이유
- 조직 정체성의 지속적인 속성
- 장기적인 재무 성과와 연계됨
- 일상적인 의사결정을 위한 명확한 맥락
- 이해관계자들을 통합하고 동기 부여함

이 연구의 저자들은 이를 최근의 추세로 볼 지 모르나, 이제는 기업의 주류가 되고 있다고 주장한다. 블랙록Blackrock의 CEO는 최고경영자에게 보내는 연례 서한을 "목적 의식A Sense of Purpose"이라고 명명했으며(Fink, 2024), 사회정의센터Centre for Social Justice(2021)는 이러한 목적의식이 2026년까지 영국 기업 전반에 걸쳐 적용될 것으로 예상했다. 이는 영국 정부의 미션 중심 기업 검토 자문 위원회(Gov.uk, 2016)의 지지를 받고 있다. 글로벌 비즈니스 공동체의 다른 최근 기사와 입장 문서도 유사한 주장을 내세운다(Brower, 2021; Ebert & Hurth, 2022; McKinsey, 2020). CMI 연구는 중간관리자의 합리적 회의론과 함께 이는 또 하나의 경영 유행에 불과하다고 지적했다.

Q. 명확한 목적 수립이 그토록 중요하다면, 왜 이제야 비로소 이런 주장이 부상하는가?

Q. 중간 관리자들의 정당한 냉소주의를 어떻게 해결할 수 있는가?

명확한 조직 목적 정의하기

목적이 핵심 질문으로 등장한 것은 현재 문헌에서 관심을 받는 시점보다 훨씬 이전부터였다. 체크랜드Checkland(1989)가 주장했듯이, 인간을 달에 착륙시키고 안전하게 귀환시키는 임무의 성공은 동일한 시스템적 사고방식(즉, 시스템 공학 및 랜드 연구소RAND Corporation 시스템 분석)을 사회 문제, 특히 교육과 보건 분야의 문제 해결에 적용하는데 상당한 관심을 불러일으켰다. 이러한 방법론은 합의된 목적agreed purpose(바람직한 결과a desirable end)을 달성하기 위한 최선의 수단을 찾는 탐색에 의존한다. 이러한 시스템 개념을 학교와 보건 분야에 적용하는 것은 부적절한 것으로 드러났다.

체크랜드에 따르면, 모든 당사자가 달 탐사 임무의 목적(인간을 달에 착륙시키고 안전하게 귀환시키는 것)에는 동의할 수 있지만, 교육이나 보건 시스템의 목적에는 모든 당사자가 동의할 수 없었다고 논한다. 이는 논쟁의 여지가 있는 영역이다. 여기에는 여러 담론이 동시에 작용한다(Gray et al., 2016). 단순한 것에서 복잡한 것으로 옮겨가는 순간, '목적'은 더 어려운 개념이 되며, 성공을 위해서는 진정한 협력적 사고와 학습이 필요하기 때문에 조직이 문제로 여기는 개념이다(Gray et al., 2016). 목적은 하향식top-down으로 이루어질 수 없고 여러 수준의 담론을 가로지르며 구축되어야 한다. 논의된 바(Boulton et al., 2015; McFee, 2023)에 따르면 하향식 프로세스는 복잡한 세상에서는 통하지 않는다. 이러한 맥락에서 필요한 것은 고위 임원에 의해 정의되는 구조를 벗어나는 것이다. 일반적으로 핵심 가치는 사명 선언문과 함께 정의된다. 이것들은 조직 내 하부로 내려가 행동 지침, 목표 및 핵심 성과 지표(KPI)로 구체화된다. 마지막으로 부서와 개인이 이를 해석한다. 조직도상의 화살표는 한 방향으로만 일방적으로 작동한다. 이는 "정통적 접근"에 호소하며 경영진이 통제하고 있다는 인상을 확실히 심어준다. 그러나 볼톤Boulton과 동료들(2015)은 "격동적이고 빠르게 변화하는 환경에서는 어떤 조직이든 최상부에 하향식 전략이 효과적일 만큼 충분한 정보가 없다."(p.162)라고 주장한다.

목적의 역할은 점점 더 많은 문헌에서 다뤄지고 있으며, 이 개념을 수용해야 한다는 주장이 많다(Hurst, 2014; McKinsey, 2020). 그러나 **Q. 목적이 경쟁이 치열한 공간에서 발생한다면 과연 어떻게 합의에 도달할 수 있을까?** 경쟁적인 공간에서 목적이 어떻게 도출될 수 있는지에 대한 의문이 제기되지 않는다면, 그저 또 다른 "유행"이라는 비난이 설득력을 얻고, CMI 연구에서 지적된 중간 관리자들의 냉소주의는 정당화된다.

이를 위해서는 단순히 그 공간을 차지하는 주체들만 살펴봐서도 안 된다 그 공간 자체를 이해해야 한다.[81] 볼튼Boulton 등(2015)이 주장하듯이, 수많은 이니셔티브가 조직에 도입되면서 직원들은 이전에도 수많은 이야기를 들어왔다. 사명 선언문, 역량, 비즈니스 프로세스 재설

81) 문제를 해결하거나 현상을 이해하는데 맥락과 환경의 중요성을 강조하고 분석의 초점을 사람(개인)에서 공간(시스템/구조)으로 확장하는 것을 강조한다. 즉 사람들의 의도나 행동 분석을 넘어 논쟁이 발생하는 구조적, 환경적 요인 자체도 파악해야 한다.

계re-engineering, 긍정성 비율positivity ratios 등은 직원들이 헌신할 것으로 기대하지만, 결국은 사라질 아이디어 가운데 일부에 불과하며, 다음 새로운 아이디어로 대체될 수 많은 아이디어 가운데 하나로 다뤄진다.

코칭의 목적을 정의하는 것은 구체적인 목표specific goal를 설정하는 것 이상을 포괄한다. 개인이나 조직이 근본적인 목적fundamental purpose, 즉 활동을 의미 있게 만드는 것을 정의하도록 요청받으면, 그 목적은 **가치와 성취감**을 모두 포함할 가능성이 높아진다.

라이프 코칭에서 개인은 해결하고자 하는 관심사의 일부로 작업 관련 이슈를 포함할 수 있지만, 라이프 코칭 역시 더 넓은 관계와 관심사를 포함한다. [목적 탐색이라는 과정에서] 코칭은 중요한 타인과의 관계에서 자기 자신에게 초점을 맞추게 된다. 이와 달리 조직 코칭은 **조직의 목적**organizational purpose 달성과 관련된다. 여전히 사람을 통해 달성될 수 있지만, **역할**이라는 개념을 통해 더 크게 표현된다. 칸Kahn(2014)이 주장했듯이, 개인과 조직의 공유된 관심사shared concern는 사람들이 수행하는 역할을 통해 표현된다. 개인은 이런 관심사/우려concern를 "자기self" 뒤에 남겨두지 않고, 오히려 역할 수행 방식을 통해 이를 표현할 방법을 찾으려고 한다. 이때 코칭은 역할을 잘 수행하거나 탁월하게 수행할 수 있는 잠재력을 향상시키는 한 가지 방법이 된다. 즉 [조직 코칭에서는] 개인(자기 인식/감sense of self)을 위한 코칭의 목적을 찾는 과정에서, 역할이 수행되는 관계와 더 넓은 조직적 사명이 그들이 행동할 수 있는 공유된 관심사에 포괄해야 한다. 결국에 코칭은 활동 수행을 위한 실천능력capability 개발, 수행/성과performance의 질

보장, 관심사가 개념화되는conceptualized 방식을 전환한다. 이제 모든 사람에게 의미 있는 목적이 달성되도록 보장하는 더 큰 관점의 일부가 되도록 초점이 맞춰진다. 따라서 '합의되었던 수행 활동agreed performed activity'은 구체적 목표specific goal에 대한 초기 전제와는 매우 다르게 보일 수 있다.

코칭에서 배움과 정체성: 목적의 출현 방식

코치는 2장에서 논의된 바와 같이, 코칭 주체가 평생 학습과 업무 맥락에서의 정체성 형성을 되돌아보도록 돕는 역할을 한다. 로Lo(2005)가 주장했듯이, 정체성은 행동 현장에서 발생한다. 따라서 조직 내에서 정체성은 코칭 주체의 작업 맥락에 참여를 통해 형성된다. 이러한 변화하는 의제agenda를 협상하는 것은 코치가 점점 더 직면하게 되는 과제의 일부이다. 이러한 의미에서 **학습 과정**은 한 사람이 사회적 맥락, 일반적으로 경력이나 직장 맥락에서 타인과 자신의 정체성을 지속적으로 협상하는 내러티브로 이해할 수 있다. 또한 부부, 가족 관계와 관련될 수 있고, 또 해고와 같은 어려운 사건의 결과로 나타날 수도 있다. 그러나 로Lo(2005)가 주장하듯이 이 각각은 행동 장면site of action을 나타낸다.

코치가 만들어지는 내러티브를 통해 정체성을 검토할 때, '반성적 내러티브'와 '관계적 내러티브'의 동일시identification 개념(Chappell et al., 2003)을 검토하는 것이 도움이 된다. **반성적 동일시**reflexive identification

는 사람이 자기-내러티브하기self-narration 과정을 통해 자신의 정체성을 구성하는 방식을 말한다. 코치에게 정체성 관련 내러티브를 구성하는 방식에는 일련의 사건들이 관여할 수 있다. 그들은 개인으로, 코치로서 자신이 누구인지에 대한 인식을 지니고 있다. 코치가 조직과 관계를 시작할 때, 이 사전에 갖고 있는pre-existion 내러티브는 진입점이 된다. 그러나 코치가 조직 구성원들과 협력하면서 재협상이 이루어진다. 각 개인은 코치에 대한 자신만의 정의definitions를 가지며, 조직 차원의 정의 또한 존재한다. 이러한 정의은 상호작용마다 '관계적 내러티브 동일시' 과정이 전개됨에 따라 코치의 정체성에 영향을 미친다. 코칭 주체도 유사한 과정을 거친다. 코칭 주체는 자기-내러티브(콜브 사이클Kolb cycle의 성찰적 과정, 이에 대한 자세한 내용은 Chapman, 2023 참조)로 시작하여 점차 관계적 내러티브로 진화한다.

새롭게 등장하는 이야기 속에서 등장 인물들이 구체화 됨에 따라 코치와 고객 사이에 내러티브가 구성된다(Corrie & Lane, 2010). 조직 내에서 코치나 코칭 주체로서 정체성은 관계적 내러티브 정체성의 형성 과정으로 공동 구성된다co-constructed. 코칭 맥락에서 **성인 학습이 형성**되는 것은 바로 이러한 **관계적 과정** 안에서이다. 따라서 목적은 각각과 모든 관계의 참여를 통해 정의된다. 칸Kahn(2014)이 지적했듯이, 우리는 항상 조직 이야기 속 행위자story player들 간의 관계적 축을 가로질러 이해를 성취해 나간다.

따라서 코칭은 특정 방법이나 기술의 적용이기보다는 관계성relatedness의 참여engagement에 가깝다. 이 개념의 핵심은 후원 조직과 코칭받는 개인이 동등한 고객이라는 기본 원칙이다. 따라서 칸Kahn(2011)은 "성공적인 비즈니스 코칭 접근 방식은 코치, 개별 코칭 주체, 조직이라는 삼각관계의 관계적 역동을 충분히 고려하고, 코칭 관계와 비즈니스 환경과의 시스템적 연계성에 초점을 맞춘다."라고 주장한다(p.194).

칸Kahn과 다른 연구자들(예: Cavanagh & Grant, 2006; Gray et al., 2016; O'Connor & Cavanagh, 2013)의 연구는 조직 환경이 표면적이고 명시적이든 은밀하고 암묵적인 복잡한 관계 시스템으로 구성되어 있다는 사실에 근거한다. 나아가, 이런 환경에서 가치를 전달하는 개인의 능력은 타인과 관계를 형성하는 능력에 크게 좌우되며, 이는 결국 자신의 재능talent을 합의된 목적을 충족하는 실제 결과로 전환하는 것을 용이하게 한다. 이러한 관점에서 코칭 개입은 **상호주관적 스토리 생성 과정**intersubjective story-making process을 통해 배움을 용이하게 하는 관계적 연결 다리(축axis)를 생성한다. 이 과정은 공유된 성공 스토리를 만들어 학습을 용이하게 해서 가치를 창출한다. 즉 "비즈니스에 대한 상호 책임감에 기반하여 개인과 조직 간의 의미있는 만남에서 비롯되는 이야기"를 만들어 내는 것이다(Kahn, 2014, p.6).

여기서 '조직 전체'는 개인과 마찬가지로 "고객[코칭 주체]"으로 간주되며, 조직이나 개인은 별개의 분리된 실체로 접근할 수 없다. 궁극적으로 이는 코칭 맥락에서 알게 되고, 그 본질이 내면적으로 깊이 자리 잡고 있다. 그렇더라도, 항상 **관계 속에 내재되어** 있으며 조직, 시장, 가정, 공동체, 또는 업무/직업 생활의 **대인관계 경험의 과정**으로 나타난다는 의미이다.

조직의 목적 정의하기

목적의 중요성을 지적하는 연구들이 점점 더 많아지고 CMI가 지적한 "유행"은 오고 간다는 냉소적인 시각을 살펴 보자. 가치, 목적, 사명과 비전의 차이는 무엇일까? 위에서 언급한 CMI 정의의 다섯 가지 핵심 사항을 목적 선언문에 포함해야 한다면, 가령 "주주 가치 극대화", "최고 품질, 최저 비용의 금융 플랫폼 제공자", "업계 최고로 인정받고 최고로 평가받는 것"과 같은 용어는 실질적인 행동을 유도하기에 충분한 정보를 제공하지 못한다.

목적 선언문은 의미 있어야 한다. 조직의 존재 이유를 모두에게 알리면서도, 의사결정 방식과 지속 가능한 미래 창출 방안에 대한 지침이 되는 **지속적인 정체성**을 드러내야 한다. 이를 통해 모든 이해관계자에게 조직을 믿도록 동기를 심어주게 된다(Ebert et al., 2018).

복잡한 세상에서 목적 정의하기

오늘 날의 세계는 더욱 불안정하고 불확실하고, 복잡하고, 모호하다(VUCA, 예: Giles, 2018 참조). 이런 논의는 문헌에서 흔하게 볼 수 있다. 이 어려운 시기에 운영 방식에 관심이 높아지고 목적 중심 조직에 대한 검토가 증가함에 따라(Hurst, 2014; Murray, 2017; O'Brien & Cave, 2017), 격동이나 난기류를 이해하는 방법으로 '복잡성 이론'에 대한 관심이 새롭게 부상하고 있다(Boulton et al., 2015). 레인Lane과 다운Down(2010)은 격동의 시기에는 목적이 연결 고리 역할을 하여 변화에 대한 신속한 대응 가능성을 제공한다고 주장했다. 사건이 불확실할 때 의사결정을 이끄는 더 큰 가치가 있기 때문이다. 이러한 주제는 다음과 같다.

- 목적에 대한 합의 수준: 조직 차원에서 이는 사례 연구vignette(사례 5.1)에서처럼 행동을 뒷받침하고, 이끌어 주는 공유 가치를 찾기 위한 대화를 촉진한다.

  코칭 '상호 만남encounter'에서 개인에게 이는 중요한 딜레마에 직면했을 때, 탐색exploration를 가능하게 하여 대화를 단기 목표에서 벗어나 핵심적 자기 인식, 타인, 세계 속의 자신의 위치(현재 위치가 아닌 자신이 되고자 하는 모습)로 끌어올린다.
- 그 목적을 달성하기 위한 목표 추구 과정에서 결과의 예측 가능성: 조직과 개인이 단기적인 시간 척도timescales를 넘어 생각하는 경우, 우리는 즉각적인 요구에 휩쓸려 진정으로 중요한 것에 집중하지 못하고 산만해지는 대신 대신 최종 목표를 염두에 두도록 보장받는다.
- 최종 목적에 초점을 맞춘 사람들의 내러티브: 이러한 이야기는 구체적인 단기 목표goals 없이도 조직이 어디로 향하고 있는지에 대

한 감각을 제공한다.

- 목적, 결과 예측 가능성, 내러티브에 대한 관심: 이를 통해 사람들은 복잡하고 격동적인 맥락에서 이야기가 어떻게 출현하여 새로운 목적에 대한 합의로 이어지는지에 집중할 수 있다.

코칭 공식화 과정에서 중심은 개인이 생활하거나 일하는 맥락에서 개인의 목적과 조직 목적의 일치성을 반영하는 공유된 관심사shared concern를 정의하는 방법이다(Lane, 1990)

■ 행동을 뒷받침하고, 이끌어 주는 공유 가치를 찾기 위한 대화

[사례 5.1] 목적에 충실하기 위한 방향 전환

기업가인 실바나Silvana는 상품 거래 분야에서 성공적인 회사를 설립했다. 그녀의 회사는 매우 성공적이어서 대기업에 인수되었고, 직원 전체가 인수 회사에서 고용된 독립된 사업부로 편입되었다. 처음 인수는 성공적이었고 새로운 사업도 확보되었다. 그렇지만 실바나와 해당 사업부를 감독하던 인수 회사의 이사와의 사이에 약간의 긴장이 생긴다. 상황은 점점 악화되었고, 이사는 "실바나가 더 이상 여왕벌이 아닌 더 큰 조직의 일원이라는 사실을 이해하지 못한 태도가 문제"라고 지적했다. 실바나는 코칭을 받게 된다.

초기에는 이슈에 대한 논의가 진행되었지만 그녀가 새로운 역할에 불만족스러운 이유는 더는 책임자로 주도권을 지지못해서가

아니라 조직의 운영 방식이 잘못되었다는 느낌 때문이라는 것이 점차 드러났다. 이사와의 관계에 대해서도 탐색하기 시작했다.

코칭 대화 과정에서 인생에서 무엇을 하고 싶은지 대화를 나누며 그녀는 성공적인 비즈니스를 구축하고 돈을 벌기 위해 시작했지만 만족스럽지 않고 더 많은 것이 필요하다는 것을 깨달았다. 실바나는 자신과 함께 합류한 부서 동료들과 조심스럽게 대화를 시작했고 비슷한 고민을 발견했다. 그녀는 대화를 시작하자, 많은 동료들이 변화로 인한 상실감을 느끼고 있으며 방향 감각을 잃었다는 사실을 깨닫기 시작했다.

대화는 점차 조직의 일원으로서 그들의 존재 목적purpose in being에 대한 질문으로 집중되었다. 이들은 이전 비즈니스에서는 공유된 목적shared purpose을 정의한 적이 없었지만, 더는 뚜렷하지 않은 근본적인 가치를 공유하고 있다는 잠재적인 느낌을 발견했다. 곧바로 목적에 대한 감을 표현할 수 있는 내러티브를 만들기로 결정했다. 실바나와 코치, 동료들과 함께 수많은 논의를 거친 끝에 내러티브가 탄생했다. 자신들과 고객, 더 큰 조직을 더 잘 섬기는 방식으로 비즈니스를 개선하는 방법을 고려하기 위해 더 넓은 조직과 공유하고자 하는 목적을 만들었다. 이들의 과제는 이런 대화를 어떻게 시작할 것인가 하는 것이다.

실바나와 동료들 모두에게 이 변화는 상실감을 의미했지만 처음에는 그 경험을 정의할 수 없었다. 점차 대화를 통해 목적이 드러났다. 실바나는 탐색을 통해 "Q. 이 일이 가치 있는 이유는 무엇일까?"라는 질문을 생각해 볼 수 있었다. 그리고 이 목적이 왜 그녀와 팀, 조직, 공동체, 사회에 의미가 있는지에 대해 동료들과 함께 더 깊이 추가로 탐구하게 되었다.

역자 질문

Q. 이러한 탐구가 왜 인수 전에는 이뤄지지 않았는가?

Q. 맥락과 상황의 변화에 따라 목적이 새롭게 떠오르는 과정을 내러티브로 구성해 이야기해 보자. 예를 든다면 이렇게 시작할 수 있다.

SQ. 옛날에 나는 어떻게 일했으며, 왜 그렇게 했는가?

SQ. 그때 나는 어떤 사람이었는가?

Q. 실바나와 동료들이 자신들의 변화 속에서도 '상실감'을 갖게 되었다. 그 내용은 무엇인가?

Q. 더 넓은 조직 전체와 내러티브를 공유하는 방식, 이를 의해 필요한 것은 무엇인가?

고객과 함께 작업하기 위한 목적 정의하기

4장에서는 위치성positionality을 살펴보고 개인이 상황/맥락에 따라 유동적이고 중첩되는 다중적 정체성을 가지고 있다는 점을 강조했다. 코치와 코칭 주체가 함께 '상호 만남'의 목적을 정의하기 위해 노력할 때 이러한 상호교차성intersectionality을 인식하는 것이 중요하다. 코칭 주체는 해결하고자 하는 특정 상황처럼 삶의 한 조각, 예를 들어 다루고 싶은 특정 상황의 한 측면만을 살펴보고 싶어 한다. 따라서 코칭 주체[탐구 과제]가 자신의 경험에서 그 부분만 어떻게 보는지 이해하는 것이 우선 필요하다. 세상을 어떻게 보는지에 대한 전체적 탐색은 공식화를 개발하는 과정의 일부만으로는 이루어지기 어려울 것이다. 초점은 현재와 미래를 위한 (세부) 목표objectives에 맞춰진다. 코칭 주체가 묘사하는 상황이 다른 사람과의 관계 패턴의 일부를 형성한다면 더 깊은 이해가 필요하다. 따라서 탐색exploration에는 반드시 ①자신이 누구인지, ②그 패턴의 기원과 자신과 타인과의 관계에 대한 함의와 기원에 대한 이해가 반드시 포함된다. 탐구하고자 하는 영역에는 근본적이고 더 복잡한 도전 과제가 있다. 이 경우 ③자기 자신과 타인, 세상에서 자신의 위치를 어떻게 보는지에 대한 자세한 탐구가 필요하다. 고려 사항에는 ④한 개인으로 그들이 자신을 어떻게 보고 있는지, 타인에게 어떻게 인식되는지, ⑤과거와 현재, 미래에 대한 감각을 어떻게 의미 있게 연결시키는지 등이 포함된다. 이를 제외하면 변화를 가능하게 할 만큼 포괄적인 공식화를 개발하기 어려울 것이다.

마찬가지로 코치 [탐구 과제]는, 개인으로서 자기 내러티브와 실천가로서의 자기 내러티브, 눈앞에 있는 코칭 주체의 내러티브 사이의 분리 정도는 상황, 패턴 또는 전인적 개인/사례 가운데 어느 것과 작업하는지에 따라 달라진다(6장 참조). 이슈의 난이도가 더 도전적이고 복잡할수록 코치는 자신의 세계 속 존재감과 '자기 인식'에 더 많이 의존하게 된다.

단순한 상황 기반 이슈를 다룰 때도 '상호 만남'이 본질적으로 상호작용적 성격을 가질 수 있다. 코치와 코칭 주체는 작업할 이슈와 그 방법에 합의한다. 탐구할 이슈가 잠재적으로 코칭 주체의 정체성의 핵심적인 부분에 도전할 가능성이 있을 경우, 코치 정체성의 일부도 함께 도전받는다. 이때 중요한 과제는 코치와 코칭 주체가 함께 작업과 직면한 도전을 어떻게 바라보는지에 대한 **관계적 내러티브를 구축**하는 것이다. 이는 작업 과정에서 저항이나 파열/단절ruptures에 직면했을 때에도 효과적인 작업동맹을 유지할 수 있다.

이러한 관계적 내러티브를 구축하고 유지하는 것은 코치가 자신의 위치성과 실천가로서의 역할을 어떻게 개념화하는지에 대한 이해를 발전시킴으로써 가능해진다. 작업의 목적을 정의하는 과정에서, '상호 만남encounter'을 위한 계약의 기반이 되는 **공유된 관심사를 찾는 능력**은 중요하지만 간단하지 않다. 코치가 코칭 주체의 **상호 교차하는 정체성**intersecting identities과 공감하는 데 어려움을 겪거나, 그 정체성이 코치 자신의 존재 방식의 핵심 요인에 도전한다면 서로에게 협력하기에 적합하지 않을 수 있다. 코치와 코칭 주체는 작업의 목적이 양측이 서로가 헌신할 수 있는 것임을 동의해야 한다. 세상을 다르게 본다고 해서 작업이 불가능한 것은 아니다. 다양한 코칭 주체와 코치 사이에도 효과적인 작업 동맹을 구축할 수 있지만, 이를 당연시해서는 안 되며, 이를 유지하기 위해서는 지속적인 성찰과 주의가 필요하다. 상호 만남의 목적 기반이 만드는 '공유된 관심사'를 합의하는 작업은 필연적으로 그들이 합의한 계약 내 권력 관계를 야기할 것이다. 현재와 미래의 변화 가능성을 실현하기 위한 두 사람의 권력과 자원 접근성은 작업의 목적에 대한 이해가 어떻게 형성되는지 그 과정의 일부이다. 이는 바로 맥락/상황에 대한 고려로 직결된다.

앞서 논의했듯이 '의미 만들기meaning-making(의미 형성)'는 문화적 진공 상태에서 이뤄지지 않는다. 수행해야 할 작업은 코칭 회기에서 일어나는 일뿐 아니라 매일 경험하는 관계에서도 영향을 받는다. 개인의 맥락은 유아기부터 자기 인식을 형성하며, 삶의 이야기는 특정 문화의 변화하는 내러티브와 그 안에서 개인의 경험한 바를 반영하여 변화하거나 그렇지 않을 수 있다. 결국 작업의 맥락을 이해하는 것은 합의된 목적을 정의하는 작업의 일부가 된다. 이는 우리가 자기 자신과 세상을 이해하는 다양한 방식과 이를 이해하는 데 사용되는 내러티브에 대한 문의-질문을 제기한다.

우리가 삶의 내러티브를 구축하는 방법은 다양하다. 특히 사례 공식화case formulation에 정보를 제공하기 위해 이야기를 구성하는 방법에도 여러 가지가 있다(Corrie & Lane, 2010). 특히 **목적 생각하기**thinking에는 세 가지 아이디어를 검토한다. 브루너Bruner(1990)는 인지 기능의 두 가지 주요 양상modalities을 제시한다. 하나는 데이터와 논리를 사용하여 실천적 문제practical problems를 해결할 수 있는 추상적 지식에 관한 것이다. 코칭 주체는 코칭에 가져오는 우려를 설명할 때 이 양상을 활용하게 된다. 그렇지만 브루너는 세상을 이해하는 또 다른 방식인 맥락과 특이점idiosyncracies[82]이 풍부한 내러티브도 언급한다. 함께 일하는 목적을 정의하는 과정에서 코칭 주체가 들려주는 이야기는 이러한 **내러티브로 생각하기**narrative thinking[83]로 가득 차 있다. 두 가지 모두에 주의를 기울이지 않으면 우리의 이해는 부분적인 것이 될 것이다.

인지 심리학의 관점에서 티즈데일Teasdale과 버나드Barnard(1993)는 의미의 명제적propositional 수준과 함축/함의적implicational 수준을 탐구했다. 전자는 말로 표현할 수 있고 참 또는 거짓으로 평가될 수 있는 앎의 방식ways of knowing에 관한 것이다. 함축/함의적 의미는 더 전체론적인 앎의 방식을 의미한다. 이러한 감각을 표현하는 것은 더 어렵고 명제적 앎처럼 표현할 수 없다.[84] 레인Lane과 코리Corrie(2011)는 코칭을 포함한

---

82) **특이점**idiosyncracies: 개인의 독특한 특성, 습관, 행동 양식 모두를 의미한다. 그 한 사람만의 특이한 성향, 일반적인 습관이나 개별적 특징을 말한다. 이런 점에서 이는 다양한 내러티브와 그 전개를 통해 알 수 있다.

83) **내러티브로 생각하기**narrative thinking: 경험한 것을 이야기하기(서사, narrative)를 하면서 '생각-하기'를 하고 이것이 즉각적으로 내러티브 구성과 전개에 반영되며 내러티브가 이어진다. 즉 '이미 생각한 것'인 사고thought를 다시 말하면서 생각하며 ①변형, ②내파되기도 하고 ③재-구성되기도 하고, ④'문득 떠오르는 것'들이 추가되며 생각-하기가 내러티브 안에서 일어나는 과정, 출현하는 매 순간 이것들이 포함된 활동이다.

84) **명제적**propositional은 언어로 표현될 수 있고 참과 거짓으로 평가 될 수 있는 앎이다. 이는 사실, 개념, 관계 등에 대한 분석적, 이성적 이해를 나타낸다. 서술적 앎declarative knowledge으로 '무엇을 안다knowing that'의 형태이다.

함축적implicational은 전체론적 방식으로 경험되는 앎이다. 감정, 분위기, 관계의 패턴, 삶의 근본 의미등 추상적이고 복합적 영역에 걸쳐 있어 단어로는 표현하기 힘들다. '어떻게 아는가knowing how' 혹은 느낌으로 아는 것과 관련 있어 참/거짓으로 검증되기 힘들다. 논리적으로 접근해 쉽게 바뀌기보다는 심층적 정서적/경험적 변화를 통해서만 변화한다.

치료 및 관련 분야에서 명제적 수준의 의미를 다루는 방법은 여러 가지가 있지만, 함축/함의적 의미에 대한 방법은 훨씬 적다고 지적한다. 이미지, 미술, 시각, 시, 은유, 춤의 사용은 의미의 함축적 수준을 이해하는 잠재적인 방법을 제공하지만, **나레이션**narration(내러티브 하기)이 사람들이 자신의 세계를 이해하는 주요 방법이라는 점을 고려할 때 작업의 목적을 정의하는 데 있어 두 가지 수준 모두에 관심을 기울이는 것이 중요하다.

로위Rowe(2021)는 묘사/기술하고describe 설명/해명explain[85]이 가능한 의사소통 방식과 그렇지 못한 방식이 있다는 점을 탐구했다. 마찬가지로 겐들린Gendlin(1996)은 후자를 느낀 감각felt sense[86]이라고 이야기했다. 코칭의 관점에서 로위(2021)와 치료의 관점에서 겐들린(1996)은 모두 이를 다루는 방법을 제공했다. 코칭 주체와 코치 간의 작업 목적을 정의하는 과정에서 이를 고려할 때 이러한 서로 다른 이해 방식에 주의를 기울이는 것이 필요하다. 내러티브가 풍부할수록 코치의 이해는 더욱 깊어질 것이다. 그러나 말/언어로 표현할 수 없고 오직 '느

---

85) **묘사/기술**describe은 관찰된 현상이나 사실을 있는 그대로 상세하게 표현한다. 특징, 속성, 형태, 과정 등을 객관적으로 제시하며 대상의 모습을 명확히 보여준다.
설명/해명explain은 현상이나 사실이 발생하는 원인, 이유, 메커니즘을 밝힌다. 현상 나열을 넘어 뒤에 숨겨진 원리나 논리적 관계에 주목한다.

86) **느낀 감각**felt sense은 유진 젠들린Eugene Gendling의 포커싱focusing 기법의 핵심 개념이다. 어떤 상황, 문제, 사람 전체에 대한 신체 중심적이고 전체론적 느낌이다. 신체적 경험, 의미 함축, 참과 거짓 식의 평가 불가한 경험 등을 내포한다. 뚜렷하게 느껴지는 감정이나 느낌보다는 내가 아직 인식하지 못하는 전체론적이고 비명시적인 이해를 담고 있다. 코칭에서는 이 모호한 감각에 집중하고 그 감각이 풀릴 때shift 비로서 진정한 아-하의 순간에 언어로 명료화된다.

낀 감각'으로만 경험될 수 있는 것은 무시 될 수 없고 되어서는 안된다. 그것은 묘사되지 않지만 포착될 수 있으며, 공식화로 창발한다. 코치는 코칭 주체가 '느낀 감각'을 인증하고validate, 작업이 진행됨에 따라 코칭 주체에게 그 느낌을 유지한 채 되돌아오도록 요청하며 목적 달성을 향한 작업의 진행 상황을 성찰하는 방법을 취한다. 코칭 주체는 움직임이 일어나고 느끼는지 확인할 수 있고, 코치는 그 감각에 대한 피드백을 가치 있게 여김으로써, 도출된 공식화가 다양한 수준의 앎의 방식으로 내러티브로 적절한지 판단할 수 있다.[87)]

관계적 내러티브에서 비롯되는 공유된 관심사로서의 목적

전통적으로 우리는 전문적 프랙티스를 코칭 주체를 위한 서비스로 생각하며, 교육과 훈련을 통해 습득하고 체계화된 지식 체계를 기반으로 활동한다. 자율적인 기관이 관리하는 행동 강령 내에서 실천되면 된다고 생각한다. 그러나 코칭은 전통적인 프랙티스가 아니다. 다양한 협회, 서로 다른 규범이 있고, 합의된 지식 체계가 존재하지 않는다. 그렇다면 이런 질문이 가능하다.

Q. 이러한 다양성을 뒷받침할 수 있는 증거는 무엇인가?

87) 조금 전 말한 느꼈다는 감각이 무엇인지 말해주시지요. 어떤 느낌인가요? 당신 몸의 느낌은 어떤가요? 그것이 지금 말하며 느낀 것인가요? 혹시 그 당시 느낌에 주목할 수 있나요? 지금 그것이 무엇인지 조금 더 이야기해 보실래요? 모든 것을 다 이야기 했나요? 등 다양하게 오고 갈 수 있다.

Q. 다양한 지식 체계를 어떻게 활용하여 코칭 주체와 함께 작업에 대한 실현 가능한 목적을 합의하고, 이를 전문적 프랙티스로 정당화할 수 있는 방법은 무엇인가?

Q. 검증 가능한 명제적 지식propositional knowledge을 활용하여 증거 기반 접근법을 취해야 하는가?

아니면 코칭 주체가 제시하는 이야기를 반영하기 위해 훨씬 더 풍부한 시각을 활용해야 하는가?

코칭 주체의 이야기를 경청하고 작업의 목적을 정의하기 위해 코칭 주체와 협력할 때, 여러 가지 질문이 제기될 수 있다. 아래 나열된 모든 질문을 다 해야 한다는 것은 아니나, 맥락과 가장 관련성이 높은 질문을 선택해 검토해 보자.

1. 코칭 주체의 이야기를 들을 때, 코칭 주체를 완전히 이해하고 작업의 목적을 정의는데 도움이 되도록 무엇을 알아내고 싶은가?
2. 코칭 주체가 전달하고자 하는 이야기의 기반이 될 수 있는 다양한 '앎의 방식'을 이해하기 위해 기존 기술과 지식을 어떻게 최대한 활용할 수 있는가?
3. 코칭 주체의 설명/분석account에서 다양한 앎의 방식을 포착할 수 있는 기회는 무엇인가?
4. 무엇을, 어떤 형식으로, 누구에게서 이해할 필요가 있는가?
5. 코칭 주체가 제시하는 설명/분석을 바탕으로 변화에 영향을 미

치고 이 사람과 함께 일하기에 적합한 사람인지 판단하는 데 필요한 위치에 있는가?

6. 코칭 주체의 이야기를 이해하기 위해 하나의 앎의 출처source of knowing에 지나치게 의존하지 않도록 어떻게 할 수 있는가?
7. 목적과 관련하여 당신의 입장/위치는 무엇인가? 왜 중요한가?
8. 목적과 관련하여 코칭 주체의 입장/위치는 무엇인가? 그들에게 왜 중요한가?
9. 목적과 관련하여 중요한 타인의 입장은 무엇인가? 그들에게 왜 중요한가?
10. 코칭 주체, 코치인 당신, 그리고 이 여정의 영향을 받을 수 있는 다른 사람들에게 이 만남이 의미 있고 가치 있는 이유는 무엇인가?

이 여정은 당신의 코칭을 실행 가능한 코칭으로 정당화하는 데 도움이 되는가?

목적에 대해 생각할 때 몇 가지 추가적인 질문이 떠오른다.

Q. 코치로서 당신의 근본적인 목적은 무엇인가?

Q. 이 시점에서 이 코칭 주체의 질문/고민을 다루는 목적은 무엇인가? 누가 참여해야 하고, 참여하고 있거나 기대하는 바는 무엇인가?

Q. 이 작업에 영향을 미치고 의미를 부여하는 더 넓은 맥락은 무엇인가?

이를 위해서는 반성적인 자세가 필요하다. 반성성reflexivity은 자기 비판을 포함하고 코칭 수행에 관련된 인간의 주관적인 과정을 개인에게 일깨워 주는 핵심적인 실천이다.

결론

코치와 코칭 주체는 함께 작업하면서 두 사람에게 중요한 것이 무엇인지 탐구한다. 그들은 '상호 만남'의 목적을 정의한다. 이는 관련된 핵심 요인들의 구성에 따라 비교적 빠른 과정이 될 수도 있고, 긴 절차가 될 수도 있다. 이 요소에는 ①실천가의 이론적 접근, ②사례 관리 과정에서 발생하는 문제, ③이해관계자와 그들의 참여의 의미를 정의하는 방식, ④탐구로 도달한 합의 유형이 포함된다.

이런 각각의 찾는 정보, 의사결정, 그들이 내리는 선택에 영향을 미치고 그 우선 순위를 결정한다. 코치의 선택에 영향을 미치는 요인을 이해하는 것은 이후 작업의 기반을 형성한다. 목적은 이 결정의 핵심이며, 향후 발생할 수 있는 작업의 복잡성을 다루는 실천능력이 있는 공식화 접근 방식의 수립을 보장한다.

숙고해야 할 질문

목적은 코칭 주체와 함께 작업을 이해하는 데 중심적 역할을 한다는 점을 감안할 때, 코칭 전과 코칭 중에 성찰하는 것은 성공에 매우 중요하다.

Q. 코치로서 고객이 목적 의식을 개발하도록 어떻게 도울 수 있는가?
Q. 주요 이해관계자의 기대를 어떻게 파악할 수 있는가?
Q. 각 이해관계자가 수행할 역할을 어떻게 협상할 수 있는가?
Q. 코칭 활동의 의미를 부여하는 맥락을 어떻게 탐구하는가?
Q. 당신에게 코칭이 가치 있는 활동이 되는 이유는 무엇인가?

6장
개인 관점에 의한 코칭 공식화

이전 장에서 알 수 있듯이, 공식화는 다양한 형태를 취한다. 코칭 공식화의 내용과 구조, 개발 방식은 ①코치 위치성의 기능, ②공식화가 구축되는 목적purpose, ③당면한 해당 이슈에 적용될 관점perspective에 따라 달라진다. 이 장의 지향 목표는 특정 관점, 즉 개인과 관련된 요인에 초점을 맞춘다. 이 렌즈를 통해 코칭 주체의 요구를 이해하는 과정에서 코치가 공식화 작업에 어떻게 접근할 수 있는지 살펴본다. 개인의 관점에서 공식화에 접근할 때 일반적으로 요구하는 정보 유형을 검토하고 적용 가이드로 코리Corrie와 코바치Kovács(2019)의 논문 「공식화 수준Levels of Formulation」을 소개한다. 각 수준마다 짧은 '사례 이야기'를 설명하고, 어떤 수준을 사용할지 결정하는 방법에 대한 지침을 제시한다. 또한, 개인 관점에서 공식화의 강점과 한계도 살펴본다.

개인 렌즈를 통한 코칭 공식화 접근

코치들이 프랙티스에 활용하는 많은 이론은 본질적으로 개념화 conceptualization와 변화에 대한 개인 중심 접근이다. 우리는 이를 '**개인 관점**individual perspective'이라 부른다. 개인 관점에서 작업할 때, 이해와 변화의 근원source은 코칭 주체 자신 안에 있다. 이 접근법의 기반이 되는 공식화는 ①내적 경험 즉 사고, 정서, 신체 반응, ②행동 레퍼토리, ③코칭 주체의 개인 이력에서 비롯된 관련 요인, ④자신과 타인에게 지닌 가치, ⑤성격 강점character strengths, ⑥이야기 등을 중시한다([표 6.1] 참조). 물론 이런 관점에서 접근하며 더 넓은 환경적 영향 등 관련 외적 요인도 고려된다. 그러나 이런 요인들을 개인의 관점에서 탐구한다. 즉, 이런 외적 요인들이 코칭 주체가 활용할 수 있는 **가능성 요인**enabling factors과 **기회**로 작용할 수 있는지, 아니면 코칭 주체가 관리하거나 해결할 방법을 결정하는 데 필요한 **제약 요인**constraining factor로 작용하는지 살펴본다.

개인 관점은 응용 심리학에서 오랜 전통을 가지고 있다(Bruch, 2015 참조). 변화의 접근 방식에서 여전히 지배적인 관점으로 남아 있다. 심리학 분야에서는 근거 기반 접근을 주장하는 많은 작업 방식이 개인 관점을 중시하는 방식에 기반하고 있다. 예를 들어 임상 실천 분야에서 인지행동치료cognitive behaviour therapy(CBT)를 생각해 보자. 이는 사고, 감정, 행동의 특성을 집중적으로 다룸으로써 개인 삶에서 원하는 변화를 달성하도록 돕는 광범위한 치료 접근들이다. 인지행동치료의 효과를 뒷받침하는 수많은 경험적 연구와 문헌 검토(Roth & Fonagy,

[표 6.1] 개인 관점의 공식화에 접근할 때 탐색할 수 있는 숨겨진 영역

탐구의 범주	예시
1. 정서	기분 상태, 특정 감정 및 긍정적, 부정적 정동affectivity에 대한 일반적인 경향
2. 신체 감각physical sensations	특정 상황에 따른 감각, 에너지 수준, 피로나 통증, 전반적인 신체 상태
3. 인지	상황에 특화된 사고, 가정, 삶의 기준과 규칙뿐 아니라 자신, 타인, 관계, 삶, 세상 전반에 대한 깊이 있는 신념. 여기에는 낙관주의와 비관주의의 경향성, 관련 사고방식도 포함된다.
4. 인지 과정	자신이 처한 상황을 어떻게 인식하고 해석하는 경향 - 주의 또는 해석 편향의 패턴, 휴리스틱heuristics - 주의력 실천능력, 작업 기억과 장기 기억의 기능. 도식의 영향
5. 행동 레퍼토리	특정 상황과 일상에서 나타나는 전형적인 행동 경향(적응적 및 부적응적). 균형 잡힌 삶을 만들기 위한 노력, 일상적인 스트레스 요인에 대한 일반적인 반응, 이완 방법, 긍정적 및 부정적, 능동적 및 수동적 도전 상황을 관리하는 데 사용되는 전략과 같은 대처 방식
6. 강점	성격적 강점, 개인적 회복력, 지식과 기술, 삶의 경험을 통해 얻은 교훈, 개인적 가치관
7. 성격personality	경험에 대한 개방성openness, 성실성conscientiousness, 외향성extraversion, 원만함/친화성agreeableness, 신경증neuroticism(경험)이라는 "Big 5" 성격 특성 내에서 어떤 위치를 차지하는지 파악하는 특성trait과 성격 특징characteristic [88]
8. 자원	잠재적으로 활용할 수 있고, 원하는 변화를 실현하기 위해 활용할 수 있는 개인적, 대인관계, 시스템 차원의 자원
9. 장애물	개인이 자신의 자원을 활용하는 데 장애물로 여겨지거나, 자기 실현 또는 목표 달성을 위한 시도를 저해하는 것으로 보이는 개인적, 대인관계, 시스템적 차원의 요인
10. 포부aspirations	자신, 자신의 삶, 경력(해당되는 경우)에 대해 단기적 및 장기적으로 갖는 의도, 희망, 목표goals, 지향 목표aim 및 비전
11. 개인 역사	주요 삶의 사건, 성격을 결정짓는 순간 또는 경험. 문화적 배경, 종교, 가족 배경, 사회경제적 지위, 정치적 요인, 성 역할과 정체성에 의해 형성된 세상에 대한 관점

88) 특성trait은 시간과 상황에 관계없이 비교적 안정적이고 지속적인 행동 및 사고 패턴을 유발하는 내재적 성향이나 경향. Big 5의 항목에서 양적 측정이 가능하다.
성격 특징characteristic은 개인을 다른 사람과 구별하는 모든 속성을 포괄한다. 물리적 특징, 습관, 행동방식, (성격적) 특성trait도 포함될 수 있는 광범위한 용어다. 성격심리학에서 거의 동일한 의미로 쓰인다.

탐구의 범주	예시
12. 교육	학습 이력, 성취를 포함한 교육 경험, 성취에 대한 좌절감. 신경 발달 장애를 포함하여 어린 시절에 발견되었거나 놓친 특수 교육 요구 사항
13. 직업의 역사	직장 및 경력 이력, 코칭 주체에게 가장 보람 있었던 경험과 가장 보람 없었던 경험, 직장에서 직면했던 어려움과 이를 어떻게 관리했는지, 현재 경력 단계 및 미래에 대한 기대
14. 인생 단계	인생 단계와 관련된 이슈, 일과 가정의 균형을 맞추려고 노력하면서 발생하는 우선순위 충돌과 압박감
15. 관계	과거와 현재의 관계 이력, 타인과의 관계에서 자신에 대한 경험, 타인과 관계에 대한 신념
16. 건강	전반적인 수준의 현재 건강 상태, 진단된 모든 질환(예: 코칭 주체의 상황 및 요구와 관련이 있고 코칭 내용 또는 코칭 제공 방식에 영향을 미칠 수 있는 건강 상태)
17. 영성spirituality	이 세상 너머에 있는 것에 대한 신념, 가장 높은 이상과 개별의 자기를 초월한 무언가와의 연결감. 해당되는 경우 종교 또는 영적 공동체의 일원이 된 경험

David A. Lane, Sarah Corrie, Louise Kovács. *A Guide to Formulation in Coaching*.(2025) p.85~86

2005; Hofmann et al., 2012; David et al., 2018 참조)는 국가적 지침을 결정하는 데 활용되어 왔다. 예를 들어, 영국의 국립보건의료혁신연구소National Institute of Health and Care Excellence에서 제공하는 지침은 특정 질환에 효과적인 개입 방법과 특정 정신 건강 문제 치료를 위한 위탁 기관에서 우선적으로 고려해야 할 개입 방법에 대한 지침을 제시한다.

코칭 분야에서 개인 관점을 바탕으로 한 공식화 접근법에는 ①인지 및 행동 모델cognitive and behavioural models, ②정신역동 모델psychodynamic models, ③해결 중심 모델solution-focused model, ④내러티브 접근법narrative approaches, ⑤연민 중심 접근법compassion-focused approaches, ⑥수용 전념acceptance and commitment therapy(ACT) 등이 있다.[89] 가장 유익한 경우, **개인 관점에서 구축된 코칭 공식화**는 코칭 주체의 변화에 대한 요구와 열망에

89) 이외에도 NLP, 게스탈트 등 대부분 개인 관점의 접근이다.

부합할 가능성이 높은 개입/중재를 설계할 수 있다.

개인 관점과 관련된 내용

개인 관점에서 작업할 때, 다양한 내용content 영역이 관심의 대상이 될 가능성이 높으며 또 유효한 논의 영역이다. 코치의 사전 훈련, 경험, 자신감, 코칭 주체의 요구에 대한 새로운 가설에 따라, 공식화 개발에 도움이 될 만한 탐구 영역은 위와 같지만([표 6.1] 참조) 반드시 이에 국한하지는 않는다.

[표 6.1]에 요약된 탐구 영역은 포괄적인 공식화에 도달하기 위해 반드시 다루어야 하는 항목들의 체크리스트가 아니라, 탐구 경로의 가능성으로 염두에 두면 유용한 영역이다. 코치와 코칭 주체가 함께 탐구하기로 선택한 영역은 코칭 주체가 ①가장 시급하거나 ②중요하다고 느끼는 것과 ③코치 자신의 위치성 등 다양한 요인에 따라 달라진다.

4장에서 언급했듯이, 탐구를 위해 선택된 어떠한 영역도 진정으로 중립적 방식으로 이해될 수 없다. ①항상 코치와 코칭 주체의 선호도를 반영하는 개념, ②이론적 원리, ③모델 및 ④일반적인 세계관을 통해 해석되기 마련이다. 예를 들어, 인지 행동 코칭을 제공할 때 특정 인지 및 인지 처리의 관련성과 영향은 내러티브 또는 정신역동 구조-틀 내에서 작업할 때와는 다르게 개념화된다. 마찬가지로, 코칭 주체의 활동 및 활동 부족/무대책inaction의 레퍼토리는 행동적 관점에서 해석할 때와 해결 중심적 접근 방식에서 다르게 이해된다.

따라서 다양한 경험 영역 가운데 코치와 코칭 주체가 관련있는 영역을 파악하는 작업으로 시작할 수 있다. 그러나 이런 경험을 코칭 개입의 일환으로 파악하고 해석하고 다루려는 방식은 코치와 코칭 주체가 활용 가능한 다양한 관점과 분리하여 검토될 수 없다. 이러한 맥락에서 선택과 관련된 개인 관점 렌즈는 다음과 같다.

- 코치의 생각을 형성하는데 영향을 미치는 특정 코칭 이론이나 모델
- 응용 심리학, 리더십 및 경영, 신경과학 등 코칭과 간접적으로 관련된 문헌에서 도출된 이론, 모델, 구성 및 원칙
- 심리측정 및 기타 '진단' 도구를 포함한 다양한 평가 도구의 데이터(특정 이론, 모델, 관점 또는 코칭 접근 방식에서 영감을 받음)
- 관찰 도구
- 코칭에 대한 이론적, 개념적, 실천적 중요성을 다루는 관련 연구 지식과 코칭 결과와 관련된 근거 기반
- 유사한 이슈를 가진 코칭 주체와 함께 작업하는 데 도움이 되거나 별로 도움이 되지 않았던 코치의 이전 경험
- 코칭 주체가 이야기하는 자기 이야기self-told story를 경청하고, 가설 검증을 위해 관련 내러티브 흐름threads을 파악하고, 핵심 주제를 추출하는 코치의 능력
- 코칭 주체의 영역별(즉, 맥락별 및 분야별) 전문성

개인 관점의 공식화 수준과 유형

코칭의 합의된 초점과 선호하는 이론과 모델에 따라, 다양한 수준에서 개인 관점을 활용하여 공식화에 접근할 수 있다. 인접 임상 분야의 관점에서, 코리Corrie와 동료들(2016)은 일반적으로 사용되는 공식화를 네 가지 유형으로 구분했는데, 이는 약간 변형된 형태로 보면 코칭과도 매우 관련이 있다.

(1) 일반 모델generic models: 특정 딜레마에 대한 자세한 설명을 구성하는 데 주로 사용한다.
(2) 문제 특화 모델problem-specific models: 특정 관심 영역에 대한 심층적인 이해를 제공한다.
(3) 범진단적 접근법transdiagnostic approaches: 관심 영역과 관련되고 공통적인 요인을 파악한다.
(4) 다차원 모델multidimensional models: 시간 경과에 따라 코칭 주체의 주요 관심사의 발생-발전-유지 과정에서 다중 요인 사이의 상호작용 탐색을 우선시하는 모델

코칭 분야에서도 코리Corrie와 코바치Kovács(2017, 2019, 2021) 및 코바치Kovács와 코리Corrie(2021)는 이와 유사한 접근법을 제시했다. 이들은 공식화 접근법이 미시적micro에서 거시적macro으로 이어지는 **관점적 연속체**perspectival continuum를 제안한다. **미시적 공식화는** 코칭 주체가 관

심 있는 특정 영역에 대한 코칭을 요청할 때처럼 특정 요구에 집중한다. **거시적 관점**은 코칭 주체와 코칭 요구에 영향을 미치는 다양한 요인을 포괄하는 더 넓은 관점을 개발하는 데 중점을 둔다.

따라서 연속체의 미시적 끝단에서는 특정 상황에 초점을 맞춘다. 연속체의 중간 단계인 중간 수준meso level으로 이동하면 코칭 주체 경험에서 고려할 가치가 있다고 판단되는 패턴, 주제, 경향에 중점을 둔다. 마지막으로 코치는 더 거시적인 관점을 취할 수 있다. 여기서는 광범위한 개인적 또는 시스템적 요인이 관련되는 개인/사례 수준의 공식화를 할 수 있다([그림 6.1] 참조).

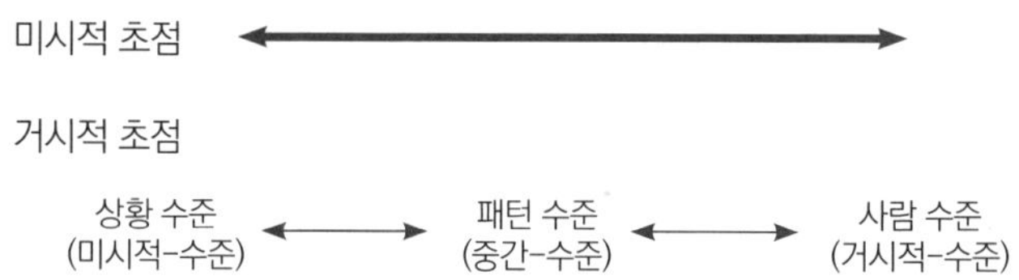

[그림 6.1] Corrie and Kovács(2019) 공식화 수준

선호하는 이론적 방향과 관계없이, 코리Corrie와 코바치Kovács(2019)는 코치가 상황, 패턴 또는 개인/사례 수준에서 공식화를 시작할지 여부를 항상 선택해야 한다고 주장한다. 이런 각 수준은 관심사의 이슈를 탐구할 수 있는 고유한 관점을 제공하며, 서로 다른 형태의 정보를 도출하고 다양한 유형의 개입 설계로 이어진다. 이러한 **관점** 차이를 설명하기 위해 코리와 코바치(2019)는 논 농사 짓는 농부가 논밭의 건강, 생산량 및 가능한 미래를 평가하는 **벼 농부의 비유**를 사용한다. 이

비유가 코칭에 어떻게 적용될 수 있는지는 리 징Li Jing의 사례 이야기를 활용하여 아래에서 설명한다([사례 6.1] 참조).

[사례 6.1] 리 징Li Jing 사례 이야기

리 징Li Jing은 약 3,000명의 직원을 보유한 서구 다국적 기업에서 근무하고 있다. 30세의 리징은 중국계 싱가포르인으로, 1년 전 MBA 학위 취득 후 런던으로 전근했다. 그녀는 8년간 해당 기업의 재무팀에서 근무했으며, 현재 15명으로 구성된 팀을 이끌고 있다.

리 징은 고위 임원을 위한 다양한 인재 풀을 육성하는 조직의 인재 프로그램의 일환으로 코칭 대상자에 선정되었다. 그녀는 높은 잠재력을 지닌 인재로 평가되었으며, 발전을 지원하기 위해 코치가 배정되었다. 조직 후원자들은 구체적인 지향 목표를 제시하지 않았다.

코칭 프로그램은 6개월 동안 8회로 진행되며, 첫 회기 후와 마지막 회기에는 리징의 매니저와 3자 간 대화가 예정되어 있다.

코칭 의제는 개방되어 있지만, 리징은 임원진 리더십 팀(자신이 깊은 인상을 남기고 싶은 대상)에게 곧 있을 프레젠테이션을 성공적으로 수행할 수 있을지 우려를 표명했다. 특히, 그녀는 준비를 미루고 있으며 시간이 얼마 남지 않아 촉박하다는 것을 알게 된다. 그녀는 다른 코칭 목표를 고려하기 전에 긴급히 전념해야 할 이 상황에서 그녀의 미루기 버릇procrastination을 다루는 데 함께 노력할 수 있겠느냐고 묻는다.

역자 질문

> Q. 코치의 관점에서 전체 내용에서 구체적 관심사(코칭의 잠재적 이슈)를 중심으로 열거해 보자.
>
> Q. [그림 6.1]을 참조하여 코칭 공식화 작업을 어떤 수준에 맞춰 진행해야 하는가?
>
> Q. 마지막 요청에 코치가 처한 딜레마는 무엇이고 어떻게 대처해야 하는가?
>
> Q. 6개월 8회기의 코칭이며, 첫 회기, 마지막 회기에는 메니저와 3자 대화가 있다. 전체 코칭 여정과 공식화 작업은 어떻게 구성되어야 하는가?

상황(미시적 관점) 수준의 공식화

가상의 비유를 들자면, 농부는 자기 논밭의 건강과 수확량을 미시적 관점에서 공식화하려 한다. 그러면 개별 벼 한 포기에 주의를 기울일 것이다. 이 관점을 통해 농부는 이 벼 포기가 번성하는지 시들어가는지 확인하고 그 잠재적 원인을 파악할 수 있게 된다. 농부의 초점은 해당 벼의 요구를 개별적으로 해결하는 데 있을 수도 있고, 더 넓은 맥락에서 패턴을 발견하는 과정의 일부로 볼 수 있다. 예를 들어 이 벼 포기가 논에 있는 다른 벼의 경험과 얼마나 유사한지 파악한다. 즉 한 포기의 요구에 대한 상세한 분석을 통해 논에 있는 다른 벼들의 요구에 대한 일반화된 결론을 도출할 수 있다.

이 비유를 코칭에 적용하면, 미시적 관점은 관심있는 특정 사안의 세부 사항, 특정 감정, 신체적 감각, 인지와 후속 행동과 어떻게 연결되는지 등에 대한 집중적 분석을 가능하게 한다. [그림 6.2]는 이에 대한 예시를 보여준다.

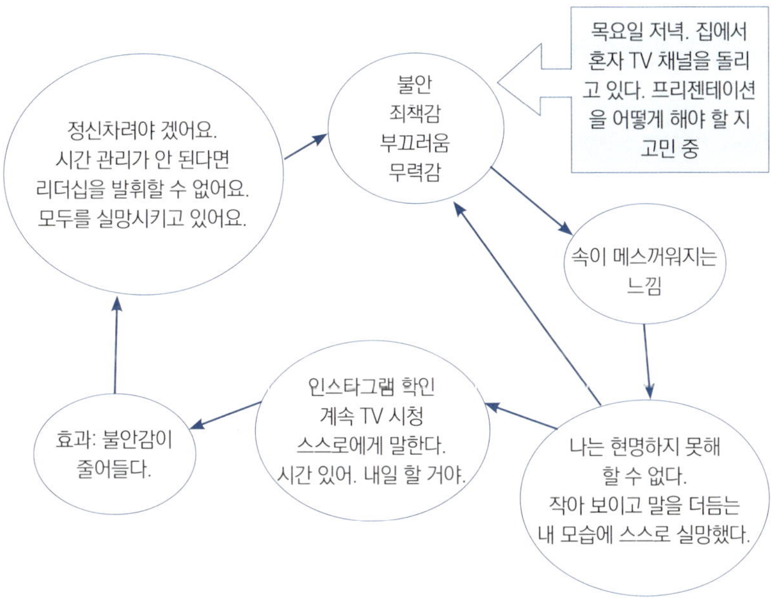

[그림 6.2] 미시적 수준 상황에서
리 징의 합리적 지연 행동procrastination 사례 공식화

미시적 수준에서의 작업은 다음과 같은 경우에 특히 유용할 수 있다.

(1) 면밀히 살펴봐야 할 특정 상황이 있는 경우,
(2) 임박한 사건과 같은 특정 상황을 탐구하고 개입함으로써 코칭 주체의 코칭 목표를 최적으로 달성될 수 있는 경우,
(3) 코치와 코칭 주체가 현재 상황에서 **이슈를 지속시키는 요인**이나 코칭 주체가 목표 달성을 위해 활성화해야 할 요인이 처음에 이슈를 초래한 **초기 요인과 동일하지 않다고 판단**되는 경우

즉각적인 관련성이 있는 요인들이 **특정 상황에 내재**되어 있고, 그 상황 자체가 코칭 주체에게 유리한 방식으로 개선되거나 수정될 수 있는 경우에도 **상황 수준 공식화**가 선호될 수 있다. 본질적으로, 미시 수준의 공식화는 변화의 대상이 될 수 있는 영향 요인에 대한 상세한 분석을 가능하게 한다.

이 수준에서 작업하기 위해서는 코칭 주체가 관심 있는 상황에 대한 구체적이고 최근의 사례를 회상할 수 있는 상태여야 한다(그런 **위치**position에 있어야 한다). 반대로, 상황이 미래의 사건과 관련된 경우, 필요한 것은 코칭 주체가 문제적problematic 결과와 바람직하게 원하는 결과를 만들어내는 데 영향을 미칠 가능성이 있는 요인들을 예측할 수 있는 능력이 필요하다. 상황 수준에서의 공식화에 적합한 코칭 요청의 예는 다음과 같다.

- 코칭 주체가 바람직한 승진으로 이어질 예정인 내부 직무 면접(특정 사건)을 준비하고자 하는 경우
- 코칭 주체가 주요 이해관계자를 대상으로 한 프리젠테이션 준비에 도움을 요청하는 경우(특정 사건)
- 코칭 주체가 다가오는 전문 자격 시험을 위한 복습을 미루고 있는 경우(이 사건과 관련된 최근의 구체적인 미루기 사례가 확인되고, 코칭 주체가 앞으로 준비하고자 하는 명확한 '미래 사건'이 있음)
- 직속 부하와의 어려운 회의 준비를 원하는 경우(성과 이슈가 확인된 상태에서 코칭 주체가 탐구하고자 하는 명확한 '미래 사건'이 있음)
- 임금 인상 협상 또는 성과 평가 결과에 대한 이의 제기에 도움을 요청하는 경우(목표 달성을 위해 고려해야 확인 가능한 요인이 있는 '구체적인 원하는 결과'가 있음)
- 최근 발생하 상황이나 사건을 자세히 분석하고 원하는 결과를 얻었는지 여부를 확인하고 배울 점을 찾고자 할 때(최근의 특정 사건을 분석, 미래에 유익한 학습을 도출할 수 있는 정보를 얻을 수 있음)

미시적 수준에서 리징과 코치는 미루기 행동을 유발하고 유지하는 데 연루된 것으로 보이는 요인들을 위와 같이 시각적으로 표현했다([그림 6.2] 참조).

패턴 수준(중간 관점)의 공식화

위에서 비유로 언급한 벼 농부가 중간 관점meso perspective에서 논밭의 건강, 수확량, 미래를 공식화하려면, 의사결정에 도움되는 더 넓은 주제, 패턴, 경향을 파악하는 데 관심을 가질 것이다. 이 경우, 초점은 논 전체의 상대적인 건강 상태와 최적의 수확량을 보장하는 방식으로 논에 파종 및 경작하고, 수확하는 방법이다. '탐색exploration를 위한 질문'으로는 ①농부가 특정 논에서 최대한의 이익을 얻기 위해서는 어떻게 해야 하는가, ②생산성을 지원하거나 저해하는 내적 금지inhibit 요인은 무엇인지, ③논의 수확량이 기대에 미치지 못한다면, 이는 과도한 파종, 수확량 부족 또는 아직 밝혀지지 않은 다른 요인 때문인가 의심해 봐야 한다.

이 비유를 코칭에 적용하면, 코치는 단일 상황 또는 일련의 분리된 연속적인 상황을 살펴보기보다는, 코칭 주체가 여러 맥락에서 보이는 유사한 반응을 파악하고 탐구하는 것이 가장 생산적인 접근이라고 판단할 수 있다. **탐구되는 패턴**은 과거에 유익함이 입증된 코칭 주체가 유용하게 활용하고 현재 관심 분야에 일반화할 수 있는 **반응 레퍼토리**의 형태이다. 탐구된 패턴을 통해 코칭 주체가 코칭 계약의 목표 달성을 방해하고 향후 어려움을 초래할 수 있는 **비효과적인 반응 패턴**을 파악하여 수정할 필요가 있다. 따라서 이 **중간 수준**에서 코치는 코칭 주체의 ①정서적, 신체적 상태 관련 주제themes, ②반복적인 사고방식mindset 패턴, ③사고thought와 정보 처리 방식, ④대처 방법, ⑤성격 강점character strengths, ⑥관계에서 반복되는 주제를 포함한 ⑦행동 레퍼토리(능동적 및 수동적)를 파악하려고 노력할 것이다.

중간 수준 또는 패턴 수준에서의 작업은 코칭 주체가 여러 상황이나 시간에 걸쳐 유사한 유형의 어려움을 경험할 때 특히 유용하다. 마찬가지로, 이 수준의 공식화는 코칭 주체가 과거에 원하는 결과를 달성했거나 지속적으로 높은 수준의 성과를 달성한 경우에도 유용하다. 이러한 사례는 더 지속적이고 긍정적인 사고, 감정, 행동 패턴의 영향을 시사하며, 이러한 패턴을 파악한다면 현재 목표를 달성하는 데 활용될 수 있기 때문이다.

이 수준에서 작업하기 위해서는 코칭 주체가 경험한 내용이나 얻은 결과 면에서 일관성이 있었던 과거 상황을 회상하고 성찰할 수 있는 상태여야 한다(이런 위치에 있어야 한다). 또 발생한 일에 대한 자신의 기여를 탐구하는 데 개방적으로 열려 있어야 한다. **패턴 수준**에서 작업하면 누락된 기술 세트skillsets와 과도하게 개발되었거나 미개발된 대처 레퍼토리도 밝혀낼 수 있다. 이런 요소들 자체가 코칭 계약의 유효한 초점이 된다.

예를 들어, 뿌리 깊은 고착된 반응인 '미루기 습관'은 ①실패에 대한 두려움, ②부정적인 평가에 대한 두려움, ③효과적으로 계획을 세울 능력 부족 또는 ④경험적 회피, ⑤불쾌한 생각이나 불편한 감정 신체적 감각과 같은 불쾌한 내부 상태를 경험하지 않기 위한 부적응적인 행동에 참여하는 것이다. 패턴 수준에서 공식화하기에 적합한 코칭 주체 이슈의 예는 다음과 같다.

- 비현실적이거나 도움이 되지 않는 기준이나 가정을 가지고 있거나, 바람직한 결과를 향한 진전을 저해하거나 다른 사람들이 문제라고 생각하는 생활(삶) 규칙을 고수하는 경우
- 완벽주의적 경향이 삶의 질과 전문적인 성과에 영향을 미치는 경우
- 좌절이나 인지된 실패에 도움이 되지 않는 반응을 반복적으로 보인 이력이 있는 경우
- 목표 달성 노력을 저해하는 반복적인 행동 레퍼토리를 보이는 경우
- 강박적인 요소를 지닌 행동을 보이는 경우(예: 과도한 운동과 같은 건강에 해로운 체력 추구, 낮은 수준의 자극에 대처하는 데 어려움)
- 여러 상황에 대한 뿌리 깊은 반응으로 미루는 행동을 보이는 경우
- 특정 유형의 상황이나 특정 유형의 사람들과 있을 때 감정 조절에 어려움을 겪는 경우
- 지속해서 높은 스트레스 수준을 경험하는 경우
- 특정 유형의 사람들(예: 권위자로 인식되는 인물)과 함께 있을 때 높은 수준의 부적응적인 불안을 경험하는 경우
- 과거의 성공을 위해 긍정적으로 활용했던 태도와 행동 패턴을 가지고 있으며, 이러한 패턴이 현재 코칭의 지향 목표를 달성하는 데 활용될 수 있는 경우
- 다른 사람들이 자신에게 특정하고 바람직하지 않은 방식으로 반응하는 경향을 인지하지만 그 이유를 이해하지 못하는 경우

사례 이야기vignette로 돌아가서 코칭 회기에서 탐색하고 회기와 회기 사이의 과제를 살펴보자. 리 징과 코치는 현재 순간의 미루기 지연 행동 발생 가능성을 높이는 데 영향을 미치는 것으로 추정되는 다음과 같은 패턴과 주제를 파악했다. 이는 공동 작업으로 구성되었지만, 리 징이 과정에 대한 주인의식과 파악된 주제에 대해 스스로의 의견을 제시하도록 독려하기 위해 리 징 자신의 말로 표현되었다([표 6.2] 참조).

[표 6.2] 패턴 수준(중간 수준)에서 리 징의 미루기 습관 코칭 공식화

- 미루는 습관은 청소년기부터 저에게 중요한 이슈였습니다.
- 제 삶을 되돌아보면 미루는 습관이 실수에 대한 두려움에서 비롯된 경우가 많다는 것을 깨닫게 됩니다.
  - 저는 "후회하는 것보다 안전한 것이 낫다[안전이 최선이다]."라는 원칙에 따라 행동합니다.
- 저의 미루는 습관은 동기 부여 문제나 미숙한 계획, 시간 관리 부족 등 생활 기술 결여와 연관되어 있다고 생각하지 않습니다. 직장 내 실적은 제가 이런 일에 능숙하다는 것을 보여주는 기록이 있습니다.
- 나의 미루는 행동은 주로 직장 업무에서만 일어납니다.
- 결과가 중요하거나 고위 임원에게 깊은 인상을 심어줄 기회가 있을 때와 같이 중요도가 높을 때 미루는 경향이 있는데, 그때는 "반드시 제대로 해내야 한다."라고 스스로에게 말하며 지연하는 경향이 있습니다.

- 지금 와서 알게 된 것은, 평생 진지하게 검토해 본 적 없는 나름의 생활 규칙을 갖고 이를 되뇌이며 생활해 왔다는 것을 깨달았습니다. 규칙은 이런 것들입니다.
    - 호감을 얻으려면 언제나 유능하고 지적인 모습으로 보여야 한다.
    - 성공하려면 늘 유능하고 똑똑해 보여야 한다.
    - 윗사람에게 항상 존중함을 보여야 한다.
    - 내 판단보다 연장자의 의견을 따르지 않으면 그들을 화나게 할 수 있다.
    - 실수하면 상급자들이 나를 좋게 보지 않을 것이다.
    - 내가 실수하면 이는 실패했다는 것이다.
- 가끔은 회피적 대처 패턴에 빠지기도 합니다. 다가올 일과 내가 해낼 수 있는 일에 불안해지면 머리를 모래에 파묻듯 현실을 외면하고 도피하게 됩니다.

역자 질문

Q. '미루기'라는 개인 이슈가 드러났다. 어떻게 접근해야 위와 같은 이야기를 들을 수 있는가?(가령 '질문과 질문+'를 만들어 보자.)

Q. 이 이슈를 정면으로 다루게 된다면 어떻게 공식화를 할 수 있는가?

Q. 이 이슈를 다루기 위해 당신에게 필요한 역량, 준비 사항은 무엇인가?

David A. Lane, Sarah Corrie, Louise Kovács. *A Guide to Formulation in Coaching*.(2025) p.93

개인, 사례 수준의 코칭 공식화(거시적 관점)

거시적 관점, 즉 개인의 전체entirety(또는 코칭 맥락에 따라 더 광범위한 시스템 요인을 다루는 사례 전체)의 관점에서 공식화에 접근하는 방법이 있다. 이는 ①코칭 주체, ②코칭 주체의 상황, ③개인적 이력(역사), ④코칭 주체의 생애주기 발달이론(예: Kegan & Lahey, 2009) 등을 활용한 현재 우선순위current priorities를 개념화한다. 필요하다면 ⑤삶의 목적, ⑥진정으로 의미 있는 것, ⑦노년기에 가능한 것 등 중대한 '실존적 질문'의 영향을 파악하고 공식화할 수 있다.

다시 한번 벼 농사의 비유로 돌아가면, 거시적 관점은 더 넓은 맥락에서 논밭, 즉 사례 자체에 초점을 맞추는 것을 의미한다. 여기서 논밭의 건강과 수확량은 농부와의 관계 면에서 고려된다(예: 농부가 소득을 위해 논에 의존하는지, 여러 세대에 걸쳐 가족 소유 사업으로 개인적 의미를 지니는지, 논밭이 높은 품질의 제품, 낮은 품질의 제품 또는 일관성 없는 품질의 생산물을 수확해 왔는지).

이러한 관점에서 지역 사회와의 관련성도 고려할 수 있다.

예를 들어, Q. 해당 논은 지역 사회가 가족을 부양할 수 있도록 하는가? Q. 농부가 제공하는 고용이 지역 경제의 중요한 부분을 형성하는가? Q. 그렇다면 이것이 농부에게 우선적인 고려 사항인가?

거시적 관점은 또한 논밭의 미래와 관련된 더 넓은 맥락을 고려한다. Q. 해당 농산물에 대한 시장 수요가 지속해서 높은가? Q. 상당한 경쟁이 나타나고 있는가? Q. 해당 지역에 고급 호텔을 짓고자 하는 부동산 개발업체에 논을 매각할 경우 개인 및 지역 사회 치원에서 어떤 이점이 있는가? 농부는 자신의 우선순위 결과에 비추어 농지의 미래에 대한 결정을 내리는 데 가장 큰 영향을 미칠 요인들을 파악해야 한다.

코칭의 맥락에서, 개인 수준의 작업은 코칭 주체의 배경, 맥락 속의 개인적·직업적 이력, 이런 점들이 코칭 주체의 현재 상황 및 코칭 목표와 어떻게 연관되는지 상세하고 **종단적인 공식화**longitudinal formulation를 수립하는 것을 의미한다. 사례 수준에서는 추가로 고려해야 할 광범위한 맥락과 이해 관계자를 포함한다. 이는 코치와 코칭 주체가 개발하고 검증하고자 하는 가설에 따라 [표 6.1]에서 확인된 영역 가운데 일부 또는 전부를 탐구한다.

[그림 6.4]는 리 징Li Jing의 전인적whole-person 수준을 보여 준다.

어떤 수준의 공식화를 사용할지 결정할 때 고려해야 할 사항

각 수준의 공식화, 즉 상황(미시적), 패턴(중간적), 개인(거시적)은 코치와 코칭 주체에게 특별한 유익함을 제공하며, 특정한 제약 조건 하에서 작동한다. 예를 들어, **상황 수준**은 수집된 데이터와 밀접하게 연관되어 있으므로 높은 정확도를 제공하는 관련 요인에 대한 상세한 분석을 가능하게 한다. 그러나 상황 수준은 본질적으로 더 넓은 맥락과 상대적으로 분리된 상태로 검토하게 되어 잠재적으로 제한적인 데이

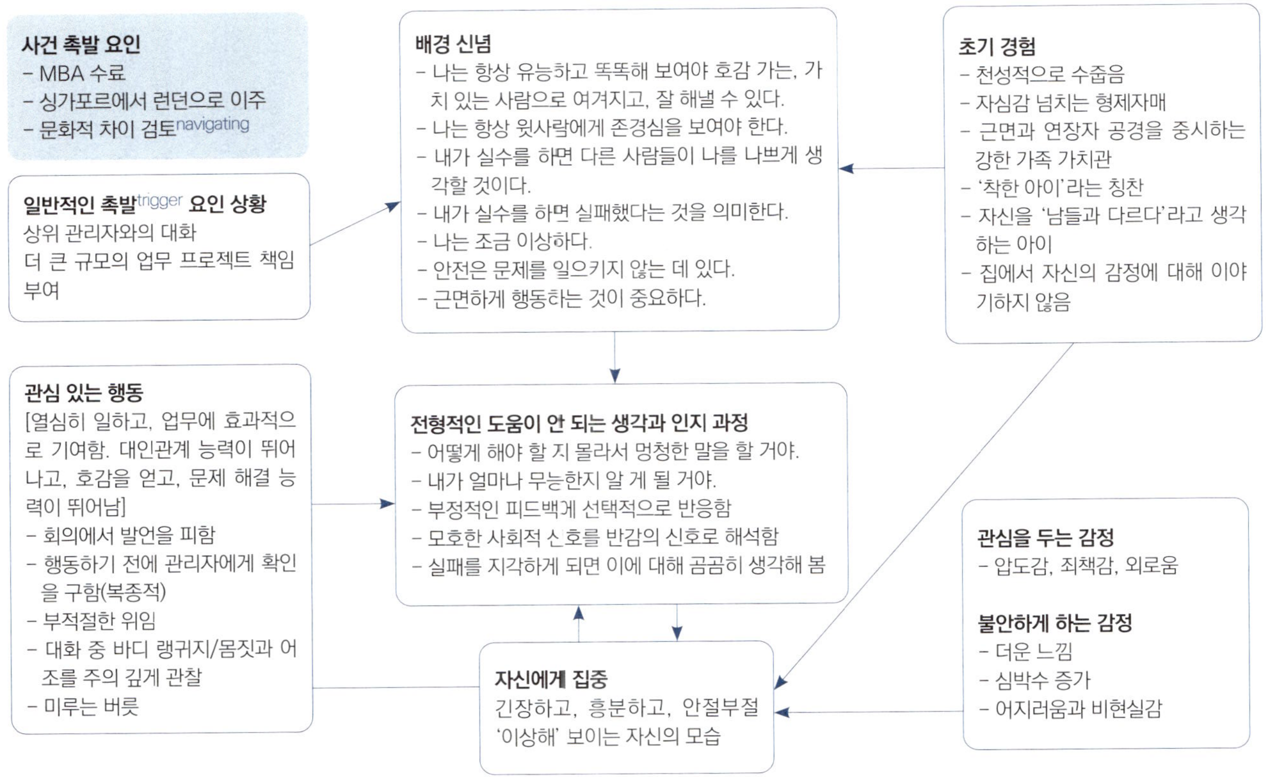

[그림 6.4] 개인 (거시) 수준의 리 징Li Jing의 요구 공식화

터 세트에 의존하게 된다. 데이터 범위를 제한하는 것은 ①코칭 계약 기간이 짧고, ②코칭이 SMART 목표(Doran et al., 1981)를 중심으로 구성되며, ③영향 요인의 범위를 쉽게 파악할 수 있는 경우 도움이 된다. 그러나 코치와 코칭 주체가 코칭 주체의 현재 요구current needs를 뒷받침하는 반복적인 주제가 성장을 가능하게 하거나, 성장 장애물이 될 수 있다고 의심하는 경우에는 효과적이지 않을 수 있다.

패턴 수준에서 작업하면 더욱 심층적인 관점을 확보할 수 있다. 이는 코칭 주체의 정체성과 자기 가치self-worth 감에 관해 잠정적으로 핵심적 주제를 파악하는 과정에 도움된다. 그러나 이처럼 깊은 수준에서 작업하는 것은 코칭 주체가 지금까지 세상에서 살아남게 해준 자기self 및 타인과의 관계에 **내재된 방식**embedded ways을 검토하도록 권장/격려encouraged하기 때문에[90] 더 큰 위험 감수가 뒤따른다. 따라서 상황 수준에서의 공식화보다 더 높은 수준의 자기 알아차림과 반성적reflexive이고 성찰적reflective인 사고 능력이 요구된다. 또한 코치의 민감성sensitivity과 재치tact가 더욱 필요할 수 있다.[91]

---

90) 코치가 상황(미시) 수준의 대화 중에 알게된 내용을 근거로 관심을 갖고 시도하는 것 자체, 질문을 통해 이 주제 안으로 대화나 작업이 들어가는 것 자체가 서로 패턴 수준으로 전환되기에 곧 격려가 필요하고 도전을 권장하며 작용한다. 그러나 이는 또한 코치를 신뢰하고 코칭 관계를 믿기 때문에 가능한 의미에서 '격려'이고, 도전의 경계에 서 있게 된다. encourage는 격려와 도전의 권장이라는 두 의미가 섞여 있고 상황적인 것으로 이해할 수 있다.

91) 코치는 패턴 수준으로의 전환의 불가피성을 알아차리는 민감성, 그런데도 이에 대한 도전을 무겁지 않고 긍정적이고 가볍게 제안할 필요가 있다. 격려와 권장에 의해 코칭 주체의 호응이 있을 경우 정식으로 제안, 허락을 구하는 개입이 가능해진다. 그러나 이런 작업은 허락하는 만큼 조심스럽게 접근해야 한다는 게 역자의 생각이다.

개인 또는 사례 수준에서 작업하면 코칭 개입 설계의 기반이 될 매우 풍부한 데이터 세트를 확인할 수 있다. 그렇지만 코치가 다양한 데이터 수집 방법을 사용하기 때문에 시간이 걸리고 개발에 더 많은 노력이 필요하다. 코칭 계약 및 실질적인 제약을 고려하여 코칭 주체에게 가장 유용한 것이 무엇인지와 **필요한 시간과 에너지를 투자하는 이점**도 함께 고려해야 한다. 이 수준의 공식화는 **깊이와 효율성 간의 균형**을 따져봐야 한다. **개인 수준**에서 작업하는 것은 결국에는 개입의 여지가 많기 때문에 코칭의 초점을 명확하게 파악하는 데 방해가 될 수 있기 때문이다. 변화가 가능한 요인을 결정하는 것은 필수적인 검토 사항이다. 이런 공식화는 코칭을 통해 코칭이 다루기 어려운 더 많은 잠재적인 우려 영역이 드러날 수 있다.

마지막으로, 이 수준에서 작업하려면 '사려깊고 명료한 생각하기 thinking'와 의사 결정이 필요하다. 코치가 코칭 주체와 관련성이 분명하지 않을 수 있고, **경계 침해**boundary violation로 느껴질 수 있는 영역에 대해 질문해야 할 상황이 발생할 수 있기 때문이다. 개인 수준에서 작업한다고 해서 코치가 코칭 주체의 개인의 역사를 무분별하게 훑어보는 권한은 허용되지 않는다. 따라서 코칭 주체 삶의 다양한 영역을 탐구하는 데 있어 **윤리적 측면**을 고려해야 한다.[92)]

---

92) 사려깊고 명료하게considerable clarity [함께] '생각하기'하는 국면, 서로 생각하며 생각이 공유되는 코칭의 장field 안에 머무는 상태를 추구해야 한다. 개인 수준의 공식화 작업이기 때문에 두 사람의 관계 수준과 질이 중요하다. 경계선에서는 ①기다림, ②허락 구하기, ③뒤따르기tracking ④〈선-경청, 후-질문〉 등으로 커텐이 열리면 열린 만큼 들어가는 섬세함이 필요하다.

개인 관점이 더 나을 수도 그렇지 않을 수도 있는 경우

앞서 언급한 바와 같이, 공식화에 대한 단 하나의 올바른 접근법이나 "모든 사람에게 맞는" 만능 해결책은 없다. 오히려 각 관점은 코칭 주체의 요구를 바라보는 하나의 렌즈 역할을 한다. 이를 통해 특정 유형의 여정이 가능해진다. 각 관점의 강점과 한계를 이해하면 코치는 개별 코칭 주체에게 어떤 접근법을 사용할지(와 그 이유)에 대한 정보에 기반해 결정을 내릴 수 있다. 그러나 가이드를 위해 개인 관점은 다음과 같은 경우 유용성이 높을 수 있다.

- 코칭 주체의 관심사의 주요 이슈가 명확하게 정의되어 있고 실행하기 쉬운 경우
- 관련 주요 요인이 코칭 주체의 직접적인 영향 또는 통제하에 있는 것으로 보일 경우
- 개인 관점에서 작업할 강한 설득력 있는 근거를 제공하는 확립된 이론이나 지식 기반이 있는 경우(예: 코칭 주체가 해결하고자 하는 특정 이슈에 대해 경험적으로 뒷받침되는 개입이 가능한 경우)[93]
- **코칭 계약의 초점**이 코칭 주체의 현재 기능 상태에서 특정 요인[대처]을 검토하는 것을 포함하고 있는 경우

93) 트라우마, 성인 ADHD, 과다 몰입, 정체성 상황과 확립, 합리적 지연 행동 등과 관련해 코칭 접근의 이론적 경험적 연구가 쌓이고 있다. 이런 주제 영역에 해당하는 이슈를 들 수 있다.

- 코칭 계약의 초점이 코칭 주체의 개인 역사 안에서 변화와 관련된 특정 요인을 검토하는 것이 포함되어 있는 경우(이 장의 리 징 사례 이야기의 '합리적 미루기'를 들 수 있다.)[94]
- 대인관계와 시스템적 요인이 시간이 지남에 따라 변화했더라도 코칭 주체의 우려가 시간과 맥락을 초월하여 지속되어 온 경우[95]
- 시스템적 관점에 필수적인 맥락에서 발생하지 않은 매우 복잡한 개인적 우려 사항인 경우
- 복잡한 환경이나 빠르게 변화하는 상황에 얽힌 상황과는 달리 이슈가 상대적으로 정적이고 안정적인 경우

개인 관점을 바탕으로 코칭 공식화 작업의 장점은 다음과 같다.

- 현재 코칭과 관련이 있을 뿐만 아니라 향후 선택에 잠재적으로 영향을 미칠 수 있는 자기 앎self-knowledge과 자기 알아차림self-awareness을 증진할 수 있는 코칭 주체와 그들의 상황 및 요구에 대한 설명을 제공한다.
- 이러한 유형의 공식화는 코칭 주체에게 매우 강력한 권한을 부여하는 주체성 감각을 촉진할 수 있다.

---

94) 이 사례에서는 미루기 이슈가 예상하지 못한 채 제기되었다. 이 경우 이 이슈를 다루는 여부와 관련해서는 코치와 조직간 계약 내용상 해석의 여지, 코칭 주체인 리 징과의 새로운 '합의' 등이 있어야 한다.

95) 대인관계, 시스템 요인에 대한 적응적 변화 과정에서 그 여파가 개인의 잠재적 미해결 과제와 연결되어 새롭게 드러날 수 있다.

- 변화의 여정을 코칭 주체에게 영향을 미칠 수 가능성이 있는 요인들 안에 위치시킴으로써 주체성agency과 개별적 통제감을 증진할 수 있다.
- 관련 요인에 대한 명확한 정보를 제공하여 앞으로 진행될 작업에 대한 명확한 방향성과 집중력을 가능하게 한다.
- 영향 요인은 다른 수준(예: 대인관계 및 시스템 요인, 7장 및 8장 참조)보다 잠재적으로 개입에 더 수용적일 가능성이 있다.
- 코치는 의사 결정 및 개입 계획을 지원하기 위해 다양한 이론, 모델 및 접근 방식을 활용할 수 있다.

대인관계 및 시스템 관점과 비교했을 때, 공식화를 위한 개인 관점 활용의 잠재적 단점은 다음과 같다.

- 이 관점은 우려되는 이슈와 그 해결책을 개인 내부에 위치시킨다. 더 넓은 맥락에서 요인들을 파악할 가능성이 높지만, 이 관점은 해당 이슈를 직접적으로 개념화하거나 이를 표적으로 하는 개입을 설계하는 수단을 제공하지 않는다.
- 개인 관점은 개인을 넘어서는 관련성과 관심 요인을 공식화하는 쉬운 경로를 제공하지 않는다. 앞서 언급했듯이, 개인 관점은 대인관계·시스템 요인을 무시하는 것은 아니다. 이런 요인들은 개별 코칭 주체의 요구, 자원, 역량이라는 프리즘을 통해 바라보게 되어 대인관계·시스템 요인에 대한 집중도가 제한될 수 있다.

- 복잡한 맥락에서의 코칭에는 가치가 제한적일 수 있다.
- 비교적 안정적이고 정적인 요인들을 이해하고자 할 때 가장 유용하며, 빠르게 변화하는 상황에서 영향 요인을 이해하는 데는 관련성이 낮고 도움이 되지 않을 수 있다.

결론

이 장은 공식화에 대한 한 가지 구체적인 접근법, **개인 관점**에 기반한 공식화를 살펴보았다. 이 관점은 미시적 관점에서 거시적 관점으로 이어지는 연속선상에 위치하며, 상황, 패턴, 개인이라는 서로 다른 수준에서 작용한다. 사례 이야기를 통해 이 접근법이 취할 다양한 형태를 제시했다. 독자가 자신의 코칭 프랙티스에 이 관점의 관련성과 가치를 성찰할 수 있도록 개인 관점에서 공식화의 강점과 한계를 검토했다.

개인 관점은 일반적으로 코칭 프랙티스 전반, 특히 공식화와 관련하여 전통적으로 지배적인 위치에 있었다. 그러나 이 관점과 병행해 대인관계 관점과 시스템 관점도 등장했으며, 이는 코칭 주체의 요구를 이해하는 상당한 이점을 제공한다. 이는 다음 장에서 다룰 주제이다.

숙고해야 할 질문

이 장을 읽고 자신의 프랙티스와 관련하여 어떤 점이 떠오르는지 생각해 보자. 공식화의 목적을 위해 다음 질문을 검토한다.

Q. 당신의 위치성(4장 참조)이 코칭 주체와의 작업에서 개인 관점과 어느 정도 일관성이 있는가?

Q. 당신이 선호하는 코칭 접근 방식(이론 또는 모델)은 이 장에 설명된 개인 관점에 어느 정도 기반을 두고 있는가? 아니면 대인관계(7장) 또는 시스템(8장) 관점과 더 일관성이 있는가?

Q. [표 6.1]에 설명된 잠재적 탐구 영역 가운데 코칭 주체와의 탐구에서 항상, 자주, 거의, 전혀 나타나지 않는 영역은 어디인가? 선택한 근거는 무엇인가? 코칭 프랙티스에서 더 명확하게 탐구해 보고 싶은 영역이 있는가?

Q. 현재 함께 작업 중이거나 최근에 작업했던 코칭 주체를 선택해 보자. 코칭 주체의 요구를 이해하기 위해 어떻게 시도했는지 검토해 보자.

상황, 패턴 개인 수준의 공식화 접근 가운데 어느 것을 주로 선택해 공식화를 했는가? 그 선택이 이후 작업에 미치는 영향은 무엇인가?

7장
대인관계 관점의 코칭 공식화

개인은 관계 속에 자리잡고 있다embeded. **코칭 관점**의 대부분은 6장에 소개한 개인 관점에서 비롯된 것이 많지만, **코칭 형태**forms는 적어도 코칭 주체의 행동이 발생하는 대인관계 맥락과 이들의 요구가 내재된 환경을 어느 정도 고려한다. 실제로 이런 '관점'은 현재 코칭이 제공되는 다양한 방식과 일관성을 갖는다. 예를 들어, 집단 및 팀코칭이 부상하면서 팀의 의사 결정 관련 아이디어가 영향력을 갖게 되었고, 집단 및 팀코칭 과정 연구는 대인관계 공간에서 변화가 일어나는 방식을 다양하게 조명해 왔다(13장 참조). 이런 발전은 개인의 행동은 그 행동이 발생하는 맥락을 이해하지 않고는 적절히 이해할 수 없으며, 게슈탈트 용어로 '**장의 관점**field perspective'을 채택하는 중요성을 인식하지 않고서는 충분히 이해할 수 없다는 점을 가리킨다.[96)]

96) 게스탈트 코칭에서는 일찍부터 '장field'에 대한 인식을 강조해 왔다. 쿠르트 레빈Kurt Lewin에서 유래한 개념으로 개인의 행동을 고립된 사건으로 보지 않고 그 행동이 일어나는 전체적인 맥락과 환경 속에서 일어나고 특정 시점에 존재하는 상호 의존적인 모든 요소들과 그 움직임의 총체이다. (1) 이는 개인과 환경

이 장에서는 대인관계 관점에서 공식화에 접근할 때 중요한 요인을 살펴본다. 코칭 자체를 **관계적 상호 만남**encounter으로 위치짓는다. 이어 관계가 인간의 경험, 웰빙, 기능에 미치는 영향을 검토한다. 이는 코칭 관계가 코칭 결과에 미치는 영향을 이해하는 토대가 된다. 코칭 전개 방식을 형성하는 대인관계 요소를 이론적·문화적으로 해석하는 구체적 방법을 검토한다. 마지막으로, 대인관계 관점이 주는 유익한 시각은 독자가 자신의 프랙티스에 이 관점의 관련성과 가치를 성찰해 볼 수 있도록 안내한다.

코칭을 대인관계 '상호 만남'으로 보는 근거

코칭은 일반적으로 코치와 코칭 주체 간의 대인관계 '상호 만남encounter' 형태를 취한다.[97] 코칭 주체의 학습과 발전의 상당 부분은 ①진정성 있

(물리적, 사회적, 심리적)이 역동적으로 상호작용하는 '공간'이다. 즉 개인의 행동(B)는 개인(P)와 환경(E)와 함수 관계이다. (2) 개인과 환경의 어떤 한 부분만 따로 떼어내서는 행동을 온전히 이해할 수 없는 전체론적 이해를 하며, 이 장 자체도 하나의 요인으로 부분에 영향을 준다. (3) 장 역시 고정되어 있지 않고 힘과 역동의 상호작용이다.

장field 이론은 현대 정신분석 분야에서 다양한 형태로 더욱 발전되어 분석가와 분석 주체의 관계를 규명하는 다양한 분석이 이루어지고 있다. 참고: 『현대 정신분석의 장 이론: 이야기, 꿈, 은유』 몬타나 카츠Montana katz 지음. 김상복 옮김. 코칭북스. 2026

97) 상호 만남/마주함encounter은 단순한 만남이나 회의 이상의 깊고 의미있는 상호 작용이며 코칭 관계의 본질을 담고 있다. 두 존재의 진정성 있는 상호작용(조우, 만남, 접촉)이다. 형식적 역할극이나 표면적 대화가 아닌 양 당사자가 서로

고 ②지지적이며 ③적응적인adaptive 관계 안에 내재되어 있고 ④이 관계를 통해 가능해진다. 코치는 결과를 통제할 수는 없지만 지향 목표aims와 (세부) 목표objectives에 대한 계약에 동의하고, 집중적이면서도 유연하고 반응이 빠른 접근 방식을 채택한다. 코칭 주체와 공감, 진정성, 세계관에 대한 '확인/인정validation'을 프랙티스의 중심에 놓음으로써 과정에 영향을 미칠 수 있다.[98] 대인관계의 초점은 발생하는 관계 단절을 포함한, 발생할 수 있는 대인관계 도전 과제를 개념화하고, 해결한다. 따라서 코칭은 **관계적 변화 과정**relational change process으로 이해할 수 있다.

코칭을 '대인관계 상호 만남'으로 개념화하는 가치는 관계가 개인과 직업적 삶 전반에 영향에 관한 증거와 같이 검토하면 더욱 명확해진다. **관계**가 삶의 모든 측면, 웰빙, 기능에 핵심적 중요성을 지닌다.

에게 영향을 주는 '순간'을 강조한다. 그러므로 변화의 잠재력을 지니고 이를 일으키는 촉매 역할이 내포된 만남의 의미이다.

칼 로저스에 의해 더욱 깊이 이해할 수 있는 용어로 코칭에 영향을 주었다. 코치가 코칭 주체의 세계를 깊이 이해하고 있음을 코칭 주체가 느낄 때, 코칭 주체는 나 자신이 이해받고 있다는 경험을 통해 관계 속에서 치유와 성장을 위한 '상호 마주함encounter'을 경험한다.

98) Validation: '타당화를 통한 확인/인정과 수용'. 비판단적 태도 등 포괄적인 코치의 개입이다. agreement '동의'와 다르다. 코칭 주체의 경험과 관점에서 볼 때 일리 있고 타당하다는 것, 상대의 관점 뒤에 있는 내적 논리나 이유를 이해하고 승인한다는 점을 '전달'하는 것이다. 이것이 중요한 이유는 코칭 주체와 신뢰 구축을 통해 안전하고, 이해받고 존중받는다는 느낌을 공유하는 토대를 구축하는 것이며, 자신의 현재 상태와 세계관을 인정받을 때 변화의 촉진을 위한 새로운 관점과 해결책 모색이 가능하다. 이 과정에서 자신의 감정이나 정서가 타당하다는 정서 인정까지 해야 한다. 이를 통한 모호한 정서, 감정의 고통이 완화되고 유연함flexble과 반응적responsive인 교류에 참여할 준비가 된다.

acknowledgement는 칭찬과 격려가 포함된 알아봄으로의 승인으로 차이가 있는 마이크로 기법의 하나로 이해한다.

인간은 사회적 동물이며 평생 다른 사람과의 관계를 통해 다양한 사회적, 직업적 역할을 수행한다. 따라서 의미 있고 보람 있는 관계를 형성할 기회는 많은 사람에게 **보람찬 삶**rewarding life에 필수적이다(Baucom et al., 2020).

관계는 삶의 질을 높여줄 뿐만 아니라 **생존**과 **발달**에도 중요한 기능을 한다. 우리의 사회적, 인지적 발달의 대부분은 학습을 촉진하고 문화와 공동체의 규범에 적응하도록 사회화하는 타인과의 관계를 통해 이루어진다. 또한 [생애] 초기 시절 관계의 질과 경험은 안정된 자기 인식sense of self의 기반이 된다. 우리는 가까운 사람들의 반응을 통해 우리 자신과 자신의 가치감sense of worth을 배우며, 안전적이고 신뢰할 수 있는 애착을 형성하지 못한 사람들은 아동기와 성인기에 정신병리 현상에 더 취약하다는 점이 지속해서 입증되었다(Dagan et al., 2022; Madigan et al., 2016).

건강하고 안전한 관계는 건강, 행복, 장수에 도움이 되며, 삶의 어려운 도전에 대한 심리적, 정서적 보호를 제공한다(Shafran, 2020). 반대로 **관계의 고통**distress은 신체적, 정신적 건강 모두에 부정적인 결과와 관련이 있으며(Baucom et al., 2017; Markman et al., 2010; Sandberg et al., 2012; Whisman & Bruce, 1999; Whisman & Uebelacker, 2009), 개인의 심혈관, 내분비, 면역 및 신경 감각 시스템에 직접적이고 부정적인 영향을 미친다(Guan & Bingxue, 2013; Kiecolt-Glaser & Newton, 2001).

커플 만족도는 직장 만족도를 예측하는 것으로 밝혀졌으며

(Sandberg et al., 2012), 관계와 웰빙의 연관성은 직장 내로도 확장된다. 또한 직장 내에서 긍정적인 작업 관계는 직원의 웰빙을 증진시키는 것으로 나타났다(Day et al., 2016; Gehlert et al., 2013). 리더의 행동과 직원의 행동 및 성과(Judge & Piccolo, 2004; Lai et al., 2020; Nielsen et al., 2018)와 조직 내 웰빙 및 안전(Kelloway & Barling, 2010) 사이에 관계가 있다는 증거도 있다. 리더의 행동과 리더십 스타일, 리더와 직원 간의 관계도 직원의 스트레스 및 정서적 웰빙과 관련이 있다(Skakon et al., 2010).

따라서 코칭을 **관계 변화 과정**relational change process으로 자리매김하는 데에는 타당한 근거가 있다. 이런 관점은 다양한 대인관계 현상과 코칭 과정이 결과에 미치는 영향을 조사하는 광범위한 문헌에도 분명하게 드러난다. 이런 문헌에는 ①코칭 관계와 코칭 결과 사이의 연관성을 조사한 연구(예: De Haan et al., 2013, 2016, 2020; Erdos et al., 2021; Gessnitzer & Kauffeld, 2015; Molyn et al., 2022), ②매칭 요인을 포함한 코칭 주체와 코치 특성의 영향(Gehlert et al., 2013; Law et al., 2007), ③코치의 자기와 자기 알아차림의 영향(Bachkirova, 2016; Corrie & Kovács, 2021), ④코칭 관계에서 '결정적 순간critical moments'의 활용(Cox & Bachkirova, 2007; Day et al., 2008; De Haan et al., 2010) 등이 있다.

또한 코칭 주체의 열망, 요구, 상황과 다른 이해관계자의 **기대**는 이제 상호 의존적 환경 속에서 부상하는 것으로 널리 인식되고 있다. 관계 코칭, 팀 기반 코칭, 대규모 조직 변화를 (지향)목표로 하는 코칭 개입의 발전으로 우리 모두의 삶과 작업 방식을 형성해 가는 **대인관계 특성과 과정**에 더욱 민감한 실천 접근 방식을 필요로 해왔다. 이런 맥락에서 **대인관계 관점에서 공식화**를 도출할 수 있는 능력은 효과적인 코치의 중요한 실천능력capability이다.

코칭을 '대인관계 상호 만남'으로 개념화하는 것이 설득력이 있을 수 있지만, 관계 영역을 이해하는 방식은 다양하고 다채롭다. 코칭 자체의 정의, 성격, 범위가 여전히 논쟁의 여지가 있다는 점에서 볼 때 이는 놀라운 일이 아니다(O'Broin & Palmer, 2019). 따라서 대인관계 영역은 ①시스템 수준에서 복잡하고 다중적인 상호의존성을 지칭하는 매우 광범위한 수준에서 구성될 수도 있고(8장에서 살펴봄), ②팀 기능과 관련해 보다 엄격하게 구성될 수도 있다(13장 참조). 또한 ③직속 상관, 비즈니스 파트너 또는 인생 동반자와의 관계처럼 코칭 주체의 삶에 중심이 되는 더 지역적이고 개인적이며, ④'한 쌍dyadic' 관계의 형태를 취하기도 한다.

또한 코치-코칭 주체 한 쌍coach-client dyad[99])은 팀코칭의 맥락이나 대부분의 코칭 형태에서도 중심 요인이 된다(Egan & Hamlin, 2014).

---

99) 한 쌍dyad 관계: 우리는 ①**기본적**으로 두 사람이 한 쌍이 되는 관계를 지닌다(위 문장의 예). 이는 그 사람의 일상과 직업 생활에 영향을 준다. 또 개인의 '한 쌍'은 ②**어떤 패턴**을 지닌다. 이런 형태를 집단 안에서 고유한 ③**대응 형태**의 하나로 드러내기도 한다(W. Bion).

코칭 관계 안에서 한 쌍 관계, 즉 '코치와 코칭 주체'라는 한 쌍 안에서 경험하는 새로운 관계 형태('한 쌍' 경험)는 코칭 주체에게는 새로운 인간관계 경험일 뿐 아니라 관계의 가장 기초가 되는 자신의 '한 쌍' 관계의 질과 패턴까지를 성찰하게 한다. 이런 이유로 코칭에서도 '한 쌍dyad'이라는 용어를 표현해 분리하여 사유한다. '코칭 한 쌍', '한 쌍의 코칭'이 그것이다.

대인관계의 관심 영역은 코치와 코칭 주체 간의 상호교류를 형성하는 라포rapport, 연결성connection, 특성characteristics 및 스타일의 상대적 일치/조화relative alignment라는 관점에서 정의할 수 있다.[100)]

대인관계의 관점에서 공식화를 검토할 때 다음과 같은 중요한 질문이 제기된다.

Q. 이 코칭 과제를 수행해야 하는 '우리'는 누구인가?

Q. 진행 중인 작업에서 누구의 관점이 포함되고 우선시되어야 하는가?

Q. 코치와 코칭 주체만 관련있는가?

Q. 코칭 주체의 직속 상사와 연관되는가?

---

100) 두 사람 사이의 특성과 스타일의 **상대적 일치/조화**relative alignment of characteristics and style: 낯설은 타인이 만나 코칭 대화 시작을 위한 **라포**를 형성하고, 대화 진행하며 신뢰 구축으로 **연결성**을 강화한다. 이런 과정에서 두 사람의 **특성**과 **스타일**의 다름이 출현하고 상호 관리하는 과정 또한 중요하게 부각되기 마련이다.

이때 특성characteristics은 안정적이고 깊은 수준의 개인적 성향을 의미하다. 가치, 성격적 경향personality traits(외향-내향, 일치성), 신념과 태도(낙관성, 통제의 소재, 세계관 등) 등이 얽혀 있다. 반면 스타일style은 행동으로 드러나는 상호작용 방식, 갈등 관리 방식, 관계에 대한 기대 등으로 드러난다.

상대적 조화/일치란 '같음'과 '다름'을 서로 인식하고 구별하는 과정이고, '조화롭게 작용함/상보성complementarity'을 이루는 것을 말한다.

'지시적 성향의 코치-지시받기를 좋아하는 코칭 주체'[한 쌍]는 상호 역할 기대가 일치하고, 심리적 안정감이 높을 수 있다. 그러나 진실과 진리를 향하고, 변화와 성장/성숙을 위한 코칭 관계와 과정은 이 지점에만 머물 수가 없고 그렇게 되지 않는다. **코칭 여정이라는 동행 과정 자체**는 이런 특성이나 스타일의 다양한 수준에서 도전받게 되고, 성찰성과 반성성을 경유하며 이 코칭의 쌍은 자신에 대한 이해를 강화한다. 이는 관계 조절로 이어지며 새로운 '관계 경험'을 하게 된다. 이는 누가 누구를 가르치거나 영향을 주는 계몽적 관계가 아닌 '상호 주체화 과정'이다. 코치이는 코칭 주체로 탈바꿈한다.

Q. 코칭 주체의 인생 파트너와 연관되는가?

Q. 코칭 주체의 조직 스폰서와 연관되는가?

Q. 코칭 주체가 이끌거나 참여하고 있는 팀원들의 관점과 연관되는가?

Q. 코칭을 의뢰한 조직 내부 또는 외부의 추가 이해관계자의 관점과 연관되는가?

Q. 코칭의 초점과 합의된 목표를 결정하는 데 누가 역할을 하는가?

Q. 합의된 작업의 목적을 달성할 가능성이 가장 높은 방법은 무엇인가? 다음 중 어느 것인가?

Q. 코치와 코칭 주체가 함께 일하면서 펼쳐지는 대인관계의 과정을 통해 공동 구성되는 새로운 이야기를 우선시하는가?

Q. 코칭 주체와 인생의 동반자나 상사와 같은 다른 이해관계자 간의 관계를 살펴보는가?

Q. 팀이나 집단의 관점을 채택하고 있는가?

이런 관점으로 공식화를 수행할 때 대인관계 요인은 미리 정해져 있는 것이 아니라, [여러 대인관계 요인 중 무엇을 채택할 것인가 두 사람이 새롭게] 정의되어야 한다. 이 장의 목적상, 우리는 주로 코치가 공식화의 기초로 사용할 수 있는 가장 독립적인 관계 '단위', 즉 코치와 코칭 주체[코칭 한 쌍] 간의 관계에 초점을 맞춘다.

코칭 관계와 코칭 결과

이건Egan과 플램린Flamlin(2014)이 언급했듯이, 코칭이 과연 고유한 전문적 정체성을 주장할 수 있는지 또는 [다른 분야와 다른] 지식[앎] 기반과 실천 방법의 구별[다름]을 주장할 수 있는지에 대한 논쟁이 지속되었다. 그렇지만 코칭은 다른 분야의 성과 향상이 제공하지 못하는 **"발달적 풍요로움**developmental richness"(p.244)을 제공하는 것으로 확인되었다.[101)]

연구자들은 코칭의 인기가 높아지는 것은 코칭 관계가 제공하는 **고유한 맞춤형 성장 기회** 때문일 것이라고 가정한다hypothesize. 그러나 코칭 주체, 코칭의 형식, 모델 전반에 걸친 코칭 관계에 대한 포괄적인 이해는 여전히 불분명하다(O'Broin & Palmer, 2019). 패터슨Peterson(2011)에 따르면 **긍정적인 코칭 관계**는 "신뢰, 수용, 이해, 개방적이고 정직한 의사소통, 학습과 개발을 지원하는 기타 대인관계 요인을 특징으로 한다."(p.537). 그런데도 코칭 관계는 코칭 과정과 결과에 차

---

101) 이건Egan과 플램린Flamlin(2014)이 언급한 코칭이 제공하는 '발달적 풍요로움'이란 개인의 성장과 변화에 깊이와 폭을 더해주는 성과 향상을 넘는 총체적이고 지속가능한 발전을 이룬다는 주장이다. **'관계적 풍요로움'**을 포함한 전인적 접근(정체성 확립, 가치와 행동의 일치성 추구)은 내면으로부터의 근본적 변화를 지향하고, 깊은 코칭 관계 자체가 성장의 주요 동력으로 총체적 발달을 이룬다. 즉 발달적 풍요로움이란 '코칭이 관계를 통해 개인의 정체성을 탐색하고, 전인적 성장을 가능하게 해 다른 성과 개선 방법과 차별화되는 가장 강력한 가치를 제공한다는 주장이다.

역자는 이런 특정은 ①'있는 그대로의 성숙'으로 가는 여정이며 ②자기 존재의 새로운 주체화의 길이고, ③관계의 의미와 활용의 힘(관계력)을 강화한다. 곧 ④자기 삶의 독립 항해력을 지닌 선장이 되는 길이라는 점에서 인간 성숙 모델로 본다. 함께 하는 코칭 공식화 과정은 이를 위한 강력한 접근 방식이다.

별적인 영향을 미칠 수 있는 다양한 대인관계 요인으로 구성되므로 대인관계 관점에서 공식화를 접근하는 것에 많은 의문을 제기한다.

코칭이 제공하는 조직적, 전문적, 개인적 맥락은 기술 기반, 성과 향상, 발달 또는 변혁/변형 중심transformation-focused 개입으로 다양하다. 이런 다양함과 더불어 확장되는 모델을 고려할 때 ①코칭 관계의 정확한 **본질**, ②코칭 과정에서의 **역할**, ③코칭 주체에게 긍정적인 결과를 끌어내는 **방식**에 대한 합의된 이해가 부족한 것은 어쩌면 당연한 결과일지 모른다. 그런데도 1990년대 이후 코칭 관계가 코칭 과정과 결과 모두에 미치는 영향에 대한 알아차림이 높아지면서 코치와 코칭 주체의 관계를 조사하는 연구가 별개의 학문적 관심 영역으로 부상했다.

코칭의 효과성effectiveness은 코치와 코칭 주체 사이에 형성된 관계의 질에 의해 크게 영향을 받는다는 신뢰할 만한 증거가 있다(Baron & Morin, 2009; Boyce et al., 2010; De Haan et al., 2011; Turner & Goodrich, 2010; Wasylyshyn, 2003). 실제로 맥거번McGovern 등(2001)이 실시한 초기 연구에 따르면, 참가자 샘플의 84%에서 코칭 주체들은 코칭 성공의 핵심으로 **관계**를 꼽았다. 마찬가지로, 그라스만Graßmann 등(2020)의 메타 분석에 요약된 이전 연구에서도 코칭 관계가 코칭 성과에 영향을 미친다는 사실이 일관되게 입증되었으며, 적어도 작업 동맹 측정표Working Alliance Inventory로 측정했을 때(Horvath & Greenberg, 1989) 코칭 관계가 코칭 성과에 영향을 미친다는 사실이 입증되었다.

"코칭 프랙티스에서 차이를 만드는 것은 특정 기술이나 방법의 적용이 아니라 **사람으로서의 코치다.**"(p.141)라는 콕스Cox와 바흐키로바Bachkirova(2007)의 견해에 공감하면서, 에릭 드 한De Haan 등(2011)은 긍정적인 프랙티스 관계가 특정 기술이나 방법보다 코칭 성과에 더 중요한 영향을 미칠 가능성이 높다고 제안했다. 코칭을 시작한 직후 71명의 임원과 6개월 후 같은 표본의 31명을 대상으로 한 연구에서 드 한 등(2011, 2020)은 코칭의 유용성helpfulness을 결정하는 데 있어 코치의 관계와 대인관계 자질이 핵심적 요인으로 작용한다는 사실을 발견했다. 이를 통해 드 한 등(2020)은 효과의 주요 예측 변수는 코칭 주체가 경험한 **코칭 관계**라는 결론을 내렸다. 그렇지만 최근의 리뷰에서 드 한De Haan과 닐슨Nilsson(2023)은 이 입장을 수정했다. **관계**가 코칭에 전반적인 영향을 미치지만 **개별 회기 단위에서는 결과를 직접적으로 결정하지는 않는 것**으로 보았다.[102] 따라서 작업 동맹이 회기별로 구성되는 방식은 관계와 질과 사이의 단순하고 직접적인 연결보다는 더 많은 고려

102) 매 회기에서 관계의 질이 좋았다/나빴다고 해서 단일 회기의 성과나 결과가 즉각적으로 결정되는 것이 아니다. 관계와 단일 회기 결과 사이에는 단순하고 직접적인 연결은 없다. 각 회기의 결과는 관계의 강도 이외에도 작업동맹이 매 회기 어떻게 구조화되고, 활용되는지에 따라 미묘한 형태에 영향을 받는다. 즉 관계는 코칭 성공을 위한 필수적 맥락을 제공하지만 회기별 결과는 이 맥락 안에서 실제로 일어나는 **구체적인 과정**에 의해 더 크게 좌우된다.

여기서 '작업 동맹' 관계가 매 회기 어떻게 구조화 되는가는 매 순간의 협력 방식을 의미한다. 작업 동맹은 두 사람간의 목표(합의), 과제(설정), 이를 위한 유대감의 수준을 갖는다. 즉 합의와 협력 수준을 나타낸다. 그러나 코칭 여정의 회기마다 목표와 과제, 유대감이 변화와 미묘한 상호작용이 초래된다. 전체 항해 과정, 회기 내 대화의 역동, 코칭 주체의 특성 등 때문이다. 이때 관계는 타고난 성향에 의해 비교적 안정적일 수 있지만 회기의 성과는 관계 질과 무관하게 그날의 구체적 작업에 따라 달라질 수 있다.

가 필요하며 미묘한subtle 형태의 영향력이 포함될 수 있다. 그렇지만 드한과 동료들이 검토한 연구에 따르면 **관계 발전을 위해 투자**하는 노력이 상당한 가치를 더한다는 것은 분명히 보여준다.

이 결과의 보완적인 연구는 부정적인 작업 관계는 불만족스러운 결과를 예측할 가능성이 높다(Thompson et al., 2008)는 것이다. 학계와 업계에서 **부정적인 코칭 결과**를 분석한 겔러트Gehlert 등(2013)은 코치와 코칭 주체의 **부적합한 매칭**을 영향 요인으로 확인했다. 이는 자비스Jarvis 등(2006)과 톰슨Thompson 등(2008)의 초기 연구를 반영하는 것으로 보인다. 이 연구들은 코칭을 조기에 종료한 사람들의 65%가 자신과 코치 사이의 부적합성mismatch 때문에 코칭을 조기 종료했다고 보고 했다. 또한 효과적인 코치와 코칭 주체의 매칭은 코칭에 도움이 되는 강력한 관계적 연결성connection[유대감]을 발전시킬 수 있으며, 이는 ①[두 사람의] 상호 보완적인 성격과 ②대인관계 스타일은 물론 경험과 기술, ③코칭 주체의 요구를 충족시키는 코치의 능력, ④코치의 신뢰도와 같은 추가적인 특성을 보장함으로써 달성될 가능성이 가장 높은 것으로 나타났다(Boyce et al., 2010).[103)]

코칭 관계의 여러 요인은 각 수준에 영향을 미칠 수 있다. 예를 들어, 그랜트Grant(2013)는 49명의 코칭 쌍coaching dyads을 대상으로 한 탐

---

103) 이런 점에서 코치와 코칭 대상을 매칭을 담당하는 코칭 프로젝트 매니저나 HR 담당자의 역할이 중요하며 이와 관련한 전문적 연구가 필요하다. 독립 코치 역시 자신이 선호하는 매칭 대상에 대한 일정한 견해를 갖추는 것이 요구된다. 대체로 역자가 경험한 초기에는 프로젝트에 참여 의사가 있는 코치 풀에서 코치와 코칭 대상의 매칭에 DISC, MBTI 등을 활용하기도 했다.

색 연구에서 **코칭 성공 지표**와 가장 밀접하게 연관된 코칭 관계의 네 가지 요인 가운데 어느 것인지 연구했다. (1) 자율성 지원, (2) 코치-코칭 주체의 관계에 대한 코칭 주체의 만족도, (3) 코칭 관계가 '이상적인' 코치-코칭 주체 관계와 유사한 정도, (4) 목표 중심의 코치-코칭 주체 관계 등을 검토했다. 연구 결과는 관계에 대한 코칭 주체의 만족도는 성공적인 결과를 예측하지 못했다. 자율성 지원과 이상적인 관계의 근접성은 긍정적인 결과를 중간 정도로 예측했다. 그러나 긍정적 코칭 결과를 가장 강력하게 예측한 요인은 **목표 지향적인 작업 관계**였다. 그랜트(2013)는 자신의 연구 결과가 코칭 과정의 보조 수단으로 **목표의 중요성**을 부각시킨다고 결론지었다. 또한 코칭 관계는 단일 현상이 아니며, 관계의 다양한 측면 가운데 일부가 얻어진 코칭 결과에 더 큰 영향을 미친다는 점을 핵심으로 강조했다. 이는 위에서 설명한 드 한 등(2023)의 최근 연구 결과 일부를 설명해 줄 수 있다.

도식 중심 접근과 돕는 역할

대인관계 관점을 활용해 공식화를 개발할 때, 가장 중요한 기여 요인은 '한 쌍dyadic 렌즈'로 상호작용을 성찰하는 능력이다. 효과적인 코칭 관계 맥락에서 이 '한 쌍dyadic 렌즈'는 코치와 코칭 주체 간의 다면적이고 역동적인 과정이 어떻게 전개되어 강력한 관계를 형성하는지 양측이 고려할 수 있게 한다. 대화나 관계가 기대나 희망대로 전개되지 않을 때, '한 쌍dyadic 렌즈'를 채택하면 양쪽 모두 호기심에 찬 자세를 취할 수 있으며, "문제problem"를 한 사람에게 귀속시켜 그 사람이 변화의 대상으로 판단하는 경향을 방지할 수 있다.

예를 들면 코칭 주체가 만족스럽지 못한 것으로 경험한 회기는 다음과 같이 해석될 수 있다. 당일 코치의 부진한 성과/수행performance로 "그는 이번 회기에서 나에게 물어볼 적절한 질문을 찾지 못한 것 같다." 좀 더 일반적으로 코치 능력을 평가한다면, "그가 얼마나 좋은 코치인지 잘 모르겠다." 당일 자신의 상태를 보면서는 "내가 산만해서 회기를 최대한 활용하지 못했다." 또는 좀 더 일반적인 자기 인식으로는 "나는 그가 탐구하도록 권유한 내용을 이해할 만큼 똑똑하지 않다."라고 해석할 수 있다. 또는 한 쌍적으로 개념화conceptualized dyadically 할 수도 있다. "그 코칭 회기는 내가 경험한 다른 코칭 회기만큼 도움이 되지 않았다. 오늘은 내가 필요한 것을 표현하기가 까다로웠다. 내가 명확하게 표현하지 못해 코치도 혼란스러워했고, 코치는 어떻게 대응해야 할지 몰라 결국 생산적이지 못한 대화로 끝났던 것 같다."

관계적 관점으로 생각하는 능력, **관계 도식 처리**relationship schematic processing는 효과적인 관계의 핵심 요소이다(Baucom et al., 2020). 또한 관계 도식 처리 '실천능력'을 향상시키는 것은 관계를 강화하는 중요한 방법이다. 특정 코칭 주체와 발생하는 **관계 역동**에 대한 이해를 높이고자 하는 코치도 사용할 수 있다. 예를 들어, **도식 중심 접근법**schema-focused approaches(예: Young et al., 2006)[104]은 **개인의 깊이 내재된 정서적, 인지적, 행동적 반응**을 드러내는 것을 목표로 한다. 이런 반응들은 대인관계 경향을 촉진하고 사회적 세계를 포함한 모든 영역의 기능에 영향을 미친다. 대인관계 맥락에서 도식은 일반적으로 상대방에게 상호 보완적인 '도식적 끌어당김schematic pulls'을 이끌어낸다.

■ 코치가 도식 이론에 대한 이해를 바탕으로 코칭 주체와의 작업 동맹에서 발생하는 어려움을 개념화하는 다음 사례 이야기를 살펴보자.

[사례 7.1] 존과의 코칭 관계에서 미셸의 완고한 기준이 주는 영향 관련 공식화

미셸Michel은 타협하지 않고 요구가 많고 자신에게 엄격한 리더십 스타일 개선을 위해 코칭 제안을 받았다. 그의 직속 상사는 이러한 스타일이 팀 성과에 부정적인 영향을 미친다고 판단했다.

코치 존Jon은 미셸 주변에서 평소와 달리 예민해지는uncharacteristically 자신을 발견했다. 특히 존은 코칭 회기에서 시간 제한을 두거나 예정된 회의 외 시간에 대한 접근을 제한할 때 미셸이

104) 초기 성인기 부적응 도식Early Maladaptive Schemas을 수정하는 데 초점을 맞추고 있다. schema를 '도식圖式'으로 번역한다. 영문 발음대로 스키마로 번역하기도 한다.

도식 중심 접근법schema-focused approaches: 아론 벡Aaron Beck의 인지 치료를 기반으로 제프리 영Jeffrey Young의 의해 개발된 도식 치료Schema Therapy 접근에서 나온 것으로 인지행동치료CBT에서 발전했지만 더 깊은 정서적 경험과 발달 초기 경험, 성격의 근본적 패턴을 다루려고 통합한 모델이다. 초기 부적응 도식Early Maladaptive Schemas(EMS)를 이해하고 변화시키는 데 초점이 있다.

'도식적 끌어당김'은 심층적 역기능 도식으로 타인과의 관계에서 특정 보완적 반응을 자동적으로 유도하거나 끌어내는 현상을 의미한다. 관계 안에서 도식이 스스로를 유지하고 강화하려는 방식으로 발현한다.

자신에게 짜증을 내는 것을 감지했다.

존은 미셸이 끊임없이 기본 도식schema을 만들어 냈고 이것이 두 사람 사이의 관계에 영향을 미치고 있다고 가정했다. 미셸과의 이슈 접근 방식을 고민하며, 존은 이전 코칭 회기에서 얻은 지식을 바탕으로 두 사람 사이에서 전개되는 대인관계 과정을 다음과 같이 잠정적으로 공식화했다.

미셸의 인지 및 행동 경향: 과거의 성공을 인정하기 어렵거나[회피하고] 이를 잊거나 무시하는 경향이 있다. 휴식, 수면, 운동 등 다른 기본 욕구를 희생하면서까지 노력과 끈기를 과도하게 중요시한다. 조직의 성과를 추구하느라 직장 내 인간관계를 소홀히 하는 경향이 있다[관계 희생].

코칭에 대한 미셸의 잠재적 믿음: "나와 팀을 위해 이 코칭이 성공하려면 존을 최대한 활용해야 한다[많은 것을 뽑아내야 한다]. 코칭은 성과[결과]를 내야 한다; 존이 현재 제공하는 것보다 더 많은 시간이 필요하다; 존은 내가 필요한 것을 얻을 수 있도록 내게 더 많은 시간을 제공해야 한다[더 충분히 이용할 수 있어야 한다-코치의 경계 침범 욕구]."

미셸과 함께 일할 때 중요하다고 생각한 존의 신념: "나는 코칭 주체를 위해 열심히 일한다. 나는 좋은 코치다[자기 효능감]. 나는 미셸이 내 경계를 넘지 못하게 할 것이다[경계 방어]. 미셸은 지나치게 요구하고 내가 얼마나 열심히 일하고 있는지에 대한 인식이 부족하다/감사할 줄 모른다[역전이 감정].”

존은 이러한 경향과 신념이 다음과 같은 대인관계 과정을 초래할 수 있다고 생각한다.

도식의 활성화Schematic Activation

미셸은 존에게 더 많은 것을 원하며, 존에게 더 많은 접촉과 더 긴 코칭 회기를 요구한다.

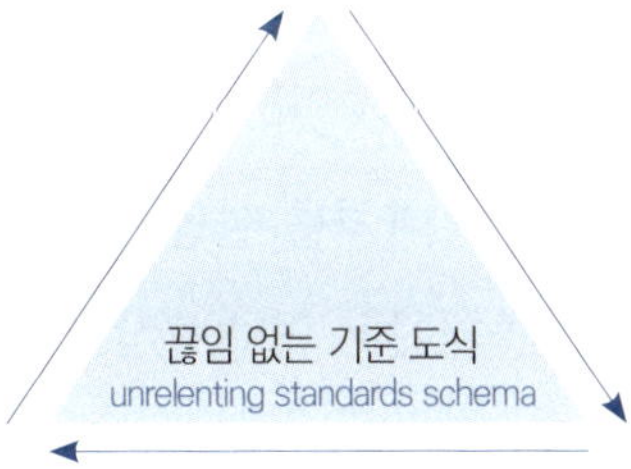

미셸을 위한 도식적 확인confirmation	존의 도식적 “끌어 당김pull”
미셸은 오해하고 짜증이 난다. 미셸은 존에게 더 많은 시간을 원하고, 존을 압박한다. 미셸은 점점 더 도전적이고 호전적으로 변한다.	존은 미셸의 요구에 짜증irritated이 난다. 존은 미셸에게 약간 괴롭힘bullied을 당하는 기분을 느낀다. 존은 미셸에게 시간을 내는 것[가용성availability]을 포함하여 접근 방식에서 점점 더 융통성이 없어진다inflexible.

역자 질문

> Q. 이 상호작용은 미셸의 도식이 코칭 관계 안에서 재연reenact하는 장이 되고 있음을 보여 준다. 결국 미셸은 코칭에서 원하는 것을 얻지 못하고, 코치는 에너지를 소진당한다고 느낀다.
>
> 코치에게 필요한 것은 무엇인가? 이 관계 역동, 도식에서 벗어나는 길은 어떤 것인가?
>
> Q. 이 역동을 피하지 않고 관계 안에서 이를 다루기 위해서는 어떻게 해야 하는가?

대인관계에 초점을 맞춘 공식화 개발을 지원할 수 있는 또 다른 접근법은 호킨스Hawkins와 쇼헷트Shohet(2012)의 연구이다. 이들은 수퍼바이저 양성 교육 연구에서 수련 수퍼바이저가 경험한 다양한 조력 관계helping relationships와 각 관계와 관련된 상이한 기대와 상호작용에 대한 알아차림을 먼저 높이는 것의 가치를 설명한다. 수련 수퍼바이저가 일반적으로 파악하는 조력 관계에는 **의사**(증상을 호소하고 진단이나 치료를 기대하는 사람), **교사**(질문과 이해 부족을 호소 하며 답변과 지식을 기대하는 사람), **친구**(자신의 모습을 있는 그대로 받아주는 수용, 이해, 타당화/확인validation을 기대하는 사람) 등 세 가지를 제시한다.[105] **코칭과의 유사성**parallel은 코치와 코칭 주체가 의식적, 무의식적으로 취할 수 있는 다양한 역할이 대인관계의 역동 일부로 전개된다는 인식에 있

105) 조력 관계의 위치성을 의사, 교사, 친구 세 가지로 제시한다. 코칭 관계는 이 세 가지로 충분한가는 더 많은 공식화 작업에서 찾아보아야 한다. 저자는 이런 접근의 한계를 이어간다. 도식이론과 작업동맹을 살펴본다. 역자는 이 세 역할 이외에 코치나 수퍼바이저의 더 많은 역할/위치성이 있다고 본다.

다. 특히 개인적 성향에 대한 필수적인 자기 알아차림이 없으면 개인은 다른 형태의 관계를 반영하는 상호작용 방식으로 회귀하는 경향이 있으며, 그 결과 공모collusive, 교차crossed, 명명된 거래named transactions로 이어진다고 주장한다(Hawkins & Shohet, 2012). 예를 들어 코치와 코칭 주체가 암묵적으로(또는 명시적으로) 코치의 역할이 **지식을 전달하는** 관계로 해석할 경우, 대화는 코치가 점차 정보, 지식, 답변을 제공하는 상호작용 방식으로 흘러갈 수 있다. 이러한 관계는 어느 한쪽 또는 양쪽 모두에게 만족감을 줄 수 있지만, 이러한 관계의 과정은 코칭 주체를 코칭 과정에서 **능동적인 주체**가 아닌 **수동적인 수용자**로 전락시킨다. 이는 **공모적 거래**collusive transaction[106]의 한 예시이다.

반대로 코칭 주체가 우정을 기대하는 **친구** 역할로 회귀하여 수용, 이해, 타당화/확인validation을 구하는 반면, 코치는 당면한 이슈에 대한 '진단' 또는 설명을 제공하고 잠재적 해결책을 제안하는 **의사**의 역할로 회귀하는 경우, 엇갈린/교차-거래cross-transaction[107]가 발생하며 기대

106) collusive transaction: '공모적/담합 교류. 교류분석Transactional Analysis(TA)에서 온 용어이나 심리치료, 코칭 관계에서 사용되는 용어이다. 두 사람이 무의식적으로 상대방의 부적응적 패턴(도식)을 강화하는 방식의 상호작용을 할 때 발생한다. 문제 패턴이 관계 안에서 그대로 유지되며 함께 연루된다. 위 미셸과 존 사례[7.1]에서, 과도한 요구-과도한 수용(좋은 코치가 되어야 한다는 생각), 미셸은 완고한 기준과 과도한 요구가 정당하고 도식 수정을 느끼지 못하고, 존은 그의 도식을 수용하여 담합을 한다.

107) crossed transaction: 엇갈린/교차 교류. 교류분석TA에서 온 용어로 여기서는 코칭 관계가 기대했거나 의도했던 반응과 전혀 다른 반응이 돌아오는 상호작용을 의미한다. A가 B에게 특정 (자아)상태로 말을 걸었는 데 B가 A가 예상하지 못한 전혀 다른 (자아)상대로 반응하는 것으로 대화가 막히거나 갈등이 발생하는 상황이다. 이와 달리 '정상적 교류complementary transaction는 어떤 (자아)상태(가령, 성인)로 말을 걸었을 때 B가 A의 기대 대로의 성인 자아 상태로 반응하는 것이다. 관계가 순조롭게 진행된다.

가 좌절되어 코칭 관계가 파탄날 가능성이 있다.

또 다르게 코치 및/또는 코칭 주체가 발생하고 있는 패턴과 이를 뒷받침하는 역할, 기대, 거래의 본질을 명확히 할 수 있다면, 이를 성찰하고 그 결과를 관찰하며, 어떻게 진행할지에 대한 정보에 근거한 선택을 할 수 있다.

도식 이론과 조력 역할은 코칭의 목적 달성과 관련된 대인관계 성향과 스타일을 발견하고 개념화하며 탐구하는 데 사용할 수 있는 두 가지 접근법이다. 이러한 접근 방식은 코칭 관계가 코칭 결과에 영향을 미치는 방법, 시기, 이유에 관한 몇 가지 조절 요인을 이해하는 데 도움이 된다. 예를 들어, 그라스만^Graßmann 등(2020)은 **작업 동맹**이 실제로는 대인관계 과정보다는 [코칭 주체의] 안정적인 성격 특성을 더 많이 반영한다고 본다. 즉 작업 동맹의 질이 코치와 코칭 주체간의 상호작용적 역동의 결과라기보다는, 코칭 주체 자신이 효과적인 작업 협력 관계를 발전시키는 데 [얼마나 선천적으로, 또는 발달적으로 잘 준비되어 있는가를 나타내는] 고정된 기질^predisposition을 더 많이 반영할 수 있다고 가정한다. 이는 안정적인^stable 개인 특성도 고려해야 함을 강조하기 때문에 대인관계 관점을 채택하는 공식화 접근 방식에 중요한 잠재적 함의^implications를 지닌다.

그러나 **개인에 대한 강조**는 세계를 더 집단적으로 바라보는 많은 문화권에서는 양립하기 어려울 수 있다. 이슬람, 아프리카, 아시아, 남미 문화권에서 코칭을 연구한 레인^Lane과 동료들(2023)은 개인이 공동체의 일원이라는 중요성을 지적하며, 이러한 세계관을 벗어난 영역 밖에서 운영될 경우 변화의 본질에 대한 오해가 생길 수 있다고 주장한다. 이제 이런 용어가 등장한 서구적 관점을 넘어서는 접근 방식을 살펴보자.

서구적·개인주의 세계관을 넘어선 대인관계 공식화

그레이Gray와 동료들(2016)은 코칭에 대한 비판에서 게겐Gergen 부부(2006)의 포스트모던적 관점을 차용하여 코치의 **반성적 정체성**reflexive identity(즉, 코칭 주체에게 제공하는 서비스에 대해 우리가 창조하는 자기 내러티브)과 **관계적 정체성**(즉, 코치와 코칭 주체가 공동으로 창조하거나 관계적 과정에서 창발하는 내러티브)을 구분한다. 그레이와 동료들(2016)은 코칭에 제공하는 반성적 정체성과 개별적으로 정의하는 의미sense는 궁극적으로 작업이 전개됨에 따라 형성되는 '관계적 정체성'에 의해 형성될 것이라고 주장한다. 이런 관점에서, 코칭이 **어떤 모습**이고 코치가 **무엇을 제공**할 수 있는지 사전 공식화된 내러티브(반성적 정체성)를 작업에 가져온다. 이때 코치는 **새롭게 출현하는**emerging **이야기의 공동 저자**가 되며, 코칭 주체와 함께 하는 공동 구성 작업 방식co-constructed way of working으로 강조점이 이동한다.

개인이 대인관계 맥락 안에서 이해되어야 한다는 인식recognition은 서구의 여러 이론적 전통에 존재한다. 그러나 아프리카, 아시아, 이슬람 문화권에는 더 오래되고 풍부한 관점들이 있다. 예를 들어, 아프리카 심리학 관점에서 연구한 라텔레Ratele(2019)는 우리가 지역 사회 공동체의 이야기를 직접 듣고 함께 일할 준비가 되어 있지 않으면 궁극적으로 도움을 요청하는 인간 전체whole person를 이해할 수 없다고 주장한다. 이런 주장은 생태와 기후 의식 코칭ecological and climate-conscious coaching의 필요성을 해결하기 위해 자연과 함께하는 순례pilgrimage with nature의 일환으로 **집단적이고 상호 협력적인 여정**collective and collaborative journey을 강조하는 와이브로우Whybrow와 동료(2023. 한국어판 2026년 출판 예정)의 호소에도 담겨 있다. 렌트Lent(2017)는 의미 탐구 과정에서 서구의 개인주의 세계관과 동양의 집단주의 세계관의 차이를 지적한다. 따라서 코칭에서 공식화의 역할을 검토할 때, 많은 사람에게 **개인 중심 접근 방식**은 그들의 세계관과 맞지 않고 어긋날 수 있다는 점을 인식해야 한다. 아래 제시되는 접근은 반드시 공식화 개념을 사용하지는 않지만, 제시된 이슈를 탐구하는 과정에서 **관계적 공간 속의 개인**을 강조한다. 이런 구조-틀 안에서의 공식화는 관찰된 행동 패턴이나 발생하는 다른 요구사항이 어떻게 맥락에 의해 형성되는지 개념화한다.

라텔리Ratele(2019)의 관점에 따르면 "여기서 바라본 세상은 어떤 모습일까?"라는 질문을 필수적으로 던진다. 아프리카 관점에서 볼 때, 단일하고 통일된 아프리카 문화에 대해 이야기는 것은 불가능하다. 즉, 우분투Ubuntu("우리가 있기에 내가 있다."라는 의미)라는 개념은 수많은 언어와 문화(줄루어isiZulu, 코사어isiXhosa, 은데벨레어isiNdebele, 스와티어SiSwati 등)에 존재한다. 따라서 **온전한 인간됨**be fully human은 피상적 또는 학습된 차이에 집중하여 분리를 추구하기보다는 인류 전체를 집단적/총체적으로collectively 소중히 여기는 것을 의미한다. 집단은 개인보다 우선시된다. 반성적인 것reflexive과 관계적인 것relational 사이의 춤[상호작용] 안에서 우분투는 본질적으로 관계적 실천 지침으로 공존co-existence을 지향하며, 코칭 윤리의 핵심에 다가간다. 이는 대부분의 권력 기반을 무력화/중립화neutralizing하여 누구나 판단에 대한 두려움 없이 안전하게 자신의 윤리적 입장을 공유할 수 있게 한다. 이러한 관점에서 도출된 공식화는 "우리가 있기에 내가 있다we are therefore I am."는 격언[108]의 정신에 따라 개인을 공동체의 일부로 포함해야 한다(Lane et al., 2023; Stout-Rostron, 2019a).

반면 에르샤드Ershad는 이슬람 원칙에 기반한 코칭 접근법(van Nieuwerburgh & Allaho, 2017)이다. 코치를 개인이 원하는 수용력capacity과 성취 수준으로 성장하도록 돕는 안내자로 설명한다. 그러나 이는 신, 자기, 타인, 세계에 대한 이슬람 신념의 틀 안에서 이루어져야 한다. 발견, 의도, 경로, 노력이란 원칙은 코칭 과정을 안내하는

108) 개인의 정체성과 존재가 타인과의 관계와 공동체에 깊이 뿌리 내리고 있다는 철학적 의미를 지닌다. 개인(I am)은 고립된 주체가 아니라 관계와 공동체(we are)의 산물이자 그 일부라는 관점으로 개인의 고통과 이슈는 단순히 개인의 내적 요인으로 보기보다는 그가 속한 사회, 문화, 관계 시스템을 필수적으로 검토한다(관계 중심적 존재론). 개인의 안녕과 성장은 타인의 안녕과 복지, 공동체의 건전함과 분리될 수 없다. 고통과 치유는 모두 연결되어 있다. 그러므로 공식화는 이슈가 대인관계 역기능, 공동체와의 단절에서 비롯되었을 가능성을 탐색해야 한다. 코칭의 목표 역시 개인 변화만이 아니라 관계의 질과 사회적 연결성의 회복에 초점을 맞춘다. 상호의존성interdependence과 상호성reciprocity을 강조한다. 이런 격언에 따른 코칭 공식화는 개인 렌즈와 대인관계 렌즈가 모두 필요하다.

우분투Ubuntu 철학 "사람은 다른 사람을 통해서 사람이 된다A person is a person through other person."

데 사용된다. 본질에서 코칭은 삶의 내면에서 발견한 가장 깊은 목표와 일치하도록 요청받는다. 이 목표는 신의 선물로 간주된다. 삶을 탐구하고 개선하길 원하는 영역을 발견하는 과정에서 우리가 공식화하는 의도에는 자기 자신, 타인, 세상, 신[영성]과의 관계를 성찰해야 한다. 선택하는 [공식화의] 경로는 개별적이지 않고 이러한 신념과 조화를 이룬다. 공식화는 발견 과정에서 비롯된 의도와 경로를 나타내지만, 동시에 믿음의 공동체의 일부로 내재된다.

타인과 관계에서 자기를 위한 매우 오래되고 풍부한 전제는 공자의 가르침에도 존재한다. 이는 많은 아시아 문화에서 여전히 영향력을 발휘하고 있다(Waley, 2000). 이 철학에서 관계의 중요성은 코칭과도 관련이 깊다. 코치와 코칭 주체가 조화롭고 정의로운 나라를 만드는 데 역할을 한다는 점을 강조한다. 황Hwang(2012)은 이를 '한 쌍dyad'의 주요 특징, 즉 '한 쌍 관계'의 친밀성/거리감을 의미하는 '인仁benevolence', 사회적 교류에 적절한 규칙 선택을 의미하는 '의로움/의義righteousness'. '한 쌍'의 사회적 상호작용을 위한 적절한 행동을 규정하는 '예禮propriety'를 포함해 살펴본다.

이를 코칭과 관련해 보면 관계에 대한 이해를 강조하며, 서양의 렌즈를 채택해 발생할 수 있는 오해를 방지한다. 그 예로 체면face의 개념을 들 수 있다. 우리는 개인의 반응인 "체면 지키기/유지saving face(救臉)"라는 개념에 익숙하다. 중국의 개념은 "체면 베풀기/세워주기giving face(給臉)"와 관련있다. 개인은 분석의 단위가 아니라 '관계-속의-개인individuals-in-relation'으로 이해한다(Ho, 1994). 서구가 자립적이고 자기 중심적인 개인이라는 개성을 강조하는 것과 동양인(특히 중국인)이 집단의 공동선을 중요시하는 것에 차이점이 있다. "체면 배풀기/세워주기giving face(給臉)"는 개인이 아닌 대인관계의 과정이다.[109)]

이런 관점에서의 공식화는 코치와 코칭 주체 간의 대인관계 맥락을 벗어나서는 이해할 수 없다. 이는 게슈탈트, 컨스텔레이션, 존재론적, 사회 구성주의 사고와 같은 관점에서도 강조되는 내용이다. 예를 들어, 게슈탈트 접근의 핵심은 관계적 입장relational stance에서의 작업을 강조한다(예: Denham-Vaughan & Gawlinski, 2012; Spoth et al., 2012). 목표 중심의 접근 방식이 직장에서 선호하는 경우가 많지만, 게슈탈트 코칭은 목표를 상대적으로 가볍게 여기는, 더 창발적이고 현상학적인 방식을 채택한다. 목표란 다른 것으로 발전할 수 있는 관심의 대상이다(Spoth et al., 2012). 많은 코칭 접근법에서 강조하는 내담자 중심성은 게슈탈트 접근법에서는 관계 중심을 강조하는 것으로 대체된다.

결과적으로 변화의 창발적, 맥락적, 관계적 특성과 관계의 상호주관적 특성은 상호 과정을 구성하는 기반을 형성한다. 게슈탈트 코치에게 관계의 영역에는 자기 자신, 타인, 코치, 환경이 포함된다(Spoth et al., 2012).

---

109) saving face 체면 지키기/유지: 중국 문화에서 체면 '잃지 않음'에 중점을 둔다. 주로 자신의 잘못이나 약점이 공개되어 타인에게 무시당하는 상황을 피함으로서 자신의 사회적 지위를 유지하려는 개인 중심의 자기 보존 반응이다.

giving face 체면 배풀기/세워주기: 관계 차원에서 타인의 지위, 명예, 위신을 공개적으로 인정하고 존중하는 행위이다. 상대의 사회적 위치를 공고히 해주는 적극적 행위이다. 관계의 원활함을 유지하고 집단의 조화를 이루는 중요한 사회적 윤리이다.

자기self를 장field의 일부로 보는 게슈탈트 접근법과 유사하게, 컨스텔레이션 접근법(Farr & Shepheard, 2018)은 자기와 행동 개념을 환경 의존적으로 본다. 따라서 자기 인식sense of self은 개인이 점유하는 다양한 공간에 따라 변화한다shift. 관심사는 **관계의 패턴**과 그 관계가 이루어지는 **맥락**에 있다. 컨스텔레이션 접근의 지향 목표는 모든 당사자가 시스템 내에서 자신의 위치를 찾을 수 있도록 숨겨지거나 가려진 것을 드러내는 것이다. 우리의 용어로 표현하자면 코치와 코칭 주체가 함께 당면한 이슈와 관련된 시스템 부분을 파악하여 실행 가능한 영역이 명확해지게 해 공식화를 도출한다. 앞서 반성적 내러티브와 관계적 내러티브를 구분한 것과 비슷한 방식이다. 코칭 주체는 자기 이야기를 갖고 오며 코치는 그 이야기를 더 넓은 시스템 정보에 기반한 이야기 안에 배치하기 위해 함께 노력한다.

존재론적Ontological 접근은 코치와 코칭 주체의 "존재 방식way of being"에 중점을 둔다(Sieler, 2020). 특히 주목할 것은 우리의 **존재 방식이 행동의 중심 동인**driver이라는 개념이다. 그러나 이는 언제나 문화적, 역사적 맥락에서 발생한다. 실러Sieler(2020)가 말했듯이 **인간은 관계적이고 대화적인 존재**이다. 자신의 존재 방식을 바탕으로 세상과 상호작용하며, 삶의 다양한 영역에서 자기에게 중요한 것을 깊이 돌본다. 이러한 존재 방식을 효과적으로 코칭하려면 언어, 기분moods, 신체를 활용하여 코칭 주체가 스스로 지각과 행동의 변화를 일으킬 수 있도록[생성하도록] 지원하는 방법에 대해 탄탄한 실천적 이해가 필요하다. 코치와 코칭 주체는 **관계적 관여**relational engagement 안에서 탐구할 이슈에 대한 '공유된 이해'를 같이 찾아간다. 이 접근법의 가장 중요한 핵심은 서로 다른 문화가 서로 다른 존재 방식을 반영하며, 다양한 상황을 이해하고 행동하기 위한 참조 틀frame of reference을 제공한다는 점이다. 이러한 문화적 내러티브는 공동체 구성원에게 어떻게 응답해야 하는지 대응 방법을 알려준다. 코치는 관계 구축을 위해 작용하는 사회적 규범과 관행에 깊이 귀를 기울여야 한다. 대인관계 이해는 존재론적 접근 공식화의 핵심적인 특징이다.

문화적 내러티브에 관심을 갖는 존재론적 접근과 유사하게 **사회 구성주의의 기본 원리**는 사회 현실이 특정 시점의 특정 문화와 사회 속에 자리잡고 있다는 것이다(Misra & Prakash, 2012). 이는 경험주의 세계관에 대한 근본적인 도전이다. 사회 구성주의Social Constructionism는 외부에 객관적 실재[현실]external objective reality가 있다는 개념을 반박한다. 오히려 개인, 집단, 사회가 현실reality로 인식하는 것은 문하적, 역사적으로 자리 잡은 사회적 규범과 관습의 산물로 이해한다. 여기에는 가치, 신념 및 행동 규칙, 문화, 제도와 계층 구조, 결혼과 교육과 같은 의례rituals, 성별과 언어 등이 포함된다. 세상이 너무 복잡하여 우리가 이를 해석해야 한다는 개념은 철학에서 오랜 역사를 지닌다. 결국 **우리가 현실을 사회적으로 구성**construct**한다는** 생각idea으로 정립되어 왔다(Berger & Luckman, 1967). 과학 내 합리성의 위기에 대한 대응책으로 게겐Gergen(1985)은 사회과학과 과학철학을 포함한 다양한 학문의 발전을 위한 방법으로 사회 구성주의를 제안했다(개요는 Chalmers, 2013 참조).

공식화의 목적을 위해 사회구성주의가 제시하는 것은 인간의 경험이 코치와 코칭 주체가 깊이 뿌리내린embedded 공동체적 관습conventions과 내러티브 안에서 발생하는 상호작용과 구성construction의 역동 과정을 통해 맞춤 조각된다는crafted 인식이다. **사회적 구성주의에 기반한 공식화는** 의미가 대화 속에서, 대화를 통해 공동으로 구성됨co-constructed을 인정한다. 이런 '구성'들이 행동의 가능성을 열어주는 공유된 의미 감각sense of meaning의 토대를 형성한다.

대인관계 관점 활용의 고려 사항

이론, 구조-틀, 관점은 코리Corrie와 레인Lane(2010)이 "편의의 범위range of convenience"(p.91)[110]라고 명명해, 이를 공식화 개발을 위한 지침이 되는 매개 변수parameters[111]를 제공한다. Q. 그렇다면 대인관계 렌즈는 개인 렌즈가 제공하지 못하는 무엇을 제공하는가?[112]

110) **편의의 범위**: 원래 개인 구성 심리학Personal Construct Psychology의 창시자인 조지 켈리George Kelly가 사용한 용어이다. 어떤 이론이나 개념/구성construct이 유용하게 적용될 수 있는 현상과 사건의 '경계 조건boundary conditions'을 의미한다. 즉 특정 이론이나 접근 방식이 효과적이고 가장 잘 설명하거나 대처할 수 있는 현상, 문제, 또는 대상의 유효 범위를 말한다.

111) **매개 변수**: 특정 이론이나 접근 방식이 사례 구성을 할 때 무엇을 고려해야 하는지 또는 무엇에 초점을 맞추어야 하는지를 결정하는 지침이 되는 요인 또는 한계를 의미한다. 예를 들면 정신역동 관점의 '매개 변수'는 무의식적 갈등, 초기 관계, 방어기제 등에 초점을 맞추도록 안내하는 반면, 인지적 관점의 '매개 변수'는 자동적 사고, 핵심 신념, 인지적 오류 등에 초점을 맞춘다.

어떻게 정의하든 대인관계 영역에 대한 견고한 검토는 인과 관계에 대한 선형적 관점linear perspectives에서 벗어나 대화, 행동, 반응의 전개 과정에서 상호 영향 패턴으로 사고를 전환하게 할 것이다. 예를 들어 선형적 관점이란 코치가 개입 A를 도입하면 코칭 주체가 반응 B를 보일 것으로 예측하는 관점이다. 코칭은 일방적one-sided이고 하향식top-down 과정이 아니라 양 당사자가 지속해서 이해를 공동 창조하고 결정을 내리는 과정이다. 8장에서 소개할 시스템 관점과 유사하게, 대인관계 관점은 코치를 포함한 코칭에 참여하는 개인들이 자신이 활동하는 대인관계·상호작용적 '장field'에 의해 생각하기thinking와 행동이 어떻게 형성되는지를 조명한다.

이렇게 **코칭의 장**field을 어떻게 개념화할지는 ①위치성, ②상황/맥락, ③이후 합의된 코칭의 목적, ④검토해야 할 영향 요인을 결정하는 채택

---

112) **개인 렌즈**는 개인의 내적 경험과 과정(인지, 감정, 의도, 개인 성격 특성, 생물학적 요인 등)에 초점을 맞추나 대체로 포착하기 어렵다. 또 내면의 경험을 완전히 설명하기 어렵다. 현재의 문제가 과거 또는 외부의 관계 요인에 의해 유지되거나 악화된 것일 경우 이를 간과하기 쉽다. 더구나 관계적 패턴이 재현reeactment 되거나 발현emerge되는 현상을 이해하고 활용할 능력이 제한된다.

대인관계 렌즈는 관계적 맥락, 상호작용적 역동, 환경의 영향을 포괄한다. 타인과의 관계에서 발생하는 역기능(지배/복종, 거리두기/친밀하기), 충족되지 않는 소속감이나 부담감 등 대인관계 요구가 원인이 된다. 상황적, 관계적 유발 요인에 대한 반응으로서의 행동(특정 상호작용 파트너 앞에서만 나타나는 불안). 코칭 주체의 관계 방식(전이), 두 사람 간의 상호작용을 변화의 도구로 활용한다.

핵심적 차이는 대인관계 렌즈는 개인의 이슈가 관계 시스템 안에서 공동으로 생성되며, 다른 사람에게 영향을 미치거나 받는 방식에 초점을 맞춘다. 코칭 주체의 특성이나 이슈를 고립된 실체가 아니라 관계적 실체로 본다. 또 코칭 주체가 코치와 맺는 관계(코칭 관계)가 그가 다른 사람과 맺는 관계 패턴을 반영한다고 가정하며, 이 관계를 이슈 해결의 실험실로 활용할 수 있게 한다.

된 이론적 관점에 따라 달라진다. 이를 종합적으로 볼 때, 코치는 개별 코칭 주체의 특성characteristics, 신념, 행동, 요구needs, 열망aspirations(개인 관점)에 대한 초점을 넘어 코치-코칭 주체 '한 쌍'에서 창발하는 알기knowing와 성장의 형태에 기여하는 요인으로 시야를 확장해야 한다. 이런 렌즈로 이해할 때, 코칭은 **과제 중심의 노력**task-focused endeavour보다는 **탐색**exploration**과 변화를 위한 파트너십 기반의 구조-틀**로 개념화된다. 다음은 대인관계 관점이 공식화를 위한 유용한 기반이 될 수 있는 시점을 판단하기 위한 몇 가지 검토 사항이다.

대인관계 관점이 유리할 수 있는 경우

대인관계 관점은 다음과 같은 경우에 공식화의 기반으로 유용할 수 있다.

- 코칭의 합의된 초점에 '한 쌍적 특성dyadic features'이 강하게 관련 있는 것으로 보일 때
- 코치와 코칭 주체 간의 대인관계 '상호 만남'이 원활하게 작동하지 않거나 한쪽 또는 양쪽 모두에게 혼란스러운 측면이 있을 때
- 코칭 관계의 일부 측면이 지나치게 원활하게 진행되는 경우(즉, 의미 있는 변화가 일어나기에는 과정이 너무 편안해진 경우)
- 코칭 주체의 우려가 일부 특정 대인관계 맥락/상황에서는 발생하지만 다른 맥락/상황에서는 발생하지 않는 것으로 파악된 경우

- 직·간접적으로 '중요한 타인'(전문적 또는 개인적 관계)과 함께 작업하는 것이 원하는 코칭 결과를 달성 가능성을 높일 것으로 예상되는 경우
- 코칭 맥락에 코칭이 효과를 위해 반드시 헤쳐나가야 할 대인관계 요인이 포함되어 있는 경우
- 합의된 코칭 목적이 다른 관계에 파급 효과를 일으킬 가능성이 있어, 이를 예측하고 관리해야 하는 경우
- 맥락과 코칭 주체의 상황이 많은 변수로 인해 급변하고 있으며, 특정 타인 관계를 이해하고 관리하는 것이 효과적인 대응에 핵심적일 가능성이 높은 경우
- 코칭 주체는 대인관계의 권력과 영향력을 더 깊이 이해하고 관리해야 하는 관계 속에 자리 잡고 있는 경우
- 코칭 주체의 삶의 한 영역에서 중요한 관계는 다른 영역에서의 성과 달성에 부정적인 영향을 미치는 경우
- 코칭의 초점은 기술 기반이 아닌 발전적 여정의 형태를 취하며, 코칭 주체가 전환 과정의 일환으로 어떤 존재로 성장해 가는지에 중점을 두는 경우
- 대인관계 관점이 코칭 주체의 세계관 속의 문화, 가치, 신념과 일관성을 보이는 경우

대인관계 관점은 다음과 같은 경우에는 코칭의 기초로 유용하지 않을 수 있다.

- 합의된 코칭 초점이 특정 기술 습득에 있는 경우
- 코칭이 매우 짧거나 단기적인 성격을 띨 경우
- 코칭 주체가 매우 목표 지향적이며 이러한 사고방식mindset이 조직 전체의 가치와 일치하는 경우
- 코칭 주체가 자신의 개인 자원을 효과적으로 활용하여 획득할 수 있는 목표와 행동적으로 정의된 결과에 매우 집중하는 경우
- 코칭 주체(또는 코치)는 자기 자신에 대한 성찰 과정과 코칭 과정에 대한 기여를 충분히 참여할 능력과 의지가 없는 경우

결론

이 장에서는 대인관계 관점에서 공식화에 접근할 때 고려해야 할 몇 가지 요인을 살펴보았다. 또한 코치가 구체적인 변화의 기회를 파악하고, 이해하고, 활용하는 데 대인관계 관점이 어떻게 도움이 되는지도 검토하였다. 그러나 대인관계는 매우 광범위한 영역으로 사전에 정의되지 않는다. 따라서 대인관계 관점을 채택한다는 것은 인지적, 정서적, 행동적 반응reaction을 일으키는 도식이나 안정적인 개인적 특성같은 형태를 보일 때이다. 또 특정한 도움 역할에 관여되어 있는 경향을 나타낼 수도 있다.

코칭 주체의 위치성, 맥락, 문화, 세계관은 관계의 상호주관적 본질과 개인에 대한 의미 있는 이해와 분리할 수 없다. 집단 공동체와 연관

되는 더 넓은 대인관계 관점을 필요로 하기도 한다. 그러나 대인관계 요인이 어떻게 정의되든, 대인 관계 관점의 공식화는 ①코칭 주체와 코치가 '한 쌍'으로 협력하여, ②코칭 주체의 경험에 대한 다양한 설명/분석different accounts을 구성하고, ③이를 통해 새로운 관점과 행동 가능성이 일어나게 되는 ④대화적 '상호 만남'을 통해 창발되고 정교하게 다듬어지는 것으로 개념화된다.

숙고 해야 할 질문

이 장을 읽은 후 자신의 프랙티스와 관련해 떠오르는 것이 무엇인지 생각해 보자. 공식화를 수립할 때 다음 질문을 검토하는 것이 도움이 된다.

Q. 당신의 코칭 접근 방식은 어떤 형태의 관계를 선호하는가?
　아직 대인관계에 초점을 맞추지 않았다면 대인관계 관점을 채택하는 것이 어떤 의미를 갖는가?

Q. 대인관계 관점은 코칭 주체의 맥락 속에서 더 깊이 이해하기 위해 연구search의 형태를 취할 수 있다. 이런 '연구'는 평소 자신의 작업 방식에 어떤 영향을 미칠 수 있는가?

Q. 대인관계 관점이란 개념은 코치와 코칭 주체 모두 각자의 내러티브를 가지고 있으며, 이를 탐색하고 조정하여 공통의 관심사

와 그 관심사에 대한 공식화에 도달한다는 것을 의미한다.

대인관계 관점을 채택하면 실천 접근 방식에 어떤 영향을 미칠 수 있는가?

Q. 코치와 코칭 주체는 분리된 별개의 개인으로 또 '한 쌍'으로 개념화할 수 있다. 각 경우에 작용하는 대인관계 역동을 어떻게 이해하고 접근해야 하나?

8장
시스템 관점의 공식화

최근 몇 년 동안 코칭은 여러 분야에 적용되어 왔다. 개인 변화에 대한 전통적인 관점은 시스템적 변화를 지향 목표로 코칭에 관한 관심 증가로 확장되었다. 그 결과 시스템적 사고, 복잡계, 혼돈 이론 등이 코칭 실천에 영향을 미치기 시작했다. 이는 코칭을 예측하기 어렵고 복잡한 messy 시스템 내에 내재된 복잡한 과정으로 보는 새로운 생각을 가져왔다. 이런 관점은 원인과 결과가 시간과 공간적으로 멀리 떨어져 있을 수 있으며, 인과 관계의 복잡성으로 인해 직접적인 연관성을 파악하기 어렵다는 점을 인정한다. 결과 예측이 불가능하고 시스템 내에서 변화가 어디에서 발생할지조차 불분명하다는 점을 고려할 때 이런 개념은 코치가 코칭을 어떻게 공식화하는지에 중요한 함의를 지닌다.

이 장은 단순한 것에서 복잡한 것까지 시스템 사고의 핵심 개념을 소개한다. 코치들이 다양한 시스템 사이에서 다중 방식으로 지속해서 학습하며 작업하는 방식을 설명한다. 코치가 시스템을 이해하고 접근하는 방식은 코칭이 전개됨에 따라 변화에 접근하는 방식에 영향을 미친다. 이 점이 코칭 관계에 무엇을 가져올 수 있는지, 그리고 코치와 코칭 주체가 세상이 예측 불가능하다는 이해와 씨름할 때 공식화 방식에 미치는 함의를 탐구한다.

시스템이란 무엇인가?

시스템은 물리적 시스템(예: 하천 시스템), 생물학적 시스템(예: 인체), 인간이 설계한 시스템(예: 컴퓨터 시스템), 추상적 시스템(예: 철학적 사고 시스템), 사회적 시스템(예: 팀), 인간 활동 시스템(예: 품질 보증 시스템) 등 다양한 형태를 취한다. 인간은 시스템으로 이루어진 세계에 존재하며, 삶의 대부분을 끊임없이 변화하는 시스템 관계망 속에서 상호작용하며 보낸다(Cshry, 2015). 그러나 우리 대부분은 가족, 이웃, 도시, 팀, 조직, 국가, 세계 시민, 생태계의 유기체 등 자신이 속한 다중 시스템multiple systems을 쉽게 알아차리지 못한다.

그렇다면 시스템에 대해 이야기할 때 우리는 무엇을 의미하는가? 시스템은 '복잡한 전체'로 정의될 수 있다. 그 기능은 구성 요인과 이들 간의 상호작용에 의존한다. 바로 이러한 상호작용이 전체 시스템을 생성한다. 일단 시스템이 형성되면 그것은 구성 요인과 이들의 상호작용에 의미를 부여하게 된다. 예를 들어 조직을 생각해 보자. 조직 전체와 그 활동은 조직을 구성하는 모든 사람과 시스템 간의 상호작용에서 비롯된다. 조직 전체는 리더와 개별 역할 같은 개별 부분에 의미를 부여한다. 조직이 없다면 개별 리더는 아무런 역할을 할 수 없고, 구성원이 없다면 조직은 기능을 멈출 것이다(Jackson, 2003).

시스템 사고의 진화

1950년대, 과학자들은 복잡한 문제 해결에 환원주의의 한계를 경험하면서 다중 시스템 이론이 등장했다. 문제는 하나의 영역이나 학문 분야에 깔끔하게 국한되는 경우가 드물고, 오히려 서로 밀접하게 연결된 문제 상황으로 나타난다(Jackson, 2003). 복잡한 문제를 해결하려면 문제를 구성 요인으로 분해하는 대신 특정 이슈가 다른 이슈와 어떻게 연결되어 있는지 생각하는 것을 요구한다. 다른 과학 분야에서 비롯되었으나 시스템 접근법은 조직과 같은 인간 시스템에 적용되어 사람들이 자신이 운영되는 맥락을 이해하고 시스템 관점을 적용하여 문제 해결 수용력problem-solving capacity을 확장하도록 지원해 왔다(Capra & Luisi, 2014; Lawrence, 2019, 2021a).

시스템 사고의 초기 적용인 **일반 시스템 이론**General Systems Theory(GST)(Von Bertalanffy, 1968)은 '고정된hard' 또는 '1차 시스템 사고'로 불리며, 관리자에게 시스템의 성능을 최적화하는 방법을 제공했으며 효율성에 초점을 맞추었다. 이런 관점에서는 세계는 객관적으로 관찰하고 모델링할 수 있는 시스템으로 구성되어 있다고 가정한다. 이런 접근법에서 리더의 주요 임무는 조직의 방향을 통제하고, 불확실성을 줄이며, 안정성과 예측 가능성을 높여 조직의 목적을 달성하는 것이다(Stacey, 2007b). 이런 식의 조직 관점에 대한 도전은 **소프트 시스템 방법론**Soft Systems Methodology(SSM) 분야에서 일찍이 제기되었다. 체크랜드Checkland(1981)는 사회 시스템이 너무 복잡하여 GST가 제안한 것처럼 수학적으로 모델링하기에는 너무 복잡하다고 주장했다. SSM은 사람들이 서로 상충하는 목적과 모순되는 관점을 갖고 있다고 인정한다. SSM은 수학적 모델링을 사용하는 대신 사람들이 함께 모여 시스템 형태로 문제를 모델링하고 이 모델을 사용하여 질문을 도출하고 잠재적 해결책을 파악할 것을 제안했다(Checkland, 1981; Lawrence, 2019).

GST와 비슷한 시기에 등장한 **시스템 역동 이론**theory of systems dynamics은 포레스터Forrester(1958)에 의해 개발되었고, 이후 셍게Senge(1990)에 의해 대중화되었다. 시스템 역동에 따르면, 복잡한 시스템complex systems에는 여러 변수가 있으며, 이들은 피드백 루프feedback loops를 통해 상호 연관된다. 이러한 '피드백 루프' 역시 상호작용하며 시스템의 구조를 형성한다(Jackson, 2003). 조직을 이해하기 위해 이러한 접근 방식을 채택하면 관리자는 복잡한 시스템에 존재하는 명확하지 않은 인과 관계를 파악할 수 있다(Lawrence, 2021b).

복잡계 이론

1차 및 2차 시스템 사고(예: SSM)의 한계가 더 복잡한 시스템을 이해하는 데 명백해지면서, 복잡계 이론이 대안으로 부상했다. 다양한 복잡계 이론이 존재하지만, 리더십 및 코칭 분야에서 관심을 모으고 있는 이론은 **복잡 적응 시스템**Complex Adaptive Systems(CAS)이론이다(Lawrence, 2021b).

CAS는 볼Boal과 슐츠Schultz(2007)에 의해 "상호작용하는 하위 단위 또는 행위자들의 집합체로, 함께 복잡하고 적응적인 행동을 생성한다(따라서 '복잡 적응 시스템'이라는 용어가 사용됨)."(p.413)라고 정의되었다. 단순한 인과 관계로는 CAS의 창발적이고 역동적이고 비선형적인 행동과 특성을 설명할 수 없다. CAS는 예측 불가능한 패턴으로 환경에 적응하며, 개별 행위자가 전체 시스템과 시스템의 진화 방식을 통제하지 않는다. 이처럼 CAS는 **자기 조직화**self-organizing되는 시스템으로 간주되며, 행동 패턴은 명시적인 조율co-ordination없이 지역 맥락에서 개별 행위자 간의 상호작용을 통해 나타난다. 그러나 이러한 상호작용은 여전히 **집단 질서의 출현**emergence of collective order으로 이어진다(Stacey, 2007a).

CAS 내 관계와 상호작용의 비선형적 특성은 복잡계 행동의 예측 불가능성을 초래한다. 예를 들어, 시스템의 초기 조건의 작은 변화가 최종 결과에 불균형적인 영향을 미칠 수 있다. CAS 내의 비선형 관계는 작은 변화를 매우 다른 결과(예: 나비 효과)로 증폭시킬 수 있으므로 이로 인해 CAS에서 장기적인 예측은 불가능하다(Stacey, 2007a).

복잡 반응 과정

복잡계 이론은 복잡한 시스템의 행동을 설명하는 데 유용한 비유를 제공할 수 있지만, 스테이시Stacey(2010)는 CAS 이론을 인간에게 단순히 적용할 수 없다고 주장했다. 인간은 복잡계를 모델링하는 데 사용되는 디지털 행위자나 다른 자연계의 행위자와 동일하지 않다. 인간은 의식conscious이 있고, 자기 의식적self-conscious이며, 정서적이고, 자주 즉흥적spontaneous이며, 오랜 역사를 가진 사회에서 태어난 존재이다. 이 모든 요소가 다른 사람 및 시스템과의 상호작용에 반응하는 방식에 영향을 미친다. 스테이시(2010, 2012)는 복잡계 과학의 개념을 사회 시스템에 적용하는 데 적절한 용어는 **복잡 반응 과정**complex responsive processes(CRP)이라고 제안한다. 스테이시(2010, 2012)는 사람들 간의 상호작용을 복잡한 시스템으로 보는 대신, 이는 사실상 시간적 과정이며, 그 결과는 단지 추가적인 상호작용일 뿐 그 이상은 아니라고 본다. 무언가가 이루어지는 방식에서 중요한 것은 지역적 상호작용과 지속적이고 일상적인 대화이다(Stacey, 2010, 2012).

4장에서 위치성positionality 개념을 소개했듯이, 사회 시스템에서 개인들은 상호작용을 통해 권력 관계의 패턴을 공동 구성한다co-construct. 사람들 간의 상호작용은 위치성의 다른 측면들(그들의 생각하는 방식과 사회적 정체성에 영향을 미치는 규범과 가치)을 반영하며, 이는 다시 그들의 행동을 선택하는 방식에 반영된다. CRP가 생산하는 것은 사회, 헌법, 산업, 조직, 집단이라는 총체적인 용어로 불리는 인구 전체의 상호작용 패턴이다. 지역적 상호작용 속 개인들이 이러한 사회적 패턴을 형성하는 동시에, 그들은 인구 전체의 패턴에 의해 형성된다(Stacey, 2012). 많은 사람이 유사한 상황에서 유사한 방식으로 행동하는 일반적인 경향이 존재한다. 이것이 사람들이 상호작용의 결과를 어느 정도 예측할 수 있는 수용력을 개발할 수 있는 기반이 된다. 사회 내 집단의 반응 방식에 대한 몇 가지 일반적인 패턴이 있는데도, 특정 상호작용이 어떻게 전개될지 예측하는 것은 여전히 매우 어렵다(Stacey, 2010, 2012; Stacey & Mowles, 2016). 따라서 CRP 관점은 **변화가 발생하는 방식에 대한 새로운 관점**을 제시한다. 조직적 변화, 아니 사실상 모든 변화도 개인의 선택과 상호작용이 상호작용하는 과정에서 발생한다. 이는 그 누구도 통제할 수 없는 방식으로 나타난다. 이러한 맥락에서 특정 개입이 결과를 초래했다고 주장하거나 대규모 변화 과정을 계획하는 것은 매우 어렵다(Stacey, 2010, 2012; Stacey & Mowles, 2016).

응용 심리학의 시스템 관점

시스템 관점은 정신병리를 개념화하는 새로운 방식이 등장한 1950년대 이후 응용 심리학에도 큰 영향을 미쳐 왔다. 시스템 관점에서 증상, 방어 기제, 성격 구조character structure, 인격personality은 다중 복잡 시스템multiple complex systems이 포함된 특정 대인관계 맥락에 대한 개인의 전형적인 반응을 설명하는 개념으로 이해될 수 있다(Bavelas & Segal, 1982; Jason & Bobak, 2022; Masten et al., 2021). 예를 들어, 사회문화적 관점은 사람과 그들의 사회적 세계가 서로를 필요로 한다고 본다(Markus & Hamedani, 2007). 따라서 행동이나 정신병리를 이해하기 위해서는 개인과 그들 사회 세계를 모두 고려해야 한다(Olthof et al., 2023).

또 다른 예로는 가족 시스템 이론Family Systems Theory(FST)(Bowen, 1978; Baptist & Hamon, 2022)이 있다. 이는 시스템 관점이 어떻게 초점을 개인에서 사회 시스템(이 경우 가족) 내의 역동으로 전환하는지 보여 준다. FST의 초점은 불안을 완화하기 위해 가족 내에서 발달하는 패턴을 매핑하는 것이다. 모든 개입의 목표는 정서 시스템이 작동하는 방식을 인식하도록 돕고, 개인이 반응적인 대응reactive responses이 아닌 자기 주도적self-directed인 선택을 할 수 있는 개인의 능력을 향상시켜 가족 시스템 내에서 대안적 역할을 구축하도록 하는 것이다(Brown, 1999; Kim-Appel & Appel, 2021). 이러한 아이디어는 또한 직장 문제나 가족 기업의 이슈와 코칭과 관련해서도 탐구되었다(Kramer & Kramer, 2021; Shams & Lane, 2011).

시스템으로 생각한다는 개념은 FST 접근법에서 분명하게 드러난다. 예를 들어, FST는 **"삼각관계 형성**triangulating"과 같은 상호작용 패턴에 주목한다. 즉, 긴장과 불안을 해소하기 위해 '한 쌍' 관계에 제3의 인물이나 실체entity를 끌어들이는 역동이다(Kim-Appel & Appel, 2021).[113] FST에서 고려되는 또 다른 패턴은 다-세대적 관점의 활용이다. 이는 과거

113) 역자는 '2자 관계는 3자 관계로 이끌고, 3자 관계는 2자 관계로 붕괴되며 이를 반복한다'라는 코칭 아포리즘으로 표현한다. 둘 사이의 대립 격화는 제3의 인물을 다양한 역할로 끌어들인다. 대립 완화의 피뢰침이나 안전판, 보호막 등, 3자 관계가 더는 유익하지 않거나 배반으로 욕구 충족에 실패하면 언제든 깨거나 무력화, 공모를 통해 붕괴시키고 2자 관계로 환원한다. 코치는 이에 휘말릴 위험에 언제든 노출된다.

가 현재에 영향을 미친다는 관점을 넘어, 과거의 관계 패턴이 현재 시스템에서 지속된다고 보는 모델로 확장된다. 내담자가 현재 상황과 이전 세대가 유사한 이슈를 어떻게 다루었는지 사이의 연관성을 검토하도록 장려한다. 다시 한번 문제를 관련된 개인 외부로 위치시켜 더 광범위한 영향을 고려하게 한다(Kim-Appel & Appel, 2021).

또한, FST의 이후 발전은 가족이 스트레스나 삶의 변화에 어떻게 반응하는지에 영향을 미치는 더 광범위한 시스템 요인을 탐구하는 **다중 맥락적 관점**multi-contextual lens을 도입했다. 이러한 발전은 가족 역동에 있어 성별, 민족성 또는 계급의 중요성을 인정하고, 권력과 위계라는 더 광범위한 사회정치적 이슈가 가족 시스템 내에서 어떻게 전개될 수 있는지 주목하게 한다(Baptist & Hamon, 2022; Brown, 1999).

이러한 사례들은 시스템 관점이 응용 심리학의 접근 방식에 어떻게 영향을 미쳤는지 보여준다. 다음으로 코칭에 시스템 관점을 적용할 때 갖는 함의를 살펴보자.

코칭에서의 시스템적 관점

시스템 관점으로 접근하는 것은 코치가 자기 작업에 접근하는 방식에 여러 가지 중요한 차이점을 도입한다. 카바나Cavanagh와 레인Lane(2012)은 코칭이 복잡한 맥락에서 이루어지기에 시스템 접근이 필수적이라고 주장하며 중요성을 강조했다. 레인Lane과 다운Down(2010)은 격동 상황에서 리더십을, 쿤Kuhn과 와이브로Whybrow(2019)는 **혼돈의 경계**에서 코칭하는 것과 관련한 시스템 접근의 가치를 탐구했다. 로렌스Lawrence(2019, 2021a, 2021b)는 위에서 요약된 시스템 이론의 진화에 기반한 다양한 형태의 시스템 관점과 이 관점이 개인 및 팀코칭에 어떻게 반영될 수 있는지 고찰했다. 코치는 자신이 선호하는 시스템 관점에 따라 여러 시스템 이론을 작업에 활용하거나(Lawrence, 2019, 2021a), 시스템으로 통합된 접근법을 개발할 수 있다(O'Connor, 2020). 코치는 개인 관점과 시스템 관점을 통합할 수 있다. 예를 들어 개인화된 정신역동적 사고와 개방 시스템 이론의 결합에서 비롯된 **시스템 정신역동 접근법**systems psychodynamic approach이 있다(Roberts & Brunning, 2018).

전체론적, 다중 시스템 관점

시스템 관점을 취하면 특히 복잡성 이론의 렌즈를 적용하는 경우(Lawrence, 2019), 코치와 코칭 주체가 고려할 수 있는 여러 층위의 복잡성과 다양한 경로를 드러낼 가능성이 있다. 위 응용 심리학과 관련해 논의했듯, 시스템 관점은 개인이 자신이 활동하는 상호작용 영역에 의해 형성된다는 관점을 견지한다. 이는 코치가 개인에만 집중하는 태도에서 벗어나 개인과 코칭에 영향을 미칠 수 있는 **다양한 층위의 상호작용 시스템**에 주목하는 더 포괄적인 관점을 요구한다(Hawkins &

Turner, 2020; Lawrence, 2019, 221a).

코치는 또한 코칭이 변화의 파급 효과를 창출할 수 있는 시스템에도 주의를 기울일 수 있다(O'Connor & Cavanagh, 2013). 예를 들어, Q. 코칭이 당장 직접적인 코칭 주체인 개인을 넘어서는 변화 창출을 목표로 하는가? Q. 그렇다면 어떤 방식으로 창출하는가? 비록 이것이 코치의 명시적 의도가 아니더라도, 시스템 관점을 취하는 것은 개인이 관여하는 시스템과 상호작용하는 방식의 변화가 예측 불가능한 변화를 창출할 잠재력을 지닌다는 것을 전제로 한다(O'Connor, 2020).

실천적으로 코치는 모든 시스템과 상호작용의 복잡성을 완전히 파악하기를 기대할 수 없다. 코치는 코칭 목적과 가장 관련성이 높다고 가정하는 요인에 집중하는 동시에, 코칭 목적에 가장 적합하거나 코치에게 가장 익숙한 시스템 이론을 활용할 가능성이 높다(O'Connor, 2020). 예를 들어, 조직과 작업할 때 코치는 ①조직 문화, ②코칭 주체가 상호작용하는 시스템(예: 성과 관리 시스템 또는 보상 시스템), ③타인과의 상호작용 패턴, 또는 ④관계 역동을 이해하는 데 시간을 할애한다. 그러나 코치는 조직 후원자, 지역 사회 또는 글로벌 환경의 요구와 같은 시스템 맥락이 코칭에 요구하는 바를 고려하는 데에도 주의를 기울이고 확장할 수도 있다. 이런 방식으로 코치는 코칭 주체뿐 아니라 시스템 맥락 양측의 관계에도 귀를 귀울인다(Hawkins & Turner, 2020). 개인의 관점에서 일하는 코치와 달리, 시스템 코치는 개인의 변화가 코칭 주체가 속한 시스템에도 영향을 미칠 것이라고 전제하고,

개인과 시스템 맥락의 요구가 어떻게 가장 잘 충족될 수 있는지 검토한다(O'Connor, 2020).

시스템 코치는 코칭 주체와 협력하여 코칭 주체에게 영향을 미치는 시스템을 파악할 수 있다. 이러한 **시스템 영향에 대한 감각**은 코칭 주체가 코치와 상호작용할 때 그들의 의사소통과 행동에 반영된 세계를 경청하고 관찰함으로써 얻을 수 있다.[114] 호킨스와 터너(Hawkins & Turner, 2020)는 세계를 더 큰 시스템 안에 중첩된 시스템으로, 그리고 이 시스템은 다시 그 안에 중첩된 시스템들로 이해한다. "우리는 세상 속에 살고 세상은 우리 안에 산다We live in the world and the world lives within us."(p.29)[115] 개인은 가족, 공동체, 조직의 일부이다. 그러나 이러한 문화는 개인 내부에도 존재하며, 개인들이 사용하는 언어, 소통 방식, 사고방식 및 행동 방식을 통해 드러난다. 본질적으로 호킨스Hawkins와 터너Turner(2020)가 언급하는 것은 시스템 관점에서 묘사되는 코칭 주체의 위치성positionality에 미치는 영향이다.

일부 시스템 이론(예: GST)은 객관적인 입장을 취하고 "시스템 변화"를 계획하는 것이 가능하다고 시사한다. 반면, 복잡계 이론은 이러한 수준의 객관성은 불가능하다고 주장한다(Lawrence, 2019). 코치가 코칭 주체와 상호작용을 시작하는 순간, 코치는 시스템의 일부

114) 코칭 주체의 말/목소리뿐 아니라 시스템 맥락과 개별 주체 내면의 맥락, 두 맥락 사이의 관계에도 귀를 기울인다. 또 이런 맥락은 코치의 맥락과 시스템과 상호 영향을 주고받는다. 이런 점에서 '시스템 경청'은 복잡하고 유동적이며 예측할 수 없는 (시스템) 공간 안에서 이루어진다.

115) 개인과 환경이 분리될 수 없는 상호 침투적 관계를 강조하며, 시스템 관점과 개인의 위치성이 지닌 순환적이고 상호적 영향을 함축한다.

가 되고, 그들의 관여는 예상치 못한 방식으로 시스템이나 그들 자신을 변화시키기 시작할 것이다. 또한 코치는 자신의 위치성에서 비롯된 모든 시스템 영향을 코칭에 반영하며, 이는 자신의 관점을 형성하고 코칭 주체와 코칭에 접근하는 방식에 영향을 미친다. 우리는 오직 **상호 주관적 관계**만 맺을 수 있다. 시스템이란 우리가 바라보는 대상이 아니라[무엇을 보느냐가 아니라], 우리가 바라보는 위치와 작업에 참여하는 방식[어디에서 보고 어떻게 작업에 참여하느냐]을 의미한다(Hawkins & Turner, 2020).

시스템 관점으로 공식화하기

코칭 목적purpose에 대한 합의[116]는 코칭 공식화의 초기 과제이며, 예측 불가능하고 불안정한 환경에서는 더욱 중요해진다. 그러나 이 코칭 목적에 합의하는 방식에는 몇 가지 차이가 있을 수 있다. 코치와 개별 코칭 주체 간에만 합의하는 것이 아니라, '목적'은 여러 이해관계자의 관점을 포괄한다. 여기에는 코칭이 진행되는 시스템 담당자들과의 협력도 포함된다. 즉, 이 개인이 속한 모든 시스템을 포함하여, 시스템 맥락이 개인의 코칭에 무엇을 요구하는가라는 질문을 염두에 두는 것이다(Hawkirs & Turner, 2020). 그러나 여러 당사자와 코칭 '목적'에

116) 이때 '목적purpose'이란 무엇인가. 코칭을 해야 할 이유, 왜 나에게 코칭이 요청되는가? 이는 존재적 의미로서의 목적으로 이해한다. 이러한 의미로 문맥상 어색해도 '목적'으로 표기한다.

합의하는 과정에서 의견 충돌이 발생할 가능성이 있으며, 코치는 합의된 목적이 도출될 때까지 이해관계자들과 지속해서 대화를 나눠야 할 수도 있다.

목적이 합의되면, 코치는 개인 수준에서만 공식화하기 보다는 어떤 하나의 시스템 관점이든 시야를 개인에서 관계나 상호작용으로, 사건에서 패턴으로 전환한다(Hawkins & Turner, 2020). 이러한 패턴과 상호작용은 다양한 수준과 영역에서 발생할 수 있다. 복잡한 시스템은 예측할 수 없지만, 사람과 시스템 간의 상호작용을 통해 코치가 활용할 수 있는 패턴이 도출된다. 패턴은 ①조직이나 공동체 전반의 대화에서 나타나는 주제, ②집단 역동 패턴, ③행동 패턴, ④과정이나 결과 패턴, ⑤동기나 사고방식 패턴 등 다양하다(Stacey, 2012; Hawkins & Turner, 2020).

대인관계 수준에서 핵심 상호 작용 가운데 하나(7장에서 논의)는 코치와 개별 코칭 주체 사이의 관계이다. 코치-코칭 주체 상호작용에서 도출되는 유용한 패턴이 코칭 공식화에 정보를 제공해 준다. 대화에서 도출되는 주제, 코칭 주체의 상호작용 패턴, 관계의 역동 등이다. 예를 들어 상호작용이 코치에게 어떤 느낌을 주고, 행동하고, 생각을 유발하는지 검토할 수 있다. 마찬가지로, 코칭 주체도 탐구할 수 있는 상호작용에 대한 관점을 갖게 된다. 또 다른 사항은 코칭 주체와 코치 모두가 코칭 주체의 딜레마에 대해 공유하는 '가정'을 어떻게 표면으로 가져올 것인가이다. 공식화에는 가정, 신념, 이야기의 틀에서 보이는 '생각하기-패턴'이 포함된다(Hawkins & Turner, 2020). 각 관계는 시스템 "춤"(O'Neill, 2000)을 발전시키며, 춤 추는 중에 춤 유형을 확인하면 코칭 주체가 다른 사람과 상호작용하는 방법에 대한 정보를 얻을 수 있다.

시스템 관점의 공식화는 대인관계 상호작용만을 고려하는 것 이상일 가능성이 높다. 코치는 상호작용을 통해 드러나는 패턴을 경청하는 동시에, 이러한 패턴이 코칭 주체의 시스템 맥락, 배경, 그들이 활동하는 세계에 대해 더 무엇을 광범위하게 말해주는지 검토할 것이다(Hawkins & Turner, 2020). 여기에는 코칭 주체의 "초기 조건"에 대한 탐구가 포함된다. 복잡한 시스템에서는 초기 조건의 작은 차이가 시간이 지남에 따라 증폭될 수 있다(Cavanagh, 2013). 따라서 코칭은 단순히 행동만이 아니라 코칭 주체가 시간의 흐름에 따라 이슈에 대해 어떻게 생각해 왔는지 과거부터의 흐름을 고려해야 한다. 또한 코칭 주체가 현재의 딜레마에 직면하게 된 과정에 사회적 영향이 어떻게 관여했는지도 검토할 수 있다. (Q.코칭 주체의 배경, 성장 환경, 경험과 사회적 규범과 같은 요인들이 현재 상황에 어떤 영향을 미쳤는가?)

초기 조건을 고려하는 또 다른 방법은 긍정적인 결과의 선행 요인으로 작용할 수 있는 개별 코칭 주체의 특성characteristics을 파악하는 것이다. 이런 특성에는 주도성proactivity과 학습 지향성(Joo, 2005), 개방성, 성실성conscientiousness, 외향성과 같은 성격 특성(Athanasopoulou & Dopson, 2018), 그리고 자기효능감, 헌신성, 코칭 준비성readiness(Pandolfi, 2020)이 포함된다. 공식화는 이런 특성을 어떻게 측정하거나 평가할 것인지, 이러한 요인들이 코칭의 성공에 영향을 미칠 가능성이 있는지에 대한 검토가 이루어진다. 후속 코칭은 예를 들어 코칭의 다른 면을 다루기 전에, 처음에는 더 큰 헌신을 개발하는 데 초점을 맞출 수 있다.[117]

경우에 따라 코칭 주체는 조직 내에서 구성원들이 계속해서 말하는 이야기처럼 변화의 장벽이 되는 패턴을 바꾸기 위해 시스템에 개입할 기회를 가진다. 파급 효과를 창출하기 위해, 코칭 주체는 자신이 속한 네트워크를 검토하게 되며, 이는 변화의 매개체가 될 수 있다(O'Connor, 2020). 이 경우, 공식화는 긍정적인 변화를 위해 활용할 수 있는 중요한 연결고리와 관계도 파악할 수 있다. 공식화에 무엇을 포함해야 할지는 이러한 요인들이 코칭의 목적 달성에 영향을 미칠 가능성이 있는지 여부에 따라 결정된다. 코치와 코칭 주체는 또한 코칭 주체가 자신이 속한 시스템을 더욱 효과적으로 탐색할 수 있도록 알아차림 수준을 강화하는 데 도움이 되는 시스템적 요인을 포함할지 여부도 고려할 것이다(O'Connor, 2020).

■ 다음 사례 아야기는 위에서 설명한 몇 가지 요인들을 시스템 관점에서 공식화한 예시를 보여준다.

117) 초기 조건의 민감성이 중요하다는 인식에 공식화를 집중하며, 코칭 목적 공유후 주체의 성격적 특징을 근거로 공식화를 진전시키나, 곧 이어질 코칭에서는 코칭 주체가 코칭 자체에 헌신/전념을 합의하고 끌어내는 데 집중한다. 코칭 여정 중 초기에 긍정적 경험, 성공 경험이 중요하기 때문이다.

[사례 8.1] 시스템적 관점에서의 공식화 예시

아담Adam은 홍콩에 기반을 둔 경험 많은 임원 코치이다. 그는 최근 글로벌 전문 서비스 회사에서 새로 승진한 감사 파트너인 카이 리Kai Lee와 함께 일하는 임무를 수락했다. 이 코칭의 명시된 목적stated purpose은 코칭 주체가 이사에서 파트너로 전환하는 데 필요한 사고방식/마음가짐mindset의 변화를 포함한 파트너십으로의 전환을 지원하는 것이다. 스폰서와 다른 주요 이해관계자들이 어떤 결과를 원하는지에 대한 피드백을 수집한 결과, 다음과 같은 핵심 요소들이 도출되었다.

- 파트너로서 사고방식과 행동 변화shift.
  현재 카이 리Kai Lee는 여전히 이사 수준에서 활동하고 있다. 특히, 다른 파트너들과의 상호 작용에서 그녀는 여전히 자신을 동료가 아닌 하위 직급자로 인식하는 경향이 뚜렷했다.
- 회사는 대규모 파트너 네트워크로 구성되었으며, 회사 내 관계 구축은 성공에 필수적이다.
  카이 리의 네트워크는 다소 작고 과거에 함께 일했던 사람들로 제한되어 있다. 이는 그녀의 수익 창출 능력을 저해하고 있다.

코칭을 진행하면서 아담Adam은 카이 리와 자신 사이에 다음과 같은 상호작용 패턴이 나타나고 있음을 발견했다.

- 내가 질문하면 카이 리는 망설이듯 조심스러운 답변을 한 후 내 의견을 묻는다.
- 그는 눈을 마주치지 않고 의자에 앉아 있는 모습을 보면 자신감이 부족한 것처럼 보인다. 마치 자신을 작게 보이게 해서 눈에 띄지 않고 주목받지 않으려는 듯한 모습이다.
- 이런 반응은 내 안에서 내가 직접 답변을 하고 조언을 해주거나 "구원자" 역할을 해야 한다는 생각을 불러일으킨다.

가설hypotheses

- 카이 리는 다른 사람들과도 비슷한 방식으로 상호작용을 하며, 자신이 상대방에 비해 하위 위치에 있다고 인식하는 인상을 준다.
- 자신보다 높은 지위에 있다고 생각하는 사람들과 상호작용은 그녀가 하위 위치에 있도록 하는 신념이나 사고 패턴을 활성화시킨다.

자신들의 상호작용을 관찰한 아담과 카이 리는 상호작용 패턴을 강화하거나 그녀가 더 큰 알아차림을 통해 도움을 받을 수 있는 광범위한 시스템 영향 요인들을 다음과 같이 공식화했다.

- 조직 문화에서 홍콩 사무실의 역동은 글로벌 문화적 열망[지향점]과 중첩되어 있다. 그러나 현지의 권위주의적 리더십 규범, 연장자/경험에 대한 존중, 고위직 여성 대표 부족 등 지역적인 문화적 요인이 지배적인 경우가 많았다.
- 현지 조직 문화는 홍콩과 중국 본토의 사회적 규범을 일부를 반영하여 현지 문화를 강화했다.
- 아담과 카이 리의 상호작용은 영국 식민지였던 홍콩의 역사적 맥락의 영향을 받았으며, 이는 그녀가 다른 서양인들과의 상호작용에서도 마찬가지였다. 카이 리는 홍콩에서 자랐고, 어린 시절은 영국 통치하의 홍콩에서 보냈다. 그녀의 부모는 식민 정부를 존중했다.
- 카이 리와 그녀의 글로벌 동료의 대다수를 차지하는 서양인 동료들 사이에는 의사소통 및 상호작용 규범이 달랐다. 그녀는 자주 주변 사람들에 의해 말이 무시당했고, 유일한 아시아계 여성으로 대규모 조직에서 주목을 받는 데 어려움을 겪었다.

이러한 추가적인 시스템적 이슈들을 통해 카이 리는 자신이 직면한 몇 가지 도전 과제를 더 잘 인식하게 되었고, 자신에게 도움이 될 뿐 아니라 조직 전체에 파급 효과를 일으킬 수 있는 해결책을 생각해 내기 시작했다.

역자 질문

> Q. 카이 리가 이런 인식에 도달하기까지 공식화 작업 과정을 어떻게 진행했는지 추론하여 이야기해 본다면? 질문이 결합된 시나리오를 함께 작성해 보자.
>
> Q. 시스템 접근, 동서양 문화의 다름을 인식하며 해결책을 찾고 실천해 가는 과정에 대한 공식화는 어떻게 할 수 있는가?

시스템 관점에서 본 공식화의 추가적 함의

복잡한 시스템에서 코칭의 예측 불가능성을 인식하는 것은 코칭의 기본적 또는 전통적인 접근 방식에 시사점을 준다. 예를 들어, 시스템적 코칭 관점에서 **목표 설정**goal setting의 역할을 살펴보자. 많은 코칭 모델에서 목표goals는 과정의 핵심으로 간주되며, 코칭 초기에 명확하게 정의한다(Grant, 2018). 이는 실행 계획action plans과 목표 달성goal achievement을 측정 지표 설정setting metrics[118)]을 이끌어낸다. 일반적으로 이때 목표는 시스템적 맥락을 거의 고려하지 않은 개인적 목표이다. 실제로 이런 맥락 요인은 개인적 목표와 혼동과 갈등의 원인으로 여겨질 수 있다(Cavanagh, 2013). 구체적인 특정 목표보다는 **가능한 결과의 범위**

118) 지표 설정Setting Metrics: 측정과 평가를 위한 구체적 기준이나 지표를 설정하는 것이다. ①측정 기준, ②측정 방법, ③측정 결과의 구체성(행동, 이미지, 지표 등), ④진행 과정이나 상황에 대한 추적 가능성 등을 포함한다.

와 더 넓은 시스템에 미치는 **잠재적 영향**이 고려되어야 한다. 행동은 가능성의 범위를 좁힐 수 있지만, 개별 결과의 효과를 증폭시키거나 차단할 수 있는 많은 시스템적 요인이 있기 때문에 결과를 결정짓기가 어렵다(Cavanagh, 2013; Kuhn & Whybrow, 2019).

복잡 적응 시스템Complex Adaptive Systems(CAS)의 관점에서 일하는 코치와 코칭 주체로서, 눈에 보이는 ①**관찰 가능한 결과**와 ②**상상 가능한 결과**가 존재한다는 점을 고려하는 것이 도움이 된다. 그러나 결과는 CAS의 상호작용에서 발생한다는 점을 고려할 때 ③**상상조차 불가능한 결과**도 존재한다(Cavanagh, 2013). ④예상치 못한 결과가 발생할 가능성을 감안할 때, 어떤 조치[행동]도 소규모 실험의 형태로 도입되어야 하며, 시스템 반응을 경청하고 모니터링하며, 그에 대응하여 진행 중인 행동을 조정해야 한다(O'Connor, 2020).

코칭 개입의 결과나 코칭 대화로 인해 코칭 주체가 취할 수 있는 행동을 예측하는 것이 불가능하지는 않더라도 어렵다는 점을 이해해야 한다. 코치는 **모호함**과 그에 따른 알 수 없는 **불확실성**에 대한 **불안감**을 편안하게 받아들일 수 있어야 한다. 코칭 주체가 코칭에 가져온 이슈에 대한 해결책을 찾고 싶다는 욕구로 인해 결론을 내리려는 유혹에 빠질 수 있다. 그렇지만 필요한 것은 코칭 주체와의 **순간순간의 상호작용에 집중**하고 현재 상황과 다음 단계에 요구되는 것에 민감하게 반응하며 조율을 유지하는 것이다. 이는 코칭이 진행되는 동안, 매 순간만이 아니라, 대화 전반과 코칭 과정 전반에 걸쳐 공식화가 코칭 주체에게 얼마나 효과적으로 작용하는지 추적하는 것을 요구한다(Drake, 2018).

시스템적 관점에서 접근하는 것은 공식화 과정에 함의를 지닌다. 이 입장에서 공식화는 협력적이고 창발적인 과정emergent process으로 간주된다. 공식화 과정의 많은 부분은 코칭 대화 속에서 이루어지며, 코칭 주체와 코치가 현재 상황에서 일어나는 일과 다음에 일어날 일을 이해해 나가는 과정에서 발생한다. 이는 공식화를 코치의 상황 이해로 위치짓기positioning하는 것, 전문가로서의 코치의 역할을 우위에 두는 접근과 대조적이다. 대신 공식화는 코칭이 진행됨에 따라 코치와 코칭 주체의 '생각하기'가 어떻게 변화하는지를 성찰하는 지속적인 과정으로 개념화된다(Kovács & Corrie, 2021). 시스템적인 공식화는 코칭 주체가 자신의 생각하기와 행동하기 패턴이 변화함에 따라 진화할 가능성이 높아진다. 이러한 변화는 코칭 주체와 그들이 상호작용하는 사람 및 시스템에도 반응을 불러일으키며, 따라서 공식화를 변경하거나 기존 가설을 확증시켜 줄 수 있는 추가 정보를 제공한다. 코치는 코칭 회기 전후에 기존 공식화를 되돌아볼 수 있다. 이를 통해 코치가 후속 회기에서 제기할 수 있는 새로운 아이디어와 탐구할 길이 드러나기도 한다(Kovács, 2016; Kovács & Corrie, 2021).

또한 시스템적인 관점을 취하는 코치의 실천능력capabilities에 대한 시사점도 있다. 예를 들어, 시스템적 공식화를 개발하는 과정에는 코칭 주체가 참여하는 서로 다른 시스템의 정보를 해석하고 여러 출처에서 데이터를 수집하는 작업이 포함된다. 이로 인해 코치는 방대한 양의 데이터를 종합해야 하며, 이는 코치와 코칭 주체 모두 검토하는 요인의 양에 압도감을 느끼게 된다. 코치는 가장 가치 있는 통찰을 얻기 위해 정보를 구별하고 종합하는 데 도움이 되는 과정을 고안해야 한다 (Hawkins & Turner, 2020).

시스템 관점이 유리한 경우

대량의 데이터를 종합해야 할 필요성을 고려할 때, 이 시점에서 시스템 관점을 수립하는 것이 가장 유용할 시점과 그 이점 및 잠재적 단점을 살펴보는 것이 필요하다. 시스템 관점은 팀코칭이나 가족 기업 코칭처럼 가족과 조직의 역동 관계가 동시에 작용하는 상황에서 가장 적합해 보인다. 두 경우 모두 코치는 다중적이고 상이한 시스템을 헤쳐나가야 한다. 그러나 시스템 관점은 개인 코칭에도 유용한 렌즈를 제공한다. 코칭 주체와 코치 모두가 코칭 주체의 딜레마를 다른 관점에서 볼 수 있는 가능성을 제공하기 때문이다. 시스템 관점을 선택하는 몇 가지 핵심 요인은 다음과 같다.

- 팀코칭과 같이 여러 사람이 참여하는 경우(예: 팀코칭 과제)
- 코칭 주체의 우려 사항이 특정 상황에서는 발생하지만 다른 상황에서는 발생하지 않는 경우
- 코칭 주체가 해결하고자 하는 이슈가 여러 요인과 관련되어 있는 것처럼 보이지만, 그 가운데 일부만이 코칭 주체의 직접적인 영향권 내에 있는 경우
- 코칭의 맥락이 상호작용하는 여러 사람이나 시스템으로 구성되어

코치와 코칭 주체가 헤쳐 나가야 할 복잡한 환경이 조성되는 경우

- 코칭 계약의 초점이 상호 연결된 시스템 전반에 걸쳐 파급 효과를 일으킬 가능성이 있는 경우
- 맥락과 코칭 주체의 상황이 많은 변화 요인과 함께 급속히 변화하고 있는 경우
- 코칭 주체가 권력과 영향력을 보유하며, 자신의 결정과 행동을 통해 여러 사람과 시스템에 영향을 미칠 수 있는 경우

시스템적 관점을 채택하는 데는 여러 가지 이점이 있다. 구체적으로는 다음과 같다.

- 이는 개인 중심이 아니라 코칭 주체가 처한 시스템 내의 여러 상호작용 요인을 포함하는 코칭 주체의 딜레마에 대한 관점을 제공한다.
- 관련 요인를 개념화하는 구조-틀을 제공하여 코칭 주체가 문제를 다르게 정의하고 다른 시스템 내 요인 또는 시스템 간의 상호작용과 연결을 다루는 개입 방안을 검토할 기회를 제공한다.
- 코칭을 안내할 지식 기반이나 이론적 모델이 제한적이고, 잠재적 결과가 많은 경우, 시스템적 공식화는 가설, 실험 및 결과를 추적하는 구조-틀을 제공한다.
- 빠르게 변화하고 불확실한 상황에서 시스템 관점은 선형적인 인과 관계보다는 결과의 가능성에 초점을 맞춰 불확실성에 대한 수

용성을 높이고 선택의 폭을 넓힐 수 있다.

시스템적 관점을 활용하여 공식화를 개발하는 데에는 다음과 같은 단점도 있다.

- 여러 요인이 관련되어 있을 경우 수집된 데이터의 양이 코치와 코칭 주체에게 부담스럽게 느껴질 수 있다.
- 공식화는 추구할 수 있는 다양한 가능성을 도출할 수 있어 코치와 코칭 주체게 실행에 옮기기 전에 매우 많은 선택지를 검토하게 될 수 있다.
- 공식화는 코칭 주체가 통제할 수 없는 요인이 드러날 수 있으며, 이는 자신의 상황에 대한 좌절감을 가중시킬 수 있다.
- 공식화와 결과 사이에 직접적인 관계를 연결하기 어려울 수 있다.
- 이 접근 방식은 시스템 이론과 시스템 접근 방식에 대한 이해 및 추가적인 기술을 요구하므로 코치에게 더 많은 부담이 될 수 있다.
- 코칭에 시스템 접근 방식을 적용하는 데 대한 관심이 증가하고 있지만, 여전히 이론적 기반이 제한적이며, 따라서 공식화 및 후속 개입의 기반이 될 검증된 방법, 도구 또는 접근법이 부족하다.

결론

이 장에서는 시스템 개념을 소개하고, 시스템 관점이 코칭 공식화에 가져올 수 있는 가치를 개괄적으로 설명했다. 시스템 관점의 핵심 개념을 적용하는 것이 코칭 공식화에 미치는 함의도 검토했다.

시스템 관점은 코칭 공식화 과정에서 상당한 복잡성을 포괄할 수 있으나, 이러한 접근 방식을 채택하고자 하는 코치의 실천능력에 몇 가지 도전 과제를 제기한다. 그러나 시스템 관점은 개별 코칭 주체와 코칭 주체 및 코치가 속한 더 넓은 시스템을 위해 변화의 새로운 가능성을 창출할 수 있는 잠재력을 지닌다. 이는 점점 더 상호 연결되고 복잡해지는 세계에서 가치 있는 관점을 제공하며, 코칭은 개인, 조직 또는 공동체가 복잡성이 증가함에 따라 발생하는 과제를 해결하는 데 중요한 역할을 할 수 있다.

숙고해야 할 질문

이 장을 바탕으로 자신의 코칭 프랙티스를 되돌아볼 때, 다음과 같은 몇 가지 질문을 검토해 볼 수 있다.

Q. 어떤 맥락에서 시스템적 관점을 채택하는 것이 프랙티스에 도움이 되는가?

Q. 당신의 관점에는 어떤 시스템 이론이 포함되어 있으며, 그것들은 당신의 코칭 공식화에 어떻게 적용되는가?

Q. 기존 코칭 주체를 고려할 때, 시스템 접근 방식을 채택하면 어떤 추가적인 통찰을 얻을 수 있는가?

Q. 당신의 코칭 활동에 상호작용하는 시스템은 무엇이며, 당신의 코칭 활동이 이러한 시스템에 어떤 잠재적 영향을 미칠 수 있는가?

9장

코칭 과정과 공식화

이 장은 '과정process'을 설계하는 접근 방식과 공식화가 이후 코칭에 미치는 영향을 살펴본다. 공식화는 본질적으로 참여자의 세계관을 바꿀 수 있는 잠재력을 제공하고, 다른 방법으로는 불가능했을 변화의 방향을 열어준다. 따라서 공식화는 ①**변화 과정**을 개념화하고 ②개입 계획 수립과 ③그 진행 상황을 평가하는 방법도 제공한다. 이 장은 공식화와 코칭 개입 간의 연관성을 살펴보고, 선택된 공식화 접근이 코칭의 포괄적 과제와 접근법에 관한 구조-틀을 어떻게 제공하는지 설명한다. 또 공식화 '과정'에 대한 몇 가지 접근법을 소개하고, 공동 구성된 과정이 데이타 수집과 의사결정을 어떻게 용이하게 하는지 사례를 제공한다. 과정을 검토할 때, 공식화가 단순히 결과물(명사)일 뿐 아니라 코칭 주체와 그들의 세계를 이해하는 지속적인 과정(동사)이라는 점도 탐구한다.

과정은 어떤 기능을 수행하는가?

'과정process'의 예를 소개하기 전에, '과정'이 왜 필요한지, 즉 '과정'이 어떻게 공식화와 관련되어 코칭을 지원하는지 살펴보자. **'과정'이 수행하는 기능과 역할**은 다음과 같다. (1) 코치와 코칭 주체가 설득력 있고 유용한 합의된 '이야기'(공식화)에 도달하도록 돕고, (2) 데이터 수집계획과 실행을 지원하고, (3) 의사결정을 지원하며 인지적 편견의 영향을 줄이는 것이다.

모든 '과정'의 기능 가운데 하나는 코치와 코칭 주체가 건설적이고 변화 가능성을 제공하는 방식으로 코칭 주체의 이야기를 탐색exploration할 수 있게 하는 것이다(Corrie & Lane, 2010). 인간은 스토리텔링[이야기하기]이라는 매체를 통해 자신을 표현하려는 타고난 성향innate inclination을 지닌다. 이야기를 전달할 수 있는 수용력은 우리의 진화와 문화유산의 일부이다(Drake, 2018). 그러나 과정이나 구조가 없다면 이야기는 만족스러운 결론으로 이끌 내러티브 아크arc[119]를 갖추지 못한다. 설득력 있는 이야기는 정보 전달이 기억에 남게 전달하는 동시에 청중이 내러티브에 몰입engagement하는 요소를 포함하는 구조를 지닌다(Boyd et al., 2020).

---

119) **내러티브 아크**arc: 이야기를 구성하는 시작, 중간, 끝의 구조적 흐름, 흔히 '이야기의 흐름arc'이라고 한다. 갈등이 드러나고 최고조에 이르고 해결로 치닫는 과정, 캐릭터와 사건이 겪는 변화의 궤적을 시각적으로 나타낸 것이다.

arc란 둥근 원호, 즉 원의 일부를 지칭하는 경우, 이는 원을 완성하는 '흐름'을 상징한다. 즉 이야기 완성(원)의 일부로 중단된 이야기 조각이다. 마치 이야기 조각을 이어 붙이듯 흐름을 이어가며 이야기-완성을 함께 구성한다.

19세기 학자 구스타프 프레이탁Gustav Freytag의 연구에 따르면 이야기 전개에 세 가지 핵심 과정이라는 구조-틀을 제시했다(Freytag, 1900). 우선은 ①이야기의 **배경과 상황**을 묘사한다. ②무대가 마련되면 **등장인물**의 활동이 전개되며 이야기의 초점은 해결해야 할 **중심적 긴장이나 갈등**에 맞춰진다. ③내러티브의 정점에 도달하면 등장 인물들은 갈등 또는 인지적 **긴장 해결**을 향해 전환한다(Boyd et al., 2020). 이러한 맥락 설정, 플롯 진행, 인지적 긴장으로 구성된 '내러티브 아크'(또는 '이야기 문법[흐름]'이라고도 함)는 장르를 초월해 다양한 내러티브에서 발견된다(Boyd et al., 2020). 코리Corrie와 레인Lane(2010)은 이전에 '이야기 문법[흐름]'을 활용하면 코칭 주체의 참여를 유도하고 변화에 긍정적인 영향을 미치는 매력적인 이야기(공식화)를 만드는 효과적인 과정을 제공할 수 있다고 제안한 바 있다.

예를 들어, 이야기 문법[흐름]을 활용하면 이야기의 사건들은 '사건 간의 연결'을 명확하게 이해할 수 있게 배열할 수 있다(Corrie & Lane, 2010). 마찬가지로 드레이크Drake(2018), 로우Law(2019, 2020), 스텔터Stelter(2013)의 내러티브 코칭 접근은 내러티브 구조의 원리를 구체적으로 활용하고 변화를 창출하는 수단으로 이야기story를 듣고 다시 이야기re-story하는 방법을 제시한다.

다른 증거 기반 접근법에는 코칭 주체의 이야기로 시작하지만, 문의-질문enquiry을 안내하는 데 사용되는 이론적 관점을 제공하는 '과정'을 제시한다(Corrie & Lane, 2010). 많은 모델과 구조-틀이 이런 범주에 속하지만, 다음에 예시하는 세 가지는 이론과 연구를 바탕으로 한 심리학적 접근에 뿌리를 두고 있다(Tee & Passmore, 2022).

SPACE 구조-틀(Edgerton & Palmer, 2005)은 인지-행동적 관점에 기반을 둔 증거 기반 모델이다. PEAK 모델(O'Moore, 2012)은 자기효능감, 목표 설정, 자기 결정 등 성과와 웰빙을 뒷받침하는 심리학 이론을 바탕으로 한 **성과 코칭 모델**이다. DEFINE 과정(Lane et al., 2018)는 성인 학습 이론을 활용하여 코칭을 위한 세부 목표 개발 과정을 제시하고, 평가의 근거를 제공하며 개입 계획과 공식화를 구성한다. 이런 접근 방식은 코칭 주체가 자신의 이야기를 전달할 수 있는 구조를 제공하여, 코치가 유사한 열망이나 도전에 직면한 코칭 주체에게 효과가 입증된 경험적으로 뒷받침된 개입을 제안할 수 있게 한다(Corrie & Lane, 2010).

코칭 회기 수준에서도 GROW와 같은 구조-틀은 코치의 가이드 역할로 설계되어 코칭의 특정 단계(예: 코칭 회기의 시작, 중간, 종료 단계)를 구분하고 명확한 목적이 없는 대화로 흘러가는 것을 방지한다(Grant, 2011).

이렇게 제시된 '과정'은 의사결정에 도움이 되는 데이터 수집을 위한 구조-틀 기능을 지닌다. 이런 과정 자체가 '코칭 주체'가 가져온 잠재적으로 복잡한 이슈들을 다룰 때, 코치가 다양한 형태의 증거를 체계화하고 이해하는 데 도움을 주는 "로드맵road map"으로도 유용하다(Corrie & Lane, 2013). 코치는 코칭 주체의 ①자기가 하는 이야기self-told story, ②다양한 이해관계자의 의견, ③관찰 데이터, ④코칭 주체의 자기 모니터링 작업 결과, ⑤진단 검사나 심리 측정, 프로파일링의 결과

등 다양한 출처에서 광범위한 데이터를 수집한다(Kovács & Corrie, 2021). **'과정'이 제공하는 '구조'**는 데이터의 잠재적 공백에 주목하게 안내하고, 공식화하는데 유용한 데이터를 결정하는 데 도움을 준다. 서로 다른 관점에서 도출된 '과정'은 데이터 수집에 대한 접근 방식과 유용하다고 간주되는 데이터에 서로 다른 우선순위를 부여한다.

예를 들어, **표준화된 스토리 구조**canonical story structure(Corrie & Lane, 2010)로 알려진 '이야기 문법grammar'에 기반한 과정은 이야기에 사건 범주와 관련된 데이터를 갖게 한다. 즉 배경 설정, 시작 사건, 내부 반응, 목표, 행동, 결과와 결말 등이다. 이 구조는 코치가 각 범주에 대한 데이터를 수집되도록 한다. 다른 관점에서 접근하는, **SPACE 구조-틀**로 대표되는 인지-행동 접근법(Edgerton & Palmer, 2005)은 코칭에 필요한 정보를 제공하기 위해 구조-틀의 다섯 가지 요인인 사회적 맥락Social context, 생리적 상태Physiological, 행동Actions, 인지Cognitions 및 정서Emotions에 대한 데이터 수집에 노력을 집중시킨다.

'과정'은 데이터 수집을 돕는 것 외에도 코치가 코칭 과정 전반에서 효과적인 **의사결정**을 지원한다. 코칭이 진행됨에 따라 ①작업의 초점을 선택하거나 ②적용하는 기술이나 ③개입에 대한 계획을 개발하는 등의 의사결정이 이루어진다(Corrie & Lane, 2013). 코칭 회기에는 어떤 자료나 주제를 다룰지, 코치가 어떤 질문을 선택할지, 코칭 주체의 이야기 가운데 어떤 면에 응답할지 등에 영향을 미치는 결정이 내려진다(Berry, 2020). 이러한 결정 지점과 판단은 모두 코칭의 방향과 궁극적으로 코칭의 효과성에 영향을 미칠 가능성이 있다(Berry, 2020).

코칭 맥락에서 의사결정을 이해하는 것이 중요함에도 기존 코칭 문헌에는 이 주제를 다루는 내용이 거의 없다(Berry, 2020; Corrie & Lane, 2013). 또한 국제코칭연맹(ICF)이나 유럽코칭멘토링회의(EMCC) 등 전문 기관에서 개발한 역량 구조-틀에도 의사결정은 거의 언급이 없고, 역량 구조-틀에 포함된 다른 역량에 암묵적으로 내재되어 있다(Berry, 2020). 예를 들어, EMCC 역량 가운데 하나로 코치가 코칭 주체의 정보에 따라 접근 방식을 조정할 수 있음을 **입증할 수 있어야 한다**는 내용이다. 그러나 접근법의 적응으로 이어지는 의사결정이라는 선행 메커니즘은 역량 구조-틀에서 누락되어 있다(Berry, 2020).

코치의 **의사결정**을 이해하기 위해 수행된 제한된 연구에 따르면 많은 코치가 코칭 주체와 함께 일할 때 **직관적인 판단**에 의존하는 것으로 드러났다(Berry, 2020). 그러나 의사결정의 근거가 되는 '과정'이 부재할 경우, 코치는 많은 인지 편향(Berry, 2020; Corrie & Lane, 2013), **휴리스틱**heuristics 또는 자기 기만self-deception(Bachkirova, 2015)의 희생양이 될 위험이 있다. 코칭 분야의 문헌이 부족하다는 점을 감안하며 관련 분야의 연구 결과를 참고해 보자.

레인Lane과 코리Corrie(2011)는 의사결정의 "MAP"(미션Mission, 태도Attitude, 과정Process)을 제공하는 구조-틀을 제시했다. 이는 상담사나 심리치료사의 의사결정 장애 요인을 이해하는 데 특히 유용하나 코치에게도 유사한 활용 가치를 지닌다(Corrie & Lane, 2013).

귀인 이론attribution theory 또한 코치의 의사결정에 존재하는 잠재적 편견을 탐구하는 데 유용한 구조-틀 가운데 하나이다. 귀인 이론

(Heider, 1958)은 개인의 행동과 관련해 인지된 인과 관계 요인을 이해하는 내부 또는 외부 귀인으로 구분한다. 내적 귀인은 개인의 행동의 원인을 그 사람이 가진 자질이나 특성과 연결시킨다. 반면에 외부 귀인은 상황 요인이 그 사람의 행동에 영향을 미친다고 추론한다(Heider, 1958). 코칭 관계에서 코칭 주체와 코치 모두 두 가지 귀인 패턴 가운데 하나에 편향을 가질 수 있다.[120] 이러한 잠재적 편향의 한 가지 원인은 **코치의 훈련과 이론적 관점**이다. 심리치료 분야에서 수행된 연구에 따르면 정신분석 및 인지적 접근법을 훈련받은 코치는 코칭 주체 내적 요인에 특권을 부여할 가능성이 높다는 가설을 주장했다(Segers & Vloeberghs, 2009). 행동주의적 또는 시스템 접근법을 사용하는 코치는 환경적 요인의 영향에 주의를 기울이고 상황 변화를 모색할 가능성이 더 높을 수 있다.

의사결정 방식에 대한 이해를 돕는 두 번째 구조-틀은 휴리스틱 분야이다(Corrie & Lane, 2013; Kahneman & Tversky, 1972; Lane & Corrie, 2011). 휴리스틱은 경험적 규칙 또는 정신적 지름길(Kahneman, 2011)로 의사결정과 관련된 정보의 복잡성을 줄이는 수단을 제공하며 의사결정에 대한 시스템적 접근 방식의 대안으로 사용된다. 휴리스틱의 구조-틀은 카네만Kahneman과 트베르스키Tversky(1972)에 의해 개발되었으며 대표성representativeness, 고정 효과/앵커링anchoring,

120) 코치는 이런 내부, 외부 귀인 편향에 대해 경청과 수용을 한 후 반대 귀인에 주목하게 질문을 해 균형의 필요성이나 종합의 효과를 자각하게 한다. 자기self를 향한 질문, (외부) 대상을 향한 질문 등.

가용성 휴리스틱availability heuristics과 같은 편향성을 구분한다. 판단을 돕거나 방해하는 휴리스틱의 역할에는 여러 가지 관점이 있다. 휴리스틱은 의사결정 속도를 높이고 정신적 노력을 줄일 수 있으며 완전한 정보가 부족할 때조차 필요할 수 있다. 그러나 휴리스틱은 동시에 인지적 편향(지각적, 해석적)의 원인이 되기도 한다(Corrie, 2009; Ramanayaka et al., 2023). 이 논쟁의 양측 학자들은 휴리스틱을 수용 가능한 접근법으로 간주하기보다는 의사결정자가 휴리스틱의 한계를 인식하고 잠재적 편견을 완화하기 위해 조정하고, 피드백, 연구 및 새로운 지식을 바탕으로 결정을 재검토해야 한다는 데 동의한다(Kahneman & Klein, 2009).[121)]

베리Berry(2020)의 주장처럼 코치가 직관적으로 많은 결정을 내린다면, 그 결정이 여러 가지 편견의 영향을 받을 위험이 있다. 따라서 모든 코칭 과정은 코치가 자신의 의사결정을 평가하고 성찰과 메타인지의 기회를 제공할 수 있어야 한다(Berry, 2020; Collins et al., 2016).[122)]

121) 휴리스틱: 각주 16 참조

122) 근본적인 최선의 대안은 누구든 자신의 실천 활동에 대한 수퍼비전에 참여하고 그 구조를 갖추는 것이다. 이는 수퍼바이저 코치도 예외는 아니다. 이 저자와 이 저서는 이점에 대해서는 언급이 전혀 없다. 코칭 공식화, 사례개념화 역시 수퍼비전에 포함되며 수퍼비전의 중요한 방식이다.

과정과 코칭 모델

많은 코치는 코칭 과정을 권장하는 특정 접근 방식으로 훈련받으며, 이는 코칭 모델로 체계적으로 표현되고 시각화된다. 이러한 코칭 모델은 특정 코칭 대화와 코칭 여정 전반에서 일어나는 일 또는 일어날 일에 대한 기초를 제공한다(Stout-Rostron, 2014). 많은 코칭 접근법에서 이런 모델은 코칭 과정의 필수적으로 적용될 도구와 기법도 포함되어 있다. 스타우트-로스트론Stout-Rostron(2014)은 모델과 구조-틀(대부분의 코칭 모델을 구조-틀, 즉 작업을 구조화하는 (건축) 구조물architecture로 정의함)과 사용되는 도구tool 및 기법techniques을 유용하게 구분한다. 그녀는 **도구**를 평가, 질문, 진술의 재구성 등 **특정 결과를 도출하는 데 사용되는 수단**으로 정의한다. **기법**은 코치가 도구를 효과적으로 사용하기 위해 개발한 기술skill과 역량competence이다. 예를 들어 일련의 이해관계자 인터뷰를 완료하고 디브리핑 보고서를 작성하는 것은 코칭 도구에 해당한다. 기법에는 정보를 수집하고, 설득력 있는 보고서를 작성하며, 피드백 제공을 위한 코칭 대화를 촉진하는 '기술'이 포함된다. 경청도 하나의 도구이며, 그 기법은 능숙한 적극적 경청active listening이다. 코칭 과정을 설계할 때 코치는 자신의 접근 방식을 코칭 주체에게 쉽게 설명할 수 있는 **모델**로 제시하거나, 단순히 자신의 '생각하기'를 안내하는 '과정'으로 사용할 수 있다. 코치는 모든 코치 활동에 적용하는 하나의 과정 또는 모델을 고수할 수 있고, 여러 모델을 통합하여 각 코칭 주체의 필요에 따라 유연하게 적용한다(Stout-

Rostron, 2014).

어떤 코칭 접근 방식이든 여러 가지 모델, 도구 및 구조-틀이 포함된다. 이는 코치가 공식화 개발에 도움이 될 견고한 '과정'의 기반을 제공한다. 또는 이런 구조-틀을 조정하고 개선하여 매력적인 공식화를 공동 창조하거나, 상황에 따라 코치가 직접 과정을 설계하는 것이 더 적합할 수 있다.

목적에 맞는 과정 선택하기

선택한 과정은 〈4P 구조-틀〉의 다른 요소와 일관성이 있어야 한다. 지향 목표aim는 코치와 코칭 주체의 위치성, 코치가 일반적으로 작업하거나 코칭 주체의 관점을 반영하는 관점이라는 제약 조건 내에서 코칭의 목적purpose에 가장 잘 부합하는 **'과정'**을 찾는 것이다.

진행할 작업을 위한 '과정'을 개발할 때, 필요한 정보의 유형, 데이터 수집 방법, 작업의 초점이 어디에 맞춰질 것인지에 대해 여러 가지 결정을 내려야 한다. 또한 수집된 정보를 변화에 영향을 미칠 수 있는 '의미 있는 분석/설명meaningful account'으로 종합하는 방법도 선택이 필요하다. **선택한 관점의 제약 조건** 내에서 작업의 목적에 가장 적합한 '과정'을 확인할 때 염두에 두어야 할 여러 가지 고려 사항이 있다. 예를 들어 코리Corrie와 레인Lane(2010)은 다음과 같은 사항을 제시했다.

Q. 코치는 코칭 목적을 달성하기 위해 코칭 모델, 도구 또는 기법을 어떻게 활용하는가?

Q. 코치가 작업하는 관점에 따라 선호하는 특정 구조-틀이 있는가?

Q. 코치가 훈련받는 관점에 일반적으로 포함되지 않거나 허용되지 않는 구조-틀, 도구 및 기법은 무엇인가?

이러한 질문에 대한 답은 코치의 위치성positionality, 목적purpose, 관점perspectives에 부합하는 과정process을 파악하기 위한 출발점이다. 명확한 목적을 달성하기 위해 특정 관점에서 설계된 과정의 예를 소개한다.

과정 예시

여기서는 코치가 정의된 코칭 **목적** 달성은 물론 공식화를 위한 구조-틀을 제공하기 위해 고안된 두 가지 **과정** 예시를 간략하게 설명한다. 이 두 사례는 증거에 기반하며, 설계 목적과 그 기반이 되는 관점을 명확하게 기술한다. 첫 번째 과정은 생각하기 방식, 행동, 정서 면에서 '성격 변화'의 가능성과 성격 이론(Martin et al., 2014)을 기반으로 구조-틀을 소개하며, 두 번째는 리더가 더 높은 직책으로 전환하는 것을 지원한다는 구체적인 목적을 위해 개발되었다.

의도적인 성격 변화를 위한 단계별 과정

성격 변화personality change를 용이하게 하기 위한 코칭의 활용은 비교적 미개척 분야이다. 그러나 마틴Martin 등(2014)은 생각하기와 행동 방식의 적응 면에서 성격 변화가(정신병리가 없는 참가자의 경우) 코칭 맥락에서 달성될 수 있다고 주장했다(Martin et al., 2014). 이 접근법의 '목적'은 대인관계와 고용 같은 삶의 영역에서 웰빙 증진과 긍정적 결과와 같은 성격 변화의 잠재적 이점을 활용하는 것으로 명확하게 제시한다(Martin et al., 2014). 이 '과정'은 의도적 변화intentional change(Boyatzis, 2006), 성격 이론personality theory, 동기 부여 인터뷰motivational interviewing(Rollnick et al., 1999), 코칭 심리학 도구 및 기법 등 여러 심리적 관점을 바탕으로 성격 변화를 촉진하기 위해 고안되었다.

10단계 과정 가운데 처음 6단계까지 단계별 접근은 현재 상황에 대한 이해와 원하는 성격 변화를 개발하는 것을 목표로 한다. 공식화 개발의 관점에서 볼 때, 이 단계는 ①개인의 현재 성격 프로필, ②이상적인 자기와 현재의 자기 사이의 차이, ③명확한 코칭 목표, ④변화에 대한 태도, ⑤제안된 코칭 계획을 파악하는 초기 공식화로 이루어진다.

공식화가 완료되면 코치와 코칭 주체는 코칭 과정을 계속 진행한다. 나머지 4단계에서 ⑥진행 상황을 모니터링하고 ⑦코칭 계획을 수정하며 ⑧변화를 내재화하기 위한 유지 관리 프로그램을 합의하는 등 코칭 과정을 계속 진행한다. 필요한 경우 ⑨코칭이 종료된 3개월 후인 10단계에서 최종 평가를 실시하며 ⑩유지 관리 프로그램을 수정한다.

[9.1] 단계별 과정(Martin et al., 2014)

1단계: 성격 및 코칭 주체의 가치 평가

데이터 수집 과정으로 성격 프로필과 코칭 주체 가치관에 대한 설문지를 실시한다.

2단계: 현재의 자기를 발견

성격 및 가치관 프로필의 결과를 코칭 주체와 공유하고 논의한다.

3단계: 현재와 이상적인 자기의 차이를 탐색exploration

코칭 주체와 대화를 통해 현재 자기와 이상적인 자기 사이의 차이를 파악하고 변화를 목표로 삼을 성격의 잠재적 측면을 탐구한다.

4단계: 성격 측면의 변화 목표를 설정

목표로 삼을 변화 목록에 합의하고 코칭 주체의 가치와 부합하는지 여부를 논의한다.

5단계: 변화에 대한 태도를 평가

변화에 대한 코칭 주체의 태도를 평가하고, 양가감정을 관리하며, 최종 코칭 목표를 수정한다.

6단계: 코칭 계획을 설계하고 실행

원하는 변화를 목표로 하는 개입 방안을 파악하고 코칭 계획에 합의한다.

7단계: 코칭 계획을 재평가하고 수정

진행 상황을 평가하기 위해 성격 평가를 두 번째로 실시한다. 결과에 따라 필요한 경우 코칭 계획을 조정한다.

8단계: 남은 코칭 회기 실시

합의된 코칭 계획에 따라 코칭이 계속한다.

9단계: 재평가, 검토 및 유지 관리

성격 평가를 세 번째로 실시하여 합의된 목표에 대한 진행 상황을 평가한다.

변경 사항을 강화하기 위한 유지 관리 계획을 수립한다.

10단계: 후속 조치, 검토 및 개선

3개월 간격으로 성격 평가를 재실시하고 필요한 경우 유지 관리 계획을 변경한다.

역자 질문

Q. 이 같은 단계의 전체 여정을 짐작할 수 있다. 그러나 각 단계에 필요한 세부적인 방안(기법, 도구 등)을 이야기해 보자.

Q. 각 단계별로 예상 가능한 어려움에 어떤 것이 있는지 열거해 보자.

Q. 성격 변화의 진정한 동력을 어떻게 확보할 것인가? 이를 위해 코치가 초점을 맞춰야 할 부분은 무엇인가?

Q. 이 공식화 작업을 위해 스스로 갖춰야 할 내용이 있다면 무엇인가?

Martin, L. S., Oades,L. G., & Caputi, P. (2014). A step-wise process of intentional personality change coaching. *InternationalCoaching Psychology Review*, 9(2),181-195.

변혁적 전환 코칭(TTC) 모델

변혁적 전환 코칭Transformative Transition Coaching(TTC)은 코치가 더 높은 고위직 또는 복잡한 역할로 전환하는 관리자의 변혁적 학습transformative learning[123)]을 지원하기 위해 고안되었다. 이 목적은 리더십 전환 이론leadership transition theory, 전환 코칭transition coaching, 변혁 학습 이론

123) Transformative 변혁적: 근본적인 형태나 본질의 변화라는 의미로 우리말의 '변혁變革'이다. 단순한 지식이나 행동의 변화가 아니라 세상을 보는 '틀' 자체를 새롭게 바꾸는 것이 목표이며, 기존의 사고 방식이나 관점을 근본적으로 바꾸는 정체성의 심층적 변화를 강조한다. 코칭 모델, 리더십, 학습 모두에서 같은 의미로 이해한다.

transformative learning theory이라는 세 가지 주요 이론적 관점에 의해 뒷받침된다(Terblanche et al., 2018). 변혁적 학습은 코칭 과정의 실질적인 부분을 구성하며, 메지로프Mezirow(1994)의 연구에 기반한다. 이전에 무비판적으로 받아들였던 가정, 신념, 가치, 관점에 의문을 제기하며 변화에 더 쉽게 수용적amenable이 되는 과정을 주목한다(Cranton, 2005). TTC는 코칭 주체가 성공적인 리더십 전환leadership transition에 장벽이 될 수 있는 점을 파악하고 전환transform을 지원해 이 접근의 여러 면을 구현한다. TTC 모델은 리더를 현재의 관점을 성찰하고 이러한 관점을 테스트해 도전을 위한 액션러닝action learning[124)]을 수행하는 반복적 과정으로 구성된 다섯 가지 단계를 안내한다(Terblanche et al., 2018). 이 단계는 특정 회기 횟수에 얽매이지 않는다.

대신 코칭 모델에는 세 가지 기준에 따른 변혁적 학습을 측정하는 수단이 포함되어 있다. (1) **깊이**, 개인의 삶에 미치는 영향의 크기 (2) **폭**, 변화가 나타나는 개인의 삶의 맥락의 수를 말하며 (3) **안정성**, 변화가 영구적이어야 변혁적이라고 간주된다(Hoggan, 2016). 코칭 주체는 이 기준의 충족 여부에 따라 다섯 단계로 진행한다.

---

124) 필자는 특별한 언급과 안내가 없다. 그러나 역자는 문장의 'action learning'을 일반적 의미의 '행동 학습'이 아니라 Reg Revans에 의해 개척된 구조화된 교육 및 개발 프로그램인 액션 러닝Action Learning으로 해석한다. 실제 문제real problem를 다루고, 실행Action하며, 그 결과를 성찰Reflection하는 행동-성찰-학습의 액션러닝의 과정과 완벽하게 일치하기 때문이다. 또 리더십 코칭의 목표인 '관점의 변화'와 '새로운 행동 패턴 학습'에 가장 적합한 구조화된 접근 방식이기 때문이다.

[9.2] 변형적 전환 코칭Transformative Transition(Terblanche et al., 2018)

1단계: 시작하기

코치는 코칭의 맥락을 탐색하고 코칭 계약에 합의하며, 리더는 전환 과정에서 직면한 핵심 도전 과제를 파악한다.

2단계: 이해하기

코칭 주체는 현재 지니고 있는 핵심 관점을 파악하기 위해 관점 설문지를 작성한다.

3단계: 확인 및 설계

코치와 코칭 주체는 이전 단계에서 파악한 관점 중에서 새로운 역할에서 성공하는 데 가장 큰 장애물이 될 수 있는 관점을 파악한다. 이 관점이 전환에 미칠 잠재적 영향에 대해 논의한다. 원하는 새로운 관점을 명확히 정의하고, 새로운 관점으로의 전환을 촉진하기 위한 실험 행동behavioural experiments을 설계한다.

4단계: 성찰 및 재설계

호건(2016)의 기준을 활용하여 코칭 주체와 코치는 '변혁적 학습'을 향한 진행 상황을 성찰한다. 학습 심화를 위한 추가적인 액션러닝 및 실험 행동을 설계한다.

5단계: 완료

위의 기준에 따라 평가한 대로 변혁적 학습이 달성되면 유지 관리 전략을 합의한다. 코칭이 완료되거나 다른 관점과 관련된 추가 학습을 위해 코칭을 반복한다.

역자 질문

Q. 코치로서 현재 추가 학습 없이 자신의 자원으로 다섯 단계를 공식화 할 수 있는 '실천능력'과 방법을 제시해 보자.

Q. 이 같은 공식화 작업 과정을 예시를 들어 설명해 보고, 필요한 내용을 찾아보자.

Q. 결국 이 과정의 성패는 코치-코칭 주체 간의 성찰의 폭과 깊이가 관건으로 보인다. 코칭 대화를 통한 성찰의 깊이에 대해 논의해 보자.

Q. 위 내용의 인용 논문은 더 상세한 설명을 한다. 이를 참조하여 이해를 넓힌다.

Martin, L. S., Oades,L. G., & Caputi, P. (2014). A step-wise process of intentional personality change coaching. *InternationalCoaching Psychology Review*, 9(2),181-195.

공식화에 기반한 코칭 과정을 위한 유연한 구조-틀

위의 두 공식화 과정의 예시는 구체적인 코칭 '목적'에 맞게 설계된 접근법이며, 특정 관점에 기반을 둔 동일한 목적을 추구하는 코치들이 채택할 수 있다. 이제 다양한 상황에서 일하는 코치들이 공식화 개발 과정으로 적용할 수 있는 유연한 구조-틀을 소개해 보자. 이런 구조-틀은 공식화 개발 과정에서 가설 수립 및 검증test 접근법을 활용하여 코칭 개입의 근거가 될 증거를 제공하므로, 공식화에 **경험적 접근**empirical approach[125]을 택하는 사람들에게 가장 적합할 것이다(Corrie & Lane, 2010). 경험적 접근법은 코칭 주체의 이야기에서 시작하지만 동시에 코치가 잘 알고 있는 근거를 바탕으로 문의-질문enquiry으로 안내한다. 이 과정은 코바치Kovács(2016)가 박사 연구 프로젝트의 일환으로 개발한 PAIR(목적Purpose, 설명/분석Account, 개입Intervene, 성찰Reflect) 구조-틀을 기반으로 한다(Kovács & Corrie, 2017b, 2017c 참조).

PAIR 구조-틀은 코칭 공식화를 개발하기 위한 단계별 선형 과정으로 의도된 것이 아니다. 대신, 공식화 개발 접근 방식을 명확히 하고 후속 코칭과의 관계를 규명하여 가이드 역할을 한다. 네 가지 구성 요

125) **경험적 접근**empirical approach: 체계적인 관찰, 측정, 실험을 통해 '실제 세계의 증거(자료)를 수집, 분석하여 지식을 도출한다'는 점에서 논리나 이론에 의존하지 않고 감각 경험을 통해 현실을 직접 조사하여 결론을 내리는 과학적 접근의 핵심이다. 가설 설정, 연구 설계, 자료 수집과 분석, 결론 도출에 이르는 과정이다. 이론을 증거로 검증하고 그 증거를 통해 새로운 이론을 구축하는 순환적이고 체계적인 과정이다.

소(목적, 설명/분석, 개입, 성찰)는 코칭이 진행됨에 따라 반복적인 과정이고, 서로 정보를 제공하고 영향을 미치며, 공식화 개발(명사, the formulation)과 진행 중인 공식화 행위(동사, formulating)를 모두 지원한다.

목적 명확화하기

〈PAIR 구조-틀〉을 적용하는 코치는 리더십 실천능력capability 개발이나 웰빙 향상과 같은 실천 전반의 '목적'을 이미 가지고 있을 것이다. 그렇지만 이 접근법의 첫 단계는 각 코칭 주체의 상황/맥락에 맞는 구체적인 '목적'을 합의하는 것이다. 이는 개인 코칭 과제assignment를 일련의 '경계 내에서 설정하며, 코칭 주체 상황/맥락의 복잡성을 탐구할 수 있는 충분한 여지를 제공한다. 의도된 (지향)목표aim에 충분히 집중하고 이를 중심으로 조직되도록 보장한다. 〈PAIR 구조-틀〉 안에서 이해하는 '목적'은 구체적인 목표specific goal보다는 광범위한 (세부) 목표broad objective를 명확히 한다.[126]

---

126) 광범위한 (세부) 목표broad objectives는 코칭이 나아가야 할 방향을 제시하는 나침반 역할을 하며 구체적 여정에서 방향이 되거나 방향을 재조정하는 근거가 된다. 구체적 목표specific goals는 그 방향으로 나아가기 위해 하나씩 밟아가는 구체적인 발걸음으로 이해한다.

설명/분석 개발하기

이 단계 '(지향) 목표'는 후속 코칭에 정보를 제공할 수 있는 공식화를 개발하는 것이다. 설명/분석 개발하기Developing the Account는 세 단계 활동이다. (1) 코칭 주체의 상황, 배경 및 코칭 요구 사항 탐색, (2) 아이디어 생성 과정, (3) 코칭 접근 방식 명확히 하기articulating이다.

1. **탐색**exploration: 코치가 조직적 맥락에서 코칭 주체 또는 코칭의 스폰서와 관계를 맺는 즉시 공식화 과정이 시작된다. 코칭이 진행됨에 따라 더 많은 정보가 드러나고, 아이디어를 검증하고, 행동이나 개입이 이루어지며 그 결과를 평가한다. 결과적으로 공식화는 지속적으로 수정되며, 탐색 과정은 반복적인 과정을 거치게 된다. 코칭 주체의 배경과 상황을 얼마나 광범위하게 탐색할지 또는 어떤 정보를 고려할지는 코치와 코칭 주체의 **위치성**과 선호하는 **관점**에 따라 크게 달라진다.
2. **아이디어 생성하기**generating ideas: 정보가 수집되면 코칭 주체, 그들의 상황, 채택할 수 있는 접근 방식에 대한 아이디어가 생성된다. 코치가 코칭 참여의 초기 단계부터 코칭 주체에 대한 가설과 간략한 이론을 개발하기 시작하는 것은 드문 일이 아니다. 공식화를 개발하는 과정에서 코치는 새롭게 떠오르는 가설을 명시적으로 만들어 토론과 검증을 가능하게 한다. 이러한 가설 검증에는 아이디어에 대한 간단한 토론이나 아이디어 확인, 반박하기 위한

추가 질문을 할 수 있다. 가설 검증에는 특정 진단, 도구 또는 기법의 사용도 포함된다. 이런 모든 작업은 공식화에 통합할 수 있는 많은 정보를 제공하고 초기 아이디어를 확인하거나 도전, 반박하는 것이 되기도 한다.

3. **코칭 접근 방식 설계하기**: 이 단계는 '목적'에 따른 모든 과제, 도구, 기법 또는 개입을 포함하여 가능한 코칭 접근을 세부적으로 매핑한다. 가설 검증을 염두에 두고 공식화 및 관련 코칭 과정에 접근하면 코치와 코칭 주체에게 일정한 구조를 제공하는 동시에 새로운 정보와 상황의 변화를 통합할 수 있게 된다. 코칭 과정 전반에 걸쳐 진행 중 발생하는 변화에 적응할 수 있도록 접근 방식은 유연하게 유지해야 한다. 이는 고려해야 할 상호작용 요인이 많고 상황이 유동적인 경우에 특히 필요하다.

코칭 과제와 접근 방식을 설계할 때 중요하게 고려해야 할 사항

Q. 이 맥락/상황과 코칭 주체에게 가장 적합한 접근 방식은 무엇인가?

Q. 코칭 주체가 코칭 접근 방식을 설계에 어느 정도 관여하기를 원하거나 필요로 하는가?

Q. 진행 상황을 모니터링하는 데 도움이 되는 측정 또는 피드백 메커니즘은 무엇인가?

Q. 코칭 주체에게 코칭 제공 범위를 벗어나는 서비스(예: 치료 또는 의료 서비스)가 필요할 수 있는 요구 사항이 있는가?

개입

이 단계에서 코치는 코칭의 합의된 '목적'과 관련된 요인과 관련된 '공유된 이해'를 더욱 구체화/정교화하고refine, 공식화를 업데이트하는 데 활용할 수 있는 정보를 계속 수집한다. 개입 단계가 계속 진행됨에 따라 공식화는 성공의 장벽을 평가하고, 변화를 지원하기 위해 추가적인 관점이 필요한지 여부를 평가/판단하는 데도 도움이 된다. **코칭이 예상대로 진행**되고 있다면 이 공식화는 특정 맥락에서 또는 달성한 결과와 관련하여 **개입의 효과성**에 대한 통찰을 포착할 수 있게 한다.

변화 요소가 많은 환경에서는 이 공식화는 고정된 설명/분석static account이 될 개연성이 낮다. 오히려 아이디어를 포착하고 패턴을 파악하며 가설, 개입 및 변화를 추적하는 데 유용한 도구가 된다. 따라서 코칭 과정 전반에 걸쳐 더 많은 정보가 밝혀지고 변화가 이루어짐에 따라 **공식화가 변경**될 것을 예상해야 한다. 또한 이 접근법의 핵심 기반이 되는 **성찰적 과정**의 결과로 공식화가 업데이트될 것이다.

성찰

공식화와 코칭 과정의 여러 요소elements를 연결하는 것이 코치의 성찰적 실천이다. 공식화는 코칭 과제 전반에 걸쳐 중심적인 지원 역할을 유지하며 성찰적 실천을 중요한 보조 수단이 된다. 설명/분석account을 검토하고 업데이트하는 과정은 코치가 ①코칭 주체, ②코칭 접근 방식,

③코칭 효과성의 정도와 영향을 미치는 요인factors, ④코치 자신의 학습에 대한 코치의 '생각하기'를 심화시키는 역할을 한다. 또한 이 공식화는 코칭 주체와의 성찰을 위한 유용한 구조-틀을 제공한다. 관련 요인에 대한 공동의 이해를 통해 코칭 주체가 앞으로 전개될 작업을 자신의 것으로 소유할 가능성[주도권]을 높이는 해결책 개발에 협력할 수 있게 한다.

성찰 과정은 가설을 검토하고 필요한 경우 대체 이론적 관점의 렌즈를 통해 다른 관점에서 코칭 주체와 그들의 상황을 고려할 기회이다. 또한 코치와 코칭 주체의 관계와 역동을 검토할 기회이며, 이는 통찰의 원천일 뿐 아니라 **수퍼비전이 필요한 시점인지를 검토하는 지점**이 된다.

코치가 성찰을 촉진하기 위해 사용할 수 있는 질문의 예는 다음과 같다.

Q. (코치와 코칭 주체의) 위치성이 공식화, 개발 중인 가설 및 진행 중인 코칭에 어떤 영향을 미치고 있는가? 공식화에 어떤 가정, 신념, 잠재적 편견이 반영될 수 있는가?

Q. 정보 수집과 가설 개발 과정에서 주로 어떤 관점을 고려하고 있는가?

Q. 이러한 관점을 사용할 때 무엇이 생략되고 있으며 다른 어떤 관점이 유용할 수 있는가?

Q. 특정 코칭 주체와 작업할 때 상호작용이 내게 어떤 감정을 일으키는가?

이러한 느낌은 무엇을 알려주며 이를 공식화에 어떻게 반영할 수 있는가?

Q. 합의된 성공 척도에 따라 어떤 진전이 이루어지고 있는가? 성공에 장애가 되는 요인은 무엇인가? 추가 진전을 지원하기 위해 활용할 수 있는 요인은 무엇인가?

Q. 선택한 개입이 주로 공식화에 근거하는가, 아니면 이전 경험이나 직관에 의해 주도되는가?

코칭이 진행됨에 따라 코치는 목적Purpose, 설명/분석Account, 개입Intervene, 성찰Reflect이라는 네 영역 사이를 오가며 공식화를 발전시키고, 코칭 계획을 실행하며, 결과와 자신의 행동, 코칭 주체 자료에 대한 반응을 성찰하게 된다.

위에 제시된 세 가지 접근 방식은 코치가 자신의 프랙티스에 적용 가능한 경우 채택할 수 있는 근거 기반 과정 일부이다. 그렇지만 코치는 자신의 특정 전문적 맥락에 맞춤화되고 자신의 위치성, 목적, 관점에 부합하는 **과정**[즉 〈4 P 구조-틀〉]을 개발하려 할 수 있다. 다음 이에 접근할 수 있는 몇 가지 방법을 제시한다.

과정 개발을 위한 접근

〈4P 구조-틀〉의 다른 요소와 일관성을 유지하는 과정을 개발하고자 하는 코치에게는 이를 어떻게 엄격하게 수행할 수 있는지에 대한 의문이 생긴다. 코칭 모델을 개발하기 위한 방법론과 방법을 제시하는 문헌이 부족하고 기존의 상당수 모델은 코칭 분야에서 검증 및 테스트되지 않았다(Stout-Rostron, 2009). 그런데도 코칭 실천가가 적용할 수 있는 연구에서 도출된 몇 가지 접근법, 즉 행동 연구, 근거 이론, 이 두 가지를 결합한 코칭 전용 접근법, 즉 **코칭 모델 도출 과정**Coaching Model Derivation Process(CMDP)이 있다(Terblanche, 2020).

'**행동 연구**action research'라는 용어는 포괄적이며 다양한 활동과 연구 방법을 설명하는 데 사용되어 왔다(Adelman, 1993; Gray, 2009; Strauss & Corbin, 1990). 본질적으로는 이론과 실천을 의도적으로 통합하려는 (지향) 목표를 갖고 행동과 연구를 동시에 중점적으로 다루는 접근이다(Coghlan & Brannick, 2004). **행동 연구의 기본 원칙**은 실천가가 자신의 경험을 비판적으로 성찰하고 일반화를 공식화한 다음, 다양한 상황에서 개념과 아이디어를 검증해 지식을 창출할 수 있다는 것이다. 이를 통해 새롭고 구체적인 경험을 얻을 수 있으며 다음 단계의 경험적 학습과 지식 창출에 적용할 수 있다(Zuber-Skerritt, 2015).

행동 연구 주기에는 계획, 실행, 관찰, 성찰의 네 가지 주요 단계가 있다. 이 단계는 나선형 행동 연구 주기로 반복된다(Gray, 2009). 행동 연구는 현실 세계의 문제를 해결하는 것을 지향하는 목표이며, 코치와 코칭 주체가 함께 협력하는 것처럼 연구자와 참여자가 파트너십을 맺고 함께 작업한다(Strauss & Corbin, 1990).

근거 이론은 체계적인 데이터 수집 및 분석 과정을 통해 이론을 개발하는 것을 목표로 하는 질적 연구 방법론이다(Strauss & Corbin, 1990). 근거 이론의 원래 '지향 목표'는 실제 이론을 생성하는 것이었지만, 동일한 접근 방식을 활용해 데이터에서 도출되는 개념적 그림conceptual picture을 구성할 수도 있다(Charmaz, 2014). 코치가 독자적인 '과정'을 개발하는 경우, 코칭 모델에 포함되는 핵심 개념과 요소를 파악하는 것이 목표이다(Terblanche, 2020). 고전적 근거 이론에서 연구자는 명확한 가설이나 연구 질문으로 시작하지 않는다(Gray, 2009). 이후 접근에서는 데이터 수집 과정에서 통찰을 도출하기 위해 기존의 이론적 틀을 사용하는 '정보 기반 근거 이론informed grounded theory' 방식을 채택한다(Charmaz, 2014; Terblanche, 2020).

정보 기반 근거 이론 접근법은 코칭 모델 도출 프로세스CMDP에 적용되었으며(Terblanche, 2020), 이는 위에 제시된 TTC 모델(Terblanche et al., 2018)을 개발하는 데 사용되었다. CMDP는 근거 이론과 행동 연구를 결합한 5단계 과정으로, 연구자들이 이를 통해 경험적으로empirically 근거가 있는 코칭 모델을 도출하는 데 사용할 수 있다(Terblanche, 2020). CMDP의 5단계는 다음과 같다.

(1) 코칭 공간 영역의 구획화, (2) '정보 기반 근거 이론' 접근법을 사용하는 기초 연구 단계, (3) 2단계의 결과를 바탕으로 코칭 모델 초안 작성, (4) 코칭 모델 초안을 발전시키기 위해 행동 연구를 사용하는 적용 단계, (5) 1단계에서 파악한 코칭 공간의 요구를 충족하는 최종 코칭 모델 작성(Terblanche, 2020).

코치가 CMDP에 활용하기 위해 본격적인 전체 연구 프로젝트를 진행할 필요는 없다. 오히려 이런 접근 원칙을 활용하여 개인 맞춤화된 과정을 개발할 수 있다. 기존 과정을 적용하고자 하는 코치에게는 '행동 연구에 기반 접근' 방식이 유용하다. 실천가가 관여하는 코칭 공간이 코칭의 새로운 적용 분야인 경우, 근거 이론grounded theory 또는 CMDP 접근법이 유용한 구조-틀을 제공할 수 있다.

■ 다음은 행동 연구를 바탕으로 기존의 지식과 모델을 사용하여 코치만의 접근법을 개발하는 사례이다.

[9.3] 개인 맞춤형 과정

크리스티나Christina는 수년간 코칭을 해왔다. 중증 또는 만성 질환을 앓고 있는 사람들과 그들의 직장을 대상으로 서비스를 제공하고 있다. 그녀는 자신의 코칭 목적purpose을 코칭 주체가 자신감을 갖고 일을 계속하거나 복귀하도록 돕는다. 동시에 직장과 관리자가 직원들에게 적절한 지원을 제공하도록 영향을 미치는 것이라고 설명한다. 또 코치 교육은 GROW 모델과 적극적 경청, 성찰, 행동 계획 수립, 진행 상황 검토 등의 도구 및 기법을 기반으로 이루어졌다.

이런 기법이 일부 코칭 사례에는 유용했다. 그러나 코칭 주체가 자신의 이야기를 더 많이 할 기회, 이해관계자의 참여, 코칭 주체와 함께 현재 상황과 이상적인 미래 시나리오를 공식화할 수 있는 과정이 필요하다는 것을 깨달았다.

크리스티나는 자신의 작업 방식과 현재 모델을 검토한 후 **행동 연구** 원칙에 기반한 과정을 시작했다. 효과적인 코칭 과정 구축을 위해 과정에 코칭 주체를 참여시켰다. 이 과정에서 코칭 주체들은 크리스티나에게 아이디어와 피드백을 제공했고, 그녀는 자신만의 성찰 과정을 진행했다. 6개월에 걸쳐 접근 방식을 다듬어 코칭 주체의 요구를 충족하는 최종 과정에 도달했다. 그녀의 코칭 과정은 다음과 같다.

코칭 주체의 스토리: 코칭의 초기 단계에서는 코칭 주체의 이야기와 질병, 지금까지의 조직 대응에 대한 경험을 수집하기 위해 **적극적 경청**을 사용한다. 수집된 데이터에는 코칭 주체가 공유하고자 하는 의료 정보뿐 아니라 현재 가정과 직장에서의 지원 및 자원을 모두 포함한다. 이 데이터는 현재 상황을 공식화하기 위한 기초가 된다.

이상적인 상태: 다음 단계는 직장으로 복귀하거나 직장을 계속 다니기 위한 이상적인 상태가 무엇인지 파악한다. 이를 통해 직장 내외부에서 현재 필요한 지원과 그 밖에 필요한 것이 무엇인지 파악한다. 또한 조직의 기대치에 대한 코칭 주체의 이해와 직장 외부 사람이나 조직에서 어떤 추가 지원이 필요한지 파악하는 것도 포함된다. 코치는 또한 정신 건강상의 필요와 지원에 대해 문의하고 필요한 경우 다른 전문가에게 의뢰한다.

조직 참여 유도: 현재 상태와 이상적인 상태에 대한 명확한 공식화를 바탕으로, 코칭 주체와 코치는 일반적으로 코칭 주체의 관리자 및 인사팀 대표와 만나 조직과 소통/협력한다. 코치는 코칭 주체와 조직과의 대화를 촉진한다. 이 회기는 코칭 주체가 지원받고 있다고 느끼며, 조직의 요구와 성과 기대치를 충족할 수 있도록 조직과 코칭 주체가 달성하고자 하는 구체적인 목표에 대한 합의로 마무리한다. 코칭의 전문적 특성을 감안하여 코치는 코칭 주체와 고용주 모두에게 자료를 제공한다. 그 중 일부는 코치가 직접 개발한 자료이다.

진행 상황을 모니터링, 검토와 조정: 진행 중인 코칭 회기에서는 명시된 목표 달성 진행 상황을 모니터링한다. 중증 또는 만성 질환의 예측할 수 없는 특성을 고려할 때 목표를 다시 설정하거나 코칭 주체의 변화하는 요구에 맞게 실행 계획과 자원을 조정해야 한다.

코칭 종료: 코칭 주체의 요구 사항에 따라 코칭은 직장 복귀를 지원하는 단기 개입이 될 수 있고, 만성 질환 관리를 지원하는 장기적인 과제가 되기도 한다. 어떤 경우든 코치와 코칭 주체는 코칭을 종료할 때 합의된 목표를 향한 진행 상황을 검토하고, 잘된 점과 개선이 필요한 점을 파악하여 지속적인 조치 또는 지원 계획을 최종 확정한다.

역자 질문

> Q. 만성 질환은 매우 광범위하다. 이 대상을 세분화하는 접근은 어떻게 할 것인가?
>
> Q. 코치가 의료 분야 종사자가 아닌 경우 어떻게 무엇을 근거로 접근할 수 있는가?
>
> Q. 만성 질환과 연동된 개인의 이슈는 어떤 것이 예상되며 이에 대한 코치의 접근 영역을 어떻게 설정할 수 있는가?

위의 사례에서 볼 수 있듯이, 새로운 과정을 개발하기 위해 **행동 연구 접근법**을 사용하는 것이 반드시 복잡한 노력/작업일 필요는 없다. 일반적인 코칭 도구와 기법으로 시작하는 것도 개인 맞춤화된 과정을 만드는 데 유용한 방법이 된다. 마찬가지로, 공식화를 사용하는 것이 복잡해 보이고 데이터 수집 및 종합에 추가적인 기술이 필요할 수 있지만, 이 사례는 코칭의 목적을 효과적으로 달성하기 위해 과정이 복잡할 필요는 없다는 점을 보여준다.

결론

이 장에서는 〈4P 구조-틀〉에 부합하는 과정을 선택하거나 개발하기 위한 몇 가지 사례와 접근 방식을 제시했다. 잘 설계된 과정은 코칭 주체와 함께 코칭 공식화 개발을 용이하게 하고 해결책 구축에 코칭 주체가 충분히 협력할 수 있도록 해야 한다. 코치는 코칭 주체와 함께 작업하면서 내리는 결정은 많다. 이 과정은 코치가 이러한 결정을 내리는 데 도움을 주면서 **인지 편향**과 **의사결정 단축**decision-makiing shortcuts의 영향[127]을 완화하는 데 도움이 되어야 한다.

위의 예시에서 볼 수 있듯이, 이 과정은 복잡할 필요가 없으며 현재의 코칭 접근 방식에 적용할 수 있다. 코치들은 현재 자신의 작업 방식을 평가해 보면 이미 자신의 작업 방식에 내재된 과정이 있다는 것을 발견할 것이다. 이 장에서 취하는 접근 방식은 과정이 명시적이고, 코칭 목적을 달성하며, 코치의 위치성과 관점에 일치하도록 보장하는 것이다.

---

127) **의사결정 단축**decision-makiing shortcuts: 흔히 휴리스틱heuristcs이라 불리는 것과 유사하다. 우리가 복잡한 문제나 많은 정보를 빠르게 처리하고 결정 내리기 위해 사용하는 정신적 규칙이나 경험적 지름길을 선택하는 경우를 말한다.

이 과정에서 ①정확도가 떨어지거나 오류가 포함될 수 있다. ②쉽게 떠오르는 정보나 최근의 경험에 과도하게 의존에 판단하는 경향, 또는 ③특정 범주나 사례에서 알고 있는 대표적 조치로 판단하는 경우로 고정관념이나 편견이 반영될 수 있다. 코치는 자신의 과거 경험, 개인 선호, 특정 이론으로 상황을 선택적으로 해석하거나, 상대의 고유한 상황을 주목하지 못해 ④인지적 편향에 빠질 수 있다. 또 충분한 탐색 부족, 과거 자기 사례에 근거한 ⑤빠른 피상적 결론으로 복잡한 이슈의 근본 원인을 놓치는 섣부른 결론 도출하게 된다. 휴리스틱 또는 빠른 의사결정이 지닌 다섯 가지 함정이다. [각주 16, 141 참조, 본문 305-306쪽 참조]

저자는 사례 공식화를 위한 구조-틀을 활용해 체계적이고 성찰적 접근을 강조하는 입장이다. 무의식적인 인지적 지름길, 편향이 야기하는 오류와 위험을 완화하는데 도움이 되야 한다는 점에서 〈4P 구조-틀〉을 강조한다. 그러나 역자는 코칭 철학Philosophy ↔ 〈4P 구조-틀〉 ↔ 3P(Presence, Praxis, Performance) ↔ 8P를 제시한다. 이는 이 저서를 탐독하며, 과거 'Presence & Praxis 코칭수퍼비전Ⅰ' 프로그램(ACPK01112, 역량 50시간, 2015.4~2021.4)을 업데이트한 것이다.

숙고해야 할 질문

코칭 주체와의 작업에서 사용하고 있는 현재 과정(또는 과정)을 성찰하는 일은 가치가 크다. 여기에는 현재 선호하는 접근 방식, 그것이 당신의 목적에 어떻게 부합하는지, 특정 요구 사항을 충족하기 위해 과정을 어떻게/어떤 식으로 조정하는지 검토하는 것이 포함된다.

Q. 현재 코칭에 대한 접근 방식에 내재된 과정은 무엇인가?

Q. 당신이 사용하는 과정이 당신의 실천적 목적과 의지하는 관점과 어떻게 일치하는가?

Q. 현재 코칭 코칭 주체에 대해 생각해 보면, 어떤 과정을 사용했으며 그 효과성을 어떻게 측정했는가?

Q. 현재 코칭 주체에 대해 과정을 수정한다면, 그렇게 결정한 근거는 무엇인가?

제3부

코칭 맥락의 차이와 4P 구조-틀의 공식화

코칭 공식화와 〈4P 구조-틀〉을 다양한 코칭 상황과 맥락에 어떻게 적용할 것인가를 예시로 제시한다. 코치들에게 친숙한 몇 가지 실천 분야를 중심으로 다룬다. 건강과 웰니스 코칭, 임원 코칭과 리더십 개발, 팀과 시스템 코칭, 교육 분야의 코칭을 다룬다.

10장
건강과 웰니스 코칭의 공식화

전체 인구의 건강 개선은 점점 더 시급한 사회적 과제로 부상하고 있다. 현재 웰니스wellness[128]와 건강 악화, 특히 많은 사람들의 만성 질환이 생활 방식과 관련이 있다. 전체 인구 건강 개선을 위한 **행동 변화**가 필요하다는 점도 널리 인식되고 있다(Birkenbach et al., 2023; Campaign for Social Science, 2016). 이런 맥락에서 사회과학도 ①개인 건강 개선만이 아니라 ②개입의 유형, ③서비스 제공 모델, ④질병과 웰니스가 발생하는 환경, ⑤장기적으로 인구 건강에 긍정적인 영향을 미칠 수 있는 정책 등도 해야 할 역할에 관심이 높아지고 있다. **건강 및 웰니스 코칭**health and wellness coaching(HWC)의 급속한 확장은 건강 증진과 질병 예방 서비스 및 변화하는 환경에 대한 중요한 대응 가운데 하나이다.

이 장은 건강 및 웰니스 이슈에 직면한 코칭 주체를 지원하는 코치

128) wellbeing과 wellness는 혼용되지만 미묘한 차이가 있다. wellbeing은 포괄적이고 총체적인 개인의 만족, 행복, 충족된 상태로 정신적, 신체적, 사회적 상태의 질로 이해한다. wellness는 건강하고 만족스러운 삶을 달성하기 위한 능동적 선택, 노력, 예방과 관리 활동이다. 각각 웰빙, 웰니스로 번역한다.

에게 공식화가 어떻게 도움이 될 수 있는지 살펴본다. 이 분야에서 일하는 코치들은 ①신체 건강과 정신 건강, ②생·의학적 접근과 심리학적 접근, ③개인의 상태 관리와 ④정책 입안자의 결정을 좌우하는 광범위한 시스템 요인의 경계를 넘나들고 복잡하게 얽힌 여러 이슈를 이해해야 한다. 코치들이 이러한 이슈를 이해하고, 개별 코칭 주체의 요구를 파악하고 해결할 수 있는 접근 방식을 공식화를 통해 설명한다.

건강과 웰니스 코칭의 배경

건강의 급속한 악화는 생활 방식과 밀접하게 연관되어 있다. 이는 장기적 건강 상태의 80% 이상에 영향을 미친다(Armstrong et al., 2013). 또한, 기원과 원인에 관계없이 의료와 수술 기술의 발전은 여러 질병을 치명적 진단terminal diagnoses에서 **지속적인 관리가 필요한 만성 질환**으로 전환시켰다. 지속적인 관리에는 대부분 **행동 적응**이 포함된다. 그러나 개인이 건강 문제를 관리, 해결, 예방을 위해 **행동 변화**를 돕는 것은 어려운 과제이다. 예를 들어, ①건강한 식습관, ②최적의 체중 유지, ③신체 운동, ④충분한 휴식과 ⑤수면의 중요성은 널리 알려져 있으며, ⑥흡연과 알코올 섭취를 피하는 것의 이점도 마찬가지이다. 그러나 건강한 생활 방식은 이를 통해 혜택을 받을 수 있는 많은 사람에게 채택되지 않고 있다. 정보는 널리 이용하지만, **생활 방식의 변화**로 이어지지 않으며, 전문가들이 제공하는 조언도 **행동 변화를 위한 지속성**이

불충분하다는 점이 드러났다(Campaign for Social Science, 2017).

건강 상태의 악화와 개인이 지속 가능한 행동 변화를 이루도록 돕는 과제는 건강과 질병의 상태를 이해하는 방식, 웰니스를 개념화하고 실현하는 방식에 대한 패러다임 전환을 요구한다. 이에 대응하여 아래에서 살펴보듯이, 개인이 자신의 건강과 웰니스를 관리하는 지식과 기술 습득을 지원하는 **발달적 개입/중재**에 대한 관심이 증가하고 있다. 또한, 지식 공동 생산이라는 현재의 시대정신은 의료 서비스 설계 및 제공의 모든 면에서 경험있는 전문가의 참여를 이끌어 낸다. 개인이 자신의 웰니스 관리에 주체성에 대한 강조가 커지고 있다. 이런 맥락에서, 건강과 사회 복지 분야의 비용 증가와 맞물려 HWC는 개인이 더 건강한 생활 방식 구현을 위임하는 수단으로 부상했다.

건강 및 웰니스 코칭의 도전과 논쟁

HWC는 21세기 초반에 새로이 등장한 분야로, 다양하고 빠르게 발전하는 분야이다. 코칭 교육 프로그램은 2002년 북미에서 처음 등장했다. 2016년까지 53개 이상의 프로그램으로 2만 명 이상의 보건의료 전문가를 양성했다(Kreisberg & Marra, 2017). 신생 학문 분야로서 HWC는 정의, 실천 범위, 또 다른 의료 전문직과 이론, 모델, 실천 방식에서 어떻게 차별화할지에 대한 논쟁이 격렬하다(Cosgrove & Corrie, 2020). 그러나 이 장에서는 HWC를 다음과 같이 이해한다.

환자 중심 접근법으로, 환자가 ①최소한 부분적으로 자신의 목표goals를 결정하고, ②자기 발견self-discovery 또는 ③적극적 학습 과정을 교육과 결합하여 목표 달성을 위해 노력한다. ④책임감을 높이기 위해 행동을 스스로 모니터링self-monitoring하는 과정이 ⑤코치와의 관계가 대인관계 맥락 안에서 이루어지는 과정이다(Wolever et al., 2013, p.52).

울버Wolever 등(2013)의 정의에 따르면 HWC의 핵심 특징이 드러난다. 첫째, HWC는 코치와 코칭 주체가 명확히 정의된 건강 및 웰니스 관련 결과를 향해 협력하는 환자 중심의 개입 형태이다. 두 번째 목표는 코치의 의견을 수렴하더라도 결정은 '환자'가 결정한다. 세 번째는 국가 건강 및 웰니스 코칭 협회National Board for Health and Wellness Coaching(NBHWC)[129]의 관점과 일치하고, '환자'의 자율성과 책임감이 코칭 과정의 핵심으로 강조한다. '환자'는 자신의 삶에 대한 전문가로 위치하며, 이에 따른 선택과 책임이 부여된다.

HWC의 결과에 대한 문헌을 종합적으로 검토하는 것은 이 장의 범위를 벗어나지만(관심 있는 독자는 Cosgrove & Corrie, 2020; Sforzo et al., 2017, 2019를 참고), 빠르게 발전하는 코칭 전문 분야로서 점점 더 다양한 건강 관련 과제와 생활 방식 이슈가 주목할 만

---

129) National Board for Health and Wellness Coaching(NBHWC): 건강 및 웰니스 코칭 전문가를 위한 최고 수준의 인증 및 기준을 확립하고 유지하는 미국의 주요 비영리 기관이다. NBC-HWC 자격증을 부여한다.

건강 및 웰니스 코치가 갖춰야 할 엄격한 표준을 설정하고, 공신력 있는 인증을 제공하며, 코칭 전문가의 지위와 역할을 의료 및 웰니스 분야 전반에 걸쳐 강화하는 역할을 수행한다. 미국 의사협회AMA는 이 코치들을 의료팀의 일원으로 인정하며, 서비스에 대한 보험 청구가 가능하게 했다.

하다. [①]체중과 영양 관리(Kennel, 2018), [②]통증 관리(Rethom et al., 2020), [③]섬유근육통(Hackshaw et al., 2016), [④]제2형 당뇨병(Sforzo et al., 2017), [⑤]암 회복 과정의 일부로(Sforzo et al., 2017) HWC의 효과에 대한 증거가 증가하고 있다. HWC는 [⑥]ADHD를 앓고 있는 사람들(Ahmann et al., 2019), [⑦]작업장 건강 증진workplace health promotion(Chapman et al., 2007), [⑧]대학 학생들의 정신 건강 요구 대응(Bleck et al., 2023), [⑨]건강한 노화를 지원하는 개입 수단으로(Maxwell et al., 2022)도 혜택을 제공한다.

그 효과성에 대한 증거가 축적됨에 따라 HWC가 매우 큰 가능성을 지닌 개입이라는 이유가 충분히 밝혀졌다(Stark Taylor & Blair Kennedy, 2018). HWC는 건강 관련 정보와 지침을 평가, 이해, 적용하는 능력인 건강 정보 이해력health literacy 개발에 유망한 수단으로 제안되었다(Ahmann et al., 2020).

그런데도 HWC의 효과성에 대한 확정적인 결론은 여전히 불분명하다. 기존 문헌을 종합한 보고서(Sforzo et al., 2017)는 현재 매우 다양하고 이질적인 연구 평가로 몇 가지 과제를 제기한다. 특히, 건강과 웰니스 개념을 정의하기 어렵다는 점을 성찰하며, 이점은 서로 다른 연구들이 HWC에 대한 다양한 정의에 기반하기 때문이라 지적한다. 다양한 모델과 접근 방식은 평가된 개입을 '동일 조건'으로 비교하지 못하기 때문에 효과성effectiveness과 효능efficacy에 대한 결론을 내리는 데 장

애가 된다.[130)]

HWC를 제공하는 인력의 특성과 관련된 복잡성도 이유이다. 연구에는 다양한 전문 집단과 비 전문가 보조자가 제공하는 코칭 개입 사례가 포함되어 있어, 누가 건강 및 웰니스 코치로서 가장 적합한 자격을 가졌는지 의문이 제기되었다. HWC는 코칭 훈련을 받은 의료 전문가만이 제공해야 하는가, 아니면 건강 및 웰니스 분야를 선택한 코칭 전문가만 제공해야 하는가. 또한 일반인 보조 코치의 역할은 언제 필요한가(Stark Taylor & Blair Kennedy, 2018)에 대한 논의가 필요하다.

효과성을 확립하는 또 다른 도전 과제는 HWC의 효과를 다른 개입의 효과와 어떻게 분리할 것인가 하는 점이다. 동반 질환의 빈발성과 많은 건강 상태가 다중 구성 요인 개입을 통해 관리된다는 사실은 HWC의 영향을 생물학적 또는 심리사회적 요인으로부터 분리하는 데 어려움을 초래한다. 또한 일부 건강 상태에서는 생물학적 치료가 주요 개입 방법(Campaign for Social Science, 2017)으로 남아 있으며, 이 자체로 단기 및 장기적인 부작용을 유발해 HWC가 달성할 수 있는 혜택을 혼란스럽게 할 수 있다. 따라서 HWC의 효과에 대한 강력한

---

130) 여기서는 정의, 모델의 다양성, 비표준화 된 연구 등 동일한 조건이 아니어서 비교의 어려움이 있고 통일된 결론을 내리기 어렵다는 의미로 보인다. 그러나 효과성과 효능은 이를 측정하는 조건과 환경이 다르다. '효능'은 개입이 이상적이고 통제된 환경에서 얼마나 잘 작동하는가(잠재적 유익)를 위한 통제된 임상 시험 환경에서 이뤄진다. 개입이 작동할 수 있는지, 그 최대 잠재력에 주목한다.

'효과성'은 개입이 실제적인 조건에서 얼마나 잘 작동하는가(실제적 유익)를 '일상적인 현장 또는 일반적 환경에서 이루어진다. 개입이 실제로 유용한지 여부와 그 실용성에 주목한다.

증거 기반을 확립하는 데는 상당한 도전 과제가 존재한다. 건강과 웰니스의 특정 측면(건강 증진, 질병 예방, 만성 질환 관리)에 대한 HWC 적용을 위한 최선의 실천 지침을 개발하는 데도 어려움이 있다.

이러한 상황에서 코칭이 공식화formulation에 기반을 두도록 보장하는 것은 코치와 코칭 주체가 다음과 같은 방식으로 복잡성을 극복할 수 있도록 한다.

(1) 코칭 주체의 독특한 필요에 대한 이해를 공동으로 창출하는 것
(2) 코칭 주체에게 의미 있고 자율성/주체성을 촉진하는 목표에 합의하는 것
(3) 코칭 주체가 목표를 향해 나아가는데 가장 효과적으로 도움을 줄 수 있는 방법에 대한 의사 결정 과정을 지원하는 것

HWC에서 <4P 구조-틀>을 활용한 공식화 적용

HWC의 제공과 평가 과정에서 직면하는 여러 가지 복잡성을 확인한 후, 본 장은 〈4P 구조-틀〉을 활용해 탐구해야 할 핵심 영역을 구조화해 공식화를 어떻게 지원하는지 검토한다.

HWC에서의 위치성

제1부에서 소개된 위치성positionality 요소들은 모든 형태의 코칭에 적용 가능하다고 제안한다. 그러나 건강 및 웰니스 맥락에서 작업할 때 특히 발생하는 몇 가지 요소가 있다. 이는 이 환경(맥락과 상황)에서 코칭을 다른 응용 분야와 구별하게 한다. 이 요소에 대한 알아차림을 유지하는 것은 코칭 주체 중심의 목표 설정 과정을 지원하고 효과적인 접근 방식 설계의 가능성을 높인다. 필요한 경우 **다중 구성 요소 개입** multicomponent intervention을 제공하기 위해 협력하는 건강 돌봄 전문가health care professionals의 의견을 종합하는 데 도움이 된다.

가장 먼저 고려할 점은 코칭 주체에게 건강, 질병, 웰니스의 정의와 의미가 무엇인지를 검토한다. 건강과 웰니스는 범주적으로 존재하거나 부재한 것을 결정/판단할 수 없다. 즉, 개인을 완전히 건강하거나 완전히 건강하지 않은 것으로 의미 있게 분류할 수 없다. 또한 건강과 웰니스는 객관적이고 측정 가능한 정의로 쉽게 규정될 수 있는 상태가 아니다. 질병과 많은 만성 질환에는 진단 기준이 존재한다. 그러나 건강과 웰니스는 연속 선상으로 존재하며, 개인은 외부 보호 요인(예: 돌보는 배우자, 사회적 지원, 재정적 안정성)과 내부 요인(예: 개인의 회복력, 대처 방식, 문제 해결 능력, 마음가짐)에 따라 이 연속 선 위를 이동한다(Corrie & Parsons, 2021).

또한 건강은 이제 질병이나 질환이 없는 상태와 별개이며, 그 이상인 상태로 인식되고 있다(Stelter & Anderson, 2018). 세계보건기구

(WHO, n.d.)는 헌장에서 "건강은 단순히 질병이나 병약함infirmity의 부재가 아니라 완전한 신체적, 정신적, 사회적 웰빙 상태이다."라고 정의한다. 실제로 WHO는 건강의 결과를 매우 명확히 제시하며, 건강을 개인과 사회의 필수 조건이자 기본 권리로 격상시켰다.

건강과 질병이 서로 구별되는 것처럼, 건강과 웰니스도 겹치는 상태이지만 서로 다른 개념이다. WHO의 건강 개념과 상호보완적으로, 국가 웰니스 연구소National Wellness Institute(NWI)[131]는 "웰니스wellness를 환경 내에서 최적의 기능을 발휘하는 능력"이자 "자신의 잠재력을 최대한 발휘하기 위한 의식적이며, 자기 주도적self-directed이며, 진화하는 과정"이라고 강조한다(n.d.). 웰니스는 생활 방식, 정신적·영적 웰빙, 더 넓은 환경을 포괄하는 전체론적, 다문화적, 다차원적 존재 상태로 자리매김된다. NWI의 공동 창립자 중 한 명인 헤틀러Hettler의 연구를 바탕으로, NWI는 다음과 같은 웰니스의 여섯 가지 차원을 구별하고 촉진하기 위해 노력한다[6차원 웰니스 모델Six Dimensions of Wellness]. 정서적, 신체적, 지적, 직업적, 영적, 사회적 차원이다. 이러한 각 차원에서 웰니스를 탐구하고 향상 시킴으로써 개인은 웰리스에 대한 자신만의 독특한 "전인적 인간whole person" 접근 방식에 대한 이해에 도달하도록 지원할 수 있다는 것이다. 이 접근 방식은 긍정적이며 건강한 삶을 사는 데 기여하는 기회를 제공한다.

---

131) National Wellness Institute(NWI): 1970년대 중반에 설립된 이후, 건강이 단순히 질병이 없는 상태를 넘어선다는 개념을 전파하는 데 핵심적인 역할을 해왔다. 웰니스 분야 전문가를 위한 인증 프로그램(예: CWP, Certified Wellness Practitioner)을 지원한다.

WHO와 NWI의 입장은 건강과 웰니스에 확정적인 설명을 제시하지는 않는다. 그러나 이 정의들은 특정 시점에서 해당된 사람들에게 가능하고 바람직한 것이 무엇인지 포괄적이고 세밀하게 탐구하게 한다. 또 참여자의 돌봄 여정care journey에 관련된 다른 사람들을 관여하게 하는 중요한 출발점을 제공한다. 코칭 여정의 중심에 코칭 참여자의 자율성/주체성을 중심에 둔 코칭 목적을 설정할 수 있게 된다.

HWC의 목적 설정

위에 제기된 이슈를 검토하며, 제공될 코칭의 목적purpose 정립을 위한 중요한 탐구의 초점은 ①코칭 주체의 건강과 웰니스에 대한 이해, ②이런 개념이 코칭 주체의 삶에서 어떤 형태를 취할 수 있는지, 그리고 ③관련된 해석이 코칭 (세부) 목표objective의 개발에 어떤 영향을 미칠 수 있는지이다. 다음과 같은 경우 이 작업은 상대적으로 쉽게 완료될 수 있다.

(1) 코칭 주체가 이미 양호한 건강 상태를 가지고 있으며 단순히 건강 증진 습관을 개선하려는 경우
(2) 코칭 주체가 특별히 우려되는 관심 영역을 가지고 있는 경우
(3) 원하는 변화가 명확하고 모든 당사자가 동의한 경우
(예: 심장 전문의 권고로 심장 질환 개선을 위해 금연 동기를 부여받은 사람)

반면, 다음의 작업 단계는 오랜 탐구가 필요할 수 있다.

(1) 진단 받은 건강 상태에 대한 생의학적 치료를 받고 있는 경우
(2) 필요한 치료 과정 자체가 고통스러운 또는 삶의 질을 저하시키는 증상을 유발하는 경우(예: 방사선 치료 후 신경병증의 발현)

'목적' 개발을 안내하는 유용한 구조-틀로 '건강생성론salutogenesis[살루토제네시스]'이 있다. 이 이론은 전통적으로 질병 완화에 우선순위를 두는 전통적 경향 대신 건강saluto의 증진genesis에 초점을 맞춘다. 의료 사회학자 아론 안토노프스키Aaron Antonovsky(1979, 1987, 1996)에 의해 문헌에 소개된 '건강생성론'은 개인의 건강을 보호하고 증진하는 접근 방식이다. 질병 예방 또는 치료를 목표로 하는 접근 방식과 공존할 수 있는 완전한 건강 상태를 설명하는 유용한 구조-틀이다. '건강생성론'은 긴장, 스트레스, 질병 상태에서도 개인이 일반화된 심리적, 사회적, 물질적 자원을 구축하고 활용함으로써 건강과 웰니스를 유지하거나 심지어 향상시킬 수 있다고 제안한다(Antonovsky, 1979). 건강이나 질병의 상태를 이분법적으로 분류하는 대신, 건강생성적 접근salutogenic orientation은 건강의 연속체를 선호한다. 이 연속체는 위험 요인을 줄이거나 병리를 치료하는 데 초점을 맞추기보다는, 개인과 그들의 필요를 포괄적으로 이해하는 맥락에서 건강을 지지하는 자원 확인과 활용을 촉진하는 데 중점을 둔다('건강 증진' 분야의 최신 논의는

Mittelmark et al., 2021을 참조[132]).

'건강생성론'의 핵심은 안토노프스키가 '일관성 감각/통합감sense of coherence(SOC)'이라고 명명한 개념이다. 원래 (이후 더 넓은 해석이 이어짐) 일관성 감각은 상황과 자신의 환경을 관리하고 현실적인 낙관주의를 유지할 수 있는 자신의 능력에 대한 확신을 의미한다. 이는 개인이 세계와 자신에게 일어나는 사건을 이해 가능하고 관리 가능하며 의미 있는 것으로 보는 일관성 감각이다. 따라서 '건강생성론'은 개인적, 사회적, 환경적 자원 간의 상호작용과 삶의 스트레스 요인에 이러한 자원을 어떻게 적용할 수 있는지 배우는 과정에 관심을 기울인다. 개인이 자원을 개발하고 활용하여 '일관성 감각'에 도달하는 과정은 평생의 과정이다.

'건강생성론'은 고통pain과 괴로움suffering의 존재를 부정하지 않는다. 또한 효과적인 개입 방법이 생의학적 관점의 가치를 훼손하려는 의도도 없다. 오히려 그 기여는 코칭 주체의 행위 주체 감각sense of agency을 증진할 수 있는 옵션을 구별하는 구조-틀을 제공하는 데 있다. 따라서 '건강생성론'을 세계관으로 활용하여 코칭의 목적을 공식화하며 코칭

132) 이 책은 안토노프스키 초기 이론 틀을 기반해 그동안 연구로 주요 내용을 보강했다. (1) 일관성 감각/통합감SOC을 개인 성향을 넘어 사회적, 환경적, 조직적 맥락에서 형성되고 작동하는 개념을 확장해 조직 건강생성론, 지역사회 건강생성론 등 거시적 차원을 심층적으로 다룬다. (2) SOC 측정도구의 타당도와 신뢰도를 재평가하고 다양한 문화권과 연령대에 적용 가능한 방법론을 강화했다. (3) 스트레스와 건강의 연관성에 집중했던 초기 연구와 달리 질병 예방을 넘어 웰빙 증진, 삶의 질, 건강 형평성, 직장과 학교 환경 설계에 건강생성론 원리 적용 사례를 제시했다. (4) 긍정심리학, 긍정적 건강, 회복 탄력성 등 현대 관련 이론이나 모델과 연계해 논의 폭을 확장했다.

주체와의 탐구할 질문은 다음과 같다.

Q. 지금 당신에게 건강과 웰니스는 어떤 모습인가?
당신의 현재 상황/ 당면한 스트레스 요인을 고려할 때, 어떤 상태가 되길 원하는가?

Q. 현재 삶에서 건강 연속체 상 당신의 위치에 영향을 미치는 내적, 외적 요인은 무엇인가?

Q. 지금까지 상황을 관리하는 데 도움이 되는 자원을 개발하고 활용하는 방법을 어떻게 배워왔는가?

Q. '일관성 감각'의 세 구성 요인(이해 가능성, 관리 가능성, 의미성)을 활용하여 삶의 스트레스 요인을 어떻게 이해하고, 관리하며, 의미 있는 것으로 바라보게 되었는가? 또는 바라볼 수 있는가?

Q. 코칭이 당신의 일관성 감각을 지지하기 위한 자원 개발과 활용할 수 있을지에 대한 아이디어는 무엇인가?
경험에서 의미를 창출하고, 어떤 일이 발생하더라도 관리할 수 있다는 자신감을 키우려면 어떻게 해야 하는가?

현재까지 '건강생성론'는 코칭에 미치는 영향이 제한적이며, 코칭 문헌에서 거의 언급되지 않았다(예외는 Corrie & Parsons, 2021; Stelter & Anderson, 2018 참조). 그런데도 이는 WHO와 NWI가 제시하는 건강과 웰빙의 개념과 일치한다. 또한 다음에서 논의될 HWC가 채택할 수 있는 '관점'에도 시사점을 제공한다.

HWC와 관련된 관점

건강 및 웰니스 코치는 코칭의 목적을 달성하고 합의된 목표goals, 세부 목표objectives, 또는 지향 목표aim를 달성하기 위해 다양한 관점을 활용한다. 이러한 관점은 변화의 초점이 코칭 주체의 직접적인 영향이나 통제하에 있는 행동(예: 운동량 증가)을 성찰하는지, 아니면 더 넓은 시스템적 요인(예: 팀, 조직, 정책 입안자에게 사회과학을 활용한 건강 관리 이니셔티브나 정책 수립에 대한 조언)을 성찰하는지 여부에 따라 개인, 대인관계, 시스템 관점을 포함할 수 있다. 개인의 관점에서 공식화를 시작하더라도 관심의 범위는 특정 행동에 집중하는 것에서 전체적인 생활 방식 변화에 이르기까지 다양할 수 있다(Stelter & Anderson, 2018). 따라서 중요한 출발점은 어떤 관점과 누구의 관점을 고려해야 하는지 결정하는 것이다. 코칭 진행을 위해 코칭 주체의 관점으로 충분한지, 아니면 후속 작업에 다른 사람들의 관점도 포함되어야 하는지 판단해야 한다.

일반적으로 HWC 실천의 기반이 되는 이론적 관점은 광범위하다. 동기부여와 행동 변화에 관한 심리학 이론의 통찰을 결합하는 경우가 많다(Cosgrove & Corrie, 2020; Jordan & Livingstone, 2013; Mettler et al., 2014). 개별 맞춤형 개입에 적용될 관점을 결정할 때 HWC는 동기부여 인터뷰motivational interviewing(MI), 자기결정 이론, 초이론적transtheoretical 변화 모델, 긍정 심리학, 인지 행동적 원칙과 방법, 사회적 인지, 정서 지능 이론, 마음챙김, 신경과학 등 다양한 분야를 참고

할 가능성이 높다(Dossey et al., 2014; Jordan, 2013).

일부 코칭 주체에게 관련있는 추가할 관점은 테데스키Tedeschi와 칼훈Calhoun이 1990년대 중반에 제안한 **외상 후 성장**post-traumatic growth(PTG) 이론이다. 이 이론은 역경으로 인해 고통을 겪은 많은 사람들이 이후 긍정적인 성장을 경험하는 현상을 설명한다.[133)]

외상적 사건을 경험한 사람들이 단순히 생존뿐 아니라 발생한 일을 처리하며 유익한 변화를 이끌어낼 때, 그 결과는 자기, 삶, 타인과의 관계에 새로운 가능성 감각을 갖게 된다. 이는 개인의 우선순위를 명확히 하는 데 기여할 수 있다. PTG는 특히 다섯 가지 영역에서 발생한다고 알려져 있다. ①새로운 가능성 감각, ②인간관계, ③강점, ④삶에 대한 감사, ⑤영성(Tedeschi & Calhoun, 1995)이다. 예를 들어, 중대한 인생 위기를 겪은 개인은 고군분투하며 새로운 기회가 등장했다는 감각을 발달시킬 수 있다. 이는 이전에는 존재하지 않았던 삶의 가능성을 열어준다. 관계도 변화할 수 있다. 특정 개인과의 관계나 고통suffer을 겪는 모든 사람과의 연결감 증가를 통해 관계 또한 변화한다. 일부에게는 PTG가 자기 강점에 대한 인식 강화("그것을 견뎌냈다면 어떤 것도 이겨낼 수 있다.")나 삶에 대한 전반적인 감사로 이어질 수 있다. 마지막으로, 개인은 영적 삶의 깊이가 더해지거나, PTG가 종교적 또는 영적 신념의 중요한 변화를 촉발할 수 있다.

---

133) 고든 스펜스, 스테픈 조셉 「외상후 성장을 위한 코칭: 인생의 황폐화에 대한 적절한 대응」, 『현대 코칭의 이론과 실제The Sage Handbook of Coaching』 김상복, 윤순옥, 한민아, 한선희 옮김. 코칭북스. 참조

PTG의 관점을 선택하면 NWI가 제안하는 개별 코칭 주체의 전체적인 웰니스 경험을 가능하게 하는 유용한 지침이 된다. HWC에 맞게 조정된 과제를 코칭 회기 전이나 코칭 주체와 대화에서 과정 개발을 위한 성찰 자료로 활용 가능하다.

Q. 코칭을 원하는 목적에 비추어, 개인 건강과 웰니스에 대한 본인의 정의를 추가하기 위한 자기-알아차림, 자기-관리, 흥미와 동기부여를 강화하는데 최적화 된 관점(이론, 모델, 개인적 대인관계적 시스템적 구조-틀)은 무엇인가?

Q. 코칭을 원하는 목적에 따라, 세상과 선택에 대한 권한위임의 관점을 공식화하기 위해 신념과 가치를 확인하고 강화하는 데 어떤 관점이 도움이 되는가?

Q. 신체적 차원(예: 규칙적인 신체 활동, 영양)과 심리적 차원(예: 힘과 활력의 감각)에서 자기 관리와 관련된 선택을 강화하는 데 어떤 관점이 도움이 되는가?

Q. 일과 여가 모두에서 풍부한 삶을 위한 활동에 참여를 촉진하는데 어떤 관점이 도움이 되는가?

Q. 자신의 재능talents과 능력을 연결하고 이를 타인과 공유할 방법을 찾는 데 도움이 될 수 있는 관점은 무엇인가?

Q. 자신, 타인, 공동체, 지역사회와 넓은 환경의 발전을 위해 사회적 네트워크와 어떻게 교류할지 검토하는데 관련될 수 있는 관점은 무엇인가?

(NWI에서 발췌 수정함, 출처: https://nationalwellness.org/resources/six-dimensions-of-wellness/)

HWC를 위한 과정 창안하기

현재 HWC 실천을 뒷받침하는 다양한 접근 방식과 관점은 후속 작업을 위한 과정을 설계하는 데 중요한 개념과 기법을 제기한다. 코리와 코바치(Corrie & Kovács, 2019, 2021; Kovács & Corrie, 2017b, 2017c, 2021)는 공식화 접근을 "**미시적**micro" 관점(코칭 주체가 단일하고 명확히 정의된 문제 영역을 제시하는 경우와 같은 좁은 초점)에서 "**거시적**macro" 관점(다양한 영향 요인을 포함하는 넓은 관점)까지의 연속체로 검토하는 것이 유용하다고 제안한다.

이는 공식화 과정이 세 가지 수준 중 하나에서 이루어질 수 있음을 말한다. (1) 상황 (2) 패턴 (3) 개인(또는 코칭 맥락에 따라 사례). 이 접근은 제6장에서 상세히 설명되었다. 이 장에서는 HWC 맥락에서 이 접근이 어떻게 적용될 수 있는지 살펴본다.

상황 수준의 공식화. 코치와 코칭 주체의 관심사를 특정 성장과 관련된 요소의 미시적 분석에 집중한다. 주요 관심 요인은 일반적으로 특정 정서, 신체 감각, 인지(예: 사고thoughts, 예측predictions, 이미지) 및 인지 과정(예: 지각, 주의, 해석)이며, 이러한 **내적 경험**이 후속 행동을 어떻게 공식화하는지 포함한다. 이 수준의 공식화는 자주 최적화되지 않은 반응sub-optimal reactions을 초래하는 내적 및 외적 사건의 순서를 분석한다, 이는 대안적이고 더 적응적인 반응을 설계하는 기반이 된다.

상황 수준 공식화의 가상적인 예를 들어보자. 2형 당뇨병 진단을 받은 후 약물 복용 계획 실천에 어려움을 겪는 코칭 주체의 상황을 코치가 해당 요인을 잘 이해하려는 경우이다. 코칭 주체가 약물을 정해진 시간에 복용하지 않으려는 특정 사례를 분석한 결과, 그는 재미있는 일에 몰두해 도전적 과제에 빠져 있을 때 기쁨elation과 성취감을 느낀다는 점이 드러났다. 이러한 내적 반응은 쾌감을 주기에 약을 먹기위해 즐거운 일을 중지하기보다는 약 복용을 중단하려는 욕구를 불러일으켰다. 또한 이 약을 복용해야 한다는 사실은 코칭 주체에게 자신이 남들과 다르며 허약하고 결함이 있다는 느낌을 의미했다. 결과적으로 코칭 주체는 "약물은 나중에 복용해도 된다. 현재 기쁨과 성취감을 주는 이일에서 막 돌파구를 찾을 수 있을 것 같다."라는 식의 정당화하는 생각[합리화]을 보였다.

이런 상황에서 코칭 주체의 경험을 세부적으로 파악하는 것은 코칭 주체에서 공감하는 코치의 공감 능력을 향상시켰다. 즉 코치로서는 상대가 보람있는 경험을 포기하고 불쾌한 의미를 내포한 경험[약을 먹는 경험]에 참여하는 것이 얼마나 어려운지 이해함으로써 코치의 공감 능력이 향상 된다. 반면에 코칭 주체에게는 자신이 당뇨병과의 관계를 어떻게 바꿀 수 있을지에 대한 추가적인 탐색의 길을 열어주게 된다. 이는 코치가 코칭 주체의 최근 진단에 대한 반응 패턴을 탐구하기 위해 유사한 사례가 있었는지 찾는 데도 도움이 된다.[134)]

패턴 수준의 공식화. 다양한 상황에서 유사한 유형의 반응에 관여하는 요인을 이해하는 데 초점을 맞춘다. 상황 수준 공식화의 축적은 코치와 코칭 주체에게 선택을 제한하는 반복된 주제나, 웰리스 증진을 위해 활용 가능한 자원 영역을 알려 줄 수 있다. 이 수준의 작업은 제한적이거나 가능성을 열어주는 사고 방식mindset(가정, 기준, 신념 포함)뿐 아니라 내부 및 외부 자원과 행동 패턴에 대한 정보를 밝혀낼 수 있다.

예를 들어, 심장 우회 수술 후 코칭 주체가 건강 및 웰니스 코치와 협력하여 과도한 알코올 섭취를 줄이는 작업을 할 수 있다. 코치와 코칭 주체가 일련의 상황 수준 공식화를 진행하면서, 과음 에피소드에는 일반적으로 좌절감과 불안감, 허용적인 생각("한 잔 더 마셔도 괜찮아; 내일 다시 시작할 거야")가 앞서게 된다는 점이 드러난다. 이 패턴을 자세히 분석함으로써 코치는 코칭 주체가 효과적인 문제 해결problem-solving, 정서 조절emotion regulation 기술을 아직 개발하지 못했기 때문에 현

134) [역자의 사례] 상황 수준의 공식화 작업을 하면서 약물 경험에 대한 코칭 주체의 경험을 같이 탐구하게 되고, 코칭 주체는 기쁨이나 성취감을 느끼는 일, 즉 자신의 생활 개선을 위한 노력이 약물복용으로 중단되는 반복되는 경험을 자각하며 약을 먹지 않아도 자기 관리를 할 수 있다는 확신과 약의 부작용에 의한 생활(기쁨과 성취감을 생생하게 경험하는 것을 방해하는 약 복용 후의 경험)을 반복하며 중요한 결심을 하게 되다. 약을 안먹어도, 내 생활을 관리할 수 있다. 생생하게 느끼는 성취감과 기쁨이 하나의 돌파구다라는 주장을 하며 코치가 동의해 주고, 함께 해 주길 요청하게 된다. 또 오히려 자신은 약을 먹을 수 밖에 없다는 사실, 평생 이렇게 살아야 한다는 좌절이 깊어지게 된다.

이때 코치는 이에 충분히 공감을 제공하고, 공식화는 이를 더 깊이 공감하는 힘을 준다고 본다. 이런 깊은 공감 제공은 추가적 탐색의 길, 또 다른 유사한 사례의 정보 파악에 도움이 된다.

재 알코올 섭취가 유일한 자기 진정self-soothing 수단임을 파악하게 된다. 이 패턴을 파악하면 코칭 과정에서 코칭 주체가 유용하게 활용할 수 있는 자원(예: 문제 해결 및 정서 조절 기술 강화)에 대한 아이디어가 도출된다.

개인 수준의 공식화. 효과적인 코칭 과정을 설계하기 위해 코칭 주체의 배경, 개인적, 교육적, 직업적 이력을 더 자세히 이해하는 것이 필수적이다. 이는 전인적whole person 수준의 설계를 이끌어낼 가능성을 올린다. HWC에서는 WHO와 NWI가 제시하는 건강과 웰니스의 광범위한 정의에 따라 운영될 때 선호되는 접근 방식이 될 수 있다. WHO는 완전한 웰니스 상태를, NWI는 개인의 잠재력을 최대한 발휘하는 진화하는 과정을 강조한다. '건강생성론salutogenesis'의 적용도 코치와 코칭 주체를 개인[인격체] 수준에서의 공식화로 안내할 가능성이 높다.

이 수준의 공식화의 예시는 암 치료 후 의미와 목적을 찾고자 하는 개인의 경우를 들 수 있다. 암 생존이 주는 신체적·심리적 도전은 암 여정에 의미를 부여하는 것을 포함한 실존적 요구existential needs(Carlson, 2017)를 다루는 것이 중요하다는 점을 인식하게 한다. 의미는 작은 일상적인 실용적 행동을 통해 달성될 수 있다. 코칭 주체의 핵심 가치, 목적의식, 개인적 우선순위에 대한 성찰을 통해 얻는다. 이 과정은 자연스럽게 발전할 수 있고, 의도적인 심층적 성찰을 통해 뒷받침 될 수 있다. 따라서 이 수준에서의 HWC는 코칭 주체가 가장 중요한 것을 탐구할 기회를 제공하고, 그들의 삶 목적과 일치하는 더 큰 의도성으로 살아가도록 지원하는 기회를 제공한다. 이 수준의 공식화로부터 발생하는 개입에는 의미와 목적에 대한 깊은 이해와 연결을 촉진하는 ①자기 성찰 과제, ②자신의 이야기를 서술하는 방법 찾기, ③개인에게 진정으로 중요한 목표 명확화, ④유산 계획(가족을 위한 경우나 사회 정의와 같은 더 넓은 맥락에서), 또는 말기 암 환자의 경우 ⑤인생 이야기 책, 오디오 또는 비디오 메시지, 추억 상자 만들기 등이 포함될 수 있다.

코칭 주체의 상황, 필요, 선호도에 따라 이 수준의 공식화에서 사용되는 접근 방식은 다양하며, 다른 수준에 비해 더 탐구적일 수 있다(아래 사례 연구 참조).

필요한 공식화 수준 결정하기

이전 장에서 언급된 바와 같이, 공식화의 올바른 수준이나 잘못된 수준이란 거의 없다. 그러나 공식화 수준에 따라 설명 유형이 달라지며, 이는 이후 코칭이 나아갈 방향에 영향을 미친다. 따라서 코치는 코칭 주체가 코칭을 요청하는 시점에서 그에게 가장 적합한 수준을 결정할 수 있어야 한다. 상황, 패턴 개인 수준 가운데 어느 수준에 초점을 맞출지 결정하는 데 도움을 주는 접근법 가운데 하나는 코리Corrie(2019)가 개발한 **건강 알아차림 도구**Health Awareness Tool이다.

건강과 웰니스에 대한 '건강생성적' 접근에서 영감을 얻은 '건강 알아차림 도구'(Corrie, 2019)는 코치와 코칭 주체가 두 가지 광범위한 영역, 자원과 기능의 교차점을 검토하고, 각 영역에서 코칭 주체가 높은 수준인지 낮은 수준인지 판단하는 것을 돕는다. 이는 코칭 주체가 변화를 원하는 부분을 결정하는 근거로도 활용할 수 있다. 또한 이 도구는 코칭 주체에게 코칭이 유익한 개입이 될 가능성이 있는지 결정하는 근거로도 사용한다([그림 10.1] 참조), 특히 코칭 주체가 동시에 생물학적 개입을 받고 있는 경우에 특히 유용하다.

원래 색상 코드 형태에서 상단 오른쪽 사분면(번영flourishing)은 녹색으로 표시된다. 하단 왼쪽 사분면(고군분투struggling)은 빨간색으로 표시된다. 인접한 사분면(존재existing와 관리managing)은 노랑색으로 표시된다. 원래 색상 코딩은 의도된 것이다. 교통 신호등 시스템과 유사하게,

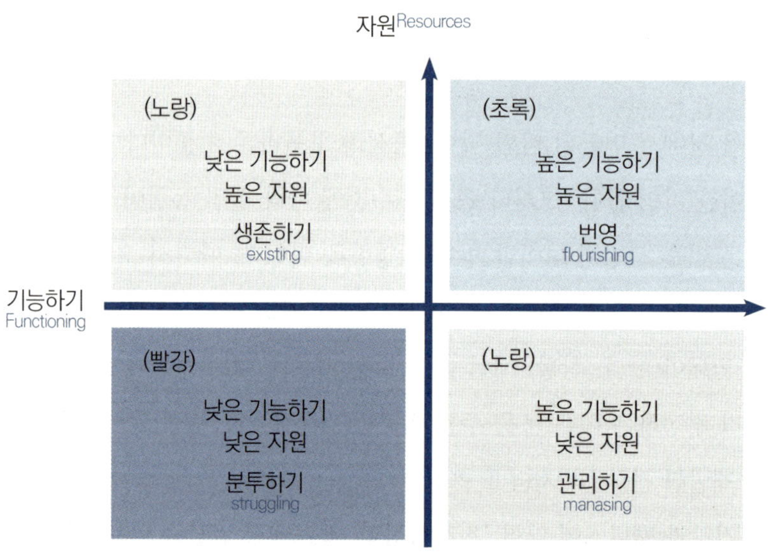

[그림 10.1] 건강 알아차림 도구The Health Awareness Tool(Corrie, 2019)

사분면은 개인이 개입의 형태를 재고해야 하는 경우(빨간색), 주의하며 진행할 수 있는 경우(노랑색), 또는 코칭을 자신 있게 진행할 수 있는 경우(녹색)에 따라 색상이 표시된다.

코칭 주체가 자원과 기능 모두에서 높은 수준에 있다면, 코칭이 잠재적으로 도움이 될 수 있다는 확신을 가질 수 있다. 이는 코칭 주체가 강한 '일관성 감각sense of coherence'을 가지고 있는 것과 유사하다. 반면, 코칭 주체가 자원이나 기능 어느 쪽에서도 좋은 위치에 있지 않다면, 이는 빨간색 사분면, 즉 고군분투 구역에 속할 가능성이 높다. 코칭의 역할이 있을 수 있지만, 빨간색 구역은 대체 또는 추가적인 지원이나 개입 방법이 고려되어야 할 가능성이 높다. 한 차원에서 높고 다른 차원에서 낮은 경우, 코칭 주체는 노란색 영역에 속할 수 있다. 이 경우 코칭 주체는 일상 생활을 관리하거나 단순히 생존하고 있을 수는 있지만, 현재 번영할 수 있는 위치에 있지 않다. 코칭의 목적을 확신하며 추구하기 전에 기능이나 자원을 강화하는 방법에 주의를 기울여야 할 필요가 있다. '건강생성론'적 관점에서, 코칭 계약 단계에서 명확히 할 수 있는 영역에서 코칭 주체의 '일관성 감각'을 강화하는 것이 도움이 될 수 있다.

'건강 알아차림 도구'의 목적은 **분류가 아닌 대화를 가능하게 하는 구조-틀**을 제공하는 것이다. '건강생성론' 관점에 따라, 이 도구는 우리가 한 사분면에만 속하는 경우가 드물며, 특히 정적인 의미에서 절대 그렇지 않다는 점을 인정한다. 따라서 진단보다는 '건강 알아차림 도구'는 인간 중심적이고 전체적인holistic 돌봄 계획care planning 접근을 통해 코칭 주체의 웰니스 수준과 필요 유형에 대한 공유된 그림을 구축하는 것을 목표로 한다. 그 사용은 유연성을 갖추도록 설계 되었다.

예를 들어, 논의를 촉진하는 구조-틀로 활용할 경우 코치와 코칭 주체는 사분면 가운데 어느 것이 코칭 주체의 현재 전체적 위치와 그 위치에 기여하는 요인을 가장 정확히 반영하는지 검토할 수 있다. 또 코칭 주체의 현재 자원과 필요를 시각적으로 표시하여 특정 방법이나 기술을 도입하는 근거를 제공하는 데 활용할 수 있다. '건강 알아차림 도구'는 동시에 생의학적 치료를 받는 개인이 생의학적 개입 후 필요를 탐색하거나, 전반적인 웰니스를 위해 자기 관리 방법을 지원하고 개선하는 데 사용할 수 있다. 또한, 연민심 피로compassion fatigue나 번아웃burnout의 시작을 나타낼 수 있는 기능 영역에 주목하도록 한다. 이런 맥락에서 코치 자신의 자기 돌봄/관리self-care의 실천을 지원하는 과정에도 적용한다(Corrie & Kovács, 2021).

요약하자면, HWC에서 공식화로 할 수 있는 과정은 다양하고 다채롭다. 코칭의 목적과 채택된 관점에 따라 과정은 SMART 목표(즉, 목표는 구체적, 측정 가능, 달성 가능, 관련성 있고 시간 제한적이어야 함; Doran et al., 1981)를 중심으로 조직된 집중적 개입 형태를 취할 수 있다. 또는 코칭 주체의 가치, 목적, 의미와의 연결을 추구하는 웰니스를 더 넓게 개입하게 한다.

사례 연구

키이라Keira는 최근 유방암 치료를 위해 수술, 화학 요법, 방사선 치료를 포함한 적극적인 치료를 완료했다. 의학적으로 그녀의 치료는 성공적이다. 정기적인 병원 방문은 종료되었으며, 현재 지속적인 모니터링을 위한 후속 진료로 전환 중이다. 모두가 이 결과에 기뻐했지만, 키이라는 자신의 주치의가 좋은 소식이라고 확신시켜 준 것을 받아들이기 힘들어 했다. 35세의 나이에 좋은 관계, 두 어린 자녀, 자기 사업을 창업하고 운영하는 보람 있는 직업까지 가진 키이라는 자신이 '경고의 신호wake up call'라고 표현한 점을 고려할 때 삶을 온전히 즐기고 받아들여야 한다고 믿었다. 그러나 정서적으로는 적극적 치료를 받을 때보다 지금이 더 힘들다고 고백했다. 이 고백은 그녀의 종양 전문의가 다학제 팀 내 건강 및 웰니스 코치에게 소개하는 계기가 되었다. 첫 회기에서 키이라는 코치에게 다음과 같은 고민을 털어놓았다.

- 대부분의 시간이 우울하고 짜증나며 '무너져 내리는 듯falling apart'한 두려움
- 모든 것이 힘겨움. 일 외에는 파트너와 함께하는 시간이나 사회적 활동이 거의 없음
- 왜 현재가 치료를 받을 때보다 기분이 더 나쁘게 느끼는지 혼란스러움
- 규칙적인 운동이나 건강한 식습관 유지 등 장기적 건강을 위한 의

사의 조언을 실천하기 어려움

- 더는 자신이 강하고 유능한 존재로 보지 못함. 암 투병 과정이 자신을 얼마나 취약하고 약하게 만드는지 두려움을 느낀다고 보고함

코칭의 목적purpose은 신속히 설정되었다. 키이라는 무엇보다도 자신과 삶에 대한 통제감을 되찾는 것이 가장 중요하다고 말했다. 이를 더 깊이 탐구하는 과정에서 코칭의 목적은 키이라가 암 투병 과정의 이 단계에서 위협받았던 자신의 정체성의 핵심 부분인 '강하고 능력 있는 자신'과의 연결을 회복하는 것으로 구체화되었다. 이는 그녀가 삶의 다른 영역에서 원하는 변화를 위해 정보에 기반한 결정을 내릴 수 있는 힘/주체성 감각을 키우는 데 도움이 될 것으로 예상되었다.

코치는 개입 계획의 기반이 될 공식화를 공동으로 도출하기 위해, 키이라가 현재 경험하고 있는 혼란스러운 면을 이해하는 데 도움을 주기 위해 **암 여정에 대한 심리 교육**부터 시작했다. 여기서 코치는 **암 생존자 개념**과 암 여정 가운데 개인이 일반적으로 겪는 적응 단계에 대해 설명하며, 키이라의 주관적인 대처 어려움에 대한 탐구를 지원했다. 또한 치료 종료가 초기 단계보다 심리적으로 더 위협적일 수 있다는 점을 탐구했다.

예를 들어, 적극적 치료 중에는 키이라가 자신과 가족이 직면한 즉각적인 도전(효과적인 문제 해결 기술을 활용하는 것)을 관리하는 데 집중했다, 동시에 여러 병원 방문을 통해 상태가 신중하게 모니터링되고 있다는 안도감을 느꼈다. 이제 종양학 팀과의 밀접한 접촉이 중단

되자 키이라는 취약함을 느끼게 되었다. 또한, 해결해야 할 즉각적인 도전 과제가 없어지면서, 즉 그녀는 지금까지 일어난 모든 일의 의미와 함의를 더 깊이 있게 처리하기 시작하면서, 그녀의 생각과 감정은 평소 효과적이었던 '문제 해결 전략'으로 해결하기 어려운 새로운 형태를 띠게 되었다.

코치가 제공한 심리 교육은 키이라가 자신의 어려움을 더 넓은 맥락에서 바라보게 하여, 그녀가 경험하고 있는 것에 대한 두려움을 덜 느끼게 했다. 그녀는 파트너와 이 정보를 공유하도록 권유받았다. 코치는 키이라와 그녀의 파트너와 만나 암 여정의 이 단계에서 예상할 수 있는 사항과 부부로서 키이라의 회복 다음 단계를 지원하기 위해 함께 협력할 수 있는 방법을 논의했다.

초기 대화와 심리교육을 통해 키이라는 현재의 경험이 그녀의 강점과 능력, 다양한 기술과 자원을 부정하지 않는다는 점을 깨달았다. '건강 알아차림 도구'를 사용해 코치는 키이라와 함께 그녀가 현재의 고민을 해결하기 위해 활용할 수 있는 다양한 자원을 파악했다. 놀랍게도 키이라는 삶의 많은 영역이 높은 기능성과 풍부한 자원을 바탕으로 웰니스 상태를 유지하고 있음을 깨달았다. 예를 들어, 그녀는 모호한 상황에서도 복잡한 문제를 해결하고 효과적인 결정을 내리는 능력을 항상 가지고 있었다. 덕분에 어린 자녀를 양육하면서도 자신의 사업을 성공적으로 설립하고 이끌 수 있게 했던 원동력이었다. 불확실성을 견디는 높은 역량과 자신의 가치관에 대한 명확한 인식은 변화의 시기 동안 중요한 지지대가 되어 주었다. 그녀는 또한 지지적인 파트너와 가족, 좋은 친구들과의 사회적 관계 네트워크, 안정적인 재정 자원 등 강력한 보호 요인도 언급했다. 이러한 자원을 파악하고 '건강 알아차림 도구'의 녹색 사분면([그림 10.1] 참조)에 배치해 그녀가 앞으로 나아갈 길을 설계하는데 활용할 수 있는 자원을 파악해 보았다. 키이라는 **암 여정**의 새로운 단계에서 강한 자신감과 능력을 되찾고 선택권을 행사할 수 있는 사람으로서의 정체성을 재확인하기 시작했다.

코치-코칭 주체 한 쌍 관계를 넘어선 목적, 관점, 과정

지금까지는 주로 코치와 코칭 주체 간의 '한 쌍 관계dyadic relationship'에서 발생하는 코칭 형태에 초점을 맞췄으며, 코칭 주체가 상대적인 자율성으로 코칭 목표를 설정하는 과정을 다뤘다. 그러나 HWC는 자주 다학제적 팀 내에서 진행되며, 이런 팀에서는 모든 개입을 특정 개념적 및 기법적 틀 안에 위치하고, 개발된 모든 공식화도 다양한 학문적 관점에서 활동하는 다중 이해관계자의 관점을 반영하게 된다.

전체적으로 임상가clinicians는 건강 및 웰니스 코치와의 협업에 대해 긍정적인 태도를 보인다(Sforzo et al., 2017). 코칭은 건강 및 웰니스 관심사에 대한 작업에 새로운 관점과 방법을 도입할 가능성이 있으며, 이를 통해 코칭 주체의 자율성/주체성을 서비스의 관계 중심에 두게 한다. 그런데도 건강 및 웰니스 코치가 활동하는 환경에 따라, 앞서 언급된 바와 같이, 코칭은 **복잡하고 지속적인 다중 구성 개입**의 한 요소일 수 있다.

이 분야에서 코칭 주체와 효과적으로 협력하기 위해 건강 및 웰니스 코치는 코칭 주체가 직면한 조건을 이해하고, 최선의 실천에 대한 최신 지식/생각을 코칭 대화에서 통합할 수 있어야 한다(Sforzo et al., 2019). 전문 지식은 대부분의 코칭 형태에 유리할 수 있지만, 특정 장기 질환을 앓고 있거나 침습적invasive 치료의 후유증을 겪는 코칭 주체와 작업하는 건강 및 웰니스 코치에게는 특정 형태의 지식이 필요하다.[135)]

예를 들어, 종양학 분야에서 활동하는 코치들은 암 생존자가 직면하는 독특한 도전 과제를 이해해야 한다. 일부 경우 치료가 지속될 수 있으며, 수술, 방사선 치료 또는 화학 요법으로 인한 신경 손상으로 통증이 남을 수 있다. 심장 또는 폐 손상, 불임, 인지 장애 등 만성 건강 질환은 **암 치료의 후기 효과**로 인해 발생할 수 있다. 이 자체로 심각하거나 생명을 위협할 수 있다. 따라서 **암 생존은 삶의 질에 부정적인 영향**을 미칠 수 있다. 암 치료 과정에 대한 이해를 바탕으로 암 팀이 웰니스를 어떻게 이해하는지와 코칭의 역할이 웰니스를 촉진하는 데 어떻게 기여할 수 있는지 신중하게 고려해야 한다.

각 건강 상태는 서로 다른 유형의 요구를 유발한다. 건강 및 웰니스

135) 침습적이란 신체 내부로 들어가거나 신체의 경계를 침범하는 의학적 시술이나 치료이다. 보통 몸을 절개하거나 도구를 삽입하는 치료이다. 이는 장기적 후유증으로 신체와 심리적 영향을 주며 코칭에서는 만성 통증, 피로, 신체 기능 저하, 이동성 감소 등이다.

심리적 사회적 영향은 외모, 삶의 질 저하, 우울, 불안, 사회적 활동 제약 등이다. 코칭 이슈로는 신체 이미지 변화에 대한 적응, 대인관계 어려움, 자존감 회복 등이다.

코치는 코칭 주체의 현재 상태를 파악하고 효과적인 개입을 공동 설계하기 위한 행동 변화에 대한 심층적 지식과 함께 질병이나 장애별 특화된 지식이 필요하다. 코치의 접근 방식이 아무리 종합적일지라도 코치는 해당 질환, 개인에게 미치는 단기 및 장기적 결과, 제공되는 치료(및 치료를 제공하는 전문가), 해당 치료의 잠재적 결과, 재발 가능성과 지속적인 치료의 필요성을 이해해야 한다.

공식화 과정과 전체 인구 건강의 관련성 : 떠오르는 제안

현재 HWC 분야에서 공식화는 전체 인구 건강 개선을 목표로 하는 이니셔티브에 기여할 가능성을 가지고 있다. 이 분야는 보건과 사회 과학이 중요한 역할을 한다는 인식이 확산되고 있다(Campaign for Social Science, 2017). 복잡한 맥락에 대한 공식화 모델은 이미 존재한다(예: Gosling, 2010; Lane, 1978, 1998). 이런 맥락에서 다양한 요인과 다중 이해관계자의 관점이 의사결정 과정에 반영되어야 한다. 예를 들어, 고슬링Gosling(2010)은 소외 위기에 처한 어린이와 청소년을 대상으로 공식화를 활용하는 방식을 검토하면서 다중 이해관계자의 참여로 사례 관리의 목적을 합의하는 데 직면한 어려움을 말한다. 궁극적으로 합의한 공식화에 의미를 부여하고 달성 가능한 목표에 매개 변수를 설정하며 맥락의 중요함을 강조한다.

고슬링(2010)의 접근 방식과 HWC에서 직면한 복잡성 사이에는 유사점이 있다. 이 장의 서두에 언급된 것처럼, 고령화 인구와 만성 질환의 증가가 의료 서비스의 설계와 제공에 중대한 영향을 미친다는 전 세계적 인식은 건강 증진을 지향 목표로 한 다양한 혁신을 이끌어 냈다.

예를 들어, 통합 의료의 원칙은 임상적, 조직적, 정책적 이니셔티브 간의 연결을 강화하고 건강 및 관련 서비스의 자금 조달 및 제공 방식에 대한 접근 방식을 안내하기 위해 도입되었다(보건 및 사회 복지부, 2022). 그러나 휴지Hughes와 동료들(2020)이 지적했듯이, 통합 의료의 구현, 제공, 영향 평가가 복잡한 과제임이 드러났다. 그 결과 그들은 '통합 돌봄/의료integrated care'가 현재는 환경에 따라 다를 수 있는 다양한 실천 방식의 집합체로 이해하는 것이 가장 적절하다. 이는 다학제적 사례 관리와 전략적 파트너십을 포함할 가능성이 높다고 결론지었다. 따라서 이 수준에서의 효과적인 공식화는 ①작업의 위치, ②다양한 이해관계자 집단이 조사에 가져오는 이야기, ③이후 합의된 개입의 초점에 대한 이해와 밀접하게 연결될 가능성이 높다. 심리치료, 피트니스 프로그램, 서비스 이용자 및 보호자 네트워크와 같은 HWC 외에도 지역 자원의 가용성에 대한 지식도 모든 이해관계자 집단에게 의미 있는 목적을 합의하는 데 중요할 것이다.

건강, 건강 시스템 설계, 건강 과학 및 의료 인력 교육에 대한 미래적 고민에 있어 WHO의 '기능성functioning' 개념(Stucki & Bickenbach, 2017)은 추가적인 의미를 갖는다. 개인의 웰니스와 사회적 복지를 연결하는 패러다임 전환을 촉진하기 위해 도입된 '기능성'은 질병률과 사망률이라는 기존 건강 지표에 더해 인간 건강의 세 번째 핵심 지표로 자리매김한다. '기능성'은 생물학적 건강과 개인이 환경 속에서 경험하는 건강을 통합한다(Bickenbach et al., 2023). '기능'은 인간의 신체 시스템의 물리적 기능과 개인의 물리적 및 사회적 환경에서 수행되는 일상적 및 원하는 행동의 수행을 결합하여, 생물학적 건강과 개인이 환경 속에서 경험하는 건강을 통합한다(Bickenbach et al., 2023). '기능 향상enhancing functioning'에 초점을 맞춘 보건의료 시스템을 구축하는 것이 요구된다(Stucki et al., 2018). 이를 통해 개인의 웰니스를 촉진하고 인간 건강을 개선할 수 있는 인간 건강에 대한 더 포괄적이고 풍부한 이해를 제공하기 위함이다.

통합적 돌봄integrated care과 인간 건강의 지표로 '기능성'을 도입하는 것은 전체적이고 개인 중심의 돌봄을 제공에 있어 HWC를 구현하는데 중요한 기회를 창출한다. 이런 넓은 수준에서의 공식화는 건강 및 웰니스 코치들이 자신의 기술 세트를 새로운 방식으로 고려할 것을 요구한다. 개별 코칭 주체의 개선을 지향하는 도구, 기술 또는 기법보다는 이러한 기술을 사용하여 다양한 이해 관계자를 모아 상호 이해를 뒷받침하고 신뢰를 구축한다. 모든 관련자가 건강 및 웰니스 관련 관심 분야에 대한 공유된 내러티브를 만드는 데 목소리가 반영될 수 있도록 대화를 가능하게 하는 것이 과제이다.

고슬링Gosling(2010)의 제안에 따르면, 안내된 공유와 탐구의 과정을 통해 다양한 증거 출처에 대한 가능한 영향 요인에 대한 가설을 개발하고 검증할 수 있다. 코치의 기술 세트, 특히 의미 있는 대화를 위한 조건을 창출하는 능력은 향후 전체 인구 건강과 웰니스 개선을 위해 필요한 다학제적 및 학제간 연구, 실천, 지식 창출의 발전에 필수적인 요인이다(Academy of Medical Sciences, 2016).

결론

HWC는 빠르게 확장되는 코칭 서비스 형태로 건강 문제를 겪고 있는 사람들이나 건강과 웰니스를 개선하려는 사람들의 경험과 요구를 이해하는 방식에 패러다임 전환의 기반을 제공한다. 현재 많은 건강 문제의 치료에 지배적인 접근 방식은 여전히 생의학적biomedical 모델이다. 그렇지만, 건강과 웰빙에 대한 전체론적 개념은 생의학적 개입이 필요할 때조차 코칭 주체의 자율성을 중심에 두는 개인 맞춤형 돌봄과 지원의 길을 열어준다. 공식화Formulation는 이 노력의 핵심 요인이다. 사회적 변화와 정책 개발을 위해 공식화를 활용하는 것은 새로운 제안이다. WHO가 건강을 개인과 사회의 기본적 권리라고 주장하는 것과 일맥상통하며, 점점 더 많은 관심을 끌 것으로 예상된다. 그러나 건강과 웰니스에 대한 관점이 무엇이든, HWC는 코칭 주체를 공식화 과정과 그 이후의 개입 모두에서 적극적인 파트너로 자리매김하도록 노력한다. 이는 코칭이 개인과 사회의 삶에 긍정적인 변화를 가져올 수 있는 다양한 기회를 창출한다.

숙고해야 할 질문

이 장을 읽은 후, 자신의 프랙티스와 관련하여 어떤 점이 떠오르는지 생각해 보자. 건강 및 웰니스 코치로 일하는 경우, 다음 질문이 유용하다.

Q. HWC 코칭 주체에게 제공하는 코칭의 목적, 관점, 과정을 결정하는 데 참여해야 하는 이해관계자는 누구인가? 그들의 건강과 웰니스에 대한 관점이 당신의 관점과 얼마나 일치하는가?

Q. 생의학적 설명, 치료법 및 그 결과물이 당신의 코칭 공식화에 얼마나 반영되어 있는가?

Q. 전문적 맥락에서, 당신의 코칭은 목표 중심의 행동적 접근 방식을 채택하는 경향이 있는가, 아니면 가치, 목적, 의미에 대한 넓은 전체적인 탐구를 선호하는가? 다양한 사례에서 당신의 선택을 결정하는 요인은 무엇인가?

HWC 분야에서 일하든 그렇지 않든, 건강과 웰니스에 대한 자신의 위치성을 검토해 보는 것이 유용하다.

Q. 현재 인생 단계에서 건강과 웰니스를 어떻게 정의하는가? 현재 시점에서 건강 연속체상에 자신의 위치를 어디에 두고 있는가, 그 이유는 무엇인가?

Q. ('일관성 감각'의 세 구성 요인인 이해 가능성, 관리 가능성, 의

미 가능성에 기반하여) 당신의 삶에서 스트레스 요인을 이해 가능하고, 관리 가능하며, 의미 있는 것으로 보는 데 어떻게 이르렀는가(또는 어떻게 이를 달성할 수 있는가)?

Q. 건강과 웰니스의 특정 분야 가운데 더 잘 이해하거나 개선하고 싶은 부분을 선택해 보자.
'건강 알아차림 도구'를 적용하여 해당 분야가 어떤 사분면에 위치할 수 있는지 검토하고, 어떤 선택지가 있는지 탐색해 본다면?

11장

직장과 임원 코칭의 코칭 공식화

관리자와 임원의 개발 수단으로 코칭을 활용하는 흐름은 주류 학습 및 개발의 주변부에서 리더십 개발의 핵심 요소로 진화해 왔다. 코칭과 멘토링은 많은 기업 조직에서 표준이 되고 있으며, 공공 및 비영리 부문에도 널리 보급되고 있다(Chapman, 2023; Gray et al., 2016; Gorrell, 2023, Lai & Palmer, 2019). 코칭 활용의 증가는 오늘날 리더들이 직면한 다양한 이슈와 전례 없는 수준의 변동성 및 복잡성에 대한 대응이다. 모든 부문의 리더는 지속적인 변화의 환경에 직면해 있다. 이는 신기술의 유입, 세계화, 인구통계학적 변화, 코로나 19 팬데믹이 근무 조건에 미친 영향 등으로 인한 요구에서 비롯된다(Schermuly et al., 2022). 또한 코칭은 교육 이수 효과와 행동 변화 지속을 위한 수단으로 지지를 얻고 있다(Dixit & Sinha, 2023). 이러한 이유로 조직은 외부 임원 코치, 직장의 사내 코치 등 다양한 형태로 코칭을 도입하고 리더들에게 코칭 기술과 기법을 교육하고 있다.

리더와 리더십 역량을 개발하는 것은 코치가 개인의 요인, 조직의 요구, 더 넓은 사회의 요구에 맞춰 리더를 개발하는 방법을 고려해야 하는 복잡한 작업이다. 이 장에서는 공식화가 직장 및 임원 코치가 협력하여 코칭 주체가 당면 목표를 달성하도록 지원할 뿐 아니라 지속적인 발전을 위한 매개체 역할을 공식화 개발에 어떻게 도움이 되는지 살펴본다.

직장 및 임원 코칭 환경

IBM이 2010년에 고위 임원을 대상으로 실시한 연구에 따르면 그들이 직면한 가장 큰 어려움은 고위 리더가 해쳐나가야 하는 복잡성 수준이었다. 같은 연구에서 이 과제를 인식한 임원 중 50%는 이를 효과적으로 관리할 실천능력이 자신에게 없다고 믿는 것으로 나타났다(IBM, 2010). 이 연구 이후 복잡성의 수준은 계속 증가하고 있다. 조직은 코로나 팬데믹 이후 몇 년 동안 리더십에 심각한 도전을 제기하는 글로벌 팬데믹의 영향에 대처해야 했다. 대다수의 리더는 이에 대처하는 데 어려움을 겪었다(Kaiser et al., 2023). 팬데믹의 영향에 대한 미흡한 대응은 많은 리더가 상황이 빠르게 진화할 때 적응적으로 대응하지 못했음을 보여주었다(Uhl-Bien, 2021).

리더가 직면한 과제는 다양하다. ①사회적 불안의 파도, ②생성형 AI 등 빠르게 진화하는 기술, ③고객 및 직원 인구 통계의 변화, ④계층 구조에서 팀 기반 구조로의 전환, ⑤사회적, 물리적 환경에 긍정적인 영향을 미치면서도 동시에 비즈니스 성과를 내야 하는 조직의 요구 등이다(Deloitte, 2019; Kaiser et al., 2023; Tarry, 2018; Whybrow et al., 2023). 현재 환경이 일하는 데 미치는 영향은 조직의 리더에게만 국한된 것이 아니다. 지속적인 변화와 불확실성, 전 세계적인 팬데믹이 개인 및 직장 생활에 미치는 영향에 대처하는 모든 직원에게 점점 더 크게 다가오고 있다. 영국 사례를 보면 노동자의 6분의 1이 정신 건강 이슈를 경험했으며, 근로시간 손실의 거의 절반이 스트레스, 불안, 우울증으로 인한 건강 관련 영향에 기인한다(Deloitte, 2021). 영국의 **웰빙-지수**sense of wellbeing는 팬데믹 이전부터 악화되었으며, 코로나19발생 후 다음 해에는 **삶의 만족도 지표**가 더욱 악화되었다(Deloitte, 2022). 직장 내 웰빙은 아직 개선되지 않은 상태로, 임원과 직원의 거의 절반이 피로와 정신 건강 악화로 어려움을 겪고 있다(Deloitte, 2023). 마찬가지로 직원들이 몸이 좋지 않은데도 출근하여 결과적으로 생산성 저하를 초래하는, 아파도 출근하는 **출근주의/프레젠티즘**presenteeism[136]가 증가하고 있다. 사람들은 정신 건강 문제와 관련된 낙인 때문에 출근(대면 또는 원격)을 선택할 수 있다(Deloitte, 2022). 마찬가지로, 직원들이 퇴근을 하지 못해 번아웃으로 이어지는 '**휴가 중**

136) 출근주의/프레젠티즘presenteeism: 직장 내 웰빙 및 생산성과 관련된 용어로, 직원이 몸이 아프거나 컨디션이 좋지 않은 데도 불구하고 출근하거나 일에 참여하는 현상. 결근주의absenteeism의 반대 개념이다.

즉 직원들이 자신의 건강이나 정신 상태를 관리하기 보다는 회사에 보여주기 위해, 혹은 해고나 불이익을 우려하여 억지로 출근하는 직장 문화를 반영한다. 겉보기에는 성실하게 보일 수 있지만 실제로는 조직의 생산성과 직원의 건강을 동시에 해치는 비효율적 근무 형태이다.

(반납) 근무/리비즘leavism, [137]이 증가하고 있으며, 이는 기술에 의한 원격 근무의 증가로 인해 더욱 가속화되고 있다(Deloitte, 2021).

코치들도 다른 지식 근로자와 동일한 변화의 영향을 받고 있다. 이미 인공지능이 직장 내 코칭에 도입되고(Graßman & Schermuly, 2021), 인터넷 기반 회사들이 가상 플랫폼을 통해 코치를 연결하고 있다(Schermuly et al., 2022). 가까운 미래에 AI 코치가 더 광범위한 역할을 수행할 수 있지만, 조직 내 코칭은 (내부 또는 외부) 코치가 여러 데이터 소스를 종합하고 여러 이해관계자와 그들의 기대를 관리하면서, 코칭 대상인 코칭 주체와 조직의 특정 요구를 모두 충족시켜야 하는 까다로운 작업이다. 업무 환경이 복잡해지면서 코칭 주제는 더욱 다양해질 것이며(Schermuly et al., 2022), 코치는 이러한 복잡성을 탐색할 수 있는 도구가 필요하다. 공식화는 코치와 코칭 주체가 정보를 수집, 종합하며, 이해하고 합의된 코칭 목적을 달성하기 위해 함께 일하는 방법을 제공한다(Kovács & Corrie, 2021).

---

137) 휴가 중 (반납) 근무/리비즘leavism: 휴가나 근무 시간이 아닐 때에도 업무와 관련한 행동을 하는 현상으로 직장 웰빙 및 번 아웃과 관련하여 부정적 영향을 미친다. 휴가 중 업무, 비번 시 업무, 병가 중 업무 등이다. 주로 기술 발전과 원격 근무 확산 때문이며 일터와 개인 공간 경계가 사라지고 직원들은 언제든지 업무에 접근할 수 있어 휴식과 업무의 경계 구분이 없어진다. 원격 근무 환경에서도 자신의 기여도를 입증해야 한다는 무언의 압박감이나 업무를 멈추면 뒤처질 것이라는 불안감Fear of Missing Out(FOMO)도 원인이다.

직장 코칭 맥락에서 공식화 적용하기

조직 내 코칭의 맥락을 고려한 다음에는 위치성positionality이 직장 및 임원 코칭에 미치는 영향을 살펴보자. 이 맥락에서 코칭의 '목적'이 어떻게 구성되고 다양한 '관점'의 관련성을 검토한다. 공식화에 사용될 수 있는 '과정' 유형의 예를 제시하고, 핵심 사항을 설명하는 사례 연구를 제공한다.

직장 및 임원 코칭에서의 위치성

이전 장에서 논의한 위치성의 광범위한 면은 조직 내 코칭의 맥락에서 고려할 때 동등하게 관련성이 있으며 유용하다. 그러나 직장에서 코치에게 특별히 발생하는 몇 가지 요소들이 있다. 예를 들어, 조직 내에서 활동하는 코치가 내부 또는 외부에 있을 수 있으므로, 내부자-외부자 관계라는 명시적인 '위치성'이 도입된다. 위치성 이론의 관점에서 내부자는 코치가 코칭 주체와 유사성을 지닌다는 점을 의미하는 반면, 코칭 주체와 정체성이나 배경을 공유하지 않는 외부자는 문화나 관행을 잘못 해석할 수 있다(Bayeck, 2022). 어느 위치든 모두 코칭, 코칭 주체와의 관계, 더 넓은 조직과의 연결(성)에 영향을 미친다.

(내부) 사내 코치는 내부자로 위치하며, 비즈니스, 조직 문화, 사람 및 정책에 대한 친밀한 지식의 이점을 누릴 수 있다(Baldwin & Cherry, 2019). 그러나 기밀 유지 및 신뢰 이슈가 발생할 수 있으며

조직의 지식이 코치의 객관성에 영향을 미칠 가능성이 높다(Frisch et al., 2019).

또는 독립적으로 활동하며 특정 코칭 주체와 함께 일하기 위해 조직에 초빙된 코치는 외부인으로 위치하게 된다. 이러한 상황의 코치는 다양한 조직 맥락에서 경험을 바탕으로 코칭에 대안적인 관점을 제시할 수 있다는 장점을 지닌다. 외부 코치는 더 독립적으로 보일 수 있지만 조직의 성격, 비즈니스 과제 및 문화를 이해하는 데 시간이 걸린다. 일부 연구에 따르면 코칭 주체가 외부 코치에게 더 개방적이라는 증거가 있는데, 이는 부분적으로는 기밀 유지에 대한 인식이 높아졌기 때문일 수 있다(Jones et al., 2018). **내부자-외부자 위치성**은 코치가 내부자인지 외부인인지의 단순한 이분법이 아니다. **공유된 정체성**과 코치의 배경도 중요한 요인이 된다. 코치로 훈련 전에 임원 경력이 있는 코치는 내부자로 간주될 가능성이 높은 반면, 심리학 배경을 가진 코치는 외부자로 간주될 수 있다. 특정 직업이나 산업별로 더욱 구체화될 수 있으며, 경력이 없는 코치는 외부자로 위치될 수 있다.

어떤 관계에 진입하는 것은 **권력 관계의 네트워크**를 가져온다. 모든 직장 또는 임원진 코칭 관계에서는 이해관계자 간에 **은밀하고 명시적인 권력 역동 관계**가 나타날 가능성이 언제나 존재한다. 가장 명백한 형태의 권력은 **코칭으로 생계를 유지하려는 코치**에 대한 조직의 권력이다(Jackson & Carter, 2007). 마찬가지로, 직속 보고 라인에서 누군가를 코칭하는 관리자는 코칭 받는 사람에 대해 명백한 권력의 지위를 차지한다. 직장 내 코칭 관계에는 분명하지 않은 다른 형태의 권력도 존재한다. 예를 들어, 코치는 자신의 커리어에서 자신보다 더 성공한 코칭 주체와 함께 일하도록 요청받을 수 있다. 이는 코치에게 불안감과 부적절함을 유발할 수 있다. 이러한 상황을 보상하기 위한 방법으로 **코칭 관계에서 권력을 행사**하려고 할 수 있다(Welman & Bachkirova, 2010). **코칭을 지배하는 방식**에는 ①코칭 과정을 지나치게 장악하거나, ②무리한 속도를 적용하거나, ③구조화된 활동을 광범위하게 활용하여 ④코칭 주체의 통제권을 부정하는 것이 포함된다. **조직의 대표 역할로 활동하는 코치**[138]는 이러한 지위가 부여하는 대인관계의 힘으로 인해 코칭 주체보다 더 강력한 존재감을 느낄 수 있다(Welman & Bachkirova, 2010). 그들은 조직의 요구와 지나치게 동일시하여 코칭 주체에게 부적절한 압력을 가할 수 있으며, 코칭은 코칭 주체의 행동을 통제하는 도구로 전락할 수 있다(Lai & Turner, 2023). 코칭 공식화 자체가 부적절하게 적용될 경우 권력 불균형을 초래할 가능성이 있다. 코치는 자신보다 코칭 주체와 상황을 더 깊이 이해하고 있다고 믿어 권력을 행사할 수 있다고 생각할 수 있으며, 코칭 주체에 대한 권력 행사 수단으로 자신의 통찰을 보류하거나 제공할 수 있다.

코칭 받는 사람들도 코치에게 권력을 행사하는 은밀한 방법을 갖고 있다. 이들은 다른 이해관계자들과 코칭 경험을 논의할 때 코칭의 모

138) Coaches who are acting as representatives of an organization. 사내 코치-코칭 주체와의 관계는 이슈와 관계 관리 여부에 따라 코치가 조직의 의사나 의도의 대표 위치(성)을 지니게 된다. 스스로 그런 존재감을 느낄 수 있으며, 상대도 이런 인식을 갖게 될 수 있다. 이점에 사내 코치의 윤리적 민감성이 중요시 된다.

든 긍정적인 결과와 경험을 과소평가하거나, 작무에 대해 불리하게 보고하거나 코칭 실패를 코치 탓으로 돌림으로써 코치의 신뢰성을 훼손할 수 있다(Welman & Bachkirova, 2010).

위와 같은 사례는 권력이 코칭에 영향을 미칠 수 있는 몇 가지 방식 중 일부에 불과하다. 다른 위치성 요소와 마찬가지로 권력관계의 영향을 관리하는 핵심 가운데 하나는 자기-알아차림을 높이는 것이다. 이러한 자기-알아차림에는 ①특정 코칭 관계에서 순간순간 발생하는 권력 관계에 대한 알아차림뿐 아니라 ②코치가 권력에 대해 갖는 태도와 이것이 코칭에 미치는 영향, ③코칭 주체와 조직의 이해관계자의 관계에 대한 더 깊은 성찰이 포함된다(Welman & Bachkirova, 2010). 또한 코치는 ④심리학적 모델에서 교육을 확장하고, 문화와 맥락, 권력과 도덕성 같은 주제에 대한 통찰을 제공하는 다른 분야를 통합할 필요가 있을 수 있다(Louis & Fatien Diochon, 2018).

직장 및 임원 코칭 참여에는 여러 이해관계자가 관여할 경우, 코칭의 본질과 코칭이 제공해야 하는 것에 대해 사람들이 서로 다른 입장과 생각을 가질 가능성이 있다(Kahn, 2014). 코치가 취할 입장을 명확히 하고, 다른 이해관계자들의 견해를 탐구해야 한다. 이 견해가 코칭 주체와 조직의 기대뿐만 아니라 그들이 승인할 관점과 과정에도 영향을 미치기 때문에 필수적이다. 조직에는 자체적인 개발 과정, 기존 리더십 모델, 일반적으로 사용되는 구조-틀 및 도구가 있다. 이를 코칭 계약engagement에 통합하고 코치의 공식화에 반영해야 한다. 코칭을 어떻게 바라보고 배치하는지를 이해하기 위해 다양한 수준에서 조직과 소통하는 것은 성공적인 '계약'을 위해 필수적이다(Hawkins & Turner, 2020; Kahn, 2014).

코칭의 목적 확인하기

코칭 '목적'을 명확히 하는 것은 직장 및 임원 코칭도 똑같이 중요하다. 코칭 서비스 의뢰에는 내부, 외부 제공자 관계없이 여러 이해관계자가 관여할 가능성이 높다. 코치가 자신의 서비스 '목적'을 명확하게 정의할 수 있어야 모든 이해관계자가 코칭의 초점, 방향, 접근 방식을 이해할 수 있다. 코치는 자주 코칭 주체와 조직 스폰서 간의 코칭 목적이 일치하도록 중재자 역할을 한다(Lai & Smith, 2021). 사내 코치의 경우 조직에서 목적을 지시할 수 있으며 코치가 스스로 정의할 여지가 적을 수 있다. 외부 코치와 마찬가지로 조직 스폰서와의 협상이 필요하다(St John-Brooks, 2014; Lai & Smith, 2021).

직장 및 임원 코칭의 일부 정의는 목적을 **개인 수준**에 집중한다. 예를 들어 ①리더십 기술 향상, ②미래 역할에 대한 고성과 후보자의 개발, ③새로운 직책으로의 전환 지원 등이다(Athanasopoulou & Dopson, 2018; Terblanche, 2022). 또한 ④성과와 관련된 행동 변화, ⑤자기 알아차림 향상 또는 ⑥개인적 성장도 그 목적에 포함된다(Wang et al., 2021).

시스템적 관점을 채택하는 코치의 경우, 코칭의 목적은 순전히 개인에서 더 넓은 시스템으로 바뀐다. 예를 들어, 호킨스Hawkins(2021)

는 시스템적 코칭을 정의하면서 그 목적을 ①개인과 조직을 넘어, ②리더가 조직의 모든 이해관계자 및 ③더 넓은 비즈니스 생태계와 함께 가치를 창출하는 방법을 고려하도록 확장했다. 호킨스Hawkins와 터너Turner(2020)는 시스템적 코칭의 목적을 코칭 주체의 ④개인적 발전뿐 아니라 모든 당사자를 연결하고 엮어주는 관계를 위한 것으로 보고 있다. 마찬가지로 오 코너O'Connor(2020)는 코칭 참여의 목적에 ⑤조직 시스템의 변화를 만드는 것이 포함될 수 있다고 주장한다.

위 예에는 웰빙이라는 주제는 구체적으로 언급되지 않았으나 ⑥임원진 코칭이 웰빙에 긍정적인 영향을 미치는 것으로 나타나는 점을 입증된 바 있다(Grant et al., 2009; O'Connor & Cavanagh, 2013; Wang et al., 2020). 오늘날의 노동력에 가해지는 요구가 증가함에 따라 일부 코치는 서비스 목적을 논의할 시 웰빙을 더 강조해야 한다. 그랜트Grant(2017)는 직장 코칭은 개인의 효과성[업무 성과]에 초점을 맞추는 것만큼이나 [개인의] 개발과 웰빙에도 초점을 맞춰야 하며 조직 성과 만큼이나 [조직의] 문화 변화에도 초점을 맞춰야 한다고 주장한다. 웰빙은 시스템적 관점에서도 고려할 수 있다. 임원의 긍정적인 리더십 실천능력 개발이 조직 및 주요 이해관계자의 웰빙에 긍정적인 영향을 미친다는 증거가 있기 때문이다(Addison & Shapiro, 2023; Boniwell & Smith, 2018; O'Connor & Cavanagh, 2013). 앞 장에서 논의한 것처럼 코칭 목적을 정의하는 방식은 코치의 실천 기반이 지닌 관점에 영향을 미친다. 이어서 직장 및 임원 코칭에 적용 가능한 몇 가지 관점을 살펴보자.

조직 환경 설정의 관점

조직 내에서 일하는 코치는 심리학, 경영학, 스포츠, 법학, 경영 컨설팅 또는 인적 자원 등 점점 더 다양한 배경(Jones et al., 2016)을 지닌다(Joo, 2005; Kahn, 2014). 직장 및 임원 코치는 인간의 변화와 개발에 대한 신념, 훈련, 배경, 코칭의 목적에 따라 다양한 관점을 활용한다.

칸Kahn(2014)은 조직적 맥락에서 일하는 코치에게 심리학과 상담에서 도출한 관점이 중요하더라도 해당 **환경에 적합한 관점과 균형**을 이루어야 한다고 주장했다. 직장 내 코칭은 시장 문화market-place culture 속에서 이루어지며, 동시에 조직과 리더 개인의 성공을 돕는 것을 (지향)목표로 한다. 또한 코치는 개인과 조직의 요구사항을 조율하기 위해 시스템적인 관점을 취하면서 일반적인 비즈니스 문화와 특히 해당 조직의 문화를 이해해야 한다.

비즈니스 세계에는 빠르고 재귀적인 시장reflexive marketplace[139][빠르고 예측 불가능한 시장]에서 살아남기 위해 리더는 충분히 검증하고 증명할 시간을 갖지 못하고 바로 대응해야 한다는 문화적 전제가 존재한다(Kahn, 2014). 리더는 모든 정보를 갖추지 못한 상태에서 결정을 내

---

139) 재귀적 시장reflexive marketplace: 이는 조지 소로스George Soros의 재귀성 이론Theory of Reflexivity에 근거한 주장으로 보인다. 소로스는 시장이 현실을 단순히 반영reflect하는 것이 아니라 투자자의 생각이 현실을 적극적으로 왜곡하고 바꾸며 서로 되먹임feedback하는 관계라고 보았다. 이점에서 재귀적으로 번역한다. 『금융의 연금술』 김국우 옮김. 국일증권경제연구소. 1998.

려야 하며, 복잡한 문제에 직면할 때 **직관과 분석을 병행**하는 경우가 많다(Okoli, 2020; Hallo & Nguyen, 2022). 직관을 사용할 때 리더는 **자신의 경험과 패턴을 인식하는 능력**을 활용하는데, 이는 시간이 제한적이고 복잡성이 높으며 데이터가 부족한 상황에서 특히 유용하다. 비즈니스 문화에 다양한 관점과 실행 가능성에 대한 초점이 내재되어 있다는 점을 고려할 때, 단일 이론이 적합하지 않고 **절충적**eclectic 또는 **통합적**integrative 접근이 상업적 맥락에 가장 적합하다는 주장이 제기되어 왔다(Hardingham, 2021; Kahn, 2014; Passmore, 2007; Turner & Goodrich, 2010).

절충주의 또는 통합주의라는 용어는 자주 같은 의미로 사용된다. 이 둘 사이에는 일부 중첩되는 부분이 있지만 동시에 몇 가지 주요 차이점도 있다. **통합적 접근**은 다양한 이론과 모델을 신중하게 통합하여(Passmore, 2021) 여러 학파 간의 **종합을 통해 새로운 모델**을 만들어낸다(Hollanders, 2014). **절충적 접근** 또한 여러 출처에서 정보를 끌어오지만, 이는 개인의 상황/맥락에 따라 가장 적합한 도구나 기법을 적용하는 것을 목표로 하는 **실용적 접근 방식**이다(Hardingham, 2021; Hollanders, 2014).

절충적 또는 통합적 구조-틀의 활용은 코칭 주체에게 적절한 접근 방식을 선택하거나 개발하기 위해 코치가 크게 의존한다(Hardingham, 2021). 코칭 문헌에는 다양한 기법을 적용하는 것이 도움이 될 수 있다는 시사점은 있지만(De Haan et al., 2013), 특정 코칭 주체에게 어떤 기법이 가장 적합한지 혹은 어떤 이론을 통합할 수 있는지에 대해 코치를 안내하는 연구는 현재 거의 없다. 실제로 코치는 자신의 전문적인 훈련과 경험을 바탕으로 사용할 접근 방식을 결정한다(Hardingham, 2021).[140] 코치에 대한 이러한 의존은 절충적 또는 통합적 코치에게 **공식화와 성찰적 실천** 기반이 모두 중요함을 강조한다. 공식화는 의사결정의 기반을 제공하고 어느 시점에서든 접근 방식 선택의 근거를 제공한다. 또한 성찰적 실천에 유용한 보조 수단이 된다. 성찰적 과정을 통해 특정 코칭 주체와 함께 일한 작업 경험이 코치의 실천 접근 방식에 통합되어 향후 코칭 활동에 영향을 미친다(Hay, 2007; Kovács & Corrie, 2017a).

리더십 관점

직장 및 임원 코칭이 리더십 실천능력 개발을 위한 개입으로 자주 활용된다는 점을 고려할 때(Anthony, 2017; Korotov, 2016; Passmore, 2015), 이 분야에서 일하는 사람들은 리더십 이론 및 개발과 관련된 문헌을 꼼꼼히 이해할 필요가 있다(Otter, 2017). 그러나 코치들이 리더십 분야에 참여하는 데에는 두 가지 주요 과제가 있

140) **절충적·통합적 접근** 모두 단일 이론에 얽매이지 않고 여러 이론과 기법을 조합하여 사용하는 방식으로 어떤 이론을 어떻게 조합할 지, 또 가장 좋은 것을 선택하거나, 하나로 통합해 접근하거나 모두 코치의 전문성과 판단 능력에 좌우하게 된다. 이에 대한 연구 결과도 거의 없다. 이런 점에서 절충적·통합적 접근의 잠재적 효과는 인정되지만 '어떤 것이 최적'인지는 객관적 과학적 근거가 부족한 현실적 한계가 있다. 이점을 보완하는 것이 코치의 공식화와 성찰적 실천이다.

다. 첫째, 다양한 정의로 인해 코치가 리더십의 모든 관점에 익숙해지기 어렵다는 점이다(Otter, 2018). 일부 코칭 문헌에서는 리더십의 이론적 모델을 언급하지만(예: O'Connor & Cavanagh, 2013; Passmore, 2015; Watts & Corrie, 2013, 2022), 대부분의 문헌은 성인 발달, 커뮤니케이션, 심리학 또는 인간 성과human performance 이론 등 코칭 과정에 정보를 제공하는 이론에 초점을 맞추고 있다. 리더십 이론이나 리더십 개발 이론과의 연계는 상대적으로 제한되어서, 코치가 이런 지식 기반을 실제로 통합하는 데 어려움을 가중시킨다(Otter, 2018). 둘째, 조직의 일반적인 관행이 복잡성을 더한다. 수많은 리더십 이론과 모델이 존재함에도 조직 내 개발은 무계획적 비시스템적으로 이루어지는 경우가 많으며 어떤 이론적 모델과도 명확하게 연결되지 않는다. 코칭은 조직에서 사용하는 여러 가지 개입(예: 평가, 리더십 교육, 디지털 콘텐츠, 체험 학습) 가운데 하나에 불과하다(Day et al., 2021).

코칭은 다른 이니셔티브를 지원하기 위해 제공될 수 있지만, 리더십에 대한 조직의 관점과 연결거나 연결되지 않을 수 있는 독립적인 개발 활동으로 제공된다. 조직은 이론적 관점을 채택하기보다는 리더십의 복잡한 구조를 개별적이고 구체적인 변수로 단순화한 지식, 기술 및 실천능력 묶음bundles을 제공하기 때문이다(Day et al., 2021; Salicru, 2020). **역량 구조-틀**은 일반적인 기술과 행동의 집합set을 제공하는데, 이는 **동일한 역할에서 탁월한 사람들이 동일한 행동을 보인다는 가정**을 내포하고 있다(Bolden & Gosling, 2006). 이는 여러 가지 면에서 문제가 있다. 연구에 따르면 리더는 완전히 다른 접근 방식을 사용해도 동일한 결과를 달성한다. 이러한 모델의 일반적인 특성은 개인차이나 리더가 속한 맥락을 고려하지 못한다(Day et al., 2021). 또한 구조-틀에 포함된 **행동이나 실천능력은 미래의 요구 사항보다 현재의 요구 사항에 초점**을 맞추는 경우가 많다. 리더십은 광범위한 사회적 맥락과 분리될 수 없다. 역량 모델은 특정 리더가 현재 또는 새롭게 부상하는 맥락에서 효과를 보기 위해 필요한 것이 무엇인지 이해하는 데 도움이 되지 않을 수 있다(Bolden & Gosling, 2006; Salicru, 2020).

리더십 개발 이론 분야의 복잡성과 새로운 특성을 고려할 때 모든 관점에 익숙해지는 것은 비현실적이다(Otter, 2016). 그러나 모델은 개발 대화를 위한 유용한 구조-틀이자 휴리스틱[141)]이며, 조직 내에서 일하는 코치는 특정 상황의 개인, 문화 및 맥락에 맞게 조정할 수 있도록 여러 모델을 활용해야 한다(Passmore, 2015). 접근 방식의 선택은 코치와 코칭 주체가 함께 개발하는 **공식화 과정의 산물**이 될 수 있다. 코치, 코칭 주체 및 주요 이해관계자들은 리더십에 대해 서로 다른 관점을 가질 수 있다(Otter, 2018). 공식화 과정은 이러한 다양한 관점

141) 여기서 휴리스틱heuristics이란 복잡한 문제나 상황에 직면했을 때 완벽한 논리적 분석 대신 신속하고 효율적인 판단과 의사결정을 위해 사용되는 **'경험적 규칙'** 또는 **'단순화된 접근 방식'**을 의미하며 일종의 **경험의 지혜, 빠른 사고의 틀**이다. 코칭 상황의 복잡성과 이를 단번에 완벽하게 설명하지 못하지만 코치에게 어떤 질문이나 어떤 단계를 거쳐야 하는가에 대한 실용적인 지도를 제공한다. 이때 이 모델이 휴리스틱 역할을 한다. 즉 모델은 코칭 주체와 개발을 위한 대화의 구조-틀을 제공하는 동시에 현장에서 신속하고 적절한 판단을 내리는 실용적 지침(휴리스틱)으로 유용하다는 주장이다. [각주 16, 127 참조, 본문 305-306쪽 참조]

을 이해하고 리더십과 코칭 이론을 통합하는 수단이 될 수 있다.

직장 및 임원 코칭에서 유용할 수 있는 관점을 검토한 후, 다음에는 '과정'의 문제를 살펴보자.

임원 코칭의 구조-틀과 공식화 과정

직장 및 임원 코칭 과정을 설명하기 위해 여러 개념적 구조-틀이 개발되었으며, 대부분은 입력-과정-산출 구조를 갖고 있다. 이런 구조-틀은 유용한 가이드를 제공하며 많은 코치에게 실천의 기반을 형성한다. 많은 구조-틀이 치료 분야에서 비롯된 단일 모델을 코칭 맥락에 적용하여 개발되었지만(Passmore, 2007), '통합 코칭 모델'도 다수 개발되었다. 라스케Laske(1999)는 구성적 발달 심리학constructive developmental psychology(CDP), 가족 치료 및 조직 인지organizational cognition 이론을 통합하는 접근 방식을 제안했다.[142] 그랜트Grant(2006)는 목표 설정, 자기 결

142) **구성적 발달 심리학**은 인간의 지식, 정체성, 세계관이 시간의 흐름에 따라 어떻게 질적으로 변화하고 복잡하게 구성construct되는지를 연구한다.

발달 단계는 개인이 세상을 이해하고 경험에 의미를 부여하는 방식이 특정 단계stages를 거쳐 진화한다고 본다. 이는 단순히 지식의 양이 느는 것이 아니라, 세상을 바라보는 구조-틀(사고의 구조) 자체가 근본적으로 달라진다. 예를 들면 아동이 세상을 구체적이고 이분법적으로 이해하다가, 성인이 되면서 추상적이고 다각적인 관점을 수용하게 되는 과정이다.

구성주의는 인간은 수동적으로 정보를 받아들이는 것이 아니라, 자신의 경험을 능동적으로 해석하고 구성하여 지식을 형성한다고 믿는다. 이 분야는 주로 장 피아제Jean Piaget의 인지 발달 이론과 로버트 케이건Robert Kegan의 성인 발달 이론 등에 뿌리를 두고 있으며, 특히 성인들의 '의미 구성Meaning-Making' 능력을 중시한다.

정 및 성격 이론을 통합하여 증거 기반의 통합적인 임원 및 직장 코칭 구조-틀을 제안한다. 채프만Chapman(2018)의 **통합 경험 코칭 모델**Integrated Experiential Coaching mode은 통합 및 경험 학습 이론의 메타 이론에 기반을 두고 있으며, 이후 복잡한 반응 과정, 학습 생리학 및 신경 과학을 포함한 추가적인 관점을 종합하여 업데이트되었다(Chapman, 2023).

비즈니스 세계에서 일하는 코치를 위한 패스모어(Passmore, 2007, 2021)의 **전체론적 모델**holistic model의 개요를 제시한다. 이 모델은 임원 코칭을 위해 특별히 개발되었다. 그의 접근법은 인본주의, 정신역동, 행동주의, 인지-행동 전통을 포함한 개인, 대인관계, 시스템 관점의 접근법을 통합한 예시를 제공한다.

통합 코칭 모델integrative coaching model(Passmore, 2007, 2021)은 원하는 결과를 달성하는 데 관여하는 여섯 가지 '흐름stream'으로 구성된다. 이 흐름은 함께 흐르며 코치는 코칭 주체에게 반응하면서 흐름 사이를 이동

라스케Laske는 이 CDP를 통해 리더나 조직 구성원의 사고 방식과 리더십 능력이 어떤 발달 단계에 있는지 진단하고, 그들의 의미 구성 능력을 향상시키는 것을 코칭의 핵심 목표로 삼는다.

조직 인지 이론은 조직 전체가 어떻게 지식을 습득하고, 정보를 처리하며, 공유된 의미(공통의 이해)를 형성하고, 이를 바탕으로 행동하는지 연구하는 경영학 및 조직 이론 분야이다.

핵심 개념인 **공유된 인지 구조**는 조직 구성원들이 공유하는 가정, 신념, 경험, 해석등이 모여 조직 전체의 인지 구조cognitive structure를 형성한다. 이것이 조직의 의사결정과 행동을 결정한다.

조직 학습은 조직이 환경 변화에 적응하고 지식을 축적하는 과정을 다룬다. 이는 단순한 개인의 학습을 넘어, 공동의 관행과 루틴을 통해 이루어진다.

인지적 지도 Cognitive Maps: 조직 구성원들이 상황과 환경을 이해하는 데 사용하는 공유된 멘탈 모델mental models 또는 사고의 지도를 의미한다.

한다. 처음 두 개의 흐름은 코치와 코칭 주체의 관계와 관련이 있다.

흐름 1: **코칭 관계 구축**은 인본주의적 전통을 활용해 성공적인 파트너십(대인관계 관점)을 구축한다.

흐름 2: **관계 유지**. 일단 관계가 구축되면 코치는 신뢰와 존중을 유지하기 위해 다시 인문학적 관점의 개념을 차용한다.

이는 다음 세 가지 흐름으로 이어지는 고리를 형성하여 코치와 코칭 주체가 함께 일할 수 있는 안전한 공간을 제공한다. 흐름 3~5는 개인주의적 관점에 기반한 접근 방식을 활용한다.

흐름 3: **행동 변화에 초점을 맞춘다**. 패스모어Passmore(2007)가 임원 코칭의 핵심으로 설명한 영역이다. 문제 해결과 계획을 통해 행동 변화를 지원하는 것이 (지향) 목표이다.

흐름 4: **의식적 인지**Conscious cognition. 인지-행동 코칭 접근법을 활용하며, 그 목적은 사고thought와 행동 사이의 연관성에 대한 코칭 주체의 알아차림을 높이는 것이다.

흐름 5: **무의식적 인지**에 초점을 맞추며, 코칭 주체의 효과성을 저해할 수 있는 사고와 동기 부여 측면에 대한 알아차림을 심화시킨다. 이 흐름은 정신역동적 전통을 바탕으로 하지만 코치는 무의식적 인지를 목표로 훈련받은 전문적 접근을 사용할 수도 있다.

흐름 6: **다른 다섯 가지 흐름을 포괄**하며 시스템 관점을 나타낸다. 코칭이 이루어지는 맥락에 대한 알아차림을 유도한다. 이 흐름의 과제 가운데 하나는 코칭 주체가 작용하는 더욱 광범위한 시스템 영향과 그것이 코칭 주체의 행동에 어떤 영향을 미치는지 이해하도록 돕는 것이다.

코치와 코칭 주체는 다른 이해관계자의 관점을 코칭 과정에 포함시킬 수 있다. 또한 코칭 주체의 행동 변화가 더 넓은 맥락에 어떤 영향을 미쳐 조직 전체에 파급 효과를 일으킬 수 있는지도 고려할 수 있다.

패스모어Passmore(2007, 2021)의 모델은 코칭 과정을 위한 통합적 구조를 제공하기 위해 개발되었지만, 동시에 공식화를 위한 구조-틀로도 병행하여 사용할 수 있다. 결과적으로 공식화는 이전 장에서 살펴본 세 가지 관점의 요인을 통합한다. 공식화 과정에서 각 흐름에 대한 관심과 집중의 수준은 코칭의 목적에 따라 달라진다. 이 모델은 이 접근에 기반이 되는 심리학적 접근 교육을 어느 정도 받은 코치에게 적합하다. 그러나 임원 코치는 다양한 배경을 가지고 있기에 이런 교육을 받지 않은 코치를 위한 한 가지 대안은 보편적 **임원 코칭을 위한 절충 모델**Universal Eclectic Model of Executive Coaching(Hardingham, 2021)이다. 원래 심리학 이론을 기반으로 하지만 이 모델은 그 효과에 대한 증거만 있다면 조직 및 경영 이론에서 가져온 도구와 기법을 포함하도록 확장할 수 있는 의도적이고 포괄적인 구조-틀이다.

또 다른 대안으로는 임원 코칭 맥락에서 개발되었으며 절충적 또는 통합적 접근법을 사용하는 사람들을 지원하는 PAIR 구조-틀(9장에 설명되어 있음)이 있다. 이 구조-틀이 설명하는 과정의 유연한 특성 덕분에 코치는 다양한 출처에서 데이터를 수집하고 통합할 수 있을 뿐 아니라 다양한 관점을 활용하는 접근 방식을 지원할 수 있다. 아래 제공된 사례 연구는 이 구조-틀이 개인적, 대인관계, 시스템 관점을 고려하는 공식화를 지원하는 데 어떻게 사용될 수 있는지 보여준다. 또한 이 구조-틀은 절충적 또는 통합적 접근법을 효과적으로 사용하는 데 필요한 성찰 과정을 지원한다.

PAIR 구조-틀을 활용한 임원 코칭 사례 연구

수Sue는 최근 첫 임원급으로 승진하여 런던에 본사를 둔 글로벌 다국적 기업의 CEO인 크리스틴Christine에게 보고하고 있다. '수'는 팬데믹 기간 동안 이주한 아일랜드에서 근무하고 있으며, 그녀에게 보고하는 대부분의 직원들은 전 세계 지사에서 근무하고 있다. 학령기 자녀 둘을 둔 '수'는 주로 재택근무를 통해 **일과 삶의 균형**을 유지하는 데 도움받고 있다.

런던에서 활동하는 코치인 앵거스Angus는 다양한 분야에서 활동하며, 각 코칭 주체에 따라 적합한 도구와 기법을 선택하는 절충주의 실천가이다. 그는 주로 인지 행동, 성인 발달 및 시스템 접근 방식을 활용한다. 리더십 개발의 접근은 복잡한 환경에서 리더십 발휘의 핵심 요인으로 **리더십 다재다능함/유연성**leadership versatility을 개발한다는 관점이다(Kaiser et al., 2023).

목적Purpose: 앵거스는 크리스틴과 '수'의 동료들이 '수'의 상위 직책 전환이 예상보다 순조롭지 않다고 인식함에 따라 '수'와 함께 일하도록 요청받았다. 특히 크리스틴과 '수'의 동료들, '수'에게 보고하는 관리자들 사이에 모든 방향으로 소통이 부족하다는 인식이 있었다. 부서의 일상적인 업무가 전달되고 있지만 이해관계자 가운데 어느 누구도 그녀가 부서에서 해결해야 할 주요 이슈를 파악했는지, 이를 해결하기 위한 전략을 갖고 있는지 명확하게 알지 못한다. '수'는 최근 크리스틴으로부터 피드백을 받고 더욱 위축되어 내성적으로 변했다. 앵거스는 HR 책임자와 크리스틴, '수'와 각각 개별 면담을 진행했다. 각자와의 논의 끝에 코칭의 목적은 '수'가 임원 리더십으로 전환을 가속화하며, 커뮤니케이션 개선 등 피드백 내용을 구체적으로 다루기로 합의했다.

설명[분석]Account: 앵거스는 '수'와 몇 시간을 함께 보내며 새로운 역할 전환에 대한 그녀의 관점을 듣고 데이터 수집했다. 또한 '수'는 앵거스가 직속 상사와 동료 몇 명을 인터뷰하는 데 동의한다.

이 대화에서 얻은 데이터를 바탕으로 앵거스와 '수'는 개인 및 조직 차원의 잠재적 요인에 대한 설명/분석을 개발한다.

- '수'는 이메일이나 메신저 등을 통한 커뮤니케이션에 지나치게 의존하고 있다. 그녀는 승진 이후 동료나 크리스틴을 직접 대면한

적이 없다.

- 이전의 심리 측정 결과에 따르면 그녀는 내성적인 성격이며, 대중 앞에서 말하는 것을 꺼리고 대면 접촉을 최소화한다고 스스로 밝혔다.
- '수'는 높은 기준을 갖고 있고 팀에 위임하거나 코칭하기보다는 직접 그들의 업무 개선에 시간을 할애한다.
- 크리스틴에게 비판 받는 경험이 고통스러워 크리스틴과의 만남을 회피하고 있다.
- '수'는 좋은 엄마가 되어 아이들과 함께 시간을 보내면서도 임원 커리어를 쌓고 싶어 한다. 그녀의 높은 기준은 직장만큼이나 가정에도 적용된다.
- 그녀의 파트너도 고위직으로 일하고 있으며 똑같이 까다로운 업무를 수행하고 있다.
- 조직 문화는 매우 협력적이며, 직원들은 자신에게 영향을 미치는 이슈에 대해 자문을 구하고 리더와 팀 간에 일관되고 정기적인 커뮤니케이션이 이루어지기를 기대한다.
- 동료들은 정기적으로 협의와 업데이트를 기대한다. 동료 관계에 높은 가치를 두며 경쟁적인 동료 집단이 아니라 조직 목표 달성을 위해 협력을 추구한다.
- '수'의 직속 부하들은 서로 다른 시간대에 근무하여 모두가 만날 수 있는 시간을 잡기 어렵다.
- 조직은 대대적인 혁신 프로젝트를 진행 중이며 '수'의 팀은 아직

몇 가지 주요 목표를 달성하지 못했다.

- '수'는 높은 수준의 다재다능한/유연한 리더십을 보여주지 못하고 있으며, 주로 지시적 리더십에 의존하고 있다. 이는 전략적이고 권한을 부여하는 접근 방식보다는 운영적 성과 달성에 초점을 맞추고 있다.

'수'와 앵거스는 수집한 데이터를 바탕으로 여러 가지 가설hypotheses을 세운다.

- '수'는 높은 기준 때문에 가정과 직장에서 업무 위임이 어렵다. 이로 인해 의사 소통과 협업을 위한 회의 시간이 거의 없다.
- 근본적인 인식은 다음과 같다.
  - 모든 것이 완벽하지 않으면 나는 실패자로 보일 것이다.
  - 비판을 받으면 상황이 나아질 때까지 상황이 바로잡힐 때가지 소통하지 않는 것이 최선이다.
  - 내가 하겠다고 말한 내용보다 성과를 내고 그 결과로 평가받는 것이 더 낫다.
  - '무의미한' 회의에 참석하는 것보다 직접 업무 수행하는 것이 시간활용에 더 효과적이다.
- 내성적인 스타일의 수와 임원진 동료들이 선호하는 업무 방식 사이에는 불일치가 있다.
- '수'의 팀은 뛰어난 실천능력을 갖추고 있지만 수의 우선순위를

잘 모른다. 팀원들은 자신의 업무가 '수'의 기준에 미달할 경우 '수'가 수정할 것이라는 생각에 익숙해, 작업 중 '수'의 도움에 의존하는 경향이 커지고 있다.

- 출장을 가거나 직접 만나는 것을 꺼리는 '수'는 동료들과 간극이 벌어지고 크리스틴과의 관계에도 영향을 미쳤다.
- '수'는 혁신의 각 요소를 실현할 명확한 계획이 있으나, 주요 이해관계자들에게 자신의 전략을 전달하지 못했다.
- '수'는 이러한 상황에서 리더십을 발휘하는 데 필요한 다재다능함을 보여주지 못하고 있다. 권한을 부여하는 스타일이라면 관계를 강화하고 커뮤니케이션을 개선하는 데 더 많은 시간을 할애할 수 있을 것이다.

개입intervene: 이런 공식화에 따라 여러 가설을 검증하기 위한 개입이 이루어진다.

- '수'는 런던을 여러 차례 방문하여 크리스틴과 동료들에게 자신의 전략을 제시하고, 즉시 필요한 부분에 대한 지원과 도움을 얻는다.
- '수'는 코치와 함께 자신의 높은 기준이 자신과 타인에게 미치는 영향을 관리하는 방법을 탐구한다.
- '수'와 코치는 인지 및 신념을 파악하여 행동에 미치는 영향을 줄이고 생각하는 패턴을 점진적으로 바꾸기gradually shift 위한 전략을 시험한다.

- '수'는 보고 관계에 있는 관리자들에게 권한을 부여하고 업무를 위임하기로 결심하여 그들의 업무를 세심하게 조정하는데 소요되는 시간을 줄인다. 이는 동료들과의 비공식 회의 등 다른 활동에 더 많은 시간을 할애할 수 있게 했다.
- '수'는 조직의 '**코치-로서의-관리자**manager-as-coach' 프로그램에 등록했고, 앵거스는 그녀가 배운 내용을 적용하여 위임과 권한 부여 스타일이 정착하는 것을 돕는다.
- '수'는 직속 보고자들과 협력하여 정기적인 업데이트와 논의 일정을 수립하고, '수'를 지원하는 더 협력적이고 지지적인 팀을 구성했다.
- '수'는 파트너와 협력하여 육아 업무를 보다 공평하게 분담하고, 자신과 아이들을 지원할 수 있는 추가 자원을 찾기로 한다.

성찰reflect: 앵거스와 '수'는 정기적으로 코칭 과정과 진행 상황을 성찰한다. '수'는 크리스틴으로부터 여러 가지 긍정적인 피드백을 받았고 동료들과 더 효과적인 관계를 구축하는 데 성공했다.

인지-행동, 리더십 관점의 조합과 '수'가 조직 시스템과 상호작용하는 방식의 변화가 결합되어 긍정적인 영향을 미쳤다. 팀은 본격적으로 실천역량을 발휘하기 시작했고 '수' 역시 효과적인 이해관계자 관리가 리더십 역할의 핵심이라는 사실을 깨닫고 의사소통에 더욱 편안해지기 시작했다. 몇 가지 근본적인 신념을 다루는 것은 어려웠지만, '수'는 이러한 신념이 자신의 행동에 어떤 영향을 미치는지는 잘 알아차리기 시작했다.

앵거스는 조직의 협업적 특성이 주요 이해관계자와의 관계에도 영향을 미친다는 사실을 깨달았다. 그가 필요하다고 생각하는 수준보다 더 많은 업데이트 요청, 도움 제안, 추가 피드백이 쏟아졌다.

앵거스는 코칭에 적합한 것과 조직 시스템에서 기대하는 것 사이의 균형을 관리하는 데 어려움을 겪었다. 앵거스는 지금 생각해보면 이해관계자가 기대되거나 요구하는 사항에 대해 좀 더 명확히 계약했더라면 더욱 유용했을 것이라고 성찰했다. 그러나 이러한 추가적 이해에도 불구하고, 조직 문화는 이런 합의 사항이 무시되도록 이끌 수 있다.[143)]

---

143) 앵거스에게는 '수'와의 코칭에 일정한 성과를 이룬 후에 직면한 상황이다. 조직은 많은 업데이트 요청, 도움 제안, 추가 피드백을 하게 되고 앵거스는 코칭과 조직 시스템 사이의 균형을 관리하는 데 어려움을 겪고 끌려간 것으로 보인다. 사전 계약contracting이 명확했더라도 조직문화가 이를 무시하고 코칭 경계를 침범할 수 있다.

조직문화는 계약보다 더 강력히 비공식적 행동 규범과 기대치를 형성하고 더 나아가 언제든 계약이 무시될 수 있다. 우선 '(1) 관행의 힘'으로 무의식적으로 코치에게 자문을 명분으로 비슷한 그러나 추가적은 요청을 할 수 있다. 특히 수평적, 협업적 조직에서는 '(2) 투명성에 대한 과도한 기대'로 '되도록이면 서로 많은 정보를 공유해야 한다'거나, '공유는 많을수록 좋다'며 코칭의 기밀성confidentiality을 침범할 수 있다. 코칭을 '개인 간의 비공개 작업'이 아닌 '조직 성과 향상을 위한 팀 프로젝트의 일환'으로 '(3) 코칭에 대해 오해'하고, 성과의 가속화를 위한 피드백을 더할 필요성을 갖는다. 이해관계자의 '(4) 권력 역동'으로 코칭 주체보다 더 높은 권한을 갖고 있어 자신의 조직적 기대와 요구를 계약보다 우선시 할 수 있다.

코치는 (1) 즉각적 대화, 코칭에 대한 추가적 설명하며 경계 재설정과 재계약 추진으로 이끌고, (2) 코칭 주체에게 권한을 위임해 자신의 코칭에 대한 경계 설정과 관리를 통해 스스로 대응하게 하고, 자신의 코칭 과정과 공간을 옹호하고 보호하는 자기-옹호self-advocacy를 지원한다. (3) 시스템적 개입으로 조직문화는 정적이기 보다는 동적이므로 계약 작성으로 끝이 아니라 코칭 과정 전반에 걸쳐 계약을 살아있는 도구로 활용하며 문화적 압력에 유연하고 단호하게 대처한다.

이 사례는 코칭 주체와의 협력에 대한 실용적인 접근 방식을 보여준다. 수집된 데이터와 개발된 가설을 바탕으로 특정 행동과 근본적인 인식을 다루는 개입을 설계하고 실행했다. 이러한 개입은 주로 개인 수준에서 이루어졌지만, 행동 변화의 효과는 팀과 관계 네트워크 전반에 영향을 미쳤다.

직장 및 임원 코칭에서 공식화 적용의 어려움

직장 및 임원 코칭 맥락에서 공식화를 적용할 때 발생할 수 있는 여러 가지 도전 과제가 있다. 첫째, 공식화는 응용 심리학 및 심리치료 분야 외에는 잘 이해되지 않으며, 용어 자체가 의학적이거나 임상적인 어조를 지닌 것으로 인식될 수 있다. 조직에서 일하는 코치는 스토리 또는 **설명/분석**account 같은 다른 용어를 사용할 수 있다.

또 다른 어려움은 빠르게 변화하는 조직 환경에서 시간을 할애해 공식화를 개발하는 것에 대한 저항이 있을 수 있다. 리더가 직관에 따라 빠르게 행동하는 경향(Kahn, 2014; Okoli, 2020)을 고려할 때, 일부 코칭 주체는 자신의 **이슈에 대한 신속한 해결책**을 원할 수 있다. 따라서 코치는 공식화 과정에 코칭 주체를 참여시키고 코칭 주체와 함께 **초기 성과를 확인**해야 한다. 직장 내 사내 코치는 이미 시간이 부족한 상태에서 본업의 부차적인 업무로 코칭을 제공하는 경우가 많기 때문에 공식화 개발에 시간을 할애하는 데 부담을 느낄 수 있다.[144] 공식화 과정을 리더가 비즈니스에 다른 의사 결정을 내리는 것과 같은 방식으로 직관적인 의사 결정과 균형을 맞추는 분석analysis의 한 형태로 위치짓는 것이 유용할 수 있다(Hallo & Nguyen, 2022).

결론

위에서 설명한 잠재적인 어려움에도 불구하고, 공식화는 직장 및 임원 코치의 효율성을 지원하는 중요한 역할을 한다. 이 장에서는 〈4P 구조-틀〉의 요소와 다른 모델이 같은 맥락에서 공식화를 어떻게 지원할 수 있는지 살펴보았다. 조직의 사내 코치는 여러 이해관계자의 요구를 관리하고 데이터를 종합하여 결과를 도출해야 한다. 이 요구는 불확실성과 변동성이 증가하는 환경에서 이루어져야 하기에, 공식화에 기반한 실천을 개발하는 것이 코치가 자신의 길을 탐색하는 데 도움이 될 수 있다.

---

144) '공식화', '개념화'라는 단어나 접근조차 거부될 수 있다. 이는 사내 코치나 외부에서 관여하는 임원 코치의 경우도 별다른 차이가 없을 것이다. '시스템 코칭적 접근', 이런 관점에서의 '코칭 기획plan', 또는 '~(회사) 그룹의 코칭 구조-틀' 등 수용 가능한 용어로 접근하는 것도 방법이라고 본다.

숙고해야 할 질문

조직에서 일하는 코치는 다음 질문을 검토한다.

- Q. 여러 이해관계자와 함께 일할 때 목적, 관점 및 코칭 과정에 대한 이해관계자의 다양한 기대를 어떻게 조정할 수 있는가?
- Q. 코칭 계약을 검토할 때 잠재적인 권력관계의 영향을 어떻게 파악하고 관리할 것인가?
- Q. 지속적인 변화와 변동성이 특징인 환경에서 코칭의 효과는 어떻게 측정할 수 있는가?
- Q. 조직적 맥락에서 코칭의 기반이 되는 관점을 선택할 때, 그 관점이 상업적 비즈니스 문화와 얼마나 잘 부합하는가?
- Q. 현재 코칭 작업에 어떤 리더십 및 리더십 개발 관점을 통합하고 있는가?

12장
시스템과 팀코칭 공식화

팀은 현대 조직의 효과성effectiveness에 중심적인 역할을 한다. 호킨스Hawkins(2021)는 팀이 복잡한 세상을 탐색하는 데 직면한 도전 과제에 대응하는 데 **개인보다 더 큰 잠재력**을 지닌다고 주장했다. 팀의 중요성을 고려할 때, 팀코칭의 활용이 전 세계적으로 증가하는 추세라는 것은 놀라운 일이 아니다(Clutterbuck, 2020; Hawkins & Turner, 2020). 팀코칭의 확산은 '제4차 산업혁명'에 의해 주도되고 있으며, 분산형 리더십distributed leadership과 애자일 팀agile teams 개념이 도입되고 있다. 이런 개념은 위에서 지시되는 것이 아니라 팀 수준에서 더 빠른 의사결정을 필요로 하기 때문이다.

이같은 실천 상황과 학계의 관심 증가에도 불구하고, 실천 기반을 마련할 만한 근거는 제한적이다. 팀코칭에 **경험적으로 검증된 이론**empirically validated theory은 아직 존재하지 않는다(Clutterbuck et al., 2019). 마찬가지로, 전문 단체들은 역량 기준이나 인증 과정을 개발했지만(예: 코칭 협회AC, 2023; 전문 임원 코칭 및 수퍼비전 협회APECS,

2024; EMCC Global, 2023; 국제 코칭 연맹ICF, 2020), 효과적인 팀 코치에게 필요한 역량을 판별하는 연구는 여전히 부족하다(Jones et al., 2019).

이 장은 팀코칭을 탐구하며, 팀과 시스템을 함께 다루는 데 따른 도전 과제를 논의한다. 공식화formulation를 활용해 팀의 전반적인 목적purpose을 공동으로 창출하는 점을 검토하며, 팀 역동 이해에 도움되는 관점을 소개한다. 코칭과 공식화를 지원하는 '과정'을 다양하게 제시하고, 집단과 팀코칭 공식화를 다룬 짧은 사례 연구로 마무리한다.

집단 코칭인가, 팀코칭인가?

팀코칭은 새롭게 진화하는 분야로 보이나 실천 기반이 되는 집단group 개입 역사는 오래되었다. 심리치료 분야에서 집단 활용은 20세기 초반에 시작되었다(Brabender et al., 2004). 조직 개발organization development(OD) 컨설턴트들은 1950년대부터 변화 이니셔티브의 일환으로 집단 개입을 활용해 왔으며(Brown & Grant, 2010), 다양한 분야에서 널리 적용되어 왔다(National Fire Chiefs Council, 2024; Local Government Association, 2024; NHS, 2024). 지지자들은 집단이 **개인이 속한 환경의 미시적 모형**이라고 주장한다. 이 환경에서 발생하는 과정이 개인의 알아차림, 일치성/조화alignment, 책임감 함양, '시스템으로 생각하기'를 발전시키는 데 도움을 준다고 설명한다(Brabender et al., 2004; Brown & Grant, 2010). 집단이 의사결정에 미치는 영향에 대한 상세한 문헌도 많다(Baron & Kerr, 2003; Gorell, 2022; Kerr & Tindale, 2004; Lane & Corrie, 2011; Tindale & Winget, 2019).

집단 수준의 개입 역사를 고려할 때, 코칭 문헌과 실천 모두에서 집단 개입, 집단 코칭, 팀코칭 간의 차이점에 대한 명확성이 부족하다는 점은 놀랍지 않다. 집단과 팀 참여에 대한 접근 방식은 크게 다를 수 있다(Hawkins, 2021), 따라서 해당 집단이 어떤 범주에 속하는지 명확히 하는 것이 필수적이다.

다음 정의는 팀을 다른 집단과 구분하는 핵심 요소이다.

팀은 다음과 같이 정의될 수 있다.

a) 두 명 이상의 개인으로 구성된다.
b) 사회적 상호작용(대면 또는 점차적으로 가상)을 한다.
c) 하나 이상의 공통된 목표를 가지고 있다.
d) 조직적으로 중요한 작업을 수행하기 위해 함께 모였다.
e) 작업 흐름, 목표, 결과에 대한 상호 의존성을 갖는다.
f) 서로 다른 역할과 책임을 가진다.
g) 경계와 연결고리를 통해 더 넓은 시스템 맥락과 작업 환경과 연계된 포괄적 조직 시스템에 함께 내재된 집단이다 (Kozlowski & Ilgen, 2006, p.79).

팀과 작업 집단을 구분하는 요인은 공유된 목표shared goals와 팀 구성원 간의 상호 의존성 수준에 있다. 팀은 함께 협력하여 달성할 수 있는 공동의 노력을 요구하며, 이에 대한 공유된 상호 책임shared accountability을 지고 있다(Hawkins, 2021).

팀코칭의 독특성과 집단 개입의 범위 내에서의 위치를 더욱 명확히 규명하려는 시도가 있었다. 예를 들어, 존과 동료들(Jones et al., 2019)은 팀코칭 문헌 검토를 바탕으로 팀코칭의 초점을 '함께 배우기', 팀 성과, 공유되거나 공통된shared or common 목표 달성에 있음을 규명한 정의를 제시했다.

다른 정의들도 결과물을 팀 성과로 설정하지만, 코칭을 더 넓은 시스템의 맥락으로 설정한다(예: Widdowson & Barbour, 2021). 호킨스Hawkins(2021)는 팀코칭의 정의를 더욱 확장하여 **팀의 팀**teams of teams을 코칭하는 것을 포함시켰으며, 팀이 운영되는 더 넓은 생태계 내의 코칭을 설정한다. **생태-시스템 코칭**eco-systemic coaching은 팀이 끊임없이 변화하는 상호 연결된 팀interconnected teams의 변화하는 생태계와 역동적 관계 속에서 **공동 진화**co-evolving하며, 이를 통해 공유된 가치shared value를 **공동 창조**한다고 본다. 그에 따르면, 코칭 과정의 전략적 대화는 다음과 같다.

- 더 넓은 이해관계자를 포함한다(코칭 전략 수립 과정).
- 조직 내 팀 기반 문화를 발전시킨다.
- 기업 네트워크 전반에 걸쳐 코칭하는 코칭 네트워크를 형성한다.
- 공통 목표common goal를 추구하기 위해 사람과 조직을 연결하는 파

트너십(코칭 파트너십)을 형성한다.

팀 또는 집단 코칭이 달성하려는 지향 목표

팀워크가 중요한 주제로 부상한 이유는 효과적인 팀이 성과를 이끌 수 있다는 주장 때문이다. 특히 복잡한 문제를 직면할 때 팀워크는 더욱 중요하다(O'Neill & Salas, 2018). 변동성, 불확실성, 복잡성, 모호성(VUCA)이 공존하는 세상(Barber, 1992)에서는 성과라는 개념조차 쉽지 않은 도전과제다. 오늘날 고성과 조직도 내일이면 사라질 수도 있기 때문이다. 조직이 급변하는 상황에 직면할 때, **불확실성과 모호성**은 해결될 수 없으며 대신 **관리되어야 한다**는 생각이 점차 받아들여지고 있다. 리더들은 쉽게 접근할 수 있는 정보의 세계에서 결정을 내리고 있지만, 상황의 급격한 변화로 인해 그 데이터의 가치는 급속히 저하되고 있다.

리더들은 과거에 추구했던 예측 가능성 없이 의사결정을 내려야 한다(Crevani et al., 2021). 하향식top-down 전략, 목표, 과제, 통제는 가치를 잃어가며, '적응적 해결책adaptive solutions'은 '집단적 창의성 과정'과 '분산된 리더십 모델'을 통해 도출된다. 이러한 모델은 팀 성과 향상과 연관성이 확인되었다(De Brun & McAuliffe, 2020).

팀의 성격도 변화하고 있다. 코로나19 팬데믹으로 가속화된 기술적 진보는 조직이 팀의 구성원을 공식적인 조직 구조 내부에 있는 구성원에서 더 큰 공동체의 '느슨하게 연결된loosely connected 구성원'으로 전환하도록 만들고 있다. 예를 들어, 대기업의 가상 직원들virtual employees이 이에 해당된다. 점점 많은 조직이 유연한 팀에 의존함으로써 민첩성agile을 유지하고 기회 및 시장 변화에 신속히 대응할 수 있게 된다(Benishek & Lazzara, 2019). '**긱 경제**gig economy'는 고도로 숙련된 노동자들이 서비스를 판매하고 특정 프로젝트에 필요한 전문 기술을 갖춘 임시 팀 구성원으로 활동하는 현상을 의미한다(Larson & DeChurch, 2020).

오늘날의 VUCA 환경에 맞는 **대안적 리더십 접근법**으로 점점 더 제안되는 것은 제5장에서 탐구된 '**공통 목적**common purpose 수립'의 개념이다. 사람들이 달성하려는 목표의 본질을 이해할 때, **명령과 통제 구조** 없이 창의적으로 생각하기가 가능하다. 호킨스Hawkins(2021)와 클러터벅Clutterbuck(2020)이 제안한 효과적인 팀워크의 원칙은 ①팀이 이해하고 ②이해관계자와 자신에게 의미가 있으며 ③실시간 학습에 초점을 맞춘 ④공유된 목적shared purpose에 기반을 두고 있다.

그러나 코치들은 어떤 팀을 상호 마주하더라도encountering, 특히 '자기 조직화self-organizing' 또는 애자일 팀을 만나면, **공통 목적 공식화**가 "저절로 일어나는 것이 아니라, 그것이 어떻게 자신에게 작동할지 그리고 사태가 왜 중요한지 살펴봐야 한다."라는 점을 알게 될 것이다(Gorell, 2022, p.xiv). **팀에게는 이야기가 필요하다**. 즉 자신이 누구이며 왜 존재하는지에 대한 내러티브와 이를 뒷받침하는 프랙티스가 필요하다. '**대화적 소통**dialogic conversation'의 활용은 가능성에 대한 새로운 확장된 이해를 용이하게 하고, 새로운 지식/앎을 창출하는 데 필요한 변화를 장려한다(Stelter, 2019; Tsoukas, 2009). 이 과정에서 탐구되는 목적은 맥락, 시스템, 관련된 참여자에게 고유하고 적절할 수 있다. '새로운 이야기'가 출현하지만, 개인과 팀은 각 이야기에 따라 변화한다. 따라서 '대화적 소통'는 실천을 공유하고 배우는 과정에서 주고받는 과정을 거치며 작업실천을 공유하며 배우는 **공동 탐구-질문**joint inquiry으로 변모한다.[145] 이는 불확실성에 대한 개방성과 알고자 하는 의지를 가능하게 한다. 이러한 과정은 팀코칭뿐만 아니라 대화적 조직 개발dialogic OD과 같은 분야에서 변혁적 변화를 촉진하는 수단으로 점점 더 주목받고 있다(Bushe & Marshak, 2015; Hastings & Schwarz, 2022; Maxton, 2021; Schein, 2015).

VUCA 세계에서 변혁은 윤리적, 전문적 차원에서 팀코칭에 중요한 과제를 안겨준다. 기업과 그 안에서 일하는 리더 및 코치는 번영flourishing을 촉진하고 글로벌 공동체가 직면한 이슈를 해결하는 필수적 변혁에 핵심적 역할을 한다(MacKie, 2023). 이러한 복잡한 도전 과제에 대응하는 리더십은 전통적인 전략적 계획 및 리더십 모델과 매우 다른 접근 방식을 요구한다. ①팀은 더 넓고 더 깊게 생각하며, ②다양한 관점을 수용하고 ③복잡성을 포용해야 한다(Lane & Corrie, 2011). ④

---

145) **공동 탐구-질문**joint inquiry. 함께하는 탐색 과정, 서로 동등한 입장에서 지식과 이해를 함께 만들어 가는 과정을 강조한다.

대화적 소통dialogic conversation의 '주고-받기giving and receving'는 경험, 지식, 실천을 기꺼이 공유하고 제안하며, 상대방의 공유된 정보를 경청, 수용하고, 자신의 실천과 비교하며 배우는 개방적 태도이다.

적응형 대응을 가능하게 하는 '출현/창발emergence'을 활용해야 한다(Uhl-Bien, 2021). 결과적으로 팀코칭의 실천능력capability을 검토할 때도 더 넓은 관점이 필요하다.

팀코칭의 실천능력

효과적인 팀코치의 '실천능력capability'에 대한 문헌은 제한적이지만, 기존 연구는 다음과 이 핵심 내용을 제시한다.

- 팀코칭은 다양한 관점을 고려하고, 상호작용을 관찰 및 해석하며, 팀 내 강한 안전감을 조성하는 등 고급 코칭 기술이 필요하다(Jones et al., 2019).
- 팀 코치는 팀의 필요에 따라 자신의 모습과 방식을 변화시키는 적응력이 필요하다(Hauser, 2014).
- 코치는 코칭 과정 전반에 걸쳐 **불확실성을 관리**할 수 있어야 한다(Ghosh, 2020).
- 코치는 매 순간 팀의 요구와 필요에 따라 어떻게 대응할 지에 대한 **결정**을 내릴 수 있어야 한다(Ghosh, 2020).
- 코치는 다양한 접근 방식과 학문 분야를 융합하는 **절충적[또는 통합적] 접근 방식**을 채택할 수 있어야 한다(Ghosh, 2020).
- 코치는 팀이 더 넓은 시스템과 팀과 주변 맥락 간의 상호작용을

이해할 수 있도록 **시스템 관점**을 활용할 수 있어야 한다(James et al., 2020).

- 코치는 집단 역동 및 **집단 기반 대화 과정**group-based dialogue processes을 이해해야 한다(Brown & Grant, 2010).

이러한 '실천능력'은 위에서 언급된 도전 과제를 극복하는 과정에서 리더들이 필요로 하는 실천능력과 일치한다.

팀코칭에 적용되는 <4P 구조-틀>

팀이나 시스템 코칭 참여를 이끌어가는 과정에서 복잡할 가능성이 있을 경우, 공식화는 팀과 코칭에서 '**출현하는 새로운 특성**emergent properties[신생 특성]'를 공동-창조하고 포착하는 유연한 수단을 제공한다. 이런 맥락에 〈4P 구조-틀〉을 어떻게 적용할 지 설명한다.

위치성

팀의 경우, 위치성positionality은 팀이나 집단이 차지하는 위치를 의미한다. 세계가 점점 도전적으로 변하고 조직의 성공에 영향을 미치는 요인들이 복잡해지면서 **복합적 다양성**multiple diversities을 검토한다. 전통적으로 인종, 성별, 성적 정체성, 능력, 신경다양성neurodivergence, 계급, 교육,

문화적 배경이라는 렌즈를 통해 바라보았다. 그러나 이런 정체성과 개인이 자신의 세계에서 자신의 위치를 바라보는 방식, 조직이 타인과 관계 속에서 자시을 위치시키기 위해 만들어내는 내러티브 사이에는 단순한 관계가 아니다. 스타우트-로스트론Stout-Rostron(2019b)은 집단 성과에 서로 다른 영향을 미치는 "**다양성 특성의 공통점**common diversity attributes"이라는 개념을 논의한다.

- 쉽게 감지-가능한 특성 대vs 관찰-가능성이 덜한 특성
- 표면 수준 대 깊은 수준
- 직무 관련성이 높은 속성 대 관련성이 낮은 속성
- 과제 지향인가, 관계 지향인가?
- 역할 관련성인가, 본질적 관련성인가?

생산성 향상을 위한 방법으로 팀코칭을 도입하는 조직이 증가함에 따라, 특히 다양성과 창의성, 팀 성과, 협력과 갈등, 경쟁과 협업 등 문헌에서 다루어지는 영역에서 집단 내 다양성이 어떻게 생산적 자산이 될 수 있는지 검토가 가능하다(예: Horwitz & Horwitz, 2007; Hundschell et al., 2022; King et al., 2009). 스타우트-로스트론Stout-Rostron(2019b), 연구 결과가 시사하듯이 결과는 혼재되어 있다. 일부 연구는 긍정적인 영향을, 일부는 미미한 영향을 보여준다. 그러나 이 연구의 강조점은 '위치성'을 진지하게 고려해야 한다는 점이다.

변화를 위한 내러티브의 목적

4장에서 공인 경영연구소Chartered Management Insitute(Ebert et al., 2018)의 연구를 살펴보았다. 이 연구는 **효과적인 목적 선언문**의 다섯 가지 특징을 제시한다. 공유된 목적을 팀의 내부 외부 이해관계자와 합의는 곧 방향 제시이며, 의사결정의 지침이 되고, 헌신과 동기를 부여한다. 이런 목적purpose을 중심으로 **팀 내러티브 창조**는 구체적인 목표goals와 과제tasks를 정당화하는 상위 관점을 제공한다. '핵심 목적'에 대한 평가의 기반이 되고 지속적인 학습의 초점을 제공한다. 호킨스Hawkins(2021)는 효과적인 팀의 특징(아래에서 논의됨)을 검토하며 팀의 효과성을 높이기 위해서는 팀이 진실하지만 공유된 정체성sense of itself을 가져야 할 필요성과 팀이 '그 목적을 어떻게 달성하는가'의 중요성이 명확해진다.

팀코칭은 **공유된 목적**을 출발점으로 삼을 수 있지만, 집단 코칭은 목적 개념을 다루기 위해 다른 접근이 필요하다. 집단 코칭은 집단 형성 전에 광범위한 목적을 염두에 두고 구성되다. 예를 들어, 집단 코칭은 장기적 건강 문제를 가진 사람들을 지원하기 위해(Whitley, 2013), 건강과 웰빙을 극대화하기 위해(Nacif, 2021; Wolever et al., 2024), 변혁적 학습을 촉진하기 위해(Peters & Gohlich, 2024), 신규 졸업 의사들을 지원하기 위해(Mailing et al., 2020) 사용된다. 조직 내부의 경우, 코치와 조직 후원자 사이에서 포괄적인 목적overarching purpose이 설정될 수 있다. 그러면 이후 개인들은 집단 코칭의 포괄적 목적과 어떤 방식으로든 연결된 일반적으로 업무와 관련된 자신만의 목표를 추구한다. 상황에 관계 없이 목적이나 목표를 명확히 하는 것은 코칭이나 코칭 공식화의 필수적인 첫 번째이다.

집단 또는 팀코칭의 관점

팀이나 집단이 개입 목적을 달성하기 위해 필요한 절충적 접근법을 개발하려면 다양한 관점이 필요하다(Ghosh, 2020; Gorell, 2022). 개인, 대인관계, 시스템 관점은 모두 팀과 집단을 지원하는 데 유용하다. 예를 들어, 시스템 정신역동 접근법(Lawlor & Sher, 2021)은 정신분석, 집단 관계, 사회기술적 및 복잡성 이론 분야에서 가져온 구성 개념을 결합/혼합blend하며, 그 결과 집단 환경에서 적용되는 복잡하게 얽힌interweaving[146] 개념을 만들었다. 다른 기존 팀코칭 모델도 세 가지 관점을 모두 활용한다. 예를 들어 로빈슨Robinson과 야나기Yanagi(2019)가 채택한 코칭 접근법은 개인, 관계, 시스템 수준에서의 알아차림을 높이는데 초점을 맞췄다. 파블로비치Pavlovic(2021)도 팀코칭 구조-틀에서 개인과 관계 중심의 구성주의적, 시스템적, 해결중심적 접근법을 모두 채택했다.

세 가지 관점 모두 활용할 수 있지만, 팀 및 집단 코치들은 다양한 서로 다른 여러 시스템 내부와 경계를 넘나들며 작업하기 때문에 시

146) interweaving는 '직물처럼 서로 얽히다'의 의미로 씨줄 날줄로 섬유를 섞어 짜는 직조織造하다. 두 개 이상의 요소를 서로 얽히거나 혼합하여 엮는다. 그 결과물은 전혀 다른 새로운 것이 만들어진다는 의미를 내포한다고 이해한다. 여기서는 이 과정을 통해 하나의 복합적인 이론틀로 통합되었음을 강조한다.

스템 관점에 대한 숙련도가 특히 유용하다. 8장에서 논의된 바와 같이, 집단 작업에 대한 서로 다른 관점을 제시하는 다수의 시스템 이론이 있다. 1차 수준의 시스템 접근법first-order systems approach은 팀의 기능 진단과 개입에 초점을 맞추는 반면, 팀을 더 넓고 역동적인 사회적 네트워크의 일부로 보는 메타 시스템적meta-systemic 코치는 상호작용 패턴과 팀 행동 및 성과가 어떻게 나타나는지에 집중한다(Lawrence, 2021b). 이 후자의 접근법은 아래에 살펴 볼 팀 개발 문헌의 현대적 관점과 일맥상통한다.

팀에 대한 역동적 시스템 관점

코치들이 활용할 수 있는 팀과 팀 개발에 대한 기존 지식과 연구가 있다(예: Costa, 2024; Grote & Kozlowski, 2023; Rapp et al., 2021). 현대 문헌의 대부분은 시스템적 관점을 채택한다. 팀을 구성원들이 시간에 지남에 따라 상호 작용하며 발전하고, 상황적 요구가 전개됨에 따라 진화하고 적응하는 **복잡한 역동적 시스템**으로 개념화한다(Rapp et al., 2021).

개인들이 팀을 구성하며, 팀은 '**[단일] 실체 집단**collective entity'가 되어 다시 개인에게 영향을 주는 사회적 맥락 역할을 한다(Delice et al., 2019; Kozlowski & Ilgen, 2006). 팀과 넓은 시스템 간의 상호작용

interactions은 상호적reciprocal이다.[147] 팀이 운영되고 작업을 수행함에 따라, 팀의 산출물은 조직적 맥락의 요구 사항을 충족시키며 동시에 어떤 방식으로든 시스템의 상태를 변화시킨다(Kozlowski & Ilgen, 2006).

팀을 단순히 개인의 집합체가 아닌 상호작용의 시스템으로 이해하는 것은 새로운 통찰을 제공하며, 팀 내외 모두에서 전개되는 역동적 패턴에 대한 이해를 도출한다. 이는 팀이 내부적으로 상호작용하고 더 넓은 환경과 교류할 때 나타난다(Delice et al., 2019; Fyhn et al., 2023; Kozlowski, 2018). 팀 수준의 많은 현상은 개인 수준에서 기원하지만, 다른 개인과의 상호작용과 교류를 통해 이런 현상은 창발적 성격을 갖게 된다(Kozlowski & Bell, 2020).

팀 상호작용의 역동적이며 복잡한 특성 때문에 실시간으로 이를 포착하기 어려울 수 있지만, [팀 상호 작용은] 반복된 상호작용의 메아리echoes로 나타내는 비로소 드러나는 창발적 상태와 패턴을 만들어 낸다(Kozlowski & Ilgen, 2006).[148] 따라서, 팀의 강점 영역과 개선이 필

---

147) 상호작용interactions은 교류를 넘어 상호 영향을 주고받는 과정을 의미한다. 주고받으며 서로 반응하는 동적인 연결 관계이다. 상호적reciprocal은 영향력이 한 방향으로 흐르는 것이 아니라 양 쪽 모두에서 발생하며 '호혜적'인 의미를 포함한다.

즉 팀과 조직 전체 시스템은 분리될 수 없는 순환고리로 연결되어 있고, 어느 한쪽의 변화도 다른 쪽에 영향을 미친다는 점이 **시스템 관점**이다.

148) 팀 내부의 상호작용은 끊임없이 변화하며 수많은 변화가 얽혀 예측이나 분석이 어렵다. 또 실시간으로 드러나기에 그 순간에 정확히 측정하거나 기록하기도 어렵다. 그러나 수시로 새롭게 그러나 어떤 계기가 있어 비로소 나타난다. 즉 창발emergent한다. 팀의 상호 작용이 쌓여 새로운 특성(상태) 또는 예측 가능

요한 영역을 판별하는 수단으로 **상호작용 패턴과 창발 상태**emergent states 를 포함하여 **공식화한다.**[149] 팀이 이 과정에 참여하도록 유도하기 위해 관련 패턴을 판별하고 안내하는 구조-틀을 갖추는 것이 유용하다. 학자들은 팀 상호작용에서 발생할 수 있는 상태를 분류하기 위해 다양한 시도를 해왔다(Rapp et al., 2021). 태도Attitudes, 행동Behaviours, 인지Cognitions, 즉 **ABC구조-틀**(Kozlowski, 2018; Kozlowski & Ilgen, 2006; Rapp et al., 2021)의 유용성을 뒷받침하는 많은 증거가 있다. 이는 아래 [표 12.1]로 요약한다.

ABC 구조-틀은 서로 다른 요인 간에 많은 잠재적 상호작용 때문에 선형적인 체크리스트로 의도된 것이 아니다(Salas et al., 2015). 심리적 안전감은 팀 학습의 핵심 요인이다(Edmondson, 1999). 이는 공유된 정신 모델과 같은 다른 인지 상태의 기반이 된다. 레인Lane(2013)은 **심리적 안전감**을 ①팀이 변화하는 상태에 적응하고, ②기존 게임 계획에서 벗어나 게임 순간에 신속하게 대응하고 ③게임의 흐름을 바꾸는 게임 체인저로 전환하는 능력을 강조했다. 마찬가지로, **팀 내 신뢰의 수준은**

한 방식(패턴)으로 나타난다. 이는 반복되는 상호작용의 메아리로 나타나기 때문이다. 새롭게 나타난 팀의 상태나 패턴(이는 창발 상태emergent states)은 일회성 사건이 아니라 팀 구성원들이 과거부터 반복했던 행동과 대화 방식의 축적된 결과라는 점이다.

그러므로 이는 팀 내에 있거나 팀과 일상적으로 접촉했던 리더는 '늘 들었던 메아리', 뻔한 반응으로 치부되어 왔거나 알 수 없다. 오직 새롭게 보는 팀코치만이 이를 포착할 수 있고, 새롭게 의미 부여하며 과제로 도출할 수 있다.

149) 팀코치는 반복되는 상호작용 패턴(작업방식, 일, 제안, 호소, 뒷담화 등)을 파악한다. 이는 이미 시스템 내에 묻혀 있다. 팀코칭 회기에서 출현하는 순간, 창발 상태를 민감하게 포착하고 이를 팀코칭 공식화에 결합한다.

[표 12.1] 태도, 행동, 인지 구조-틀[ABC-framework]

범주	창발 상태emergent states
태도attitudes • 팀원들이 무엇을 믿고 느끼는가. • 팀을 하나로 묶는 접착제 역할을 할 가능성이 높은 정서적 상태affective states	**심리적 안전**: 팀이 대인관계에서 위험을 감수하기에 안전한 곳이라는 공유된 인식shard perception **신뢰**: 팀원들이 업무 관련 이슈로 인한 갈등을 감내하고, 이는 파괴적인 관계 갈등으로 번지지 않도록 도와줄 수 있다. **응집력**cohesion: 팀 응집력의 세 가지 잠재적 영역: 과제, 대인관계, 집단적 자부심 **팀 효능감**team efficacy: 목표 달성에 필요한 행동 방침을 조직하고 실행할 수 있는 팀의 집단적 실천능력capability에 대한 **공유된 믿음** **집단 효능감**group potency: 팀의 생존 가능성viability과 실천능력에 대한 일반화된 인식[150) 151)](**팀 효능감**team efficacy은 작업 또는 목표에 따라 더욱 구체화된다.)

150) **팀 효능감**team efficacy과 **집단 효능감**group potency을 동시에 열거했다. ABC 구조-틀의 태도attitudes는 팀의 상호작용의 질을 결정하며, 이는 공동 탐구 과정을 통해 집단 효능감과 팀 효능감 등이 비로소 드러나는 창발 상태emergent states를 형성한다. 이런 태도들이 반복적으로 긍정적 상호작용을 만들 때 그 결과로 팀에 효능감이 형성된다.

여기서 team efficacy, group potency 등은 효능감의 적용 범위를 구별한 것으로 보인다. '팀'은 상호 의존적이며 공동의 구체적 목표를 가진 작업 단위로 **팀 효능감** 역시 구체적인 목표 달성이라는 과제 수항에 필요한 행동 경로, 실행에 대한 믿음, 성공 예감, '이 일은 우리가 할 수 있다'라는 식의 단기적 자신감 등이 중요하다.

반면 '집단'은 매우 넓은 의미로 사감들의 모임으로 분류한다. 그러므로 집단 효능감 역시 집단 전반의 생존 가능성과 실천 역량, 도전에 대한 대처 능력, '우리 잘 될거야'는 장기적이고 포괄적인 자신감이다. 여기서 팀도 일반적으로 '집단'의 한 형태이기에 집단 효능감에 〈team's viability〉으로 표현해 팀의 집단으로서의 지속적 생존을 표현한다.

151) efficacy: 최대로 도달할 수 있는 효과의 정도를 나타나며, 팀의 특성 과제나 목표를 달성하기 위해 필요한 행동을 조직하고 실행하는 구체적 믿음을 의미한다.

potency: 효과를 일으키는 데 필요한 힘의 양이나 강도를 나타낸다. 집단이 전반적인 목표와 상황에서 성공할 수 있다는 일반적인 믿음이나 잠재적 힘을 나타낸다.

범주	창발 상태emergent states
행동behaviours • 팀이 하는 일	**의사소통**: 팀원 간 및 더 광범위한 시스템과의 소통 패턴 **조정**coordination: 서로 다른 팀원들의 행동과 노력을 결합하고 동기화하기 **갈등**: 갈등 처리 방법을 이해하는 것이 유용하다. 갈등은 단일한 것이 아니며 작업 또는 대인관계와 관련이 있다. **리더십 스타일**: 팀 내부와 외부에서 적절한 리더십 스타일을 적용 **팀 조절**team regulation: 개인 및 팀 수준의 다층적 구조 개념으로, 합의된 목표를 향해 노력과 자원을 규제하는 팀의 능력과 관련된 요인.
인식cognitions • 팀원들이 생각하거나 아는 것	**팀 학습**: 상호작용과 경험을 통해 지식, 기술 및 수행 실천능력을 습득하는 것. 단순히 개별 지식의 집합을 넘어선 개념이다. 인지 개념과 달리 학습이라는 역동적인 과정으로서의 발전하는 창발적 상태다. **팀 분위기**: 팀의 핵심 사명 또는 목적을 성찰하는 전략적 필수 사항을 포착하는 공유된 분위기이다. **상호작용 기억**transactive memory: 팀에서 누가 무엇을 알고 있는지에 대한 지식 **공유된 정신 모델**: 팀, 과제 및 역할 시스템, 환경의 의 핵심 측면에 대해 팀이 공통적으로 보유하고 있는 지식

Salas, E., Shuffler, M. L., Thayer, A. L., Bedwell, W. L., & Lazzara, E. H.(2015). Understanding and improving teamwork in organizations: Ascientifically based practical guide. *Human Resource Management*, 54(A),599-622. 재정리
https://psycnet.apa.org/doi/10.1002/him.21628

의사 소통, 조정, 갈등 수용 능력과 같은 행동을 통해 형성되며 동시에 이러한 행동에 영향을 미친다(Costa et al., 2018; Kozlowksi & Ilgen, 2006). 이 구조-틀은 체크리스드가 아니지만, 팀이 성과를 향상하기 위해 어디에 집중해야 할지 공식화 할 때 참고할 수 있는 유용한 도구이다. 팀코칭 공식화는 코칭이 진행되고 팀 역동이 시간이 지남에 따라 변

화함에 따라 업데이트 될 수 있으며, 팀이 협력하며 작업함에 따라 새로운 상태가 증가 또는 감소함에 조응한다(Fyhn et al., 2023).

시스템적 관점은 팀 성과에 대한 대안적 관점을 제공한다. 이는 팀 성과를 결과에 대한 평가가 행동 과정으로 개념화하는 시각이다. 성과는 사후 평가되는 정적인 성취가 아니라, 지속적인 역동적 과정으로 간주된다. 팀 구성원은 ①목표를 향해 행동하고, ②과제 요구를 해결하고, ③노력을 조정하며, ④예상치 못한 상황에 적응한다. 이것이 바로 팀 효과성(Delice et al., 2019; Kozlowski, 2018; Kozlowski & llgen, 2006)을 구성하는 요인이다.

또한 팀 성과는 고려해야 할 시간적 차원이 있다. 성과가 순환적이며 에피소드적인 과정으로 개념화된다. 팀이 맡은 각각의 과업이나 목표마다, 팀은 개별적 순환을 시작하며, 잠재적으로 서로 다른 단계에 있는 여러 순환을 동시에 진행할 수 있다. 이런 과업 또는 목표 순환은 (1) 준비 단계, (2) 과제 참여 단계, (3) 종료[이탈disengagement]/성찰 단계 등 세 단계이다(Kozlowski, 2018; Kozlowski & Ilgen, 2006). 각 단계에서 다양한 행동적 측면의 중요성이 달라진다.

준비 단계에서는 목표 설정과 전략 개발이 중요하며, **과제 참여 단계**는 현재 행동과 원하는 결과 간의 차이를 모니터링하는 것이 더 중요하다. 마지막 **종료/성찰 단계**에서는 과정을 성찰하고 개선할 수 있는 기회가 주어진다. 이러한 단계와 관련 작업에 대한 이해는 팀이 신속하게 구성되고 짧은 수명 주기 동안 형태가 변화하는 현대 조직에서 특히 중요할 수 있다(Mayo, 2022).

팀코칭 구축을 위한 '과정' 구조-틀

팀코칭과 특히 관련이 높은 관점을 검토했다면, 팀이 합의된 목적 달성을 지원하기 위해 어떤 '과정'을 구현할 수 있는지 살펴봐야 한다. 이용 가능한 여러 모델이 있다. ①PERILL 모델(Clutterbuck, 2020), ②팀 발전 단계(Peters & Carr, 2013), ③변혁적 코칭(Stout-Rostron, 2019a), ④고가치 창출 팀 모델(Hawkins, 2021)이다. 이 모델들은 팀코칭 선구자인 클러터벅 연구를 시작으로 간략히 검토한다.

다섯가지 기둥: PERILL 모델

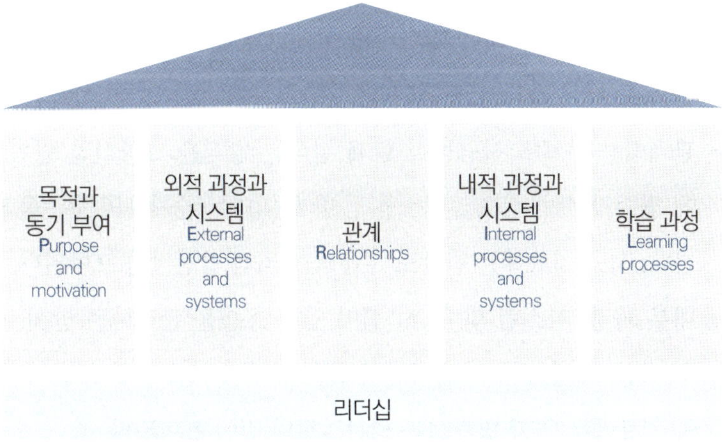

[그림 12.1] PERILL 모델(Clutterbuck, 2023)

클러터벅Clutterbuck(2020, 2023)은 20년간의 팀 성과와 기능 장애 연구를 바탕으로 PERILL 모델을 개발했다. 이 모델은 팀의 기능에 영향을 미치는 다섯 가지 맥락과 리더십의 조절 효과를 구별한다.

- **목적과 동기부여**: 클러터벅(2020, 2023)은 목적purpose을 효과적인 팀의 핵심 맥락으로 제시한다. 이는 조직의 광범위한 목적의 일부로 생성되거나 팀 내부에서 비롯될 수 있다. 이 공유된 목적에서 집단적 에너지가 흐르며, 이는 팀이 명확히 표현하는 비전, 목표 및 우선순위가 명확하게 드러난다.
- **외부 과정, 시스템과 구조**: 이는 팀과 이해관계자 간의 상호 관계와 정보, 자금 등 자원에 대한 접근성을 다룬다. 성공 지표에는 명성, 시장 환경에 대한 알아차림, 기술, 경쟁 상황과 목표 달성도 즉 목표 대비 성과가 포함된다.
- **관계성**relationships: 사람들이 함께 일하는 방식은 효과적인 팀워크에 필수적이며, 상호 존중, 정직, 함께 일하는 즐거움의 수준을 말한다. 성공 지표에는 만족도 수준과 심리적 안전감이 포함된다.
- **내부 과정, 시스템 및 구조**: 팀이 업무 흐름을 관리하는 방식, 상호 지원, 체계, 커뮤니케이션의 질은 내부적 거울 역할을 한다. 성공 지표에는 역할 명확성과 의사결정의 질이 포함된다.
- **학습 과정**: 지속적인 개선과 성장을 위한 기반으로서 학습에 중점을 둔다. 성공 지표에는 팀 환경에 대응하여 변화할 수 있는 능력이 포함된다. 팀의 학습 목표의 명확성과 변화된 상황에 대한 관

련성도 중요하다.

이 '다섯 가지 기둥pillars'은 팀 효과성에 영향을 미치는 맥락을 나타낸다. 조절 요인moderating factor은 팀 리더의 자질과 행동이다. 리더십에 대한 방대한 문헌과 문화 간 인식 차이로 인해 리더가 해야 할 일이나 하지 말아야 할 일을 규정하기는 어렵다. 대신 리더가 속한 시스템, 즉 리더의 개인적 역량만이 아닌 시스템 자체가 고려되어야 한다. 이 접근법을 활용하여 코칭 과정에서 도출된 각 기둥과 질문을 탐구하는 과정은 코치와 팀이 영향력 있는 해결책을 공식화하기 위한 사고 과정thought process[152)]을 거치게 된다.

152) 역자는 thinking(생각하기, 생각-하기), thoutht(사고, 생각한/해둔 것)으로 엄밀히 구별한다. 당연히 thinking process와 thought process 역시 구별한다.

• thinking process는 '생각하기'-과정과 생각하는-'과정'으로 동적이고 활동 면을 강조하며 생각하는 행위 자체의 흐름과 방법에도 주목한다. 생각하는 행위자/주체를 더욱 주목한다. 어떻게-생각하는가의 행위, 과정 자체의 흐름과 역동을 강조한다. 귀납적 과정이 불가피하나 '생각'-'하기'가 동등한 결합으로 그 순간에 더 주목한다.

• thought process는 '사고 과정'으로 이미 생각한 것으로 사고/생각의 구조적이고 정적인 패턴, 사고의 결과물에 초점을 둔다. 그러므로 사고(된 것)의 흐름과 전개, 그리하여 갖게 되는 사고 구조를 주목한다. 가령 사고 장애thought disorder를 진단하는 경우 사고의 구조적 결함을 지칭한다(사고의 논리적 연결과 내용의 조직화).

팀 발전 단계

클러터벅(2007)의 초기 연구에서 다루었던 고성과 팀에 대한 초점은 피터스Peters와 카Carr(2013)에 의해 민간과 공공기관 팀을 대상으로 더욱 심층적으로 탐구되었다.

이들은 팀을 **시작, 중간, 종료**의 세 가지 발전 단계stages of development로 정의하고, 각 단계와 관련된 다양한 코칭 기능을 제시한다. 이러한 기능에는 정의 및 시작, 검토 및 재정비, 연구 및 통합의 필요성이 포함된다. 팀의 발전 단계와 관련 기능에 대한 이런 강조는 **팀 성과 개발**에 필요한 실질적인 단계를 가능하게 하는 핵심 원칙을 제공한다.

팀 안전감sense of team safety은 다른 기능의 토대로 강조된다. 이를 핵심으로, 위에서 설명한 팀 단계와 기능은 다음과 같은 여섯 가지 구성 요인(아래 [그림 12.2] 참조)과 관련된다.

- 평가-진단assessment: 팀이 성공 조건을 충족할 준비가 되었는지 검토한다.[153)]

---

153) 코칭에서 Assessment(진단)와 Evaluation(평가)은 종종 혼용되나, 그 목적과 시점, 초점에 있어 중요한 차이점을 갖는다. 이 둘의 핵심 차이는 '성장Growth'을 위한 과정에 초점을 맞추는지, 아니면 '가치Value 또는 성공'에 대한 판단에 초점을 맞추는지에 있다.

Assessment(진단)는 코칭 과정에 지속적인 과정에서 이뤄진다. 현재 상태를 이해하고 강점 개발gap, 잠재력 파악, 향후 방향 설정과 개선하기 위함이다. 형성적formative 성격이 강하며 개인적 피드백과 통찰 제공을 지원한다. 360피드백이나 설문지 등을 들 수 있다.

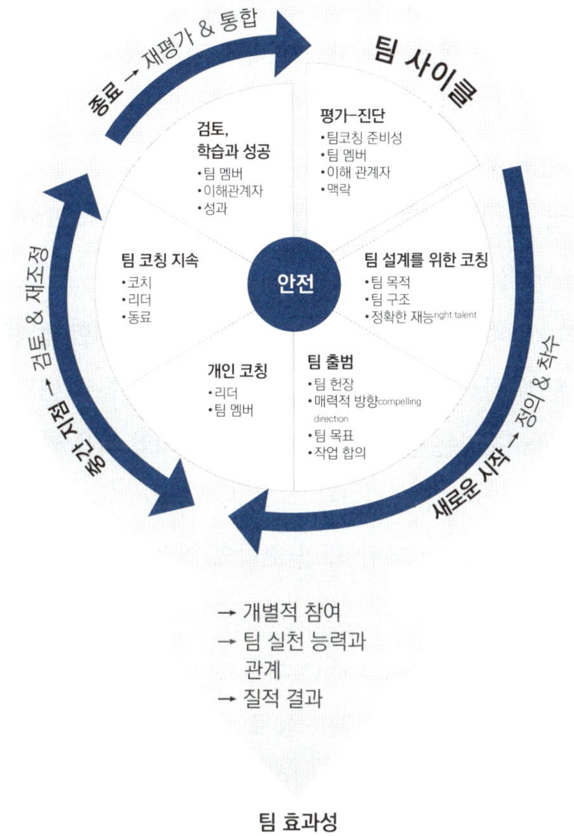

[그림 12.2] Peters & Carr Model of team Coaching(2013)

Evaluation(평가)은 주로 코칭 프로그램이나 개입의 종료 시점에 이루어지는 판단적인 과정이다. 미리 설정된 기준Criteria이나 목표Goal에 비추어 코칭의 가치, 효과성, 또는 성공 여부를 판단하고 측정한다. 결과Outcome와 성과Performance에 초점을 둔다. 총괄적Summative 성격이 강하며, 기준 달성 여부에 대한 판단에 활용한다. 코칭 종료 시점이나 특정 기간의 끝에 주로 진행한다.

가령 코칭 목표 달성 여부에 대한 측정(KPI 변화), 프로그램 전후의 만족도 점수 비교, 코칭 ROI 보고서 등 가치에 대한 판단 작업을 들 수 있다.

- 팀 설계를 위한 코칭coaching for team design: 팀과 리더들이 핵심 팀 조건을 충족하고 목적과 목표를 명확히 정의했는지 확인한다. 팀이 파악된 목적을 달성하기에 적합한 구조와 재능/인재talent[기술, 지식, 역량의 총량]를 갖추고 있는지 검토한다.
- 팀 출범: 팀이 설득력 있는 목표compelling purpose를 뒷받침하기 위해 운영 규칙을 숙지하도록 보장한다.

  피터스Peters와 카Carr(2013)는 모든 구성원이 **동일한 합의된 목적**을 향해 함께 하도록 팀 헌장을 제정하고, 이를 통해 **팀의 안전감과 결집력을 구축**하는 공식적인 팀 출범을 조직할 것을 권장한다.
- 개인 코칭: 성공적인 시작을 보장하기 위해 특히 초기 단계에서 구성원을 지원하기 위한 개인 코칭의 필요성을 강조한다(Peters & Carr, 2013).
- 지속적인 팀코칭: 후속 코칭은 팀의 행동과 합의를 강화하도록 설계한다. 피터스와 카(2013)는 동료 코칭을 포함한 다양한 접근 방식을 권장하며, 동료 코칭이 참여를 촉진하는 핵심 요인으로 점차 부각되고 있다.
- 학습과 성공 검토: 피터스와 카(2013)는 팀 작업의 마지막 단계에서 검토와 학습이 매우 중요하며, 프로젝트 전체의 성공에 핵심적이라고 강조한다. 안전한 팀 안에서 설정된 여섯 가지 구성 요소로부터 개인 참여도, 팀 실천능력 및 관계 구축, 질적 결과물 등의 결과를 도출한다.

이들의 접근 방식은 매우 구조적이며, 효과적인 팀을 구축하고 운영하기 위한 단계만이 아니라 다양한 활동을 지원하는 일련의 활동 세트도 제공한다. 반면에 클러터벅Clutterbuck(2021)은 목적과 학습을 매우 강조한다.

변혁적 코칭

팀코칭의 핵심 이슈는 다양한 '생각하기'를 통합하는 방식이다. 이는 리더들이 문화적으로 다양한 팀을 효과적으로 이끌 수 있도록 하는 변혁적 코칭에 관심을 가진 스타우트-로스트론Stout-Rostron(2019a) 연구 초점이었다. 이들이 개발한 모델에는 피터스Peters와 카Carr(2013)가 제기한 많은 이슈들이 포함되어 있다. 그러나 다양성과 문화에 대한 알아차림이 모두 상당히 강조된다. 아프리카의 코칭 환경에서 일하는 이들은 우분투Ubuntu 개념, 조직에서 문화의 전환shifting cultures의 중요성[154], VUCA 세계에서 일하는 데 필요한 민첩성agiliy을 참고로 했다.

[그림 12.3]에서 보듯, 스타우트-로스트론Stout-Rostron의 고성과 관계 코칭 모델은 네 개의 동심원으로 구성되어 있다.

---

154) 문화의 전환shifting cultures: 조직의 내부 가치와 행동 규범의 근본적 변화를 의미한다. 아프리카 맥락은 서구 모델에서 가정하는 개인주의적 접근 방식과 충돌하는 공동체적 가치를 지닌다. 코치는 조직 내 우분투Ubuntu같은 집단 지향적 가치를 수용하거나 기존 문화적 제약을 극복하기 위한 문화적 전환을 지원해야 한다.

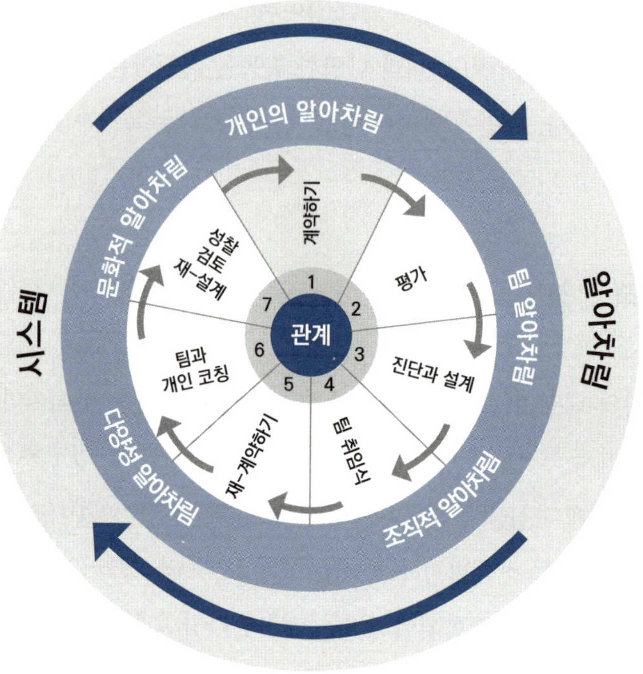

[그림 12.3] 고성과 관계 코칭 모델. Stout-Rostron(2019a)

- 내부 중심부inner hub는 팀코칭 과정에서 구축되는 관계이다.
- 두 번째 중심부는 작업 계약과 팀 평가로 시작되는 7단계로 구성된다. 이 단계는 진단과 설계로 이어지며, 이는 작업의 구조-틀을 마련하고 프로젝트에 조직의 지지와 참여를 보장한다. 이 합의가 이루어지면 공식적인 **팀 출범** 과정을 권장한다. 이 단계는 팀 구성원이 서로에 대한 이해, 당면 과제, 팀 경계, 역할 및 규범에 완전히 적응하도록 하며, 팀이 함께 협력하고 작업을 수행하는 방법을 규정하는 **팀 헌장** 수립으로 이어진다. 개인 및 팀코칭이 이어

지며, 마지막 단계는 성찰과 검토이다.

- 코칭 과정을 통해 세 번째 원은 개인, 팀, 조직, 다양성 및 문화적 알아차림의 향상을 이끌어낸다.
- 외부 원은 시스템적 알아차림의 심화와 점점 더 넓어지는 영향력을 중점적으로 다룬다.

이 모델을 제시하며 스타우트-로스트론Stout-Rostron(2019a)은 변혁적 코칭을 구축하기 위해 단계별로 진행되는 구조화된 모델의 중요성을 강조한다. 이들은 팀과 함께 일할 때 **문화적 알아차림**의 통합과 다양한 생각하기와 경험 기반 구축의 중요성을 강조한다.

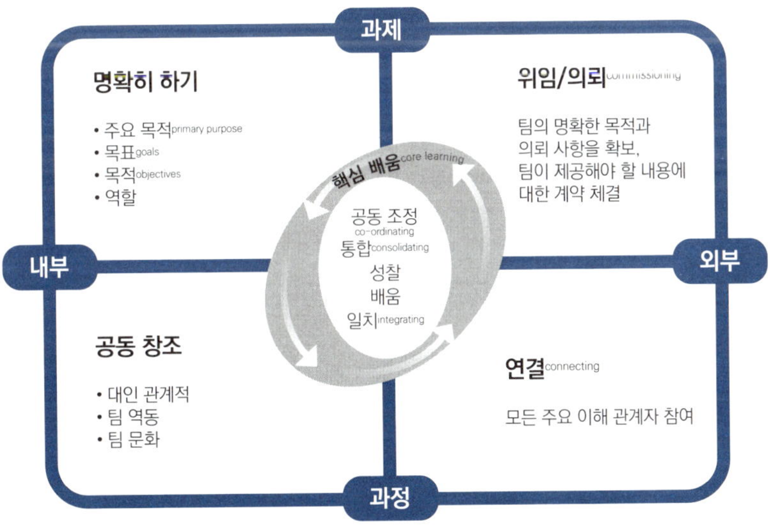

[그림 12.4] 고가치 창조 팀을 위한 수용력(Hawkins, 2021)

높은 가치 창출 팀의 수용력

마지막으로, 피터 호킨스Peter Hawkins(2021, 처음 제안된 것은 2011)의 연구를 살펴본다. 이 연구는 팀이 번영하기prosper 위해서는 지속적 학습이 중심 역할을 해야 한다고 주장한다. 그는 매우 효과적인 팀의 다섯 가지 수용력capacities을 제시한다.

- 위임/의뢰: 우리는 왜 여기 있으며 누구를 위해 일하는가?
  이는 팀에 대한 명확한 의임과 목적을 확립하고 성과물deliverables에 대한 계약을 맺는 것으로 이어진다.[155)]
- 명확히 하기: 팀은 정확히 무엇인가?
  공유된 정체성, 공유된 목적purpose, 목표goal, 역할roles, 과정process을 만들어 낸다creating.[156)]
- 공동 창조co-creating: 어떻게 함께 일하고 이를 실현할 것인가?
  대인관계, 팀 역동, 문화 등
- 연결connecting: 팀 외부로 열정과 핵심 메시지를 확산시키고, 모든 핵심 이해관계자와 협력하고 참여시킨다.

---

155) 위임, 목적, 성과물을 충분히 논의하는 것을 넘어 '계약'을 하고 이를 의례로 경험한다는 상상이 필요하다. 서구 맥락에서 '사람person'이란 다른 사람들과 달리 '소유할 수 있는 개인'을 의미하며, '계약'이란 이런 사람이 책임진다는 의미를 지닌다. 통상적으로 우리 문화권에서 구두 약속, 코칭 현장에서 그렇죠? 하면 일시에 '네'하는 그런 상황과는 다른 의미이다.

156) creating 역시 마찬가지다. 이는 있는 것의 확인과 재배치, 익숙하게 해 오던 일의 재확인 이상의 의미이다. 새로운 '창조'가 강조되는 동사로 현장에서 이해하고 가시화해야 한다.

- 핵심 배움: 팀이 학습을 조정하고 통합하며 성찰함으로써 집단적으로 성장하고 배우는 수용력[157)]

호킨스Hawkins(2021)의 모델에서 핵심은 팀이 내부적 및 외부적으로 자신의 목적을 이해하기 위해 수행해야 하는 작업, 팀 내외부 이해관계자와의 지속적인 모니터링과 학습, 그리고 구성원이 목적을 달성하기 위해 어떻게 행동해야 하는지에 대한 명확성을 확보하는 것이다.

요약

이 아이디어를 이전 논의에서 다룬 위치성과 의사결정과 결합하면, 시스템의 각 부분이 단편화된 지식/앎을 보유하고 있으며, 이런 부분들은 잠재력을 지니고 있지만 '공유된 목적'에 의해 통합된 성과로 실행될 때까지는 의미를 갖지 못한다는 점을 이해할 수 있다. 성공을 위해서는 핵심 목적 수립을 위해 대화를 시작해야 한다. 이 목적은 구성원 사이에 내부적으로 공유되고 더 넓은 이해관계자의 요구를 반영해야 한다. 시스템의 각 부분은 합의된 목적의 정당성을 뒷받침하기 위해 서로 다른 다양한 관점을 보유하고 있으며, 각 지식의 조각은 잠재적인 영향력을 지닌다. 이러한 조각들을 인정하고 공유될 때, '합의된 목

157) 익숙하지 않은 것, 평소 관심 없거나 무시했던 것, 이유 없는 귀찮음 등에 대한 과감한 개방성이 필요하다. 팀코칭 과정에서 상호 이해와 수용이 강화되어야 한다.

적'이 실현될 수 있다. 반면, 이러한 조각들이 무시되거나 주변화될 경우, '공유된 목적'에 반하는 잠재적 영향으로 작용한다. '공유된 목적'이 도출되면, 이는 학습을 통해만 유지될 수 있다. 피드백을 통해 잠재력이 지속해서 목적에 부합하게 형성되도록 조정할 수 있기 때문이다.

시스템은 사람뿐 아니라 기술과 물리적 요소도 포함한다. 이들도 잠재력을 지니지만 사용되어 성과를 창출하기 위해 사용될 때만 목적에 기여한다. 시스템 내 인간과 비인간적 잠재력의 다양성은 높은 수준의 중복성을 제공하며, 이는 새롭게 발생하는 요구사항을 충족기 위해 필요에 따라 활성화될 수 있다. 이런 활성화는 시스템의 다양성에 맞먹는 관점과 생각하는 방식에 달려있다. 팀의 목적에 대한 이런 '공유된 인식', 즉 팀이 세계 속에서 자신의 위치를 이해하고 정의하는 데 기여하는 관점은 목적에 부합하는 행동 과정의 잠재력을 창출한다.

팀이 무엇이며, 왜 존재하는지, 그 존재가 가치 있는 이유에 대한 팀의 내러티브는 팀원들이 함께 수행하는 작업을 안내하는 '공유된 인식', 즉 공식화formulation를 제공한다.

과정과 공식화

코치는 이러한 팀코칭 과정 가운데 어느 것에든 공식화 활동을 포함할 수 있다.

[표 12.2]는 호킨스Hawkins(2021)의 코칭 과정 내에 포함될 수 있는 공식화 활동의 예를 보여 준다.

[표 12.2] 활동 공식화formulation activities

코칭 모델 단계	묘사	활동 공식화
위임/의뢰하기	팀의 역할과 목적에 대한 명확한 위임을 확보하고, 팀 효과성을 측정하는 방법과 측정 주체에 대해 합의한다.	• 코치와 팀원 모두의 정보 수집 • 팀원과 이해관계자들이 팀에 대해 가지고 있는 지배적 내러티브 파악 • 성공에 대한 위험과 위협 파악 • 팀원 및 이해관계자와 협력하여 가설 수립, 개선 및 문서화
명확히 하기	팀의 목적, 비전, 전략, 핵심 가치, 주요한 공동 우선순위 및 목표, 기준과 행동 양식을 명확히 하기	• 정보 수집 • 팀의 목적과 코칭의 목적 명확히 하기 • 핵심 가치 및 행동 패턴 파악 • 팀의 미래 비전에 대한 팀의 핵심 내러티브 포착 • 팀의 이상적인 행동 파악 및 문서화
공동 창조	팀이 목표를 달성하고 초과하기 위해 어떻게 협력는지 함께 탐구한다. 팀의 성과를 내도록 역동성과 문화를 파악한다. 팀은 새로운 작업 방식과 구체적인 코칭 개입을 모색하여 파악된 요구사항이 팀 회기에 즉시 구현되도록 한다.	• 데이터 종합, 패턴 및 주요 주제 또는 내러티브 파악 • 대화를 통해 출현하는 패턴과 주제 포착 • 팀과 협력하여 가설 수립, 개선 및 공유 • 코칭 과정 설계 및 합의, 주요 팀 개발 목표 및 개입 방안 탐구및 개요 수립 • 팀의 탐구 및 실험 결과 또는 코칭 개입을 기반으로 공식화 업데이트
연결하기	팀이 주요 이해관계자 집단과 집단적으로 상호 작용하는 방식을 파악하고 개선한다. 팀원들이 공식적인 리더십 역할의 책임과 팀내 소속감 및 기여도를 통합하도록 지원한다.	• 팀과 이해관계자 간의 상호작용 패턴과 주제를 파악 • 팀이 이해관계자 집단에 대해 지닌 내러티브와 그 반대의 내러티브를 파악

코칭 모델 단계	묘사	활동 공식화
핵심 배움	다른 활동의 일환으로 함께 학습함으로써 팀의 집단적 및 개인적 수용력capacity을 개발한다.	• 팀의 학습 스타일 파악과 팀의 집단 학습을 지원하는 방법에 대한 작업가설 수립 • 구성 과정, 내용 및 형식을 성찰 및 검토한다. • 결과, 행동의 산출물, 가설 업데이트를 기록한다. • 팀과 코치를 위한 주요 학습 포인트를 도출한다. • 팀코칭 종료 후 팀이 학습을 지속할 수 있는 접근 방식을 팀이 활용할 수 있도록 공식화한다.

『리더십 팀코칭: 변혁적 팀 리더십 개발을 넘어(4판)』. 강하룡, 박정화, 박준혁, 윤선동 옮김.(2022) 피터 호킨스 저(2021). p.83~103. Leadership team coaching: Developing collectivetransformational leadership(4th ed.). Kogan Page. 해당 내용을 팀코칭 공식화 과정으로 재구성.[번역: 역자]

사례 연구: 조직 내 팀코칭과 집단 코칭

이 사례 연구는 동일 조직 내에서 진행된 집단 코칭과 팀코칭 과정의 두 가지 짧은 사례를 다룬다.

국제적인 식품 및 농업 연구 기관은 자금 지원을 받은 연구를 수행하고 산업계에 기술 서비스를 제공하고 있었다. 특정 분야와 고객 부문을 세분화해 전담하는 집단들이 있다. 조직의 일부는 외부 산업 고객에 초점을 맞춘 반면, 다른 부서는 내부 고객에게 서비스를 제공했다. 이 부서들은 수익 센터가 아닌 비용 센터로 간주되었다. 대대적 검토를 거쳐 조직의 모든 부서가 내부 및 외부 고객에게 서비스를 판매

하는 수익 부문으로 전환하기로 결정되었다. 이는 모든 구성원에게 큰 학습 과제를 안겨주었다. 기존 수익 부문은 내부 서비스 구매 경험이 없었고, 비용 센터는 서비스 판매 경험이 없었다. 이를 해결하기 위해 내부 및 외부 시장이 조성되었다.

명목상 부서장 아래 기술 전문가들이 모여 있었지만, 서로 다른 고객을 대상으로 다양한 전문성을 활용해 일하던 이들은 새로운 조직 구조 내에서 협력하기 위한 학습 과정에 참여하기로 결정했다. 동시에 그들은 **기후 변화가 식량 공급에 미치는 영향**도 다루고 싶어 했다. 새로운 기술이 어떻게 기회와 생산 능력을 창출할 수 있는지에 대한 집단 전체의 진정한 관심이 드러났다. 이 집단 구성원들은 서로 다른 목적을 가지고 있었으며, 서로 겹치는 상호 의존성은 거의 없었다. 한 부서의 실패가 다른 부서의 성공에 영향을 미치지 않았다. 그러나 그들은 기후, 식량, 기술에 대한 공유된 관심shared interest과 새로운 조직 구조 내에서 일하는 방법을 배워야 할 필요성은 공유하고 있었다. 그들에게 드러난 '목적'은 서로를 지원하며 새로운 방식으로 일하는 방법을 모색하는 동시에 기후, 식량, 기술을 중심으로 미래 공동 프로젝트를 개발할 수 있을지 검토하는 것이었다.

모두 각자 다른 고객을 대상으로 일하며 서로 다른 전문성과 세계관을 활용하고 있었기에, 그들은 아이디어를 공유하고 각자의 목적을 이해하며 함께 새로운 기술을 습득한 뒤 이를 다른 목적에 적용할 수 있는 방법을 모색할 수 있는 과정이 필요하다고 판단했다. 따라서, 이 과정은 각자가 함께 참여하는 목적을 정의하고, 함께 작업하는 관점을 개괄라며, 지식에 공백이 있다고 느끼는 부분이 어디에 있는지 설명하는 데 초점을 맞춘 공식화가 이루어졌다. 이를 통해 각 구성원은 고객 관계에서 동료의 위치를 이해할 수 있었다. 초기 논의는 코치가 주도하여 진행되었으며, 이 과정이 그들에게 새로운 경험이었기에 함께 탐구하는 방법을 이해하도록 돕고, 공유된 내러티브들을 바탕으로 학습을 가장 잘 지원할 접근 방식을 결정했다. 초기 3회 회기 동안 그들은 자신의 필요에 대한 이해를 함께 탐구했으며, 코치의 안내에 따라 여정을 지원할 수 있는 대안적인 방법을 모색했다.

이 과정에서 도출된 공식화는 각 구성원이 자신의 우려를 탐구할 수 있는 공간을 확보하며, 동료들이 이를 지원하기 위한 여러 단계를 수행하는 과정이 필요하다는 것이다. 이에는 모든 사람이 표현한 필요를 이해하도록 보장하고, 적절한 진행 방식과 부적절한 방식이 무엇인지 확인한 후, 고객과의 상호작용 방식을 변화하기 위해 학습 실험을 지원하는 것이다. 그들이 모색한 제안 가운데 하나는 구성원 간 역할극이었다. 그들은 자신들에게 적합한 집단 코칭 과정을 찾기로 결정했다. 결국 그들은 레반스Revans(1982)의 액션러닝 과정Action Learning Set이 이 요구를 충족시킬 수 있는 과정이라고 판단했다. 코치는 학습 세트를 운영하는 방법을 설명하는 회기를 세 차례 진행했으며, 이후 집단은 서로를 코칭하며 각자 번갈아 집단 진행 사회를 맡았다. 코치는 필요 시 언제든 연락할 수 있도록 대기했다. 또한 과정 종료 단계에서 코치는 그들이 달성한 성과와 진전을 평가하는 데 도움을 주기 위해 다시 초청되었다.

조직 내 별도의 부서는 내부 고객에게 생물정보학 서비스를 제공하기 위해 노력했다. 그들은 데이터를 조사하고 모델 개발 및 테스트하며, 조직 전체를 위한 검색 서비스를 운영했다. 이들은 작업 방식을 공식화 과정에서 각자가 부서 내에서 개별적인 역할을 수행하지만, 전체 부서의 목적을 달성하기 위해 상호 의존적이어야 하며, 따라서 개별 업무를 통합하여 이해관계자의 요구를 충족시켜야 했다. 이로인 해 팀 코칭 과정이 필요하다는 결론에 도달했다. 이제 그들은 내부 고객에게 어떻게 비용을 청구할지, 경쟁력을 유지할지(해당 고객들이 이제 시장에서 서비스를 구매할 수 있는 옵션이 생겼기 때문에), 그리고 제품 개발하고 제공할 새로운 외부 고객을 어떻게 찾을지 고민해야 했다.

이 집단은 새로운 팀 목적 찾기, 팀 내에서 수행해야 할 역할 명확화, 이해관계자와의 관계 탐색을 해야 한다는 점을 빠르게 깨달았다. 그들은 외부 코치와 함께 진행되는 팀코칭이 새로운 환경을 위한 목적 선언문을 정의하고, 내부/외부 고객 서비스에 할당할 노력의 비중을 결정하며, 요구사항 충족 정도를 평가하기 위한 지속적 피드백 루프 구축에 초점을 맞추기로 결정했다. 이런 초기 공식화를 바탕으로 그들은 위에서 설명된 "고[부가]가치 창출 팀을 위한 수용력" 모델을 사용하기로 했다. 그들이 수행한 작업은 [표 12.2]와 유사했으며, 호킨스Hawkins(2021)의 구조-틀을 그들의 필요에 맞게 조정했다.

역자 질문

Q. 위 사례에서 집단 코칭과 팀코칭이 진행된 부분은 어디이고 과제는 무엇인가?

Q. 집단, 팀 코칭의 목적, 과정, 당면 과제나 목표 등은 어떻게 설정되었는지 흐름을 정리해 본다면?

Q. 각 코칭 진행에서 검토된 계획이나 모델은 어떠한 것인가?

결론

공식화는 코치가 지속 가능한 성과를 위한 팀 개발의 복잡성을 헤쳐나가는 데 도움을 주는 수단을 제공한다. 공식화하기 전에 코치는 해당 개입이 팀코칭인지 집단 코칭인지 명확히 확인해야 한다. 팀코칭은 구성원 간의 상호 의존성을 강조하는 것이 특징이다. 집단 코칭은 더 긴 역사를 갖고 있다. 사람들이 공통되거나 다양한 목표를 중심으로 학습 여정을 공유한다는 장점이 있다. 팀의 경우 공유된 목적이 구성원을 공동의 노력으로 묶어준다. 다른 코칭 맥락과 마찬가지로 코치들은 공식화 개발을 위해 다양한 관점을 활용한다. 그러나 팀코칭의 특성상 시스템적 관점이 공식화의 기반이 되는 유용한 렌즈를 제공한다. 이를 활용한 예시도 제시되었다. 이 장은 팀코칭 문헌에서 도출된 여러 구조-틀을 소개했다. 이는 팀과 집단 맥락에서 공식화 개발 지원에 적용할 수 있다. 다양성의 위치는 팀 역동을 이해하고 팀 효과성의 촉진 요인과 장애물을 파악하는 수단으로 강조되었다. 팀은 현대 조직의 효과성에 중심 역할을 하며, 공식화는 팀 코치와 코칭 주체가 팀코칭 맥락에서 내재된 도전 과제를 해결하는 데 유용한 지원으로 제공된다.

숙고해야 할 질문

이 장에서 제시된 내용을 검토하고 자신의 프랙티스를 위의 사례 연구에 적용해 보자.

Q. 이 장의 내용이나 제시된 특정 모델을 기반으로 집단 코칭 과정을 설정하기 위해 이떤 것이 필요한가?

Q. 팀코칭 계약을 위해 어떤 과정이 유용한가?

Q. 위에서 제시된 팀코칭 구조-틀은 특정 정보를 강조한다. 다른 코칭 프로젝트에 적용할 경우 어떻게 달라지는가?

Q. 팀 또는 집단 코칭 계약을 시작하기 전에 어떤 정보가 필요한가?

13장
교육에서 코칭을 위한 공식화

코칭 분야에서 파생된 개입은 배움, 회복탄력성, 웰빙 증진과 심리적 문제-해결을 용이하게 돕는 교육 환경에 기여할 수 있는 잠재력이 크다. 고등 교육 학생 집단에 높은 수준의 정신 건강 및 심리적 질환이 있다는 사실은 잘 알려져 있다. 고등 교육 기관은 학생들의 경험을 지원하고 웰빙 향상에 기여하는 전통적인 학생 지원 서비스와 병행하여 다양한 프로그램을 점차 확대하고 있다. 이는 새롭고 독특한 고객층의 요구를 충족하도록 설계된 새로운 실천 분야이다. 이 분야를 비롯한 교육 분야에서 코칭의 잠재력을 검토해 보자. 예를 들어, 학교를 포함한 교육 부문에 봉쇄 조치[코로나 경험]의 영향과 정신 건강, 성폭력 폭로, 또는 광범위한 차별과 관련해 발생한 과제는 모두 심각한 도전이다. 코칭은 태도와 행동변화 면에서도 기여할 수 있다.

코칭과 멘토링 – 교육의 오랜 역사

멘토링과 코칭에 대한 초기 논의는 교육 분야에서 시작되었다. 그레이Gray와 동료(2016)가 논의했듯이, 여기에는 수공예 길드의 경험[158], 옥스퍼드 대학에서의 초기 코칭 활용[159], 1660년대 후반 프랑수아 페늘롱François Fénelon[160], 1760년대 루이 앙투안 카라치올리Louis-Antoine Caraccioli[161] 그리고 1790년대 호노리아Honoria[162]의 저서에서 언급된다. 이들 저서는 다양한 교육적 담론을 참고하고 있다(Gray et al., 2016).

---

158) 도제 제도apprenticeship는 지식과 기술의 전수 과정으로 이 과정 내에 숙련된 장인의 멘토, 코치 역할의 기원이며 장기간 함께 생활하는 실제적 맞춤 기술craft, 직업윤리, 업무 태도를 일대일로 배운다. 즉 경험기반 멘토링으로 볼 수 있다.

159) 오랜 개인 교습tutoring의 전통, 대학에서 제공하는 공식 교수 강의 외에 개별 지도의 전통이 있다. 코치라는 용어의 초기 사용에는 학문적 성과 향상이라는 목표 지향적 개인 지도를 의미했다.

160) 프랑수아 페늘롱François Fénelon: 1660년대 후반 프랑수의 카톨릭 대주교이자 작가, 교육자로 저술 '소녀 교육론(Traité de l'éducation des filles, 1687년 출판)은 강압적 훈육보다는 흥미와 관찰을 통한 교육을 강조하며 교육자가 학생의 내면적 특성을 이해하고 그에 맞춰 지도해야 한다는 주장으로 현대 코칭의 수용자 중심성의 원형이다.

161) 루이 앙투안 카라치올리Louis-Antoine Caraccioli(1719~1803): 프랑스 작가, 저널리스트. 사회적 성공과 개인적 발전을 위한 자기 수양과 행동 방침을 제시해, 현대 코칭에서 다루는 행동 변화와 사회적 역량 개발을 다룬 초기 형태를 보여준다.

162) 호노리아Honoria(1790년대): 당시 여성 작가들이 익명으로 사용했던 필명으로 보인다. 이들의 책은 '다양한 교육적 대화를 제시한다. 일방적인 지시가 아닌 대화와 질의 응답을 통해 대화가 이루어져야 한다는 인식이 18세기 후반에도 있음을 보여준다. 대화는 개인 학습과 성장을 촉진하는 핵심적 수단으로 간주 되었다.

1980년대에 이르러 학교에서 동료 멘토링은 확고하게 자리 잡았으며(Topping, 1989), 이후 교사의 전문적 학습을 변화시키는 방법으로 공식 권고안에 포함되었다(Bolam, 2008). 청소년 멘토링 제도는 미국과 영국에서 널리 퍼졌다(Colley, 2003; Grossman & Tierney, 1998). 교육기술부는 코칭 및 멘토링을 위한 국가적 체계를 수립했으며(Cordingley & Buckler, 2012 참조), 이는 이미 각 학교에 널리 정착되어 있다. 미국에서도 마찬가지로 잘 확립되어 있다(Devine et al., 2013). 교사 코칭이 학생들의 학업 성취도를 향상시킬 수 있다는 증거도 있으며(Ross, 1992; Shidler, 2009), 학생들의 웰빙을 향상시킬 수 있다는 증거도 증가하고 있다(Cosgrove et al., 2021). 그러나 그 효과에 대한 비판도 중요한 단서가 된다(DuBois, 2021; Garmezy & Masten, 1986). 즉 효과성 개선 방안, 단기 결과와 장기 결과의 차이, 프로그램 간 영향력과 변동성에 대한 의문도 있다.

위치성 이해

코칭은 역사적으로 교육 분야에서 중요한 역할로 자리매김해 왔다. 모든 코치는 교육 시스템 내에서 학생으로, 혹은 부모로 개인 경험을 가지고 있다. 이런 경험이 자신을 어떤 위치에 놓이게 하는지에 대한 성찰은 해당 분야에 참여를 위한 필수 전제 조건이다.

교육 환경에서의 공식화 개념은 개인 수준의 분석보다는 시스템 수준의 '생각하기'를 지칭한다. 일반화 가능한 발견과 개별적 문제 간의 관계를 관리하는 것은 특히 어려움이 따른다(Miller & Frederickson, 2006). 밀러와 프리드릭슨은 또한 데이터가 풍부하고 개별 사례에 대한 이해가 복잡할수록 일반화 가능한 결론을 도출하기가 더 어렵다는 점을 지적한다. 많은 교육 활동의 지향 목표는 정책과 실천을 개발하기 위해 일반화할 수 있도록 이해를 공식화하는 것이다. 따라서 이런 맥락에서 활동하는 코치는 교육 시스템을 어떻게 바라보고, 개별 프로그램 지원과 시스템 차원의 개입이라는 두 차원에서 자신의 위치를 어떻게 설정해야 하는지 검토해야 한다. 교육 분야에서 코치의 역할은 개입 제공만큼이나 프로그램 설계에 관한 것이다. 따라서 코치는 이 분야에서 활동하기 위해 프로그램 설계 기술뿐 아니라 코칭 지식도 필요하다.

교육 전반의 코칭 사례에서 배울 수 있는 것

경쟁 공간에서의 목적

지속적인 학습 부진과 결석을 극복하는 일, 괴롭힘과 학대 문화를 해결하기, 모든 학생과 교사의 잠재력을 향상시키고, 점점 더 어려워지는 직업 경험을 준비할 수 있도록 지원하기 위해서는 학교가 중요한 역할을 해야 한다는 알아차림이 높아지고 있다(Commission on Young Lives, 2022). 특히 영국, 미국, 호주의 연구에서 코칭은 긍정적인 변화를 가져올 수 있는 제안의 일부로 점점 더 인식되고 있다(Devine et al., 2013; van Nieuwerburgh & Passmore, 2018). 따라서 교육은 사회적 차원에서 영향을 미친다면, 코칭은 이런 개입의 일부로 역할을 수행해 왔다. 문제는 개인을 코칭하는 목적과 시스템 차원에서 교육의 목적을 달성하기 위한 수단으로 코칭을 검토하는 것으로 귀결된다.

교육의 목적은 과연 무엇인가? 체크렌드Checkland(1989)는 미국에서 교육에 시스템적으로 생각하기를 적용하려는 시도가 실패한 것과 관련해 문제를 제기했다. 교육의 목적을 정의하는 것 자체가 논쟁의 여지가 있기 때문이다. 반 니워버그van Nieuwerburgh(2012)도 이 점을 지적한다.

학교가 논쟁적인 이슈를 해결하는 데 직면한 어려움은 유럽 평의회 프로젝트 "자유롭게 말하고 안전하게 배우기Free to Speak Safe to Learn"(2022)에서 제기되었다. 이 프로젝트가 마무리 되면서, 논쟁의 대상은 매우 다양하며, 학교가 다뤄야 할 이슈에 대한 견해도 각양각색이다. 이는 교육 시스템으로서의 공통된 목적을 정의할 수 있는지, 아니면 개인이 스스로 교육의 목적을 정의하는 방식에 초점을 맞추는 것이 더 적절한지에 대한 의문을 제기한다.

이러한 맥락에서 교육 분야의 코칭은 개별 학생, 교사 또는 리더의 성취를 돕기 위한 제안인가, 아니면 조직이 자신의 의제 달성을 지원하는 수단인가?

2005년, 국립 학교 리더십 대학National College of School Leadership의 크리시Creasy와 패터슨Patterson은 코칭이 어디에나 존재하며 국가 차원에서 높은 인지도를 얻고 있다고 제안했다. 그들은 코칭이 학습을 촉진할 뿐 아니라 학교에서 변화를 개발하는 수용력을 구축한다는 강력한 증거가 있다고 주장했다. 많은 연구(Cordingley et al., 2005; Cordingley & Buckler, 2012; Bell, 2017)가 이 관점을 뒷받침하고, 크리시Creasy와 패터슨Patterson(2005)은 교사들이 서로에게서 배울 때의 명확한 가치를 강조한다. 이들이 제안했듯이, 영국 교육기술부Department for Education and Skills(DfES)는 학교에서 멘토링과 코칭 활용을 지목했다. 그 결과 DfES는 교육 연구 및 증거 활용 센터Centre for the Use of Research and Evidence in Education(CUREE)에 교육 전문가 개발 내에서 효과적인 코칭과 멘토링 실천에 대한 연구를 수집하도록 의뢰했다(Creasy & Patterson, 2005). 이 이니셔티브에서 생성된 연구가 드러났다. 그 일부로, 린던Lindon(2011)은 교수 인력 기술 향상에 코칭과 멘토링의 가치에 대해 보고했다. 그렇다면 [개별 차원을 너머] 시스템 또는 전체 프로그램 수준에서 변화를 위해서는 공식화를 긍정적으로 활용해야 할 것이다.

교육 코칭의 관점 - 시스템 수준의 공식화 및 개입

초기 교육 연구는 대부분 행동적 접근 방식에 기반한 개인적 개별 개입에 집중되었지만(Miller & Frederickson, 2006), 시스템과 컨설팅 수준의 작업이 교육 시스템의 복잡성을 해결하는 방법으로 제시되었다. 미국과 영국의 연구를 통틀어, 이들은 변화를 이끌어내는 대화를 촉진하기 위해 사회 구성주의와 시스템적 사고를 통합하려는 노력이 제시 되었다. 이에 따라 검증 가능한 가설을 도출하는 문제 분석 구조-틀이 개발되었다. 개입 방안을 고안하고 평가하여 실질적인 실행을 위한 통합적인 설명 구조를 만들었다. 여기서 인용되는 용어는 잠재적 개입 방안을 정의하는 방법을 제시한 '공식화 과정'이다. 교육 분야에서 이런 접근 방식은 4단계(Gutkin & Curtis, 1999)나 5단계(Lane, 1988, 1990; Woolfson et al., 2003) 과정으로 정의되었다. 이로 인해 교육 코칭의 주된 초점이 학교 전체 또는 국가 차원의 개입으로 옮겨갔다.

교육 분야에는 이런 학교 전체를 접근한 사례는 많다. 동료 코칭은 초 중등학교에 널리 적용되는 분야 가운데 하나이다. 이러한 예로는 상호 교실 관찰을 통해 잠재적인 개선 영역에 대한 코칭 피드백 방식이 있다. 초등학교에서 코칭의 일반적 활용 사례는 교사와 보조교사를 위한 '전문성의 지속적 개발CPD'의 일환으로 흔히 활용된다(Jarvis et al., 2017). 그러나 동료 코칭에는 교사들이 서로 코칭하는 동료 관계로도 이루어질 수 있다(van Nieuwerburgh & Barr, 2016). 특히 자비스Jarvis와 동료들(2017)의 연구는 코치, 코칭 주체, 관찰자로서 서로를 지원하는 교사들로 구성된 3인조 팀에서 성찰과 피드백의 힘을 살펴보았다.

로빈스Robbins(2015)는 동료 코칭 실천 가이드에서 학교 문화의 필수적인 부분으로 자리 잡게 하기 위해 동료 코칭 프로그램을 계획, 실행, 지속하는데 끈기가 필요하다는 점을 전제로 한 일련의 지침을 공식화한다. 다음으로, 리더는 동료 코칭이 무엇이고 무엇이 아닌지 파악하여 교직원을 위한 동료 코칭의 비전을 제시해야 한다. 예를 들어, 동료 코칭은 평가적이지 않고 비밀이 보장되며 지지적인 성격을 지닌다. 동료애를 강조하며, 참여에 대한 선택권은 모든 교직원에게 명확하게 전달되어야 하며, 가급적이면 서면 지침 자료와 자료를 통해 전달되어야 한다. 교직원이 질문하고 우려 사항을 논의할 수 있는 시간과 공간을 마련하고, 각 학교 현장에 맞게 조정 가능한 면에 대한 교사의 의견을 수렴해야 한다. 마지막으로, 동료 코칭이 성공적이고 지속 가능하려면 적절한 지원 체계가 뒷받침되어야 한다. 이러한 지원에는 변화의 정서적 측면(개인이 기존 관행의 중단과 새로운 기대를 공유한 경험)과 개인은 변화의 행동적 측면에 대한 대응이 포함된다. 자비스Jarvis와 동료들(2017), 로빈스Robbins(2015)는 코칭이 개인, 대인관계, 시스템 차원에서 가치를 제공하지만, 필요와 맥락에 맞춰야 한다고 주장한다.

이런 접근의 또 다른 핵심은 조정이 가능하도록 평가에 중점을 둔다는 점이다. **평가는 공식화 과정에서 중요한 요소**이다. 여러 학교가 자체 코칭 사례를 보고하며 평가를 바탕으로 그 활용의 가치를 강조하고 있다. 간략하게 언급된 사례는 몇 가지지만, 더 많은 사례를 찾아볼 수 있다. 이 사례들은 학교가 평가의 중요성을 강조하고 다양한 수준의 개입을 다루며, 특히 코칭과 프로그램 목표 간의 구체적인 연관성을 제시한 점에서 선정되었다.

공동체 교육 재단Communities Education Trust은 2021년 5월, 윈드밀Windmill 초등학교에서 진행된 프로젝트를 보고했다. 이 프로젝트에서 아이들은 서로 코칭하여 자신의 학습이나 수행 능력을 향상했다. 5세에서 11세 사이의 아이들은 다른 아이가 어려움을 겪을 때 사용할 수 있는 기본적인 코칭 기술 교육을 받았다. 이 프로젝트는 '말[지시]하기보다는 질문하기'를 강조하는 코칭 질문이 적힌 카드를 사용했다. 긍정적인 효과가 보고되었는데, 특히 어려움을 겪는 아동과 특별한 도움이 필요한 아동의 자신감이 크게 향상되었다. 또한, 아동의 불안감 감소, 회복탄력성 향상, 자신의 성과/수행에 대한 성찰, 팀워크와 협업 능력 증진 등의 효과도 있었다. 특히, 코칭은 코칭을 받는 아동과 코칭을 제공하는 아동 모두에게 도움이 되었다.

또 다른 예로, 와이트 섬Isle of Wight에 있는 레인센드Lanesend 초등학교는 2년마다 평가 및 검토되는 코칭 정책(2020)을 수립했다. 이 프로그램은 교사의 학습에 기반한 코칭의 명확한 목적을 바탕으로 구축되었으며, 이는 학교 발전의 토대가 되고 학업 성취도를 높이는 수단이 될 수 있다는 믿음에서 비롯되었다. 학교는 아동 학습에 대한 평가와 이해를 기반으로 한 개발이 교사가 자신의 학습 방식을 조정하게 하여 학생들의 결과에 중요한 차이를 가져올 수 있다고 보았다. 학교는 특히 교사의 학습과 아동에게 미치는 영향을 연계했다. 코칭의 영향을 모니터링하고 평가하는 데 대한 명확한 의지가 있으며, 이는 공시적으로 교수 학습 그룹을 통해 이사회에 공식적으로 보고된다. 레인센드 활동의 주목할 만한 특징은 교사 개발과 아동 학습 사이의 연계성이다. 이 개념은 많은 교육 리더십 프로그램에 적용되며, 사람들의 삶에 변화를 가져오고자 하는 다수의 지향 목표를 반영한다. 반 니워버그van Nieuwerburgh(2012)가 지적했듯이, 교육 리더십은 특히 어려운 과제이다. 학습, 구성원 리더십, 복잡한 조직 관리, 지역 사회에 대한 책임까지 고려해야 하기 때문이다. 또한, 리더들은 교육을 자신들의 의제에 맞춰 조정하려는 정부의 일련의 규정, 지침, 권고에 통제 받는다. 예를 들어, 정권이 바뀌자마자 큰 성공을 거두었던 "모든 아이가 중요하다 Every Child Matters." 프로그램이 갑자기 폐지된 사례가 있다(Jones, 2012). 교육의 목적은 매우 논쟁적일 수 있으며, 정치적 영향을 받기도 한다.

교육 시스템을 둘러싼 복잡성으로 인해 교육은 코칭과 멘토링이 자리 잡을 수 있는 좋은 환경이 되었다. 성공적인 교육 리더가 되는 단 하나의 방법은 없기에, 특정 상황과 리더에게 효과적인 접근 방식을 공식화 하는 아이디어는 의미가 크다. 크리시Creasy와 패터슨Patterson(2005)이 주장하듯이, 교육에서의 코칭은 학생들의 학습에 변화를 가져오고자 하는 열망에서 비롯된다.

중등 학교 수준에서 가능한 많은 예 가운데 하나는 시팅부메 지역 대학Sittingboume Community College의 협력 프로젝트이다. 이 대규모 중등 학교는 코치로 훈련받은 학생과 코칭을 받는 학생을 위한 코칭의 영향을 탐구했다(van Nieuwerburgh et al., 2012). 학교는 또한 커리큘럼에 정서 지능을 포함시킨 학습의 사회적 및 정서적 측면 전략Social and Emotional Aspects of Learning strategy(SEAL)에 적극적으로 참여했다. 12학년 학생(16~17세)은 6개월 코칭 임무 가운데 3일간의 훈련과 3회의 성찰적 실천 회기를 받도록 선발되었다. 그들은 11학년 학생(15~16세)에게 학업 성취 기준을 높이기 위한 지원을 제공했다. 연구 시범으로 코칭 받는 11쌍을 다른 지원을 받은 학생과 비교했다. 평가는 자신감과 성취도의 변화를 보였다. 학교는 코칭을 제공하는 사람들이 자신감, 타인에 대한 이해, 다양한 학습 기술 사용이 증가했다는 점을 발견했다. 코칭을 받은 사람들은 회기 참여가 자신감과 자원 활용 능력을 키워주었으며, 몇몇은 코치가 되고 싶어 했다고 보고했다. 그렇지만 일부는 그 효과를 완전히 이해하지 못했다고 느꼈다. 전반적으로 학생들의 시험 성적이 향상되었다.

학생을 또래 코치로 활용하는 프로그램은 학교와 대학 차원에서 시도된 바 있다(Eriksen et al., 2020; Well-Being Ambassadors, 2023). 유치원 이전 교육과정에서 코칭을 활용하여 교직원이 빈곤층 아동의 학업 성취도를 향상시킬 수 있도록 한 것은 다양한 측면에서 긍정적인 효과를 보였다(Ernest & Strichik, 2018). 또래, 교사, 학부모를 위한 코칭은 전 세계적으로 이루어지고 있으며, 일부 연구는 전반적으로 해석하기 어렵지만 이러한 맥락에서 코칭의 효과성은 이미 입증되었다(Oberholzer & Boyle, 2023; van Nieuwerburgh & Barr, 2016).

구 런던 교육청 학교 심리 서비스Inner London Educational Authority Schools Psychological Service 내 전문 서비스에서 코칭은 서비스 직원, 의뢰 학교 직원, 서비스를 받는 학생들에게 다양한 지원의 일환으로 제공되었다. 이 서비스는 유치원, 초등학교, 중등학교 등 모든 연령대의 아동을 대상으로 진행되었으며, 퇴학 위험이 있는 아동과 학교 내에서 서비스를 제공하는 교사 및 기타 관계자들을 대상으로 했다. 장기 추적 관찰을 포함한 평가 결과, 코칭은 퇴학을 크게 감소시키고, 학업 성취도를 향상시키며, 비행 수준을 크게 낮추는 것으로 나타났다(Lane, 1990). 로프하우스Lofthouse와 동료들(2010)은 퇴학 위험이 있는 학생들을 포함하여 코칭을 성공적으로 활용한 여러 사례를 보고했다.[163)]

교육 분야에서 리더십 개발을 위한 코칭 활용은 초등 교육부터 고등 교육까지 모든 교육 단계를 포괄한다(van Nieuwerburgh, 2012; van Nieuwerburgh & Passmore, 2018). 예비, 신규 교사와 대학 지도자를 지원하기 위해 영국 국립 리더십 대학UK National College for Leadership(NCSL)(2013)이 설립되었지만, 이후 2018년에 그 기능이 교육 경제부(DfES)로 이관되었다. 교육 지도자에게 떠오르는 새로운 역할 가운데 하나는 다른 사람의 코치 또는 멘토 역할을 하는 것이다. 위에 설명된 여러 계획에서 효과적인 코칭 프로그램을 개발하는 데 핵심적인 부분은 해당 상황에서 직면한 특정 이슈에 대한 이해를 개발하고 목적을 명확하게 하는 과정, 즉 공식화이다.

초등, 중등, 대학 수준의 교육에서 더 많은 사례가 문헌에 나와 있다(예: Passmore & Tee, 2021; Watts & Florance, 2021의 장 참조). 코칭이 이제 조직, 리더, 다른 직원 및 학생의 성과 달성에 중심적이고 중요한 역할을 하고 있음이 분명하다. 경우에 따라 더 넓은 지역 사

163) 우리나라도 많은 연구가 진행되었으며 최근 연구 결과의 예를 들면 다음과 같다.

손은영. 2024. 「또래 코칭이 대학생적응에 미치는 영향에 관한 연구」, 교육능력개발지, 2024. 26권 5호, p.247~256.

장혜정 외, 2025. 「대학생의 기본심리욕구와 삶의 의미에 대한 프랜드십 또래 코칭의 효과:현장유사 실험연구」. 교육능력개발지, 2025. 27권 1호, p.108~207.

회 참여도 제안의 핵심 부분으로 간주된다. 결과적으로 교육에서의 코칭은 다양한 관점을 활용해야 할뿐 아니라 논란의 여지가 있는 교육의 목적도 다루어야 한다. 교육이 정신 건강을 다루는 데 중요한 역할을 하는 것으로 여겨지면서 이는 더욱 어려워진다.

교육의 관점: 공식화, 코칭과 정신 건강

정신 건강 문제는 전 세계적으로 주요 질병 부담 가운데 하나로 확인되었다(Whiteford et al., 2015). 2023년 영국 아동 및 청소년 정신 건강 보고서(Newlove-Delgado et al., 2023)에 따르면 8~16세 아동의 20.3%가 정신 질환을 앓고 있는 것으로 나타났다. 17~19세의 경우 이 비율은 23.3%였고, 20~25세의 경우 21.7%였다. 정신 건강 문제는 전 세계적으로 주요 질병 부담 가운데 하나로 확인된다(Whiteford et al., 2015). 이 문제는 코로나19 팬데믹 이후 특히 두드러졌다(Theberath et al., 2022).

성희롱sexual molestation을 포함한 괴롭힘bullying의 영향은 1980년대부터 확인되어 왔으며(Tattum & Lane, 1989), 인터넷의 영향으로 안전한 공간이 줄어들고 아이들이 공격적이고 사기를 저하시키는 이미지에 노출되었다(NSPCC, 2024).

이는 개별화된 공식화 및 개입(물론 중요하지만)과 이러한 상황이 발생하는 맥락을 변화시키기 위한 시스템 차원의 접근 방식의 균형을 맞추는 문제를 제기한다. 학교는 정책 및 실행을 공식화하는데 중요한 역할을 한다. 63개 연구를 검토한 결과(Leithwood, 2021)에서 알 수 있듯이, 이를 위한 핵심은 교육에 관여하는 모든 주체 간에 효과적인 리더십의 기반을 마련하기 위한 명확한 파트너십을 구축하는 것이다. 대학 수준에서는 일련의 순위표가 학생들에게 어떤 변화를 가져올 수 있는지 보여주었다(Phoenix, 2023). 코칭은 반사회적 행동보다는 친사회적 행동을 촉진하고, 피해자들이 생존하고 잘 자랄survive and thrive 수 있도록 돕는 중재 방법 가운데 하나이다. 그러나 시스템 차원의 프로그램 공식화가 필요하며, 이는 지역사회의 노력과 '런던의 번창'(Thrive London, 2023)과 같은 이니셔티브가 필요하다. 이는 주요 기관들이 협력하여 어려움의 근본 원인을 해결하고 지원 서비스를 구축하는 것을 목표로 한다.

정신 건강과 웰빙에서 코칭의 역할은 새로운 관심 분야이다(Corrie & Parsons, 2021). 전통적으로 정서적 웰빙은 코치의 역할의 일부로 여겨졌지만, 정신 건강은 치료사의 전유물로 여겨졌다(Buckley, 2007). 그러나 테헤라니Tehrani와 레인Lane(2021)이 주장하듯이, 치료사와는 다르지만 트라우마와 같은 어려운 환경에서 성공하는 데 필요한 기술 개발을 지원하는 데 치료사와는 다르지만 중요한 코치의 역할이 있다. 코리Corrie와 파슨스Parsons(2021)와 마찬가지로, 그들은 경계가 존재하며 코치는 언제 정신 건강 전문가에게 의뢰해야 하는지 알아야 한다는 점을 분명히 한다. 그러나 이 장 전체에서 분명하게 드러났듯이, 이 맥락에서 코칭은 일대일 코칭에만 국한되지 않고 교육 내의 시스템을 다루는 것도 포함한다. 위의 시팅부메 지역 대학Sittingboume Community College 사례에서처럼, 코칭은 그들 업무의 일부였으며, 커리큘럼 전반에 걸쳐 학습의 사회적, 정서적 측면을 개발하기 위한social and emotional aspects of learning "SEAL" 프로그램과 같은 학교 차원의 이니셔티브에도 참여했다(Humphrey et al., 2010). 코칭은 교육 현장에서 정신 건강을 해결하기 위한 개입의 한 부분이다. 그러나 이러한 복잡한 문제를 해결하기 위한 인력이 확대되고 있지만, 이를 제공하는 인력의 본질은 변화했으며 서비스 제공의 비전문화와 함께 더욱 엄격해진 정부의 기대에 직면하고 있다(Corrie & Lane, 2015).

누가 정신 건강에 개입해야 하는지에 대한 질문은 한 세대 이전보다 훨씬 더 대답하기 어워졌으며, 동시에 우려의 비율도 증가하고 있다. 실제로 던컨Duncan과 동료들(2021)은 정신 건강에 의미 있는 변화를 가져오려면 교육에 초점을 맞춰야 한다고 주장한다. 교육 분야에서 코칭은 의학적 지향에서 벗어나 개인이 목표를 달성하고, 웰빙을 향상하며, 최적의 기능을 수행할 수 있도록 돕는 방향으로 전환된다고 설명한다. 이슈가 심각해지기 전에 개입할 수 있는 교육의 역할은 특히 중요하다. 그들은 해결되지 않은 정신 건강 이슈로 인한 결석, 성인이 되어 복지 혜택을 받을 가능성 증가, 범죄 증가 등의 비용을 지적한다. 대학 수준에서는 정신 건강 이슈를 공개하거나 조기에 중퇴하는 학생 수가 증가했다고 지적한다. 공식 통계에 따르면 정신 건강 이슈의 50%가 14세 이전에 발생하기 때문에 학교 차원의 개입은 더욱 중요해진다. 그들은 코칭이 개별 학생, 교직원, 시스템 차원의 개입 모두에 중요한 역할을 하는 다양한 사례 연구와 개입 사례를 제시한다. 또한 정신 건강 증진을 지원하기 위한 코칭 활용에 대한 새로운 근거 기반이 있다고 주장한다.

반젤라-양Vanzella-Yang 등(2023)이 수행한 종단 연구는 1984년부터 2년간 몬트리올의 빈민가에 거주하는 어린 소년들을 추적 조사했다. 이들은 자신감과 인내심과 같은 사회적 기술 코칭을 받았다. 재평가 결과, 참여자와 사회 모두의 결과에서 평생 동안 긍정적인 효과가 나타났다. 범죄율과 사회적 의존도는 감소하는 반면, 취업, 교육, 결혼 가능성, 자선 기부, 교육비 지출 측면에서 긍정적인 결과가 나타났다. 저자들은 이 연구가 문제 행동을 보이는 아동을 대상으로 한 코칭의 유일한 장기 무작위 대조 시험으로, 성인기에 개인 및 사회적 측면에서 상당한 효과를 보인다고 주장한다.

교육 코칭에서 공식화의 역할: 복잡성 해결을 위한 '과정' 구축

이전 논의에서 보듯이, 교육 분야 코칭은 개인, 대인관계, 시스템 차원의 관점과 사회적 변화를 지향하는 개입 등 상충되는 목적에 직면해 있다. 코칭은 교육 분야에서 중요한 기여를 할 수 있지만 복잡한 영역이다. 그러나 이 장에서 논의했듯이, 개입을 개발할 때 시스템 수준과 개별 적용 측면에서 공식화를 수립하면서도 정책과 실행 방안 또한 개발해야 한다. 따라서 특히 협력적인 과정으로 개발될 경우, 공식화는 광범위한 정책 개입 맥락 안에서 코칭을 구축하는 데 매우 광범위한 역할을 수행할 수 있다. 이러한 차원에서 고려한다면, 지역 사회 내 서비스를 통합함으로써 정신 건강, 웰빙, 그리고 다양한 사회적, 경제적, 환경적 요인 측면에서 개입을 연계할 수 있다(Corrie & Lane, 2021). 사회적 불이익, 위험 노출, 사회적 불평등은 권력과 자원의 분배에 영향 받는 정신 건강에 근본적인 부분을 차지하는 것으로 알려져 있다(Bell, 2017; Mezzina et al., 2022; Toleikyte, 2018). 교육이 모든 이슈를 해결할 수 없지만, 핵심적인 역할을 할 수 있다. 코칭은 학생들이 사건을 분석하고 성장할 수 있는 역량을 갖추도록 돕는 데 기여할 수 있다. 아동과 함께 일하는 교사와 관련 전문가들이 코칭 기술을 제공하면 그들의 자기 발전과 타인에 대한 이해를 증진할 수 있다. 공식화는 이러한 이해를 변화에 대한 함의를 지닌 일관된 내러티브로 이끌어내는 메커니즘이다. 왓츠Watts와 동료들(2023)이 주장하듯이 코칭은 사람을 고치는 것이 아니라, 그들이 스스로의 자원을 활용할 수 있도록 하는 것이다. 우리는 교육자들이 해결해야 하는 과제를 해결하기 위해 코칭을 활용할 수 있는 접근 방식을 수립하기 위해 주요 이해관계자 간의 협력적 대화 과정process of collaborative dialogue을 어떻게 발전시킬지 고민해야 한다.

레인Lane과 코리Corrie(2009)의 주장을 각색하여 설명하면 다음과 같다.

- 공식화는 교육 코칭에서 집중적인 개입을 개발하는 데, 특히 맥락

이 복잡한 상황에서 중요한 역할을 한다. 단순한 기술 기반 프로그램은 제한된 목표를 기반으로 운영될 수 있지만, 더 발전적인 과제의 경우 각 참여자의 위치(위치성)를 반영하는 맥락 분석이 필요하다. 이러한 이해를 구축하는 것이 공식화가 실질적인 영향을 미칠 수 있는 지점이다.

- 공식화는 관련 이슈를 파악하고 공통된 관심사와 목적을 개발하는 데 도움이 될 뿐 아니라 코치와 코칭 주체 간의 협력을 강화한다.
- 현재 근거 기반은 제한적이며, 이슈를 공식화 방식과 이후 제공되는 개입의 효과성 간의 연관성에 대한 추가적인 지식이 필요하다.

코칭이 교육 분야에서 사용되는 상황이 점차 증가하고 있다는 사실은 코칭이 개인 및 시스템 수준에서 기여할 수 있는 것으로 인식되고 있음을 분명히 보여준다. 그러나 지금까지 인용된 다양한 저자들이 보여주듯이, 이 기여는 학생들을 위한 일대일 코칭 회기에 국한되지 않고, 학생, 교사, 기타 교직원, 서비스를 제공받는 지역 사회에 가치를 제공한다. 밀러Miller와 프레드릭슨Frederickson(2006)이 지적했듯이, 공식화는 정책과 실천을 가능하게 하는 데 초점을 맞춘다. 따라서 공식화는 개인, 팀, 학교, 대학 차원, 더 넓은 지역 사회 사업에서 직면한 요구를 이해하는 방법으로 활용될 수 있다.

레인Lane과 코리Corrie(2009)의 연구를 바탕으로, 다음과 같은 내용을 제안한다.

- 교육 분야 코칭 개발에 공식화가 역할을 수행하고 그 목적에 부합하도록 해야 한다. 논의된 증거는 다양한 이해관계자를 포괄하는 코칭 주체의 파트너십과 일관된 구조-틀을 개발해야 함을 시사한다.
- 교육 분야 코칭 구조-틀은 개인적이고 내면화된 접근보다는 더 광범위한 요인을 고려해야 한다. 그렇지 않으면 개입이 가능한 더 넓은 대인관계, 시스템적 맥락이 아닌, 개인을 변화가 필요한 문제로 보게 될 위험이 있다.
- 우려하는 이슈를 공식화하려는 열망은 제한된 목표를 넘어, 선택한 코칭의 목적, 이론적 입장 또는 과정과 관계없이 모든 맥락으로 확장되어야 한다. 가치는 지침 역할을 할 수 있지만, 개발된 비전은 제한적이거나 주변적이어서는 안되며, 포괄적이고 확장적이어야 한다.

사례 연구: 복잡한 상황 관리를 위한 대본 코칭

6명의 청소년 집단과 함께 진행한 수업 관찰 결과, 교사들이 모니터링을 통해 학생들이 교육 환경에서 성인과 적절한 상호작용에 어려움을 겪고 있음이 드러났다. 학생들과 이 문제를 논의하면서, 그들은 자신들이 어려움을 겪는 다양한 상황을 지적했으며, 일부 학생들은 말솜씨로 문제를 해결해 나가는 모습을 보였다. 표현 방식은 달랐지만, 갈등 상황에서 권위 있는 사람들과 대화하는 방법을 배우는 데 대한 공통된 관심이 있었다. 초기 공식화 결과, 이런 상황에 대처하는 데 필요한 구체적인 사회적 기술이 부족하다는 점이 드러났다.

이런 상황에서 흔히 사용되는 접근은 어려움이 발생하는 상황을 검토한 후, 갈등 발생을 줄이는 데 적절한 기술을 파악하는 것이다. 기술 파악 후에는 학습 및 연습이 가능한 작은 단계로 세분하여 관찰된 수행에 대한 피드백이 제공된다. 이 집단은 유사점을 가지고 있어 갈등 상황 대처 기술 개발을 위한 집단 코칭 프로그램이 가능할 것으로 보였다.

이를 위한 잠재적인 접근 방법은 다양한 결과를 가진 **상황 대본을 사용**하는 것이다. 참가자들은 예를 들어 수업 중 교실 상황이나 거리에서 경찰관과 대화가 잘못된 대본을 연습한다. 그런 다음 집단은 대본을 검토하여 갈등이 발생한 지점을 파악하고, 갈등을 해결할 수 있는 다양한 방안을 제시했다. 이후 새로운 대본을 작성하고 연습하면서 어떤 일이 일어났는지 탐구했다. 효과적이라 판단되는 구조-틀을 마련한 후, 각자 새로운 대본을 연습하고 서로에게 피드백을 제공했다. 여기에 추가된 요소로 교실 현장 상황에서 실행한 후 교실 담임교사가 피드백을 제공하도록 했다. 이는 학생들이 새로운 기술을 시도하고 실제로 기술이 갈등을 줄이는 데 도움이 되는지 시험해 볼 수 있는 **행동 실험**이다. 따라서 코칭 집단 내 새로운 대본에 대한 피드백과 현장 피드백이 병행되었다. 이를 통해 교사와 학생 간에 합의된 초기 공식화 및 개입이 마련되는 계기가 되었다.

집단에서 개입을 평가한 결과, 네 명은 연습 회기에서 새로운 기술을 사용할 수 있다고 밝혔다. 한 명은 갈등에 직면했을 때 기술을 사용할 수 없었고 이전 행동으로 돌아갔다. 한 명은 기술을 사용하려고 할 때 그냥 얼어붙어 아무 말도 하지 못했다. 다시 현장으로 돌아와 실행해 보니, 잘 해낼 수 있을 것 같았던 네 명 가운데 세 명은 성공했고, 한 명은 교사에게 이의를 제기하며 합의된 행동을 효과적으로 보여 주지 못했다. 이는 다음과 같은 의문을 제기했다.

Q. 사회적 기술 집단 개발 과정에서 무엇이 잘못되었는가?

Q. 기술을 잘 활용했던 이들은 앞으로 어떻게 자신의 기술을 강화할 수 있는가?

Q. 연습 회기에서 잘하지 못한 두 학생의 행동을 어떻게 살펴볼 수 있는가?

Q. 현장 실습에서 어려움을 겪은 학생의 행동을 어떻게 살펴볼 수 있는가?

Q. 기존 공식화에 대한 논의를 바탕으로, 어떻게 수정해야 하며 상황을 어떻게 재검토해야 하는가?

위의 질문들에 대해 생각해 본 결과, 학생들 각자가 사회적 기술이 부족하다는 점에서 일반적인 사회적 기술 훈련 프로그램이 근거는 있다. 그렇지만, 그들의 행동을 좌우하는 요인들은 다양하다는 점이 분명해졌다. 따라서 집단 프로그램에서 개별적인 공식화로 전환할 필요가 있었다. [초기에] 반응이 좋았던 집단에게는 해당 기술이 일반화 될 수 있는 다른 영역으로 확장할 수 있는 방안으로 초점을 바꾸었다. 이러한 전이 가능성transferability을 강화하기 위해 추가적인 대본 기반 회기가 활용되었다.

실습 회기에 적응하지 못한 두 학생에 대해 추가 분석을 통해 매우 다른 두 가지 공식화가 도출되었다. 한 학생은 심각한 사회 불안을 보였고, 이를 개선하기 위한 프로그램이 마련되었다(Corrie & Lane, 2021). 이전 행동으로 회귀한 학생의 경우, 이 패턴이 여전히 강화되고 있음이 분명했다. 그는 대립할 때 자신이 강하다고 생각했다. 그의 표현을 빌리자면 "부드러워지는 것"은 그에게 통하지 않았다. 강인함을 다른 방식으로 보여줄 수 있는 맥락에 대한 더 많은 작업이 필요했다. 실습 환경에서는 기술을 잘 했지만 교실에서는 그렇지 못한 학생의 경우 흥미로운 상황이 드러났다. 그녀는 이런 접근 방식의 근간에 의문을 제기했다. 이런 대본 대응은 교사의 불합리하고 때로는 학대적인 행동에 순응하라는 요구를 의미한다는 것이 그녀의 주장이었다. 그녀는 특정 교사가 하는 행동들, 가령 학생들의 어리석음, 장애, 성적 지향, 성별에 대해 공개적으로 굴욕감을 주는 등 잘못된 행동을 했다고 느꼈다. 그녀에게는 언제, 어떻게 자기 행동이 적절한 행동이 될 수 있는지 탐구하기 위한 더욱 유연한 접근 방식이 필요했다. 또한 제기된 우려를 해결하기 위해 해당 교사의 학과장과의 면담도 진행했다.

이 사례는 일반적인 접근법(사회성 기술 훈련)으로 프로그램을 공식화했지만, 코칭이 개인에게 효과적이기 위해서는 이러한 접근법 내에서도 개인의 이해를 도출할 필요가 있음을 보여주었다. 한 학생에게서 제기된 이슈는 누구의 의제가 충족되는지에 대한 의문을 제기했다. 즉 학교의 순응 유도 의제인가 아니면 학생들이 도전할 수 있는 기술을 개발하는 의제인가 였다.

교육에서 코칭 활용의 몇 가지 시사점

코칭은 교육 분야에 널리 보급되고 있지만, 주로 교육 기관 전체를 위한 프로그램 구조-틀 형태로 활용된다. 이는 조직 전반의 이슈를 해결할 수 있다는 점에서 의미가 있다. 그렇지만 개별 프로그램이나 특정 요구를 충족하기 위한 시스템 차원의 개입을 적용하는 것은 여전히 필요하다. 디바인Devine과 동료들(2013)이 제안했듯이, 코칭은 개인에게 가치 있는 기여를 하지만, 학교 개선이 목적이라면 시스템 차원에서 접근해야 한다. 그러나 시스템 관점을 사용할 때는 개인의 관점을 간과해서는 안 된다. 중요한 것은 어떤 프로그램이 어떤 사람들에게 어떤 맥락에서 효과적인지 이해하는 것이다.

모든 공식화는 정책과 실천이 집단적이고 협력적인 학습 문화로 발전하는 과정을 성찰해야 한다. 교육 분야의 코칭은 이미 학교 공동체를 위한 가치 있는 개인적 개입이자 전체 시스템적 개입으로 인식되고 있다.

결론

교육 코칭에서 공식화의 역할은 주로 조직 전반에 가치 있는 프로그램을 제공하기 위한 정책과 실천 방안을 마련하는 것이다. 개별 코칭 여정이 진행되더라도 이는 조직적 목적의 구조-틀 안에서 이루어진다. 그러나 목적은 교육 분야에서 고려해야 할 논쟁의 여지가 있는 영역이다. 코칭이 교육 환경에서 변화를 창출하는 데 가치 있는 제안으로 여겨진다는 점은 분명하다. 이러한 맥락에서 직면하는 이슈에 대한 이해를 구축함으로써 **정책과 개입 실천을 모두 공식화**할 수 있다. 이러한 환경에서 이해관계자 간의 대화 과정으로서 코칭은 ①우려 사항을 파악하고, ②원인을 탐구하고, ③이해를 형성하고, ④목적을 정의하며, ⑤정책 및 개입 전략을 수립하고, ⑥결과와 수행 과정을 평가하며, ⑦근거를 바탕으로 **시간 경과에 따른 적응을 가능하게 하는 중요한 역할**을 한다. 이러한 방식으로 구축된 코칭 프로그램과 그 이점에 대한 많은 사례가 있다.

따라야 할 핵심 원칙은 프로그램이 개인의 경험과 제공, 작업의 맥락 면에서도 타당성이 있어야 한다는 것이다. 일반적인 프로그램 구조를 정의할 수 있지만, 완전한 효과를 얻으려면 특정 **개인의 필요에 창의적으로 적용**하는 방법이 중요하다. 반대로, 개인의 변화에만 초점을 맞춘 프로그램은 교육 현장에서 직면한 문제의 규모를 감당하기에 충분하지 않다. 시스템 전반의 이니셔티브system-wide initiatives가 필수적이다. 정신 건강 문제를 다루는 일대일 개입을 넘어 학교와 더 넓은 지역 사회를 참여시켜야 한다는 주장이 있는 것처럼(Corrie & Lane, 2021;

Thrive London, 2023), 교육 코칭도 동일한 논리가 적용된다.

숙고해야 할 질문

교육 분야에서 잠재적인 개입의 폭이 넓다는 점을 고려할 때, 시스템 및 개인 차원의 질문을 탐구해 볼 가치가 있다.

Q. 코칭 프로그램을 고려할 때, 누구의 의제를 충족하는지 어떻게 파악할 수 있는가?

Q. 교육 기관이 자신의 목적을 파악하도록 어떻게 도울 수 있는가?

Q. 코칭이 그 목적을 달성하는 잠재적인 제안이 될 수 있도록 하는 요소는 무엇인가?

Q. 교육 기관이 목표 달성을 위한 코칭과 개별 학생 또는 교직원의 목표를 구분하도록 어떻게 도울 수 있는가?

제4부

나만의 공식화 기술 개발하기

4P 구조-틀을 코칭 프랙티스에 어떻게 적용할지 심층적으로 살펴본다. 사례 중심으로 자신만의 맞춤형 모델을 어떻게 개발할지 지침을 제공한다. 서로 다른 세계관이 드러난 상황에서 공식화를 어떻게 해야 할 지 중요한 검토 사항을 다룬다.

14장
사례 연구: 코칭 공식화 개발과 적용

이 장은 〈4P 구조-틀〉을 적용하여 코칭 실천에서 공식화를 어떻게 개발할지 사례를 제공한다. 앞 장에서 보았듯 〈4P 구조-틀〉은 다양한 방식으로 적용될 수 있다. 제시될 사례 내용은 특정 코칭 맥락, 즉 임원 코칭 과제에서 〈4P 구조-틀〉의 적용 사례로 이해하길 권한다. 본 사례 연구의 목적은 독자가 공식화 개발 배후에 자리한 생각하기와 의사결정 과정을 더욱 쉽게 파악하고, 코칭 과정의 각 단계에서 코치가 직면하는 선택과 결정의 일부를 예시하는 것이다. 이 사례 연구는 새로운 가설이 형성되고 정보가 드러나는 과정에서 공식화가 어떻게 구성되고, 공동 구성되며co-constructed 발전해 나갈 수 있는지 "단계별" 설명을 제공한다.

이 가상의 사례 예시는 코치 아이마Aaima와 그녀의 코칭 주체 아데쉬Adesh 사이의 코칭 계약이다. 본문에서 제공된 정보는 코치와 코칭 주체 간의 대화에서 도출된 것이다. 양 당사자 모두에게 직접 접근 가능한 내용이다. 박스에 제공된 정보는 코치의 생각하기, 가설, 의사 결정 포인트를 반영한 추가 설명 주제로, 적어도 초기에는 코치만 접근 가능하며, 코칭 주체와의 대화 진행 방식을 결정하는 데 영향을 미친다.

배경 정보

아이마Aaima는 영국에 기반을 둔 코치로, 가족은 파키스탄 출신이다. 아이마는 평생 영국에서 살아왔다. 영국에서 활동하고 유럽에서도 일한다. 특히 조직 내 더 높은 직위로 승진하는 고성과 리더들과 함께 일한다. 그는 코칭 석사 학위를 소지하고, 인지, 행동, 정신역동, 시스템 이론 등 다양한 이론적 관점을 훈련받았고, 이를 작업에 모두 활용하고 있다. 그녀는 지식을 확장하기 위해 정기적으로 추가 교육받으며, 최근에는 신경과학과 신경다양성neurodiversity에 대한 과정을 수료했다.

아이마는 이 책의 저자들이 개발한 〈4P 구조-틀〉 교육을 받았으며, 이 접근 방식이 자신의 코칭 서비스, 실제 사례, 자기 성찰 과정을 다듬는데 도움이 되었다고 평가한다. 그녀는 세가지 차원의 구조화(상황, 패턴, 개인/사례_6장 참조)를 활용하여 생각하기를 구조화한다. 그녀의 위치성positionality은 파키스탄 문화 유산과 이슬람 신앙의 가치관에서 비롯된다. 그러나 그녀의 세계관에는 자율성, 노력/근면 성실함의 중요성, 성공 추구 등 여러 서구적 가치관도 포함되어 있다. 자신이 차별을 경험한 적은 없지만, 특히 소수자 여성을 포함한 소외된 집단과 함께 일하는 데 관심이 있다. 그녀는 세부 사항을 잘 모르지만,

할아버지는 인도 출신이다. 1947년 인도 분할 이후 파키스탄으로 강제 이주한 후 가족을 영국으로 데려왔다는 사실 정도 알고 있다.

이전부터 아이마와 여러 차례 협력한 회사 인사 담당 이사는 초기 대화에서 상당한 양의 배경 정보를 제공했다. 구체적으로, 아이마는 로테르담에 거주하는 40세 소수 집단 남성인 아데쉬Adesh와 함께 일하도록 요청받았다. 아데쉬는 인도에서 로테르담으로 이주했다. 유럽 본사로 온 그는 현재 CIO로 근무 중이지만 아시아 부문 CEO 후보로 검토되고 있다. 또한 향후 3년 내 임원위원회 소속 직책에 선임될 예정이다.

아데쉬는 회사에서 알고 있는 장기적인 신체 건강 문제를 가지고 있으며, 회사에서는 이 문제가 잘 관리되고 있다고 믿고 있다. 그는 매우 높은 직업 윤리를 가지고 있다. 열심히 일하며 자신의 성과를 노력의 결과로 여기지만, 성공은 그에게 쉽게 찾아왔으며 학업과 직업 모두에서 항상 성공적이었다. 이번 역할은 그의 첫 국제 경험이다. 아내와 두 자녀를 데리고 로테르담으로 이사했다. 자녀들은 회사에서 비용을 부담하는 사립학교에 다니고 있다. 아내는 새로운 환경 적응에 어려움을 겪고 있으며, 가족과 이사 오며 직장을 그만두어야 했다.

아데쉬는 과거 비즈니스의 상당 부분을 디지털화하는 등 영향력 있는 프로젝트를 성공적으로 수행한 바 있다. 이러한 역할에서의 성과가 그를 차기 CEO 후보로 고려하게 했다. 그는 사실fact과 수치figures에 능숙하지만 '전략적 이해'를 개발해야 한다. 이 점이 승진 전에 유럽에서 근무 경험을 쌓기 위해 파견된 이유이다. 코칭은 전략을 이해하고 개발해야 한다는 명확한 목표를 가지고 새로운 역할로 전환하는 방법을 이해하기 위해 제공되었다. 그는 회사의 미래 방향을 살펴보는 전략적 프로젝트를 맡고 있다. 이 프로젝트는 조직의 장기적 성공을 위해 매우 중요한 임무이다. 아데쉬는 이전에 코칭을 경험한 적이 없지만, 이 과정에 적극적으로 참여하고 있다.

상황 수준의 공식화 도출 정보

첫 코칭 회기에서, 초기 케미스트리 회기 이후 아데쉬는 아이마에게 자신이 우려하는 건강 조건을 안고 일하고 있다고 털어 놓았다. 그는 내용이 계약에 포함되지 않은 사항이기에 이를 코칭에서 언급해야 할지 확신이 서지 않아 망설였다고 말했다. 그러나 이 점이 작업과 관련될 수 있다고 생각했고, 투명하게 소통하고자 하는 바람에서 언급하기로 결정했다.

코치의 내부 과정(1)

이 정보는 아이마에게 새로운 정보이다. 그녀는 아데쉬가 이 정보를 공개하기로 결정하고 그 이유를 밝힌 점에 대해 기쁘게 생각한다. 그의 결정은 코칭에 효과적으로 참여하고 정보가 공개적으로 공유될 수 있는 긍정적이고 협력적인 작업 관계를 발전시키고자 하는 아데쉬에 대한 그녀의 초기 인상과 일치한다. 그러나 동시에 불안감을 느낀다. 그의 공개는 예상하지 못했고 계획에도 없던 정보이기 때문이다. 이 상황이 현재 그에게 코칭이 최선의 선택인지, 아니면 다른 전문가의 의견이 필요한지 재고해야 할 수 있다는 우려를 품게 했다.

아이마는 현재 아데쉬의 상황에 대한 사실을 알기보다는, 이 시점에서 많은 생각, 가정, 예측이 머릿속을 스치고 있음을 알아차린다. 따라서 그녀는 그가 직면한 도전 과제를 조금 더 알아보기 위해 허락을 구하기로 결정했다. 이는 그녀의 결정에 도움을 줄 수 있는 정보를 얻기 위함이다.

역자 질문

Q. 허가 요청을 위해 필요한 반응, 질문을 만들어 본다면?

Q. 회사도 알고 있는 정보를 아이마가 알고 있지 못하다는 점은 어떻게 봐야 하는가?

Q 만약 알고 있었다면 위와 같은 상황은 회사측과 아데쉬에게 어떻게 대처해야 했는가?

Q. 사실에 주목하기보다는 여러 가지 상념이 스친 자신을 알아차린 아이마에 대해 논해 본다면 어떤 이야기를 할 수 있는가?

아이마는 아데쉬가 이 정보를 공유해 준 것에 대해 감사하며, 자신의 전문성에 한계가 있음을 상기시켰다. 그녀는 의료적 조언을 제공할 자격이 없다. 그럼에도 불구하고, 아데쉬의 의료 상태가 코칭에 대한 그의 목표에 어떤 영향을 미칠 수 있는지 결정하기 위해 추가 정보를 요청했다.

코치의 내부 과정(2)

아이마는 추가 정보를 요청하기 전에 자신의 전문성의 경계를 상기시키는 것을 의도적으로 강조했다. 그녀는 이것이 가장 적절한 윤리적 결정이라고 믿는다. 이를 통해 그녀는 그들이 - 또는 그녀가 - 추가 검토나 임상적 지원이 마련될 때까지 코칭을 일시 중단해야 할 가능성도 제기했다.

역자 질문

Q. 아이마가 할 수 있는 대화를 정확하게 (입말로) 적어보자.

Q. 이때 코치의 톤과 마인드셋을 추가해 설명해 보자.

Q. 아데쉬는 자신의 건강을 그동안 잘 관리해 왔다. 회사도 이를 알고 있고 신뢰한다. 또 알고 있으면서도 그에게 임무를 부여했고, 임원위원회 후보로도 검토하고 있다. 이런 조직의 결정이 있음에도 코치는 위와 같은 접근을 해야 하는가? 그렇다면 그 이유와 의미, 필요성 그것이 가능한 코치의 실천능력은 무엇인가?

아데쉬는 자신의 건강 상태를 이야기할 수 있어 안도감을 나타냈다. 그는 인도에 거주하던 12개월 전 경미한 심근경색을 겪었다고 시작했다. 그 이후로 그는 인도의 심장 전문의의 치료를 받아왔다. 의료적으로 중요한 점은 그의 가족에 심장 질환, 고콜레스테롤혈증, 고혈압의 강한 유전적 배경이 있다는 점이다. 그의 아버지는 45세에, 삼촌은 40세에 심혈관 질환으로 사망했다. 심장 전문의는 아데쉬에게 생의학적 위험 요인이 증가했다는 점을 강조하며, 조기 사망을 피하기 위해 지속적인 모니터링과 관리가 필요하다고 단호히 직설적으로 전달했다.

아데쉬는 자신의 상태 관리를 위해 혈압을 낮추는 약물 복용, 콜레스테롤을 줄이기 위한 식습관 변경, 운동을 포함한 생활 방식 변경이 필요하다는 것을 알고 있었다. 그러나 그는 약물 복용이 불규칙했으며, 식습관을 변경하지 않았고, 운동은 가끔만 했다고 인정했다. 그는 의료 조언을 따르지 못한 자신에게 화가 났지만, 약을 자주 잊어버리고 부작용을 싫어한다고 말했다. 또한 그의 직업이 생활 방식 변화를 위해 생각할 시간을 거의 주지 않는다고 덧붙였다.

코치의 내부 과정(3)

아이마는 이 상황에는 여러 요인이 작용하고 있을 것이라고 추측한다. 그녀는 몇 년 전 자신의 아버지가 심장마비를 겪었을 때 읽었던 자료에서 심장마비 후 개인이 우울증에 취약할 수 있다는 내용이 떠올랐다. 그녀는 아데쉬가 우울증 증상을 겪고 있을 수 있다고 생각에 궁금증이 올라왔다. 그녀는 자신의 개인적인 반응과 아데쉬의 경험을 자신의 경험과 혼동하지 않도록 충분히 '분리bracket'[괄호로 묶어주기]할 필요성을 알아차렸다. 또한 그가 의학적 조언을 따르는 데 어려움을 겪는 이유의 일부가, 직접 바꿀 수 없는 유전적 요인을 받아들이는 과정에서 발생하는 실존적 불안이나 회피 패턴의 성찰일 것이라고 생각했다. 그녀는 회피가 그의 삶에서 더 광범위한 반응 패턴의 일부일지 궁금해한다. 그녀는 현재 아데쉬가 추가 의뢰가 필요한지 여부는 여전히 불확실했다.

역자 질문

Q. 코치가 이 같은 건강 이슈에 대한 경험이나 대처할 자원이 없는 경우 어떻게 해야 하는가?

Q. 아이마가 이 같은 사실을 알기까지 필요한 개입을 열거해 보자.

Q. 아이마의 민감한 반응과 조심스런 발걸음이 연상 가능한가? 그렇다면 이는 코칭 공식화 〈4P 구조-틀〉 또는 그 일부로 설명해 보자.

미쳐 연상하질 못했다면 무엇을 성찰해야 하는지 점검해 보자.

Q. 다음을 읽기 전에 코칭 공식화를 위해 어떤 결정을 더 해야 하는지 검토해 보자.

아데쉬는 회사는 그의 의료 기록을 알고 있었지만 상황이 잘 관리되고 있다고 생각했다고 설명하며 이야기를 이어갔다. 또한 건강을 소홀히 한다고 비판하는 아내의 압박에 대해서도 언급했다. 아내는 인도에서 이사 온 것이 가족의 삶에 지장을 주었고, 자신의 경력을 희생했다고 생각한다. 그녀는 아데쉬가 인사부 및 직업 건강 담당자와 상황을 공개적으로 논의하길 원하며 자신이 그렇게 하지 않는 이유를 이해할 수 없다고 말했다고 전했다. 그러나 아데쉬는 "가족에 대한 의무를 다하지 못했다."라는 점에 죄책감을 느끼면서도, 현재 건강 상태를 직장에 공개하는 것을 꺼렸다.

그는 고용주가 자신이 임원 역할의 압력을 감당할 수 없다고 판단하고 그를 해고할 방법을 찾을 것이라고 예측했다("그러면 가족을 옮긴 것이 모두 헛된 일이 될 것"이라고 덧붙였다).

코치의 내부 과정(4)

아이마는 이 상황과 관련된 몇 가지 요인들을 정리하기 시작했다. 이는 아데쉬에게는 명확히 우선순위인 이 상황과, 코칭 계약의 원래 (세부)목표original objectives를 추구하기 전에 해결해야 할 것으로 판단하는 요인들을 공식화하기 시작한다. 아래는 그 내용이다.

1. 아데쉬의 건강상 미래에 대한 불확실성, 이는 그가 의료진의 조언을 따르기 어려운 점으로 인해 지속되고 있다.
2. 회피적인 대처 방식의 가능성

3. 그와 그의 가족은 지리적 및 문화적인 면에서 대규모 이주를 겪은 점. 삶의 환경 변화는 심리적 혼란을 초래한다는 것이 잘 알려져 있다. 이는 아데쉬와 그의 아내 모두에게 우울감low mood과 통제력 상실감sense of loss of control을 유발했을 수 있다.
4. 도움 요청을 꺼리는 것은 도움을 구하는 것이 약함이나 실패의 신호라는 믿음을 반영하는 것에서 비롯되며, 이는 수치심을 유발하기도 한다.

이런 요인들로 아이마는 다음과 같은 가설을 수립했다.

가설 1: 항상 성공을 쉽게 누려온 아데쉬는 자신과 삶에 대한 새로운 상황에 부합하지 못한 기준, 기대, 가정들을 가지고 있을 수 있다.

가설 2: 아데쉬는 잠재적으로 생명을 위협하는 건강 상태 관리와 같은 복잡하고 지속적인 상황에 필요한 심리적 문제 해결 기술이 부족할 수 있다.

가설 3: 아데쉬가 자신의 이야기를 전달하고 의사결정 과정을 설명한 방식은 그가 인지 왜곡과 정보 처리 편향에 빠져 있어 자신의 선택지를 명확히 보지 못하게 할 수 있음을 시사한다.

위와 같은 점을 고려해 아이마는 자신의 우선순위가 ①아데쉬가 자신의 의료적, 또 생활 방식의 요구사항을 평가받을 수 있는 의료 서비스에 연결되도록 지원하는 것과, ②관련 정보가 공유되도록 보장하기 위해 고용주와 소통하는데 이데쉬를 지원하는 것이라고 결정했다.

역자 질문

Q. ①과 ②로 결론을 내리는 아이마의 근거를 살펴보고 자신의 결론과 비교해 보자.

Q. 각 가설을 아데쉬와 공유하며 합의해 내는 질문을 만들어 보자.

Q. 아이마가 건강과 웰니스 코치(10장)이자 리더십 코치였다면 어떻게 대응하겠는가?

Q. 문제 발굴적 가설과 대비해 격려와 지지, 성찰을 중심에 둔 작업 가설을 세워보자.

아데쉬의 심장 질환 상태가 원래 코칭 목표 달성을 방해할 만큼 심각해 보이자, 아이마는 더 시급한 사안concern을 중심으로 재계약re-contracting을 제안했다. 이는 향후 코칭 목표를 위한 초기 '기반 작업groundwork'이 될 수 있을 것이다. 아데쉬는 이 제안에 안도감을 나타냈다. 논의 끝에 아데쉬는 자신의 최우선 과제가 고용주와 안전하고 유용하게 공유할 수 있는 정보를 결정하여, 자신이 이용할 수 있는 모든 서비스와 지원에 접근할 수 있도록 하는 것이라고 결론지었다.

코치의 내부 과정(5)

아이마는 아데쉬의 반응에 만족했다. 이는 그가 도움을 구하는 데 개방적이지만 선택지를 명확히 하는 데 지원이 필요함을 시사한다. 또한 그녀는 아데쉬가 고용주와 정보를 공유하는 데 따르는 실제 '위험'과 정보 처리 편향으로 드러날지 모르는 '재앙적인 예측catastrophic predictions'을 구분하는 데 도움이 필요할 것이라고 예측했다.

이 목표를 달성하고 가설을 검증하기 위해 아이마는 아데쉬가 고용주에게 자신의 건강 상태에 대해 더 많은 정보를 공개하는 것의 비용-편익 분석을 안내하기로 결정했다. 이 작업의 목적은 두 가지다.

첫째, 다양한 행동 선택에 따른 잠재적 결과를 탐구하는 것 외에도, 코치는 아데쉬의 심리적 문제 해결 능력에 대해 더 잘 이해할 수 있다(아데쉬의 기술적technical 문제 해결 능력은 직장에서 언제나 매우 뛰어났지만 심리적 문제 해결 능력은 명확하지 않았음). 둘째, 이는 아데쉬의 '정보 처리 스타일'과 그의 선택지를 제한할 수 있는 '해석적 편향'에 대해 더 많이 이해하는 수단이었다.

역자 질문

Q. 아이마는 어떤 개입(질문, 기법)을 통해 이와 같은 예측(정보 습득)을 할 수 있었는가?

Q. 아데쉬의 재앙적 예측 과정, 사고 패턴의 전개를 이야기해 보자.

Q. 사고 패턴, 행동 패턴, 감정 패턴의 알아차림을 가능하게 하는 코치의 접근에서 유의할 점을 탐색해 보자.[164)]

비용-편익 분석을 통해 다음과 같은 잠재적으로 관련 요인들이 드러났다.

1. 고용주가 그의 공개에 부정적으로 반응할 직접적인 증거는 없었다. 아데쉬는 재앙화/최악의 상태를 가정하는 경향catastrophizing[165)]을 보이고 있었으며, 이는 그가 선택지를 명확히 설정하는 것을 방해했다.
2. 조직이 직원들에 대한 의무를 충실히 이행했다는 직접적인 증거가 있었다. 아데쉬는 몇 명의 동료(그 가운데 일부는 고위직에 있었고)가 지속적인 건강 문제를 관리하고 있으며, 전체적으로 조직이 지원적이었다고 언급했다.

164) 〈분석analysis하지 말고 분별distinction하라〉는 역자의 코칭 아포리즘의 하나이다.

165) catastrophizing: 재앙화, 파국화. 인지행동치료 이론 기반의 용어이며 현실에 대한 잘못된 해석을 유발하는 비합리적이고 비논리적인 사고 패턴을을 의미하는 '인지 왜곡cognitive distortion'의 중요한 한 유형이다. 파국화는 이 중에서도 사건의 심각성을 과장하는 패턴이다. 자신의 상황을 최악의 결과를 예상하며 과도하게 걱정하는 사고 방식을 의미한다.

3. 아데쉬는 건강 문제를 가진 직원이 이후 계약이 해지당한 사례를 근거로 공개의 잠재적 결과에 대한 우려를 제기했다. 그러나 그는 해당 개인이 성과 관리 대상이었다는 사실도 알고 있었다. 따라서 아데쉬는 자신의 최악의 두려움을 확인하는 정보만을 선택적으로 집중한 것으로 보였다.
4. 그는 자신의 직위에 대한 위협 수준을 과대평가하고, 자신의 명성, 경력 성공 및 경력 전망과 관련된 긍정적인 정보를 과소평가한 것으로 보였다. 이는 고용주가 그의 웰빙을 방해하는 장애물을 제거하는 방법을 함께 모색하여 그가 이 새로운 역할에서 성공할 수 있도록 지원할 가능성을 고려하지 못하게 했다.

이러한 요인들에 대한 알아차림은 아데쉬가 자신에게 어떤 선택지가 있을 수 있는지 명확히 이해하는 데 도움을 주었다. 첫 단계로, 그는 조직의 정책을 검토하기로 선택했다. 이를 통해 지속적인 건강 문제를 지원하는 공식적 입장을 명확히 이해할 수 있었다. 또한 그는 이 정보를 아내와 공유하기로 결정했다. 아내가 그가 자발적으로 상황을 공개하는 것을 주저한 이유를 더 잘 이해할 수 있도록 하기 위함이었다. 이를 통해 부부의 의사소통이 더욱 원활해졌으며 아데쉬는 추가적인 지원과 공감을 얻을 수 있게 되었다.

두 번째 코칭 회기가 끝난 후, 아데쉬는 자신의 상황을 HR팀에 공개하기로 결정했다. HR은 그와 논의한 후 직업 건강 상담을 주선했다. 그 결과, 새로운 건강 관리 계획이 수립되었고, 그의 진료는 지역 의료 서비스 제공자에게 의뢰되었다. 이 의료진은 아데쉬와 더 즉각적으로 협력하여 생활 이슈와 약물 복용에 대한 어려움을 즉각 점검할 수 있었다. 심장내과 간호사와 약물 부작용 관리 방법을 논의한 후, 아데쉬는 약물을 규칙적으로 복용하기 시작했다. 간호사의 제안으로 그는 운동을 주간 가족 활동으로 전환해 생활 속에 운동 습관을 자연스럽게 녹이는 방법도 찾았다. 아데쉬는 기분이 밝아지고 자신의 상황에 더 잘 통제할 수 있게 되었다고 보고했다.

코치의 내부 과정(6)

아이마는 아데쉬가 비용-편익 개입에 효과적으로 참여했으며 결과를 활용해 앞으로 나아갈 방법을 구축할 수 있었다고 언급했다. 그녀는 아데쉬가 심리적 문제-해결에 참여할 수 있지만 이에 대한 지원이 필요하다는 결론을 내렸다. 이는 그녀와의 대화와 심장 전문 간호사의 지원에서 모두에게 드러났다. 따라서 위의 [가설 2]는 확인된 것으로 보인다. [가설 3]도 지지되었다. 아데쉬가 최악의 상황으로 생각하기(재앙화), 고용주의 생각을 마음속으로 생각하는 마음-읽기mind-reading, 경험 증거로 뒷받침되지 않는 선택적 주의selective attention 등이 관찰되었다.

[가설 1]은 아직 검증되지 않았으며, 아이마는 아데쉬의 과거 개인적·직업적 성공이 그의 경력 발전의 다음 단계에 '적합하지 않을 수 있는 성공'에 대한 기준과 신념을 어떻게 형성했을지 계속 궁금했다.

역자 질문

Q. 가설 2의 세 용어의 내용을 주제로 두 사람의 질문-대답으로 시나리오 구성, 또는 연습을 통해 이슈를 확인해 보자.

Q. 가설2 수립 전, 수립후, 구체화 과정은 개인 수준의 코칭에서 유의미한 전개이다. 이에 대한 알아차림을 통해 이 이슈를 해결하기 위한 실천과제는 어떻게 설정할 수 있는가?
아데쉬에 근거해 제시해 보자.

패턴 수준의 공식화

상황 수준의 공식화는 아데쉬의 발전에 방해가 되는 더 넓은 주제들을 암시하고 있다. **불안**할 때 그는 위협을 과대평가하고 최악/파국의 상황을 상상하는 경향이 있다. 아데쉬는 또한 **반복적으로 생각에 잠기는**ruminate **경향**이 있었으며, 이는 고용주와 대화하는 것에 대한 초기 우려에서 명확히 드러났다. 그는 자신이 심장마비로 죽는 모습을 상상하고, 그 후 아내와 자녀들이 자신 없이 불행한 삶을 살게 될 모습을 반복적으로 머릿속에서 재현했다. 직장에서 업무 이슈를 마주할 때 그의 반응은 이슈 자체를 문제-해결로 다루기보다는 **사실 중시/확인이라는 안락함으로 후퇴/도피**하는 것이다. 이는 지속적인 패턴을 시사하기 때문에 아이마는 패턴 수준 공식화를 통해 이를 탐구하기로 결정했다.

코치의 내부 과정(7)

아이마는 아데쉬의 되새김질rumination[반복적 사고/반추]가 회피의 한 형태라고 파악했다. 삶의 도전 과제에 대처하는 흔하고 전형적이며 비생산적 방식이다. 그녀는 아데쉬가 어떻게 반응해야 할지 불확실할 때 '되새김질'에 의존하며, 이는 고통스럽지만 낯선 과제에 직면했을 때 느끼는 **불안의 날카로운 불편함**을 피할 수 있게 해 준다고 추정했다. 그녀는 두 가지 추가 가설을 수립했다.

가설 4: 아데쉬는 불확실성과 모호성을 견디는 데 어려움을 겪었다.

가설 5: 아데쉬는 불편한 생각과 감정(때로는 경험 회피라고도 함)을 피하기 위한 수단으로 되새김질를 이용했다. 직장에서도 그는 새로운 사람 중심의 작업에서 느끼는 불편함을 피하기 위해 '사실들the facts'에 의존하는 방식으로 회피를 시도했다.

역자 질문

> Q. 아이마는 이 같은 가설 수립을 가능하게 한 구체적인 노력, 작업은 무엇인가?
>
> Q. 자신의 가설을 비-침범적이고, 선입견적이 아닌 방식으로 납득을 끌어내기 위해 무엇을 고민하고 준비해야 하는가?
>
> Q. 되새김질은 어떻게 불안의 날카로운 불편함을 해결해 주는가?
>
> Q. 불확실성 및 모호함을 회피하는 것과 경험적 회피를 위한 되새김질은 아데쉬의 행동을 어떻게 서로 연결되는가?

가설을 검증하기 위해 아아이마와 아데쉬는 모호한 도전이나 불확실한 상황에 직면했을 때 위협을 ①과대평가하고, ②되새김질하며, ③회피를 시도한 후 ④사실의 확실성을 추구하는 패턴을 논의했다. 아데쉬는 이 패턴이 발생할 수 있는 다른 상황을 생각해 보도록 요청받았다. 그는 자신의 도전 과제를 대처할 수 있는 상황과 그렇지 못한 상황을 구분할 수 있었다. 그는 사실facts과 수치figures 처리에는 능숙했지만 관계 관리에는 서툴렀다. 그는 "이것들은 논쟁의 여지가 없는 사실"이므로 사람들이 증거를 이해해야 한다고 믿는다고 말했다. 그는 인도에서 자신의 부서를 엄격한 계층 구조로 운영했으며, 명확한 목표와 계획을 수립해 이를 달성하기 위해 노력했다. 그는 프로젝트가 기한과 예산 내에 완료되도록 직원들의 성과를 엄격히 모니터링했다. 그는 직원들이 계층을 존중하기를 기대했으며, 직접 보고하는 직원들의 도전은 환영하지 않았다. 그는 모호한 상황에 직면할 때 불안감을 느끼며, 혼란을 해소할 수 있는 선형적인 설명을 빠르게 찾는 경향이 있다고 확인했다. 그는 이 전략을 잠재적 위협을 관리하는 방법으로 사용해 왔다.

코치의 내부 과정(8)

그들의 대화는 [가설 4]와 [가설 5]를 뒷받침했다. 아이마는 아데쉬가 '되새김질'에 매달리고 '사실'에 의존하는 것이 그의 심리적 문제 해결 능력과 전문적 관계 기술을 향상시켜야 할 필요가 있음을 보여주는 추가적인 증거일 수 있다고 생각했다.

그의 '사실'에 대한 잡착도 그가 불안과 일시적인 자신의 능력을 잃은 듯한[무능력감] 경험을 하게 낯선 업무에 참여하기를 꺼리게 만들었다. 그러나 승진에는 바로 이런 식의 대응 과정이 필수적인 요인이었다. 아이마는 아데쉬가 불확실성과 모호성에 대한 내성tolerance을 키우는 것을 지원해야 한다고 결정했다. 이를 위해 아데쉬는 회피하려는 바로 그 상황들에 직접 노출되어야 했다. 이 생각은 코칭 대화의 다음 단계를 이끌어냈다.

역자 질문

Q. 회피/도피해온 상황을 직면하거나 다시 들어가 보는 경험을 코칭회기 안에서 어떻게 만들어 낼 수 있는가?
Q. 아이마는 '불확실성에 대한 내성을 성공적으로 구축'했다고 볼 수 있는 결과의 이미지와 측정 가능한 방법을 갖고 있는가?
  SQ. 알 수 없고 도달점도 불분명한 곳으로 두 사람이 어떻게 갈 수 있는가?
Q. 아데쉬의 동의를 이끌어 내는 방법은 무엇인가?

아데쉬는 회사에 자신의 건강 이슈를 털어놓으면서 배운 점을 성찰해 보라는 요청을 받았다. 그는 이미 자신이 맡은 프로젝트가 효과적인 교차 문화cross-cultural간 의사소통, 다양한 관점을 탐색하는 능력, 사람들을 함께 이끌어가는 데 초점을 맞추어야 한다는 것을 이미 알고 있었다. 또한, 우려되는 이슈에 대해 계속 곰곰이 생각하거나 재앙을 예상하는 것은 역효과만 가져온다는 것도 알고 있었다.

아데쉬는 두 가지 이슈가 사실적으로 완전히 다르다고 말했기 때문에 처음에는 이 과제가 어렵다고 느꼈다. 그는 사실은 다르지만, 두 이슈를 처리하는 방식에 심리적 유사점이 있을 수 있는지 고려해 보라는 요청을 받았다.

코치의 내부 과정(9)

아이마는 아데쉬가 ①자신의 건강 이슈를 해결하는 방식과 ②자신의 되새김질[반복적 사고/반추]을 다루는 방식 사이의 유사점을 검토하도록 요청함으로써, ③과거 상황에서 배운 것을 다른 상황에 일반화할 수 있는 능력을 테스트하고 있었다. [바로 위 단락]

역자 질문

Q. ①과 ②의 나열과 비교를 통해 과거 경험(현실)과 미래 경험(현실)을 끌어 낸다. 이를 병치juxtaposition 작업으로 역자는 명시화한다. 이를 통해 아데쉬는 자신의 경험을 지혜로 벼려내게 안내하기 위함이다. 이 과정을 질문 중심 시나리오를 작성해 보자.

Q. 아데쉬에게 ③과 관련한 실천능력이 있음을 어떻게 신뢰할 수 있는가? 기대하는 것은 무엇인가?
[학습 일반화generalization of learning: 반응의 확장, 학습 전이transfer of learning: 효율적 응용에 초점이 있다.]

많은 성찰 끝에 아데쉬는 서로 다른 여러 상황에 적용될 수 있지만, 공통된 반응으로 이어지는 패턴을 발견했다. 즉, 그는 전문적인 관계를 소홀히 하면서 사실과 숫자에만 집중하고 있었다. 그는 기술적 실천능력으로 존경을 받았지만, 사람들을 예측하기 어렵다고 여겼고, 자신이 냉정하고 까칠한 사람으로 인식되고 있는지 궁금해했다. 모든 것을 알 수 없을 때면 그는 어떻게 행동해야 할지 행동 방식에 확신이 서지 않아 회피와 반복적 사고/되새김질에 의존했다. 아이마는 그에게 다시 한번 회사에서 건강 문제를 해결하기 위해 취한 방법과 유사한 방법을 찾을 수 있는지 물었다. 그는 자신이 어떻게 보이는지 가정들에 대해 피드백을 구할 수 있다는 점을 깨달았다. 그렇게 했을 때, 그는 까다롭고 차가운 사람으로 인식되지만 기술적 역량에 대해 크게 존중받으며 동료들이 정보와 조언의 원천으로 그를 소중히 여긴다는 사실을 알게 되었다. 또한 유럽 본사 문화에서는 도전 회피 경향이 잘 맞지 않을 것이라는 피드백도 받았다.

이 단계에서 아이마는 아데쉬에게 '되새김질/반복적 사고'의 기능에 대한 가설을 공유하고 노출과 반응 억제를 통한 성장이라는 개념을 소개했다. 즉, 두려움을 극복하기 위해 불안과 무능함/탈숙련deskilled을 느끼는 상황에 회피하는 대신 직면하고, 그 상황이 불러일으키는 불편함을 회피하기보다는 수용하는 법을 배워야 한다는 것이다. 코칭을 통해 경험한 다른 긍정적인 변화와 아이마의 현재 상황을 명확하고 논리적으로 설명했다. 아데쉬는 새로운 관계 중심의 업무에 더 적극적으로 참여할 경우 어떤 결과가 나올지 발견에 도움이 될 실험 설계에 참여할 의향이 있다고 말했다. 그는 이제 초기 불편함이 자신의 전문적적 성장에 불가피하고 오히려 필수적인 부분임을 이해하게 되었다.

전인적/사례 수준의 공식화

코칭이 진행됨에 따라 아이마는 아데쉬가 새로운 역할에서 직면한 도전 과제로 관점을 확장하고, 그의 일부 패턴이 삶의 다양한 영역에 미치는 영향을 검토했다. 그들은 코칭 목적과 연관된 전인적whole person/[총체적] 차원의 공식화를 구성하며, 새로운 역할에 성공적으로 적응하는 전략적 관점을 개발했다. 그와 그의 가족이 새로운 나라로 이주해 성공을 거둘 수 있도록 지원하는 것이다.

코치의 내부 과정(10)

아이마는 아데쉬의 코칭 진행에 만족했다. 그는 의료진과 효과적으로 협력했으며, 체중이 줄고 건강해 보이며 건강 관리에 대한 통제감을 더 느끼고 있다고 보고했다. 그의 아내와 가족과의 관계도 개선되고 있었다. 이는 코칭의 목표가 아니었음에도 긍정적인 성과였다.

아이마는 아데쉬의 진전에 대한 긍정적인 피드백을 제공한 점도 만족감을 느꼈다. 그녀는 특히 그가 자신의 성과와 타인의 반응에 전혀 도움되지 않는 예측에 갇히게 만드는 '인지 왜곡'을 정확히 찾아내고 수정하는 방법을 배우고 있는 점도 기뻤다. 그의 심리적 문제 해결 능력도 개선되었다. 이제 그는 미래의 도전 과제를 준비하는 지속 가능한 역량을 개발할 필요가 있다. 이 단계에서 아이마는 코칭의 초점을 개인 수준으로 확장하기로 했다. 그녀의 근거는 아데쉬가 새로운 역할에 접근하는 방식에서 드러날 과거의 경험과 현재의 위치성positionality을 공식화한다. 유용한 측면과 성공의 장애물이 될 것을 판별하도록 도움을 주기 위함이다.

아이마는 이 탐구를 지원하기 위해 다양한 관점을 활용하기로 했으며, 특히 신념 체계, 문화적 규범, 조직과 그의 원가족의 시스템 역동을 살펴보는 시스템 관점에 중점을 두었다.

역자 질문

Q. 코칭의 직접적 목표가 아니었는데도 아데쉬의 가족 관계가 개선된 이유는?

Q. 심리적 문제 해결 능력이 향상되었는데도 미래 도전을 위한 지속적 발전이 필요하다고 판단한 이유는 무엇인가?

Q. 미래의 도전 과제를 검토하며 개인 수준의 공식화 단계로 넘어간 이유는 무엇인가?

- 개인 수준의 탐색이 이런 지속 가능성을 어떻게 높여줄 것으로 기대하는가?

Q. 개인 수준과 시스템 관점은 어떻게 결합될 수 있는가?

이런 '공식화'의 일환으로 아데쉬는 자신의 삶과 경력 전반에 걸쳐 존재해 온 역동성[패턴]을 인식했다. 즉, 그는 항상 '정답을 가진 사람right answers'으로 칭찬을 받아 왔다. 실제로 인도에서의 이전 역할에서 그는 '항상 무엇을 해야 할 지 아는 사람the person who always knew what to do'으로 여겨졌다.

코치의 내부 과정(11)

아이마는 아데쉬가 성공과 성취의 이야기를 들려주는 동안, 아데쉬가 진정한 고난, 어려움, 좌절 등을 경험한 적이 없는 것 같다는 점을 언급했다. 이어 그녀는 아데쉬가 도전 앞에서 회복탄력성을 키울 기회가 있었는지 궁금했다. 그의 이전 성공들은 "어려움을 경험하는 것은 곧 실패하는 것"이라는 사고방식을 형성하는 데 기여한 것으로 보였다. 이는 아데쉬가 탄탄한 심리적 문제 해결 능력을 갖추지 못한 이유를 부분적으로 설명할 수 있을지도 모른다고 생각했다. 그의 개인적 배경은 그런 경험을 할 기회를 거의 제공하지 않았기 때문이다. 이로 인해 추가 가설이 제기되었다.

가설 6: 아데쉬는 어려움을 실패와 동일시한다.

가설 7: 아데쉬의 자연스러운 재능과 실천능력, 직업 윤리, 개인적 환경은 도전과 역경에 대한 노출을 매우 제한적으로 만들었다.

결과적으로, 그는 이러한 상황을 관리하는 회복탄력성과 기술이 충분히 개발되지 못했다.

역자 질문

Q. 아데쉬의 성공과 성취 이야기에서 그가 실질적 고난이나 좌절 경험이 없었다고 판단한 구체적 단서나 패턴 등은 무엇인지 추론해 보자.

Q. 성공 경험을 들으며 회복 탄력성을 탐색하는 과정은 어떻게 진행할 수 있는가? 질문을 포함한 시나리오를 작성해 보자.

Q. '어려움을 경험하는 것은 곧 실패다'라는 아데쉬의 사고방식이 그의 현재 새로운 역할과 불확실성, 불안에 어떻게 직접적으로 관계되었는가?

Q. 가설 6, 7을 들고 아데쉬와 대화 과정을 어떻게 구성할 수 있는지 질문을 포함한 시나리오로 작성해 보자.

코치와 아데쉬는 이런 역동 관계가 현재 자신의 역할과 조직 문화와 어떻게 충돌하게 되는지 여러 면에서 살펴보았다.

- 조직 문화, 특히 고위직 문화에서는 모든 아이디어가 공개적으로 논의되고 잠재적인 도전에 열려 있는 분위기였다. 아데쉬는 일부 회의에서 방어적인 태도를 취하게 만들었다. 코칭을 통해 드러난 신념은 "내가 비판/도전을 받는다는 것은 사람들이 내가 틀렸다고 생각하고 나를 부끄럽게 만들려는 것"이라는 것이 드러났다.
- 아데쉬는 위와 같은 반응이 특히 동료들과의 회의에서 자주 발생한다는 것을 깨달았다. 그는 이제 자신의 개인적 배경과 연결 지

을 수 있었다. 세 형제 가운데 장남으로서 동료나 형제들과의 관계에서 그들이 자신의 말에 귀 기울여야 한다는 기대가 깔려 있었다. 그는 가족 내에서 세 형제 가운데 가장 성공한 인물로 여겨졌으며, 동료들에게 이런 식으로 도전받는 것에 익숙하지 않았다.

- 그의 역할은 전력적 결정을 내리고, 장기적인 복잡한 도전과 기회에 대한 해결책을 개발하는 것이다. 그러나 단일한 정답은 없었다. 그는 장기 전략을 수립하기 위해 여러 사람의 의견을 필요로 했지만, 모든 답을 스스로 제공하지 못하는 것에 불편함을 느꼈다. 이는 그가 모든 정보를 세부적으로 흡수하기 위해 장시간 근무하거나, 직접 보고하는 직원들의 업무 세부 사항을 깊이 파고드는 방식으로 이어졌다. 결국 그는 사실에 의존하는 패턴에 의존하게 되었고, 이는 다른 사람들이 그를 "까다롭고 거리감 있는prickly and distant 사람"으로 인식하게 만들었다.
- 그는 모든 잠재적 결과와 위험을 충분히 검토했다고 확신이 들 때까지는 아이디어나 전략을 제시하기를 꺼렸다. 이는 그의 직접 보고자들에게 여러 버전의 작업을 작성하도록 압박하는 결과로 이어졌다. 부하 직원들은 그가 부과한 추가 근무 시간과 스트레스에 지쳐갔으며 결국 이런 접근 방식에 반발하기 시작했다. 아데쉬는 자신이 그들의 존중을 잃어가고 있다고 우려했다. 그러나 그는 이 상황을 잘못 해석하고 있었을 수 있다. 그는 팀이 자신의 리더십 스타일로 인해 불만을 품고 있다는 것을 목격한 것이 아니라, 모든 답을 가지고 있지 않다는 이유로 자신의 신뢰성을 의심하고 있

다고 우려했던 것이다. 그는 자신의 리더십 스타일에 대해 관리팀과 논의하는 것을 꺼렸다. 그렇게 하면 이는 그가 더 많은 존중을 잃을까 봐 두려웠기 때문이다.

- 아데쉬는 위계질서에 따른 문화적 규범과 가족 역동 관계의 차이를 눈치챘다. 그는 자신에게 보고하는 사람들에게 질문을 받는 것에 익숙하지 않았다. 비록 그들의 관계는 이제 개선되었지만, 그는 아내가 자신의 의료 권고 이행 사항을 준수하지 않은 것에 대해 도전받았으며, 이를 자신의 역할과 가정의 수장으로서의 위치를 약화시키는 것으로 여겼다는 것을 알게 되었다.

코치의 내부 과정(12)

아이마는 아데쉬가 현재 직면한 과제, 개인적 배경, 유럽 본사의 리더십에 대한 문화적 기대와 인도 사무소에서의 경험이 주는 차이가 어떻게 대비되는지 연결시키는 과정을 관찰했다. 그녀는 이를 아데쉬의 자기-알아차림과 심리적 이해력이 성장하고 있음을 나타내는 신호로 해석했다.

아이마는 초기 코칭 목표와 일치하는 개발 분야를 선정해 진행할 수 있다는 자신감을 가질 만한 근거가 있다고 판단했다. 아데쉬가 점차 독립성을 강화하며 잘못된 가정을 검증하고 스스로 수정self-correct할 기회를 만들어 내며, 더 높은 직위로의 진전을 촉진하는 행동 실험에 참여할 수 있을 것이라고 확신을 얻었다.

역자 질문

> Q. 아데쉬의 현재 직면한 과제와 인도 사무소와의 연결 과정을 잘 진행했다는 것을 판단할 구체적인 행동 증거는 무엇이라고 추론하는가?
>
> Q. 아데쉬가 점점 더 독립적으로 잘못된 가정을 검증하고 자기-수정 능력을 강화했다는 것은 무엇을 통해 알 수 있는가? 추론해 보자.

아데쉬와 아이마는 직접적인 소통 방식이 불편하다는 점 등 문화적 역동과 행동 패턴을 확인했다. 그러나 작업의 초점을 아데쉬가 직접 보고하는 직원들과 동료들과의 상호작용에서 더 효과적으로 활동할 수 있도록 지원하는 데 두기로 합의했다. 이런 지향 목표를 염두에 두고, 그들은 다음과 같은 개발 분야에 합의했다.

- 전략 계획 수립과 문제 해결 방안 개발 과정에서 더 협력적이고 도전에 열린 태도를 갖는 것
  - 이는 그가 자신과 타인에 대해 가지고 있는 기본적인 신념과 내러티브, 모든 사실과 데이터를 손에 쥐고 싶어하는 필요성을 지속해서 수정하는 것을 포함한다.
  - 아이마와 아데쉬는 그가 실행할 구체적인 행동 변화 사항을 선정했다. 이는 ①팀에게 광범위한 방향을 제시한 후 팀이 해결책을 제시하도록 허용하는 것. ②팀과 동료들에게 더 열린 질문을

던지는 것, ③논의의 촉진자 역할을 맡는 대신 전문 조언자 역할을 벗어나는 것, ④동료와 직접 보고자의 피드백에 개방적인 태도를 보이는 것 등을 포함했다.

- 복잡한 상황에서 단 하나의 정답이 없을 때 문제 해결에 더 유연하고 실험적인 접근 방식을 개발한다.
  - 이는 아데쉬가 문제 해결에 대한 신념을 재고해야 함을 의미한다. 아이마는 복잡한 환경에서의 문제 해결을 위한 구조-틀과 모델을 제공하여 아데쉬가 다양한 접근 방식을 배우는 데 도움을 줄 수 있다고 제안했다.
  - 조직은 또한 아데쉬가 복잡한 환경에서 리더십을 발휘하는 데 초점을 맞춘 리더십 개발 프로그램에 참석하는 것을 지원하기로 동의했다.
- 조직의 전체 전략적 목표를 살펴보고 기술 전략을 이러한 목표와 더 효과적으로 일치시키는 전략적 관점을 채택한다.
- 이전에는 아데쉬가 기술과 그 기술로 달성할 수 있는 것에 집중했다. 그의 개발 목표는 전략부터 시작해 팀과 협력하여 조직의 전략적 목표 달성에 도움이 되는 기술 해법을 개발하는 것이었다.

코칭의 이 단계에서 아데쉬는 지속적인 진전을 이뤘다.

- 문화적 규범과 업무 방식의 차이를 명확히 표현하고 파악할 수 있게 되면서, 동일한 목표를 달성하기 위해 다양한 접근 방식이 존재

하며 장기적으로 더 나은 결과를 이끌 수 있다는 것을 깨달았다.

- 동료들과의 회의에서 더 많은 질문을 하고 그들의 제안을 경청하며, 이를 경쟁이 아닌 협력으로 이해했다.
- 그의 팀은 그가 팀원들의 지식과 기술을 더 효과적으로 활용하고 있음을 점차 인지하기 시작했다. 프로젝트에서 의미 있는 성과를 달성하고 조직 전략을 지원하기 위한 기술 솔루션을 제안하기 시작했다. 몇 달 후 아데쉬는 직접 보고하는 팀과 자신의 리더십 스타일에 대해 논의하고 피드백을 요청할 만큼 충분히 편안해졌다.

또한, 그는 직접 보고하는 팀원들을 개별적으로 지원하는 대신 그들을 모아 문제 해결과 전략 수립을 위해 협력하도록 했다. 그는 외부 퍼실리테이터를 활용해 경영 팀이 함께 향후 3년 간의 기술 전략을 수립하도록 지원했다. 이는 아데쉬에게 큰 진전이었다. 이전에는 이를 혼자서 해야 한다고 믿었기 때문이다. 그는 이 과정이 더 즐겁고, 결과적으로 나온 전략이 창의적이며 조직의 요구사항을 더 잘 충족시킨다는 것을 깨달았다. 이 사실을 인정하는 것은 처음에는 다소 고통스러웠지만, 그는 이 성공을 활용해 자신의 역할에 대한 시각을 바꾸고 효과적인 리더에 관한 오래된 신념 일부를 재검토 할 수 있었다.

아데쉬는 이러한 변화를 남편과 아버지로서의 역할에도 적용하기 시작했다. 새로운 나라에서 직면한 도전 과제에 대해 아내와 자녀들이 해결책을 모색하도록 돕는 대신, 모든 답을 가지고 있어야 한다는 느낌을 버렸다.

숙고해야 할 질문

공식화에 접근하는 방법에 대한 보편적인 합의가 없으며, 따라서 이 과제에 접근하는 확실한 방법이 없다는 점을 인지하고 다음 질문에 대한 답변을 생각해 보자.

Q. 아이마가 이 코칭 과제에서 공식화에 접근한 방식에 대해 어떻게 생각하는가?
Q. 그녀가 코칭 과정의 다양한 단계에서 결정을 구조화하기 위해 공식화를 어떻게 활용했는지와 이를 어떻게 생각하는가?
Q. 공식화 과정이 코칭 주체의 삶과 상황을 완전히 설명할 수 없다는 점을 감안할 때, 아이마가 우선 순위로 삼은 요소와 고려하지 않은 것은 무엇인가?
Q. 이 공식화 과정이나 아이마의 생각에 포함되지 않았지만 포함될 수 있었던 요인은 무엇인가? 아이마가 주목하지 않은 아데쉬의 요구를 이해하는 데 관련될 수 있는 다른 요인을 확인할 수 있는가?
Q. 당신이 아이마 위치라면 어떤 결정을 내렸을 것인가?

이 사례에 대한 관찰이나 성찰 사항을 기록해 두는 것이 좋다. 이는 자신의 위치성, 목적의식, 관점 선택, 과정 활용 방식과 관련된 다양한 면을 성찰할 수 있으며, 다음 장에서 자신의 맞춤형 공식화 접근을 개발하는 데 유용할 것이다.

15장

코칭 공식화를 위한 구조-틀 세우기

앞 장에서 논의한 아이디어를 종합해 코칭 프랙티스에 공식화를 통합하는 구조-틀을 구축해 보자. 먼저 일반적인 구조-틀을 제시하고, 코치가 자신만의 접근 방식을 어떻게 마련할지를을 보여주는 사례 두 가지를 다뤄본다.

일반적인 구조-틀

위치성 이해하기: 자기와 역할에서 어디에 위치해 있는가?

코칭에서 모든 (상호)만남encounter의 출발점은 코치와 코칭 주체가 함께 수행할 작업에 대해 취하는 위치이다. ①양쪽 모두 자기self에 대한 생각, ②세상에 대한 입장stance, ③이 만남이 어떤 의미를 가질 수 있는지에 대한 감각을 갖고 있으므로 중립적인 출발은 아니다. 특히 코치의 경우, 개인으로서의 '자기'에 대한 감각에는 전문가로서의 '자기 인식sense of self'도 포함된다. **코치가 잠재적 코칭 대상에게 무엇을 제공할 것인가?** 코리Corrie와 레인Lane(2015)은 이를 브랜드, 맥락, 실천가로서 코칭 주체와 체결하기를 선호하는 '계약 유형'에 대한 이해라고 언급한다. 이와 관련한 아이디어를 우리의 '위치성positionality'과 우리 각자가 자기 자신에 대해 가지고 있는 성찰적 내러티브reflective narrative의 관점에서 검토한 바 있다(4장). 이를 통해 복잡하게 얽힌 주관적인 역사를 이해하고 코칭에 정보를 제공할 수 있다. 그러나 코칭은 단순히 '성찰적 실천'이 아니라 '관계적 실천'이기도 하다. 따라서 코치와 코칭 주체가 서로의 이야기를 공유하여 관계적으로 함께 일하는 방안을 마련하는 노력이 필요하다.[166)]

이 책에서는 코치가 자신의 위치성에 관한 언급을 생각해 보고, 이것이 코칭 관계에 미치는 영향과 안전한 탐색 공간에서 코칭 주체가 자신과 세계에 대한 견해를 표현할 수 있도록 돕는 방법을 이해해야 하는 이유를 제시한다. 심리치료 훈련생은 일반적으로 자신과 세상에서 자기가 어떻게 위치하는지를 이해하는 데 도움을 받는다. 이런 실천은 코칭 및 수퍼비전 교육 과정에도 채택되고 있다(Jackson, 2024).

공식화 과정에서 코치가 자신의 위치성을 이해하기 위해 수행한 작

---

166) 코치는 자신이 코칭하고자 하는 대상, 무엇을 코칭할 것인가에 대한 입장을 통해 자신의 위치성을 갖게 된다. 무엇보다 이 점이 분명해야 하고, 이를 위해 집중해야 한다. 물론 코칭 작업은 코칭 주체와 함께하는 관계적 실천이다. 이를 위한 코치의 기본 관점과 노력을 해야 한다. 이것이 자신만의 공식화를 구성하는 출발점으로 언급한다.

업, 이것이 코칭 주체의 위치와 어떻게 관련되는지, 코칭 목적, 관점 및 과정에 미치는 잠재적 영향이 포함된다. 따라서 코치에게 핵심은 코칭 주체가 자신의 이야기를 충분히 표현할 수 있도록 하는 것이다. 이는 코치가 사전에 자신의 이야기를 충분히 검토한 적이 있다면 더 쉬워진다. 이를 통해 코치와 코칭 주체가 서로 공감할 수 있는 '상호 만남'이 가능하다.

- 공동의 목적purpose에 대한 합의를 위한 노력과 도출
- 서로의 관점 탐구
- 작업에 대한 공유된 과정 개발하기
- 변화를 생성하기 위해 함께 노력하기
- 서로의 도덕적 입장과 위치성을 탐구하고 이해를 구하기
- 코칭 전반에 걸쳐 의사결정의 내용과 방식을 합의하는 **관계적 윤리적 입장** 채택하기

이는 코칭을 시작할 때 일회성으로 끝나는 과정이 아니라 '작업 동맹working alliance'을 유지하는 데 중요한 부분을 차지하는 **지속해서 성찰하는 자세**이다. 4장에서는 성찰에 도움이 되는 유용한 보조 질문을 제시한 바 있다.

- 사회적 정체성의 핵심 요소는 무엇이며 이것이 당신의 세계관에 어떤 영향을 미치는가?

- 다양한 권력 형태에 대해 당신은 어떤 위치에 있는가?
- 자신의 위치성이 작업의 전반적인 목적을 정의하는 방식에 어떤 영향을 미치는가?
- 현재 또는 최근에 코칭한 코칭 주체를 생각해 보자. 당신과 코칭 주체의 위치는 어떻게 다른가?
  코칭 공식화에서 이러한 차이를 어떻게 고려했는가?

이러한 유형의 성찰에는 드레이크Drake(2010)가 수행한 내러티브 작업이 있다. 그는 이해를 위한 중점 요소를 제시한다.

- **사람**
  (a) 코치와 코칭 주체 모두의 자기-앎self-knowledge
  (b) 알아차림을 위한 공감적 담아내기empathic container 만들기
  (c) 전문 지식과 앎의 다양한 원천
  (d) 자신들이 생각하는 상황 전개에 주의 집중하기
- **스토리**
  (a) 내러티브 구조와 심리학에 대한 기초 지식
  (b) 변화의 계기를 찾는 것
  (c) 과거, 현재, 미래의 영향
  (d) 원인이 무엇이라고 생각하는지에 대한 귀인 등
- **요소**
  (a) 내러티브 자료 작업에 대한 전문 지식

(b) 요소들의 상호작용에서 나타나는 새로운 기회

(c) 다양한 인과 관계의 흐름을 평가하여 얻은 통찰

(d) 무엇을 해야 한다고 생각하는지, 왜 그렇게 생각하는지 등에 근거한 행동에 중점을 두기

- **장**field

  (a) 코치와 코칭 주체 사이의 공간과 그 주변에서 발견되는 맥락적 지식

  (b) 새로운 이야기와 행동을 위한 구조

  (c) 현재 가능한 것에 대한 전체론적 관점

  (d) 결과로 일어날 것으로 생각되는 일에 대한 예상에 중점을 두기

코치들은 **개인으로서의 자기와 전문가로서의 자기**를 더 잘 이해할 수 있는 탐색 작업을 수행할 것을 권장한다.[167)]

목적 - 우리는 어디로 가고 있으며, 왜 가고 있는가?

코칭 과정에서 함께하는 '공유된 여정'은 코치와 코칭 주체가 함께 할

167) 오늘날 기업 조직에서 요청(하청)받는 구조 하에서의 코칭 활동만이 코치의 직업적, 전문적 활동이 가능할 뿐이다. 이외에는 자기 개발을 촉진하는 강사 활동, 기회가 보장되지 않은 영역에 지식 정보의 촉진적 전달자 활동이 대부분이다. 코칭은 상담과 컨설팅 사이에서 뚜렷한 독자 영역을 강조하나 아직도 직업도 전문성도 확립 중이다. 이 점에서 코칭과 수퍼비전은 소명과 열정이 뒷받침되지 않고는 지속하기 어렵다. 이를 위한 내적 동력은 개인의 자기와 전문가의 자기와 관련한 탐색에서 나온다.

작업의 목적을 정의하는 것에서 시작된다. 이 작업에는 코칭이 어떻게 시작되었는지, 누구에 의해, 어떤 목적으로 시작되었는지도 논의해야 한다. 각 당사자는 자신만의 목적을 생각하고 있지만, 함께 탐구할 만한 '공유할 관심사'를 찾으려고 노력할 것이다. 이때 좋은 출발점이 될 핵심 질문이다.

(a) 우리가 함께 일하는 목적은 무엇인가?
(b) 우리는 어디로 가고 싶은가?
(c) 우리는 무엇을 달성하고자 하는가?

따라서 공식화를 구축할 때 네 가지 영역을 정의해야 한다.

1. 우리가 함께 탐구하고자 하는 질문/이슈/관심사/목표는 무엇인가?
   Ⅰ. 이것은 미지의 목적지로 이어질 수 있는 열린 탐색인가?
   Ⅱ. 제기된 질문에 해결을 위한 고정된 기준점이 있는가?/필요한가? 해결해야 할 문제나 주요 이해관계자들이 적절하다고 인정하는 해결책이 있는가?
   Ⅲ. 이 상호 만남에서 수용 가능한 해결책의 형태를 사전에 정의할 수 있는가?
   Ⅳ. 코치와 코칭 주체 간에 협의된 작업의 목적이 관련 이해관계자들과 합의되었는가?

2. 작업에 대한 우리의 기대와 주요 이해관계자의 기대는 무엇인가?

I. 참여자 및 이해관계자의 의도가 알려져 있고 투명하게 공개되었는가?

II. 결과에 영향을 미칠 수 있는 사람들이 파악되었는가?

III. 예상되는 결과가 있는가? 이는 관련된 모든 사람의 목표와 어떤 관련이 있는가?

IV. 이러한 결과물 또는 결과를 달성하면 달라지는 것은 무엇인가?

3. 이 만남에서 각 당사자는 어떤 역할을 수행하기를 원하는가?

I. 주요 목표, 데이터 또는 가설을 파악하는 데 누가 역할을 해야 하는가? (또는 하고 있는가)?

II. 각 당사자 또는 이해관계자는 어떤 역할을 수행하기를 원하는가?

III. 각 당사자는 시간, 에너지 및 자원을 얼마나 투자할 것인가? 얼마나 기꺼이 헌신할 의향이 있는가?

IV. 각 당사자가 파트너십과 주인의식을 보장하기 위해 어떻게 여정에 참여하게 할 것인가?

4. 목적의 맥락과 목적이 정의된 방식은 무엇인가?

I. 코칭 주체가 자신의 이야기를 전달할 수 있게 하려면 무엇이 필요한가?

II. 코치와 코칭 주체가 공유된 관심사를 파악할 수 있었는가?/파악해 왔는가?

계약의 경계에 적합하고 함께 일함으로써 가장 잘 해결될 수 있는 관심사를 공유할 수 있었는가?

III. 개입으로 인해 혜택을 받거나 불안해할 수 있는 다른 이해관계자의 입장을 파악하고 이해하고 있는가?

IV. 코치, 코칭 주체, 이해관계자에게 의미 있는 만남이 되게 하는 요인은 무엇인가?

관점 - 무엇이 우리의 여정에 영향을 미치는가?

코칭의 '상호 만남'을 공식화할 때 코치는 일반적으로 두 가지 접근 방식에 직면한다. 첫 번째는 코치가 인지 행동, 게슈탈트, 해결-중심, 긍정 심리학 등 특정 관점을 가지고 있는 경우이다. 여기서 실천가로서 코치는 '코칭 주체의 고민client's ston' 가운데 **특정 측면을 다른 것보다 우선시함**으로써 퍼즐을 풀어나가려 한다. 그렇다고 해서 코치가 코칭 주체의 말을 주의 깊게 경청하거나 훌륭하게 작업 할 수 없다는 의미는 아니다. 이는 코치가 선호하는 접근 방식이 가치를 지닐 수 있는 코칭 주체와만 작업해야 하며, 자신의 관점이 최선의 선택이 아닐 수 있는 코칭 주체는 다른 전문가에게 의뢰해야 한다는 의미이다.[168]

---

168) 이는 엄밀히 실천해야 할 코칭 윤리이다. 자신의 관점, 경험, 추구하는 방법론 등을 밝히고, 이에 대한 선택권을 보장하고, 코칭 주체가 '이미 알고 있는 동의'를 했어도, 자신의 접근이 최선의 선택이 아닐 경우 다른 코치에게 의뢰해야 한다. 코치는 신이 아니며 될 수도 없고 신처럼 굴어서도 안 된다.

두 번째로 코치는 먼저 코칭 주체의 이야기를 경청하고 그 시점에서 가장 적합한 관점을 코칭 주체와 함께 탐색한다. 코치와 코칭 주체는 '상호 만남'의 의미를 구성, 해체, 재구성하기 위해 노력하면서 다양한 렌즈를 통해 목표나 이슈를 이해하려고 노력한다. 이런 접근의 단점은 **포괄적이지만 더 복잡한 접근**이라는 점이다.

이 두 가지 가운데 어느 것이든 ①이론 활용, ②증거 기반, ③코칭 주체의 고유한 이야기와 상황에 대한 반응성responsiveness 등 고려 사항 간의 균형을 유지하는 능력이 필요하다. 브루흐Bruch와 본드Bond(1998)는 치료 동맹therapy alliance(코칭 관계도 포함)과 관련하여 코칭 주체가 세계를 구성하는 방식이 중요하며 이를 통해 **'공유된 모델'**을 **창출**한다고 강조한다. 이를 통해 코칭 주체가 시도해 볼 수 있는 행동 실험을 검토할 수 있고, 따라서 해당 상황에서 그 코칭 주체에게 **맞춤화된 공식화**가 만들어진다

관점과 관련하여 고려해야 할 네 가지 영역이 있다.

1. 코치와 코칭 주체 사이의 여정에 어떤 관점이 영향을 미치는가?
    - I. 코치가 상호 만남을 이해하는 데 어떤 관점이 영향을 미치는가?
    - II. 코칭 주체는 상황을 이해하기 위해 어떤 관점을 가져오는가?
    - III. 코치나 코칭 주체는 세계 속에서 자신을 어떻게 위치시키며, 그것이 이해에 어떤 영향을 미치는가?
    - IV. 코치는 코칭 주체가 상호 만남 안에서 자신의 신념, 지식, 역량을 개방적으로 탐색할 수 있도록 보장하기 위해 무엇을 하

고 있는가?

2. 상호 만남에서 드러나는 실천 모델에 대한 어떤 신념이 드러나는가?
   I. 자기 자신과 타인에 대한 어떤 신념이 코칭 주체가 직면한 퍼즐이나 실천가로서 우리가 제공하는 서비스의 이해에 영향을 미치는가?
   II. 행동과 변화에 대한 개인적 이론에 기반한 어떤 관점이 상호 만남에 영향을 미치는가?
   III. 대인관계 이론과 변화에 기반한 관점 중 상호 만남에 영향을 주는 것은 무엇인가?
   IV. 시스템 이론과 변화에 기반한 관점 중 상호 만남에 영향을 주는 것은 무엇인가?

3. 증거의 본질과 관련된 어떤 신념이 상호 만남에 영향을 주는가?
   I. 작업이 해석되거나 수행되는 방식에서 무엇이 증거로 간주되는가?
      a) 명확한 과학적 근거가 있는 데이터의 사용
      b) 프로토콜이나 매뉴얼과 같은 "효과가 있는" 관점의 사용
      c) 상황/맥락에 특화된 활동과 성찰을 통해
      d) 지배적인 담론에 대한 비판적 관여를 통해 가정과 권력 구조에 도전함으로

4. 상호 만남에서 무엇이 증거로 간주되는지는 누가 결정하는가?
   I. 무엇이 증거로 간주되는지에 대한 결정으로 누가 가장 많은 또는 가장 적은 유익을 얻게 되는가?
   II. 증거에 대한 접근 방식이 문화적 기대와 상충할 경우 코칭 주체나 코치에게 어떤 영향을 미치는가?
   III. 결정 권한을 가진 사람은 누구인가?
   IV. 선택을 주도하는 정치적, 경제적, 사회적, 환경적 관심사는 무엇인가?

과정 - 어떻게 도달할 것인가?

작업의 목적이 이해되고 영향력 있는 관점을 탐색하기 위한 상호 만남이 시작되면 코치와 코칭 주체가 함께 작업하는 '과정'을 결정할 수 있다. **하나의 단일 이론적 모델을 사용**하는 코치의 경우, 접근 방식에 이를 반영하고, 진행에 동의를 얻기 위해 코칭 주체에게 윤곽을 설명해야 할 것이다. 다른 경우는 더 **광범위하게 내러티브를 탐구**하며, **스토리텔링 과정을 관리하기 위한 구조-틀에 합의**해야 한다. 2장에서 논의한 바와 같이 코리Corrie와 레인Lane(2010)은 코칭 프랙티스에서 선택한 과정에 영향을 미칠 다섯 가지 일반적인 담론(여기에 여섯 번째 담론이 추가됨)이 있다고 제안한다.

1. **진단적 분류에서 도출된 공식화:** 예를 들어, 코칭 주체가 다양한 심

리측정 검사를 수행했거나 360 피드백을 받아 작업 결정에 영향을 미치는 분류를 제공하는 방식

2. **과학자-프랙티스자 모델에 기반한 공식화:** 코치와 코칭 주체가 함께 협력하여 유용하고 정확한 설명에 도달하기 위해 검증할 수 있는 가설을 확인하는 방식
3. **단일 또는 통합 이론에 기반한 공식화:** 주어진 이론이 '상호 만남'을 안내한다.
4. **강점에 기반한 전략적 공식화:** 미래 지향성과 상호 만남에서 강점에 기반해 작업
5. **사회적 통제 수단으로서의 공식화:** 조직의 권력자가 정의한 행동과 과정에 기반한 경우로 주어진 작업 방식이 의무화되고 미리 정의된 목표만 합법적인 것으로 간주된다는 것을 명시한다. 여기에는 때때로 모든 코치가 특정 방식으로 교육을 받아야 한다는 요구사항이 포함될 수 있다.
6. **내러티브 기반 공식화:** 이야기를 전달하는 방식과 설명/분석에 포함하거나 제외된 내용을 탐색하는 방식

상호 만남을 공식화하며 '과정'과 관련해 검토해야 할 네 가지 영역이 있다.

1. 작업의 제약 조건을 고려하여 목적 달성을 보장하기 위해 어떤 과정을 사용했는가?

2. 코치와 코칭 주체는 작업을 어떻게 구조화 했는가?
3. 어떤 요인이 선택을 중재하는mediate 것으로 보이는가?
4. 작업 과정에서 목적의 정의, 사용된 관점, 사용된 과정의 면에서 어떤 변화가 있었나?

또한, 작업의 목적과 함께 이를 뒷받침하는 관점 사이에 활용된 과정의 **일관성**을 확보하는 데 중점을 둔다. 목적, 관점, 과정의 일관성은 참여자들이 수집한 정보를 활용하여 작업의 목적에 대한 감각을 키우고, 이슈를 이해하기 위해 검토해야 할 요인과 공유된 관심사를 만드는 데 필요한 '과정'을 함께 수행하는 작업의 기반을 형성한다. 이렇게 도출된 공식화 및 개입 계획은 분석의 기반을 제공한다. 이는 공식화를 구축할 때 중요한 고려 사항이다.

공식화를 위한 맞춤형 구조-틀

위에서 설명한 대로 모든 '과정'은 코치가 접근 방식의 기반이 되는 관점인 〈4P 구조-틀〉의 다른 요소와 일관성을 유지해야 한다. 예를 들어 해결-중심 접근을 사용하는 코치는 문제나 어려운 상황에 대한 자료 수집을 포함하는 과정을 채택할 가능성이 낮다. 또한, 해당 '과정'이 공식화 개발을 지원하고 의도한 코칭 목적을 달성하는 데 효과적인지 여부를 측정할 수 있는 수단이 있어야 한다. 우선 기존 모델 적용을 안내하고 새로운 맞춤형 '과정'을 개발하는 데 사용할 수 있는 몇 가지 단계를 살펴본다.

1. 예시: 기존 모델의 적용 안내

1단계: 기존 접근 방식 검토

첫 번째 단계는 현재 실천 방식을 검토하고 성찰하는 것으로, 실천의 기반이 되는 주요 모델, 도구, 기법 및 접근 방식을 파악하는 것이 목적이다. 이 검토 단계는 완료할 때까지 코치의 관점, 지식, 스킬이 핵심 초점이 된다. 다음 질문은 이러한 성찰 과정에 활용할 수 있다.

Q. 코치가 코칭 목적을 달성하기 위해 가장 일반적으로 선호하고 일관되게 사용하는 모델은 무엇인가?
예를 들어, 훈련 과정에서 배운 특정 모델이 실제 훈련의 기초가 되는가?

Q. 가장 일반적으로 사용되는 도구와 기법은 무엇인가? 어떤 상황에서 사용되는가?
예를 들어, 선택한 도구와 기법이 일반적으로 사용되는 특정 코칭 목적이나 맥락이 있는가?

Q. 현재 사용하지 않는 도구, 기법 또는 접근 방식은 무엇인가? 실천 기반이라는 관점에서 허용되지 않는 도구와 기법이 있는가?

Q. 코칭 성과는 어떻게 측정하는가?

예를 들어, 코칭 목적의 달성 여부는 어떤 방식으로 모니터링되는가?

2단계: 코칭 주체의 이야기 포착하기

현재 사용하는 주요 접근 방식을 요약한 후, 다음 단계는 코칭 주체의 이야기를 어떻게 포착하고, 코칭 여정에 필요한 데이터를 어떻게 수집하는지 파악하는 것이다. 이 과정은 코치의 훈련 과정과 관점에 따라 달라진다. 접근 방식에 따라 특정한 데이터 수집 방법이나 접근 방식을 선호할 수 있기 때문이다.

Q. 코칭 주체의 이야기를 경청하기 위해 현재 어떤 접근 방식, 도구 또는 기법을 사용하고 있는가?

Q. 선호하는 관점에 따라 코칭 주체의 이야기에서 어떤 측면을 강조하고 어떤 측면을 최소화하는가?

Q. 일반적으로 어떤 유형의 데이터를 어떤 수단을 통해 수집하는가? 여기에는 진단만 아니라 도구와 기법도 포함될 수 있다.

Q. 어떤 데이터를 포함하고 어떤 데이터를 제외할지 어떻게 결정하는가?

Q. 일반적으로 누가 데이터 수집 과정에 포함되며 그 이유는 무엇인가?

3단계: 과정 요소 파악

앞의 두 단계에서 얻은 통찰을 검토하고 요약했다면, 현재까지 실천에서 일반적으로 사용되는 몇 가지 '**과정 요소**process elements'를 파악할 수 있을 것이다. 코칭의 목적을 달성하기 위해 구조화할 수 있는 '**과정**'의 **논리적 요소나 단계**를 고려해야 한다.

> Q. 코칭 과제 수행 과정에서 참가자들이 반드시 명확하게 표현하지는 않지만 실제로는 공통적으로 사용되는 과정 단계가 있는가? 예를 들어 코칭이 시작되는 방식에 공통점이 있는가? 아니면 모든 참여자에게 동일한 평가 도구가 사용되는가?
>
> Q. 코칭의 어느 시점에서 공식화를 개발할 수 있는가? 이 공식화는 현재 접근의 자연스런 결과인가, 자연스럽게 도출되지 않으면 접근 방식을 수정해야 했는가?
>
> Q. 과정에 효과성 측정이 포함되어 있는가? 코칭의 결과는 어느 시점에서 어떻게 측정되는가?

4단계: 잠재적 과정 명확히 하기

이전 단계를 완료했으면 이제 일관되게 적용할 수 있는 과정을 명확히 할 수 있다articulate. 여기에는 일련의 단계가 포함될 수 있고, 이 장의 앞부분에서 설명한 구조-틀처럼 더욱 재귀적/순환적 과정recursive process

에 사용되는 일련의 요소들을 포함할 수 있다. 현재 모델을 변형한 것이거나 완전히 새로운 과정일 수 있다. '과정'이 확정된 후에도 접근 방식을 검토하고 개선하는 작업이 계속 진행된다. 코치는 새로운 이론, 방법 및 평가를 배우면서 전문성 개발을 지속하는 경우가 대부분이다. 이 과정에서 이런 접근 방식이 코치의 현재 과정과 어떻게 일치하는지 또는 어떻게 도전하는지 검토해야 한다.

2. 예시: 팀코칭을 위한 개인 맞춤형 과정 개발

위에서 설명한 과정 외에도 코치가 직접 과정을 설계할 수 있다. 그러나 이러한 '과정'은 실천에서 도출된 증거나 문헌을 통해 정당화되어야 한다. 코치는 또한 효율적인지efficient(투입 대비 산출의 비율로 가용 자원을 최대한 활용할 수 있는지), 사실상 효과적인지effective(목표한 바를 달성하는지), 효력이 있는지efficacious(의도한 결과를 도출하는 데 가치가 있는지) 그 정도를 평가하는 수단을 통합할 수 있다. 여기에는 아래 나열된 **다섯 가지 대화 영역**이 포함된다.

목적

앞서 언급한 문헌과 위의 모델을 종합해 보면 공통된 주제는 **공유된 목적**shared purpose이 있는지 여부에 중요성이 있다. 팀은 그 목적을 달성하기 위해 존재하며, 이것이 팀이 존재하고 함께 일하는 이유이다. 따라서 모든 팀코칭 과정의 출발점은 해당 팀과 이해관계자가 팀의 목적을 어떻게 이해하고 있는지 파악하는 것이다. 대화는 ①팀의 목적에 대한 내러티브, ②서비스를 제공받는 코칭 주체(내부 및 외부), ③팀의 목표 달성에 필요한 가치, ④목표를 달성하는 데 필수적인 과제, ⑤팀을 하나로 묶어주는 유대감에서 시작된다. 팀코칭 과정을 구축할 때, 팀 내에서 이런 대화를 시작하고 마무리하는 데 사용되는 접근 방식은 합의 수준에 대한 이해뿐 아니라 팀원들이 가지고 있는 세계관에 대한 통찰의 출발점이 된다.

다음은 두 조직 간의 합병으로 인해 최근에 구성된 리더십 팀과 함께 일하는 코치가 고안한 맞춤형 과정의 예시이다.

1단계: 팀의 목적을 정립하고 관점을 탐색하기 위한 대화 만들기

- 합의 수준과 차이점을 확인한다. 토론과 논쟁보다는 성찰적이고 창조적인 접근 방식을 시도하여 합의를 이끌어낼 수 있는 목적에 대해 더 큰 관점을 가질 수 있도록 한다.
- 이 목적에 모든 내·외부 이해관계자의 견해가 어느 정도 포함되어 있는지, 즉 '사회화socialized'가 충분히 이루어졌는지 확인한다.
- 공유할 수 있고 팀이 책임감을 느낄 수 있는 내러티브에 동의/합의한다. 이 내러티브에는 ①팀의 브랜드에 대한 감각, ②브랜드에 의미를 부여하는 맥락(가치 있고 지속 가능하며 윤리적인 이유), ③팀이 기여하는 바가 반영되어야 한다.

관점

탐구해야 할 관점에는 팀 내부의 관점, 구축된 관계, 작업을 바라보는 방식을 알려주는 더 넓은 맥락을 포괄해야 한다. 팀원들과 다양한 이해관계자들의 서로 다른 세계관과 차이를 존중하면서도 팀의 목적을 달성할 수 있는 더 큰 관점을 만들어내는 방식으로 탐구하고 통합해야 한다.

2단계: 팀이 기능하는 맥락을 어떻게 바라보는지 이해하기

- 팀 내부와 외부 이해관계자에게 팀의 목적이 어떻게 비춰지는지에 영향을 미치는 관점을 발견한다.
- 각 관점이 목적 달성에 어떤 영향을 미칠 수 있는지 평가한다.
- 이러한 영향을 해결할 수 있는 수단을 정의하거나 새로운 위협이나 가능성을 파악한다.

과정

이 '과정'은 우리가 세상을 바라보는 관점을 반영하는 방식으로 합의된 목적을 달성하기 위해 함께 협력해 일하는 방식과 관련이 있다. 다른 이해관계자의 의견을 통합하는 방법도 포함된다.

3단계: 공동 작업의 근거를 합의하기

- 역할, 목표, 작업, 모든 당사자를 하나로 묶어줄 관계적 유대감 또는 동맹을 포함하는 계약을 협상한다.
- 목적을 달성하기 위해 함께 일할 수 있는 구조를 만든다.
- 성공을 측정할 방법을 결정한다.

위치성

우리는 위치성이 개인이 자신을 바라보는 방식과 관련한 역할을 검토한 바 있다. 또한 팀이 다른 사람들에게 어떻게 비춰지고 팀이 활동하는 세상을 어떻게 이해하는지에 대한 공유된 관점에 위치성이 어떤 역할과 기능을 하는지 논의했다.

팀이 목적, 관점 및 과정을 탐구하기 위해 노력함에 따라, 이는 개인마다 팀에서 자신의 의견을 얼마나 경청 받는다고 느끼고, 팀에 어떻게 참여하기를 선택하는지 질문을 불러일으킬 것이다. 팀 차원에서도 비슷한 질문이 제기될 것이다. 팀 차원에서도 팀이 [내부/외부에]어떻게 경청되고 있는지, 세상에 어떻게 자신을 드러낼지 선택하는데 비슷한 질문이 제기된다. 이런 질문은 모든 대화에서 존중되어야 하며, 질문이 표면에 등장하고 적절히 다루어져 해결될 수 있는 과정을 고안해야 한다.[169)]

4단계: 코칭에 참여하여 결과에 영향을 미칠 모든 사람의 입장을 인정하고 검토한다.

- **내면에 주목하기**: 대화가 진행되면서 자신의 내면이 어떻게 느껴지는지 살펴본다. 상대방이 자신의 의견을 경청하고 인정해 준다고 느끼는가? 이를 팀에서 어떻게 표현할 것인가?
- **외부에 주목하기**: 대화가 떠오를 때 자신의 외부, 팀 및 더 넓은 맥락에서 어떤 모습이 보이는지 살펴본다. 상대방이 자신의 의견을 경청하고 인정하는 것을 관찰할 수 있는가? 팀으로서 이를 어떻게 탐구할 수 있는가?
- **시간의 흐름에 주목하기**: 대화가 일어나면서 시간이 지남에 따라 내부와 외부의 상황이 어떻게 변화하는지 주목한다.
  시간이 지남에 따라 팀으로서 나, 너, 우리의 입장을 인정하기 위해 팀으로서 어떤 과정을 사용할 수 있는가?

---

169) 개인 차원에서는 내가 팀 내에서 얼마나 경청받고 있는가? 내가 팀에 어떻게 참여하기로 선택할 것인가? 즉 나 자신의 진정한 모습, 지식, 경험을 팀에 얼마나 드러내고 기여할지 의지적 선택에 대한 질문을 받게 되고 선택해야 한다.
팀 차원에서도 이 팀이 외부 세계에 어떻게 인식되고 경청받고 있는가?
즉 팀의 비전, 메시지, 전문성이 외부 이해관계자들에게 어떻게 전달되고 수용되는지 스스로 질문 받고 성찰해야 한다. 또 이 팀이 외부 세계에 어떻게 자신을 보여줄 것인가? 즉 팀의 정체성, 가치, 역량을 외부에 보여주기 위해 의도적으로 선택하는 방식(브랜딩, 의사소통 전략 등)에 대해 스스로 질문 받고 답해야 한다.

공식화

코치로서 팀이 이 대화를 완료할 수 있도록 어떻게 지원할지 생각해 보자. 이 대화는 결코 종착점이 있는 것이 아니라 항상 여정 도중에 목적지에 도달하거나 처음에 예상했던 것과는 전혀 다른 경로를 택할 수 있는 여정이다. 그러나 다양한 지점에서 ①팀은 자신이 누구인지, ②왜 여기에 있는지, ③무엇을 의도하는지, ④어떻게 그것을 달성할 것인지, ⑤무엇이 가치 있게 만드는지에 대한 내러티브인 공식화에 합의할 수 있다.

이런 공식화를 통해 팀원들은 공유된 인식shared sense을 구축하게 되며, 이를 통해 노력을 이끌어 내고 무엇이 바뀌어야 하는지 판단할 수 있다.

5단계: 팀원들에게 의미 있고 합의된 목적을 달성할 수 있는 내러티브를 팀원들과 함께 구성한다.

- 대화 과정에서 수행된 모든 작업을 검토하고 합의된 주제를 함께 도출한다.
- 주제를 아우르고 팀이란 과연 누구이며 무엇을 기여하는지 일관성 있게 이해할 수 있는 내러티브를 함께 작성한다.
- 변화하는 상황에 따라 내러티브를 조정하여 관련성을 유지하고 설득력 있는 이야기를 공유하고 전달할 수 있도록 한다.

결론

기존 접근 방식을 조정하여 공식화를 통합하거나 개별 맞춤 구조-틀을 개발하는 것은 보다시피 코치가 단순히 원하는 마음대로 하는 것이 아니다. 오히려 ①신중한 과정과 ②증거에 대한 성찰, ③평가에 적합한 견고한 구조-틀 구축을 위한 것이다. 또한 코칭의 장[field]에서 ④새로운 데이터가 등장함에 따라 지속해서 검토가 필요하다.[170]

윤리적 요구사항은 코치로서 진정성 있고[integrity] 타인을 존중하며[respect] 증거를 비판하는[critique evidence] 방식[IRC]에 책임감을 가져야 한다. 우리의 실천을 위한 '장[field]'에서 오는 앎/지식을 유능하게 적용해야 한다.[171] 우리는 이러한 노력이 흥미롭고 풍요로운 일이라고 생각한다. 코칭의 공식화를 위한 구조-틀의 적용과 개발에 대한 이러한 아이디어를 살펴봄으로써 우리 모두도 이런 흥분을 공유하고 모두의 실천을 더욱 풍요롭게 할 수 있는 방법을 모색해 보기를 기대한다.

---

170) 코칭 장[field]이란 팀, 팀코칭 여정, 각 회기에서 다양하게 드러나는 새롭게 창발하는 앎을 팀코칭 여정과 회기 운영, 목표를 향한 모든 실천에 유능하게 적용하고 융합하는 코치의 모든 노력으로 이해한다. 이는 후술하는 윤리적 요구 IRC가 전제되어야 창발을 목격할 수 있다.

171) 이 부분에서도 해당 분야의 지식이나 이론을 포함할 수 있으나 이를 현장에 적용하여 윤리적 자세를 통해 얻을 수 있다고 이해한다.

16장
서로 다른 세계관에 대응하는 공식화 조정

많은 코치는 자신과 배경이 다른 가진 코칭 주체와 함께 일하게 된다. 이는 코칭 활동에 복잡성을 더 강화할 수 있다. 신체적, 신경학적 능력, 연령, 계층, 인종, 성별, 종교, 젠더, 다양한 경험의 차이가 코칭 주체가 코치의 접근 방식에 대한 반응에 영향을 미치기 때문이다. 이는 의사 소통 방식이나 코치가 도입할 수 있는 코칭 도구 및 기법에 영향을 미친다.

14장과 15장에서 특정 요구를 충족하기 위해 공식화를 개발하고 개인 맞춤의 구조-틀을 구성하는 방법을 검토했다. 이 장에서는 다양성과 세계관에 대한 관련 모델을 간략하게 검토한다. 다양한 배경을 가진 사람들과 함께 일할 때의 도전 과제를 살펴보지만, 이는 한 권의 책이 될 만큼 모든 형태의 다양성을 그에 걸맞는 세부 사항까지 다루려는 시도가 아니다. 오히려 특정 집단이 소외되어 온 몇 가지 방식을 살펴보고, 이런 우려를 해결하려는 몇 가지 사례를 간략히 언급하며, 다양한 세계관에 더욱 적합하도록 공식화를 조정하는 방법을 모색하는 것으로 한정한다.

우선, 응용과학과 사회과학이 다양성을 다루는 데 있어 좋은 실적을 갖고 있지 못하다는 점을 인식하는 것이 중요하다. 굴드Gould(1996)는 심리학에서 사람들이 잘못 측정되어 온 방식과 인종차별적 입장이 어떻게 조장되어 왔는지를 설명했다. ①정신의학에서 소수자에 대한 잘못된 진단과 치료(Suite et al., 2007), ②인류학에서의 문화 왜곡(Blakey, 2020), ③전문가로서 여성의 소외(Opara et al., 2020) 등은 이미 잘 알려져 있다. 주로 서구 백인 남성의 사고방식이 지배하면서 다른 사람을 이해하는 방식이 왜곡되었고, 이는 결국 제공되는 서비스에도 영향을 미쳤다(Lane et al., 2023). 코칭 역시 마찬가지로 동일한 이론과 실천의 원천에 크게 의존해 왔다. 이 장에서는 이러한 왜곡이 사고 방식을 왜곡하는 몇 가지 방식과 새롭게 등장했거나 앞으로 등장할 대안을 살펴본다. 문제는 실천가들이 평등과 다양성의 중요성에 대해 이야기하면서도 당연히 모든 사람을 포함하는 방식으로 행동하지 않는 한 소외와 차별이 지속될 것이라는 점이다.

왜곡과 차별의 간략한 역사

차별의 역사는 오래되었다. 굴드Gould(1996)가 말한 것처럼 "인간에 대한 잘못된 측정the mismeasure of man"이 존재해 왔다. 이는 사람들이 분류되는 다양한 방식에도 적용된다. 우리는 이 개념을 탐구하고 이것이

공식화에 어떤 역할을 하는지 검토하기 위한 단계로 이를 위한 예비 단계로 삼는다. 예를 들어,

> 사람들은 우리 자신의 편견에 따라 정체성이 규정되기 때문에 분리된다. … 이상적인 모델은 백인 성인 남성이다. … 중산층, 잘생기고, 스포츠에 능하고, 재치 있는 … 이 모델에서 멀어질수록 비인간화되고 저평가된다(Ruebain, Keise et al., 1993, p.189-199에서 인용).

키스Keise와 동료들(1993)은 이러한 관점에서 특별한 지원을 지지하는 주장은 거만하고 시혜적이며 핵심적인 분리주의적 신념에 근거하고 있다고 단언한다. 이 인용문에 대한 판단을 서두르거나 우리의 전문 서비스를 방어해야 할 절박한 필요성을 느끼기보다는 먼저 라텔리Ratele(2019)가 제기한 아프리카 심리학에 대해 제기한 요점을 검토해 보자. 그는 "**여기서 보면 세상은 이렇게 보인다**The World Looks Like This From Here." 라고 언급한다. 이 인용문에 서서 본다면 위 인용문의 필자 루벵Ruebain이 바라보는 세상은 어떤 모습일까? 이 점을 다시 한번 살펴보자.

> 코치로서 우리는 증거 기반 실천가로서 연구가 우리의 실천을 토대가 된다는 점의 중요성을 검토해야 한다. 그렇지만 많은 공동체에서 주장해 온 내용은 중립적이지 않다.

북미 토착 원주민 아니시나베Anishinaabe의 학자 캐시 앱솔론Kathy Absolon(2022)은 유럽 중심적 연구에서 북미 원주민indigenous people에 대한 개념화가 거의 중립적이지 않았다. 원주민과 지역사회에 대한 연구는 누가 어떤 목적으로 연구를 작성하는지 또 어떤 목적을 가지고 있는지를 기준으로 비판적으로 검토해야 한다고 주장한다. 왜냐하면 북미 원주민에 대해 진행된 식민주의적 연구는 실제로 전혀 원주민에게 유익이 되지 않았기 때문이다. 그녀는 말한다.

> 북미의 초기 접촉과 식민지화 과정에서 원주민에 대한 관찰, 보고서 및 문서는 고정관념을 고착화해 심어주었다. 식민지 개척자들의 문명화 및 기독교화 의제를 정당화했으며 선교사의 파견과 문화 학살을 목적으로 한 인디언 기숙 학교 프로젝트로 이어졌다. 기록된 대부분의 내용은 원주민 아동과 가족을 통제하고 재사회화하기 위해 대량 학살을 정당화하고 인종 차별적 법률을 제정하려는 식민지적 관점과 의제에서 비롯되었다(Absolon, 2022, p.45).

마찬가지로 스위트Suite와 동료들(2007)은 아프리카계 미국인과 의료 및 정신 건강 공동체 간의 역사적 상호작용을 조사했다. 이러한 역사에는 의료 실험, 오진, 무단 불임 시술 등이 포함되어 있으며, 이러한 역사는 많은 공동체 내에서 지속적인 불신과 서비스 이용률 저하에 기여하고 있다고 주장한다. 의사가 임상 병력 청취와 같은 전통적인 진료를 넘어, 실천가와 내담자/환자가 의사 결정을 내릴 때 활용하는 더 넓은 문화적, 역사적 관점을 포괄하지 못하는 실천가들의 실패도 이러한 불신을 가중시킨다. 그들의 관점은 전문가들이 우리의 실천이 문화적으로 구속되고 지배적 이데올로기에 의해 영향을 받는다는 사실을 인정하지 않을 수 있다고 생각한다. 이러한 이데올로기는 타인의 삶에 대한 개입을 정당화하는 데 사용되는 의학적 모델이나 차별적 행동의 근거를 제공하는 심리학 이론에 다양한 형태로 나타날 수 있다. 또는 울만Ullman(1977)의 표현처럼 "지배적 패러다임은 겉으로 보기에 그럴듯한 표면적 설명을 제공한다. … 특히 대상자의 유익을 위한 개입을 허용한다. … 폭압적으로 행동하면서도 자신이 선하고 덕이 있다고 느낄 수 있다."(Keise et al., 1993, p.194에서 인용)

이에 대한 가장 최근의 예는 아마도 영국의 감염된 혈액 조사에서 찾을 수 있을 것이다. 의료 전문가, 정책 입안자, 정치인들은 피해자들이 가능한 최선의 치료를 받았다고 주장하고 잘못을 인정하지 않음으로써 윤리적으로 행동하지 못했다(Langstaff, 2024). 이 보고서를 보면 사람들의 경험보다 지배적인 패러다임이 지속해서 우대 받았다는 것이 분명하다.[172] 다양한 세계관을 포괄하도록 공식화를 조정하기 위

172) 1970년부터 1990년대 초반에 영국 NHS 환자 3만 명 이상이 오염된 혈액 수혈이나 혈액 제제(특히 혈우병 치료제인 Factor Ⅷ 농축액)을 투여받고 HIV나 C형 감염 바이러스에 감염되어 사망하거나 심각한 질병을 앓게 된 대규모 사건이다. 3천 명 이상이 사망했으며 수천 명이 감염 후유증을 겪고 있다. 당시 영국은 혈액 제제를 미국에서 수입했는데, 이 혈액은 수혈을 받고 돈을 받는 '고위험군' 기증자(예: 수감자)의 혈액이 포함된 경우가 많았다. 바이러스 검사 기술이 있었음에도 도입이 지연되었고, 혈액 공급의 안전을 확보하기 위한 조치가 충분히 이루어지지 않았다. 최종 조사 보고서(Langstaff, 2024)는 권한 있는

해서는 실제 실천을 형성하는 지배적 패러다임의 역할을 끊임없이 비판적으로 검토해야 한다. 또는 위의 인용문 앱솔론Absolon(2022)이 말한 것처럼 "누가 어떤 목적으로 작업을 저술하는가?"에 대한 비판도 필요하다.

렌트Lent(2017)는 개인으로서 그리고 전문가로서 우리 모두가 **문화가 우리의 가치를 형성하고, 이 가치가 다시 우리의 역사를 형성한다**는 것을 인식해야 한다고 제안한다. 시간과 공간을 초월한 인간 문화의 엄청난 복잡성은 세계가 어떻게 작동하는지에 대한 **영미식 신념과 똑같은 가정**으로 환원될 수 없다. 렌트(2017)가 지적한 것처럼 자연 정복, 세계 민족 정복, 원주민 철학, 우주론의 말살은 역사에 대한 유사 과학적pseudoscientific 인종주의 해석을 부추겼다. 이는 인류의 기원이 아프리카와 고대 민족(네안데르탈인과 데니소바인)에서부터 서구 사상의 지배에 이르기까지 인류의 진화적 진보에 대한 장대한 내러티브가 만들어졌다.

렌트(2017)가 우리에게 던지는 도전은 다양한 문화가 현실을 인식하는 인지적 틀, 즉 사람들의 삶에서 의미의 패턴을 만들어내는 암묵적인 믿음과 가치가 우리 역사의 중요한 동력이라는 것이다. 우리가 서비스 제공을 위해 채택하는 많은 접근 방식은 대부분 반박받지 않은 문화적 신념에 의해 주도된다. 따라서 한 문화적 가치에서 파생된 진

자들의 부인과 은폐를 지적했다. 정부와 NHS가 피해자들의 고통을 악화시킨 책임을 인정하기를 거부하고 "최선의 치료"를 제공했다는 거짓 주장을 수십 년간 반복했기 때문이라고 결론지었다. 이는 "미묘하고 만연하며 소름 끼치는" 은폐였다고 지적했다.

여기서 지배적인 패러다임dominant paradigm은 기관의 명예, 비용 절감, "환자 안전을 최우선으로 두지 않은" 방어적이고 관료적인 문화를 의미한다.

단 도구가 완전히 다른 문화에 적용되기도 한다. 이 문제를 해결하기 위해서는 우리 자신의 이론적, 문화적 편견을 의식적으로 검토하는 것이 중요하다. 그러나 다른 문화와 세계관을 지나치게 낭만화/미화해서는 안 된다. 우리는 모든 문화와 세계관에 동일한 수준의 회의주의를 적용해야 한다. 우리는 도전받지 않는 문화적 신념을 다른 신념으로 대체해서는 안 된다. 예를 들어 ①질병illness, ②다름difference, ③신경 다양성neurodiversity, ④젠더의 역할, ⑤섹슈얼리티에 대한 관점은 문화마다 다르므로 특정 문화권에서 사람들이 다른 문화권보다 대우가 더 좋다고 단정지을 수 없다. 다양성 이슈는 특히 교육에 영향을 미치므로 모든 범주의 다양성 이슈를 이해하는 것이 중요하다(Christodoulou et al., 2022).

여기에서 다른 관점을 살펴보자.

> 유동적인fluid 비이분법적인non-binary 트랜스젠더와 젠더퀴어gender queer, 아프리카인뿐 아니라 많은 아프리키 여성과 남성들에게도 젠더 및 성적 지향sexuality과 구별되는 "아프리카인"이라는 용어 자체는 상실감, 정박되지 않은/붕 떠있는being unmoored 느낌, 단절감/파열감rupture 또는 뿌리 뽑힘rootlessness의 감정으로 여겨질 수 있다. … 일부 사람에게 아프리카적 정체성Africaness은 정박되지 않은 느낌unanchoredness과 불안감에 시달릴 수 있다(Ratele, 2019, p.132).[173)]

173) 상실과 단절의 보편성으로 이 경험은 성소수자에게만 국한 되지 않고 많은 아프리카 남성과 여성에게도 나타난다. 아프리카 정체성 위기가 특정 그룹을 넘어 보편적인 현상일 수 있다 이는 탈식민주의적 상흔으로 상심감, 단절, 뿌리 뽑힘의 감정은 식민주의 역사, 정치적 불안정성, 강제 이주(디아스포라), 문화적 변형등 아프리카 대륙이 겪어온 경험과 유사하다.

이는 인종적, 문화적으로 배타적인 방식으로 우리의 주장을 구성하지 말아야 함을 상기시켜 준다. 더는 관련이 없는 역사적 사건이라고 주장할 수도 있지만, 불신이 지속되는 데에는 그럴 만한 이유가 있다(Keise et al.,1993). 이와 같은 활용 부족underutilization 패턴은 영국의 코리Corrie와 레인Lane(2021)이 심리치료 접근성 향상 프로그램(현재 NHS Talking Therapies)에서 언급하고 있다. 최근 여러 연구에서 서비스 접근과 치료에 대한 여러 장벽이 지적되었다(Ahmadinia et al., 2022; Bignall et al., 2019; Knaak et al., 2017; Memon et al., 2016; NHS England, 2023). NHS 인종 및 건강 관측소(2023)의 보고서에 따르면 다음과 같이 명시되어 있다.

> 10년간의 익명화된 환자 데이터에 따르면 역사적으로 흑인 및 소수 민족 배경을 가진 사람들은 NHS 대화 치료에 대한 접근성과 치료 결과가 더 열악한 것으로 나타났다. 이 기간 동안 백인 영국인 집단에 비해 서비스를 이용할 가능성이 낮고, 평가와 치료 접근 대기 시간이 더 오래 기다리는 경향이 있다(p.1).

분명히 해야 할 일이 산적해 있다.

코칭의 희망적 신호

코칭에서 이것이 중요한 이유는 무엇인가? 본질에서 코칭은 주로 미국이나 유럽 문화에서 확립된 과학과 행동 이론에 대한 가정에 기반한다. 전부는 아니지만 대체로 백인 남성에 의해 만들어졌다(Lane et al., 2023). 이러한 편협한 담론의 함의는 제대로 다루어지지 않는 것 같다. 코칭 서적에서 근본적 가정을 검토하는 비판적 담론 접근 방식은 드문 일이다(Gray et al., 2016). 바론Baron과 아지졸라Azizollah(2019)에 따르면 다양성은 코칭에 필수적이며, 훌륭한 코치가 되려면 다양성 관점에서 일해야 한다. 이들은 차이를 인정하고 함께 일하는 것은 각 개인의 잠재력을 극대화하는 것이지만 성차별과 인종차별은 여전히 조직에서 작동하고 있기 때문이라고 주장한다. 따라서 코치가 스스로 지속해서 도전하고 변화가 가능한 다양한 영역을 제공하는 것이 필수적이다. 특히 **기회 균등과 다양성**의 차이를 살펴봐야 한다는 것이 이들의 주장이다. 전자는 사람들이 직면하는 장벽과 불평등을 극복하는 데 중점을 둔다. 법률은 장애, 성적 지향, 종교, 연령, 인종, 젠더와 같은 영역을 규정할 수 있지만(Gov.uk, 2024), 코치는 이런 요소가 어떻게 작동하는지 그리고 사회 계층, 학력, 지역 출신과 같은 장벽으로 작용하는 다른 요인들을 이해해야 한다. 이는 부가적인 요인이 아니라 우리 실천의 핵심이다.

다양성은 포용성inclusivity과 개성individuality과 관련이 있다(Kandola & Fullerton, 1998). 다양한 장업장은 창의성과 혁신을 향상시킬 수 있지만 갈등이나 배제를 방지하기 위한 더 나은 관리도 필요하다(Simons et al., 1999; Ely & Thomas, 2001).

다양성 이슈를 해결하기 위한 코칭 프로그램을 탐구하면서 바론

Baron과 아지졸라Azizollah(2019)는 너무 자주 '다르게 보이는 개인'이 문제의 원인으로 지목되어 코칭이 필요하다고 여겨진다는 점을 비판적으로 지적한다. 이는 울멘Ullman(1977)의 초기 견해와 일맥상통한다. 해당 개인에 대한 타인의 반응이 다뤄지지 않는다고 주장한다. 이와 동일한 지적은 전문 서비스의 운영 방식에 관한 초기 연구에서도 널리 퍼져 있었다. 잭슨Jackson은 이렇게 말한다.

> 문제의 책임이 코칭 주체에게 전가됨에 따라 전문가의 임무는 코칭 주체가 현 상태에 적응하도록 강요하는 억압적 성격으로 귀결된다. 반면 권력자의 행동과 그들이 흑인이 기능해야 하는 심리적으로 억압 환경을 만들고 유지하는 데 수행해 온 역할은 무시된다(Jackson, 1977, Keise et al., 1993, p.195에서 인용).

영국 국민 보건 서비스(NHS England, 2023) 연구에서 알 수 있듯이 이러한 이슈는 여전히 지속되고 있다. 최근 정신 건강 관리 접근성을 개선하기 위한 서비스 검토에 따르면 오랜 불평등이 존재한다. 상황을 개선하기 위한 이니셔티브가 어느 정도 영향을 미치기는 하지만 기대만큼의 성과를 거두지 못한다(Winsper et al., 2023).

바론Baron과 아지졸라Azizollah(2019)는 코치가 주의를 기울여야 할 여러 영역에 대해 설명한다. 자기 알아차림, 지식 및 기술, 구조-틀을 주목한다. 코치가 취하는 입장/태도는 개인이 자신의 차이를 소중히 여기도록 돕고, 코칭 주체의 마음과 환경 모두에서 부정적인 다양성 이슈를 판별하고 해결하는 코칭 실천에 가치를 더해야 할 것이다.

모든 코칭 기관은 적절한 실천 심지어 문화 간 역량intercultural competence이라는 개념을 뒷받침하는 다양성 및 관련 지침statements이 있다. 그런데도 이들의 입장에는 코칭에 사용되는 이론적 모델에 대한 어떠한 도전도 빠져 있다. 이러한 모델들이 주로 상담이나 치료적 맥락에서 비롯되었다는 점을 고려할 때, 일부 상담 및 치료 모델의 부정적 효과를 지적해 온 이전의 비판은 적절하다(Gould, 1981; Jones, 1972; UNESCO, 1983; Wilkinson, 1986). 키즈Keise 등(1993)에 따르면, 대부분의 비판은 정신분석적 입장에 초점을 맞추었지만 인본주의적 접근법도 등장했다.

1970년대부터 1990년대까지 페미니즘, 흑인 심리학, 급진적 치료법, LGBTQ+ 이론, 사회 구성주의 등의 영역에서 대안 이론이 등장했다(Cedric et al., 1975; Hayes, 1972; Hayes & Banks, 1972; Kitzinger, 1986; Nicolson, 1986; Nobles, 1976; Ward, 1990; White, 1970). 이러한 아이디어는 오랫동안 존재해 왔기에 코칭 이론에 영향을 미쳤을 것이라고 예상할 수 있다. 그러나 최근 코칭 분야의 표준 텍스트(Cox et al., 2018; Palmer & Whybrow, 2018)에는 이러한 비판적 이론에 대한 지면을 거의 제공하지 않는다.

그러나 이러한 이론의 중요성은 현재 관심사로 여겨지고 있다. 슈크리Shoukry와 콕스Cox(2018)가 주장하듯이 신자유주의적 가치가 코칭 담론에 내재되어 있으며 통제 과정으로 활용될 수 있기 때문에 이들은 코칭을 사회적 과정으로 이해한다면 **코칭이 사회 변화의 원동력**이 될 수 있다고 주장한다.[174] 인종적 편견을 다룰 때도 마찬가지이다. 오렌지Orange와 동료들(2019)은 코칭에서 편견에 맞서는 동시에 '결핍' 접근법을 적극적으로 반박하고 고정관념에 맞서기 위해 대화에 참여할 준비가 되어 있어야 한다고 주장한다. **결핍 마인드셋**deficit mindset**은 수년 동안 지배적인 패러다임의 일부**였다. 이에 대항하는 창의성과 대안적 능력 및 세상을 보는 방식은 주변화되어 왔다(Pearson, 2017). 전문가들이 결핍 접근법보다 더 큰 포용성과 창의성을 키우려는/양육하려는foster 좋은 의도로 시작하더라도 배재적인 논리와 실행을 고착화하는 전제에 의존하게 된다[175](Ziols et al., 2022). '결핍 모델deficit model'은 소외

174) 코칭 대화 과정에서 자각, 알아차림은 스스로 자기 삶을 주체적으로 꾸려나가려는 욕구, 자기실현 욕구와 자발성을 자극한다. 이런 자기 삶의 주체와 과정은 개인 내적 변화에 한정되지 않고 사회문화 조건의 비인간적 억압, 시회 시스템에 대한 자각으로 확대되는 것은 자연스럽다. 이런 코칭의 사회변혁적, 미래사회를 위한 적극적 개입 활동을 위한 광범위한 계기를 마련할 수 있고, 이는 코치의 가치와 노력이 관건이라 보고 있다. 이런 시각은 비단 이 연구에 국한되지 않고 매우 폭넓게 수용되고 있으며, 피터 호킨스의 생태-시스템 코칭의 가치 기반 활동도 이에 연결된다.

175) 결핍 모델은 교육 및 코칭과 같은 전문 분야에서 오랫동안 지배적인 패러다임이었다. 주변화된 개인이나 집단의 부족한 부분, 약점, 결여된 기술에 초점을 맞춘다. 차이점을 문제 실패로 간주하며, 주류적 성공 기준을 달성하지 못하는 이유를 개인의 내적 결함에서 찾는다. 또 해결책 또한 주류 사회의 방식(유럽 중심적 방식Eurocentric ways of being)에 성공적으로 참여하기 위한 기술skills을 가르치게 된다. 비록 좋은 의도로 시작하더라도, 본질적으로 배제적인 논리와 관행을 강화하며 창의성과 대안적 능력을 무시한다. 결국 '주류=표준'이며 '주류 외=결함'이라는 논리를 재확인하고, 관행을 유지하게 만든다

코치는 편견에 맞서는 대화, 적극적으로 반박counter, 거부, 스테레오 타입 발생을 성찰해야 한다. 주변화된 집단이나 개인이 세상을 보는 고유한 방식과 그 안에 존재하는 창의성을 단순한 부족함이 아닌, 가치 있는 능력으로 인식하고

된 집단의 교육에 대한 접근 방식을 너무 자주 지배해 왔다. 도움이 제공될 때 조차도, 그들의 세상을 보는 방식에 존재할 수 있는 창의성을 인정하기보다는 유럽 중심적인 존재 방식에서 성공할 수 있는 기술을 가르치는 방식으로 나타났다(Gerson, 2016).

로스Roth(2017)가 주장하듯이 다름/차이를 다루기 위해 채택된 접근 방식은 그다지 폭넓지 않으며 문화를 사회 또는 조직의 렌즈를 통해 바라보는 사람들과 국가적 문화를 바라보는 사람들로 구분하는 경향이 있다. 이 분야 연구가 활발히 진행되고 있는 가운데, 그녀는 이를 바라보는 두 가지 관점을 제시한다. 첫 번째는 코칭 주체 세계의 문화적 이슈를 고려하는 것이고(Abbott, 2018; Rosinski, 2003), 두 번째는 코치와 코칭 주체 간의 관계에 대한 문화적 영향을 살펴보는 것이다(Coultas et al., 2011; Milner et al., 2013; Plaister-Ten, 2016). 로스의 연구에서 알 수 있듯이 국가 문화에 초점을 맞추는 것은 개인에 대한 이해에 거의 도움이 되지 않는다. 그녀는 코치가 코칭 주체 사이에서 문화적으로 뿌리를 둔 행동이나 기대치를 파악하는 경우, 이는 문화적 인식과 해석에 관한 것이므로 **문화적 고정관념의 함정**이 포함되어 있다는 점을 정확하게 경고한다. 해외에 배치된 임원을 위한 문화적 알아차림 훈련에 대한 시장의 많은 제안에서 이를 확인할 수 있다.

그렇지만 희망적인 신호는 많이 있다. 코칭 및 관련 문헌에서 문화, 다름/차이, 다양성을 다루려는 노력이 증가하고 있다. 신경 다양성

존중해야 한다. 또 결핍 접근 방식 대신 포용성과 창의성을 육성하는 데 중점을 두어야 한다. 강점Asset, 모든 개인의 다양한 능력과 관점을 인정하고 활용하는 방식으로 패러다임을 전환하는 것이다.

을 살펴보는 프로그램(Doyle & McDowall, 2023), 직장 내 여성 승진(Dzingwa & Terblanche, 2024), 스포츠에서 장애인 지원(Sports Coaching UK, 2014), 부모 코칭(Golawski et al., 2013) 등이 있다. 상담심리학 분야에서 사회정의 이슈에 대한 오랜 관심을 바탕으로 다양한 성적 지향에 접근하는 밀턴Milton(2014a) 사례들이 있다.

밀턴(2014b)이 증명했듯이 섹슈얼리티는 정적인 경험으로 볼 수 없다. 특히 온라인을 중심으로 기술적으로 매개된 관계 패턴과 관련하여 새로운 현상과 논쟁이 일어나고 있으며, 이는 소외와 학대를 더욱 심화시킬 수 있다. 이는 단순히 학자들만의 관심사가 아니다. 우리에게 접근하는 코칭 주체와 우리가 일하는 맥락에서 서비스를 제공하는 방식에 중요한 주제이다. 그러나 개인마다 다양한 정체성의 주변화를 지닐 수 있다는 점을 인식하는 것이 중요하다(Doyle & McDowall, 2023).

위치성은 복잡할 수 있으며, 정체성에 대한 전체 내러티브보다는 하나의 카테고리로 사람들을 대하는 것은 문제가 된다. 다양성이 중요하다는 것은 분명하다. 우리가 제공하는 코칭 제안에 대해 생각할 때, 개인이 전하고자 하는 이야기의 총체를 존중하는 개입을 공식화할 필요가 있다.

이것의 함의는 우리는 개인을 하나의 범주에 의해 규정된 존재로 보는 것을 피하고, 대신 그 사람 자신이 세상을 바라보는 방식 그대로 세상에서의 위치성을 이해해야 한다. 4장에서 위치성의 개념을 소개했다. 이 개념은 여기서도 관련이 있다. 코치가 개인적으로나 직업적으로 세상에서 자신의 위치를 이해하는 방식은 다른 다양성에 대한 접근 방식에 영향을 미친다. 마찬가지로 코칭 주체가 취하는 위치성은 코치의 제안에 대한 그들의 시각에 영향을 준다. 코칭을 통해 우리는 단순한 선형적 방식으로, 때로는 세계관에 대한 근본적 도전이 되는 방식으로 세상을 만들고make, 다시 만들려고re-make 한다. 이런 과정에서 우리는 계급, 성별, 능력, 젠더 등 많은 요소에 기반한 결정론적 범주를 넘어설 가능성을 얻는다.

코치는 어떻게 결정론적 범주를 넘어 자신의 '보는 방식'을 변화시키고, 코칭 주체가 세상 속에서 다른 존재가 되려는 비슷한 노력을 도울 수 있는가? 이 과정의 핵심은 주어진 맥락에서 이 사람에게 의미 있는 이야기를 창조해 내는 공식화이다.

고정관념을 피하기 위한 두 가지 접근 방식

다름/차이가 존재하고 위치성을 탐구하려는 의지willingness가 있는 경우, 고정관념을 피하기 위한 두 가지 일반적인 접근 방식이 있다. 하나는 필요need에 더 잘 대응하기 위해 현재의 접근 방식을 조정하는 것이고, 다른 하나는 코칭 주체의 세계라는 다른 관점에서 시작하는 것이다.

따라서 치료 분야에서는 인종적으로 다양한 인구 집단을 대상으로 문화적 민감성을 갖도록 인지 행동 치료를 적용하는 사례가 있다(Huey et al., 2023). 이들은 세 가지 접근 방식을 제안한다. 그 가운데 두 가지 접근 방식은 여기서 채택한 접근 방식, 즉 문화적 적응 전략의 사용 또는 다양성을 포함하도록 모델을 개인화하는 방식과 일치한다. 세 번째는 기술 기반 접근법을 제안한다. 여기서는 문화적 다양성을 예로 들어 이 두 가지 접근법을 검토하지만, 다른 다양성 영역에도 동일한 원칙이 적용된다. 즉, 우리가 가진 것을 조정하게 적응시킬 것인가, 아니면 함께 여정에 참여하는 사람의 세계관에서 시작하여 접근 방식을 재개념화할 것인가?

교차 문화cross-cultural 코칭은 대부분 서구 기업 임원이 문화적으로 민감한 접근 방식을 채택하도록 준비시키는 데 초점을 맞춰 왔다(Law, 2011). 그러나 아시아 기업과 함께 일하면서 그는 아시아 기업이 여러 세대에 걸쳐 다양한 지역에서 운영되는 경우가 많다는 점에 주목했다. 따라서 하나의 문화적 맥락에서 시작했지만, 이후 세대는 창업자들과는 매우 다른 맥락에서 사업을 운영할 수 있게 된다. 이로 인해 ①승계, ②거버넌스, ③세대 간 격차, ④가치관의 파편화 등의 이슈가 발생한다. 다음은 문화적으로 민감한 접근 방식의 몇 가지 예이다.

- 로우Law(2011)는 문화가 코칭 주체의 가치관에 영향을 미치는 중요한 요인인 경우 유연하고 유동적으로 대응할 수 있는 구조-틀을 주장한다.
- 유럽 환경에서 운영되는 중국 기업에 대한 연구에서 크라이캄프Kreikamp(2017)는 현재 급변하는 비즈니스 환경에서 성과를 창출하려면 다양한 국가 및 조직 문화와 사고 방식을 가진 사람들이 협업해야 한다고 지적한다.

- 야사르길Yasargil과 덴튼Denton(2011)은 터키와 중동에서 가족 비즈니스의 코치로 일하면서 가족 비즈니스에서 무엇이 우선인가라는 질문을 던진다. 가족 또는 비즈니스 가운데 무엇이 우선인가?
- 싱가포르의 다문화적 맥락에서 일하는 라마크리슈난Ramakrishnan(2011)은 문화적 교차 흐름이 많고 종종 외부에 숨겨져 있기 때문에 신뢰할 수 있는 파트너로서 코치의 중심적인 역할을 주장한다.

위의 사례에서 내러티브, 역량, 시스템, 체질constitution과 같은 서구의 개념은 문화적으로 더 민감한 방식으로 작동하도록 조정되었다. 리더십이 문화마다 다르게 보인다는 것은 이해하지만, 유사점뿐만 아니라 차이점도 있으므로 다양한 팀과 함께 일하는 유능한 코치는 이러한 시너지를 활용할 수 있다는 주장이다. 플라이스터-텐Plaister-Ten(2016)은 교차 문화적cross-culturally 탐색을 위한 일련의 렌즈(교차 문화 코칭 만화경cross-cultural coaching kaleidoscope)을 제시한다. 종교적 또는 문화적 전통에 부합하는 모델을 구축하려는 시도는 대부분(전부는 아니지만) 문헌에서 찾아볼 수 없었다. 서구적 가정과 이론에서 출발하여 이를 적용하는 것이 아니라, 다른 문화적 입장에서 작업할 때 어떤 원칙과 실천이 도출될 수 있는지 질문하는 것에서 시작할 수 있다(Lane et al., 2023). 코칭 주체의 세계관에 영향을 미치는 원칙은 무엇이며, 이러한 원칙에 따라 작업할 때 어떤 실행이 나타날 수 있는지 등 다양한 입장에서도 동일한 질문을 던질 수 있다.

서양 코칭 모델에서 볼 수 없는 접근 방식은 어떤 모습인가?

아프리카 심리학(Ratele, 2019)과 이슬람 코칭 및 연구 접근법(Auda, 2021; van Nieuwerburgh & Allaho, 2017)의 개념을 바탕으로 이 접근법의 두 가지 예를 살펴보자. 후자는 지도를 의미하는 에르샤드Ershad라는 용어를 사용한다. 이는 신, 자기, 타인, 세계에 대한 이슬람 신앙의 구조-틀 안에서 개인이 원하는 최대 수용력과 성취 수준으로 성장하도록 돕는 안내자(코치)의 역할을 의미한다. 에르샤드는 ①발견, ②의도, ③경로 및 ④노력에 대한 이슬람의 이상을 반영한다. 이러한 원칙은 코칭 과정을 안내하는 데 사용된다.

라텔레Ratele(2019)는 아프리카 심리학의 개념을 탐구하면서 '이곳에서 바라본 세상이 어떤 모습인지' 생각해 보라고 요청한다.

> 여기에서 세계를 심리적으로 이해하려는 노력으로 아프리카 심리학은 억압적인 유럽-미국 중심의 심리학으로부터 우리를 해방시키고, 세계에 존재하는 그대로의 인간이라는 식민지-근대적 개념으로부터 세계적 노력global endeavour으로서의 심리학을 자유롭게 해방시키는 것을 (지향)목표로 한다(Ratele, 2019, p.206).

스타우트-로스트론Stout-Rostron(2019a)은 고용주가 모든 직원을 상호 연결된 시스템의 필수적인 부분으로 보는 아이디어를 촉진하기 위한 방법으로 우분투Ubuntu와 코칭의 통합을 주장한다. 우분투는 우리는 공동체로서 그리고 소속감 안에 존재한다. 이는 현재 우리를 소외/하찮은 존재로 보는 주변화marginalization에 대한 대항counter이다. "우리는 가장 낡은 서구의 개인주의적 비즈니스 이념의 개인 중심주의에서 벗어나 개인보다 집단, 공동체, 조직, 환경에 더 큰 가치를 두는 공유된 세계관을 채택해야 할 의무가 있다."(Stout-Rostron, 2019a, p.92)

개인 리더를 코칭할 때 이는 더 넓은 인류의 길을 따라 각 개인의 여정을 강화함으로써 더 큰 선을 이룰 수 있다(Stout-Rostron, 2019a). **다양성의 관점에서 공식화에 접근**하는 데 핵심이 되는 것은 바로 이러한 **세계관의 전환**shift이다.

이는 공식화에 어떤 의미가 있는가? - 다양한 세계관에 대응하기 위해 공식화 적용

공식화의 개념 자체가 문화적 현상이기 때문에 우리는 질문할 필요가 있다.

Q. 공식화 자체가 서구의 심리학적 전통에 뿌리를 두고 있는데, 이것이 다양성을 다루는 데 어떤 의미가 있는가?

Q. 공식화는 다양성을 다루는 데 유용한 도구인가? 이를 사용할 때 고려해야 할 함정은 무엇인가?

Q. 공식화가 다른 문화의 코칭 모델과 어떻게 조화를 이룰 수 있는가, 아니면 적합하지 않을 수 있다고 주장하고 있는가?

Q. 이 책에서 제안하는 접근법(4P)을 통해 다른 문화권의 코치가 자신의 문화적 배경과 코칭 주체에게 적합한 공식화 접근법을 개발할 수 있는 방법은 무엇인가?

2장에서는 공식화에 대한 다양한 접근법을 살펴보았다. 이러한 접근법은 진단 구조-틀처럼 본질적으로 서구의 다양한 전통에 뿌리를 두고 있다. **진단 중심 코칭 공식화** 사용은 코치가 직면하는 이슈를 보여주는 유용한 예이다. 앞서 건강과 웰니스에 대한 논의에서 다룬 바와 같이 장애disorder와 질병disease에 대한 내러티브는 진단 기준에 기반한다. 이는 개인의 질병 또는 웰니스 경험과는 별개이다. 반면, 질환illness 또는 웰니스wellness에 대한 개인적인 내러티브는 문화 시스템의 영향을 받는 의미 있는 관계 안에서 이해할 것을 내재화한다embed(Nettleton, 2021). 예를 들어, 클라인만Kleinman(1988)은 진단에 의한 질병disease과 개인적이고 주관적인 아픈 상태인 질환illness을 구분한다.[176] 전자는 실천가의 관점과 생의학적 환원주의를 중시하는 반면, 후자는 개인의 생

176) 질병diseas은 의료 전문가들의 용어로 객관적이고 측정 가능하고 규정된 병리학적 상태이다. 신체 조직이나 기관의 기능 장애, 손상이다. 이는 문화나 개인의 느낌과 관계 없는 보편적인 생의학적 실체로 간주된다.

질환/앓음illness은 질병이나 또는 건강 문제로 인해 개인이 느끼는 주관적이고 심리사회적인 경험을 나타낸다. 아픔, 병을 앓는 경험으로 질병 유무와 관계없이 개인이 자신이 건강하지 않다고 느끼는 상태를 포괄하며, 심리적 고통, 사회적 역할 상실, 삶의 의미 변화 등 전인적인 경험에 초점을 맞춘다.

생한 실제 경험을 주목한다. 버처트Burchardt(2019)는 이론과 작업 방법으로서 **질환 내러티브**illness narratives의 역할에 주목한다. 이는 우리가 질환을 개념화conceptualize하는 여러 가지 방식에 시사점을 제공한다. 예를 들어, 질환 내러티브는 사람들이 급성 및 만성 경험을 모두 이해하는 데 도움이 될 뿐만 아니라 세상에 대한 '가정' 자체를 의문시할 수도 있다. 각 개인은 의료진에게 자신의 이야기를 들려주며, 이는 모든 진단이 그 사람의 삶의 구체적인 맥락 안에서만 이해될 수 있다는 것을 의미한다. 이야기를 들려준다는 것은 단순히 일련의 사건의 연속을 제시하는 방식이 아니라, 그 사건들이 어떻게 서로 연결되어 있는지를 보여주는 것이다. 오크스Ochs와 캡스Capps(2009)는 내러티브를 근본적이고 보편적인 것으로 설명하며, 어린 시절 아주 일찍부터 세상을 이해하는 방법으로 등장한다고 말한다. 앱솔론Absolon(2022)은 원주민 공동체가 종종 그들의 이야기에서 분리되어 이야기가 폄하되는 방식에 주목한다. 식민주의적 내러티브에서 벗어나 다시 이야기re-story하는 과정을 통해 공동체가 그들의 이야기를 회복할 수 있도록 재구성하는 과정의 필요성을 강력히 주장한다.

마찬가지로 신경다양성 코칭과 관련하여 도일Doyle과 맥도웰McDowall(2024)은 장애 담론disability discourse과 아이들이 고통스러운 활동에 순응하도록 강요하는 내러티브를 듣는 방식에 대해 지적한다. 바든Barden(2021)은 리더십에 대해 살펴보며, 리더가 세상을 대하는 방식을 탐구하고 리더의 대응을 형성하는 데 유아기 경험의 역할을 파악한다. 바든Barden이 말했듯이, 세상에 대한 '**항해적 자세/태도**navigational stance'를

이해하는 것은 코칭에 필수적인 것으로 여겨진다.[177)]

이를 코칭 주체가 코칭에 가져오는 몇 가지 이슈의 관점에서 생각하면 코칭 주체가 사건을 자신의 삶을 이해하는 패턴에 어떻게 배치하려고 하는지 이해할 수 있다. 여기에는 그들이 자란 문화에 대한 일반적인 감각과 그들 자신의 삶의 경험에 대한 특수성이 포함된다(Lane, 1973; Plaister-Ten, 2016; Roth, 2017). 코리Corrie와 레인Lane(2010)은 이야기를 구성하는 방식의 관점에서 이를 탐구했으며, 이러한 내러티브 과정을 공식화가 도출되는 방식의 핵심으로 간주하고 탐색한다. 코치는 코치의 관점에 특권을 부여하는 진단이나 이론적 공식화를 사용할 수 있지만, 코칭 주체가 말하거나 해석하려는 이야기를 할 수도 있다. 이는 순전히 문화적 입장을 위해 서구의 기술적technical 또는 과학적 공식화를 포기하자는 주장이 아니라는 점에 유의해야 한다. 오히려 앞서 위치성에 대한 논의에서 살펴본 바와 같이 이러한 입장이 코칭 주체와의 관계에서 우리를 어떻게 위치시키는지 이해하는 것을 강조한다.

---

177) 이 개념은 리더가 세상(환경, 조직, 타인)을 대하는 근본적인 심리적 태도를 설명한다. 인용된 자료에 의하면 바든Barden(2021)은 성공적인 리더들이 세상을 '정복해야 할 적'이나 '자신을 억압하는 위협'으로 보지 않고, '함께 일하고 헤쳐나가야 할 파트너'로 인식한다는 점을 발견하고 이를 Navigational Stance라고 명명했다. 이는 실용주의, 냉철한 현실 인식, 실패에 집착하지 않음, 구성원과의 소통에 기반한다는 특징을 들었다. 이외에는 대립적Opposiional 태도, 수동적/굴종적Passive/Subservient 태도를 제시한다.

세상을 내가 마음대로 조종할 수는 없지만, 나의 의지와 기술로 충분히 헤쳐 나갈 수 있는 '항해 가능한 공간'으로 바라보는 세계관이다. 이는 불확실한 현대 사회에서 환경을 탓하거나 무모하게 싸우지 않고, 유연하고 주도적으로 길을 찾아가는 건강한 리더십의 기초가 된다.

서로 다른 세계관을 가진 사람들과 함께 일하기 위해 어떻게 공식화에 접근해야 하는가? 우리 각자는 자신과 타인, 세상을 보는 방식에 영향을 미치는 다양한 요소들, 즉 위치성에 의해 형성된다. 자신과 입장이 매우 다른 '타인'과 함께 일할 때 효과적인 이해를 형성하려면 먼저 우리 자신의 입장과 그것이 우리가 사용하는 의사결정 과정과 정보에 어떤 영향을 미치는지 이해해야 한다. 그런 다음 코칭 주체가 세상에서 자신을 어떻게 위치시키는지, 그리고 그것이 코칭 주체의 의사결정 과정에 미치는 영향을 이해하기 위해 노력해야 한다. 협업을 통해 우리는 당면한 문제에 대한 서로의 관점을 이해하고 변화를 가능하게 하는 더 큰 관점에 도달하려고 노력한다.

최근 웰빙 접근 방식은 다양한 요구, 자원 및 관점을 반영하는 전체 인구, 공동체, 개인을 위한 개입을 주창한다(NHS England, 2023). 이 접근 방식은 질환illness에 대한 이해를 관계 및 가치와 분리하여 개념화할 수 있다는 기술적 패러다임technological paradigm에서 벗어난다. 마찬가지로 코칭에서도 특정 이론이 맥락과 무관한 방식으로 행동하도록 유도할 수 있다. 이는 문화, 성별, 능력, 신경 다양성, 섹슈얼리티 또는 사람을 범주로 구분하는 모든 방식으로 다양성을 다룰 때 특히 위험하다.

위에서 언급한 두 가지 코칭 접근 방식인 에르샤드Ershad와 우분투Ubuntu에서 보듯 코칭 주체를 집단적 관계와 가치로부터 분리하는 코칭은 이야기꾼storyteller을 그들의 이야기에서 분리하는 것과 같다. 그렇게 만들어진 공식화는 실천가가 코칭 주체의 이야기에 대해 만들어낸 이야기가 된다. 코리Corrie와 레인Lane(2010)이 주장하듯, 코칭 주체는 일반적으로 자신이 들려주는 이야기를 통해 자신과 자신의 고민을 표현한다. 코칭을 위해 개인으로서(자신의 이야기를 가지고) 또는 집단으로서(공동으로 구성된 이야기를 가지고) 제시할 때, 그 과정은 그들이 탐구하고자 하는 자기 또는 관계의 어떤 측면, 즉 '긴장 지점'을 중심으로 진행된다. 관련한 여정을 시작하는 데에는 어떤 이유(목적)가 있을 것이다. 이들은 우려와 어려움, 희망, 두려움, 기대, 문제의 원인과 해결책 모색에서 자신이 취하는 역할에 대한 암묵적 또는 명시적 인과관계 이론(자신의 관점)을 가져올 것이다.

이러한 관점이 문화, 가족, 팀, 조직, 공동체, 개인마다 다를 수 있으며, 다양한 **상호교차적 위치성**intersectional positionality을 나타낸다. 다시 라텔레Ratele(2019)의 질문으로 돌아가면, **여기, 그리고 여기와 여기에서 세상은 어떤 모습일까?** 공식화에 접근하는 방법 탐구(2장)에서 주장했듯이, "'여기'가 코칭 주체의 세계관일 때 여기서 바라본 세상은 어떤 모습인가?"라는 위치에서 출발할 필요가 있다. 그러나 코치를 찾아오는 행위에는 코칭 주체가 긴장 완화에 도움이 될 만한 유용한 이야기를 추가할 수 있다고 믿는 암묵적 가정이 내포되어 있다. 그들은 코칭이 어떻게 전개될지(과정)에 대해 어느 정도 감을 잡고 올 것이다. 코칭 주체와 코치는 이슈와 코칭이 어떻게 도움이 될 수 있는지에 대해 (앞서 설명한 것처럼) 별도의 반성적 내러티브reflexive narratives로 시작한다. 이것은 **초기 위치 동일성**positional identification을 나타낸다. 각 당사자는 이러한 **이야기의 청중**이 되고, 앞으로 나아갈 수 있는 새로운 내러티브를 만들기 위해 대본을 **다시 쓰는 공동 저자**가 된다. 코칭을 통해 새로운 **관계적 내**

러티브 동일시relational narrative identification가 공동으로 창조된다.

코리Corrie와 레인Lane(2010)은 공식화를 스토리로 이해하면서 이를 구성할 수 있는 다양한 방법을 탐구한다. 그들은 코칭 주체가 자신의 삶을 이해하기 위해 이야기를 활용하는 방식에 대한 광범위한 문헌이 있지만, 전문적인 설명/분석professional accounts 자체가 이야기에 관한 이야기라는 점에 대해서는 훨씬 적은 연구가 이루어졌다는 점을 지적한다. 미슬러Mishler(1986)의 말을 인용하며, 이들은 우리의 삶을 이야기하려는 충동이 너무 강해서 코칭 주체는 전문적인 해석professional interpretations이 자신이 이야기할 능력을 억압하더라도 자신의 이야기를 하려는 노력을 지속한다는 사실을 상기시킨다. 코칭 주체의 내러티브가 펼쳐질 수 있도록 하는 것의 중요성은 분명하다. 이를 위해서는 공간이 마련되어야 한다. 위에서 언급한 '질환 내러티브'의 개념(Burchardt, 2019)도 이러한 충동을 이해하는 데 도움이 된다. 자기 또는 개인 이야기의 내러티브에 대한 이러한 이해 증진은 심리치료(Neimeyer, 2000)와 코칭(Stelter, 2009) 모두에서 나타났다. 공식화는 코칭 주체가 자신의 삶을 다시 이야기하고re-story 서로 다른 이질적인 정보 출처를 이해하는 데 도움을 주는 방식으로 개념화할 수 있다. 이는 다양한 세계관을 통합하여 '여기와 여기, 그리고 여기'의 관점[여러 조각 이야기 모두를 연결하는 관점]을 공식에 포함시킬 수 있는 방법이다.

이를 위해서는 키즈Keise와 동료들(1993)이 주장한 것처럼 우리의 신념 체계에 상당한 변화가 필요하다. 우리는 우리의 작업 시스템, 이론적 모델, 서비스를 제공하는 조직 자체가 해결책이 아니라 문제의 일부일 수 있음을 인식해야 한다. 아래 질문은 어린이에게만 초점을 맞춘 원문에서 약간 수정했다.

- 경청하는 법을 배워야 한다. 취약하거나 소외된 이들을 대할 때 단순히 코칭 주체와 파트너십에 대해 이야기하는 것만으로는 충분하지 않다. 우리는 보호protection와 권리right의 차이를 명확히 구분해야 한다.
- 개인과 제도 수준에서 고정관념의 영향은 언제나 작용하는 과정이다. 우리는 우리 스스로 모니터링하고 작업 맥락/환경을 주시하는 데 경계를 늦추지 말아야 한다.
- 우리의 이론이 고정관념에 기여할 수 있다. 코칭 주체가 세상을 보는 방식을 이해할 수 있는 방법을 모색해야 한다. 이를 위해서는 '이즘ism[주의]'의 개인적, 구조적 구성 요소에 대한 감각을 키울 수 있도록 역사에 대한 감각과 사회의 다양한 집단 간의 관계에 대한 인식이 필요하다.
- 효과적인 실천을 위해서는 이슈에 대한 자신의 위치성과 타인에 대한 열린 마음 등 개인적 알아차림이 필요하다.
- 코칭 주체는 자신의 삶에 긍정적인 영향을 미치는 프로그램을 원하기 때문에 그들을 약화시키는 신념 체계와 그와 관련된 우리 자신의 힘/권력에 정면으로 맞설 준비가 되어 있어야 한다.

어떤 형태로든 개인의 자기 인식이라는 맥락에서 이는 코치가 전달하고자 하는 이야기의 근본적인 특징에 주의를 기울이는 것이 더욱 중요해진다. 예를 들어, 코리Corrie와 레인Lane(2010)은 **'이야기 모티프**story motif'라는 작업 방식을 설명한다. 이는 전적으로 코칭 주체의 참조 틀에서 작동하며, 그들의 이야기를 탐색이나 발견의 기본으로 삼는다. 이는 실천가의 이론으로 정교하게 다듬어지지 않는다. 코치가 익숙하지 않은 문화의 맥락에서 이것은 상호 만남에 접근하는 유용한 방법을 제공한다. 또한 이야기 구조, 즉 이야기되는 이야기의 구조를 이해하는 방법을 제공하는 **문화적으로 내재된 원형**prototypes에 대한 아이디어를 탐구한다. 여기에는 다음이 포함된다.

1. 이야기의 배경이 되는 장소
2. 현재 우려를 일으킨 사건
3. 코칭 주체가 이에 대해 내부적으로 대응한 방식
4. 코칭 주체가 달성하고자 하는 목표
5. 그들이 취하고 싶은 행동
6. 달성한 결과
7. 개입의 종료 과정

여기에는 위치성의 개념도 관련이 있다. 서로 다른 범주에 기반해 세상을 보는 방식이 이야기 전달 방식에 어떤 영향을 미칠 수 있는가? 우분투Ubuntu와 에르샤드Ershad는 이야기를 구조화할 수 있는 대안적인 방법을 보여준다. 우분투는 공동체와 소속감의 관점에서 구조를 이해하는 데 우선순위를 두고, 에르샤드는 코칭 주체가 올바른 길과 자신의 의도를 개념화하는 방식에 초점을 맞춘다. 따라서 코칭 주체와 함께 공식화을 개발할 때 추구하는 목적이 ①문화와 코칭 주체의 위치성, ②우리 자신의 위치성, ③작업의 맥락에 의해 영향을 받는다는 것을 끊임없이 알아차려야 한다. 특히 ④코칭 주체가 말하고자 하는 이야기, 그 이야기를 어떻게 설정하고, 그 시점에 그 이야기가 갖는 의미에 주의를 기울여야 한다. Q. 왜 지금 개입하는 것이 중요하며, 왜 지금의 개입이 의미가 있는가?

우려를 이해하기 위해 가져온 관점은 특권을 지닌 기능에서 기원을 찾을 수 있다. 이러한 관점은 ①세계 내에서 자신의 위치에 대한 감각, ②만남에서 우리의 역할에 대한 방식, ③우리가 그들과 그들의 필요를 이해하고자 하는 방식에 대한 감각에서 비롯된 ④세상을 보는 방식에서 파생된다. Q. 실천에서 다양성의 역할에 대한 인식에 기반하여 그 이해를 추구하기 위해 우리는 어떤 관점을 채택하고 있는가?

변화를 위한 선택지에는 한계와 가능성이 모두 존재한다. 우리가 앞으로 나아가기 위한 '과정'을 공동으로 설계해 감에 따라 제한과 가능성을 동시에 갖는다. 위에서 주장한 것처럼 코칭을 '**협력적인 상호 만남**collaborative encounter'으로 본다면, 서로 다른 이야기를 공유하면서도 더 큰 관점으로 통합하는 것이 가능해진다. 코칭 주체는 자신의 '반성적 내러티브'를 가지고 있고, 우리는 우리의 내러티브를 가지고 온다. 함께 일하면서 새로운 '관계적 내러티브 정체성'이 확립된다. 코칭 주체와 코치는 더 크고 다양하며 적절한 관점을 채택할 수 있도록 서로를 이해하고 원하는 결과에 기여할 수 있는 아이디어가 무엇인지 모색할 수 있다. 이를 통해 코칭 주체가 믿을 수 있고 실행 가능한 새로운 내러티브를 구축할 수 있다(Gergen & Gergen, 2006).

결론

이 장의 핵심 주제는 우리가 다양한 공동체에서 일하며 세상을 있는 그대로 성찰하는 접근법을 활용해야 한다는 것이다. 너무 오랫동안 코칭의 세계는 서구의 남성 중심 이데올로기에 의해 구성된 것처럼 보였다. 이를 해결하기 위해서는 **지배적인 담론에 대한 비판적 접근** 방식을 채택할 필요가 있다. 이는 출처가 무관하게 모든 담론에 적용된다. 점점 더 많은 코칭 접근법이 글로벌 환경에서 작동하도록 최신 이론을 적용하여 다양성을 통합하려고 노력하고 있다. 그러나 대안은 서로 다른 위치성에서 세상을 바라보는 방식과 일관된 모델을 구축하는 것이다. 이를 위해서는 기존의 가정을 적용하는 것이 아니라 여기서 원칙과 실천이 어떤 모습일지 질문하는 것에서 시작해야 한다.

숙고해야 할 질문

더 다양한 접근 방식을 만드는 방법을 모색하는 코치로서 자신의 위치성이 자신이 전달하는 이야기와 타인의 목소리가 들리도록 하는 방식에 어떤 영향을 미치는지 생각해 보는 것이 중요하다.

Q. 코칭 주체와 그들의 위치성을 이해하고 고정관념과 편견을 깨뜨리고자 하는 스토리텔링을 어떻게 용이하게 할 수 있는가?

Q. 공유된 공식에 도달하기 위해 다른 사람을 이해하면서 자신의 개인적, 전문적 가치를 어떻게 보여줄 수 있는가?

Q. 포용성을 증진하고 코치와 코칭 주체 간의 시너지를 활용하는 코칭 관계를 어떻게 용이하게 조성할 수 있는가?

Q. 다양성과 코칭의 경험을 공유하고 더 큰 공익에 기여하기 위해 글로벌 네트워크에 어떻게 기여할 수 있는가?

결론

코치들은 코칭 주체가 제기하는 딜레마, 우려, 지원 요청을 이해하기 위해 상당한 시간과 에너지를 쏟는다. 이는 효과적인 해결 방안을 설계하는 기초가 된다. 공식화는 코치가 사고와 성찰을 통해서든 혹은 코칭 주체와 공동-창조적 대화를 나누는 과정에서든 특정한 이해에 도달하는 과정이다. 이것이 이 책의 핵심 주제였다.

공식화는 독특하고 가치 있고 점점 더 필요가 높아지는 의미 부여 sense-making의 한 형태이다. 코칭 문헌이나 코치 교육 프로그램에서 역사적으로 충분히 다뤄지지 않았던 것이 있다. 곧 코칭 주체가 이야기를 통해 자신의 길을 찾는 방법이다. 그러나 우리는 코치(그리고 궁극적으로는 그들의 코칭 주체)는 공식화를 근거로 실천을 뒷받침함으로써 상당한 유익을 얻을 수 있다고 믿는다. 공식화는 코칭 주체의 요구를 이해하고 철저히 시스템적 방법을 제공하며, 코칭 대화를 최적의 효과를 얻을 수 있는 탐구 영역으로 이끌어준다. 바로 이러한 믿음이 이 책을 집필하는 데 근거가 되었다. 앞의 각 장은 복잡하지만 매우 보람 있고 영향력 있는 작업의 특정 측면을 자세히 조명하고 검토하고자 했다.

1장은 공식화가 실제로 무엇인지 이해하고, 널리 알려진 이점을 파악하는 데 중점을 두었다. 2장은 코칭을 넘어 전문 실천 문헌에서 역사적으로 주도적인 역할을 해 온 공식화 접근법을 탐구했다. 이 부분은 독자들이 공식화의 기원, 적용 시 이점, 코칭 실천에서 공식화가 중요한 이유를 이해하도록 돕고자 했다.

공식화 관련 연구에 새롭게 기여한 4P 구조-틀(3장부터 8장까지 중점적으로 다룸)을 독자에게 소개했다. 4P, 즉 위치성Positionality, 목적Purpose, 관점Perspective, 과정Process에 주의를 기울이는 것이다. 이는 코칭 대화를 깊고 풍부하게 하고, 코치와 코칭 주체가 유익한 가능성을 탐색하고 탐구 방향을 찾을 수 있게한다. 이는 새로운 공식화 접근법이다. 우리는 간략한 사례 소개와 상세한 사례 연구, 독자들이 각자의 특정 기준과 실천 맥락에 미치는 영향을 검토할 수 있는 질문을 제시했다. 또 네 가지 코칭 영역에 공식화를 적용하고 확장하고자 노력했다.

서두에서 밝혔듯이, 우리의 우선 순위는 학술적 논쟁보다는 코칭 실천에 참여하는 사람들과 그들을 훈련시키는 트레이너들의 요구를 충족하는 것이다. 그럼에도 텍스트의 권위를 위해 코치들이 단순한 체크리스트 접근 방식을 넘어, 자기 실천을 더욱 깊이 있고, 심오하게 성찰할 수 있게 돕는 개념과 이론, 모델을 포함했다. 코칭 문헌 및 기타 자료에서 코치들에게 유용하다고 생각되는 아이디어들도 선별하여 검토했다. 특히 전문적 실천이 더욱 복잡해지는 상황이라 실제 실천 환경에서 직면하는 딜레마를 인위적으로 단순화하지 않으려고 노력했다.

공식화와 코칭의 미래

공식화는 효과적인 코치의 기술 세트에서 핵심적인 위치를 차지하며, 앞으로 몇 년 동안 코칭에서 점점 더 중요해질 것으로 예상된다. 세계가 경제 불안정, 국제 갈등, 파괴적 기술, 기후 변화, 코로나19 팬데믹의 지속적인 여파로 세계적인 사회·정치적 사건이라는 전례 없는 도전에 직면하고 있다. 이러한 사건들은 복잡하고 얽히고설킨 특성과 전통적인 문제 해결 방식에 대한 저항 때문에 “고약한 문제/난제wicked problems”(Brown et al., 2010; Chan, 2023)라고도 불린다. 이는 코칭 실천에 중요한 영향을 미친다(Kovács & Corrie, 2021).

현대 사회에서 효과적인 문제 해결 능력은 역동적이고 불안정한 환경에 적응하는 방법을 이해하는 방식으로 구성되어야 한다. 또한 모호하고 문제가 많은 환경에서 얻은 정보를 평가하고 활용할 수 있는 능력, 높은 수준의 불확실성과 예측 불가능성 속에서도 성공하는 방법을 배우고 받아들이는 기술이 필요하다.

이런 코칭 환경은 현실 세계에서 의사결정을 내리는 데 필요한 역량을 요구한다. 즉 ①고도로 연마된 역량, ②향상된 회복탄력성, ③인지적 민첩성, ④시스템의 복잡성에 대한 더욱 정교한 이해, ⑤코치와 코칭 주체 모두에게 더욱 강한 자기 관리가 중요하다.

모든 코칭 과제가 다 복잡성을 헤쳐나갈 필요는 없다. 그러나 복잡성은 코칭 주체가 코치의 서비스를 찾는 딜레마에서 더 중요하고, 더 빈번하고 많이 나타날 것이라고 예측하는 것이 합리적이다. 단순하고 선형적인 모델은 일부 코칭 주체에게 상당한 긍정적 효과를 제공할 수 있다. 그러나 원인과 결과 사이의 연관성을 직접적으로 파악하거나 심지어 감지조차 불가능한 새로운 코칭 환경에서는 충분하지 않다. 역량 구조-틀에 기반한 모델을 포함하여 과거와 현재의 실천에 기반한 모델은 미래 실천과의 관련성을 보장할 수 없다(Probert & Turnbull James, 2011).

물론, 공식화는 실천의 딜레마에 대해 인위적으로 단순화된 해결책을 제시하지 않는다. 시스템적으로 습득할 수 있는 명확하게 표현된 역량 세트나 현대화되고 세계화된 세계의 예측 불가능성에 대한 안전감을 제공할 수 있는 체크리스트도 제공하지 않는다. 실제로 공식화는 때로 답변보다 더 많은 질문을 제기하며, 코치와 코칭 주체가 함께 작업할 때 활용할 수 있는 여러 가지 잠재적인 행동 방향을 구별하게 한다. 그러나 공식화의 지향 목표는 실천을 공식적인 대응, 구체적인 프로토콜 또는 행동 처방으로 단순화하는 것이 아니다. 오히려 실천을 풍부하게 하는 것이 그 목표이다. 이런 의미에서 우리는 스콧 펙M. Scott Peck(1998)의 다음과 같은 권고에 동의한다.

> 모든 것을 단순화하려는 충동을 버리고, 공식과 쉬운 답을 찾는 욕구를 버리고, 다차원적으로 생각하기 시작하라. 삶의 신비와 역설을 기뻐하며, 각 경험에 내재된 수많은 원인과 결과에 당황하지 말고, 삶이 복잡하다는 사실을 인정하라(p.14).

이 책을 쓰면서 여러분의 이러한 노력에 도움이 되었기를 바란다.

여정의 다음 단계

이 책의 서론에는 이어지는 장들에서 필요한 내용을 명확히 하는 데 도움이 되는 일련의 질문을 제시했다. 결론적으로, 처음에 했던 답변을 다시 검토해 보자. 생각이나 실천 방식에서 변화된 점(혹은 더 깊이 생각하거나 실험해 볼 가치가 있는 점), 그리고 관심을 불러일으켰을 만한 아이디어, 관점, 실천 방식을 재차 파악해 보기 바란다. 이러한 노력을 지원하기 위해 다음과 같은 질문을 추가한다.

Q. 이 책의 내용을 읽고 이해한 바를 바탕으로, 이제 코칭 주체, 그의 이슈, 그들에게 영향을 미치는 요인들을 어떻게 이해하려고 노력하는가? 접근 방식에 어떤 변화가 있었는가?

Q. 코칭 주체의 가치를 이해하는 동시에 자신의 개인적, 전문가적 가치를 탐구하여 공통된 이해에 도달할 수 있는 방법은 무엇인가? 이 책을 읽은 후 변화된 점이 있다면 무엇이며, 더 탐구하고 싶은 점은 무엇인가?

Q. 이 책을 읽고 나서 자신과 코칭 주체의 관점을 솔직하게 공유하고 시너지 효과를 극대화할 수 있는 코칭 관계를 어떻게 발전시킬 수 있는가? 이전에는 접하지 못했지만 지금은 코칭 주체와

함께 탐구하고 싶은 영역이 있는가?

Q. 향후 실천에 도움을 위해 이 책에서 무엇을 더 얻어갈 수 있는가?

마지막 한마디

이 여정에 함께하게 된 이유가 무엇이든, 이 책이 답을 제공한 만큼 많은 질문을 불러일으켰기를 바란다. 결국 어떤 분야에서든 **전문적인 실천**은 ①우리의 지식이 항상 부분적이라는 사실, ②우리가 가진 증거의 상당 부분이 반박될 수 있다는 사실, 그리고 ③좋은 질문을 던지는 능력이 "정답"(아무리 매력적으로 보일지라도)을 찾는 것보다 더 낫다는 사실을 받아들이고 ④자신감을 가지고 작업을 수행할 수 있는 능력을 요구한다.

따라서 우리와 함께한 이 여정의 마무리가 여러분의 코칭 실천에서 공식화가 어떤 역할을 했고 앞으로 어떤 역할을 할 수 있을지 생각해 보는 새로운 여정의 시작이 되기를 바란다.

시인 T. S. 엘리엇(1942)의 말을 인용하자면, "끝을 내는 것은 시작하는 것이다. 끝은 우리가 시작하는 곳이다to make an end is to make a beginning. The end is where we start from."

참고 문헌

- Abbott, G. (2018).Cross-cultural coaching: A paradoxical perspective. In E. Cox, T. Bachkirova, & D. Clutterbuck (Eds.), *The complete handbook of coaching* (pp. 378-398/ Sage.
- Abrams, D., & Hogg, M. A. (1990). An introduction to the social identity approach. In D. Abrams & M. A Hogg (Eds.), *Social identity theory: Constructive and critical advances* (pp. 1-9). Harvester-Wheatsheaf.
- Absolon, K. (2022). *Kaadossiwiin: How we come to know. Indigenousre-search methodologies* (2nd ed.). Femwood Publishing.
- The Academy of Medical Sciences. (2016). *Improving the health of the public by 2040*. https://acmedsci.ac.Uk/file-download/41399-5807581429f81.pdf. Accessed 04/12/2023.
- Acevedo, S. M., Aho,M., Cela, E., Chao, J. C., Garcia-Gonzales, I., MacLeod, A., Moutray, C., & Olague,C. (2015). Positionality as knowledge: From pedagogy to praxis. *Integral review: A Transdisciplinary & Transcultural Journal for New Thought, Research, & Praxis*, 11(1), 28-46.
- Addison, L., &Shapiro, J. (2023). Coach for positive (Coach4+): Using the intersection of positive psychology, positive organisational psychology and executiveleadership coaching to facilitate positive leadership outcomes. *Coaching: An International Journal of Theory, Research and Practice*, 16(2),219-232. https://doi.org/10.1080/17521882.2023.2216776
- Adelman, C. (1993).Kurt Lewin and the origins of action research. *Educational Action Research*, 7(1), 7-24.
- Ahmadinia, H.,Eriksson-Backa, K., & Nikou, S. (2022). Health-seeking behaviours of immigrants, asylum seekers and refugees in Europe: A systematic review of peer-reviewe darticles. *Journal of Documentation*, 78(7), 18-41.

https://doi.org/10.1108/JD-10-2020-0168

- Ahmann, E., Leikin,S., Smith, K., Ellington, L., & Pille, R. (2020). Exploring health literacy and its relationship to health and wellness coaching. *International Journal of Evidence Based Coaching and Mentoring*, 18(2), 83-100. DOI: 10.24384/9qz4-w404
- Ahmann, E., Smith,K., Ellington, L., & Pille, R. O. (2019). Health and wellness coaching and psychiatric care collaboration in a multimodal intervention for attention-deficit/ hyperactivitv disorder: A case report. *The Permanente Journal*, 24(18), Article 256. DOI:10.7812/TPP/18.256
- Alcoff, L. (1988). Cultural feminism versus post-structuralism: The identity crisis in feminist theory. *Signs: Journal of Women in Culture and Society*, 13(3),405^36. https://dx.doi.org/10.1086/494426
- Allan, P. (2007). Thebenefits and impacts of a coaching and mentoring programme for teaching staff in secondary school. *International Journal of Evidence Based Coaching and Mentoring*, 5(2), 12-21.
- Anthony, E. L.(2017). The impact of leadership coaching on leadership behaviors. *Journal of Management Development*, 36(1), 930-939. https://doi.org/10.1108/JMD-06-2016-0092
- Antonovsky, A. (1979). *Health, stress, and coping*. Jossey-Bass.
- Antonovsky,A. (1987). *Unraveling the mystery of health: How people manage stress and stay well*. Jossey-Bass.
- Antonovsky, A. (1996). The salutogenic model as a theory to guide health promotion. *Health Promotion International*, 11(1), 11-18. https://doi.Org/10.1093/heapro/ll.l.ll
- APA.(2024). Roads to Resilience, https://www.apa.org/topics/resilience
- Armstrong, C., Wolever, R., Manning, L., et al. (2013). Group health coaching: Strengths, challenges, and next steps. *Global Advances in Health and Medicine*, 2(3), 95-102. https://doi.org/10.7453%2Fgahmj.2013.019
- Arnold, T., Kleve, H., & Roth, S. (2023). Within a mesh of expectations: Dealing with dilemmas in business families using systemic tools from family coaching. *Systems Research and Behavioral Science*, 40(A), 713-722. https://doi.org/10.1002/sres.2962
- Association for Coaching. (2023). *AC team coaching accreditation scheme: Competency framework*, https://cdn.ymaws.com/www.associationforcoaching.com/resource/resmgr/accreditation/teamcoachingaccreditation/ac_team_coaching_competenc_.pdf. Accessed 22/05/2024.
- Association for Professional Executive Coaching and Supervision (APECS). (2024). *Team coach accreditation*, https://www.apecs.org/team-coach-accreditation. Accessed 22/05/2024.

- Athanasopoulou, A., & Dopson, S. (2018). A systematic review of executive coaching outcomes: Is it the journey or the destination that mattersthe most? *Leadership Quarterly*, 29(1), 70-88. https://doi.Org/10.1016/j.leaqua.2017.ll.004
- Atter, N. (2009) Interim supplementary guidance for chartered psychologist sseeking approval and acting as Approved Clinicians. *Forensic Update*, 98, 7.
- Auda, J. (2021). *Reenvisioning Islamic Scholarship Maqasid Methodology as a new approach*. Claritas Books.
- Bachkirova, T. (2015). Self-deception in coaching: An issue in principle and a challenge for supervision. *Coaching: An International Journal of Theory, Research and Practice*, 5(1), 4-19. https://psycnet.apa.org/doi/10.1080/17521882.2014.998692
- Bachkirova, T. (2016). The self of the coach: Conceptualization, issues and opportunities for practitioner development. *Consulting Psychology Journal: Practice and Research*, 68(2), 143-156. https://psycnet.apa.org/doi/10.1037/cpb0000055
- Bachkirova, T., Jackson, P., Gannon, J., Iordanou, I., & Myers, A. (2020). Reconceptualising coach education from the perspectives of pragmatism andconstructivism. *Philosophy of Coaching: An International Journal*, 2(2), 29-50. http://dx.doi.org/10.22316/poc/02.2.03
- Bachkirova, T., & Kemp, R. (2024). Al coaching: Democratising coaching service or offering an ersatz? *Coaching: An International Journal of Theory, Research and Practice*, 1-19. DOI: 10.1080/17521882.2024.2368598
- Bachkirova, T., Spence, G., & Drake, D.(2017). *The SAGE handbook of coaching*. Sage.
- Baldwin, D. R., & Cherry, M. (2019). Exploring the use of internal coaches. *Consulting Psychology Journal: Practiceand Research*, 71(3), 2-10.
- Baptist,J., Hamon, R. R. (2022). Family systems theory. In K. Adamsons, A. L. Few-Demo, C. Proulx,& K. Roy (Eds.), *Sourcebook of family theories and methodologies* (pp. 209- 226.). Springer International Publishing, http://dx.doi.org/10.1007/978-3-030-92002-9_14
- Barber, H. F. (1992). Developing strategic leadership: The US army war college experience. *Journal of Management Development*, 11,4-12. DOI:10.1108/02621719210018208
- Barden, S. (2021). *How successful leaders do business with their world: The navigational stance*. Routledge.
- Baron,H., & Azizollah, H. (2019). Coaching and diversity. In S. Palmer & A.Whybrow (Eds.), *Handbook of coaching psychology: A guide for practitioners* (pp. 500-511) Routledge. 헬렌 바론, 한나 아지졸라. 「코칭과 다양성」『코칭심리학: 실천연구자를 위한 안내서』 강준호, 김태리, 김현화, 신혜인 옮김. 김상복 감수. 한국코칭수

퍼비전아카데미. 2023.

- Baron, L., & Morin, L. (2009). The coach-coachee relationship in executive coaching: A field study. *Human Resource Development Quarterly*, 20(1), 85-106. https://doi.org/10.1002/hrdq.20009
- Baron, L., Morin, L.,& Morin, D. (2011). Executive coaching: The effect of working alliance discrepancy on the development of coachees' self-efficacy. *Journal of Management Development*, 30(9), 847-864. https://psycnet.apa.org/doi/10.1108/02621711111164330
- Baron, R. S., & Kerr. N. L. (2003). *Group process, group decision, group action*(2nd ed.). McGraw-HillEducation.
- Baucom, D. H., Fischer, M. S., Corrie, S., Worrell, M., & Boeding, S. E. (2020). *Treating relationship distress and psychopathology in couples: A cognitive-behavioural approach*. Routledge.
- Baucom, D. H., Kirby,J. S., Fischer, M. S., Baucom, B. R., Hamer, R., & Bulik, C. M. (2017). Findings from a couple-based open trial for adult anorexia nervosa. *Journal of Family Psychology*, 31(5), 584-591.
- Bavelas, J. B, & Segal, L. (1982). Family systems theory: Background and implications. *Journal of Communication*, 32, 89-107.
- Bayeck, R. Y. (2022). Positionality: The interplay of space, context and identity. *International Journal of Qualitative Methods*, 27(1).
- Beck, A. T., Rush, A.J., Shaw, B. F., & Emery, G. M. (1979). *Cognitive behavioral therapy of depression*. Guildford Press.
- Bell, R. (2017). *Psychosocial pathways and health outcomes: Informing action on health inequalities*. Public Health England.
- Benishek, L. E.,& Lazzara, E. H. (2019). Teams in a new era: Some considerations and implications. *Frontiers in Psychology*, 10, 1006. https://doi.org/10.3389/fpsyg.2019.01006
- Bentley, H., etal. (2020). *How safe are our children? An overview of data on adolescent abuse*. NSPCC.
- Berger, P. L.,& Luckman, T. (1967). *The social construction of reality: A treatise in the sociology of knowledge*. Anchor.
- Berkowitz, B., Wadud, E. (2023). *Identifying community assets and resources*. The Community Tool Box. https://ctb.ku.edu/en/table-of-contents/assessment/assessing-community-needs-and-resources/identify-community-assets/main
- Berry, P. (2020). Developing adaptive expertise in executive coaching. *International Journal of Evidence Based Coaching and Mentoring*, SI, 32-5. DOI: 10.24384/yxxf-fkl4
- Bietti, L. M.,Tilston, O., & Bangerter, A. (2018). Storytelling as adaptive collective sense-making. *Topics in Cognitive Science*, 11(4), 710-732. https://psycnet.apa.

org/doi/10.1111/tops.12358

- Bignall, T., Jeraj,S., Helsby, E., & Butt, J. (2019). *Racialdisparities in mental health: Literature and evidence review*. Race Equality Foundation.
- Bickenbach, J., Rubinelli, S., Baffone, C., & Stucki, G. (2023). The human functioning revolution:Implications for health systems and sciences. *Frontiersin Science*, 1, 1118512.
- Blakey, M. L. (2020). Archaeology under the blinding light of race. *Current Anthropology*, 61(S22), S183-S197.
- Bleck, J., De Bate,R., Garcia, J., & Gatto, A. (2023). A pilot evaluation of a university health and wellness coaching program for college students. *Health Education Behavior*, 50(5), 613-621. DOI:10.1177/10901981221131267
- Boal, K. B., & Schultz, P. L. (2007). Storytelling, time and evolution: The role of strategic leadership in complex adaptive systems. *The Leadership Quarterly*, 18(4), 411-128. https://doi.Org/10.1016/j.leaqua.2007.04.008
- Boje, D. M. (1991). The storytelling organization: A study of story performance in an office-supply firm. *Administrative Science Quarterly*, 36(1), 106-126.
- Boje, D. M. (2018). *Organizational research: Storytelling in action*. Routledge. https://doi.org/10.4324/9781315205854
- Bolam, R. (2008). Professional learning communities and teachers' professional development. In D. Johnson & R. Maclean (Eds.), *Teaching: Professionalization, development and leadership: Festschrift for Professor Eric Hoyle* (pp. 159-179). Springer Netherlands.
- Bolden, R.,& Gosling, J. (2006). Leadership competencies. Time to change the tune? *Leadership*, 2(2), 147-163. https://psycnet.apa.org/doi/10.1177/1742715006062932
- Boniwell, I., & Smith, W. A. (2018). Positive psychology coaching forpositive leadership. In S. Green & S. Palmer (Eds.), *Positive psychology coaching in practice* (pp. 159-175). Routledge.
- Boulton,J. G., Allen, P. M., & Bowman, C. (2015). *Embracing complexity: Strategic perspectives for an age of turbulence*. Oxford University Press.
- Bourne, A., & Whybrow, A. (2019). Using psychometrics in coaching. In S. Palmer & A. Whybrow (Eds.), *Handbookof coaching psychology: A guide for practitioners* (2nd ed.) (pp.512-526). Routledge. https://doi.org/10.4324/9781315820217
- Bowen, M. (1978). *Family therapyin clinical practice*. Jason Aronson.
- Boyatzis, R. E. (2006). An overview of intentional change from a complexity perspective. *Journal of Management Development*, 25, 607-623. https://psycnet.apa.org/doi/10.1108/02621710610678445
- Boyce, L. A., Jackson, R. J., & Neal, L. J.(2010). Building successful leadership coaching relationships: Examining impact of matching criteria in a leadership

coaching programme. *Journal of Management Development*, 29(10), 914-931. https://psycnet.apa.org/doi/10.1108/02621711011084231

• Boyd, R. L., Blackburn, K. G., & Pennebaker, J. W. (2020). The narrative arc: Revealing core narrative structures through text analysis. *Science Advances*, 6(32), eaba2196. https://dx.d0i.0rg/l 0.1126/sciadv.aba2196

• Brabender, V. M., Smolar, A. I., & Fallon, A. E. (2004). *Essentials of group therapy*. John Wiley & Sons.

• Bradley-Cole, K., Denicolo, P., & Daniels, M. (2023). It's the way 1 tell them. A personal construct psychologv method for analysing narratives. *Journal of Constructivist Psychology*, 36(4), 467-482. https://doi.org/10.1080/10720537.2023.2168806

• British Psychological Society. (2005). *Subject benchmarks for applied psychology*. British Psychological Society.

• British Psychological Society, (2011). *Good practice guidelines on the use of psychological formulation*. Division of Clinical Psychology, British Psychological Society.

• Brower,T. (2021, August 22). *The power of purpose and why it matters now*. Forbes. https://www.forbes.com/sites/tracybrower/2021/08/22/the-power-of-purpose-and-why-it-matters-now/?sh=3 e5 e86dd163a

• Brown, J. (1999). Bowen family systems theory and practice: Illustration and critique. *Australian and New Zealand Journal of Family Therapy*, 20(2), 94-103. https://psycnet.apa.org/doi/10.1002/j.1467-8438.1999.tb00363.x

• Brown, S. W., & Grant, A. M.(2010). From GROW to GROUP: Theoretical issues and a practical model for group coaching in organizations. *Coaching: AnInternational Journal of Theory, Research and Practice*, 3(1), 30-45. https://psycnet.apa.org/doi/10.1080/17521880903559697

• Brown,V. A., Harris, J. A., & Russell, J. Y. (2010). *Tackling wicked problems through trans-disciplinary imagination*. Earthscan.

• Bruch, M. (Ed.) (2015). *Beyond diagnosis. Case formulation in cognitive behavioural therapy* (2nd ed.). Wiley-Blackwell.

• Bruch, M., & Bond, F. W. (Eds.) (1998). *Beyond diagnosis: Case formulation approaches in CBT*. Wiley-Blackwell.

• Bruner,J. S. (1990). *Acts of meaning*. Harvard University Press.

• Buckley, A. (2007). The mental health boundary in relationship to coaching and other activities. *International Journal of Evidence Based Coaching and Mentoring*, SI, 17-23.

• Burchardt, M. (2019). *Illness narratives as theory and method*. Sage.

• Bushe, G. R., & Marshak, R. J. (2015). *Dialogic organization development: The theory and practice of transformational change*. Berrett-Koehler.

- Butler, G. (1998). Clinical formulation. In A. S. Bellack & M. Hersen (Eds.), *Comprehensive clinical psychology* (pp. 1-24). Pergamon.
- Campaign for Social Science. (2017). *The health ofpeople. How the social sciences can improve population health*. Sage, https://doi.org/10.4135/9781473998889
- Capra, F., &Luisi, P. L. (2014). *The systems view of life: A unifying vision*. Cambridge University Press, https://d0i.0rg/l0.1017/CB09780511895555
- Carkhuff, R. R.,& Berenson, B. G. (1967). *Beyond counselling and therapy*. Holt, Reinhart and Winston.
- Carlson, M.(2017). *CBT for psychological well-being in cancer*. Wiley-Blackwell.
- Cavanagh, M. (2006). Coaching from a systemic perspective: A complex adaptive conversation. In D.R. Stober & A. M. Grants (Eds.), *Evidence based coaching handbook: Putting best practices to work for your clients* (pp.313-354). John Wiley & Sons.
- Cavanagh, M. J.(2013). The coaching engagement in the twenty-first century: New paradigms for complex times. In S. David, D. Clutterbuck, & D. Megginson (Eds.), *Beyond goals: Effective strategies for coaching and mentoring* (pp.151-184). Ashgate.
- Cavanagh, M., & Grant, A. M. (2006). Coaching psychology and the scientist practitioner model. In D. A. Lane & S. Corrie (Eds.), *The modern scientist-practitioner: A guide to practice in psychology* (pp.146-157). Routledge.
- Cavanagh, M., &Lane, D. A. (2012). Coaching psychology coming of age: The challenges we face in the messv world of complexity. *International Coaching Psychology Review*, 7(1), 75-90.
- Cavanagh, M., Stem,L., & Lane, D. A. (2016). Supervision in coaching psychology: A systemic developmental psychological perspective. In D. A. Lane, M. Watts, & S. Corrie (Eds.), *Supervision in the psychological professions*. Open University Press.
- Cedric, X., McGee, D.P., Nobles, W., & Luther, X. (1975). Voodoo or IQ: An introduction to African psychology. *Journal of Black Psychology*, 1(2), 9-29.
- Centre for Social Justice. (2021). *Pillars of community: Why communities matter and what matters to them*. The Centre for Social Justice.
- Chalmers, A. F.(2013). *What is this thing called science?* (4thed.). University of Queensland Press.
- Chan, J. K. H. (2023). The ethics of wicked problems: An exegesis. *Socio-Ecological Practice Research*, 5, 35-17. https://doi.org/10.1007/s42532-022-00137-3
- Chand, A. (2008). Every child matters? A critical review of child welfare reforms in the context of minority ethnic children and families. *Child Abuse Review: Journal of the British Association for the Study and Preventionof Child Abuse and Neglect*, 17(1), 6-22.

- Chapman, L. (2018). *Integrated experiential coaching: Becoming an executive coach*. Routledge.
- Chapman, L.(2023). *The evidence-based practitioner coach: Understanding the integrated experiential learning process*. Routledge.
- Chapman, L. S., Lesch, N., & Baun, M. P. (2007). The role of health and wellness coaching in work site health promotion. *American Journal of Health Promotion*, 21(6), 1-12. DOI:10.4278/0890-1171-21.6.TAHP-1
- Chappell, C., Rhodes, C., Soloman, N., Tennant, M., & Yates, L. (2003). *Reconstructing the lifelong learner: Pedogogy and identity in individual, organisational and social change*. Routledge. http://dx.doi.org/10.4324/9780203464410
- Charmaz, K.(2014). *Constructing grounded theory*. Sage.
- Checkland, P. B.(1981). *Systems thinking, systems practice*. JohnWiley Publishing.
- Checkland, P. B.(1989). Soft systems methodology. *Human Systems Management*, 5(4), 273-289.
- Checkland, P. (2000). Soft systems methodology: A thirty-year retrospective. *Systems Research and Behavioral Science*, 77(S1), SI 1-S58.
- Christodoulou, J. A., Okano, K. H., Gove, A., McBride, C., Raihani, R., Strigel, C., Perez, L. T.,& Chakraborty, A. (2022). Diversity and social justice in education. In A.K. Duraiappah, N. M. van Atteveldt, G. Borst, S. Bugden, O. Ergas, T. Gilead,L. Gupta, J. Mercier, K. Pugh, N.C. Singh, & E. A. Vickers (Eds.), *Reimagining education: The international science and evidence-based education assessment*. UNESCO MGIEP.
- Christoffersen, A.,& Emejulu, A. (2023). "Diversity within": The problems with "intersectional" white feminism in practice. *Social Politics: International Studies in Gender, State & Society*, 30(2), 630-653. https://doi.org/10.1093/sp/jxac044
- Clutterbuck, D.(2007). *Coaching the team at work*. Nicholas Brealey International.
- Clutterbuck, D. (2020). *Coaching the team at work: The definitive guide to team coaching* (2nd ed.). Nicholas Brealey International.
- Clutterbuck, D. (2023). *Coaching and mentoring: A journey through the models, theories, frameworks and narratives of David Clutterbuck*. Routledge. https://doi.org/10.4324/9781003323990
- Clutterbuck, D., Gannon, J., Hayes, S., lordanou, I., Lowe, K., & MacKie., D. (2019). Introduction. In D. Clutterbuck, J. Gannon, S. Hayes, I. lordanou, K. Lowe, & D. MacKie (Eds.), *The practitioner's handbook of team coaching* (pp. 1-8). Routledge. https://doi.org/10.4324/9781351130554. 『팀 코칭 이론과 실천』 강하룡, 박순천, 박정화, 박준혁, 우성희, 윤선동, 최미숙 옮김. 한국코칭수퍼비전아카데미. 2022.

- Coghlan,D., & Brannick, T. (2004). *Doing action research in your own organization* (2nd ed.). Sage.
- Colley,H. (2003). Engagement mentoring for "disaffected" youth: A new model of mentoring for social inclusion. *British Educational Research Journal*, 29(4),521-542.
- Collins, L., Carson, H. J., & Collins, D. (2016). Meta cognition and professional judgment and decision making in coaching: Importance, application and evaluation. *International Sport Coaching Journal*, 3(3), 355-361.
- Commissionon Young Lives. (2022). https://thecommissiononvounglives.co.uk. Accessed 30/01/2025.
- Communities Education Trust. (2021). *Report on a project at Windmill School*. Tamworth Communities Education Trust.
- Cook-Greuter,S. R. (1999). *Post-autonomous ego development: A study of its nature and measurement* [Unpublished doctoral dissertation]. Harvard Graduate School of Education.
- Cordingley,P., Bell, M., Thomason, S., & Firth, A. (2005). *The impact of collaborative continuing professional development (CPD) on classroom teaching and learning*. Evidence for Policy and Practice Information and Co-ordinating Centre.
- Cordingley,P., & Buckler, N. (2012). Mentoring and coaching for teachers' continuing professional development. In S. J. Fletcher & C. A. Mullen (Eds.), *SAGE handbook of mentoring and coaching in education* (pp.215-227). http://dx.doi.org/10.4135/9781446247549. nl5
- Corker, M., & French, S. (1999). *Disability discourse*. McGraw-Hill Education.
- Corrie,S. (2009). *The art of inspired living*. Karnac Books.
- Corrie,S. (2018). *The art of inspired living: Coach yourself with positive psychology*. Routledge.
- Corrie,S. (2019, February 7). What do coaches need to know about mental health? Webinar for the Special Group in Coaching Psychology of the British Psychological Society.
- Corrie,S. (2020). *Equipping cognitive behavioural therapists for a complex professional world: In search of a framework for training and supervision* [Unpublished doctoral thesis]. Middlesex University.
- Corrie,S., & Kovács, L. (2017). Navigating client diversity: Why coaching needs formulation. *Coaching Today*, April, 6-11.
- Corrie, S., & Kovács, L. (2019). The functions of formulation in coaching psychology. *The Coaching Psychologist*, 15(1), 66-75.
- Corrie, S., & Kovács, L. (2021). Addressing the self-care needs of coaches through the use of formulation. *Coaching: An International Journal of Theory, Research & Practice*. DOI:10.1080/17521882.2021.1926523
- Corrie, S., Kovács, L. C., & Lane, D. A. (2021). Beyond the first session: Models

of coaching, including formulation. In M. Watts, R. Bor, & I. Florance (Eds.), *The trainee coach handbook* (pp.89-108). Sage.

- Corrie, S., & Lane, D. A. (2006). Constructing stories about clients' needs: Developing skills in formulation. In R. Bor & M. Watts (Eds.), *The trainee handbook: A guide for counselling and psychotherapy trainees* (pp. 68-90). Sage.
- Corrie, S., & Lane, D. A. (2010). *Constructing stories, telling tales: A guide to formulation in applied psychology*. KamacBooks, https://doi.org/10.4324/9780429473173
- Corrie, S. & Lane, D. (2013). Decision-making and the coaching context. *International Coaching Psychology Review*, 2, 70-78.
- Corrie, S., &Lane, D. A. (2015). *CBT supervision*. Sage.
- Corrie, S.,& Lane, D. A. (2021). *First steps in cognitive behaviour therapy*. Sage.
- Corrie, S., & Parsons, A. (2021). The contribution of coaching to mental health care: Anemerging specialism for complex times. In M. Watts & I. Florance (Eds.), *Emerging conversations in coaching* (pp. 60-77). Routledge.
- Corrie, S.,Townend, M. J., & Cockx, A. (2016). *Assessment and case formulation in cognitive behavioural therapy* (2nd ed.). Sage.
- Cosgrove, F., & Corrie, S. (2020). Promoting well-being through the emerging specialism of health and wellness coaching. *The Coaching Psychologist*, 16(2), 35-45. https://doi.org/10.53841/bpstcp. 2020.16.2.35
- Cosgrove, F. L., Corrie, S., & Wolever, R. Q. (2021). An exploration of personal benefits reported by students of a health and wellness coach training programme. *Coaching: An International Journal of Theory, Research and Practice*, 15(1), 85-101.
- Costa, A. C. (2024). Work teams. In M. Bal (Ed.), *Elgar encyclopaedia of organizational psychology* (pp. 692-700). Edward Elgar.
- Costa, A. C., Fulmer, C. A., & Anderson, N. R. (2018). Trust in work teams: An integrative review, multilevel model, and future directions. *Journal of Organizational Behavior*, 39(2), 169-184.
- Coultas, C. W., Bedwell, W. L., Burke, C. S., & Salas, E. (2011). Values-sensitive coaching: The DELTA approach to coaching culturally diverse executives. *Consulting Psychology Journal: Practice and Research*, 63, 149-161.
- Council of Europe.(2022). Free to Speak Safe to Learn, https://www.coe.int/en/web/campaign-free-to-speak-safe-to-leam#:~:text=The%20Council%20oP/o20Europe%20project,Council%20of%20Europe's%20member%20states
- Cox, E., & Bachkirova, T. (2007). Coaching with emotion: How coaches deal with difficult emotional situations. *International Coaching Psychology Review*, 2(2), 178-189.
- Cox, E., Bachkirova,T., & Clutterbuck, D. (2018). *The complete handbook of*

coaching. Sage.
- Cranton, P. (2005). Transformative learning. In L. English (Ed.), *International encyclopedia of adult education* (pp. 630-637). Palgrave Macmillan.
- Creasy, J., & Patterson, F. (2005). As cited in van Nieuwerburgh, C. (2018). Coaching in education: An overview. In C. van Nieuwerburgh (Ed.), *Coaching in education: Getting better results for students, educators, and parents* (1st ed.) (pp. 3-23). Routledge.
- Crehan, K. (2016). *Cramsci's common sense: Inequality and its narratives*. Duke University Press.
- Crenshaw, K. W. (1989). Demarginalising the intersection of race and sex. *University of Chicago Legal Forum*, 8,139-168.
- Crevani, L., Uhl-Bien, M., Clegg, S., & By, R. T. (2021). Changing leadership in changing times II. *Journal of Change Management*, 21(2), 133-143. https://doi.org/10.1080/14697017.2021.1917489
- Cripps, B. (2017). *Psychometrictesting: Critical perspectives*. Wiley.
- Dagan,O., Groh, A. M., Madigan, S., & Bernard, K. (2021). A lifespan development theory of insecure attachment and internalizing symptoms: Integrating meta-analytic evidence via a testable evolutionary mis/match hypothesis. *Brain Sci.*, 11, 1226. https://doi.org/10.3390/brainsci 12070820
- David, D., Cristea, I., & Hofmann, S. G. (2018). Why cognitive behavioral therapy is the current gold standard of psychotherapy. *Frontiers in Psychiatry*, 9(4), 1-3.
- David, S., Clutterbuck, D., & Megginson, D. (2013). *Beyond goals: Effective strategies for coaching and mentoring*. Routledge. https://doi.org/10.4324/9781315569208
- Davies, B., & Harre, R. (1990). Positioning: The discursive production of selves. *Journal for the Theory of Social Behaviour*, 20(1), 43-63.
- Day, A., De Haan, E., Sills, C., Bertie, C., & Blass, E. (2008). Coaches' experiences of critical moments in coaching. *International Coaching Psychology Review*, 3(3), 207-218.
- Day, A.,Hartling, N., & Mackie, B. (2016). The psychologically healthy workplace: Fostering employee well-being and healthy businesses. In A. M. Rossi, J. A. Meurs, & P. L. Perrewe (Eds.), *Stressand quality of working life: Interpersonal and occupation-based stress* (pp.199-217). IAP Information Age Publishing.
- Day,D. V., Riggio, R. E., Tan, S. T., & Conger, J. A. (2021). Advancing thescience of 21st-century leadership development: Theorv, research, andpractice. *The Leadership Quarterly* 32(5),1-10.
- De Brun, A., & McAuliffe, E. (2020). Identifying the context, mechanisms and outcomes underlying collective leadership in teams: Building a realist programme theory. *BMC Health Services Research*, 20,1-13.

- DeFehr, J., (2017). Navigating psychiatric truth claims in collaborative practice: A proposal for radical critical mental health awareness. *Journal of Systemic Therapies*, 36(3), 27-38.
- De Haan, E., Bertie, C.,Day, A., & Sills, C. (2010). Critical moments of clients and coaches: A direct-comparison study. *International Coaching Psychology Review*, 5(2), 109-128.
- De Haan, E., Culpin, V., & Curd, J. (2011). Executive coaching in practice: What determines helpfulness for clients of coaching? *Personnel Review*, 40(1), 24-44. https://doi.org/10.1108/00483481111095500
- De Haan, E., Duckworth, A., Birch, D., & Jones, C. (2013). Executive coaching outcome research: The contribution of common factors such as relationship, personality match, and self-efficacy. *Consulting Psychology Journal: Practice and Research*, 65(1), 40-58.
- De Haan, E., Grant, A. M., Burger, Y., & Eriksson, P.-O. (2016). A large-scale study of executive and workplace coaching: The relative contributions of relationship, personality match and self-efficacy. *Consulting Psychology Journal: Practice and Research*, 68(3),189-207.
- De Haan, E., Molyn, J., & Nilsson, V. O. (2020). New findings onthe effectiveness of the coaching relationship: Time to think differently about active ingredients? *Consulting Psychology Journal: Practice and Research*, 72(3), 155-167. https://doi.org/10.1037/cpb0000175
- De Haan, E., & Nilsson, V. O. (2023). What can we know about the effectiveness of coaching? A meta-analysis based only on randomized controlled trials. *Academy of Management Learning & Education*, 22(4), 1-21. https://doi.org/10.5465/amle.2022.0107
- Delice, F., Rousseau, M., & Feitosa, J. (2019). Advancing teams research: What, when, and how to measure team dynamics over time. *Frontiers in Psychology*, 10, 440761. https:// www.frontiersin.org/joumals/psychology/articles/10.3389/fpsyg.2019.01324
- Deloitte. (2019). *From employeeexperience to human experience: Putting meaning back into work*, https://www2.deloitte.com/us/en/insights/focus/human-capital-trends/2019/workforce-engagement-employee-experience.html
- Deloitte. (2021). *Employee well-being survey: Identifying the path to success*, https://www2.deloitte.com/content/dam/Deloitte/ua/Documents/Press-release/Survey%20on%20well-being%20at%20work_EN.pdf
- Deloitte. (2022). *Mental health and employers: The case for investment, pandemic and beyond*. https://www2.deloitte.com/content/dam/Deloitte/uk/Documents/consultancy/deloitte-uk-mental-health-report-2022.pdf
- Deloitte. (2023). *As workforce well-being dips, leaders ask: What will it take*

to move the needle? https://www2.deloitte.com/us/en/insights/topics/talent/workplace-well-being-research.html

- Denham-Vaughan, S.,& Gawlinski, M. (2012). Field-relational coaching for Gestalt beginners:The PAIR model. *British Gestalt Journal*, 21(1), 11-21. DOI: 10.53667/jyna2160
- Denman, C. (1995). What is the point of formulation? In C. Mace (Ed.), *The art and science of assessment in psychotherapy* (pp.167-181). Routledge.
- Department of Health & Social Care. (2022). *Joining up carefor people, places and populations*. https://www.gov.uk/govemment/publications/health-and-social-care-integration-joining-up-care-for-people-places-and-populations
- Devine, M., Houssemand, C., & Meyers, R. (2013). Instructional coaching for teachers: Astrategy to implement new practices in the classrooms. *Procedia-Social and Behavioral Sciences*, 93, 1126-1130.
- Diamond, M. A.(2013). Psychodynamic approaches. In J. Passmore, D. Peterson, & T. Freire (Eds.), *Wiley-Blackwell handbook of thepsychology of coaching & mentoring* (pp. 1-11). Wiley-Blackwell. http://dx.doi.org/10.1002/9781118326459
- Dixit, R., & Sinha, V. (2023). Leveraging coaching as an instrument for training transfer: Acase of learners in a Fintech Firm. *Developmentand Learning in Organizations*, 37(5), 1-4. https://d0i.0rg/l 0.1108/DLO-07-2022-0129
- Doran, G. T., Miller, A., & Cunningham, J. (1981). There's a S.M.A.R.T. way to write management's goals and objectives. *Management Review*, 70(11), 35-36.
- Dossey, B. M., Luck, S., & Schaub, B. G. (2014). *Nurse coaching: Integrative approaches for health and wellbeing*. International Nurse Coach Association.
- Doyle, N., & McDowall, A. (2024). *Neurodiversity coaching: Apsychological approach to supporting neurodivergent talent and career potential(coaching psychology)*. Routledge.
- Drake, D. B. (2010). What story are you in? Four elements of a narrative approach toformulation in coaching. In S. Corrie & D. A. Lane (Eds.), *Constructing stories, telling tales: A guide to formulation in appliedpsychology* (pp. 239-258). Kamac Books.
- Drake, D. B. (2018). *Narrative coaching: The definitive guide to bringnew stories to life* (2nd ed.). CNCPress. 『내러티브코칭』 김상복, 김혜연, 서정미 옮김. 한국코칭수퍼비전아카데미. 2021.
- DuBois, D. L. (2021). *Mentoring programs for youth: Apromising intervention for delinquency prevention*. https://nij.ojp.gov/topics/articles/mentoring-programs-youth-promising-intervention-delinquency-prevention. Accessed 05/01/2024.
- Duncan, F., Baskin, C., McGrath, M., Coker, J. F., Lee, C., Dykxhoorn, J., Adams, E.A., Gnani, S., Lafortune, L., ... & Oliver, E. J. (2021). Communityinterventions for improving adult mental health: Mapping local policv andpractice in England.

BMC PublicHealth, 21(1),1-14.

- Dzingwa, N., & Terblanche, N. (2024). Coaching to support work-life balance of womenin leadership positions. *SA Journal of Human Resource Management/SA Tydskrif vir Mens-likehulpbronbestuur*, 22(0),a2509.
- Ebert, C., & Hurth, V. (2022) Principles of purposeful business: Illustrativeexamples. *Journal of the British Academy*, 10(S5), 163-207.
- Ebert, C., Hurth, V., & Prabhu, J. (2018). *The what, the why and the how of purpose. A guide for leaders*. Chartered Management Institute.
- Edgerton, N., & Palmer, S. (2005). SPACE: A psychological model for use withincognitive behavioural coaching, therapy and stress management. *The Coaching Psychologist*, 2(2), 25-31.
- Edmondson, A. (1999). Psychological safety and learning behavior in work teams. *Administrative Science Quarterly*, 44, 350-383.
- Egan, G. (1975). *The skilled helper: A model for systematic helpingand interpersonal relating*. Brooks/Cole.
- Egan, T., & Hamlin, R. G. (2014). Coaching, HRD, and relational richness: Puttingthe pieces together. *Advances in Developing Human Resources*, 16(2), 242-257.
- Eliot, T. S. (1942). *Little Gidding. Four quartets* [online]. Harcourt. http://www.davidgorman.com/4Quartets/4-gidding.htm. Accessed 08/07/2024.
- Ely, R. J., & Thomas, D. A. (2001). Cultural diversity at work: The effects ofdiversity perspectives on work group processes and outcomes. *Administrative Science Quarterly*, 46, 229-273.
- EMCC Global. (2023). EMCC Global team coaching assessment and accreditation framework (v0.8). https://emccdrive.emccglobal.org/api/file/download/knHoDVRfYcV4cs-fxxz2Gyp2Ld6cJZccOxzKsy5Kl. Accessed 21/05/2024.
- Engel, G. L. (1977). The need for a new medical model: A challenge for biomedicine. *Science*, 196,129-136.
- Erdos, T., De Haan, E., & Heusinkveld, S. (2021). Coaching: Clientfactors & contextual dynamics in the change process. *Coaching: An International Journal of Theory, Research and Practice*, 14(2), 162-183. DOI: 10.1080/17521882.2020.1791195
- Eriksen, M., Collins, S., Finocchio, B., & Oakley, J. (2020). Developingstudents' coaching ability through peer coaching. *Journal of Management Education*, 44(1), 9-38.
- Ernest, J. M., & Strichik, T. (2018). Coaching in childhood education: Usinglessons learned to develop best practice for professional development in astate system. *The Excellence in Education Journal*, 7(1), 5-19.
- Eronen, M. I., & Bringmann, L. F. (2021). The theory crisis in psychology: How

tomove forward. *Perspectives on Psychological Science*, 16(4), 779-788. https://doi.org/10.1177/1745691620970586

- Farr, J., & Shepheard, M. (2018). Systemicconstellations approach to coaching and coaching psychology practice. In S. Palmer & A. Whybrow (Eds.), *Handbook ofcoaching psychology: A guide for practitioners* (pp. 311-323). Routledge.
- Fink, L., (2024). *The purpose gap*. https://thebeautifultruth.org/the-basics/what-is-the-purpose-gap/. Accessed 12/08/2024.
- Fisher, J. C., Nawrath, M., Dallimer, M., Irvine, K. N., & Davies, Z. G. (2022). Connecting biodiversity and human wellbeing. In M. F. J. Aronson & C. H. Nilon (Eds), *Handbook of urban biodiversity* (pp.141-153). Taylor & Francis.
- Fleuridas, C., & Krafcik, D. (2019). *Beyond four forces: The evolution of psychotherapy*. Sage Open, 9(1), 2158244018824492.'
- Forrester, J. W. (1958). Industrial dynamics: A major breakthrough for decision makers. *Harvard Business Review*, 36, 37-8.
- Freytag, G. (1900). *Technique of the drama: Anexposition of dramatic composition and art* (E. J. MacEwan,trans., 3rd ed.). Scott, Foresman & Co. (Original work published in 1863.)
- Friedman, S. (1977). The genesis of humanistic psychology. Plenary Address presented at AHP's Eighth Annual Midwest Regional Conference in Chicago, 29 April.
- Frisch, M., Lee, B., Metzger, K., Robinson, J., & Rosemarin, J. (2019). *Becoming an exceptional executive coach*. Harper Collins Leadership.
- Fuller, B., & Kim, H.(2022). *Systems thinking to transform schools: Identifying levers that lift educational quality*. Centre for Universaleducation Washington Brookings Institute.
- Fyhn, B., Schei, V., & Sverdrup,T. E. (2023). Taking the emergent in team emergent states seriously: A reviewand preview. *Human Resource Management Review*, JJ(1), 100928.
- Gabriel, Y. (2000). *Storytellingin organizations: Facts, fictions, andfantasies*. Oxford University Press.
- Gambrill, E. (2005). *Critical thinking in clinical practice* (2nd ed.) Wiley.
- Garmezy, N., & Masten, A. S. (1986). Stress, competence, and resilience: Common frontiers fortherapist and psvchopathologist. *BehaviorTherapy*, 17(5), 500-521.
- Garvey Berger, J. (2012). *Changing on the job: Developing leaders for acomplex world*. StanfordUniversity Press.
- Garvey Berger, J. (2019). *Unlocking leadership mindtraps: How to thrive incomplexity*. Stanford University Press.
- Gehlert, K. M., Ressler, T. H., Anderson, N. H., & Swanson, N. M. (2013). A

method toimprove the coach-participant match in executive coaching. *The Coaching Psychologist*, 9(2),78-85.

- Gendlin, E. T. (1996). *Focusing-oriented psychotherapy: A manual of the experiential method*. Guilford Press.
- Gergen, K. (1985).The social constructionist movement in modem psychology. *American Psychologist*, 40, 266-275.
- Gergen, M., &Davis, S. N. (2003). Dialogic pedagogy: Developing narrative researchperspectives through conversation. In R. Josselson, A. Lieblich, & P. McAdams (Eds.), *Up close andpersonal. The teaching and learning of narrative research* (pp.239-257). American Psychological Association.
- Gergen, M. M., &Gergen, K. J. (2006). Narrative in action. *Narrative Inquiry*, 16(1), 112-121.
- Gerson, J. (2016). *Approaching marginalized populations from an asset rather than a deficitmodel of education*, https://usergeneratededucation.wordpress.com/2016/05/08/approaching-marginalized-populations-from-an-asset-rather-than-a-deficit-model/
- Gessnitzer, S., &Kauffeld, S. (2015). The working alliance in coaching: Why behaviour is the keyto success. *The Journal of Applied Behavioural Science*, 51(2), 177-197.
- Ghosh, A. (2020).Team coaches' experiences of coaching to develop conditions for sharedleadership. *International Journal of Evidence Based Coaching and Mentoring*, SI4, 19-31.
- Giles, S. (2018, May9). *How VUCA is reshaping the businessenvironment*. Forbes, https:// www.forbes.com/sites/sunniegiles/2018/05/09/how-vuca-is-reshaping-the-business-environment-and-what-it-means-for-innovation/?sh=78df6d0beb8d
- Golawski, A., Bamford, A., & Gersch, I. (2013). *Swings androundabouts: A self-coaching workbook for parents and those consideringbecoming parents*. Routledge.
- Goodman, A., Joshi, H., Nasim, B., & Tyler, C. (2015). *Socialand emotional skills in childhood and their long-term effects on adult life*. Institute of Education. University College London, https://discovery.ucl.ac.Uk/id/eprint/10051902/l/Schoon_2015%20The%20Impact%20of%20Early%20Life%20Skills%20on%20Later%20Outcomes_%20Sept%20fin2015.pdf
- Gorell, R.(2022). *Coaching self-organising teams: Helping teamsflourish*. Routledge.
- Gorrell, A. (2023). Creating a coaching culture to support school improvement. *Australian Educational Leader*, 45(1), 44-46.
- Gosling, P. (2010). Every child does matter: Preventing school exclusion

through the CommonAssessment Framework. In S. Corrie & D. A. Lane (Eds.), *Constructing stories, telling tales: A guide to formulation in applied psychology* (pp. 173-198). Kamac Books.
- Gould, S. J. (1981). *The mismeasure of man*. Penguin.
- Gould, S. J. (1996). *The mismeasure of man* (revised). W.W. Norton.
- Gov.uk. (2016). *Advisory panel to mission-led business review: Final report*, https://www.gov.uk/govemment/publications/advisory-panel-to-mission-led-business-review-final-report
- Gov.uk. (2024). *Protected characteristics*, https://www.gov.uk/discrimination-your-rights. Accessed 20/05/2024.
- Grant, A. M. (2006). An integrative goal-focused approach to executive coaching. In D. R. Stober & A. M. Grant (Eds.), *Evidence based coaching handbook: Putting best practices to work for your clients* (pp.153-192). John Wiley & Sons.
- Grant, A. M. (2011). Is it time to REGROW the GROW model? Issues related to teaching coaching session structures. *The Coaching Psychologist*, 7(2), 118-126.
- Grant, A. M. (2013). Autonomy support, relationship satisfaction and goal focus in the coach-coachee relationship: Which best predicts coaching success? *Coaching: An International Journal of Theory, Research and Practice*, 7(1), 18-38.
- Grant, A. M. (2016). What constitutes evidence-based coaching? A two-by-two framework fordistinguishing strong from weak evidence for coaching. *International Journal of Evidence Based Coaching & Mentoring*, 14(I), 74-85.
- Grant, A. M. (2017). The third "generation" of workplace coaching: Creating a culture of quality conversations. *Coaching: An InternationalJournal of Theory, Research and Practice*, 70(1), 37-53.
- Grant, A. M. (2018). Goals and coaching: An integrated evidence-based model of goal-focused coaching and coaching psychology. In S. Palmer & A. Whybrow (Eds.), *Handbookof coaching psychology: A guide for practitioners* (pp. 34-50). Routledge.
- Grant, A. M., Curtayne, L., & Burton, G. (2009). Executive coaching enhances goal attainment, resilience and workplace well-being: A randomised controlledstudy. *The Journal of Positive Psychology*, 4(5), 396-407.
- Graßmann, C., & Schermuly, C. C. (2021). Coaching with artificial intelligence: Concepts and capabilities. *Human Resource Development Review*, 20(1), 106-126.
- Graßmann, C., Scholmerich, R, & Schermuly, C. C. (2020). The relationship between working alliance and client outcomes in coaching: A meta-analysis. *Human Relations*, 73(1), 35-58. http://dx.doi.org/10.1177/0018726718819725
- Gray, D. E. (2009). *Doing research in the real world* (2nd ed.). Sage.
- Gray, D. E., Garvey, B., & Lane, D. A. (2016). *A critical introduction to coaching and mentoring: Debates, dialogues and discourses*. Sage.

- Graziano, A. M. (1971). *Behavior therapy with children*. Aldine-Atherton.
- Grossman, J. B., & Tierney, J. P. (1998). Does mentoring work? An impact study of the BigBrothers Big Sisters program. *Evaluation Review*, 22(3), 403-426.
- Grote, G., & Kozlowski, S. W. J. (2023). Teamwork doesn't just happen: Policy recommendations from over half a century of team research. *Behavioral Science & Policy*, 9(1), 59-76. https://doi.org/10.1177/23794607231192734
- Guan, M., & Bingxue, H. (2013). Marital distress and disease progression: A systematicreview. *Scientific Research*, 5(10), 1601-1606. DOI: 10.4236/health.2013.510216
- Gutkin, T. B., & Curtis, M. J. (1999). School-based consultation: Theory and practice. In C. R.Reynolds & T. B. Gutkin (Eds.), *The handbook of school psychology* (3rd ed.). Wiley.
- Hackshaw, K. V., Plans-Pujolras, M., Rodriguez-Saona, L. E., Moore, M. A., Jackson, E. K.,Sforzo, G. A., & Buffington, C. A. (2016). A pilot study of health andwellness coaching for fibromyalgia. *BMC Musculoskelet Disord*, 17, 1-9. DOI: 10.1186/s12891-016-1316-0
- Haegele, J. A., & Hodge, S. (2016). Disability discourse: Overview and critiques of the medicaland social models. *Quest*, 68(2), 193-206. https://doi.org/10.1080/00336297.2016.1143849
- Hagan, T., & Donnison, J. (1999). Social power: Some implications for the theory and practiceof cognitive behaviour therapy. *Journal of Community & Applied Social Psychology*, 9(2), 119-135.
- Hallo, L., & Nguyen, T. (2022). Holistic view of intuition and analysis in leadership de-cision-making and problem-solving. *Administrative Sciences*, 12(1), 1-25. https://doi. org/10.3390/admsci12010004
- Hakimi, S. (2015, July 21). *Why purpose-driven companies are often more successful*. Fast Company, https://www.fastcompany.com/3048197/why-purpose-driven-companies-are-often-more-successful.
- Hallam, R. S. (2013). *Individual case formulation*. Academic Press.
- Hanley, R. P. (2020). *Fenelon*. Oxford University Press.
- Harding, S. (1991). *Whose science? Whose knowledge? Thinking fromwomen's lives*. Cornell University Press.
- Hardingham, A. (2021). The universal eclectic model of executive coaching. In J. Passmore (Ed.), *The coaches handbook: The completepractitioner guide for professional coaches* (pp. 167-176). Routledge.
- Hastings, B. J., & Schwarz, G. M. (2022). Leading change processes for success: A dynamicapplication of diagnostic and dialogic organization development. *The Journal of Applied Behavioral Science*, 58(1), 120-148.
- Hastwell, C. (2022). *The high value of building pride in the workplace*. Great

Place to Work, https://www.greatplacetowork.com/resources/blog/the-value-of-building-pride-in-the-workplace

- Hauser, L. L. (2014). Shape-shifting: A behavioral team coaching model for coach education, researchand practice. *Journal of Psychological Issuesin Organizational Culture*, 5(2), 48-71.
- Hawkins, P. (2011). *Leadership team coaching: Developing collective transformational leadership*. Kogan Page.
- Hawkins, P. (2021). *Leadership team coaching: Developing collective transformational leadership* (4th ed.). Kogan Page.
- Hawkins, P., & Shohet, R. (2012). *Supervision in the helping professions* (4th ed.). Open UniversityPress.
- Hawkins, P., & Smith., N. (2006). *Coaching, mentoring and organizational consultancy*. Open UniversityPress.
- Hawkins, P., & Turner, E. (2020). *Systemic coaching: Delivering value beyond the individual*. Routledge. 『시스템 코칭: 개인을 넘어 가치로』 최은주 옮김. 한국코칭수퍼비전아카데미. 2021.
- Hay, J. (2007). *Reflective practice and supervision for coaches*. Oxford University- Press.
- Hayes, W. A. (1972). As cited in Keise, C., Kelly, E., King, O., & Lane, D. A. (1993). Cultureand child services. In A. Miller & D. A. Lane (Eds.), *Silent conspiracies: Scandals and successes in the care and education of vulnerable young people* (pp. 189-214). Trentham Books.
- Hayes, W., & Banks, W. M. (1972). As cited in Keise, C., Kelly, E., King, O., & Lane, D. A. (1993). Culture and child services. In A. Miller & D. A. Lane (Eds.), *Silent conspiracies: Scandals and successes in the care and educationof vulnerable young people* (pp. 189-214). Trentham Books.
- Hays, P. A. (2019). Introduction. In G. Y. Iwamasa & P. A. Hays (Eds.), Culturally *responsive cognitive behavior therapy: Practice and supervision* (pp. 3-24). American Psychological Association.
- Heider, F. (1958). *The psychology of interpersonal relations*. John Wiley & Sons, https://psycnet.apa.org/doi/10.1037/10628-000
- Heifetz, R. A., & Linskv, M. (2002). *Leadership on the line: Stayingalive through the dangers of leading*. Harvard Business School Press.
- Heyman, R. E. (2001).Observation of couple conflicts: Clinical assessment applications, stubborn truths, and shaky foundations. *Psychological Assessment*, 13(l), 5-35.
- Hindle Fisher, R.,Garvey, B., & Chapman, L. (2023). Executive coaches' backgrounds - Yes, they can make a difference. *International Journal of Evidenced-Based Coaching and Mentoring*, 21(2), pp.118-133. DOI: 10.24384/

ve0b-gb52
- Ho, D. Y. (1994). Face dynamics: From conceptualization to measurement. In S. Ting- Toomey (Ed.), *The challenge of facework: Cross-cultural and interpersonal issues* (pp. 269-286). SUNYPress.
- Hoare, G., & Sperber, N. (2016). *An introduction to Antonio Gramsci. His life, thought and legacy*. Bloomsbury .
- Hofmann, S. G., Asnaani, A., Vonk, I. J., Sawyer, A. T., & Fang, A. (2012). The efficacy ofcognitive behavioral therapy: A review of meta-analvses. *Cognitive Therapy and Research*, 36(5), 427-440. DOI:10.1007/s 10608-012-9476-1
- Hoggan, C. (2016). Transformative learning as a metatheory: Definition, criteria, and typology. *Adult Education Quarterly*, 66(1), 57-75.
- Hollanders, H. (2014). Integrative therapy. In W. Dryden & A. Reeves (Eds.), *The handbook of individual therapy* (pp. 519-545). Sage.
- Holmes, A. G. D.(2020). Researcher positionality - A consideration of its influence and placein qualitative research - A new researcher guide. *Shanlax International Journal of Education*, 8(4), 1-10.
- Horlev, J. (2012). Personal construct theory and human values. *Journal of Human Values*, 18(2), 161-171.
- Horvath, A. O., &Greenberg, L. S. (1989). Development and validation of the Working AllianceInventory. *Journal of Counseling Psychology*, 36(2), 223-233. https://doi.org/10.1037/0022-0167.36.2.223
- Horwitz, S. K., &Horwitz, I. B. (2007). The effects of team diversity on team out-comes: Ameta-analytic review of team demography. *Journalof Management*, 33(6), 987-1015.
- Huey, S. J., Park, A. L., Galan, C. A., Wang, C. X. (2023). Culturally responsive cognitivebehavioral therapy for ethnically diverse populations. *Annual Review of Clinical Psychology*, 19, 51-78. https://psycnet.apa.org/doi/10.1146/annurev-clinpsy-080921-072750
- Hughes, G., Shaw, S. E., & Greenhalgh, T. (2020). Rethinking integrated care: A systematichermeneutic review of the literature on integrated care strategies andconcepts. *The Mil-bank Quarterly*, 98(2), 446-492.
- Humphrey, N., Lendrum, A., & Wigelsworth, M. (2010). *Socialand emotional aspects of learning*. Department of Education.
- Hundschell, A., Razinskas, S., Backmann, J., & Hoegl, M. (2022). The effects of diversityon creativity: A literature review and synthesis. *Applied Psychology*, 71(A), 1598-1634.
- Hurst, A. (2014). *The purpose economy*. Elevate.
- Hurth, V., Ebert, C., & Prabhu, J. (2018). *Organisationalpurpose: The construct and its antecedents and consequences*. Working Papers 201802, Cambridge

Judge Business School, University ofCambridge.

- Hwang, K. K. (2012). Face and morality in Confucian society. In K. K. Hwang (Ed.), *Foundations of Chinese psychology: Confucian social relations* (pp.265-295). Springer.
- Hyden, L. C. (1997). Illness and narrative. *Sociology of Health & Illness*, 19, 48-69.
- IBM. (2010). *Capitalizing on complexity: Insights from the global CEO study*. https://www.ibm.com/downloads/cas/lVZV5X8J. Accessed 20/05/2024.
- International CoachFederation. (2020). *ICF teamcoaching competencies: Moving beyond one-to-one coaching* (v. 13.11). https://coachingfederation.org/app/uploads/2021/'10/Team-Coaching-Competencies_10.4.21.pdf. Accessed 21/05/2024.
- Jackson, G. G. (1977). As cited in Keise, C., Kelly, E., King, O., & Lane, D. A. (1993). Culture and child services. In A. Miller & D. A. Lane (Eds.), *Silent conspiracies: Scandals and successes in the care and education ofvulnerable young people*.Trentham Books.
- Jackson, M. C. (2003). *Systems-thinking: Creative holism for managers*. Wiley.
- Jackson, N., & Carter, P. (2007). *Rethinking organisational behaviour*. Prentice Hall.
- Jackson, P. (2024, May 2). Philosophies, purpose and practices[Conference presentation]. *International Conference on Coaching Supervision*, Oxford Brookes University, Oxford.
- Jackson, P., & Bachkirova, T. (2019). The 3Ps of supervision andcoaching: Philosophy, Purpose and Process. In E. Turner & S. Palmer (Eds.), *The heart of coaching supervision: Working with reflection and self care* (pp. 20-40). Routledge.
- Jacobson, D., & Mustafa, N. (2019). Social identity map: A reflexivity tool for practicing explicit positionality in critical qualitative research. *International Journal of Qualitative Methods*, 18. https://doi.org/10.1177/1609406919870075
- James, J., Mavin, S., & Corlett, S. (2020). A framework of modes of awareness for team coachingpractice. *International Journal of Evidence Based Coaching & Mentoring*, 78(2), 4-18.
- Jamieson, M. K., Govaart, G. H., & Pownall, M. (2023). Reflexivity in quantitativeresearch: A rationale and beginner's guide. *Socialand Personality Psychology Compass*, 17(4), Article e12735. https://psycnet.apa.org/doi/10.llll/spc3.12735
- Jansen, E. (2023). *The art of effective decision-making: Insightsfrom coaching*. Quenza. https://quenza.com/blog/knowledge-base/decision-making-coaching/#. Accessed 29/01/2024.
- Jarvis, J., Lane, D. A., & Fillery-Travis, A. (2006). *The case for coaching. Making evidence-based decisions in coaching*. Chartered Institute of Personnel and Development.
- Jarvis, R., Dempsey, K., Gutierrez, G., Lewis, D., Rouleau, K., & Stone, B. (2017).

Peer coaching that works: The power of reflection and feedback in teacher triadteams. *McREL International*.

- Jason, L. A., & Bobak, T. (2022). Using systems theory to improve intervention out-comes. *Professional Psychology: Research and Practice*, 53(4), 415-122. https://doi.org/10.1037/pro0000467
- Johnstone, L., & Boyle, M., with Cromby, J., Dillon, J., Harper, D., Kinderman, P., Longden, E., Pilgrim, D.,& Read, J. (2018). *The power threat meaning framework: Towards the identification of patterns in emotional distress, unusual experiences and troubled or troubling behaviour, as an alternative to functional psychiatric diagnosis*. British Psychological Society.
- Johnstone, L., & Dallos, R. (Eds.) (2006). *Formulation in psychology and psychotherapy: Making sense of people's problems*. Routledge.
- Jones, K. (2018). *Every child used to matter*. Politics & Insights. https://politicsandinsights.org/2012/11/11/every-child-doesnt-matter-a-summary-of-remembering-when-every-child-mattered/
- Jones, R. J., Napierskv, U., & Lyubovnikova, J. (2019). Conceptualizing the distinctiveness of team coaching. *Journal of Managerial Psychology*, 34(2), 62-78. https://psvcnet.apa.org/doi/10.1108/JMP-07-2018-0326
- Jones, R. J., Woods, S. A., & Guillaume, Y. R. (2016). The effectiveness ofworkplace coaching: A meta-analysis of learning and performance outcomes from coaching. *Journal of Occupational and Organizational Psychology*, 89(2), 249-277. http://dx.doi.org/10.llll/joop.12119
- Jones, R. J., Woods, S. A., & Zhou, Y. (2018). Boundary conditions of workplace coaching outcomes. *Journal of Managerial Psychology*, 33(7/8), 475-496. https://psycnet.apa.org/doi/10.1108/JMP-11-2017-0390
- Jones, R. L. (1972). *Black psychology*. Harper Row.
- Joo, B. K. (2005). Executive coaching: A conceptual framework from an integrative review of practice and research. *Human Resource Development Review*, 4(4), 462-488. http://dx.doi.org/10.1177/1534484305280866
- Jordan, M. (2013). *How to be a health coach: An integrative wellness approach*. Global Medicine Enterprises.
- Jordan, M., & Livingstone, J. B. (2013). Coaching vs psychotherapy in health and wellness: Overlap, dissimilarities, and the potential for collaboration. *Global Advances in Health and Medicine*, 2(4), 20-27.
- Joseph, S. (2012). *What doesn't kill us: A guide to overcoming adversity and moving forward*. Basic Books.
- Judge, T. A., & Piccolo, R. F. (2004). Transformational and transactional leadership: A meta-analytic test of their relative validity. *Journal of Applied Psychology*, 89(5), 755-768. https://psycnet.apa.Org/doi/10.1037/0021-

9010.89.5.755
- Kahn, M. S. (2011). Coaching on the axis: An integrative and systemic approach to business coaching. *International Coaching Psychology Review*, 6(2), 194-210.
- Kahn, M. S. (2014). *Coaching on the axis: Working with complexity inbusiness and executive coaching*. Kamac Books.
- Kahneman, D. (2011). *Thinking, fast and slow*. Macmillan.
- Kahneman, D., & Klein, G. (2009). Conditions for intuitive expertise: A failure to disagree. *American Psychologist*, 64(6), 515-526. https://psycnet.apa.org/doi/10.1037/a0016755
- Kahneman, D., Slovic, P., & Tversky, A. (Eds.) (1982). *Judgement under uncertainty: Heuristics and biases*. NewYork: Cambridge University Press.
- Kahneman, D., & Tversky, A. (1972). Subjective probability: Ajudgment of representativeness. *Cognitive Psychology*, 3(3), 430-454. https://psycnet.apa.org/doi/10.1016/0010-0285(72)90016-3
- Kaiser, R. B., & Overfield, D. V. (2010). Assessingflexible leadership as a mastery of opposites. *Consulting Psychology Journal: Research and Practice*, 62(2), 105-118. https://doi.org/10.1037/a0019987
- Kaiser, R. B., Sherman, R. A., & Hogan, R. (2023, March 7). *It takes versatility to lead in avolatile world*. Harvard Business Review, https://hbr.org/2023/03/it-takes-versatility-to-lead-in-a-volatile-world?autocomplete=true
- Kandola, R., & Fullerton, J. (1998). *Diversity in action: Managing themosaic* (2nd ed.). CIPD.
- Kegan, R. (1982). *The evolving self: Problem andprocess in human development*. Harvard University Press.
- Kegan, R. (1994). *In over our heads: The mentaldemands of modern life*. Harvard University Press.
- Kegan, R., & Lahey, L. L. (2009). *Immunity tochange. How to overcome it and unlock the potential in yourself and your organization*. Harvard Business Press, http://dx.doi.org/10.53 34/ij ic.503
- Keise, C., Kelly, E., King, O., & Lane, D. A. (1993). Culture and child services. In A. Miller & D. A. Lane (Eds.), *Silent conspiracies: Scandals and successes in the care and education of vulnerable young people*. Trentham Books.
- Kelloway, E. K., & Barling, J. (2010). Leadership development as an intervention inoccupational health psychology. *Work& Stress*, 24(3), 260-279. https://doi.org/10.1080/02678373.2010.518441
- Kennel, J. (2018). Health and wellness coaching improvesweight and nutrition behaviors. *AmericanJournal of Lifestyle Medicine*, 12(6), 448-150. DOI:10.1177/155982761 8792846
- Kerr, N. L., & Tindale, R. S. (2004). Group performance and decisionmaking.

Annual Review of Psychology, 55, 623-655. https://doi.org/10.1146/arrnurev.psych.55.090902.142009

- Kezar, A., & Lester, J. (2010). Breaking the barriers of essentialism in leadership research: Positionality as a promising approach. *Feminist Formations*, 22(1), 163-185. http://dx.doi.org/l0.1353/nwsa.0.0121
- Kiecolt-Glaser, J. K., & Newton, T. L. (2001). Marriage and health: His and hers. *Psychological Bulletin*, 127(4), 472-503. https://doi.Org/10.1037/0033-2909.127.4.472
- Kim-Appel, D., & Appel, J. K. (2021). Bowenian Family Systems Theory':Approaches and applications. In D. Capuzzi & M. D. Stauffer (Eds.), *Foundations of couples, marriage, and family counseling* (2nd ed.) (pp. 149-172). http://dx.doi.org/10.1002/9781394266470. ch8
- King, E. B., Hebl, M. R., & Beal, D. J. (2009). Conflict andcooperation in diverse workgroups. *Journal of Social Issues*, 65(2), 261-285. https://psycnet.apa.org/doi/10.llll/j.1540-4560.2009.01600.x
- Kinouani, G. (2021). *Living while Black: The essential guide to overcoming racial trauma*. RandomHouse.
- Kitzinger, C. (1986). Introducing and developing Q as a feminist methodology: A study ofaccounts of lesbianism. In S. Wilkinson (Ed.), *Feministsocial psychology: Developing theory and practice* (pp. 151-172). Open University Press.
- Kleinman, A. (1988). *The illness narratives: Suffering, healing, and the human condition*. BasicBooks.
- Knaak, S., Mantler, E., & Szeto, A. (2017). Mental illness-relatedstigma in healthcare: Barriers to access and care and evidence-basedsolutions. *Healthcare Management Forum*, 30(2), 111-116. https://doi.org/10.1177%2F0840470416679413
- Knowles, C. (2021). *Reversementoring: Success with OfS transformation West Midlands project*. Birmingham Newman University.
- Knowles, S. (2020). *Transforming organisational culture through coaching*. Xlibris/ self-published.
- Korotov, K. (2016). Coaching for leadership development. In T.Bachkirova, D. Drake, & G. Spence (Eds.), *The SAGE handbook of coaching* (pp.139-158). Sage. 『현대 코칭의 이론과 실천』 김상복, 윤순옥, 한민아, 한선희 옮김. 코칭북스. 2024.
- Kovács, L. (2016). Enabling leaders to navigate complexity': A model forexecutive coaching amid ambiguity, uncertainty and change. [Doctoraldissertation], Middlesex University repository. https://eprints.mdx.ac.Uk/20827/l/LKovácsThesis.pdf
- Kovács, L., & Corrie, S. (2017a). Building reflective capability to enhance coaching practice. *The Coaching Psychologist*, 73(1), 4—12.
- Kovács, L. C., & Corrie, S. (2017b). Executive coaching in an era of complexity.

Study 1. Does executive coaching work and if so, how? A realist evaluation. *International Coaching Psychology Review*, 12(2), 74-89.

- Kovács, L. C., & Corrie, S. (2017c). Executive coaching in an era of complexity. Study 2. Applying formulation to coaching: A description of the PAIR Framework. *International Coaching Psychology Review*, 12(2), 90-100.
- Kovács, L. C., & Corrie, S. (2021). Formulation as a foundation for navigating-complexity in executive coaching. *Consulting Psychology Journal: Practice and Research*, 73(3), 271-288. https://doi.Org/10.1037/cpb0000202
- Kozlowski, S. W. J. (2018). Enhancing the effectiveness of work groups andteams: A reflection. *Perspectives on Psychological Science*, 13(2), 205-212. https://psycnet.apa.org/doi/10.1177/1745691617697078
- Kozlowski, S. W., & Bell, B. S. (2020). Advancing team learning. In L. Argote & J. M. Levine (Eds.), *The Oxford handbook of group and organizational learning* (pp.195-232). Oxford University Press.
- Kozlowski, S. W., & Ilgen, D. R. (2006). Enhancing the effectiveness of work groups and teams. *Psychological Science in the Public Interest*, 7(3), 77-124. doi:10.1111/j.1529-1006.2006.00030.x
- Kozulin, A., Gindis, B., Ageyev, V. S., & Miller, S.M. (Eds.) (2003). *Vygotsky's educationaltheory in cultural context*. Cambridge University Press, https://psvcnet.apa.org/doi/10.1017/CB09780511840975
- Kramer, A., & Kramer, K. Z. (2021). Puttingthe family back into work and family research. *Journalof Vocational Behavior*, 126, Article 103564.
- Kreikamp, R. (2017). *The benefits of applying cultural intelligence concepts to customer satisfaction and team performance* [Unpublished doctoral dissertation]. Middlesex University.
- Kreisberg, J., & Marra, R. (2017). Board certified health coaches? What integrative physicians need to know. *Integrative Medicine: A Clinician's Journal*, 16(6), 1-5. https://www.ncbi.nlm.nih.gov/pmc/articles/PMC6438087/
- Kuhn, L., & Whybrow, A. (2019). Coaching at the edge of chaos: A complexity informed approach to coaching psvcholog). In S. Palmer & A. Whybrow (Eds.), *Handbook of coaching psychology: Aguide for practitioners* (pp. 413-423). Routledge. 『코칭심리학: 실천연구자를 위한 안내서』 강준호, 김태리, 김현화, 신혜인 옮김. 김상복 감수. 한국코칭수퍼비전아카데미. 2023.
- Kwiatkowski, R., & Winter, B. (2006). Roots, relativity and realism: The occupationalpsychologist as scientist-practitioner. In D. A. Lane & S. Corrie (Eds.), *The modern scientist-practitioner. A guide to practice in psychology* (pp.158-172). Routledge.
- Lai, F. Y., Tang, H-C., Lu, S-C., Lee, Y-C., & Lin, C-C. (2020). Transformational leadership and job performance: The mediating role of work engagement. *Sage*

Open, 10, 1-11. DOI: 10.1177/2158244019899085
- Lai, Y. L., & Palmer, S. (2019). Psychology in executive coaching: An integrated literaturereview. *Journal of Work-Applied Management*, 11(2), 143-164. 10.1108/JWAM-06-2019-0017.
- Lai, Y. L., & Smith, H. (2021). An investigation of the three-way joint coaching alliance: A social identity theory perspective. *Applied Psychology*, 70(2), 489-517.
- Lai, Y. L., & Turner, E. (2023). Ethics of multi-party contracting in coaching. In W. A.Smith, J. Passmore, E. Turner, Y. L. Lai & D. Clutterbuck (Eds.) *The ethical coaches' handbook: A guide to developing ethical maturity in practice* (pp. 215-230). Routledge. 『코칭 윤리 연구와 실천 핸드북』 김상복, 김현주, 박정화, 이서우, 한경미 옮김. 코칭북스. 2026.
- Lane, D. A. (1973). Pathology of communication: Apitfall in community health. *Community Health*, 5(3), 157-162. http://www.jstor.org/stable/45159569
- Lane, D. A. (1975). *School focussed analysis: Case formulation*. Educational Guidance Centre. ILEA.
- Lane, D. A. (1978). *The impossible child*. ILEA.
- Lane, D. A. (1990). *The impossible child*. Trentham Books.
- Lane, D. A. (1998). Context focused analysis: An experimentally derived model for working with complex problems with children, adolescents and systems. In M. Bruch, & F.W. Bond (Eds.), *Beyond Diagnosis. Case Formulation Approaches in CBT* (pp. 103-139). Wiley.
- Lane, D. A. (2002). *The emergent models in coaching*. The European Mentoring and Coaching Council.
- Lane, D. A. (2013). *Game plans, game moments, game changers*. [Conference presentation]: The Rugby Football, Union, Wimbledon.
- Lane, D. A., Cavanagh, M., & Smith, W. A. (2024). Case formulation: A tool for workingwith coaching case studies. In W. A. Smith, E. H. Pontes, D. Magadlela, & D. Clutterbuck (Eds.), *Ethical casestudies for coach development and practice: A coach's companion* (pp.18-32). Routledge. https://doi.org/10.4324/b23351
- Lane, D. A., & Corrie, S. (2006). *The modern scientist-practitioner: A guide to practice in psychology*. Routledge.
- Lane, D. A., & Corrie, S. (2009). Does coaching psychology need the concept of formulation? *International Coaching Psychology Review*, 4(2), 195-208.
- Lane, D. A., & Corrie. S. (2011). *Making successful decisions incounselling and psychotherapy. A practical guide*. Open University Press.
- Lane, D. A., & Down, M. (2010). The art of managing for the future: Leadership of turbulence. *Management Decision*, 48(4), 512-527. http://dx.doi.org/10.1108/00251741011041328
- Lane, D. A., Kahn, M.S., & Chapman, L. (2018). Adult learning as an approach to

coaching. InPalmer, S., & Whvbrow, A. (Eds.), *Handbookof coaching psychology: A guide for practitioners* (pp. 369-380). Routledge.

- Lane, D. A., Magadlela, D., Kit, I. Y. W., & Spiegel, S. (2023). Ethics and culture: Moving beyond a universal Western ethical code. In W. A. Smith, J. Passmore, E.Turner, Y. L. Lai, & D. Clutterbuck (Eds.), *The ethical coaches' handbook: A guide to developing ethical maturity in practice* (pp.301-314). Routledge.
- Lanesend Primary School. (2020) *Lanesend primary school coaching policy*. https://www.lanesendprimary.co.uk/content/S6373784069594 23992/Coaching%20Policy%202020.docx.pdf
- Langstaff, B. (2024). *The infected blood inquiry*, https://www.infectedbloodinquiry.org.uk/reports/inquiry-report
- Larson, L., & DeChurch, L. (2020). Leading teams in the digital age: Four perspectives on technology and what the mean for leading teams. *The Leadership Quarterly*, 3/(1), 101377. https://doi.Org/10.1016/j.leaqua.2019.101377
- Laske, O. E. (1999). An integrated model of developmental coaching. *Consulting Psychology Journal: Practice and Research*, 51(3),139-159. https://psycnet.apa.org/doi/10.1037/1061-4087.51.3.139
- Lavis, P. (2016). *Our relationships with our children are critical for their healthy development*. Mental Health Foundation, https://www.mentalhealth.org.uk/explore-mental-health/blogs/why-relationships-are-so-important-children-and-young-people
- Law, H. L., Ireland, S., & Hussain, Z. (2007). Conclusion, discussion and future work.In H. Law, S. Ireland, & Z. Hussain (Eds.), *Thepsychology of coaching, mentoring and learning* (pp. 205-224).Wiley.
- Law, H. (2011). Intercultural coaching approach for Asian family business. In M.Shams & D. A.Lane, (Eds.), *Coaching in the family-ownedbusiness: A path to growth* (pp. 41-58). Kamac Books, https://doi.org/10.4324/9780429473050
- Law, H. (2019). Narrative coaching - Part 1: An introduction and the first step. *The Coaching Psychologist*, 15(2), 39-42.
- Law, H. (2020). Narrative coaching - Part 2: Two forms of change structures: Re-authoring and remembering. *The Coaching Psychologist*, 16(1), 59-69.
- Lawlor, D., & Sher, M. (2021). *An introduction to systems psychodynamics: Consultancy, research and training* (1st ed.). Routledge.
- Lawrence, P. (2019). What is systemic coaching? *Philosophy of Coaching: An International Journal*, 4(2), 35-52. http://dx.doi.Org/10.22316/poc/04.2.03
- Lawrence, P. (2021a). Team coaching: Systemic perspectives and theirlimitations. *Philosophy of Coaching: AnInternational Journal*, 6(1), 52-82. http://dx.doi.org/10.22316/poc/06.1.04
- Lawrence, P. (2021b). *Coaching systemically: Five ways of thinking aboutsystems*.

Routledge.

- Leithwood, K. (2021). A review of evidence about equitable schoolleadership. *Educational Science*, 11, 377. https://doi.org/10.3390/educscill080377
- Lent, J. (2017). *The patterning instinct: Acultural history of humanity's search for meaning*. Prometheus Books.
- Lindon, J. (2011). *Creating a culture of coaching: Upskilling the school workforce in times of change*. National College for Leadership of Schools and Children's Services.
- Linley, P. A., & Joseph, S. (2005). The human capacity for growth through adversity. *American Psychologist*, 60(3), 262-264. https://doi.Org/10.1037/0003-066X.60.3.262b
- Lo, M-C. M. (2005). The professions: Prodigal daughters of modernity. In J. Adams, E. S. Clemens, & A. S. Orloff (Eds.), *Remakingmodernity: Politics, processes and history in sociology* (pp. 381-106.). Duke University Press, http://dx.doi.org/10.1215/9780822385882
- Local Government Association. (2024). *Sustain ability action learning sets*. https://www.local.gov.uk/our-support/sustainability-hub/sustainability-action-leaming-sets
- Lofthouse, R. T., Leat, D., & Towler, C. (2010). *Coaching for teaching and learning: A practical guide for schools*. CfBT Education Trust.
- Louis, D., & Fatien Diochon, P. (2018). The coaching space: A production of powerrelationships in organizational settings. *Organization*, 25(6), 710-731.
- MacKie, D. (2023). An introduction to climate change leadership in organisations. In D. MacKie (Ed.), *The handbook of climate change leadership in organisations* (pp. 1-18). Routledge.
- Madigan, S., Brumariu, L. E., Villani, V., Atkinson, L., & Lvons-Ruth,·K. (2016). Representational and questionnaire measures of attachment: A meta-analysis ofrelations to child internalizing and externalizing problems. *Psychological Bulletin*, 142(4), 367-399. DOI:10.1037/bul0000029
- Mahrer, A. R. (2000). Philosophy of science and the foundations of psychotherapy. *American Psychologist*, 55(10), 1117-1125. https://psycnet.apa.org/doi/10.1037/0003-066X.55.10.1117
- Malik, K. (2023). *Not so black and white: A history of race from white supremacy to identity politics*. Hurst.
- Malkin, J. (1990). As cited in Lane, D. A. (Ed.), *Theimpossible child*. Trentham Books.
- Mailing, B., DeLasson, L., Just, E., & Steager, N. (2020). How group coaching contributesto organisational understanding among newly graduated doctors. *BMC Medical Education*, 20, 1-8. https://doi.Org/10.1186/sl2909-020-02102-8
- Markman, H. J., Rhoades, G. K., Stanley, S. M., Ragan, E. P., & Whitton, S. W.

(2010). Thepremarital communication roots of marital distress and divorce: The first fiveyears of marriage. *Journal ofFamily Psychology*, 24(3), 289-298.

- Markus, H. R., & Hamedani, M. G. (2007). Sociocultural psychology: The dynamic interdependenceamong self-systems and social systems. In S. Kitayama & D. Cohen (Eds.), *Handbook of cultural psychology* (pp. 3-39). The Guilford Press.
- Martin, L. S., Oades, L. G., & Caputi, P. (2014). A step-wise process of intentional personalitychange coaching. *InternationalCoaching Psychology Review*, 9(2), 181-195.
- Masten, A. S., Lucke, C. M., Nelson, K. M., & Stallworthy, I. C. (2021). Resilience in developmentand psychopathology: Multisystem perspectives. *AnnualReview of Clinical Psychology*, 17, 521-549. https://psycnet.apa.org/doi/10.1146/annurev-clinpsy-081219-120307
- Maxton, P. J. (2021). Embracing both diagnostic and dialogic forms of organization development inorder to exploit and explore. *The Journal of Applied Behavioral Science*, 57(1), 125-128.
- Maxwell, C. A., Roberts, C., Oesmann, K., Muhimpundu, S., Archer, K. R., Patel, M. R., Mulubrhan, M. F., Muchira, J., ... & La Noue, M. (2022). Health and wellnessfor disadvantaged older adults: The AFRESH pilot study. *PEC Innovation*, 1, 100084. DOI:10.1016/j.pecinn.2022.100084.
- Mayo, A. T. (2022). Syncing up: A process model of emergent interdependence in dynamic teams. *Administrative Science Quarterly*, 67(3), 821-864. https://doi.org/10.1177/00018392221096451
- McCluney, C. L., Durkee, M. I., Smith II, R. E., Robotham, K. J., & Lee, S. S. L. (2021). Tobe, or not to be ... Black: The effects of racial codeswitching on perceived professionalism in the workplace. *Journalof Experimental Social Psychology*, 97, 104—199.
- McDowall, A. (2017). The use of psy chological assessments in coaching and coaching research. In T.Bachkirova, G. Spence, & D. Drake (Eds.), *The SAGE handbook of coaching* (pp. 627-643). Sage.
- McFee, S. M. (2023, April 2). *Shifting from command and control*. Linkedln. https://www.linkedin.com/pulse/shifting-from-command-and-control-autonomous-stvles-sam-mcafee/
- McKinsev. (2020). *Purpose: Shifting from why to how*. https://www.mckinsev.com/capabilities/people-and-organizational-performance/our-insights/purpose-shifting-from-whv-to-how
- McGovern, J., Lindemann, M., Vergara, M., Murphy, S., Barker, L., & Warrenfeltz, R. (2001). Maximising the impact of executive coaching behaviour change, organization outcomes and return on investment. *The Manchester Review*, 6(1).
- Memon, A., Taylor,K., Mohebati, L. M. (2016). Perceived barriers to accessing

mental healthservices among black and minority ethnic (BME) communities: A qualitative studyin Southeast England. *BMJ Open*, e012337. DOI: 10.1136/bmjopen-2016-012337

- Mettler, E. A., Preston, H. R., Jenkins, S. M., et al. (2014). Motivational improvements for health behavior change from wellness coaching. *American Journal of Health Behavior*, 38(1), 83-91.
- Mezirow, J. (1994).Understanding transformation theory. *Adult Education Quarterly*, 44(4), 222-232. https://doi.org/10.1177/074171369404400403
- Mezzina, R., Gopikumar, V., Jenkins, J., Saraceno, B., & Sashidharan, S. P. (2022). Social vulnerability and mental health inequalities in the "Syndemic": Call foraction. *Frontiers in Psychiatry*, 13, 894370.
- Miller, A., & Frederickson, N. (2006). Generalizable findings and idiographic problems: Struggles and successes for educational psychologists asscientist-practitioners. *The modernscientist-practitioner: A guide to practice in psychology* (pp.103-118). Routledge.
- Milner, J., Ostmeier, E., & Franke, R. (2013). Critical incidents in cross-cultural coaching: Theview from German coaches. *International Journal of Evidence Based Coaching and Mentoring*, 11(1), 19-32.
- Milton, M. (2014a). Sexuality: Where existential thought and counselling psychology practice cometogether. *Counselling Psychology Review*, 29(2), June, 15-24.
- Milton, M. (2014b). *Sexuality existential perspectives*. PCCS Books.
- Mishler, E. G. (1986). The analysis of interview-narratives. In T. R. Sarbin (Ed.), *Narrative psychology: The storied nature of human conduct* (pp. 233-255). Praeger Publishers/Greenwood Publishing Group.
- Misra, G., &Prakash, A. (2012). Kenneth J. Gergen and social constructionism. *Psychological Studies*, 57, 121-125. https://doi.org/10.1007/sl2646-012-0151-0
- Mittelmark, M. N., Bauer, G. F., Vaandrager, L., Pelikan, J. M., Sag), S., Eriksson, M., Lindstrom, B., & Magistretti, C. M. (Eds.) (2021). *The handbook of salutogenesis* (2nd ed.). Springer Open.
- Mohan, J. (1996). Accounts of the NHS reforms: Macro-, meso- and micro-level perspectives. *Sociology of Health and Illness*, 18, 675-698.
- Molyn, J., De Haan, E., van der Veen, R., & Gray, D. E. (2022). The impact of common factorson coaching outcomes. *Coaching: AnInternational Journal of Theory, Research and Practice*, 15(2), 214-227. https://psycnet.apa.org/doi/10.1080/17521882.2021.1958889
- Murray, K. (2017). *People with purpose: How great leaders use purposeto build thriving organizations*. Kogan Page.
- Nacif, A. (2021). BeWell: A group coaching model to foster the wellbeing of

individuals. *International Journal of Evidence Based Coaching and Mentoring, Spec Iss 15*, 171-186.

- National Board forFlealth and Wellness Coaching, (n.d.). Program approval. https://nbhwc.org/approved-programs. Accessed 03/04/2020.
- National Fire ChiefsCouncil. (2024). *Action learningset guidance*, https://nfcc.org.uk/wp-content/uploads/2024/03/Action-Leaming-Set-Guidance-v3-29.2.24-l.pdf
- National Scientific Council on the Developing Child. (2004). Young children develop in anenvironment of relationships. *Working Paper No. 1.* http://www.developingchild.net
- National WellnessInstitute, (n.d.). *NWI's sixdimensions of wellness*. https://nationalwell-ness.org/resources/six-dimensions-of-wellness/. Accessed 26/08/2024.
- NCSL. (2013). *National College of School Leadership*, https://www.gov.uk/govemment/organisations/national-college-for-school-leadership. Accessed 21/05/2024.
- Ndaruhutse, S.,Jones, C., & Riggall, A. (2022). *Why systems thinking is important for education*. Educational Development Trust.
- Newlove-Delgado, T., Marcheselli, F., Williams, T., Mandalia, D., Dennes, M., McManus, S., Savic, M., Treloar, W., Croft, K., & Ford T. (2023). *Mental health of children and young people in England*, 2023. NHS England.
- Nicolson, P. (1986). Developing a feminist approach to depression following childbirth. In S. Wilkinson (Ed.), *Feminist social psychology* (pp. 135-149). Open University Press.
- Neimeyer, R. A. (2000). Narrative disruptions in the construction of self. In R. A. Neimeyer& J. D. Raskin (Eds.), *Constructions of disorder: Meaning-making frameworks for psychotherapy* (pp.207-242). American Psychological Association, https://psycnet.apa.org/doi/10.1037/10368-009
- Nettleton, S. (2021). *The sociology of health and illness*. Wiley.
- NHS. (2024). *Action learning sets*, https://libran.hee.nhs.uk/binaries/content/assets/lks/mobilising-knowledge/mobilising-knowledge-toolkit/als-guidance-doherty-associates.pdf
- NHS England. (2023). *Working in partnership with people and communities: Statutory guidance*. https://www.england.nhs.uk/long-read/working-in-partnership-with-people-and-communities-statutory-guidance/. Accessed 14/05/2024.
- NHS Race and Health Observatory. (2023). https://www.nhsrho.org/news/nhs-talking-therapies-review-identifies-barriers-in-accessing-care/. Accessed 20/05/2024.

- Nielsen, K., Yarker, J., Munir, F., & Biiltmann, U. (2018). IGLOO:An integrated framework for sustainable return to work in workers with commonmental disorders. *Workc& Stress*, 32(4), 400-417. https://doi:10.1080/02678373.2018.1438536
- Nobles, W. W. (1976). Extended self: Rethinking to so-called Negro self-concept. *Journal of Black Psychology*, 2(2), 15-24.
- NSPCC. (2024). *Keeping children safe on line*. NSPCC. https://www.nspcc.org.uk/keeping-children-safe/online-safety/inappropriate-explicit-content/. Accessed05/01/2024.
- Oberholzer, L., & Boyle, D. (2023). *Mentoring and coaching in education*. Bloomsbury.
- O'Brien, J., & Cave, A. (2017). *The power of purpose: Inspire teams, engage customers, transform business*. Pearson.
- O'Broin, A., & Palmer, S. (2019). The coaching relationship: A key role in coaching processes and outcomes. In S. Palmer & A. Whybrow (Eds.), *Handbook of coaching psychology* (pp. 471-486). Routledge.
- Ochs, E., & Capps, L. (2009). *Living narrative: Creating lives in everyday storytelling*. Harvard University Press.
- O'Connor, S. (2020). Systemically integrated approaches to coaching: An introduction. *Philosophy of Coaching: An International Journal*, 5(2), 40-62.
- O'Connor, S., & Cavanagh, M. (2013). The coaching ripple effect: The effects of developmental coaching onwellbeing across organisational networks. *Psychologyof Well-Being: Theory, Research and Practice*, 3(1), 1-23. http://dx.doi.org/10.1186/2211-1522-3-2
- O'Donohue, W., Fisher, J. E., Plaid, J. J., & Curtis, S.D. (1990). Treatment decisions: Their nature and their justification. *Psychotherapy*, 27(3), 421-427.
- O'Donohue, W., & Henderson,D. (1999). Epistemic and ethical duties in clinical decisionmaking. *Behaviour Change*, 16(1), 10-19.
- O'Donovan, B. (2014). Editorial for special issue of SPAR: The VanguardMethod in a svstems thinking context. *Systemic Practice and Action Research*, 27,1-20. https://doi. o'rg/10.1007/s11213-012-9247-7
- O'Moore, G. (2012). PEAK: A model for use within performancecoaching. *The Coaching Psychologist*, 8(1), 39-45.
- O'Neill, M. B. (2000). *Executive coaching with backbone and heart: A systems approach to engaging leaders with their challenges*. Jossey-Bass.
- O'Neill, T. A., & Salas, E. (2018). Creating high performance teamwork in organizations. *Human Resource Management Review*, 28(4), 325-331. https://psycnet.apa.org/doi/10.1016/j.hrmr.2017.09.001
- Okoli, J. (2020). Improved decision-makingeffectiveness in crisis situations: Developing intuitive expertise at theworkplace. *Development and Learning in*

Organisations: An International Journal, 35, 18-20. http://dx.doi.org/10.1108/DLO-08-2020-0169

- Olthof, M., Hasselman, F., Oude Maatman, F., Bosman, A. M., &Lichtwarck-Aschoff, A. (2023). Complexity theory of psychopathology. *Journal of Psychopathology and Clinical Science*, 132(3), 314.
- Opara, V., Sealy, R., & Ryan, M. K. (2020). The workplace experiences of BAMEprofessional women: Understanding experiences at the intersection. *Gender Work and Organization*, 27(6), 1192-1213. https://psycnet.apa.Org/doi/10.l111/gwao. 12456
- Orange, T., Isken, J. O., Green, A., Parachini, N., & Francois, A. (2019). Coaching for equity: Disrupt and transform practices thatreveal implicit and explicit biases. *The Learning Professional*, 40(6), 45-49.
- Oshry, B. (2015). Coaching from a systems perspective. In J. Passmore (Ed.), *Leadership coaching: Working with leaders to develop elite performance* (2nded.) (pp. 175-196). Kogan Page.
- Otter, K. (2018). Leadership coaching 2.0: Improving the marriage between leadership and coaching. *Philosophy of Coaching: An International Journal*, 2(2), 69-82. DOI:10.22316/poc/02.2.05
- Palmer, C. A., Baucom, D. H., & McBride, C. M. (2000). A couple approach to smoking cessation. In K. B. Schmaling & T. G. Ser (Eds.), *The psychology of couples and illness* (pp. 311-336). American Psychological Association.
- Palmer, S., & Whybrow, A. (2018). *Handbook of coaching psychology: A guide for practitioners*. Routledge.
- Pandolfi, C. (2020). Active ingredients in executive coaching: A systematic literature review. *International Coaching Psychology Review*, 15(2), 6-30.
- Parsons, T., & Smelser, N. J. (1956). *Economy and Society*. Routledge & Kegan Paul
- Passmore, J. (2007). Anintegrative model for executive coaching. *Consulting Psychology Journal: Practice and Research*, 59(1), 68-78. https://doi.org/10.1037/1065-9293.59.L68
- Passmore, J. (2015). Leadership coaching. In J. Passmore (Ed.), *Leadership coaching: Working with leaders to develop elite performance* (pp.5-14). Kogan Page.
- Passmore, J. (2021). Developing an integrated approach to coaching. In J. Passmore (Ed.), *The coaches' handbook* (pp.321-331). Routledge.
- Passmore, J. (2024, June 13). Personal Conversation at BPS Division of Coaching Psychology Conference 2024 London.
- Passmore, J., Peterson, D., & Freire, T. (2013). Psychology ofcoaching and mentoring. In J. Passmore, D. Peterson, & T. Freire (Eds.), *Wiley-Blackwell handbook of the psychology of coaching & mentoring* (pp.1-11). Wiley-Blackwell. http://dx.doi.org/10.1002/9781118326459

- Passmore, J., & Tee, D. (2021). Insights from qualitative coaching psychology research. In J. Passmore & D. Tee (Eds.), *Coaching researched* (pp. 141-143). Wiley. DOI:10.1002/9781119656913
- Pavlovic, J. (2021). Team coaching psychology: Toward anintegration of constructivist approaches. *Journal of Constructivist Psychology*, 34(4), 450-462. https://psycnet.apa.org/doi/10.1080/10720537.2019.1700856
- Pearson, T. (2017). *How creativity is killed in the majority world*. New Internationalist. https://newint.org/features/web-exclusive/2017/11/15/poverty-creativity
- Peters, B., & Gohlich, M. (2024). Transformative learning through groupcoaching. *Journal of Transformative Education*, 22(2), 157-179. https://doi.org/10.1177/15413446231178897
- Peters, J., & Carr, C. (2013). *High performance team coaching*. Friesen Press.
- Peterson, D. B. (2011). Executive coaching: A critical review and recommendations for advancingthe practice. In S. Zedeck (Ed.), *APA handbook of industrial and organisational psychology, Vol 2. Selecting and developing members for the organisation* (pp. 527-566). American Psychological Association, https://psycnet.apa.org/doi/10.1037/12170-018
- Phoenix, D. (2023). *English higher education social mobility index*. Higher Education Policy Institute.
- Plaister-Ten, J. (2016). *The cross-cultural coaching kaleidoscope: A systems approach to coaching amongst different cultural influences*. Karnac Books.
- Probert, J., & Turnbull James, K. (2011). Leadership development:Crisis, opportunities and the leadership concept. *Leadership*, 7(2),137-150. https://doi.org/10.1177/1742715010394810
- Quenk, N. N. (2009). *Essentials of Myers-Briggs Type Indicators Assessment*. Wiley.
- Rajan, A., & Lane, D. A. (2000). *Employ ability: Bridging the Gap Between Rhetoric and Reality. Executive Summaries*. Centre for Research in Employment and Technology in Europe.
- Ramakrishnan, V. (2011). Understanding the impact of family dynamics on the family business coaching approach. In S. Manfusa & D. A. Lane (Eds.), *Coaching in the family owned business: A path to growth* (pp. 103-124). Karnac Books.
- Ramanavaka, A. R. N. D., Dickson, G., & Ravne, D. (2023). Heuristics in sport: A scopingreview. *Psychology of Sport and Exercise*, 71, 102589. DOI: 10.1016/j.psychsport. 2023.102589
- Rapp, T., Maynard,T., Domingo, M, & Klock, E. (2021). Team emergent states: What has emergedin the literature over 20 years. *Small Group Research*, 52(1), 68-102. https://psycnet.apa.org/doi/10.1177/1046496420956715
- Ratele, K. (2019). *The world looks like this from here: Thoughts onAfrican psychology*. Wits UniversityPress.

- RCPsych (2008). *Rethinking risk to others in mental health services*. Royal College of Psychiatrists.
- Reid, K. (2005). The implications of Every Child Matters and the Children Act for schools. *Pastoral Care in Education*, 23(1), 12-18. DOI: 10.1111/j.0264-3944.2005.00317.x
- Reissner, S. C., & Du Toit, A. (2011). Power and the tale: Coaching as storyselling. *Journal of Management Development*, 30(3), 247-259. http://dx.doi.org/10.1108/02621711111116171
- Rethom, Z. D., Pettitt, R. W., Dykstra, E., & Pettitt, C. D. (2020). Health and wellness coaching positively impacts individuals with chronic pain and pain-related interference. *PLoS ONE*, 15(1), e0236734. https://doi.org/10.1371/joumal.pone.0236734
- Revans, R. W. (1982). *The origin and growth of action learning*. Chartwell-Bratt.
- Riessman, C. K. (2012). Analysis of personal narratives. In J. F. Gubrium & J. A. Holstein (Eds.), *Handbook of interview research: Contextand method* (pp. 695-710). Sage, https://doi.org/10.4135/9781412973588
- Robbins, P. (2015). *Peer coaching to enrich professional practice, school culture and student learning*. ASCD.
- Roberts, V. Z., & Brunning, H. (2018). Psycho dynamic and systems-psycho dynamics coaching. In S. Palmer & A. Whybrow (Eds.), *Handbook of coaching psychology. A guide for practitioners*. Routledge.
- Robinson, T., & Yanagi, D. (2019). Coaching for consciousness: Team coaching to support system, relational, and internal awareness. In D. Clutterbuck, J. Gannon, S. Hayes, I. Iordanou, K. Lowe, & D. MacKie (Eds.), *The practitioner's handbook of team coaching* (pp.163-179). Routledge.
- Rogers, J. (2014). *Resisting the charm of finding a scapegoat*. https://jennyrogerscoaching.com/resisting-the-charm-of-finding-a-scapegoat/
- Rollnick, S., Mason, P., & Butler, C. (1999). *Health behaviour change: A guide for practitioners*. Churchill Livingstone.
- Rosinski, P. (2003). *Coaching across cultures: New tools for leveraging national, corporate and professional differences*. Nicolas Brealey International.
- Ross, J. A. (1992). Teacher efficacy and the effect of coaching on student achievement. *Canadian Journal of Education/Revue canadienne de V education*, 17, 51-65. http://dx.doi.org/10.2307/1495395
- Ross, L. E., Doctor,F., Dimito, A., Kueli, D., & Armstrong, M. F. (2008). Can talking about oppression reduce depression? *Journal of Gayand Lesbian Social Services*, 19(1), 1-15.
- Ross, L. E., & Rosser, B. R. (1996) Measurement and correlates of internalized homophobia: Afactor analytic study. *Journal of Clinical Psychology*, 52,15-21.

- Roth, A. (2017). Coaching a client with a different cultural background - Does it matter? *International Journal of Evidence Based Coaching and Mentoring, Special Edition*, 11, 30-43.
- Roth, A., & Fonagy, P. (2005). *What works forwhom: A critical review of psychotherapy research* (2nd ed.). Guilford Publications.
- Rowe, J. (2021). *Nine Rooms: Mastering the missing dimension to coaching, teaching and counselling*. John Rowe Coaching, www.ninerooms.co.uk
- Ruebain, quoted in Keise, C., Kelly, E., King, O., & Lane, D. A. (1993). Culture and childservices. In A. Miller & D. A. Lane (Eds.), *Silent conspiracies: Scandals and successes in the care and education of vulnerable young people* (pp. 189-199). Trentham Books.
- Salas, E., Shuffler, M. L., Thayer, A. L., Bedwell, W. L., & Lazzara, E. H. (2015). Understanding and improving teamwork in organizations: Ascientifically based practical guide. *Human Resource Management*, 54(A), 599-622. https://psycnet.apa.org/doi/10.1002/him.21628
- Salicru, S. (2020). A new model of leadership-as-practice development for consulting psychologists. *Consulting Psychology Journal: Practiceand Research*, 2(2), 79-99. https://psycnet.apa.org/doi/10.1037/cpb0000142
- Sandberg, J. G., Yorgason, J. B., Miller, R. B., & Hill, E. J. (2012). Family-to-work spillover in Singapore: Marital distress, physical and mental health, and work satisfaction. *Family Relations*, 61, 1-15. http://dx.doi.org/10.1111/j.1741-3729.2011,00682.x
- Savin-Baden, M., & Major, C. H. (2013). *Qualitative research: The essential guide to theory and practice*. Routledge.
- Schein, E. (2015). Dialogic organizational development: Past, present and future. In G. R. Bushe & R. J. Marshak (Eds.), *Dialogic organization development* (pp. vii-xiii). Berrett-Koehler.
- Schermuly, C. C., GraBmann, C., Ackermann, S., & Wegener, R. (2022). The future ofworkplace coaching - An explorative Delphi study. *Coaching: An International Journal of Theory, Research and Practice*, 15(2), 244-263. DOI: 10.1080/17521882.2021. 2014542
- ScottPeck, M. (1998). *Further along the road lesstraveled: The unending journey towards spiritual growth*. Simon & Schuster.
- Seddon, J. (2003). *Freedom from command and control*. Vanguard Press.
- Segal, J. (2021). *On motivation: Building better workplace cultures*. Jenny Segal.
- Segers, J., & Vloeberghs, D. (2009). Do theory and techniques in executive coaching matter more than in therapy? *Industrial and Organizational Psychology: Perspectives on Science and Practice*, 2(3), 280-283. https://psycnet.apa.org/doi/10.1111/j.1754-9434.2009.01149.x

- Senge, P. (1990). *The fifth discipline. The art and practice of thelearning organisation*. Random House.
- Sforzo, G. A., Kaye, M. P., Harenberg, S., et al. (2019). Compendium of health and wellness coaching: 2019 addendum. *American Journal of Lifestyle Medicine*, 14(2), 155-168. https://doi.org/10.1177/1559827619850489
- Sforzo, G. A., Kaye, M. P., Todorova, I., et al. (2017). Compendium of the health and wellness coaching literature. *American Journal of Lifestyle Medicine*, 12(6), 436-147. https://doi.org/10.1177/1559827617708562
- Shafran, R. (2020). Foreword. In D. H. Bacuom, M. S. Fischer, S. Corrie, M. Worrell, & S. E. Boeding (Eds.), *Treating relationship distress and psychopathology in couples: A cognitive-behavioural approach* (pp. xiii-xv). Routledge. http://dx.doi.org/10.4324/9781315626413
- Shafran, R., Clark, D. M., Fairbum, C. G., Amtz, A., Barlow, D. H., Ehlers, A.,Freeston, M., Garety, P. A., Hollon, S. D., ... & Wilson, G. T. (2009). Mind the gap: Improving the dissemination of CBT. *Behaviour Research and Therapy*, 47(11), 902-909. DOI: 10.1016/j.brat.2009.07.003
- Shaked, H., & Schechter, C. (2019). Systems thinking for principals oflearning-focused schools. *Journal of School Administration Research and Development*, 4(1), 18-23.
- Shams, M., & Lane, D. (2011). *Coaching in the family owned business: A path to growth*. Routledge.
- Shams, M., & Lane, D. (2018). Family relations: Coaching techniques for a family business. *The Coaching Psychologist*, 14(1),34-41.
- Shaw, R. (2010). Embedding reflexivity within experiential qualitative psychology. *Qualitative Research in Psychology*, 7(3), 233-243. https://psycnet.apa.org/doi/10.1080/14780880802699092
- Shidler, L. (2009). The impact of time spent coaching for teacher efficacy on student achievement. *Early Childhood Education Journal*, 36(5), 453-460. D01:10.1007/s10643-008-0298-4
- Shoukry, H. (2017). Coaching for social change. In T. Bachkirova, D. Drake, & G. Spence (Eds.), *The SAGE handbook of coaching* (pp.176-194). Sage.
- Shoukry, H., & Cox, E. (2018). Coaching as a social process. *Management Learning*, 49(4), 413-428. https://psycnet.apa.org/doi/10.1177/1350507618762600
- Sieler, A. (2020). *Coaching to the human soul: Ontological coachingand deep change, Volume I*. Newfield Institute.
- Silva, C. T., & Silva, P. D. T. (2022). *Making sense of work through collaborative storytelling: Building narratives in organisational change*. Palgrave Macmillan. https://doi.org/10.1007/978-3-030-89446-7_2
- Simons, T., Pelled, L. H., & Smith, K. A. (1999). Making use of difference:

Diversity, debateand decisions comprehensiveness in top management teams. *Academy of Management Journal*, 42(6), 662-673.

- Skakon, J., Nielsen, K., Borg, V., & Guzman, J. (2010). Are leaders' well-being, behaviours and style associated with the affective well-being of their employees? A systematic review of three decades of research. *Work & Stress*, 24(2), 107-139. https://doi.org/10.1080/02678373.2010.495262
- Smail, D. (2005). *Power, interest and psychology: Elements of asocial materialist understanding of distress*. PCCS Books.
- Smith, W. A., Pontes, E. H., Magadlea, D., & Clutterbuck, D. (2024). *Ethical case studies for coach development and practice: A coaches'companion*. Routledge.
- Spear, S., & Roper, S. (2016). Storytelling in organisations: Supporting or subverting corporatestrategy? *Corporate Communications: An International Journal*, 21(4), 516-532. https://doi.Org/l0.1108/CCIJ-02-2016-0020
- Sports Coaching UK. (2014) https://www.scottishdisabilitysport.com/wp-content/up-loads/2016/07/Coaching-Disabled-People-Information-Sheet.pdf. Accessed12/05/2024.
- Spoth, J., Toman, S.,Leichtman, R., & Allan, J. (2012). Gestalt approach. In J.Passmore, D. B. Peterson,& T. Freire (2012). *The Wiley-Blackwell handbook ofthe psychology of coaching and mentoring*. Wilev-Blackwell.
- Stacey, R. D. (2007a). The challenge of human interdependence: Consequences for thinking about the day-to-day practice of management in organizations. *European Business Review*, 19(4), 292-302 http://dx.doi.org/10.1108/09555340710760125
- Stacey, R. D. (2007b). *Strategic management and organizational dynamics: The challenge of complexity to ways of thinking about organizations* (5th ed.). Pearson Education (Kindle edition).
- Stacey, R. D. (2010). *Complexity and organizational reality: Uncertaintyand the need to rethink management after the collapse of investment capitalism* (2nd ed.). Routledge.
- Stacey, R. D. (2012). *Tools and techniques of leadership and management. Meeting the challenge of complexity*. Routledge.
- Stacey, R. D., & Mowles, C. (2016). *Strategic management and organisational dynamics* (7th ed.). Pearson.
- Stark Taylor, S., & Blair Kennedy, A. (2018). Health and wellness coaching: Providers andpractice - A commentary on Sforzo andcolleagues. *American Journal of Lifestyle Medicine*, 12(6), 451-455. DOI:10.1177/1559827618790531
- Stelter, R. (2009). Coaching as a reflective space in a society of growing diversity - Towards anarrative, postmodern paradigm. *International Coaching Psychology Review*, 4(2), 209-217.

- Stelter, R. (2013). *A guide to third generation coaching: Narrative-collaborative theory and practice*. Springer.
- Stelter, R. (2019). *The art of dialogue in coaching*. Routledge.
- Stelter, R., & Andersen, V. (2018). Coaching for health and lifestyle change: Theory and guidelines for interacting and reflecting with women about their challenges and aspirations. *International Coaching Psychology Review*, 13(1), 61-71.
- St John-Brooks, K. (2014). *Internal coaching: The inside story*. Kamac Books.
- Stokes, P., Diochon, P. F., & Otter, K. (2020). "Two sides of the same coin?" Coaching andmentoring and the agentic role of context. *Annals of the New York Academy of Sciences*, 1483(1). https://d0i.0rg/l 0.1111/nyas. 14316
- Stout-Rostron, S. (2009). *Business coaching international: Transforming individuals and organizations*. Kamac Books.
- Stout-Rostron, S. (2014). *Business coaching international: Transforming individuals and organizations* (2nd ed.). Routledge.
- Stout-Rostron, S. (2019a). *Transformational coaching to lead culturally diverse teams*. Routledge.
- Stout-Rostron, S. (2019b). Leadership and team coaching. In S. Stout-Rostron (Ed.), *Transformational coaching to lead culturally diverse teams* (pp.13-29). Routledge.
- Strauss, A., & Corbin, J. (1990). *Basics of qualitative research: Grounded theory procedures and techniques*. Sage.
- Stucki, G., & Bickenbach, J. (2017). Functioning: The third health indicator in the healthsystem and the key indicator for rehabilitation. *European Journal of Physical and Rehabilitation Medicine*, 53(1), 134-138. DOI: 10.23736/S 1973-9087.17.04565-8
- Stucki, G., Bickenbach, J., Gutenbrunner, C., & Melvin, J. (2018). Rehabilitation health strategy of the 21st century. *Journalof Rehabilitation Medicine*, 50(4), 309-316. DOI:10.2340/16501977-2200.
- Suite, D. H., LaBril, R., Primm, A., & Harrison-Ross, P. (2007). Beyond misdiagnosis, misunderstanding and mistrust: Relevance of the historical perspective in themedical and mental health treatment of people of color. *Journal of the National Medical Association*, 99(8), 879-885.
- Tarry, A. (2018). *Coaching with careers and AI in mind: Grounding ahopeful and resourceful self fit for a digital world*. Routledge. https://doi.org/10.4324/9780429451553
- Tattum, D. P., & Lane, D. A. (1989). *Bullying in schools*. Trentham Books.
- Teasdale, J. D., & Barnard, P. J. (1993). *Affect, cognition and change: Remodelling depressive thought*. Erlbaum.
- Tedeschi, R. G., & Calhoun, L. G. (1995). *Trauma & transformation: Growing in*

the after-math of suffering. Sage.

- Tee, D., & Passmore, J. (2022). The role of frameworks, models and approaches in coaching. In D. Tee & J. Passmore (Eds.), *Coaching practiced* (pp. 5-8). John Wiley & Sons.
- Tehrani, N. (2008). Trauma support for emergency services, *Crisis Response*, 4(3), 42-43.
- Tehrani, N., & Lane, D. A. (2021). The role for coaching in psychological trauma. In M. Watts & I. Florance (Eds.), *Emerging conversations in coaching and coaching psychology* (pp. 78-94). Routledge. https://psycnet.apa.org/doi/10.4324/9781315114514-6
- Terblanche, N. H. D. (2020). The coaching model derivation process: Combining grounded theory andcanonical action research for developing coaching models. *Coaching: An International Journal of Theory, Research and Practice*, 13, 45-60.
- Terblanche, N. H. D. (2022). Transformative transition coaching: A framework to facilitate transformative learning during career transitions. *The International Journal of Human Resource Management*, 33(2), 269-296.
- Terblanche, N. H. D., Albertyn, R. M., & Van Coller-Peter, S. (2018). Using transformation transition coaching to support leaders during career transitions. *African Journal of Business Ethics*, 12(1), 60-77.
- Terblanche, N., Molyn, J., De Haan, E., & Nilsson, V. O. (2022). Coaching at scale: Investigating the efficacy of artificial intelligence coaching. *International Journal of Evidence Based Coaching and Mentoring*, 20(2), 20-36.
- Theberath, M., Bauer, D., Chen, W., Salinas, M., Mohabbat, A. B., Yang, J., Chon, T.Y.,Bauer, B. A., & Wahner-Roedler, D. L. (2022). *Effects of COVID-19 pandemicon mental health of children and adolescents: A systematic review of survey studies*. SAGE Open Medicine. DOI:10.1177/20503121221086712
- Thompson, H. B., Bear, D. J., Dennis, D. J., Vickers,M., London, J., & Morrison, C. L. (2008). *Coaching,a global study of successfld practices: Current trends and future possibilities 2008-2018*. American Management Association, https://www.opm.gov/wiki/uploads/docs/wiki/opm/training/i4cp-coaching.pdf
- Thrive London. (2023). *Towards happier, healthier lives for all Londoners*. https://thriveldn.co.uk
- Tindale, R., & Winget, J. (2019, March 26). Group decision-making. *Oxford research encyclopaedia of psychology*, https://oxfordre.com/psychology/view/10.1093/acre-fore/9780190236557.001.000l/acrefore-9780190236557-e-262. Accessed 06/05/2024.
- Tobias, L. L. (1996). Coaching executives. *Consulting Psychology Journal: Practice and Research*, 48(2), 87-95. https://doi.Org/10.1037/1061-4087.48.2.87
- Toleikyte, L. (2018). *Local action on health inequalities: Understanding and*

reducing ethnic inequalities in health. Public Health England.
- Topping, K. (1989). Peer tutoring and paired reading: Combining two powerful techniques. *The Reading Teacher*, 42(1),488-494.
- Topping, K. J. (2020, August 27). *Peertutoring and cooperative learning*. Oxford Research Encyclopaedia of Education, https://oxfordre.com/education/education/view/10.1093/acrefore/9780190264093.001.0001 /acrefore-9780190264093-e-1432
- Tsoukas, H. (2009). A dialogical approach to the creation of new knowledge in organizations. *Organization Science*, 20(6), 941-957. http://dx.doi.org/10.1287/orsc.1090.0435
- Turner, R. A., & Goodrich, J. (2010). The case for eclecticism in executivecoaching: Application to challenging assignments. *Consulting Psychology Journal: Practice and Research*, 62(1), 39-55. https://doi.org/10.1037/a0018650
- Tversky, A., & Kahneman, D. (1973). Availability: A heuristic for judgingfrequency and probability. *Cognitive Psychology*, 5(2), 207-232. https://doi.org/10.1016/0010-0285(73)90033-9
- Tversky,A., & Kahneman, D. (1974). Judgment under uncertainty: Heuristics and biases. *Science*, 785(4157), 1124-1131.
- Uhl-Bien, M. (2021). Complexity leadership and followership: Changed leadership in achanged world. *Journal of Change Management: Reframing Leadership and Organizational Practice*, 21(2),144-162. https://doi.org/10.1080/14697017.2021.1917490
- Uhl-Bien, M., Marion, R., & McKelvey, B. (2007). Complexity leadershiptheory: Shifting leadership from the industrial age to the knowledge era. *The Leadership Quarterly*, 18(4), 298-318. https://psycnet.apa.Org/doi/10.1016/j.leaqua.2007.04.002
- Ullman, L. P. (1977). Foreword - Behavioral community psychology: Implications, opportunities and responsibilities. In M. T. Nietzal, *Behavioral approaches to community psychology* (pp.ix-xxviii). Pergamon.
- UNESCO. (1983). *Racism, science and pseudo-science*. UNESCO.
- UNESCO. (2009). *UNESCO World Report: Investing cultural diversityand intercultural dialogue*. UNESCO.
- van Nieuwerburgh, C. (2012). *Coachingin education: Getting better results for students, educators and parents*. Karnac Books.
- van Nieuwerburgh, C., & Allaho, R. (2017). *Coaching in Islamic culture: The principles and practice of Ershad*. Karnac Books.
- van Nieuwerburgh, C., & Barr, M. (2016). Coaching ineducation. In T. Bachkirova, G. Spence, & D. Drake (Eds.), *The SAGE handbook of coaching* (pp. 505-520).

Sage.

- van Nieuwerburgh, C., Barr, M., Fouracres, A. J. S., Moin, T., Brown, C.,Holden, C., Lucey, C., & Thomas, P. (2022). Experience of positive psychology coaching while working from home during the COVID-19 pandemic: An Interpretative Phenomenological Analysis. *Coaching: An International Journal of Theory, Research and Practice*, 15(2), 148— 165. https://doi.org/10.1080/17521882.2021.1897637
- van Nieuwerburgh, C., & Passmore, J. (2018). Creating coaching cultures forlearning. In C. van Nieuwerburgh (Ed.), *Coachingin education: Getting better results for students, educators, and parents* (1sted.) (pp. 153-172). Routledge.
- Vanzella-Yang,A., Algan, Y., Beasley, E., Cote, S., Vitaro, F., Tremblay, R. E., & Park,J. (2023). The social and economic impact of the Montreal longitudinal and experimental study. *CriminalBehaviour and Mental Health*, 33(2), 116-124.
- Vogler,C. (2007). *The writer's journey: Mythic structure for writers*. Michael Wiese Productions.
- VonBertalanffy, L. (1968). *General systemstheory*. Penguin.
- VonSchlippe, A. (2022). Family businesses in coaching: Specific dynamics. In F.Muller, H. Moller,J. Passmore, S. Greif, & W. Scholl (Eds.), *International handbook of evidence-based coaching: Theory, research and practice* (pp. 325-336). Springer, https://doi.org/10.1007/978-3-030-81938-5_27
- Walev, A. (2000). *The analects*. Everyman Library.
- Wang, Q., Lai, Y. L., Xu, X., & McDowall, A. (2021). The effectiveness ofworkplace coaching: A meta-analysis of contemporary psychologically informedcoaching approaches. *Journal of Work-Applied Management*, 14(1), 77-101. http://dx.doi.org/10.1108/JWAM-04-2021-0030
- Ward, R. (1990). *A descriptive bibliography of articles and books on Black and ethnic community mental health in Britain*. MIND.
- Wasylyshyn, K. M. (2003). Executive coaching: An outcome study. *Consulting Psychology Journal: Practice and Research*, 55(2), 94-106. https://psycnet.apa.org/doi/10.1037/1061-4087.55.2.94
- Watts, M., & Corrie, S. (2013). Growing the "I" and "We" in transformational leadership: A vision for coaching psychology. *The Coaching Psychologist*, 9(2), 86-99.
- Watts, M., & Corrie, S. (2022). Growing the "I" and "We" in transformational leadership: The LEAD, LEARN & GROW Model. In D. Tee & J. Passmore (Eds.), *Coaching practiced*. (pp. 139-154). Wiley.
- Watts,M., & Florance, I. (Eds.) (2021). *Emerging conversations in coaching and coaching psychology*. Routledge.
- Watts,M., Weinburg, J., & Lane, D. A. (2023). Coaching psychology: What it

is andwhy it matters - An emerging conversation. In G. Davev (Ed.), *Applied psychology* (2nd ed.) (pp. 587-602). Wiley-Blackwell.

- Well-Being Ambassadors. (2023). Impact Report, https://academy.worthit.org.uk/accessally_protected/wellbeing-ambassador-impact-report/
- Welman,P., & Bachkirova, T. (2010). The issue of power in the coaching relationship. In S. Palmer & A. McDowall (Eds.), *The coaching relationships: Putting people first* (pp.139-158). Routledge.
- Welsh Government. (2012). *Practical approaches to behaviour management in the classroom*. Welsh Government.
- West, M. A., & Lyubovnikova, J. (2012). Real teams or pseudo teams? The changing landscape needs a better map. *Industrialand Organizational Psychology*, 5(1), 25-55. https://doi.org/10.1111/j.1754-9434.2011.01397.x
- Wheatley, M. J. (1999). *Leadership and the new science: Discovering order in a chaotic world* (2nded.). Berrett-Koehler.
- Whisman,M. A. (2007). Marital distress and DSM-IV psychiatric disorders in a population-basednational survey. *Journal ofAbnormal Psychology*, 116(3),638-643. DOI:10.1037/0021-843X.116.3.638
- Whisman, M. A., & Bruce, M. L. (1999). Marital dissatisfaction andincidence of major depressive episode in a community sample. *Journal of Abnormal Psychology*, 108(A), 674-678.
- Whisman, M. A., & Uebelacker, L. A. (2009). Prospective associations between marital discord and depressive symptoms in middle-aged and older adults. *Psychology and Aging*, 24(1), 184-189.
- White, J. (1970). *Toward a Black psychology*. Ebony.
- Whiteford, H. A.,Ferrari, A. J., Degenhardt, L., Feigin, V., & Vos, T. (2015). The global burden of mental, neurological and substance use disorders: An analysis fromthe global burden of disease study 2010. *PloS ONE*, 10(2), e0116820. https://doi.org/10.1371/journal.pone.0116820
- Whitley, S. (2013). Group coaching as support for changing lifestyle for those diagnosed with along-term condition. *International Journal of Evidence-Based Coaching Mentoring*, 11(1),82-99.
- Whitmore, J. (2010). *Coaching for performance: The principles and practice of coaching and leadership*. Hachette UK.
- Whybrow, A., Turner, E., McLean, J., & Hawkins, P. (2023). *Ecological and climate-conscious coaching: A companion guide to evolving coachingpractice*. Routledge.
- Widdowson, L., & Barbour, P. J. (2021). *Building top-performing teams: Apractical guide to team coaching to improve collaboration and drive organizational success*. Kogan Page Publishers.

- Wilkinson, S. (1986). *Feminist social psychology*. OpenUniversity Press.
- Winsper, C., Bhattacharya, R., Bhui, K., Currie, G., Edge, D., Ellard, D. R., Franklin, D., Gill,P. S., Gilbert, S., ... & Giacco, D. (2023). Improving mental healthcare access and experience for peoplefrom minority ethnic groups: An England-wide multisite experience-based codesign (EBCD) study. *BMJ Mental Health*, 26(1), e300709. https://doi.org/10.1136/bmjment-2023-300709
- Wolever, R. Q.,Cline, T. R, Weiss, J. M., Carmack, S., Schultz, C., Arloski, M., & Lawson,K. (2024). Group health & wellness coaching: Development and validation ofthe required competencies. *BMC Health Services Research*, 24(1), 392-404. https://doi.org/10.1186/s 12913-024-10704-x
- Wolever, R. Q., Simmons, L. A., Sforzo, G. A., Dill, D., Kaye, M., Bechard, E. M., Southard, M.E., Kennedy, M., ... & Yang, N. (2013). A systematic review of theliterature on health and wellness coaching: Defining a key behavior alintervention in healthcare. *Global Advancesin Health and Medicine*, 2(4), 38-57. https://doi.org/10.7453/gahmj.2013.042
- Woolfson, L., Whaling, R., Stewart, A., & Monsen, J. (2003). An integrated framework to guide educational psychology practice. *Educational Psychology in Practice*, 19(4), 283-302.
- World Health Organization, (n.d.). *Constitution*, https://www.who.int/about/governance/constitution. Accessed 08/08/2023.
- Wright, N. L., Longerbeam, S. D., & Alagaraja, M. (2022). Chronic codeswitching: Shaping Black/white multiracial student sense of belonging. *Genealogy*, 6(3), 75. https://doi.org/10.33 90/genealogy6030075
- Yasargil, H., & Denton, L. (2011). Family first or business first: Issues in a family business.In M. Shams, & D. A. Lane (Eds.), *Coaching in the family owned business: A path to growth* (pp. 77-90). Karnac Books.
- Young, J. E., Klosko, J. S., & Weishaar, M. E. (2006). *Schematherapy: A practitioner's guide*. Guilford Press.
- Yunkaporta, T. (2019). *Sand talk: How indigenous thinking can save the world*. Text Publishing.
- Ziols, R., Davis, N.R., Holbrook, T., & Bridges, S. (2022). Creativity as a racializing andableizing scientific object: Disentangling the democratic impulse fromjustice-oriented futures. *Review of Research in Education*, 46(1), 345-373. http://dx.doi.org/10.3102/0091732X221089973
- Zuber-Skerritt, O. (2015). Participatory action learning and action research (PALAR) for communityengagement: A theoretical framework. *Educational Research for Social Change*, 4(1), 5-25.

색인

ㄴ

ㄷ

ㄹ

ㅇ

ㅈ

ㅊ

ㅋ

ㅌ

ㅍ

ㅎ

발간사

호모코치쿠스 66
『코칭 공식화의 이해와 실천: 여러 회기 코칭 여정과 사례 분석 가이드』

'코칭 공식화formulation' 논의가 해외에서 조용히 확산하더니 드디어 단행본이 나왔다. 상담과 심리치료 분야는 일찌감치 논의해 온 주제이다. 늦게 출발한 코칭 공식화 연구는 심리치료와 상담의 공식화 논의와 뚜렷이 구별되는 독자적 착상이 넘친다.

코칭 역시 공식화 작업이 필요하다. ①개인의 복잡성, ②상황과 맥락의 변화무쌍함, ③시간 흐름과 얽힘 등을 감당하며 ④가보지 않은 길을 개척하거나 함께 흘러가는 코칭 여정에는 최소한의 기획plan이나 지도map가 필요하다. 무슨 소리인가? 기획이나 지도가 아니라 오직 모든 것을 내려놓고 함께 춤을 출 뿐, 이것으로 충분하다고 힐난할 수 있다.

그러나 노래 없이 춤을 추겠다는 것인가? '함께 추는 춤'이라도 음악이 있고, 음조와 박자를 맞추며, 각자의 춤사위가 어우러져야 한다. 바로 이것이 공식화이다. 기획이나 지도는 무슨? 오직 '열린 마음, 따뜻함'이면 충분하다고 한다면 이마저도 '마음-먹음, 마음-씀, 마음-전개'에 따른 두 사람의 마음-어울림이 필요하다. 마음의 흐름을 적절히 흐르게 하고, 따르고, 마음을 접촉하고, 뒤따르는 일체 역시 공식화 범주이다. 이렇듯 코치와 코칭 주체가 **함께 코칭을 일궈내는, 모든 의도와 노력, 합의의 여정**이 코칭 공식화이다.

코치는 어떤 경우든 정도의 차이가 있지만 코칭 공식화를 시도한다. 코칭 파트너에게 '내미는 손'은 결코 빈손이 아니다. '맞잡은 손'에서 코칭 공식화는 바로 **시작된다**. 목적purpose을 찾든, 정한 목표를 향해가든, '진단'으로 시작하든 마찬가지다. '있는 그대로as is'에서 '되고자 하는 상태/가고자 하는 지점to be'까지 '과정'을 대상으로 한다. 이 과정을 함께 논의하고 공유하는 작업이 **공식화 작업**이다. '정해진 바 없는 갈 길을 함께 정하고, 함께 걸으며, 함께 이야기-하는 길', 보폭과 걸음 속도, 휴식과 회복의 리듬을 찾고 조율하는 시도는 과정이 끝날 때까지 이어진다. 코칭 관계의 종결이 곧 공식화의 **끝이다**.

코칭 공식화는 여러 회기 코칭을 진행할 때 더욱 두드러진다. 기준은 코치마다 다르지만 비교적 짧은 회기에는 코치에게 익숙한 코칭 접근이 주도된다. 활용해 온 코칭 모델model, 코칭 구조-틀framework을 말한다. 특정 주제나 제기된 이슈와 문제에 대응하는 코칭 대화 모델 등이 공식화를 대신한다. 여러 회기일 경우 모델, 구조-틀, 접근 방식

approach의 반복으로는 부족하다. 공식화는 이 공백을 메꾸고 전체를 포괄한다. 여정의 전체 과정을 눈에 담고 아우르는 구상과 기획을 감당한다. 마치 하늘에 멀리 있던 별자리가 맑고 깊은 밤일수록 드러나듯 모델과 틀, 알고 있던 접근 방식 이외에 새로운 필요성으로 두드러진다. 코칭 공식화는 이런 상황을 염두에 둔 **사전에 준비한 길 떠남**과 같다. 결코 고정된 것이 아니다. 그렇다고 기존에 있는 것, 익숙한 것에서 필요와 상황에 맞게 골라 사용하는 상자 안의 발상이 아니다. 매번 다르기 때문이다. 현지 조달과 임시 융통을 전제로 한 **사전 준비**이며, 또 가면서 다시 준비하게 되고, 그렇게 해야 하는 **적절한 준비**이다. 진행 과정에서 마주치는 예측이 어려운 변화를 포괄하기에 **유연성**이 생명하다. 또 함께 하는 과정에서 코칭 파트너가 **코칭-주체**가 되고 목표 지점에 그가 서야 한다는 점에서 '조력자helper의 배낭'과 같다.

여행 전 적절한 짐 싸기가 쉽지 않듯 코칭의 이 같은 사전 준비 정도의 적절성은 일률적으로 정하기 어렵다. 비교적 짧은 코칭이 주류인 분위기에서 12회 코칭을 기본으로 해 온 역자는 코칭 공식화, 코칭 개념화의 필요성이 높았으나 일반적으로 주장하기는 어려운 일이었다. 상담 쪽 것인 양 대했기 때문이다. 대안으로 코칭 시작과 회기 관리, 종결에 주목해 집필하고(『첫 고객, 첫 세션 어떻게 할 것인가?』, 2019) 강의와 수퍼비전을 우회해 왔다. 또 '공식화', '개념화'라는 용어를 피하며 설명하기를 즐겼다. '여정에 필요한 **코치의 세 가지 손**(의도의 손, 방편의 손, 마음의 손)'이라는 은유로 공식화를 대신했고, 코칭 여정에서 활용할 공식화 방안으로 활용해 왔다. 순수한 의도, 최소한의 방편方便(산스크리트어upāya, 불교에서 깨달음에 이르기 위한 '편리하고 적절한 수단과 방법'), 빈 마음 등으로 씨름하며 길을 모색해야 한다는 취지이다. 이것만으로 아쉬워 수퍼비전을 위한 최소한의 디딤돌로 Presence와 Praxis를 활용한 수퍼비전 모델을 제시했었다(한국코치협회 역량 강화 Presence & Praxis ACPK01112, 역량 50시간, 2015.4 ~ 2021.4). 즉 **세 가지 손과 딛고 나갈 두 개의 디딤돌**이 역자 나름의 코칭 공식화인 셈이었다.

이후 관련 해외 논문을 추적하고 살펴보다 저자들의 단행본 출판의 예고를 보며 경쟁의 마음에 출렁였다. 그간 고집해 온 '12회+' 코칭 경험과 '세 가지 손과 두 개의 디딤돌' 주장을 체계화한 집필하고픔이 높았다. 그렇지만 건강 회복의 긴급성에 주저앉고 말았다. 출판되자마자 막상 저자들의 저술을 보니 나름의 노력과 연구 자세, 참고 자료에서 보이는 성과의 섭렵이 돋보였다. 또 코치의 위치성positionality과 탈식민지적 접근에서 보인 신선함을 보며 뜻밖의 건강 이슈로 유보했던 나 자신의 핑계가 다행이다 싶었다. 이제 번역을 마치자 드는 생각은 저자들의 상상력과 작업에 기대어 좀 더 편하게 내 나름의 코칭 공식화와 방법을 제시할 의욕을 다시 갖게 된다. 저자의 작업을 사다리 삼아 뒤따르는 편안함을 즐기고 싶은 마음이리라.

저자들이 주장하는 '4P-구조 틀'은 공식화 입론에 매우 중요하다. 그러나 코칭 여정 '중'에, 즉 코치와 코칭 주체가 가보지 않은 낯선 길,

바닷길, 비행 길에서는 조금은 원칙적 주장이라는 아쉬움이 남았다. 이들은 공식화 입론에는 4P를 주장하나 이를 실제 항해 중에 그대로 견지하며 수정하며 보강할 수 있다는 태도다. 역자는 4P를 근거로 하되 그에 인식의 닻을 두고 있지만 항해 중에 대처하기 위한 추가 요인이 필요하다는 생각이다. 기존에 주장했던 Presence와 Praxis와 Performance(수행과 효능감) 등이 필요하다는 생각에 이르렀다.

물론 이는 저자들에 대한 오마주로 '4P'에서 출발하나 '4P→3P'로 추가할 수 있다는 생각이다. 저자의 라임에 호응해 머리글 P를 살린다면 세 가지 외에도 Proficiency(숙련도에서 오는 유연함과 여유), Perfectibiliy(온전함, 결함-없음으로 향할 힘, 즉 내면의 스승) 등 다양한 세트가 필요하다. 즉 4P→3P+2P이다. 선장 옆 **항해사로서의 코치**로 항해 중에 필요한 작업을 위해 필요한 디딤돌이다. 반면에 이 모두는 코칭 철학philosophy에 기반한다(이 역시 P). 코칭의 경우 코칭 분야별 항로별 공식화로 구별이 필요하며 이에 따른 다섯 가지 디딤돌(핵심 키워드)를 선택하거나 더 추가할 수 있겠다.

코칭 여정 후, 또 여정 중에도 자신이 실천하고 있는 여정을 살펴보는 것은 코칭수퍼비전의 일이다. 4P에 의한 공식화 입론과 이후 코칭 진행에서 어떻게 이를 견지하는가는 꼭 필요하다. 한 회기만을 살펴보거나 코칭 구조 전체의 각 지점을 구별해 살펴보는 작업(이는 수퍼비전 모델의 기능이다)에 추가해 코칭 여정 전체의 흐름 자체를 살펴보는 접근이 '**코칭 공식화 중심 코칭수퍼비전**'이다. 이는 코칭수퍼비전 모델을 활용한 수퍼비전과 조금 다르다. 코치와 코칭 주체가 수립한 공식화 및 공식화에 의한 코칭 여정에서의 변주 등을 그들의 공식화로 성찰하는 것이다. 또 동일한 코칭 공식화를 활용하는 코치들이 '공유한 공식화' 안에서 함께 살펴보는 **공식화 중심 동료 수퍼비전**은 깊이 있는 접근, 숙련 모색, 성찰적 진행을 효율화할 수 있다.

코칭의 정기성, 지속성, 개별 맞춤은 3대 원칙으로 코칭 성과와 효과를 위해 견지해야 한다. 정기성, 지속성은 코칭 계약에서 중점으로 다루나 이를 유지, 관리하는 일 역시 코칭 여정 중 의 과제이다. 변화가 필요하다면 수시로 합의한다. 때로는 공식화의 직접 주제로 다룰 수 있다. 개별 맞춤은 어떻게 하는가? 맞춤 작업은 일시에 되기 어렵다. 또 결과 성과를 어떻게 성찰할 수 있는가? 공식화 안에서 이를 이룰 수 있다. 공식화 작업은 '개별 맞춤'이라는 중요한 과제를 다루는 방법이다.

공식화 작업은 이미 우리 안에 있다. 지금은 바뀐 과거 〈ICF의 11가지 코칭 핵심 역량(~2019)〉에서 근거를 찾을 수 있다. 10번, **코칭 기획과 목표 설정**Planning and Goal Setting이다. 이 항목은 짐작하건대 코칭의 다양성 수준이 나라마다 다르다는 점, 판별할 수 있는 표준화가 어려운 역량이라는 점, 역량-'모델'로 전체 틀을 정립하는데 적합하지 않다는 점에서 누락되었다. 다만 필요한 내용의 일부가 현재 'ICF 핵심역량 모델(2025)' 세부 역량으로 재배치 되었다(주로 8번 '고객의 성장을 촉진한다'). 역자가 과거부터 고객분석, 코칭 기획, 개별 맞춤이란 연구 키워드를 갖게 된 계기도 바로 이 역량을 연구하던 귀결점이었다. 이해를 위해 과거 문건을 다시 읽어 본다.

역량 10번의 기본 정의는 코칭고객과 함께 효과적인 코칭 기획을 개발하고 (수준을)유지할 수 있는 능력이다Ability to develop and maintain an effective coaching plan with the client. 상세 내용을 알 수 있는 관련 항목은 다섯 가지다. (a) 코칭 고객과 함께 수집된 정보를 통합하고, 학습과 성장/개발의 핵심 부분과 관심사를 다루기 위한 코칭 기획과 성장/개발 목표를 정한다Consolidates collected information and establishes a coaching plan and development goals with the client that address concerns and major areas for learning and development. (b) 달성할 수 있고, 측정 가능하며, 구체적이고, 목표 날짜가 명시된 결과를 포함한 기획을 만들어 낸다Creates a plan with results that are attainable, measurable, specific and have target dates. (c) 코칭의 진행 과정과 상황/조건의 변화에 의해 근거 있게 조정/수정하여 기획을 수립한다Makes plan adjustments as warranted by the coaching process and by changes in the situation. (d) 코칭 고객의 배움을 위해 다른 자원(예컨대, 책이나 영화, 다큐, 정보는 물론 다른 전문가들)을 찾아서 이용할 수 있도록 돕는다Helps the client identify and access different resources for learning (e.g., books, other professionals). (e) 고객에게 중요한 초기 성공을 목표로 잡고 확인하게 한다Identifies and targets early successes that are important to the client.

물론 이 과거 문건은 과거의 것이라 무시할 수 있다. 그러나 같은 지층에 허물고 새워진 건축물로 본다면 11가지 핵심 역량 위에 지금의 '8가지 코칭 역량 모델'이 구축되었다고 보며 고고학자로 이를 연상할 수 있다. 코칭 공식화는 이 같은 우리 안의 문제의식을 계승하고 구체화한 것이라 볼 수 있지 않을까 한다.

AI, 디지털 시대를 코칭 대중화 시기로 예측한다. 또 'Q1. 어떻게 살 것인가?'라는 물음에서 'Q2. 어떻게 살아낼 것인가?'로 질문이 변화되고 있다고 일부는 논한다. 또 탈진실의 시대에 내 안의 지혜가 무엇보다 더 강조된다. 즉 'Q3. 어디에 서서 어디로 갈 것인가?' 묻는다. 당연히 'Q4. 이제 누구와 함께 '진실'을 추구/논할 것인가?' 의문이 깊어지는 사회다. 우리 사회의 이런 질문을 마주 보며 라이프 코칭의 필요성을 떠올리게 된다. 사실 코칭이란 성공과 성과를 추구하는 사람의 전유물이거나 소위 '기능하는 사람'만을 대상으로 한다고 인식해 왔다. 이는 매우 소극적 태도이다. 라이프 코칭 대상과 주제에 대한 연구와 도전이 매우 부족했다. 특히 코치보다는 자기개발서가 대신하는 현실에서 책으로 대처해도 무난하다는 인식의 안이함 때문이다. 또 '누가 돈 주고 이런 주제로 코치를 고용하겠는가?'라는 자기 검열 때문인지 모른다. 삶의 형태와 태도가 다양하고, 처해 있는 개인의 이슈도 다양하다는 점을 실감한다. 위와 같은 네 가지 거대 질문에 마주서서 이리저리 세분화가 가능하다.

오밀조밀하게 내 삶을 있는 그대로 찰지게 하고 싶은 소망, 지금 이 순간 있는 그대로 나의 '행복'이나 '성숙'으로 질주하기(이를 위한 삶과 관계의 재구성), 생활과 관계의 풍요로움에 투자하기 등 여러 길을 거치며 설득력 있는 '상품 개발'로 나누는 일은 코치에게 꼭 필요한 직업 생활이다. 코칭 구매자가 찾기 전에 코치에 의해 개발되고 알려져고 각자 다양하게 진열해야 한다. 다양한 코칭 상품이 진열되고 코칭 주제별로 내건다 해도 계약 후 초행길을 어떻게 갈 것인가? 이에 대한 정확하고 책임있는 방안이 코칭 공식화와 코칭 공식화 중심 코칭수퍼비전이다. 이는 기업이나 통상적 상품 개발과는 다른 코칭 분야에서의 상품 개발, 코칭 주제 개발의 효과적 구현 방안이다. 또 이 과제는 코칭수퍼비전의 한 역할인 '상업적' 역할로 오래전부터 주장되었다.[178)] 그 내용으로는 첫째로 전체론적 접근이다. 표면적으로는 비즈니스 관련일지라도 수퍼비전의 형성적, 규범적, 회복적 목적에 매핑 될 수 있으며 이를 다룰 수 있다는 주장이다. 두 번째는 세 가지 범주와는 달리 별도로 상업적 역할을 구별한다. ①고객 발굴, ②사업 확장을 원하나 광범위한 네트워크가 부족해 확대 구축이 필요한 경우, ③미국 서부의 황야로 비유되는 코칭 시장에서 독립 코치의 틈새시장 개척하기, ④다양한 엣지edge 코칭 개발 등을 예로 들 수 있다. 이와 같이 현대 사회의 변화와 생활인의 욕구와 필요에 조응한 대응 방안으로 코칭 주제를 다양하게 준비하는 직업에 코칭 공식화를 활용할 수 있다. 수퍼바이저는 수퍼비전-주체인 수퍼바이지의 자원과 실천 활동에 근거해 코칭 주제별 코칭공식화 방식으로 구체화하는 과정은 수퍼비전-주체의 활동 재구성과 통한다.

---

178) Lucas, M. and Larcombe, A. (2015, forthcoming) Helping independent coaches develop their coaching business: A holistic approach to supervision or an opportunity for supervisors to exploit their position? *International Journal of Mentoring and Coaching*. 『코칭 수퍼비전 실천과 해설: 수퍼비전-주체의 실천가이드』 데이비드 클러터벅, 캐롤 휘태커, 미셸 루카스 편저. 김상복 옮김. 코칭북스. 2025. p. 37~38

2025년 한 해가 간다. 겨울이 지나면 작년 겨울부터 시작된 내란 사태가 마무리될 것인가? 미국과 중국의 안보 관련 보고서에서 보이는 조짐은 닉슨의 중국 방문에 필적하는 변화의 예감을 갖게 한다. 변화의 큰 물결인가, 아니면 잔물결에 서서히 마모되듯 변화 될 것인가. 이 과정에서 새로운 미래는 어떻게 출현할 것인가. 이런 생뚱맞은 생각하는 것은 나름대로 '생명 살림과 돌봄을 위한 코칭'이란 첫 포부를 잊지 않기 위함이다. 코칭을 시대의 대안으로 세우고자 함이다.

이 책을 번역 소개하며 독자들도 자기 코칭 실천의 공식화 방안을 검토하고, 이를 토대로 나름의 공식화 작업의 길 안내로 활용했으면 한다. 이것이 우리 스스로에 근거해 개발되는 우리 코칭의 길이다. 번역은 의미를 좇다 보니 문장이 거칠었고, 문장을 손볼수록 의미가 불명해지는 듯 갈등되었다. 술어를 풍부하게 하는 것에는 용기가 부족했고, 우리 단어가 지닌 함의 선택하기에는 늘 과감하지 못했다. 결국에는 어색함과 부족함이 남아 있다. 그간 적어 두었던 메모 뭉치, 재미를 붙인 제미나이 트윈과 대화하며 각주를 첨부했으나 이는 모두 나의 선택과 책임으로 서술했다. 빈 부분 부족한 부분은 이 주제와 관련한 집필로 보답하고 싶다.

2026년 다가오는 새해를 맞이하는 길목에 서서
수퍼바이저 코치, 발행인
김상복

호모코치쿠스

코칭 튠업 21
: ICF 11가지 핵심 역량과 MCC 역량

김상복 지음

뇌를 춤추게 하라
: 두뇌 기반 코칭 이론과 실제
Neuroscience for Coaching

에이미 브랜 지음
최병현, 이혜진 옮김

마음챙김 코칭
: 지금-여기-순간-존재-하기
Mindful Coaching

리즈 홀 지음
최병현, 이혜진, 김성익, 박진수 옮김

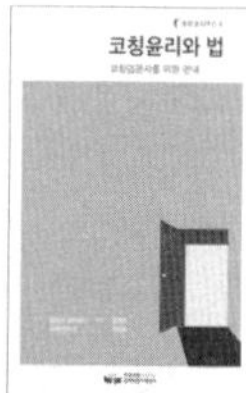

코칭 윤리와 법
: 코칭입문자를 위한 안내
Law & Ethics in Coaching

패트릭 윌리암스, 샤론 앤더슨 지음
김상복, 우진희 옮김

조직을 변화시키는 코칭 문화
How to create a coaching culture

질리안 존스, 로 고렐 지음
최병현, 이혜진 외 옮김

내러티브 상호협력 코칭
: 3세대 코칭 방법론
A Guide to Third Generation Coaching:
Narrative-Collaborative Theory and Practice

라인하드 스텔터 지음
최병현, 이혜진 옮김

임원코칭의 블랙박스
Tricky Coaching

맨프레드 F. R. 케츠 드 브리스 외 편집
한숙기 옮김

마스터 코치의
10가지 중심 이론
Mastery in Coaching

조나단 패스모어 편집
김선숙, 김윤하 외 옮김

코칭·컨설팅
수퍼비전의 관계적 접근
Supervision in Action

에릭 드 한 지음
김상복, 조선경, 최병현 옮김

정신역동과 임원코칭
: 현대 정신분석 코칭의 기초1
Executive Coaching:
A Psychodynamic Approach

캐서린 샌들러 지음
김상복 옮김

수퍼비전
: 조력 전문가를 위한 일곱 눈 모델
Supervision in the Helping Professions

피터 호킨스, 로빈 쇼헤트 지음
이신애, 김상복 옮김

코칭 프레즌스
: 코칭 개입에서 의식과 자각의 형성
Coaching Presence: Building Consciousness and Awareness in Coaching Interventions

마리아 일리프 우드 지음
김혜연 옮김

멘탈력
정신적 강인함에 대한 최초의 이론적 접근
Developing Mental Toughness: Coaching strategies to improve performance, resilience and wellbeing

더그 스트리챠크직, 피터 클러프 지음
안병옥, 이민경 옮김

리더의 정치학
: 조직개혁과 시대전환을 위한 창발 리더십 모델
Leading Change: How Successful Leaders Approach Change Management

폴 로렌스 지음
최병현, 윤상진, 이종학, 김태훈, 권영미 옮김

게슈탈트 코칭
바로 지금 여기
Gestalt Coaching: Right here, right now

피터 브루커트 지음
임기용, 이종광, 고나영 옮김

영화, 심리학과 라이프 코칭의 거울
The Cinematic Mirror for Psychology and Life Coaching

메리 뱅크스 그레거슨 편저
앤디 황, 이신애 옮김

VUCA 시대의
조직 문화와 피어코칭
Peer Coaching at Work

폴리 파커, 팀 홀, 캐시 크램, 일레인 와서먼 지음
최동하, 윤경희, 이현정 옮김

실존주의 코칭 입문
: 알아차림·용기·주도적 삶을 위한 철학적 접근
An Introduction to Existential Coaching

야닉 제이콥 지음
박신후 옮김

내러티브 코칭
: 새 스토리의 삶을 위한 확실한 가이드
Narrative Coaching: The Definitive Guide to Bringing New Stories to Lif

데이비드 드레이크 지음
김상복, 김혜연, 서정미 옮김

코치 앤 카우치
Coach and Couch

맨프레드 F.R. 케츠 드 브리스 외 지음
조선경, 이희상, 김상복 옮김

고용 가능성
고용+가능성 업그레이드 전략
Developing Employability and Enterprise: Coaching Strategies for Success in the Workplace

더그 스트리챠크직, 샬롯 보즈워스 지음
조현수, 최현수 옮김

강점 기반 리더십 코칭
: 조직 내 긍정적 리더십 개발을 위한 가이드
Strength_based leadership Coaching in Organization An Evidence based guide to positive leadership development

덕 매키 지음
김소정 옮김

영웅의 여정
자기 발견을 위한 NLP 코칭
The Hero's Journey: A voyage of self-discovery

스테판 길리건, 로버트 딜츠 지음
나성재 옮김

정신역동 마음챙김 리더십
: 내면으로의 여정과 코칭
Mindful Leadership Coaching : Journeys into the interior

맨프레드 F.R. 케츠 드 브리스 지음
김상복, 최병현, 이혜진 옮김

공감으로 완성하는 코칭
: 평범함에서 탁월함으로
Coaching with Empathy.

앤 브록뱅크, 이안 맥길 지음
김소영 옮김

ADHD 코칭
: 정신건강 전문가를 위한 가이드
ADHD Coaching: A Guide for Mental Health Professionals

프란시스 프레벳, 아비가일 레브리니 지음
문은영, 박한나, 가요한 옮김

시스템 코칭
: 개인을 넘어 가치로
Systemic Coaching: Delivering Value Beyond the Individual

피터 호킨스, 이브 터너 지음
최은주 옮김

시스템 코칭과 컨스텔레이션
개인, 팀 및 집단에 대한 원칙, 실천 및 적용
Systemic Coaching & Consitellations

존 휘팅턴 지음
가향순, 문현숙, 임정희, 홍삼렬, 홍승지 옮김

유연한 조직이 살아남는다
포스트 코로나 시대
뉴노멀이 된 유연근무제
Flexible Working□

젬마 데일 지음
최병현, 윤재훈 옮김

쿼바디스
: 팬데믹 시대, 죽음과 리더의 실존적 도전
QUO VADIS?: The Existential Challenges of Leaders

맨프레드 F. R. 케츠 드 브리스 지음
고태현 옮김

단일 회기 코칭과 비연속 일회성 코칭
: 30가지 고유한 특징
Single-Session Coaching and One-At-A-Time Coaching: Distinctive Features

윈디 드라이덴 지음
남기웅, 안재은 옮김

코칭과 정신 건강 가이드
: 코칭에서 심리적 과제 다루기
A Guide to Coaching and Mental Health: The Recognition and Management of Psychological Issues

앤드류 버클리, 캐롤 버클리 지음
김상복 옮김

리더의 속살
: 추악함, 사악함, 기괴함에 관한 글
Leadership Unhinged: Essays on the Ugly, the Bad, and the Weird

맨프레드 F. R. 케츠 드 브리스 지음
강준호 옮김

글로벌 코치 되기
: 코칭 역량과 ICF 필수 가이드
Becoming a Coach

조나단 페스모어, 트레이시 싱클레어 지음
김상학 옮김

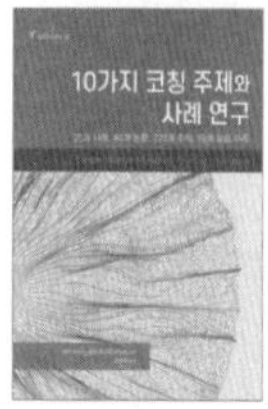

10가지 코칭 주제와 사례 연구
: 20개 사례, 40개 논평, 720개 주석, 19개 실습 사례
Complex Situations in Coaching

디마 루이스, 폴린 파티엔 디오숑 지음
김상복 옮김

인지행동 코칭
: 30가지 고유한 특징
Cognitive Behavioural Coaching: Distinctive Features

마이클 니난 지음
엘리 홍 옮김

코칭과 트라우마
: 생존 자기를 넘어 나아가기
Coacjing and Trauma

줄리아 본 스미스 지음
이명진, 이세민 옮김

리더십 팀코칭
: 변혁적 팀 리더십 개발을 넘어
Leadership Team Coaching

피터 호킨스 지음
강하룡, 박정화, 박준혁, 윤선동 옮김

팀코칭 이론과 실천
팀을 넘어 위대함으로
The Practitioner's handbook of TEAM COACHING

데이비드 클러터벅, 주디 개넌 편집
강하룡, 박순천, 박정화, 박준혁, 우성희, 윤선동, 최미숙 옮김

생의 마지막 여정을 돕는
웰다잉 코칭
Coaching at End of Life

돈 아이젠하워, J. 발 헤이스팅 지음
정익구 옮김

정신역동 코칭

: 30가지 고유한 특징
– 현대 정신분석 코칭의 기초2
Psychodynamic Coaching: Distinctive Features

클라우디아 나겔 지음
김상복 옮김

경영자의 마음

: 리더십, 인생, 변화에 대한 명상록
The CEO Whisperer: Meditations on Leadership, Life, and Change

맨프레드 F. R. 케츠 드 브리스 지음
강준호 옮김

코칭심리학(2판)

실천연구자를 위한 안내서
Handbook of Coaching Psychology

스티븐 팔머, 앨리스 와이브로우 편저
강준호, 김태리, 김현화, 신혜인 옮김

팀코치 되기

: 팀코칭 가이드
Coaching the Team at Work: The definitive guide to team coaching

데이비드 클러터벅 지음
동국대학교 동국상담코칭연구소 옮김

지혜 방정식

: 불확실한 시대, 지혜로 이끄는 법
Leading Wisely: Becoming a Reflective Leader in Turbulent Times

맨프레드 F. R. 케츠 드 브리스 지음
조경훈 옮김

현대 코칭의 이론과 실천

The SAGE Handbook of Coaching

타티아니 바흐키로바, 고든 스펜스, 데이비드 드레이크 편저
김상복, 윤순옥, 한민아, 한선희 옮김

관계 중심 팀코칭

Relational Team Coaching

에릭 드 한, 도로시 스토펠스 편저
김현주, 박정화, 윤선동, 이서우 옮김

리더의 일상적 위협

: 모래 늪에서 허우적거릴 때 살아남는 방법
The Daily Perils of Executive Life: How to Survive When Dancing on Quicksand

맨프레드 F. R. 케츠 드 브리스 지음
고태현 옮김

리더십 팀코칭 프랙티스(3판)

: 매우 효과적인 팀을 만드는 사례 연구
Leadership Team Coaching in Practice: Case studies on creating highly effective teams

피터 호킨스 편저
강하룡, 박정화, 윤선동, 최미숙 옮김

팀코칭 사례 연구

The Team Coaching Casebook

데이비드 클러터벅, 타미 터너 외 지음
박순천, 박정화, 우성희, 윤선동 옮김

수퍼바이지와 수퍼비전

: 수퍼비전을 위한 가이드
Being Supervised A Guide for Supervision

에릭 드 한, 윌레민 레구인 지음
김상복, 박미영, 한경미 옮김

코칭 윤리 사례 연구

Ethical Case Studies for Coach Development and Practice

웬디-앤 스미스, 에바 허쉬 폰테스, 두미사니 마가드렐라, 데이비드 클러터벅 편저
김상복, 김현주, 이서우 옮김

탁월한 팀을 만드는 55가지 도구와 기법

: 팀코칭 툴킷
The Team Coaching Toolkit: 55 Tools and Techniques for Building Brilliant Teams

토니 르웰린 지음
박순천, 박정화, 윤선동 옮김

코칭수퍼비전의 이론과 모색

Coaching and Mentoring Supervision : Theory and Practice

타티아나 바흐키로바, 피터 잭슨, 데이비드 클러터벅 편저
김상복, 김현주, 이서우, 정혜선, 허영숙 옮김

해결 중심 팀코칭
Solution Focused Team Coaching

커스틴 디어롤프, 크리스티나 뮐, 카를로 페르페토, 라팔 스자니아프스키 편저
김현주, 박정화, 이서우, 정혜선, 허영숙 옮김

101가지 코칭수퍼비전 기법
: 접근 방식과 실천 탐구
101 Coaching Supervision Techniques, Approaches, Enquiries and Experiments

미셸 루카스 편저
김상복, 김현주, 이서우, 정혜선, 허영숙 옮김

동료 코칭수퍼비전
: 성찰적 실천을 위한 다양한 지침
Peer Supervision in Coaching and Mentoring: A Versatile Guide for Reflective Practice

태미 터너, 캐롤 휘태커, 미셸 루카스 편저
김현주, 박정화, 이서우, 정혜선, 허영숙 옮김

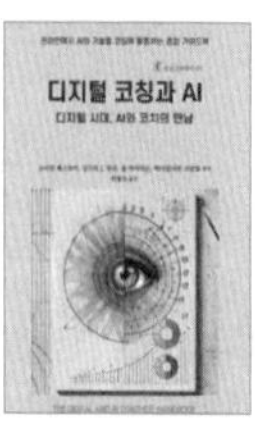

디지털 코칭과 AI
: 디지털 시대, AI와 코치의 만남
The Digital and AI Coaches' Handbook

조나단 패스모어, 산드라 J. 딜러, 샘 아이작슨, 막시밀리언 브랜틀 편저
허영숙 옮김

코칭수퍼비전 실천과 해설
: 수퍼비전-주체의 실천 가이드
Coaching Supervision: A practical guide for supervisees

데이비드 클러터벅, 캐롤 휘태커, 미셸 루카스 편저
김상복 옮김

스토리텔링
: 내 이야기를 바꾸면, 사람이 움직인다!
Storytelling for Leaders: Tales of Sorrow and Love

맨프레드 F.R. 케츠 드 브리스 지음
조경훈 옮김

정부 조직에서의 코칭
: 전문 코치를 위한 사례와 팁
Coaching in Government
Stories and Tips for Coaching Professionals

테오도라 J. 피츠시몬스, 메리케이트 비한 도허티, 앨런 리 마이어스 지음
김진경, 박은희, 이인화 옮김

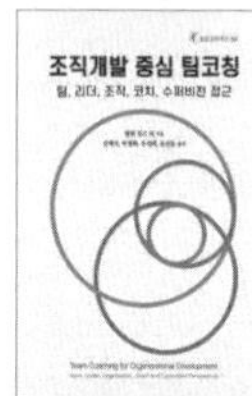

조직개발 중심 팀코칭
: 팀, 리더, 조직, 코치, 수퍼비전 접근
Team Coaching for Organisational Development: Team, Leader, Organisation, Coach and Supervision Perspectives

헬렌 징크 지음
김채식, 박정화, 우성희, 윤선동 옮김

사내 코치 활동의 11가지 핵심 원칙
Coaching from the Inside
: The Guiding Principles of Internal Coaching

J. 발 헤스팅스 지음
김현주 옮김

잡 크래프팅
: 자율적 직무 재창조를 위한 이론적·실천적 접근
ジョブ・クラフティング: 仕事の自律的再創造に向けた理論的・実践的アプローチ

타카오 요시아키, 모리나가 유타 편저
이정숙, 김현주 옮김

글로벌 팀코치 되기
ICF 팀코칭 역량 해설과 실천
Becoming a Team Coach: The Essential ICF Guide

조나단 패스모어, 폴 J. 바부어, 루시 위도우슨, 카테리나 카넬리도우 편저
고윤주, 김채식, 김현주, 박정화, 육현주, 이서우, 이숙경, 정용석, 정혜선, 허영숙 옮김

코칭 공식화의 이해와 실천
: 여러 회기 코칭 여정과 사례 분석 가이드
A Guide to Formulation in Coaching

데이비드 A. 레인, 사라 코리, 루이스 C. 코바치 지음
김상복 옮김

········ (출간 예정)

잡 크래프팅
Persnalization at Work

롭 베이커 지음
김현주 옮김

생태계와 기후 코칭
Ecological and Climate-Conscious Coaching

앨리슨 와이브로우우, 이브 터너,
조시 맥클린, 피터 호킨스 편저
김수진 옮김, 김상복 감수

코칭수퍼비전의 핵심
: 성찰과 자기돌봄 다루기
The Heart of Coaching Supervision: Working with Reflection and Self-Care

이브 터너, 스테픈 팔머 지음
정용석 옮김

조직 역할 분석(ORA) 기반 코칭
Coaching in Depth: The Organizational Role Analysis Approach

존 뉴턴, 수잔 롱, 버카드 시버스 지음
박정화 옮김

해결 중심 코칭수퍼비전
Solution Focused Coaching Supervision: An Essential Guide for Individual, Group, Peer and Team Coaching Supervision

커스틴 디에롤프, 스베아 반 데르 호른,
데비 호건, 제인 투오몰라 편저
김현주, 박정화, 이서우, 정혜선, 허영숙 옮김

멘토 코칭
Mentor Coaching Is For Life Individualis

클레어 노먼 지음
김현주 옮김

발달 코칭
: 자기(self)와 함께 작업하기(개정판)
Developmental Coaching: Working with the Self

타티아나 바흐키로바 지음
이서우 옮김

코칭 윤리 연구와 실천 핸드북
: 윤리적 성숙성과 실천을 위한 가이드
The Ethical Coaches' Handbook

웬디-앤 스미스, 조나단 패스모어, 이브 터너, 이-링 라이, 데이비드 클러터벅 편저
김상복 옮김

집단 코칭수퍼비전
: 자원 중심 실천
Coaching Supervision Groups

조 버치 지음
김현주, 박정화, 이서우, 정혜선, 허영숙 옮김

호모스피릿쿠스

나르시시스트와 직장생활하기

Narcissism at Work: Personality Disorders of Corporate Leaders

마리 린느 제르맹 지음
문은영, 가요한 옮김

정신분석 심리치료의 기본과 실천

: 정신분석•지지적 심리치료와의 차이

아가쯔마 소우 지음
최영은, 김상복 옮김

조력 전문가를 위한

공감적 경청

共感的傾聴術
:精神分析的に"聴く"力を高める

고미야 노보루 지음
이주윤 옮김

코로나 시대의 정신분석적 임상

'만남'의 상실과 회복
コロナと精神分析的臨床

오기모토 카이, 키타야마 오사무 편집
최영은, 김태리 옮김

트라우마와 정신분석적 '접근'

핵심 이론과 일곱 가지 사례
トラウマの精神分析的アプローチ

마쓰기 구니히로 편집
김상복 옮김

라캉 정신분석 치료

이론과 실천의 교차점
ラカン派精神分析の治療論

아가사가 가즈야 지음
김상복 옮김

코칭 하이브리드

영화처럼 리더처럼

: 크고 작은 시민리더 이야기

최병현, 김태훈, 이종학,
윤상진, 권영미 지음

마음챙김 코칭

: WHO에서 실행까지
Mindfulness Coaching: Have Transformational Coaching Conversations and Cultivate Coaching Skills Mastery

사티암 베로니카 찰머스 지음
김종성, 남관희, 오효성 옮김

사랑하는 사람의 상실로
슬픈 나를 위한 셀프 코칭

슬픈 나를 위한 코칭

돈 아이젠하워 지음
안병욱, 이민경 옮김

고통의 틈 속에서 아름다움 찾아내기

: 슬픔과 미망인의 여정에 대한 회고

펠리시아 G Y 램 지음
강준호 옮김

코칭 A to Z

누구나 할 수 있는 코칭 대화 모델
: GROW_candy 모델 이해와 활용

김상복 지음

세상의 모든 질문
: 아하에서 이크까지,
질문적 사고와 질문 공장

김현주 지음

첫 고객·첫 세션 어떻게 할 것인가
(1) 윤리적 가이드라인과 전문가 기준에 의한 고객 만남
(2) 코칭 계약과 코칭 동의 수립하기

김상복 지음

코칭방법론
: 조직 운영과 성과 리더십 향상을 돕는 효과성 코칭의 틀

이석재 지음

코치 100% 활용하는 법
: 코칭을 만난 당신에게

김현주, 박종석, 박현진, 변익상,
이서우, 정익구, 한싱지 지음

AI-트윈 코칭 모델

허영숙 지음

코쿱북스

코칭의 역사
Sourcebook Coaching History

비키 브록 지음
김경화, 김상복 외 15명 옮김

101가지 코칭의 전략과 기술
: 젊은 코치의 필수 핸드북
101 Coaching Strategies and Technique

글래디나 맥마흔, 앤 아처 지음
김민영, 한성지 옮김

리더십을 위한 코칭
Coaching for Leadership

마샬 골드스미스,
로렌스 라이언스 외 지음
고태현 옮김

호모코치쿠스 66

코칭 공식화의 이해와 실천

여러 회기 코칭 여정과 사례 분석 가이드

초판 1쇄 발행 2025년 12월 30일

펴낸이 | 김상복
지은이 | 데이비드 A. 레인, 사라 코리, 루이스 C. 코바치
옮긴이 | 김상복
편 집 | 정익구
디자인 | 이상진
제작처 | 비전팩토리
펴낸곳 | 한국코칭수퍼비전아카데미
출판등록 | 2017년 3월 28일 제2018-000274호
주 소 | 서울시 마포구 포은로 8길 8. 1005호
문의전화 (영업/도서 주문)
전화 | 050-7791-2333
메일 | jyg9921@naver.com
편집 | hellojisan@gmail.com
www.coachingbooks.co.kr
www.facebook.com/coachingbookshop

ISBN 979-11-89736-72-9 (93180)
책값은 뒤표지에 있습니다.

코칭북스는 한국코칭수퍼비전아카데미의 코칭 전문 브랜드입니다.